Urtheile und Annalen

des

Reichsgerichts in Civilsachen.

Sammlung
aller wichtigen civilrechtlichen Entscheidungen
des Reichsgerichts
sowie
aller auf die Reichsrechtsprechung in Civilsachen bezüglichen
Erlasse und Verfügungen.

Herausgegeben
von

Dr. Hans Blum,
Rechtsanwalt am Landgericht in Leipzig.

Zweiter Band.

Berlin und Leipzig,
Verlag von J. Guttentag
(D. Collin).
1885.

Reichsrecht.

1. Handelsrecht.

1. **Die Einträge im Handelsregister** (Art. 11, 13 des H.G.B.) **sind nicht gerichtskundig im Sinne der §§ 555, 556 der C.P.O.** S. u. Fall 21 S. 29.

2. **Antheil des einzelnen Gesellschafters am Gesellschaftsvermögen der offenen Handelsgesellschaft** (Art. 91 des H.G.B.). Urth. des II. Civilsenats vom 27. März 1885 in Sachen des Preuß. Fiskus, Beklagten und Revisionsklägers, wider J. M. in F. und Gen., Kläger und Revisionsbeklagten. Vorinstanz: O.L.G. Köln. Verwerfung.

J. M. und der inzwischen verstorbene F. J. S. haben durch notariellen Akt vom 14. April 1881 die zwischen ihnen bestehende offene Handelsgesellschaft aufgelöst und sich unter zu Grundelegung der am 6. April 1881 aufgenommenen Bilanz in folgender Weise auseinandergesetzt. Der Antheil des S. an dem Gesellschaftsvermögen beträgt 1) an Guthaben aus Kapitalkonto 57 262,58 ℳ, 2) an Gewinnhälfte 3901,21 ℳ, der Antheil des M. am Gewinnantheil 3901,20 ℳ, abzüglich der Schuld aus seinem persönlichen Konto 3841,38 ℳ, also Rest 59,82 ℳ. Dem S. fallen nun die gesammten Aktiva der Gesellschaft einschließlich der Immobilien sowie die Passiva derselben mit den auf letzteren lastenden Hypotheken zu, und zahlt S. an M. 59,82 ℳ. Zu diesem Akte hat der Notar einen Stempel von 1,50 ℳ kassirt, von Seiten des Stempelfiskals ist aber ein Betrag von 770 ℳ defektirt. Dieser Betrag ist bis auf 1,50 ℳ zurückgefordert und von den Vorinstanzen den Klägern zugebilligt.

„Nach den Grundsätzen des H.G.B. steht, wie in Rechtslehre und Judikatur überwiegend anerkannt ist, an dem Vermögen der offenen Handelsgesellschaft, welches ein den Zwecken derselben dienendes und von dem Vermögen der Gesellschafter gesondertes juristisches Ganzes bildet, den letzteren nicht eine bestimmte Quote zu, sei es des Ganzen oder der zu demselben gehörenden Sachen und Rechte, vielmehr beruht der Antheil des Einzelnen am Gesellschaftsvermögen während der Dauer derselben in seinem aus den Büchern sich ergebenden wechselnden Guthaben mit den ihm gebührenden Zinsen und Gewinnbeträgen. Und erst wenn die Gesellschaft aufgelöst wird und die Liquidation respektive Auseinandersetzung des Vermögens derselben stattfindet, gelangt dieser Antheil nach Maßgabe der Höhe des Guthabens zur Realisirung. Vergl. u. A. Behrend, Lehrbuch Bd. I S. 445 u. 470; v. Hahn Bd. I S. 364" (Annalen Bd. VI S. 215, Entsch. Bd. IX S. 143 und die Citate).

„Die Annahme der Beklagten, daß das Antheilsrecht der Gesellschafter an dem Vermögen der Gesellschaft mit der Auflösung derselben in ein Miteigenthum sich umwandle, entbehrt der gesetzlichen Begründung — vergl. Art. 144 des H.G.B. —, vielmehr behält dieses Vermögen seinen selbständigen einheitlichen Charakter, und es tritt eine Konfusion mit dem persönlichen Vermögen der Gesellschafter nicht ein. Erfolgt die Liquidation, wie der Art. 133 leg. cit. sie voraussetzt, so wird die Gesellschaft als zu diesem Zwecke fortbestehend gedacht, die Liquidatoren fungiren als Vertreter derselben, und bewirken nach Maßgabe der Art. 137 seq. leg. cit. die Liquidation sowie die Auseinandersetzung unter den Gesellschaftern. Hierbei kommt denn auch die Vorschrift des Art. 143 leg. cit. zur Anwendung, nach welcher, wenn ein Gesellschafter Sachen zu Eigenthum in die Gesellschaft eingebracht hat, letztere bei der Auseinandersetzung nicht an ihn zurückfallen — von einem unter dieser Voraussetzung eintretenden Miteigenthume der Gesellschafter ist keine Rede —, derselbe vielmehr nur einen Anspruch auf deren Werth hat, der zu seinen Gunsten in Anrechnung kommt. Daß hier die im Gesetze vorgesehene Liquidation nicht stattgefunden hat, vielmehr die Auseinandersetzung unmittelbar durch Vertrag zwischen den Gesellschaftern bewirkt wurde, das ist für die rechtliche Beurtheilung, wie nicht weiter auszuführen, ohne Einfluß."

3. 1) **Verfahren und Zuständigkeit nach Art. 133 Abs. 2 des H.G.B.** (§ 13 des G.V.G., § 3 des Einf. Ges. zur C.P.O.) **über den Antrag auf Ernennung von Liquidatoren.** 2) **Vertretungsbefugniß der Liquidatoren** (Art. 137 und 142 des H.G.B.). Urth. des I. Civilsenats vom 25. April 1885 in Sachen H. T. zu N., Beklagten und Revisionsklägers, wider G. und Gen., Kläger und Revisionsbeklagte. Vorinstanz: O.A.G. Hamm. Verwerfung.

Zu 1. „Hinsichtlich der Frage, durch wen die Liquidation besorgt werden soll, ist die Entscheidung darüber, in welchem Verfahren und von welchem Gerichte der in Art. 133 Abs. 2 des H.G.B. vorgesehene richterliche Ausspruch erfolgen soll, aus dem H.G.B. nicht zu entnehmen. Während früher die Landesgesetze hierfür maßgebend waren, und nach Preuß. Rechte von dem Kammergericht zu Berlin die Einleitung eines ordentlichen Prozeßverfahrens in diesem Falle für unzulässig erachtet wurde (vergl. Makower, Kommentar zum Allg. D. H.G.B. 7. Aufl. 1877 Anm. 4b zu Art. 133), das Obertribunal zu Berlin dagegen ein Prozeßverfahren unter Umständen zuließ (vergl. Striethorst, Archiv Bd. 57 S. 64), ist jetzt das Landesrecht nur insoweit maßgebend, als keine reichsgesetzliche Vorschrift besteht. Nach § 13 des G.V.G. und § 3 des Einf.Ges. zur C.P.O. gehören bürgerliche Rechtsstreitigkeiten vor die ordentlichen Gerichte und sind in dem durch die C.P.O. geregelten Verfahren zu entscheiden, also auch Streitigkeiten unter Gesellschaftern oder deren Rechtsnachfolgern über die Frage, durch wen die Liquidation der Handelsgesellschaft zu bewirken sei. Ueber den Antrag auf richterliche Ernennung von Liquidatoren ist daher nicht immer, wie Lastig in Endemanns Handbuch des Handelsrechts Bd. 1 S. 419 annimmt, sondern nur wenn und soweit Streit obwaltet im ordentlichen Prozeßwege zu entscheiden, wogegen in Betreff der Zuständigkeit und des Verfahrens die Landesgesetze Anwendung finden und insbesondere in Preußen nach § 25 Nr. 2 des Ausf.Ges. zum G.V.G. die Zuständigkeit des Amtsgerichts eintritt, wenn kein Streit obwaltet, sei es daß sämmtliche Gesellschafter gemeinschaftlich den Antrag stellen oder gegen den von einem Gesellschafter gestellten Antrag die übrigen keinen Widerspruch erheben, oder wenn der obwaltende Streit durch den rechtskräftigen Ausspruch, daß Liquidatoren vom Richter zu ernennen seien, erledigt ist und es sich nur noch um die Ernennung derselben handelt. Hiermit stimmen auch die Motive zum Entwurfe des Preuß. Ausf.Ges. zum G.V.G. (Verhandlungen des Hauses der Abgeordneten 1877/78 Anlageband 1 Nr. 60) überein, in welchem zum § 18, dem die §§ 25, 26 des Gesetzes entsprechen, die Ernennung und Abberufung von Liquidatoren durch den Richter gemäß Art. 133, 134 des H.G.B. als eine zur Zuständigkeit des Amtsgerichts gehörige Angelegenheit bezeichnet, hierzu aber die Anmerkung gemacht ist: „Insoweit hierüber ein Prozeßverfahren zulässig ist (Striethorst, Bd. 57 S. 64), kommen die Vorschriften der R.C.P.O. und die Zuständigkeitsnormen des G.V.G. zur Anwendung.“

Nach diesen Grundsätzen ist in dem gegenwärtigen Falle der Rechtsweg nach den Vorschriften der C.P.O. zulässig und nicht die Zuständigkeit des Amtsgerichts, vor welches nur die von den deutschen Prozeßordnungen nicht betroffenen Angelegenheiten gehören, welche in dem H.G.B. und in dem Einf.Ges. zu demselben den Gerichten zugewiesen sind, sondern nach § 101 Nr. 3a des G.V.G. die Zuständigkeit der Kammern für Handelssachen begründet, da es sich nach dem Klagantrage um Entscheidung der streitigen Frage handelt, ob genügende Gründe vorliegen, die Liquidation nicht, wie es die Regel ist, durch sämmtliche Gesellschafter, sondern durch gerichtlich zu ernennende Liquidatoren bewirken zu lassen."

Zu 2. „Während Liquidatoren nicht dazu berufen sind, die einzelnen Gesellschafter zu vertreten, erstreckt sich ihre durch Art. 137 des H.G.B. bestimmte Vertretungsbefugniß auf das gesammte Vermögen der in Liquidation befindlichen Gesellschaft einschließlich der Forderungen derselben gegen einzelne Gesellschafter aus dem Gesellschaftsvertrage oder aus Verträgen der Gesellschaft mit einzelnen Gesellschaftern, was sowohl von dem vormaligen R.O.H.G. — unter Einschränkung früherer Aeußerungen in dem Bd. 5 S. 390 mitgetheilten Erkenntniß, vgl. v. Hahn, Kommentar 3. Aufl. Bd. 1 S. 521 Note 15 — als auch von dem R.G. anerkannt worden ist. (Vergl. Entscheidungen des R.O.H.G. Bd. 12 S. 40, Bd. 22 S. 136, Bd. 25 S. 165; Entscheidungen Bd. 4 S. 67.) Diese Annahme widerspricht nicht der Vorschrift des Art. 142 Satz 2 des H.G.B., wonach Streitigkeiten, welche über die Auseinandersetzung entstehen, der richterlichen Entscheidung anheimfallen. Denn hiermit ist über die Vertretung der in Liquidation befindlichen Gesellschaft durch die Liquidatoren nichts bestimmt, sondern nur ausgesprochen, daß derartige Streitigkeiten nicht von den Liquidatoren als Schiedsrichtern, sondern von den Gerichten zu entscheiden sind."

4. **Begriff des Inhaberpapiers** (Art. 301 des H.G.B.). Urth. des I. Civilsenats vom 30. März 1885 in Sachen der Aktiengesellschaft Nationalbank f. D. in B., Klägerin und Revisionsklägerin, wider die Aktiengesellschaft Oelheimer, Petroleum-Industrie-Gesellschaft das., Beklagte und Revisionsbeklagte. Vorinstanz: Kammergericht. Verwerfung.

Geklagt wird aus Urkunden folgenden Inhalts: „Lagerschein Nr. 1. Es lagern für Ihre werthe Rechnung bei uns 53 Barrels schweres deutsches Vulkanöl im Gewichte von brutto circa 10000 Kilo, eingegangen am .... Assekuranz mit 1500 ℳ bei der North British and Merkantile Norwich-Union-Feuerversicherungsgesellschaft bewirkt. Obige Barrels werden Ihnen nur gegen Rückgabe dieses Scheines ausgeliefert. Berlin, 16. Juli 1883. Oelheimer Petrol.-J.-G. A. M. M. p. p. B. M." Diese Urkunde steht auf der zweiten (inneren) Seite eines sonst unbeschriebenen Oktavbriefbogens. Sie ist theils geschrieben, theils hektographirt, nur der Firmastempel ist aufgedruckt. Für eine Adresse ist keine bestimmte Stelle angedeutet, für eine solche würde aber unter der Urkunde und auf den äußeren Seiten Platz vorhanden sein. Vier solche mit den fortlaufenden Nummern 1—4 bezeichnete Urkunden sind vom Kläger der Beklagten präsentirt worden. Diese hat sich geweigert, dieselben zu honoriren. Der Kläger fordert mit der vorliegenden Klage Auslieferung von viermal 53 Barrels Oel à 10 000 Kilo gegen die vier Lagerscheine ohne weitere Begründung, indem er sich auf die Natur der Urkunden als Inhaberpapiere beruft. Die Beklagte bestreitet diese Natur der Urkunden und behauptet nur mit dem ersten Nehmer derselben, der Gesellschaft Helios, in einem Vertragsverhältniß zu stehen. Die Vorinstanzen haben die Klage abgewiesen.

„Die Frage nach der Rechtsgültigkeit der Lagerscheine auf Inhaber kann unerörtert bleiben, weil der B.R. ohne Rechtsirrthum angenommen hat, daß die fraglichen Urkunden keine Inhaberpapiere sind.

Allerdings braucht das Inhaberpapier nicht in bestimmter solenner Form ausgestellt zu sein, es braucht selbst den Ausdruck „Inhaber" nicht nothwendig zu enthalten, es genügt ein gleichbedeutender anderer Ausdruck. Allein es muß aus der Urkunde hervorgehen, daß der Inhaber als solcher forderungsberechtigt ist. Die Absicht, welche der Aussteller bei der Ausstellung, bezw. bei der Begebung des Papiers hatte, ist, soweit sie nicht in der Urkunde ausgesprochen ist, bedeutungslos; höchstens kann, soweit sie dem Inhaber bezw. demjenigen der später Inhaber wird, gegenüber ausgesprochen ist, aus dieser Erklärung eine Verpflichtung entstehen.

Die konkreten Urkunden enthalten nun aber nicht, bezw. nicht mit der erforderlichen Sicherheit und Deutlichkeit die Erklärung, daß aus ihnen der Inhaber als solcher berechtigt sein solle. Auch aus dem letzten Satz der Urkunden folgt dies nicht; denn in diesen wird nur bestimmt, daß der Berechtigte sein Recht nur solle geltend machen können gegen Rückgabe der Urkunde, nicht aber ist ausgesprochen, daß die Berechtigung durch den Besitz des Papiers begründet sei. Zugegeben kann werden, daß der letzte Satz zu dem Zweck beigefügt sein könne, dem Kontrahenten des Ausstellers die Möglichkeit zu gewähren, sich mit Bezug darauf, daß er das Oel beim Aussteller des Scheins liegen hat, Kredit oder Geld zu verschaffen. Allein dies braucht nicht in dem Sinne geschehen zu sein, daß der Dritte zur Annahme veranlaßt würde, vermöge des Scheins könne jeder Dritte über das Oel verfügen. Die Absicht kann auch dahin gegangen sein, den Dritten dadurch zu sichern, daß dem Kontrahenten das Oel nicht ausgeantwortet werde, wenn derselbe sich nicht im Besitz des Scheins befindet, der Dritte also durch das Innehaben des Scheins eine Garantie dagegen habe, daß der Kontrahent das Oel an sich nehme."

5. 1) **Begriff und Voraussetzungen des Handelsgutes im Samenhandel** (H. G. B. Art. 335). 2) **Nichtanwendbarkeit des Art. 344 des H.G.B.,**

wenn der Verkäufer die Waare an den Ort gebracht hat, wo sie der Abkäufer abzunehmen verpflichtet ist. Urth. des I. Civilsenats vom 22. April 1885 in Sachen M. G. zu Q., Beklagter und Revisionsklägerin, wider J. H. zu R., Kläger und Revisionsbeklagten. Vorinstanz: O.L.G. Naumburg. Aufhebung und Zurückverweisung.

Zu 1. „Die Feststellung des B.U., daß der Kläger ihrer Beschaffenheit nach zur Vertragserfüllung geeignete Waare geliefert habe, beruht in der Art, wie dieselbe zur Zeit begrundlagt ist, auf einer rechtsirrigen Verkennung des *Wesens solcher* Kaufgeschäfte, wie das vorliegende. Der Rechtsirrthum beruht aber keineswegs (wie die Revisionsklägerin vermeint) darin, daß die gemäß Art. 335 des H.G.B. bestehende Pflicht des Verkäufers übersehen sei, Handelsgut *mittlerer Art und Güte* zu liefern, sondern *darin*, daß angenommen ist, es komme bei solchen Käufen *nicht darauf* an, ob der in Erfüllung des Kaufvertrages zur Abnahme offerirte Samen *überhaupt Handelsgut* sei, vielmehr *lediglich darauf*, ob dieser Samen von dem verkaufenden Gutsbesitzer auf seinen Ländereien in dem vertraglich bestimmten Jahre in erster Nachzucht aus Originalsaat der vertraglich bezeichneten Produktionsstelle geerntet sei und an Güte der *durchschnittlichen Qualität dieser Ernte* nicht nachstehe.

Bei Kaufsabschlüssen zwischen einer Samenhandlung als Käuferin, mit einem Gutsbesitzer, als Verkäufer, über bedeutende Quantitäten des von dem Gutsbesitzer auf seinen Ländereien zu erntenden Samens erster Nachzucht aus Originalsaat einer bestimmten renommirten Produktionsstelle muß es (wenn nicht ein exzeptionell abweichender Vertragswilleninhalt ersichtlich gemacht ist) als Vertragswille der Kontrahenten gelten, daß die Käuferin nur dann gehalten sei, demnächst von dem Verkäufer geernteten Samen abzunehmen, wenn der zur Abnahme offerirte Samen so beschaffen ist, daß derselbe *überhaupt als Handelsgut* in dem Handelsverkehr von Samenhandlungen unter sich und mit den sonstigen Personenkreisen, in denen Angebot und Nachfrage in Bezug auf Samen, d. h. auf zur *Aussaat* bestimmte pflanzliche Produkte stattfindet, gelten kann. Produkte, welche diese Beschaffenheit (beispielsweise wegen mangelnder Keimfähigkeit) nicht besitzen, sind (als für die Geschäftszwecke der Samenhandlung unbrauchbar) etwas *wesentlich Anderes* als der vertragsmäßig gewollte Kaufesgegenstand. Der Art. 335 des H.G.B. findet auf einen *solchen* Kauf keine Anwendung, weil ein solcher Kauf nicht über eine als im Handelsverkehr von dem Verkäufer nöthigenfalls zum Zwecke der Erfüllung seiner Vertragspflicht in mittlerer Art und Güte für Geld als beschaffbar vorgestellte Waarenmenge abgeschlossen ist, sondern über eine Quantität Samen, welche aus den von einem einzelnen Gutsbesitzer (dem Verkäufer) geernteten Produkten genommen werden soll. Wohl aber führt das allgemeine Prinzip, welches (in Verbindung mit der angedeuteten regelmäßigen Voraussetzung) bei Handelsgeschäften der Art, wie die im Art. 335 a. a. O. in das Auge gefaßten, zu der Interpretationsregel dieses Artikels geführt hat, dazu anzunehmen, daß bei Käufen der oben gekennzeichneten Art der Verkäufer gehalten sei, dem Käufer einen Samen zu liefern, welcher nicht nur die ausdrücklich stipulirten und aus den oben klargelegten Erwägungen herzuleitenden Wesensmomente in sich schließe (nämlich das Geerntetsein von dem verkaufenden Gutsbesitzer in der kontraktlich bestimmten Ernte, das Gewonnensein in erster Nachzucht aus der kontraktlich bezeichneten Originalsaat, das Geeigenschaftetsein um überhaupt als Handelsgut zu gelten), sondern auch an Güte nicht hinter dem Durchschnitte des von dem Verkäufer in der betreffenden Samenart erzielten Ernteerzeugnisses zurückstehe."

Zu 2. „Der Art. 344 des Allg. D.H.G.B. findet gar keine Anwendung auf einen Fall, wie der vorliegende, in welchem die Waare von dem Verkäufer an den Ort gebracht ist, an welchem der Käufer dieselbe abzunehmen sich verpflichtet hat. Der Verkäufer hat von diesem Orte aus gar keine Uebersendungspflicht, der Käufer ist nicht berechtigt, ihm eine solche Uebersendungspflicht aufzubürden. Der Käufer hat an diesem Orte abzunehmen. Wenn er das nicht thut, sondern mit der Abnahme in Verzug geräth, so stehen dem Verkäufer die im Art. 343 Abs. 2 bestimmten Befugnisse zu."

6. **Voraussetzung der Anwendbarkeit des Art. 378 des H.G.B. ist, daß die wesentlichen Merkmale einer kaufmännischen Kommission vorliegen.**
Urth. des I. Civilsenats vom 30. März 1885 in Sachen H. B. in B., Kläger und Revisionskläger, wider J. Z. in B., Beklagten und Revisionskläger. Vorinstanz: Kammergericht. Verwerfung.

„Wenngleich nach Art. 378 des H.G.B. die Bestimmungen des dritten Titels des IV. Buchs („von dem Kommissionsgeschäft") auch zur Anwendung kommen, wenn ein Kaufmann, dessen gewöhnlicher Handelsbetrieb nicht in Kommissionsgeschäften besteht, ein einzelnes Handelsgeschäft im eigenen Namen für Rechnung eines Auftraggebers schließt, so wird hierbei doch selbstverständlich vorausgesetzt, daß die wesentlichen Merkmale einer kaufmännischen Kommission, als des Auftrags zur Abschließung eines Handelsgeschäfts in eigenem

Namen für Rechnung des Beauftragenden, vorliegen. (Vergl. v. Hahn, Kommentar zu Art. 360 des H.G.B. §§ 1 u. 2; Grünhut in Endemann's Handbuch des Handels-, See- und Wechselrechts Bd. III S. 162 ff.; Entsch. des R.O.H.G. Bd. II S. 402 ff., Bd. XXII S. 25 ff.) Nach der eigenen Behauptung des Klägers, welche übrigens durch die zeugeneidliche Aussage des L. im Wesentlichen bestätigt ist, hat aber der letztere als Beauftragter und Handlungsbevollmächtigter des Klägers mit dem Proviantamt kontrahirt, und das durch die Ertheilung und Annahme der Handlungsvollmacht, welche begrifflich auf den Abschluß von Geschäften Namens des Machtgebers gerichtet ist, zwischen Beiden begründete Rechtsverhältniß konnte nicht ohne Weiteres dadurch in eine Kommission verwandelt werden, daß L. auftragswidrig in eigenem Namen kontrahirte, sondern es blieb nach wie vor ein einfaches Mandatsverhältniß, auf welches der Art. 378 cit. keine Anwendung finden kann. Die Deduktion des Revisionsklägers, daß der Grundsatz des Art. 368 Abs. 2 des H.G.B. erst recht Platz greifen müsse, wenn der im eigenen Namen für Rechnung eines Anderen kontrahirende Kaufmann sogar der Handelsbevollmächtigte jenes Anderen sei, läßt außer Acht, daß der Art. 378 cit. die Anwendbarkeit nicht nur des Art. 368 Abs. 2, sondern des ganzen Abschnitts vom Kommissionsgeschäft auf den dort vorgesehenen Fall vorschreibt. So wenig aber der Handlungsbevollmächtigte sich durch auftragwidriges Kontrahiren im eigenen Namen zu seinen Gunsten eigenmächtig die Rechtsstellung eines Kommissionärs verschaffen kann, ebensowenig vermag der Prinzipal den Handelsbevollmächtigten, welcher in dieser Eigenschaft thätig gewesen ist, hinterher, sofern es zu seinem Vortheil gereicht, in einen Kommissionär zu verwandeln."

2. Reichs-Genossenschaftsgesetz.

7. **Formen und Erfordernisse der schriftlichen und mündlichen Verpflichtungsverträge einer Genossenschaft bei Kollektivvertretung derselben** (§§ 19, 11 des Reichs-Genossenschaftsgesetzes). Urth. vom 27. März 1885 in Sachen des Spar- u. Kreditvereins zu L., Eingetr. Gen., Klägers, Widerbeklagten und Revisionsklägers, wider P. Z. zu R., Beklagten, Widerkläger und Revisionsbeklagten. Vorinstanz: O.L.G. Darmstadt. Verwerfung.

„In Ansehung der von dem Vorstand einer Genossenschaft einzugehenden Rechtsgeschäfte schreibt der aus dem H.G.B. Art. 229 fast wörtlich herübergenommene § 19 des Genossenschaftsgesetzes vor, daß der Vorstand in der durch den Gesellschaftsvertrag bestimmten Form seine Willenserklärungen kund zu geben und für die Genossenschaft zu zeichnen habe und daß, wenn nichts darüber bestimmt sei, die Zeichnung durch sämmtliche Mitglieder des Vorstandes erforderlich sei. Im Anschluß hieran und unter Verweisung auf den § 19 cit. ordnet das Statut des klagenden Vereins in § 6 an, daß die Zeichnung selbst dadurch zu geschehen habe, daß die Zeichnenden zu der Firma des Vereins ihre Namensunterschrift hinzufügten, daß aber die Zeichnung rechtliche Wirkung dem Vereine gegenüber nur habe, wenn sie mindestens von zwei Vorstandsmitgliedern erfolgt sei. Jene gesetzliche Vorschrift muß jedoch einschränkend ausgelegt, die Nothwendigkeit der Zeichnung in der vorgeschriebenen Form kann nur von dem Falle verstanden werden, wenn durch Gesetz oder Vertrag die schriftliche Form als ein Erforderniß für die Gültigkeit des betreffenden Rechtsgeschäfts erscheint. Danach wird zum Beispiele bei Wechselausstellungen und bei der Schaffung eines unvollkommenen Inhaberpapiers die Genossenschaft nur durch die Wahrung der Schriftform und, falls Kollektivvertretung durch mehrere Vorstandsmitglieder angeordnet ist, nur durch die Zeichnung dieser mehreren Personen verpflichtet. (Vergl. Entscheidungen Bd. VIII S. 88.)

Dagegen schließt jene Bestimmung die Rechtsverbindlichkeit mündlicher Geschäftsabschlüsse für den Verein der Regel nach nicht aus und kann sie nicht ausschließen, da eine eingetragene Genossenschaft nach § 11 des Genossenschaftsgesetzes als Kaufmann zu betrachten ist und für Geschäfte, die auch nur auf der einen Seite Handelsgeschäfte sind, nach Art. 317 des H. G. B. Schriftlichkeit nicht erfordert wird. Daß die Statuten des klagenden Vereins in demselben Sinne aufzufassen sind, nimmt die Vorinstanz durch die Zulassung mündlicher Beredungen der Sache nach (implicite) an; es kann daher unerörtert bleiben, ob und unter welchen Voraussetzungen der Verein durch besondere Satzungen für seinen Geschäftsverkehr mit Dritten allgemein die Schriftform vorschreiben durfte.

Selbstverständlich ist es aber, daß bei angeordneter Kollektivvertretung die mehreren Vorstandsmitglieder auch mündliche Verträge nur gemeinsam abzuschließen befugt sind; durch eine Verabredung unter sich können sie, da sie nicht Beauftragte sondern Repräsentanten der Genossenschaft sind und diese ihre Rechtsstellung auf dem Gesammtwillen der Genossenschafter beruht, weder einem Mitgliede den alleinigen Gebrauch der Firma übertragen, noch dasselbe allgemein zur Eingehung von Rechtsgeschäften durch alleinige mündliche Willenserklärung bevollmächtigen. (Entsch. des R.O.H.G. Bd. XII S. 34; v. Hahn, Kommentar zum H.G.B. ad Art. 229; Thöl, Handelsrecht § 169 IV No. 5.) Daraus folgt jedoch nicht, daß die Willenserklärungen der Vorstandsmitglieder in dem unterstellten Falle stets gleichzeitig zu erfolgen hätten, und ebensowenig ist damit ausgesprochen, daß die Bevollmächtigung eines einzelnen Mitglieds zu einem bestimmten Geschäfte unzulässig sei. Es muß vielmehr nach allgemeinen Rechtsgrundsätzen sowohl die nachträgliche Genehmigung des von einem Vorstandsmitgliede für den Verein eingegangenen Geschäfts durch ein weiteres zur Kollektivvertretung berufenes Mitglied, als auch insbesondere die Ueberlassung der Ausführung eines statutenmäßig genehmigten Vertrags durch ein Vorstandsmitglied für statthaft erachtet werden."

3. Reichs-Haftpflichtgesetz.

8. **Anwendbarkeit des § 1 des Reichs-Haftpflichtgesetzes auf unterirdische Eisenbahnen, insbesondere Eisenbahnen in Bergwerken.** Urth. des III. Civilsenats vom 8. April 1885 in Sachen der Steinkohlenzeche C. zu O., Beklagte und Revisionsklägerin, wider den Bergmann F. B. das., Kläger und Revisionsbeklagten. Vorinstanz: O.L.G. Hamm. Verwerfung.

Das B.G. geht bei der Annahme, daß im vorliegenden Falle die Vorschriften in § 1 des Reichs-Haftpflichtgesetzes anwendbar seien, unter Bezugnahme auf die in dem Urtheile des R.G. v. 17. März 1880 (Annalen Bd. I S. 80, 579; Entsch. Bd. I S. 247) über die Bedeutung des Ausdruckes: „Betrieb einer Eisenbahn" im § 1 des Reichs-Haftpflichtgesetzes aufgestellten Grundsätze, davon aus, daß auch unterirdische, als Pertinenz eines Bergwerkes lediglich den Zwecken des Bergbaues dienende Bahnen, wie im vorliegenden Falle diejenige der Beklagten, als Eisenbahnen im Sinne des § 1 cit. anzusehen seien, sofern im übrigen die zur Anwendbarkeit des § 1 cit. erforderlichen, in dem angezogenen Urtheile bezeichneten Voraussetzungen gegeben seien, und daß daher in jedem einzelnen Falle zu prüfen sei, ob diese Voraussetzungen vorliegen, ob insbesondere nach der Bauart der Bahn und nach der Art und Weise des auf ihr stattfindenden Transportes der Betrieb auf derselben eine objektiv gleichartige Gefährlichkeit für das Publikum, wie namentlich auch für die bei dem Betriebe beschäftigten Personen mit sich führe, wie der Betrieb auf den für den allgemeinen Personen- und Güterverkehr bestimmten Eisenbahnen.

„Der hiergegen von der Revisionsklägerin, unter Bezugnahme auf die bei der Berathung des Gesetzes von der Bundeskommission abgegebenen Erklärungen, erhobene Angriff der Verletzung des § 1 cit. durch Anwendung auf einen Fall, für welchen die in ihm enthaltene

Bestimmung nicht gegeben worden, erscheint nicht begründet; es ist vielmehr die Auffassung des Gesetzes, von welcher das B. G. ausgegangen ist, zu billigen. Bei der Berathung des Haftpflichtgesetzes sind allerdings die Ansichten über den Umfang des Gesetzes, insbesondere darüber, was unter dem Betriebe einer Eisenbahn im Sinne des Gesetzes zu verstehen sei, auseinandergegangen und es ist nicht allein von einzelnen Mitgliedern des Reichstags die Ansicht geäußert, daß das Gesetz keine Anwendung finde auf Eisenbahnen in Bergwerken, welche zum Zwecke der Beförderung von Personen und Materialien gebaut seien, sondern es ist auch von der Bundeskommission erklärt worden, daß man bei dem Begriffe „Eisenbahn“ nur an die Unternehmungen über der Erde gedacht habe, daß die Unternehmungen unter der Erde vermittelst einer sogenannten Eisenbahn keine andere Bedeutung haben, als alle anderen Maschinen, die zur Erleichterung des Betriebes in einem Bergwerke benutzt werden. Da aber in dem Gesetze selbst eine solche wesentliche Beschränkung der Vorschriften in § 1 cit. überall nicht zum Ausdruck gekommen, vielmehr ganz allgemein bestimmt ist, „wenn bei dem Betriebe einer Eisenbahn ein Mensch getödtet oder verletzt ist 2c.,“ so liegt kein Grund vor, die unterirdischen Eisenbahnen als solche von dem Gesetze überhaupt auszunehmen. Nach dem Wortlaute des Gesetzes erscheint eine solche Beschränkung des Umfangs seiner Anwendbarkeit nicht gerechtfertigt, da es, sofern die sonstigen Kriterien eines Eisenbahnbetriebs, wie sie wiederholt von dem R. G. aufgestellt sind, vorliegen, nicht entscheidend sein kann, ob die Eisenbahn über oder unter der Erde sich befindet, und ebensowenig darauf entscheidendes Gewicht gelegt werden darf, daß sie nicht dem allgemeinen öffentlichen Personen- und Güterverkehr übergeben ist, sondern nur den speziellen Zwecken des Eigenthümers dient, und zum Transporte der Bergbauprodukte 2c. benutzt wird, weil, wie bereits wiederholt vom R. G. ausgesprochen worden, unter den in § 1 cit. erwähnten Eisenbahnen keineswegs blos die für den allgemeinen öffentlichen Personen- und Güterverkehr bestimmten Bahnen zu verstehen sind. Eine solche Einschränknng der Anwendbarkeit der Bestimmung in § 1 cit. würde aber auch dem Zwecke des Gesetzes nicht entsprechen, weil kein Grund erfindlich ist, weshalb gegen dieselben Unfälle, welche bei unterirdischen Bahnen infolge ihrer Eigenart als Eisenbahnen und durch den Betrieb auf ihnen für die dieselben bedienenden Personen und für die in ihrer Nähe verkehrenden Arbeiter entstehen, nicht derselbe Schutz gewährt werden sollte, wie gegen die gleichen bei dem Betriebe der auf der Erde befindlichen Bahnen vorkommenden Unfälle.“

9. **Die vom Betriebsunternehmer angestellten Aufseher und Leiter sind den Arbeitern gegenüber Vertreter des Unternehmers** (§ 2 des Reichs-Haftpflichtgesetzes). **Der Unternehmer darf den Arbeiter nicht eher gefährliche Arbeit angreifen lassen, als bis alles zur Beseitigung der Gefahr Thunliche geschehen ist** (§ 120 der R.G.O.). **Der Grundsatz des § 120 ist ein Ausfluß der aus dem Dienstvertrag dem Dienstherrn obliegenden vollen Diligenz** (auch im Gebiete des Preuß. L.R.). Urth. des III. Civilsenats vom 14. April 1885 in Sachen Bl., Klägers und Revisionsklägers, wider B.er Verein, Beklagten und Revisionsbeklagten. Vorinstanzen: L.G. Essen, O.L.G. Hamm. Aufhebung und Verurtheilung des Beklagten insoweit als der Anspruch im Prinzip anerkannt wird. urückverweisung wegen des Betrags.

„Wie die thatsächlichen Feststellungen der Vorinstanz ergeben, befand der Aufseher E. sich in der Lage, die Gefahr, in welcher der Kläger bei der Ausführung der ihm anbefohlenen Verrichtung verunglückt ist, von demselben gänzlich abwenden zu können dadurch, daß er, ehe er den Kläger mit dieser Verrichtung beginnen ließ, eine oder einige Minuten wartete, um sich vorher darüber zu vergewissern, ob die von ihm den vor dem Walzwerke beschäftigten Arbeitern ertheilte Anweisung, mit dem Walzen innezuhalten, gehört worden sei und befolgt werde. Ein solches Verfahren mochte freilich dem Interesse des Fabrikunternehmers nicht entsprochen haben, weil die dadurch veranlaßte Verlängerung der Arbeitspause, wenngleich an sich unbedeutend, doch bei dem häufigen Vorkommen derartiger und ähnlicher Fälle für den Fabrikbetrieb von nachtheiliger Bedeutung sein konnte, und die Erfahrung mochte auch dafür sprechen, daß eine solche Anweisung, wie sie von E. an die gedachten Arbeiter durch Zuruf und Handwinken ertheilt worden war, bemerkt zu werden und ausreichend zu sein *pflege*. Es mag somit zuzugeben sein, daß E. vom Standpunkte der Wahrnehmung *des Interesses des Beklagten* aus sich für berechtigt halten durfte, sich bei seiner Annahme, daß sein Zuruf gehört worden sei, zu beruhigen. Die Verschuldungsfrage *im Sinne des § 2 des Haftpflichtgesetzes* ist aber von einem anderen Standpunkte aus zu beurtheilen. Die von dem Fabrikunternehmer „zur Leitung oder Beaufsichtigung des Betriebs oder der Arbeiter angenommenen Personen“ sind *den Arbeitern gegenüber Vertreter des Unternehmers* und demnach zu derjenigen Diligenz verpflichtet, welche dem *Unternehmer selbst* seinen Arbeitern gegenüber obliegt. Der Unternehmer darf aber seine Arbeiter eine gefährliche Verrichtung nicht eher angreifen lassen, als bis er *alles* gethan hat, was zur Beseitigung der Gefahr thunlich ist. Dieser in Betreff der Schutzvorrichtungen in § 120 der R. G. O. ausdrücklich ausgesprochene Grundsatz ist ein Ausfluß der dem Dienstherrn aus dem Dienstkontrakt allgemein obliegenden Haftung für volle Diligenz und daher auch in allen sonstigen Beziehungen des Dienstverhältnisses zur Anwendung zu bringen." (Annalen Bd. III S. 514; Entsch. Bd. IV S. 234.)

„Von diesem objektiven Standpunkte aus muß die Verschuldung des E. bejaht werden. Demselben konnte bei gehöriger Ueberlegung nicht entgehen, daß, zumal bei dem thätigen und geräuschvollen Treiben der Fabrik, die Möglichkeit vorhanden sei, daß sein Zuruf und sein Handwinken nicht bemerkt und befolgt werde. Und wie nahe diese Möglichkeit lag, das tritt zudem noch gerade im vorliegenden Falle darin hervor, daß seine Anweisung den beiden Arbeitern, an welche sie gerichtet war, entgangen ist. Da E. im Stande war, sich mittelst eines geringen Zeitaufwandes die Gewißheit zu verschaffen, daß die dem Kläger bei seiner Verrichtung im Falle einer Fortsetzung des Walzens drohende schwere Gefahr abgewendet sei, so durfte er es an dieser Sicherungsmaßregel nicht fehlen lassen. Durch die Unterlassung derselben hat er den Unfall verschuldet."

4. Reichs-Markenschutzgesetz.

10. **Zulässigkeit der Einrede, daß der Inhaber eines eingetragenen Waarenzeichens dasselbe weder führe noch benütze und es nur habe eintragen lassen, um Andere am Gebrauch desselben zu hindern** (§§ 8, 13 des Reichs-Markenschutzgesetzes). Urth. des I. Civilsenats vom 30. März 1885 in Sachen W. F. & Co. in H., Kläger und Revisionskläger, wider W. G. in B., Beklagten und Revisionsbeklagten. Vorinstanz: O. L. G. Hamburg. Verwerfung.

Die Kläger haben im Juni 1883 für ihre Firma ein Waarenzeichen, welches aus einem fünfstrahligen Sterne mit der Inschrift **trademark** besteht, als Marke für Holzstifte zum Handelsregister in Hamburg angemeldet, in welchem dasselbe unter Nr. 421 eingetragen worden ist. Der Beklagte hat amerikanische Holzstifte in Fässern, welche mit einem fünfstrahligen blauen Stern und der Inschrift W. & J. C. Flint's **trademark** bezeichnet sind, von New-York nach Bremerhaven importirt und in Deutschland und Oesterreich-Ungarn vertrieben. Kläger erhoben deswegen Klage mit dem Antrage: 1) den Beklagten zur Zahlung von 5000 ℳ Schadensersatz zu verurtheilen; 2) ihm den ferneren Gebrauch des nachgeahmten Waarenzeichens bei Meidung einer für jeden Uebertretungsfall an die Kläger zu zahlenden Strafe von 1000 ℳ zu untersagen.

Der Beklagte erhob Widerklage mit dem Antrage, die Kläger zu verurtheilen: 1) das von ihnen unter dem 15. Juni 1883 zum Handelsregister in Hamburg unter Nr. 421 zur Eintragung gebrachte Waarenzeichen für amerikanische Holzstifte löschen zu lassen; 2) dem Beklagten den ihm durch Eintragung dieses Waarenzeichens, durch die mit Hilfe desselben erwirkte Beschlagnahme von 178 im Besitz des Beklagten befindlichen Fässern und durch wahrheitswidrige Anzeigen zugefügten Schaden in Höhe von 5000 ℳ zu ersetzen.

Durch Urtheil der Kammer für Handelssachen des L.G. Bremen vom 29. Mai 1884 wurden 1) Kläger mit der erhobenen Klage abgewiesen und verurtheilt, die Kosten des Rechtsstreites zu tragen; 2) unter Abweisung aller übrigen Widerklageanträge die Kläger als Widerbeklagte schuldig erkannt, dem Beklagten den Schaden zu ersetzen, welcher ihm daraus entstanden ist, daß Kläger in den Blättern als alleinige europäische Niederlage von W. & J. C. Flint's Blaustern-Marke (Schutzmarke Nr. 421) annonciren, vorbehaltlich weiterer Verhandlung über die Höhe des Schadens.

Gegen dieses Urtheil wurde nur von den Klägern Berufung eingelegt. Das O.L.G. wies auf diese Berufung die Widerklage im ganzen Umfange ab, bestätigte aber im übrigen die Klageabweisung. Die Klägerin hat Revision eingelegt.

„Obgleich das Zeichen der von dem Beklagten in Deutschland importirten und veräußerten Holzstifte nach der Feststellung des B.G. mit dem von den Klägern zum Hamburger Handelsregister angemeldeten und in demselben unter Nr. 421 eingetragenen Zeichen so sehr übereinstimmt, daß die Abweichungen nur durch Anwendung besonderer Aufmerksamkeit wahrgenommen werden können, erscheint doch die Abweisung der Klage gerechtfertigt und die Rüge der Revisionskläger, daß dieselbe gegen §§ 8 und 13 des Markenschutzgesetzes vom 30. November 1874 verstoße, nicht begründet.

Das Gesetz über den Markenschutz verfolgt den Zweck, einen redlichen Waarenverkehr zu befördern, indem es den Gewerbetreibenden ein Mittel darbietet, sich gegen Nachahmung und unbefugte Benutzung ihrer Waarenzeichen durch Andere zu schützen. Dagegen bezweckt das Reichs-Markenschutzgesetz keineswegs, den Gewerbetreibenden die Möglichkeit zu eröffnen, durch Anmeldung eines Zeichens, welches sie selbst weder führen noch führen wollen, Andere, welche sich dieses Zeichens bedienen, am Gebrauche desselben zu verhindern oder darin zu beschränken. Hierdurch würde nicht ein Schutz der Gewerbetreibenden und des Publikums gegen Täuschung durch nachgeahmte Waarenzeichen, sondern ein Mittel gegeben sein, die erlaubte freie Konkurrenz zu beeinträchtigen, was dem Gesetzgeber bei Erlaß des Reichs-Markenschutzgesetzes gänzlich fern lag. Gegenüber der durch die Anmeldung des Zeichens zum Handelsregister an sich begründeten Klage erscheint es daher als eine zulässige Einrede, wenn behauptet wird, daß Kläger die Anmeldung des Zeichens ohne die Absicht, ihre Waaren damit zu bezeichnen oder bezeichnen zu lassen, lediglich zu dem Zwecke bewirkt haben, das amerikanische Haus, welches sich dieses Zeichens als Marke seiner Produkte bedient, am Vertriebe derselben unter diesem Zeichen in Deutschland zu hindern oder dasselbe zu nöthigen, sich zum Vertriebe derselben unter diesem Zeichen in Deutschland keines andern Abnehmers oder Vermittlers als der Kläger zu bedienen. Ob Kläger die Anmeldung des Zeichens in dieser Absicht bewirkt haben, oder wenigstens nach Auflösung ihres geschäftlichen Verhältnisses zu Flint sie in dieser Absicht aufrecht erhalten, ist bisher nicht festgestellt worden. Es bedarf jedoch der Zurückverweisung der Sache in die Berufungsinstanz zum Zwecke dieser Feststellung nicht, weil auch schon die von dem B. G. festgestellten Thatsachen die Abweisung der Klage rechtfertigen, wenn auch nicht allen darauf bezüglichen Ausführungen des angefochtenen Urtheils beizustimmen ist.

Es steht fest, daß Kläger selbst das mit der Flint'schen Marke versehene Flint'sche Produkt in Deutschland in Verkehr gebracht haben, und daß sie in ihren eigenen Vertriebsankündigungen die Waare als „W. & J. C. Flints Blausternmarke, anerkannt beste existirende Qualität" bezeichnet haben. Hieraus kann man zwar nicht mit dem B. G. entnehmen, daß die Kläger Flint gestattet haben, ihr angemeldetes Waarenzeichen zu gebrauchen; denn die Flint'sche Marke ist nicht die von den Klägern angemeldete, sondern nur eine — nach der Feststellung des B. G. — dieser so ähnliche, daß Kläger sich der Benutzung derselben im deutschen Verkehr nach § 18 des Reichs-Markenschutzgesetzes widersetzen könnten. Dagegen ist dem B. G. darin beizustimmen, daß „durch das angegebene Verhalten der Kläger diese dem Publikum gegenüber in Bezug auf den Verkehr mit dem Flint'schen Fabrikat von Holzstiften anerkannt haben, daß der selbständige Gewerbetreibende Flint berechtigt ist, die vorbezeichnete Marke auf sein Fabrikat zu setzen," und daß „die Kläger daher gar nicht behaupten können, daß der Beklagte durch das, was sie ihm vorwerfen, eine widerrechtlich bezeichnete Waare in Verkehr bringe oder feilhalte."

Die Kläger haben, wenn sie auch berechtigt gewesen wären, sich der Anwendung der Blausternmarke beim Vertriebe der Waare in Deutschland zu widersetzen, sich derselben doch nicht allein nicht widersetzt, sondern in ihre eigenen Vertriebsankündigungen durch Bezeichnung der Marke als Flint'sche Marke diese als im deutschen Verkehr zulässig und das Recht auf ausschließliche Benutzung des angemeldeten Zeichens nicht verletzend anerkannt, auch im Prozesse nicht einmal behauptet, daß Flint nicht berechtigt sei, sich des Blausterns als Zeichens für die in Deutschland in Verkehr zu bringende Waare zu bedienen. Es könnte eingewendet werden, daß aus dem festgestellten Verhalten der Kläger ein Anerkenntniß der Berechtigung des amerikanischen Hauses zur Bezeichnung seiner Waare mit der Blausternmarke nur hinsichtlich der durch die Kläger von jenem Hause bezogenen und in Deutschland in Verkehr gebrachten Waare zu entnehmen sei. Diesen Einwand beseitigt aber die nicht als rechtsirrthümlich zu bezeichnende Erwägung des B. G., daß die Anerkennung der Flint'schen Marke dem Publikum gegenüber erfolgt ist, und die Händler, welche damit bezeichnete Waare zum Zwecke der Weiterveräußerung anschaffen, der Waare nicht ansehen können, ob sie durch die Hände der Kläger gegangen ist oder nicht, weshalb die erfolgte Anerkennung als eine unbeschränkte zu verstehen ist.

Die Abweisung der Klage, sowohl der auf § 14 des Reichs-Markenschutzgesetzes gestützten Entschädigungsklage, als der auf § 13 desselben gestützten Klage auf Untersagung des ferneren Gebrauchs, rechtfertigt sich demnach durch die Erwägung, daß in dem Feilhalten und Inverkehrbringen der von Flint mit der Flint'schen Marke bezeichneten Waare ein Feilhalten und Inverkehrbringen widerrechtlich bezeichneter Waaren nicht zu finden, die Behauptung aber, daß Beklagter eine Bezeichnung der Waare mit dem von den Klägern angemeldeten Zeichen vorgenommen habe, gar nicht aufgestellt ist."

5. Reichs-Konkursordnung.

11. **Wirkungen des Grundsatzes, daß die Konkursmasse** (nicht blos die vermögensrechtlichen Befugnisse des Gemeinschuldners, sondern auch) **die Interessen der Gesammtheit der Gläubiger darstellt** (§§ 1 ff., 23 Abs. 1 u. 2 der R. Konk. O.). Urth. des II. Civilsenats vom 24. April 1885 in Sachen E. S. & G. in C., Beklagte und Revisionskläger, wider L.'s Konk. zu G., Klägerin und Revisionsbeklagte. Vorinstanz: O. L. G. Cöln. Verwerfung.

„Die Konkursmasse repräsentirt nicht etwa blos die vermögensrechtlichen Befugnisse des Gemeinschuldners, sondern auch die Interessen der Gesammtheit der Gläubiger. Die Konkursmasse ist daher vermögensrechtlich auch nicht auf die Ausübung jener Befugnisse beschränkt, welche dem Gemeinschuldner selbst zustehen; sie kann deshalb durch ihr Organ auch jene Vermögenswerthe in die Masse ziehen, bezüglich deren eine Wirksamkeit gegen Dritte nicht eingetreten ist. Wie nun, so lange eine Signifikation der Cession einer Forderung nicht erfolgte, vor Eröffnung des Konkurses dem einzelnen Gläubiger zugestanden wäre, die betreffende Forderung als Befriedigungsmittel in Anspruch zu nehmen, so muß nach Eröffnung des Konkurses der Konkursverwalter, der die Interessen der Gesammtheit der Gläubiger zu vertreten hat, berechtigt erscheinen, den Umstand, daß eine Forderung wegen mangelnder Signifikation der Cession nicht in den Besitz des Cessionars gegenüber Dritten gelangt ist, zu Gunsten der Gesammtheit der Gläubiger geltend zu machen."

12. **Die Bestimmung des § 133 Abs. 2 der R. Konk. O. bezieht sich nur auf die im § 54 erwähnten Vorrechte, nicht auf Absonderungsrechte** (§ 3). Urth. des II. Civilsenats vom 27. März 1885 in Sachen W. B. in M., Klägers und Revisionsklägers, wider den Konkursverwalter K. in M., Beklagten und Revisionsbeklagten. Vorinstanz: O. L. G. Darmstadt. Verwerfung.

„Wenn auf die Bestimmung in § 133 Abs. 2 der R. Konk. O. hingewiesen wird, nach welcher die Eintragung in die Tabelle rücksichtlich der festgestellten Forderung, ihrem Betrage und ihrem Vorrechte nach, wie ein rechtskräftiges Urtheil gegenüber allen Konkursgläubigern gilt, so ist zu bemerken, daß das Gesetz hier nur die in § 54 der R. Konk. O. verzeichneten Vorrechte, welche gewissen Forderungen, als Konkursforderungen, der Konkursmasse im Ganzen gegenüber, verliehen sind, im Auge hat, nicht aber Absonderungsrechte, welche nach dem Systeme der R. Konk. O. (§ 3) außerhalb des Konkurses zur Geltung zu bringen sind."

13. **Nichtigkeit aller Begünstigungen einzelner Gläubiger für und in Bezug auf den Zwangsvergleich** (§§ 168, 173, 213, 22 ff. der R. Konk. O.). Urth. des IV. Civilsenats vom 26. März 1885 in Sachen L. zu B., Beklagten und Revisionsklägers, wider F. R. das., Kläger und Revisionsbeklagten. Vorinstanz: O. L. G. Stettin. Aufhebung und Zurückverweisung.

Der Beklagte hat unter Beweis gestellt, „daß zwischen dem Gemeinschuldner P., dem Vorstande des Kreditvereins zu B. und dem Kläger verabredet worden sei, daß der Kreditverein nur unter der Bedingung seine Genehmigung zur Zustimmung zu dem Akkorde ertheilen solle, daß P. sich zuvor verpflichte, dem Vorschußvereine und dem Kläger die ausfallenden 60 % zu erstatten und dieselben dadurch vor den übrigen Konkursgläubigern zu befriedigen, und daß auf Grund dieses Abkommens der Kreditverein und der Kläger für den Akkord gestimmt hätten." Der B. R. legt auf diese Behauptung keinen Werth, einmal weil bisher gar nicht behauptet worden, daß Kläger ebenfalls Konkursgläubiger des P. gewesen, und nicht ersichtlich sei, aus welchen Gründen die Genehmigung des Klägers zu der Zustimmung zu dem Akkorde erforderlich gewesen, und dann, weil sich die behauptete Vereinbarung nur auf das Verhältniß des Kreditvereins zu P. beziehe, nicht aber das Verhältniß des Klägers, als Bürgen zu P., als Hauptschuldner betreffe. Der § 213 der R. Konk. O. finde daher keine Anwendung.

„Es kann zugegeben werden, daß der § 213 der R. Konk. O. für die Bestrafung des sogenannten Stimmenkaufes die Eigenschaft eines

Konkursgläubigers voraussetzt, welche Eigenschaft für den Kläger — nach der Feststellung des B.R. — nicht dargethan ist; daß also der § 213 a. a. O. selbst keine Anwendung findet. Allein ganz abgesehen von dieser strafrechtlichen Bestimmung verlangt die R.Konk.O. — in Anschluß an ältere Konkursrechte, insbesondere an die Preußische Konk.O. §§ 186 Nr. 3, 193 Nr. 3, 203 — für den Zwangsvergleich die unbedingte Gleichstellung aller von dem Vergleiche betroffenen Gläubiger und erklärt daher für unerlaubt und selbst für strafbar jede Vereinbarung, durch welche ein Konkursgläubiger sich besondere Vortheile — abweichend von dem Inhalte des Vergleiches — versprechen läßt, indem der § 168 den Rechtssatz aufstellt: „Der Vergleich muß allen nicht bevorrechtigten Konkursgläubigern gleiche Rechte gewähren. Eine ungleiche Bestimmung der Rechte ist nur mit ausdrücklicher Einwilligung der zurückgesetzten Gläubiger zulässig. Jedes andere Abkommen des Gemeinschuldners oder anderer Personen mit einzelnen Gläubigern, durch welches diese bevorzugt werden sollen, ist nichtig." In Verbindung mit dieser Vorschrift bestimmt der § 173 a. a. O., „daß ein Vergleich auf Antrag eines nicht bevorrechtigten Konkursgläubigers, welcher stimmberechtigt war oder seine Forderung glaubhaft macht, zu verwerfen ist, wenn der Vergleich durch Begünstigung eines Gläubigers oder sonst in unlauterer Absicht zu Stande gebracht ist oder dem gemeinsamen Interesse der nicht bevorrechtigten Konkursgläubiger widerspricht." Die Worte des Gesetzes machen klar und die Motive dazu bestätigen, daß das Prinzip der Allgemeinheit und Gleichheit für den Akkord verletzt wird, wenn — ohne Genehmigung der zurückgesetzten Gläubiger — der Majorität der Gläubiger andere Rechte — höhere Prozentsätze, bessere Bedingungen, größere Sicherheit — gewährt werden, als der Minorität und daß daher kein Nebenabkommen zu dulden und jedes Abkommen nichtig ist, durch welches einzelnen Gläubigern von dem Gemeinschuldner oder einem Dritten besondere Vortheile — abweichend von dem Inhalte des Akkordes — geboten werden. Also das Gesetz verbietet absolut jede Begünstigung eines Konkursgläubigers, bei Vermeidung der Nichtigkeit des betreffenden Abkommens, abgesehen von der noch außerdem festgesetzten Bestrafung. Unter jenes Verbotsgesetz fällt die Behauptung des Beklagten, wonach die Stimme des Kreditvereines zu dem Zwangsvergleiche erkauft sein soll gegen die Zusicherung des Ersatzes des Ausfalles an den Kreditverein und an den Kläger, und wonach die in Rede stehenden Wechsel zur Realisirung dieses Abkommens ausgestellt und bezahlt sein sollen. Inwiefern die Begünstigung eines einzelnen Gläubigers vor eröffnetem oder nach beendetem

Konkurse zulässig ist, diese Frage entscheidet sich nicht nach § 168 a. a. O.; sondern mehr nach den Grundsätzen des Anfechtungsrechtes §§ 22 ff. a. a. O., allein unter jenes Verbotsgesetz fällt jedes Begünstigungsabkommen, welches für und in Bezug auf den Akkord abgeschlossen worden ist. Daß diese Voraussetzung behauptet wird, kann nach dem Inhalte der Einrede und nach eigener sachlicher Auffassung des B. R. nicht zweifelhaft sein, da der Kreditverein mit Rücksicht auf die vereinbarte Begünstigung und infolge derselben für den Akkord stimmen sollte. Also an sich — zeitlich und dem Gegenstande nach — fällt jenes Begünstigungsabkommen unter die Vorschrift des § 168 a. a. O.

Der B. R. beurtheilt dessen Wirksamkeit nur aus der Strafbestimmung des § 213 a. a. O., zieht den § 168 a. a. O. gar nicht in Betracht und verneint die Strafbarkeit und Nichtigkeit des Abkommens, weil bisher gar nicht behauptet worden, daß der Kläger ebenfalls Konkursgläubiger des P. gewesen und aus welchem Grunde die Genehmigung des Klägers zu der Zustimmung zu dem Akkorde erforderlich gewesen sei. Allein hierauf kommt es für Anwendung des § 168 a. a. O. überhaupt nicht an: auch ein Dritter soll nicht gegen diese Vorschrift fehlen. Dann meint der B. R., die behaupteten Vereinbarungen würden sich aber immer nur auf das Verhältniß des Kreditvereines zu P. beziehen; sie beträfen aber nicht das Verhältniß des Klägers, als Bürgen, zu dem P., als Hauptschuldner, und das Recht des Klägers, sich an P. wegen des ihm durch die Bürgschaftsübernahme erwachsenen Schadens zu regressiren; allein auch diese Erwägungen sind von dem Standpunkte des § 168 a. a. O. aus ganz unzutreffend und einflußlos. Zunächst könnte es überhaupt sich fragen, ob ein Rechtsgeschäft, welches gegen ein Verbotsgesetz verstößt, nicht von selbst bezüglich aller Theilnehmer an der verbotenen Handlung von der Strafe der Nichtigkeit betroffen wird; jedenfalls ist die von dem B. R. gemachte Unterscheidung für den § 168 a. a. O. ohne alle Berechtigung, der das Prinzip der Gemeinsamkeit und Gleichheit der Rechte aller Konkursgläubiger beim Zwangsvergleiche auch nicht durch dritte Personen durchbrechen läßt. Zudem würde das Abkommen, wenn giltig und zur Ausführung gebracht, auch das Rechtsverhältniß aus dem Zwangsvergleiche wesentlich modifiziren, indem es zunächst — der Vorschrift des § 178 a. a. O. zuwider — dem Kreditvereine ein wirksames Zwangsrecht gegen den Gemeinschuldner wegen des Ausfalles geben und auch in Beziehung auf die Person des Klägers, als Bürgen, eine neue rechtliche Basis für den Regreß gegen den Gemeinschuldner, als Hauptverpflichteten, — unabhängig und losgelöst von den Wirkungen des Akkordes — begründen würde. Diese Erwägungen ergeben deutlich, daß das behauptete Abkommen die rechtliche Stellung der betheiligten Personen — den Wirkungen des Zwangsvergleiches gegenüber — allerdings beeinflussen kann, und daß der erhobene Einwand daher in Gemäßheit der Vorschrift des § 168 a. a. O. sachlich und rechtlich geprüft werden muß. Sind die Geschäfte, aus welchen zunächst geklagt wird, als zur Ausführung des nichtigen Abkommens dienend, wirkungslos, so können sie überhaupt nicht die Grundlage des erhobenen Anspruchs bilden."

6. Reichs-Civilprozeßordnung.

14. **Streitgegenstand bei einer auf die Anerkennung einer bestrittenen Entschädigungspflicht im Prinzip gerichteten Feststellungsklage** (§§ 4, 6, 231 der C.P.O.). Beschluß des II. Civilsenats vom 8. April 1885 in Sachen A. & F. zu R., wider den Reichsfiskus. Vorinstanzen: L.G. Straßburg, O.L.G. Kolmar. Aufhebung. Herstellung des Beschlusses I. Instanz.

„Der angefochtene Beschluß beruht auf der Annahme, daß das Interesse, welches die Klägerin daran hat, daß vor Erhebung der Klage auf Zahlung einer bestimmten Entschädigungssumme die bestrittene Entschädigungs**pflicht** im Prinzipe festgestellt werde, mit dem Betrage der Schadenssumme **nicht** identisch, vielmehr durch **besondere Schätzung** zu ermitteln sei. Es ist nun zwar richtig, daß mit Feststellung der bestrittenen Entschädigungspflicht noch nicht die geforderte Summe zuerkannt ist, deren Höhe vielmehr noch von einem Beweisverfahren abhängig sein kann. Das Letztere ist aber auch bei der auf Leistung gerichteten Klage der Fall und gleichwohl ist nach § 4 der C.P.O. der Zeitpunkt der Erhebung der Klage für die Werthsberechnung entscheidend, und ebenso bestimmt nach § 6 der C.P.O. der Betrag der Forderung auch dann den Werth des Streitgegenstandes, wenn nur deren **Sicherung** den Gegenstand des Streites bildet. — Daraus ergiebt sich, daß die Möglichkeit der Minderung des geforderten Betrags für die Bestimmung des Werthes des Streitgegenstandes ohne rechtliche Bedeutung ist. Der Antrag auf Feststellung der Ersatzpflicht verfolgt aber seinem Zwecke nach die Realisirung der streitigen Leistung und muß daher der Betrag **dieser** um so mehr als der Werth des Streitgegenstandes gelten, als, wie erwähnt, der Betrag der Forderung selbst dann maßgebend ist, wenn nur deren Sicherung bezweckt wird. Hiernach giebt es prinzipiell keinen von dem Betrage der durch die Feststellung bedingten Forderung verschiedenen Werth des Streitgegenstandes, und kann dahin gestellt bleiben, inwiefern es etwa in dem Falle sich anders verhielte, wenn es sich nur um Feststellung der Zeit der Erfüllung handeln würde."

15. Zulässigkeit des Endurtheils nach Ablauf der Frist des § 85 der C.P.O. Urth. des V. Civilsenats vom 1. April 1885 in Sachen A. H. in B., Beklagten, Revisionsklägers, wider P. W. das., Klägerin, Revisionsbeklagte. Vorinstanz: Kammergericht. Verwerfung.

Von dem nach § 84 der C.P.O. eingeräumten Rechte, den Mangel der Prozeßvollmacht des Gegners in jeder Lage des Rechtsstreites zu rügen, hat die Klägerin Gebrauch gemacht, indem sie in der Berufungsinstanz die Substitutionsvollmacht des für den Beklagten und Revisionskläger auftretenden Justizraths E. deshalb beanstandete, weil die Vollmacht seines Substituenten, des Justizraths H., nicht beglaubigt war. Von dem B.G. ist infolge dessen dem Justizrath E. zur Beibringung einer ordnungsmäßigen Vollmacht eine dreimonatige Frist bestimmt, von dem Letzteren aber auch innerhalb dieser Frist eine solche nicht beschafft.

„Mit Recht wurde daher nach Ablauf derselben die Berufung des Beklagten durch Endurtheil zurückgewiesen. Denn die Vorschrift des § 85 C.P.O., daß das Endurtheil erst erlassen werden darf, nachdem die Frist zur Beibringung der Genehmigung der von einem nicht bevollmächtigten Vertreter vorgenommenen Handlungen abgelaufen ist, schließt nur die frühere Abgabe eines Endurtheils aus und läßt daher den Erlaß desselben nach fruchtlosem Ablauf der Frist zu.

Ob dem Antrage des Vertreters des Beklagten auf Bewilligung einer weiteren Frist zur Beschaffung einer Vollmacht stattzugeben war, hing von dem Ermessen des Berufungsrichters ab. Wenn er das Endurtheil unter Ablehnung dieses Antrags erlassen hat, weil er die bewilligte dreimonatliche Frist für ausreichend erachtete, so sind daher hierdurch Rechtsnormen nicht verletzt. Namentlich ist eine solche Verletzung in der Annahme nicht zu finden, daß die erforderlichen Bescheinigungen des Auswärtigen Amts und des russischen Justizministeriums innerhalb jener Frist hätten beschafft werden können."

16. Kompensation gegen festgestellte zu erstattende Prozeßkosten; nicht im Wege der Beschwerde, sondern im Wege selbständiger Klage (§§ 87, 99, 686, 703, 702 Z. 3 der C.P.O.). Beschluß des III. Civilsenats vom 24. April 1885 in Sachen F. K. in F., Klägers, wider B. das., Beklagten. Vorinstanz: O.L.G. Jena. Aufhebung und Zurückverweisung.

Der vorige Richter geht zur Begründung seiner Entscheidung davon aus, daß die Erhebung einer Beschwerde gegen die Kostenfestsetzungsbeschlüsse vom 20. und

24. Dezember 1884 der zulässige Weg war, auf dem der Kostenschuldner die Einrede der Kompensation gegen den Kostenerstattungsanspruch des Gegners zur Geltung bringen konnte.

„Die angeregte Prozeßfrage ist für gegenwärtige Sache selbständig zu entscheiden. Es kann dies aber nur in einem der Vorinstanz entgegengesetzten Sinne dahin geschehen, daß der Weg, auf welchem gegen einen vollstreckbaren Kostenfestsetzungsbeschluß noch ein Kompensandum vom Kostenschuldner mit der Wirkung der Aufhebung des Beschlusses geltend gemacht werden kann, nicht der Weg der Beschwerde gegen letzteren ist, sondern nur der im §§ 686, 703, 702 Ziff. 3 der C.P.O. vorgesehene Weg der selbständigen Klage, vorausgesetzt, daß die allgemeinen Bedingungen dieser Klage vorliegen.

Ersteres — worum es sich gegenwärtig allein handelt — ergiebt sich von selbst aus der Natur und Bedeutung eines Kostenfestsetzungsbeschlusses und des dagegen zustehenden Rechtsmittels der (sofortigen) Beschwerde. Das Gericht, bei dem eine Kostenfeststellung beantragt wird, hat doch eben nur die Kosten festzustellen und wenn der Kostenschuldner gegen diese Festsetzung keine Ausstellung zu erheben hat, so steht ihm auch keine Beschwerde gegen den Beschluß zu. Denn § 99 der C.P.O. giebt ihm letztere nur gegen die Kostenfestsetzung, nicht auch gegen die Vollstreckungsklausel, wenn die zu erhebenden Einwendungen den Bestand des Anspruchs überhaupt betreffen. Ihm bleibt also, falls der Anspruch selbst, sei es durch Zahlung, sei es durch Kompensation, getilgt ist und dennoch die Zwangsvollstreckung verfolgt wird, nur noch der Weg der Klage zur Geltendmachung der Einwendungen offen, und können andererseits, wie daraus von selbst folgt, diese Einwendungen nicht um deswillen nach § 686 präkludirt erscheinen, weil sie noch in der Beschwerdeinstanz hätten zur Geltung gebracht werden können.

Selbst wenn man aber mit dem Vorderrichter die Einrede der Kompensation noch in der Beschwerde-Instanz zulassen dürfte, würde dies nicht zur Aufhebung des Kostenfestsetzungsbeschlusses haben führen können. Denn die Kostenfestsetzung behält immer ihre selbständige Bedeutung und auch wenn der, gegen den sie extrahirt ist, erklärt, mit einer Gegenforderung kompensiren zu wollen, fragt es sich immer noch, welcher Kostenbetrag denn nun auf diese Gegenforderung zur Aufrechnung zu bringen sei. Es würde also der Kostenfestsetzungsbeschluß als solcher immer noch bestehen bleiben müssen und es sich nur darum fragen können, ob die Vollstreckungsklausel durch eine im Wege der Beschwerde geltend gemachte Kompensationseinrede beseitigt werden könne. Unter diesem Gesichtspunkt zeigt es sich aber von Neuem, wie wenig dies den sonstigen Grundsätzen der C. P. O. entsprechen würde. Dieselbe unterscheidet dreierlei Arten der Einwendungen des Schuldners in der Exekutions-Instanz, gleichviel, ob diese auf einem Urtheil oder auf einem andern vollstreckbaren Titel beruht (§ 703 cf. 702): 1) Einwendungen gegen die Vollstreckungsklausel (§ 668), 2) Einwendungen gegen die Art und Weise der Zwangsvollstreckung und das bei derselben vom Gerichtsvollzieher zu beobachtende Verfahren (§ 685) und 3) Einwendungen gegen den durch das Urtheil festgestellten Anspruch selbst (§ 686). Nur die unter 1) und 2) gedachten Einwendungen können ohne Betretung des Klagwegs erhoben werden. Zu den den Anspruch selbst betreffenden Einwendungen, welche nach Vorschrift des § 686 nur mittelst Klage geltend gemacht werden können, gehört aber der Einwand der Tilgung, sei es durch Zahlung, sei es durch Kompensation, und dieser Einwand kann also nicht im Beschwerdeweg zur Beseitigung der Vollstreckungsklausel erhoben werden."

17. Begriff der „weiteren Sicherheit" des § 104 Abs. 3 der C. P. O. Zwischenurth. des I. Civilsenats vom 11. April 1885 in Sachen G. & S. zu B. (Mähren), Klägerin und Revisionsklägerin, wider Gebr. G. zu K., Beklagte und Revisionsbeklagte. „Der Klägerin wird aufgegeben, dem Beklagten eine weitere Sicherheit wegen der Prozeßkosten im Betrage von 310 ℳ binnen vier Wochen zu leisten." (Streitgegenstand 10 000 ℳ.)

„Daß die Klägerin Ausländerin sei, ist unzweifelhaft, ebenso daß die in erster Instanz geleistete Sicherheit für die späteren Kosten, namentlich der Berufungs- und der Revisionsinstanz keine Deckung gewährt. Beklagte ist somit nach § 104 der C. P. O. berechtigt, die Leistung einer weiteren Sicherheit zu fordern. In einem früheren ähnlichen Falle Levine wider Blumenreich & Meyer Bd. I S. 454—483 — Zwischenurtheil vom 12. Januar 1884" — (Annalen Bd. IX S. 348) „hat das R. G. angenommen, die Kosten zweiter Instanz seien hierbei nicht in Betracht zu ziehen, wenn Beklagte nicht glaubhaft gemacht habe, daß sie ohne ihr Verschulden außer Stande gewesen sei, beim Beginn der zweiten Instanz Sicherheit für die Kosten zweiter Instanz zu verlangen. Sie könne dann nicht nachträglich Sicherheit für die Kosten zweiter Instanz fordern. *An dieser Ansicht kann nicht festgehalten werden.* Allerdings werden die Prozeßkosten für die einzelnen Instanzen gesondert berechnet. Aber die Sicherheit wird nicht für die einzelne Instanz gefordert. Nach § 104, Abs. 2 ist bei Festsetzung der Höhe der zu leistenden Sicherheit derjenige Betrag der Prozeßkosten zu Grunde zu legen, welchen der Beklagte wahrscheinlich aufzuwenden haben wird, — es ist also hierbei nicht blos die erste Instanz, sondern es sind auch die möglichen späteren Instanzen in Rücksicht zu ziehen, und zwar gleichgiltig, ob das Rechtsmittel von dem Kläger oder ob es von dem Beklagten eingelegt werden wird. Denn, auch wenn der Beklagte ein Rechtsmittel einlegt, hat er, so lange Kläger die erhobene Klage aufrecht hält, Anspruch darauf, daß ihm dieser Sicherheit für die dem Beklagten erwachsenden Kosten leistet. Und ebenso ist es im Abs. 3 des § 104 nicht der Abschnitt einer Instanz, an welchen sich das Recht des Beklagten, Erhöhung der Sicherheit zu fordern, anlehnt. Vielmehr kann diese Erhöhung im Laufe des Rechtsstreits, also auch im Laufe jeder Instanz für die durch die früher geleistete Sicherheit nicht gedeckten Kosten gefordert werden. Gegen diese Auffassung läßt sich auch nicht die Bestimmung des § 105 der C. P. O. geltend machen. Darnach ist, wenn die Sicherheit innerhalb der Frist und bis zur Entscheidung nicht geleistet ist, die Klage für zurückgenommen zu erklären oder, wenn über ein Rechtsmittel des Klägers zu verhandeln ist, dasselbe zu verwerfen. Ist über ein Rechtsmittel des Beklagten zu verhandeln, so tritt der Rechtsnachtheil ein, daß die Klage für zurückgenommen erklärt wird.

Kann nun aber vom Beklagten Erhöhung der Sicherheit in jedem Stadium des Prozesses gefordert werden, so ist die zu leistende Erhöhung nicht zu beschränken auf diejenigen Kosten, welche von dem Zeitpunkt ab entstehen, wo die Erhöhung gefordert wird. Nur für die beim Beginn des Rechtsstreits geforderte Sicherheit (§ 104 Abs. 2) ist als Grundsatz ausgesprochen, es sei der Betrag der Prozeßkosten zu Grunde zu legen, welchen der Beklagte wahrscheinlich aufzuwenden haben *wird*, ein für den *Beginn* ganz sachgemäßer Ausdruck. Ergiebt sich aber im Lauf des Rechtsstreits (§ 104, Abs. 3), daß die geleistete Sicherheit nicht hinreicht, so kann der Beklagte die Leistung einer *weiteren* Sicherheit verlangen. Jenes Ergebniß kann festgestellt werden sofort, nachdem so viel Kosten aufgelaufen sind, wie Sicherheit der Summe nach bestellt ist. Es kann auch in dem ganzen ferneren Verlauf des Rechtsstreits festgestellt werden. Die *weitere* Sicherheit ist aber nach den Gesetzesworten in diesem Falle nicht beschränkt auf die Deckung für die nun noch entstehenden Kosten; sie ist folgeweise zu leisten für die durch die bisher geleistete Sicherheit nicht gedeckten Kosten, dieselben mögen bereits entstanden sein oder noch entstehen. Auch aus § 490 der C. P. O. läßt sich eine derartige Beschränkung nicht ableiten. Danach dürfen protesthindernde Einreden, auf welche die Partei verzichten darf, in der Berufungsinstanz nur geltend gemacht werden, wenn die Partei glaubhaft macht, daß sie ohne ihr Verschulden außer Stande gewesen ist, dieselben in erster Instanz vorzubringen. Das bezieht sich indessen allein auf den Fall, daß in erster Instanz eine solche Einrede, also z. B. auch die Einrede der mangelnden Sicherheitsleistung für die Kosten, nicht vorgeschützt ist; es bezieht sich nicht auf den Fall, daß die Einrede vorgeschützt ist, die von dem Gericht erster Instanz arbitrirte, von dem Kläger geleistete Sicherheit aber, wie sich demnächst herausstellt, für die Deckung der Kosten nicht ausreicht."

18. **„Unabwendbarer Zufall" im Sinne von § 211 der C. P. O.** (Verzögerung der Beschaffung des Armenrechtes infolge von Gefangenschaft des Nachsuchenden). Urth. des III. Civilsenats vom 8. April 1885 in Sachen J. H. F. v D., Beklagten, Revisionsklägers, wider uxorem, Klägerin, Revisionsbeklagte. Vorinstanzen: L. G. Gießen, O. L. G. Darmstadt. Wiedereinsetzung.

„Dem Beklagten war, des Widerspruchs der Klägerin ungeachtet, die nachgesuchte Wiedereinsetzung in den vorigen Stand gegen den Ablauf der Revisionsfrist zu ertheilen. Derselbe hat sich, nachdem ihm von dem Offizialanwalt zweiter Instanz eröffnet worden, daß das Berufungsurtheil am 9. Dezember 1884 zugestellt worden sei und er, Beklagter, falls er die Revision verfolgen wolle, zunächst ein Armuthszeugniß bei der zuständigen Behörde erwirken müsse, sofort an das Großherzogliche Ortsgericht zu Daubringen gewendet, welches unterm 29. Dezember vor. Js. das begehrte Zeugniß ausstellte und dem Beklagten nach Darmstadt übersendete. Unter Anschluß dieses Attestes und einer Ausfertigung des Berufungsurtheils hat darauf der Beklagte mittelst Eingabe vom 4/5. Januar d. J. die Beigebung eines Offizialanwalts bei dem Reichsgerichte zum Zwecke der Einlegung der Revision beantragt; die entsprechende Verfügung auf dieses Gesuch konnte jedoch erst am 9. ejusd., also am Tage des Ablaufs der Revisionsfrist, erfolgen, so daß der bestellte Armenanwalt außer Stande war, rechtzeitig die Revision einzulegen. Diese Thatsachen sind theils urkundlich bescheinigt, theils gerichtskundig. Da nun Beklagter im Landesgefängnisse zu Darmstadt die ihm durch Strafurtheil vom 23. Februar 1883 zuerkannte Gefängnißstrafe verbüßt, aus diesem Grunde auch nicht persönlich die Ausstellung des Armuthszeugnisses betreiben konnte und da er keine Schuld daran trägt, daß auf sein Gesuch um Zulassung zum Armenrechte für die Revisionsinstanz erst am 9. Januar d. J. verfügt wurde, so ist die

Fristversäumniß auf einen unabwendbaren Zufall im Sinne des § 211 der C.P.O. zurückzuführen."

19. **1) Durch Erwirkung einstweiliger Verfügungen wird nicht Rechtshängigkeit geschaffen** (C.P.O. § 235). **2) Die einstweilige Verfügung hindert den dadurch Betroffenen nicht, wegen des betroffenen Rechtes Feststellungsklage bei dem zuständigen Gericht zu erheben** (C.P.O. §§ 814 ff., 816, 820, 821). **3) Durch die einstweilige Verfügung wird das Wahlrecht des Arrestbeklagten unter mehreren für die Feststellungsklage zuständigen Gerichten nicht konsumirt** (§§ 35, 225, 230, 751, 806, 821 der C.P.O.). Urth. des V. Civilsenats vom 1. April 1885 in Sachen E. zu B., Klägers und Revisionsklägers, wider Frau S. das., Beklagte und Revisionsbeklagte. Vorinstanz: L.G. I und Kammergericht Berlin. Aufhebung und Verwerfung der Unzuständigkeitseinrede der Beklagten (wie in erster Instanz).

Für die Beklagte war früher in dem Grund- und Hypothekenbuche des A.G. Grimma (Sachsen) für Böhlen eine Hypothekenforderung von 8250 ℳ eingetragen. Die Beklagte hat diese Forderung am 20. Oktober 1882 an ihren Ehemann, und dieser sie am 28. Dezember 1882 an den Kläger mittels notarieller Cession übertragen. Die Umschreibung der Forderung auf den Namen des Klägers ist bewirkt. Zufolge Antrages der Beklagten hat das O.L.G. Dresden das L.G. Leipzig angewiesen, durch einstweilige Verfügung im Hypothekenbuche bei der fraglichen Forderung einen Eintrag dahin vorzunehmen, daß dem Kläger als Inhaber derselben die Veräußerung und Verpfändung, sowie überhaupt jede Verfügung über dieselbe untersagt werde. Das A.G. Grimma hat am 11. August 1883 auf Beschluß des L.G. Leipzig vom 4. August 1883 die Eintragung ausgeführt. Im gegenwärtigen Prozesse behauptet Kläger, daß er die Forderung in rechtsgültiger Weise erworben habe. Seine Anträge gehen dahin, die Beklagte zu verurtheilen: 1) anzuerkennen, daß die am 28. Dezember 1882 vorgenommene Cession der Hypothekenforderung von 8250 ℳ seitens des Eigenthümers S. (des Ehemannes der Beklagten) an ihn, und seine auf Grund dieser Cession erfolgte Eintragung als Eigenthümer dieser Forderung ihr, der Beklagten, gegenüber rechtsgültig sei, und 2) darin zu willigen, daß die einstweilige Verfügung vom 4. August 1883 aufgehoben und die auf Grund derselben im Grundbuch des A.G. Grimma für Böhlen eingetragene Vormerkung gelöscht werde. Die vorliegende Klage ist im Gerichtsstande des Wohnsitzes beider Parteien beim L.G. I Berlin angestellt. Die Beklagte hat die Einrede der Unzuständigkeit dieses Gerichts erhoben. Dieselbe ist vom Ersten Richter verworfen, dagegen vom Zweiten Richter für begründet erachtet. Anlangend den ersten, auf Anerkennung der Rechtsgültigkeit der Cession vom 28. Dezember 1882 gerichteten Antrag, so geht der B.R. davon aus, daß für diese Klage an sich sowohl der Gerichtsstand des Wohnsitzes (§§ 12, 13 der C.P.O.), d. h. das L.G. I Berlin, als derjenige der unerlaubten Handlung (§ 32 der C.P.O.; § 3 Nr. 1 des Anfechtungsgesetzes vom 21. Juli 1879), hier das L.G. Leipzig, begründet sein würde. Er nimmt jedoch an, daß durch den Erlaß der einstweiligen Verfügung bei dem L.G. Leipzig „eine Art Rechtshängigkeit auch in Bezug auf die Hauptsache begründet wird."

Zu 1. „Diese Ansicht erscheint rechtsirrthümlich. Zufolge § 235 der C.P.O. tritt Rechtshängigkeit durch Erhebung der Klage ein. Nach dieser Vorschrift würde, um eine Rechtshängigkeit bei dem L.G. Leipzig zu bewirken, erforderlich sein, daß die Hauptklage bei demselben angestellt ist. Die Beklagte behauptet nicht, daß dies geschehen sei. Für die Hauptklage ist also keine Rechtshängigkeit bei dem L.G. Leipzig eingetreten. Was der B.R. mit dem Ausdruck „eine Art Rechtshängigkeit" meint, ist nicht verständlich. Die Ausdehnung der Bestimmungen über Rechtshängigkeit auf analoge Fälle muß für ausgeschlossen erachtet werden. Die weitere Frage, ob der Kläger, wenn die Beklagte die Hauptklage bei dem L.G. Leipzig angestellt hätte, dadurch behindert wäre, die vorliegende Feststellungsklage bei dem L.G. I Berlin zu erheben, bedarf bei Lage der Sache keiner Entscheidung."

Zu 2. „Der B.R. hat weiter erwogen, daß diejenige Partei, welche eine einstweilige Verfügung erwirkt, ein Recht auf deren Fortbestand bis zur Aufhebung derselben durch das zuständige Gericht besitze. Die Richtigkeit dieses Rechtsgrundsatzes läßt sich nicht bezweifeln. Er beweist jedoch keineswegs, daß der Kläger verhindert ist, von dem an sich zuständigen Gericht durch eine Feststellungsklage über die Rechtsgültigkeit der seiner Eintragung zu Grunde liegenden Cession eine Entscheidung treffen zu lassen. Die Frage, ob Kläger durch ein ihm günstiges Urtheil die Aufhebung der einstweiligen Verfügung erwirken kann, ist für die Entscheidung auf die Feststellungsklage ohne Bedeutung."

Zu 3. „Der B.R. sagt endlich, daß durch den Erlaß der einstweiligen Verfügung „eine wirkliche Prävention" ausgeübt sei. Auch dieser Entscheidungsgrund kann nicht für zutreffend erachtet werden. Richtig ist, daß unter mehreren zuständigen Gerichten dem Kläger die Wahl zusteht (§ 35 der C.P.O.). Die Ausübung des Wahlrechts bindet den Kläger (§§ 235, 230 der C.P.O.). Ob in dem Antrage auf Erlaß eines Arrestes oder einer einstweiligen Verfügung eine Ausübung des Wahlrechts zu finden sei, kann für zweifelhaft gelten. Eine Verpflichtung zur Anstellung der Hauptklage wird dadurch nach den Grundsätzen der C.P.O. nicht begründet (vergl. Motive zu § 751 S. 454). Nur in Folge Antrages muß das Arrestgericht anordnen, daß die Hauptklage binnen einer zu bestimmenden Frist erhoben werde (ib. § 806). Einen desfallsigen Antrag hat der jetzige Kläger (d. h. der Arrestbeklagte) nicht gestellt. Wenn man aber auch (mit v. Wilmowski-Levy, Kommentar zur C.P.O. § 821 N. 1 3. Aufl. S. 964) annehmen wollte, daß beim Vorhandensein mehrerer

Gerichtsstände der Arrestantrag für den Arrestkläger als Ausübung des Wahlrechts aufzufassen sei, so daß der Kläger verpflichtet werde, die Hauptklage beim Arrestgericht anzustellen, so fehlt es doch an jedem Rechtsgrunde, hierdurch auch das Wahlrecht des Arrestbeklagten unter mehreren für die Erhebung der Feststellungsklage zuständigen Gerichten konsumirt zu erachten. Der Fall einer Prävention liegt also hier in Betreff des Klägers (d. h. des Arrestbeklagten) nicht vor."

20. Erfordernisse der Berufungsschrift. Unerhebliche Unrichtigkeiten bei Bezeichnung des Urtheils (§ 479 der C.P.O.). Urth. des IV. Civilsenats vom 30. März 1885 in Sachen L. G. zu H., Klägers und Revisionsklägers, wider W. in Th., Beklagten und Revisionsbeklagten. Vorinstanz: O L.G. Marienwerder. Aufhebung und Zurückverweisung.

Der B.R. hat die Berufung als unzulässig verworfen wegen eines wesentlichen Mangels der Berufungsschrift, welchen er in der unzutreffenden Bezeichnung des angefochtenen Urtheils findet. Es ist nämlich in der dem gegnerischen Prozeßbevollmächtigten zugestellten Berufungsschrift als Tag der Verkündung des angegriffenen Urtheils der 19. März 1884 und als Aktenzeichen erster Instanz „O. 284/83" angegeben, während letzteres in Wahrheit „O. 289/83" lautet und das in dieser Sache ergangene Urtheil des L.G. Thorn am 19. Juni 1884 verkündet ist. Unter Hervorhebung dieser Differenzen schließt der B.R. daran nur die Erwägung, daß die gewählte Bezeichnung „nicht zutreffe für das in der Prozeßsache O. 289/83 am 19. Juni 1884 ergangene Urtheil" und daß also gegen letzteres nicht in formgerechter Weise die Berufung eingelegt sei.

„Diese Begründung ist ungenügend und läßt eine irrthümliche Auffassung des § 479 der C.P.O. erkennen. Zwar gehört nach dieser Gesetzesbestimmung zu den nothwendigen Erfordernissen der Berufungsschrift auch die Bezeichnung des Urtheils, gegen welches die Berufung gerichtet wird. Allein dies ist nicht dahin zu verstehen, daß jede Unrichtigkeit in der Bezeichnung die Einlegung der Berufung unwirksam mache. Vielmehr ist nur eine derartige Bezeichnung zu erfordern, daß bei dem Gegner kein gegründeter Zweifel darüber obwalten kann, welches Urtheil mit der fraglichen Berufung angefochten werde, und hierüber hatte das B.G. nach den Umständen des vorliegenden Falls zu befinden. In dieser Hinsicht war in Betracht zu ziehen, daß in der Berufungsschrift, wie die zu den Akten eingereichte Abschrift derselben ergiebt, sowohl das Rubrum des Prozesses als auch das Gericht erster Instanz richtig angegeben sind. Demgegenüber erscheint die geringfügige, durch einen Schreibfehler leicht erklärliche Abweichung in dem Aktenzeichen durchaus belanglos. Erheblicher ist allerdings die Unrichtigkeit des Datums der Verkündung und diese würde in dem Berufungsbeklagten berechtigte Zweifel bezüglich des angefochtenen Urtheils haben erwecken können, wenn in demselben Jahre noch ein weiterer Rechtsstreit vor dem nämlichen L. G. zwischen den Parteien geschwebt hätte, auf welchen sich möglicher Weise die Berufung hätte beziehen können. Wäre dies aber nicht der Fall, so will nicht einleuchten, wie durch jene Unrichtigkeit ein Zweifel darüber hätte entstehen können, gegen welches Urtheil die Berufung eingelegt werden sollte."

21. **1) Im Urkundenprozeß muß, wenn eine Urkunde von einem Vertreter unterschrieben ist, auch die Befugniß desselben urkundlich bescheinigt werden. 2) Begriff der „bei Gericht offenkundigen Thatsachen" im Sinne von § 264 der C.P.O. Die Offenkundigkeit folgt noch nicht aus Eintragungen im Handelsregister.** (§§ 555, 556 der C.P.O.) Urth. des II. Civilsenats vom 27. März 1885 in Sachen H. & V. zu K., Beklagte und Revisionsklägerin, wider P. das., Kläger und Revisionsbeklagten. Vorinstanzen: L. G. und O.L.G. Köln. Aufhebung und Klagabweisung (wie in erster Instanz).

Der Kaufmann P. (Revisionsbeklagter) ist im Besitze eines vom 28. Juli 1882 datirten Wechsels, welcher lautet: „Bei Sicht zahlen wir gegen diesen unseren Solawechsel an die Ordre von W. P. 9200 ℳ ꝛc." und unterzeichnet ist: „p. pa. H. & V. (Name der Firma der Beklagten. W. K." Diesen Wechsel ließ P. am 10. März 1884 der Firma H. & V. zur Zahlung präsentiren und mangels Zahlung protestiren. Er erhob sofort Wechselklage gegen besagte Firma vor dem L.G. II Kammer für Handelssachen zu Köln, in welcher er Zuspruch der Wechselsumme begehrte. Die Beklagte bestritt die Statthaftigkeit des Wechselprozesses, weil die Befugniß des W. K. zu ihrer Vertretung durch eine mit der Klage zuzustellende Urkunde hätte müssen nachgewiesen werden. Sie bestritt ferner die Echtheit der Unterschrift, sowie daß der Wechsel am 28. Juli 1882 oder zu einer Zeit ausgestellt worden sei, zu welcher K. ihr Prokurist gewesen sei. Zur Widerlegung dieser drei Einwände schob der Kläger Eide zu. Das L.G. erachtete den ersten Einwand für zutreffend und wies deshalb durch Urtheil vom 30. Juli 1884 die Klage als in der gewählten Prozeßart unstatthaft ab. Der Kläger legte Berufung ein, zu deren Begründung er ein Attest des A. G. Köln vom 14. November 1884 vorlegte, inhaltlich dessen die Prokurabestellung des W. K. am 1. Juli 1871 in das Prokuraregister eingetragen und am 20. Juni 1883 gelöscht worden ist. Zum Nachweise der Echtheit der Unterschrift bezog er sich auf die in erster Instanz von der Beklagten abgegebene Erklärung über die Annahme des Eides. Das O.L.G. erkannte durch Urtheil vom 29. November 1884 nach dem Klageantrage. Die Gründe erhellen aus dem R.G.-Urtheil.

Zu 1. „Nach § 555 der C.P.O. ist der Urkundenprozeß nur statthaft, wenn sämmtliche zur Begründung des Anspruchs erforderliche Thatsachen durch Urkunden bewiesen werden können und § 556 a. a. O. bestimmt, daß diese Urkunden in Urschrift oder Abschrift der Klage beigefügt werden müssen.

Ist die Urkunde, auf welche der Anspruch sich gründet, nicht von der angeblich verpflichteten Person selbst ausgestellt, sondern von einem Vertreter derselben, wie z. B. im vorliegenden Falle von einem Prokuristen, so reicht der Nachweis der Echtheit der Unterschrift dieses Vertreters (§ 558 Abs. 2 der C. P. O.) offenbar zur Begründung des Anspruchs nicht hin, vielmehr muß weiter dargethan werden, daß die fragliche Person auch *befugt* war, als Vertreter zu handeln. Folge hiervon ist, daß auch betreffs dieser Thatsache die Vorschriften der §§ 555 und 556 gelten."

Zu 2. „Das O. L. G. verkennt dies nicht, ist aber der Ansicht, daß im vorliegenden Falle eine Ausnahme zu machen sei, weil betreffs der Thatsache, daß K., der den Wechsel als Prokurist unterzeichnete, zu der dem Datum des Wechsels entsprechenden Zeit in der That Prokurist der beklagten Firma gewesen sei, *Notorietät* im Sinne von § 264 der C. P. O. bestehe, also es eines Beweises überhaupt nicht bedürfe. Es ist nun als richtig anzuerkennen, daß Thatsachen, welche im Sinne von § 264 a. a. O. *bei Gericht offenkundig* sind, auch im Urkundenprozesse keines Beweises bedürfen; allein das O. L. G. verkennt den Begriff der in § 264 a. a. O. bezeichneten Notorietät, wenn es sie im vorliegenden Falle gegeben erachtet. Dasselbe weist in seinen bezüglichen Entscheidungsgründen darauf hin, daß die Prokurabestellung des K. ins Handelsregister eingetragen und dieser Eintrag veröffentlicht worden sei und meint, hieraus ergebe sich *nach den Bestimmungen des H. G. B.* Art. 12 ff. die *durch Art. 45 allda vorgeschriebene Offenkundigkeit* der Prokurabestellung. In dieser Identifizirung des Begriffs der Offenkundigkeit nach § 264 a. a. O. mit der angeblichen Offenkundigkeit, welche sich im Sinne des H. G. B. an die Einträge ins Handelsregister knüpft, bekundet sich eine unrichtige Auffassung sowohl der einschlägigen Bestimmungen des H. G. B. als des § 264 der C. P. O.

Wenn das H. G. B., indem es die Einsicht der Handelsregister Jedermann gestattet und die Veröffentlichung der Einträge vorschreibt (Art. 12 und 13 des H. G. B), dafür sorgt, daß die Handelsregistereinträge denjenigen Personen, für welche sie Interesse bieten, bekannt werden, so folgt hieraus offenbar nicht ohne Weiteres, daß das Bestehen dieser Einträge, bezw. die eingetragenen Thatsachen für das erkennende Gericht (falls es nicht etwa dasjenige Gericht ist, welches das betreffende Handelsregister führt) offenkundig seien. Ebensowenig folgt dies aus der Vermuthung, welche dafür besteht, daß Dritte Kenntniß der Handelsregistereinträge haben; denn diese vermuthbare

Kenntniß ist etwas wesentlich Anderes als die Offenkundigkeit, von welchem § 264 a. a. O. spricht. Insofern das H.G.B. eine Vermuthung der Kenntniß der Handelsregistereinträge aufstellt, geht es von der Erwägung aus, daß von Jedem, der mit einem Kaufmann kontrahirt, vorausgesetzt werden dürfe, er werde sich, soweit es die Vorsicht erheischt, von den auf die Firma dieses Kaufmannes bezüglichen Handelsregistereinträgen Kenntniß verschafft haben, daß ihm also kein Unrecht geschehe, wenn die Kenntniß dieser Einträge gegen ihn vermuthet wird. Eine Vermuthung dafür, daß auch das erkennende Gericht Kenntniß besagter Einträge habe, konnte und wollte vom H.G.B. nicht aufgestellt werden; sie würde jedenfalls dem Sinne des § 264 a. a. O., welcher eine wirkliche und zwar vollständige Kenntniß unterstellt, nicht entsprechen. Daß das O.L.G. diese Prinzipien verkannt habe, geht klar aus seiner Schlußbemerkung hervor: es sei durch die in zweiter Instanz erfolgte Vorlage eines Handelsregisterauszuges die Offenkundigkeit dargethan. Eine Offenkundigkeit, welche erst durch Vorlage einer Urkunde bewiesen werden muß, ist eben keine Offenkundigkeit im Sinne von § 264 a. a. O.

Abwegig ist es auch, wenn das O.L.G. Werth darauf legt, daß es sich um eine von der Beklagten selbst ausgegangene Thatsache handle, denn wenn die Kenntniß des Gegners von der durch die Urkunde zu erweisenden Thatsache genügen würde, von der Pflicht zur Vorlage der Urkunde zu befreien, oder eine Nachbringung derselben in der Berufungsinstanz zu gestatten, so wären in der Mehrzahl der Fälle die Vorschriften der §§ 555 und 556 der C.P.O. völlig gegenstandslos."

7. Gerichtsverfassungsgesetz.

22. **Verfahren beim Antrag auf gerichtliche Ernennung von Liquidatoren** (§ 13 des G.V.G., Einf.Ges. zur C.P.O. § 3). S. oben Fall 3 S. 2.

8. Gerichtskostengesetz.

23. **Derjenige, welcher die Läuterung eines rechtskräftigen, auf Eid erkennenden bedingten Endurtheils beantragt, ist als „Antragsteller" vorschußpflichtig.** (§§ 84, 24 des G.K.G.). Beschluß des I. Civilsenats vom 1. April 1885 in Sachen L. S. zu S., Beklagten und Berufungsklägers, wider H. G. zu D., Kläger und Berufungsbeklagten. Vorinstanz: O.L.G. Naumburg. Verwerfung der Beschwerde.

Nachdem von dem B.G. durch bedingtes Endurtheil vom 28. Mai 1884 auf einen über einen Einwand des Beklagten von demselben dem Kläger zugeschobenen und von diesem angenommenen Eid erkannt und von dem Kläger das Weitere zur Läuterung des Urtheils zu veranlassen gebeten, auch der Eintritt der Rechtskraft desselben nachgewiesen worden war, forderte das B.G. von dem Kläger die Zahlung eines Vorschusses von 100 ℳ zur Deckung der baaren Auslagen, welche durch das Ersuchen um Abnahme des Eides des in Australien sich aufhaltenden Klägers entstehen würden. Am 26. Februar 1885 stellte Kläger den Antrag, den Vorschuß vom Beklagten und Berufungskläger einzuziehen, eventuell erheblich herabzusetzen. Das B.G. wies diesen Antrag durch Beschluß vom 9. März 1885 zurück. Gegen diesen ihm zugestellten Beschluß hat Kläger unter dem 20. März 1885 Beschwerde eingelegt mit dem Antrage, seinem früheren Antrage stattzugeben.

„Die Beschwerde ist unbegründet. Nach § 84 des G.K.G. ist bei jedem Antrage auf Vornahme einer Handlung, mit welcher baare Auslagen verbunden sind, ein zur Deckung derselben hinreichender Vorschuß von dem Antragsteller zu zahlen. In Betreff des in Rede stehenden Antrages ist mit Recht der Kläger als Antragsteller angesehen worden, da er um Veranlassung des Weitern zur Läuterung des bedingten Urtheils vom 28. Mai 1885 gebeten und die nach § 425 Abs. 2 der C.P.O. erforderliche Nachweisung der Rechtskraft desselben beschafft hat. Das Verlangen des Klägers, den Vorschuß nicht von ihm, sondern von dem Beklagten einzuziehen, stützt sich auf die Ausführung: das Gericht habe die Läuterung des bedingten Urtheils von Amtswegen zu bewirken, der seinerseits gestellte Antrag sei überflüssig, die Stellung dieses unnöthigen Antrags ändere nichts an der abgesehen hiervon bestehenden Pflicht zur Zahlung des Vorschusses, wenn man aber von seinem Antrage absehe, so könne nur der Beklagte, welcher als Beweispflichtiger den Beweis durch Eideszuschiebung angetreten hat, vorschußpflichtig sein, weil die Eidesabnahme im Läuterungsverfahren jeder sonstigen Beweisaufnahme gleichstehe. Dieser Ausführung ist zwar darin beizustimmen, daß die Abnahme des Eides auch dann, wenn auf denselben durch bedingtes Urtheil erkannt worden ist, die Eigenschaft einer Beweisaufnahme hat, weil der Eid auch dann, wenn über die Folgen der Leistung oder Nichtleistung desselben bereits erkannt ist, die Eigenschaft eines Mittels zur Begründung der richterlichen Ueberzeugung hinsichtlich der Wahrheit von Thatsachen behält, und die Erwähnung der Leistung des durch ein Urtheil auferlegten Eides neben dem Beweisaufnahmeverfahren in § 13 Nr. 4 der Geb.O. für R.Anw., sowie die Gleichstellung des bedingten Urtheils mit einer Beweisanordnung im § 24 des G.K.G. den (von Brettner im Magazin für das Deutsche Recht der Gegenwart Bd. I S. 335) hieraus gezogenen Schluß, daß die Erledigung des bedingten Urtheils keine Beweisaufnahme sei, nicht rechtfertigt. Dagegen ist die Meinung des Beschwerdeführers, das Prozeßgericht habe die Anordnung der Eidesabnahme auf Grund des bedingten Urtheils von Amtswegen zu bewirken, irrthümlich. Wenn auch bei der Beweisaufnahme und insbesondere bei Abnahme von Parteieiden eine Offizialthätigkeit des Prozeßgerichts stattfindet, so erstreckt sich dieselbe doch nicht soweit, daß das ganze Verfahren zur Erledigung eines bedingten Urtheils von Amtswegen einzuleiten wäre. Durch das bedingte Urtheil entstehen mit Eintritt der Rechtskraft desselben Rechte unter den Parteien, nicht allein diejenigen, welche als Folgen der Leistung oder Nichtleistung des Eides in bedingter Weise durch das Urtheil ausgesprochen sind, sondern auch das sofort wirksame Recht, die Umwandlung des bedingten Urtheils in ein unbedingtes durch Eidesabnahme herbeizuführen. Ob die Parteien von diesem Rechte Gebrauch machen wollen, hängt von ihrem Willen ab. Das Prozeßgericht hat daher nicht von Amtswegen auf die Umwandlung des bedingten Urtheils in ein unbedingtes hinzuwirken, sondern abzuwarten, ob dies unter Nachweisung des Eintritts der Rechtskraft (§ 425 Abs. 2) von der einen oder anderen Partei verlangt wird. Nicht anders verhält es sich, wenn ein bedingtes Urtheil in der Berufungsinstanz erlassen worden ist. Denn die Vorschrift des § 499: „das B.G. hat ein von ihm erlassenes bedingtes Urtheil zu erledigen," betrifft nicht die Frage, ob solches auf Antrag oder von Amtswegen zu geschehen habe, sondern die Frage, ob die Erledigung dem B.G. obliege oder dem Gerichte erster Instanz zu überlassen sei. Auf die Streitfrage, ob die Anordnung der Eidesabnahme mündliche Verhandlung erfordert, hier einzugehen, liegt keine Veranlassung vor. Auch wenn man solche nicht für erforderlich erachtet, ist jedenfalls das Verlangen eines Antrags unter Nachweisung der Rechtskraft gerechtfertigt und keineswegs, wie der Beschwerdeführer unpassend bemerkt, ein Mißbrauch des B.G.

Indem nun im gegenwärtigen Rechtsstreit die Eidesabnahme von dem Kläger verlangt worden ist, muß er sich auch gefallen lassen, als Antragsteller im Sinne des § 84 des G.K.G. behandelt zu werden. Hieran wird nichts durch den Umstand geändert, daß der Eid, auf welchen erkannt worden ist, von dem Beklagten zugeschoben war. Wäre vor dem Urtheil durch Beweisbeschluß die Abnahme des Eides angeordnet worden, so würde allerdings der Beklagte derjenige gewesen sein, welchem die Leistung des Vorschusses obgelegen hätte, weil in der Antretung des Beweises durch Eideszuschiebung der Antrag auf Abnahme des angenommenen oder zurückgeschobenen Eides von selbst enthalten, der den Eid Zuschiebende mithin als Antragsteller im Sinne des § 84 anzusehen ist. Nachdem aber durch Urtheil auf die Leistung des Eides erkannt worden ist, ist die Abnahme desselben nicht die Folge eines vor dem Urtheil gestellten Antrags, sondern findet auf Grund des Urtheils statt; es ist daher als Antragsteller im Sinne des § 84 nicht derjenige zu betrachten, welcher vor dem Urtheil die Abnahme des Eides beantragt hat, sondern derjenige, welcher die Umwandlung des bedingten Urtheils in ein unbedingtes betreibt. Hierfür spricht auch die Erwägung, daß hinsichtlich der Erledigung eines bedingten Urtheils zwischen demjenigen, welches auf Leistung eines zugeschobenen Eides erkennt, und demjenigen, durch welches ein richterlicher Eid auferlegt wird, kein Unterschied besteht (§§ 425, 439 der C. P. O.), bei einem Urtheil der letztern Art aber gar kein Zweifel darüber obwalten kann, daß die Partei, welche die Umwandlung des bedingten Urtheils in ein unbedingtes betreibt, im Sinne des § 84 des G. K. G. als Antragsteller erscheint.

Die Einziehung des Vorschusses von dem Kläger entspricht demnach der Bestimmung des § 84. Sie entspricht auch dem Grundgedanken, auf welchem diese Bestimmung beruht. Den nöthigen Vorschuß zur Bestreitung baarer Auslagen, welche eine vorzunehmende prozessuale Handlung verursachen wird, soll derjenige leisten, welcher sein Interesse an Vornahme der Handlung durch Stellung eines auf Vornahme derselben gerichteten Antrags zu erkennen gegeben hat. Der Kläger hat ein Interesse daran, daß der Eid ihm abgenommen werde, damit die durch Leistung des Eides bedingte Verurtheilung des Beklagten in eine unbedingte verwandelt werde; er hat dies Interesse durch sein Gesuch um Veranlassung des weiteren Verfahrens zu erkennen gegeben; er hat deshalb auch den nöthigen Vorschuß zu leisten. Der Beklagte dagegen könnte zwar ebenfalls ein Interesse an Abnahme des Eides haben, um der Umwandlung der bedingten Abweisung der Klage in eine unbedingte herbeizuführen, er hat aber ein solches Interesse nicht durch Stellung eines Antrags auf Abnahme des Eides bethätigt. Seinem Interesse, daß gegen ihn keine unbedingte Verurtheilung ausgesprochen werde, wird schon durch Nichtabnahme des Eides genügt; diesen Erfolg könnte er, wenn die Leistung eines Vorschusses behufs Abnahme des Eides ihm angesonnen würde, schon durch Nichtleistung des Vorschusses erreichen. Wäre dieses vor dem Urtheil geschehen, so würde Kläger im Stande gewesen sein, im Wege des § 321 (vergl. auch § 344) der C. P. O. die Ausschließung des Beweismittels der Eideszuschiebung herbeizuführen. Dieses Mittel steht dem Kläger nicht mehr zu Gebote, nachdem bereits rechtskräftig auf Ableistung des Eides erkannt worden ist.

Es bleibt ihm daher nichts Anderes übrig, als den verlangten Vorschuß zu leisten, wenn er eine unbedingte Verurtheilung des Beklagten herbeiführen will."

24. **Die im § 98 des G. K. G. den Organen der Staatskasse gewährte Befreiung bezieht sich nur auf Gerichtsgebühren, nicht auf Verläge des Gerichts** (§§ 98, 8, 79, 1, 86—94, 99 des G. K. G.). Beschluß des III. Civilsenats vom 8. April 1885 in Sachen Berg.-Märk. Eisenb. (Fiskus), Beklagter und Revisionsklägerin, wider A. G. in O., Kläger und Revisionsbeklagten. Verwerfung.

Von der in die Kosten der Revisionsinstanz verurtheilten Revisionsklägerin sind die erwachsenen Portoauslagen und Schreibgebühren eingefordert worden. Dieselbe hat hiergegen eingewandt, daß sie als ein Organ der Königl. Preuß. Staatskasse gemäß § 98 des G. K. G. von der Zahlung dieser Kosten befreit sei.

„Diese Erinnerung ist unbegründet. Denn nach dem angeführten § 98 sind die Bundesstaaten nur von Zahlung der Gebühren befreit; die Gerichtskosten bestehen aber aus Gebühren, welche in bürgerlichen Rechtsstreitigkeiten nach dem Werthe des Streitgegenstandes erhoben werden, (§ 8) und aus Auslagen, zu welchen unter Anderem gehören die hier in Rede stehenden Schreib- und Postgebühren (§ 79 Z. 1, 2). In den Vorschriften des Gesetzes, welche sich auf die gesammten Gerichtskosten beziehen wollen, wird dies durch die Worte „Gebühren und Auslagen" zum Ausdrucke gebracht (§ 1, §§ 86—94, § 99). Auch die Motive zum § 98 (§ 90 des Gesetzentwurfs) bestätigen, daß das Gesetz eine Befreiung der Bundesstaaten von Zahlung der erwachsenen Auslagen nicht beabsichtigt hat."

Gemeines Recht.

25. **Durch Unterzeichnung eines Vertrags, welchen der Unterzeichnende wissentlich wegen Betrugs anfechten kann, verzichtet derselbe auf die Einrede des Betrugs.** Urth. des III. Civilsenats vom 14. April 1885 in Sachen J. F. in K., Beklagten und Revisionsklägers, wider W. St. das., Kläger und Revisionsbeklagten. Vorinstanz: O. L. G. Kiel. Aufhebung und Klagabweisung.

Vom B. G. ist festgestellt worden, daß der Kläger bei dem im April 1881 mündlich erfolgten Handelsabschluß über die Landstelle des Beklagten von dem

Letzteren durch Vorspiegelungen falscher Thatsachen getäuscht und dadurch allein zum Ankauf der Stelle bewogen ist. Das B.G. nimmt weiter an, daß der Kläger auch durch sein späteres Verhalten nicht das Recht verloren habe, auf Grund des stattgehabten Betruges den abgeschlossenen Handel wieder rückgängig zu machen. In dieser Beziehung steht thatsächlich fest, daß der Kläger jedenfalls zur Zeit der Instrumentation des notariellen Vertrages vom 9. November 1881 Kenntniß von dem gegen ihn verübten Betruge erlangt hatte und in dieser Kenntniß den Vertrag unterzeichnet hat. Das B.G. gründet nun seine Annahme, daß der Kläger trotz der mit Kenntniß des gegen ihn begangenen Betruges erfolgten Unterzeichnung des notariellen Vertrages sein Recht, den Vertrag wegen des Betruges anzufechten, nicht verloren habe, auf die Erwägung, daß die Handlungen des Klägers nicht schlüssig seien für die Annahme, daß der Kläger den Willen gehabt habe, auf die Einrede des Betruges zu verzichten, auch keine Willensäußerungen vorliegen, welche den Kläger als Zustimmung zu einem Vergleich über den Betrug gegen sich gelten lassen müsse. In letzterer Beziehung geht das B.G. insbesondere davon aus, daß die Errichtung des schriftlichen Vertrages als eine Erfüllung des mündlichen Vertrages anzusehen und der Kläger nicht verpflichtet gewesen sei, den Betrug sofort geltend zu machen und die Erfüllung des Handels abzulehnen, er vielmehr, ohne sein Recht auf die Einrede des Betruges zu verwirken, den kontraktlich übernommenen Verbindlichkeiten trotz der Kenntniß des Betruges nachkommen und die Geltendmachung desselben auf eine spätere Zeit verschieben konnte.

„Dies ist in doppelter Richtung rechtsirrthümlich. Hätte der Kläger vollständig erfüllt, so würde er nach den klaren Bestimmungen der Quellen (vergl. l. 24 und l. 26 § 7, 8; Dig. de cond. indeb. 12, 6) nicht mehr in der Lage gewesen sein, den Betrug geltend zu machen. Denn Derjenige, welcher mit Kenntniß einer ihm zustehenden, den Klageanspruch elidirenden Einrede zahlt, bezahlt wissentlich eine Nichtschuld, welche er selbst dann nicht zurückfordern kann, wenn er in der Absicht und mit dem Willen gezahlt hätte, das Gezahlte später wieder zurückzufordern (l. 50 l. c.). Ob indeß im gegebenen Fall, in welchem vom Kläger nicht vollständig, sondern nur theilweise erfüllt ist, das Urtheil auf diesem Rechtsirrthum beruht, kann unerörtert bleiben, da jedenfalls ein zweiter Rechtsirrthum vorliegt, welcher die Aufhebung des Urtheils nothwendig macht. Das B.G. hat übersehen, daß der Kläger wegen des vom Beklagten verübten Betruges nicht verpflichtet war, den Vertrag zu erfüllen, also auch nicht verpflichtet, den schriftlichen Vertrag zu errichten. Unterzeichnete er trotzdem freiwillig den Vertrag, so liegt darin zugleich eine Wiederholung seines früheren Vertragswillens (constitutum debiti proprii), die wegen ihrer dispositiven Natur mit rechtlicher Nothwendigkeit die Geltendmachung der dem Kläger damals bereits bekannten Einrede des Betrugs ausschließt (vergl. l. 25 d. V. O. 45, 1 und l. 4 Cod. de his quae vi metusque causa gesta sunt 2, 20). Daran vermag auch der Umstand nichts zu ändern, daß der Kläger, wie er behauptet, zur

Zeit der Unterzeichnung des notariellen Vertrages noch nicht gewußt hat, daß er im Stande sei, den Betrug durch Zeugen beweisen zu können, da hierin lediglich ein Irrthum in den Beweggründen enthalten sein würde, welcher die rechtliche Bedeutung seiner abgegebenen Willenserklärung nicht in Frage stellen kann."

26. **1) Kein Eigenthumserwerb durch Subhastationszuschlag, wenn das Grundstück dem Subhastaten gar nicht gehört. 2) Verhältniß des Ehemanns zur Dos, als Eigenthümers derselben. 3) Bezahlung von Steuern und Abgaben sind Verwendungen für die Hauptsache, desgleichen 4) Bezahlung von Hypothekenzinsen. 5) Bezahlung fälliger Hypothekenschulden ist eine nothwendige Verwendung.** Urth. des III. Civilsenats vom 24. März 1885*) in Sachen J. L. zu M., Klägers, Revidenten, Revisen, Imploranten und Imploraten, wider J. R. das., Beklagten u. s. w. Vorinstanz: O.L.G. Frankfurt. Theilweise Aufhebung und Zurückverweisung auf die Nichtigkeitsbeschwerde des Beklagten.

Zu 1. „Daß im Gebiete des Gemeinen Rechts derjenige, welchem beim öffentlichen gerichtlichen Verkauf eines Grundstücks das Eigenthum an demselben zugeschlagen wird, dann nicht Eigenthümer desselben wird, wenn der Subhastat nicht der wirkliche Eigenthümer war, ist nicht zu bezweifeln (l. 17 D. de usuris 41,3 und l. 10 § 2 D. Comm. divid. 10,3). Daß dieser Rechtssatz durch die §§ 25 und 26 der Nassauischen Exekutionsordnung abgeändert ist, läßt sich aus denselben nicht entnehmen. In den §§ 23—26 l. c. wird jedem Dritten und der Ehefrau bezüglich der zu ihrem Einbringen gehörenden Immobilien das Recht verliehen, der Pfändung wegen der ihnen zustehenden Ansprüche auf die zur Auspfändung bestimmten, im Besitze des Schuldners befindlichen Gegenstände zu widersprechen. Daß aber der Nichtgebrauch dieses Rechts den Verlust des dinglichen Rechts nach sich zieht, ergiebt sich weder aus den fraglichen Verordnungen, noch läßt sich dies aus allgemeinen Rechtsgrundsätzen ableiten. Sollte aber wirklich — was hier dahingestellt bleiben kann — für die nach Nassauischem Güterrecht lebende Ehefrau die Versäumung des Widerspruchs den Verlust ihres Rechts zur Folge haben, so würde dies lediglich auf die speziellen Grundsätze des Nassauischen ehelichen Güterrechts zurückzuführen sein, welchen zufolge die Ehefrau auch mit ihrem privativen Vermögen für die Hälfte der Eheschulden haftet. Für die nach dem im Großherzogthum Hessen geltenden Güterrecht lebende

---

*) Ausgefertigt in der Zeit vom 17. bis 31. Mai.

Ehefrau des Klägers trifft dieser Grund nicht zu, da diese, welche mit ihrem privativen Vermögen für die Eheschulden nicht haftet, nicht anders dasteht, wie jeder Dritte, welcher den rechtzeitigen Widerspruch gegen die Pfändung versäumt hat. Eine Aenderung des ehelichen Güterrechts ist aber durch die Einführung der im vormaligen Herzogthum Nassau geltenden prozeßrechtlichen Vorschriften in die vormals Großherzoglich-Hessischen Gebietstheile weder beabsichtigt noch auch durch den § 105 der Verordnung vom 24. Juni 1867 erfolgt."

Von dem Beklagten werden einzelne auf die Einrede der Retention bezügliche Entscheidungen des Zweiten Richters angefochten. In Betreff der von dem Beklagten vorgeschützten Retentionseinreden geht der Zweite Richter davon aus, daß A. bei Verwendungen auf die Hauptsache: a) für nothwendige Verwendungen jeder Besitzer; b) für nützliche Verwendungen nur der gutgläubige Besitzer und zwar insoweit Ersatz verlangen und die Hauptsache retiniren kann, als der Werth der letzteren zur Zeit der Herausgabe erhöht ist und der Betrag der Verwendungen den durch den Fruchtgenuß gemachten Gewinn übersteigt, während dem unredlichen Besitzer in dieser Beziehung nur das jus tollendi zusteht, und daß B. bei Verwendungen auf die Erzielung von Früchten jeder Besitzer diese Aufwendungen von dem Betrage der zu restituirenden Früchte in Abzug bringen darf, ohne deshalb zur Retention der Hauptsache befugt zu sein. Diese Sätze sind vom Beklagten nicht angefochten. Der Beklagte bemängelt aber die Anwendung dieser Sätze auf die vorgeschützten Einreden als eine rechtsirrthümliche. Er rügt zunächst c) die Entscheidung des Zweiten Richters insofern, als dieser dem Beklagten ein Retentionsrecht wegen der von ihm bezahlten Steuern und sonstigen öffentlichen Abgaben, sowie der Brandkassenbeiträge abgesprochen und auf Grund der l. 13 Dig. de suspens. 25, 1 angenommen hat, daß diese Verwendungen als solche, welche auf die Erzielung von Früchten gemacht seien, aufzufassen seien; jedenfalls könnten die zur Zeit der Genehmigung der Versteigerung rückständigen Abgaben nicht zu Lasten des Fruchtbezuges gerechnet werden.

Zu 2. „Die Beschwerde ist begründet. Die l. 13 cit. kann für die vorliegende Frage nicht verwerthet werden. Das Verhältniß des Ehemannes zu der dos als des Eigenthümers desselben ist ein wesentlich anderes als das Verhältniß des Besitzers einer fremden Sache zu der letzteren. Während der Erstere wegen der nützlichen Verwendungen kein Retentionsrecht hat, dagegen ihm eine Klage wegen desselben zusteht, hat umgekehrt auch der gutgläubige Besitzer wegen solcher Verwendungen kein Klagrecht, wohl aber ein Retentionsrecht. Während ferner wegen nothwendiger Verwendungen jeder Besitzer einer fremden Sache die letztere bis zum Ersatze derselben retiniren kann; steht dem Ehemann ein Ersatzanspruch nur wegen der erheblicheren Verwendungen zu (vergl. l. 15 D. h. l.); als Aequivalent für das Recht auf den Fruchtbezug muß er ähnlich wie der Usufructuar die durch den Besitz der Sache bedingten laufenden Reparaturen und wiederkehrenden Lasten tragen. Wenn daher in der l. 13 cit. der Ehemann zur Zahlung des stipendium respektive tributum für verpflichtet erachtet und dies durch den Satz: onus enim fructuum haec impendia sunt begründet wird, so kann dieser Satz nicht dahin verstanden werden, daß die Steuern und Abgaben als Verwendungen auf die Erzielung von Früchten aufzufassen seien; es wird dadurch vielmehr nur zum Ausdruck gebracht, daß der Ehemann, welcher zum Fruchtgenuß berechtigt ist, billiger Weise auch die jährlich wiederkehrenden Lasten (ähnlich wie in l. 15 cit. die laufenden Reparaturen) trage."

Zu 3. „Hat man hiernach von der l. 13 cit. abzusehen, so können, was zunächst die Steuern und Abgaben anlangt, diese nur als Verwendungen für die Hauptsache aufgefaßt werden, und zwar sowohl nach Gemeinem Recht (vergl. Wächter, Pandekten I, 308, Schmid, Handbuch des Gemeinen Rechts Bd. I S. 336 Note 177, Weiske's Rechtslexikon VI, 198, Böcking, Pandekten 107 III) als insbesondere nach hessischem Partikularrecht, nach welchem diese Abgaben, soweit sie für das Grundstück bezahlt werden (vergl. Art. 86 des Pf. Gesetzes vom 15. September 1858 und Art. 14 und 15 des Gesetzes vom 15. September 1858 betreffend die Rangordnung der Gläubiger) auch auf dem Grund und Boden lasten. Die Steuern und Abgaben fallen daher unter die Kategorie der nothwendigen Verwendungen auf die Sache selbst, und zwar gilt dies sowohl von den nach der Genehmigung der Versteigerung fällig gewordenen, als auch von den der Zeit rückständigen Abgaben. Die Nichtzahlung der Abgaben würde die Gefahr herbeigeführt haben, daß das Grundstück zum Zweck der Tilgung der Abgaben ganz oder theilweise hätte veräußert werden können und damit das Eigenthum an demselben für die Ehefrau des Klägers verloren gegangen wäre. Bei der Auffassung der Vorinstanzen lag für diese kein Anlaß vor, den Betrag der vom Beklagten gezahlten Abgaben und Lasten im Einzelnen festzustellen. Es würde daher, bei der nunmehr vorzunehmenden anderweiten freien Beurtheilung diese Feststellung in der gegenwärtigen Instanz zu treffen sein. Nach Lage der Sache ist diese aber nicht thunlich, weil die Zahlung der fraglichen Beträge vom Kläger bestritten ist, und daher zunächst noch die vom Beklagten angebotenen Beweise zu erheben sind."

Zu 4. „Auch die Hypothekzinsen und die Amortisationsrenten sind vom zweiten Richter als Verwendungen bezeichnet, wegen deren Zahlung dem Beklagten ein Retentionsrecht nicht zustehe. Der hiergegen gerichtete Angriff des Beklagten erscheint gleichfalls begründet. Die Zahlung der Hypothekzinsen geschieht nicht zum Zweck der Erzielung der Früchte; sie ist vielmehr als Verwendung auf die Sache selbst zu betrachten und zwar als eine nothwendige Verwendung. Wenn die Zinsen nicht bezahlt werden, ist das Grundstück dem Zugriff des Gläubigers ausgesetzt; letzterer kann es verkaufen lassen und dadurch den Verlust des Eigenthums für den bisherigen Eigenthümer herbeiführen. Die Zahlung dient daher zur Erhaltung des Eigenthums an dem Grundstück und fällt somit unter den Begriff einer nothwendigen Verwendung (l. 79 pr. D. de V. S.). Bei der somit eintretenden anderweiten freien Beurtheilung ist zu prüfen, ob die in dieser Beziehung geltend gemachten Forderungen liquide sind. Die Frage ist zu bejahen."

Zu 5. Der Zweite Richter hat dem Beklagten ferner das Retentionsrecht wegen der durch ihn bewirkten Rückzahlung der K.'schen Hypothek gleichfalls abgesprochen, weil er unter Berufung auf die l. 65 Dig. 6, 1; l. 28 D. 13, 7 und die l. 2 D. 20. 6 annimmt, daß zwar die Bezahlung einer Hypothek unter besonderen Umständen als eine nothwendige Ausgabe angesehen werden könne, wenn nämlich durch dieselbe die hypothekarische Klage abgewendet sei, daß aber der Beklagte nicht zu behaupten vermocht habe, daß er von dem Gläubiger mit einer derartigen Klage bedroht und lediglich zu deren Vermeidung die Schuld durch ihn getilgt sei.

„Auch der gegen diese Entscheidung gerichtete Angriff erscheint begründet. Dem O.L.G. ist zwar darin beizutreten, daß dem Beklagten nur unter der Voraussetzung ein Retentionsrecht zusteht, daß die fragliche Ausgabe als eine nothwendige Verwendung anzusehen ist, weil die Zahlung erst am 14. Juni 1878, mithin nach dem Tage erfolgt ist, von welchem an der Beklagte als malae fidei possessor zu behandeln ist. Allein es ist rechtsirrthümlich, wenn das O.L.G. aus den allegirten Pandektenstellen folgert, daß die Ausgabe nur dann als eine nothwendige zu erachten sei, wenn der Besitzer von dem Gläubiger mit einer hypothekarischen Klage bedroht ist und lediglich zu deren Vermeidung die Schuld getilgt hat. Die l. 28 D. 13,7 und die l. 2 D. 20,6 behandeln zwar Fälle in welchen der mit der act. Serviana angegriffene dritte Besitzer die litis aestimatio geleistet und sich dadurch den Besitz des Grundstücks erhalten hat; daraus folgt aber nicht, daß nur unter dieser Voraussetzung die Zahlung der Hypothek als eine nothwendige Verwendung angesehen werden dürfe. Die weiter angezogene l. 65 D. 6,1, welche allgemein ein Retentionsrecht gewährt, kommt hier nicht in Betracht, weil sie einen gutgläubigen Besitzer vorauszusetzen scheint. Nach allgemeinen Rechtsgrundsätzen muß man aber die Zahlung einer Hypothekenschuld schon dann als eine nothwendige Verwendung auffassen, wenn die Forderung der Hypothek fällig war und der Beklagte erwarten durfte, daß er, wenn er nicht zahlen würde, der Pfandklage ausgesetzt sei.

Prüft man von diesem Gesichtspunkt aus die geltend gemachte Forderung, so kann es nach Maßgabe des vorliegenden Aktenmaterials nicht zweifelhaft sein, daß die Bezahlung der Forderung im gegebenen Fall eine nothwendige Ausgabe war."

27. **Anwendbarkeit der l. 96 § 3 D. de sol. 43,3 auf den Fall einer Kautionshypothek. Haftbarkeit mehrerer Kautionshypotheken in solidum für alle Beträge, welche der Gläubiger zur Zeit der Realisirung der Hypotheken zu fordern haben wird. Das Pfand ist für jede einzelne Forderung in solidum bestellt. Eine etwa nothwendige Vertheilung des Pfanderlöses auf die einzelnen Forderungen findet nach Maßgabe der dem Gläubiger im Zeitpunkt des Pfandverkaufs noch geschuldeten Beträge statt.** Urth. des III. Civilsenats des R.G. vom 20. März 1885 in Sachen H. in F., Beklagten und Revisionsklägers, wider F. in J., Kläger und Revisionsbeklagten. Vorinstanz: O.L.G. Oldenburg. Aufhebung und Zurückverweisung.

„Was die aus dem Erlöse der Zwangsversteigerung erhobenen Beträge anlangt, so ist der Vorinstanz darin beizustimmen, daß die Verrechnung derselben nicht nach dem von der ersten Instanz zur Anwendung gebrachten Grundsatze, welcher sich nur auf eine von dem Schuldner freiwillig geleistete Zahlung bezieht, sondern nach denjenigen Grundsätzen zu geschehen hat, welche in den Quellen für die Verrechnung des Erlöses eines von dem Pfandgläubiger vorgenommenen Pfandverkaufs gegeben sind. Die Verschiedenheit dieser Grundsätze beruht darin, daß für die Verrechnung der von dem Schuldner freiwillig geleisteten Zahlung, in Ermangelung einer besonderen Bestimmung desselben, die vorauszusetzende Absicht des Zahlenden und folglich dessen Interesse, dagegen für die Verrechnung der Befriedigung, welche der Gläubiger sich vermöge der Ausübung seines Pfandrechts erzwungen hat, das Recht des Gläubigers bestimmend sein muß. Und man kann demnach keinen Anstand nehmen, die Vorschriften, welche das Römische Recht für den Fall eines von dem Gläubiger vorgenommenen Pfandverkaufs getroffen hat, auch da in Anwendung zu bringen, wo ein Hypothekengläubiger in Ausübung der Befugnisse, auf welche ihn das moderne Recht verweist, seine Hypothek durch Anmeldung in einem Subhastationsverfahren geltend gemacht und sich auf diesem Wege die Partizipation an dem Subhastationserlöse erzwungen hat.

---

*) Ausgefertigt in der Zeit vom 17. bis 31. Mai.

Aber der Vorinstanz kann nicht zugegeben werden, daß bei dieser Anwendung der quellenmäßigen Vorschriften auf den vorliegenden Fall es von der Wahl des Klägers abzuhängen habe, auf welche von seinen mehreren hypothekarischen Forderungen der ihm vermöge seines hypothekarischen Rechts aus der Zwangsversteigerung zugeflossene Betrag zu verrechnen sei. Ihre Entscheidung kann sich nur auf die Aussprüche der l. 73, l. 101 § 1 D. de sol. 46,3 stützen wollen. Allein die erstere dieser Stellen betrifft nicht den hier in Rede stehenden Fall der Konkurrenz mehrerer selbständiger Forderungen, denn sie besagt nur, daß derjenige, welchem für seine ganze Forderung ein Pfand und außerdem für einen Theil derselben ein Bürge bestellt ist, den Pfanderlös zunächst auf den nicht verbürgten Theil seiner Forderung verrechnen darf. Und auch die letztere Stelle ist anscheinend nur von der Verrechnung auf verschiedene — insbesondere naturale und civile — Bestandtheile derselben Hauptforderung zu verstehen: „licere ei, pretium in acceptum ne ferre etiam in eam quantitatem, quae natura tantum debebatur, et ideo deducto eo debitum peti posse". (Vergl. auch Sintenis, Civil-Recht II, § 106, Note 33.)

Jedenfalls ist die Entscheidung des vorliegenden Falls aus der l. 96 § 3 eod. zu entnehmen. Dieselbe bestimmt, daß, wenn eine Sache gleichzeitig für mehrere selbständige Forderungen (duobus contractibus) verpfändet worden ist, der Pfanderlös nach Verhältniß der geschuldeten Beträge (pro modo pecuniae ejusque contractus) über die mehreren Forderungen repartirt werden soll, so daß ein Wahlrecht des Gläubigers nicht stattfindet (nec in arbitrio ejus electio erit). Ein solcher Fall liegt gegenwärtig vor. Dem Kläger sind durch die Errichtung einer jeden der beiden Kautionshypotheken, mit welchen er in der Zwangsversteigerungssache zur Hebung gelangt ist, die Immobilien seines Schuldners für eine Mehrheit von selbständigen Forderungen zur Hypothek bestellt worden; nämlich für seine sämmtlichen aus ihrer Geschäftsverbindung ihm damals bereits zustehenden und in Zukunft noch zur Entstehung kommenden Forderungen an denselben.

Nun ist allerdings von einigen Rechtslehrern die neuerdings namentlich von Dernburg, Pfandrecht II S. 211, vertheidigte Meinung aufgestellt worden, die Vorschrift der l. 96 § 3 cit. sei daraus herzuleiten, daß eine gleichzeitige Verpfändung derselben Sache für mehrere Forderungen im Zweifel in dem Sinne verstanden werden müsse, daß das Pfandstück für jede einzelne Forderung nicht in solidum, sondern nur pro rata ihres Betrages verhaftet sein solle, und Dernburg zieht aus dieser Auffassung das konsequente Resultat, daß das

Verhältniß der Vertheilung des Pfanderlöses auf die einzelnen Forderungen sich nicht nach den Beträgen, welche der Gläubiger im Zeitpunkte des Pfandverkaufs zu fordern hat, sondern nach den Beträgen, in welchen seine Forderungen im Zeitpunkte der Pfandbestellung bestanden hatten, zu richten habe, so daß, wenn z. B. die eine Forderung schon vor dem Pfandverkaufe bezahlt worden ist, der zur Befriedigung des Gläubigers wegen seiner übrigen Forderungen nicht ausreichende Erlös nicht zum Vollen dem Gläubiger zuzukommen, sondern die auf die bereits getilgte Forderung entfallende Rate desselben dem Pfandschuldner zu verbleiben habe. Wäre diese Auffassung richtig, so würde damit die Anwendbarkeit der Vorschrift der l. 96 § 3 auf den Fall einer Kautionshypothek ausgeschlossen sein, denn das Wesen einer Kautionshypothek besteht gerade darin, daß sie dem Gläubiger auch für künftige, ihrer Existenz und ihrem Betrage nach noch ungewisse Forderungen Sicherung gewähren soll, und zwar dergestalt, daß ihm die Hypothek in solidum haftbar ist für alle Beträge, welche er aus dem unterliegenden Geschäftsverhältnisse im Zeitpunkte ihrer Realisirung zu fordern haben wird.

Aber die erwähnte Auffassung kann nicht für richtig gehalten werden. Wenn in einem Vertrage, durch welchen dieselbe Sache für mehrere Forderungen verpfändet worden ist, besondere Verabredungen über die Art der demnächstigen Verrechnung des Pfanderlöses oder über den Umfang der Haftbarkeit des Pfandes getroffen sind, so muß es selbstredend hierbei sein Bewenden behalten. In Ermangelung solcher besonderer Verabredungen ist aber kein Grund vorhanden, aus welchem den Kontrahenten die Absicht einer Einschränkung der rechtlichen Haftbarkeit des Pfandstücks zugeschrieben werden könnte, und man muß daher voraussetzen, daß das Pfand für jede einzelne Forderung in solidum bestellt sein soll.

Die Konkurrenz der mehreren, vermöge der gemeinschaftlichen Pfandbestellung (consortioni) gleichberechtigten Pfandforderungen macht eine gegenseitige Beschränkung ihrer Wirksamkeit nur für den Fall, daß der demnächstige Pfanderlös nicht für die volle Befriedigung des Gläubigers ausreichen sollte, zu einer thatsächlichen Nothwendigkeit, und da der Eintritt dieser Nothwendigkeit einerseits von dem Ausfalle des Pfandverkaufs und andererseits von Beträgen, welche der Gläubiger in diesem Zeitpunkte noch zu fordern hat, abhängig ist, so muß man es als stillschweigende Absicht der Kontrahenten annehmen, daß eine hierdurch etwa nothwendig werdende Vertheilung des Pfanderlöses auf die einzelnen Forderungen nach Maßgabe der dem Gläubiger im Zeitpunkte des Pfandverkaufs noch geschuldeten

Beträge stattzufinden habe. (Vergl. Jahrbücher für Dogmatik Bd. XIV S. 482 ff.)

Ist hiernach die gedachte Vorschrift der l. 96 § 3 cit. auch für den Fall einer Kautionshypothek anwendbar, so folgt, daß die von dem Kläger aus dem Zwangsversteigerungserlöse erhobenen Haftungen auf die sämmtlichen von ihm in dem Subhastationsverfahren angemeldeten Forderungen nach dem Verhältnisse ihrer daselbst liquidirten, beziehentlich noch zu liquidirenden Beträge in Abzug zu bringen sind."

28. **Die Verzeihung von Vergehungen des schuldigen Ehegatten bezieht sich nur auf die dem Verzeihenden zur Zeit der Verzeihung bekannten Reate.** Urth. des I. Civilsenats vom 22. April 1885 in Sachen der verehel. M. zu S., Klägerin und Revisionsklägerin, wider maritum, Beklagten und Revisionsbeklagten. Vorinstanz: O. L. G. Rostock. Aufhebung und Zurückverweisung.

Das B.G. geht davon aus, daß die Verbrechen des Beklagten, da er rechtskräftig zu 13 Jahren Zuchthaus und 10 Jahren verurtheilt ist, in objektiver Richtung die Tragweite einer der böslichen Verlassung ihrem Wesen nach gleichkommenden Zerstörung der Grundlagen der durch die Ehe bedingten ausschließlichen Lebensgemeinschaft beizumessen sei. Gleichwohl ist die Klage abgewiesen worden, weil eine solche Zerstörung der sittlichen Grundlage der Ehe nach der eigenen Darstellung der Klägerin, ungeachtet der schweren Vergehungen des Ehemannes, nicht eingetreten sei, da sie ihm volle Verzeihung gewährt und zu erkennen gegeben habe, daß sie trotz seiner Verbrechen und seiner Verurtheilung ihm die eheliche Treue zu bewahren entschlossen sei.

„Daß nach Gemeinem protestantischen Eherecht durch Verzeihung der Scheidungsanspruch ausgeschlossen wird, nicht allein im Falle des Ehebruchs, bei welchem die kanonischen Rechtsquellen die Verzeihung behandeln, sondern auch bei andern Scheidungsgründen und insbesondere bei dem hier in Rede stehenden Scheidungsgrunde, ist nicht zu bezweifeln. Die Klägerin glaubt aber, ungeachtet der gewährten Verzeihung berechtigt zu sein, auf Scheidung zu klagen, weil sie erst später die wahre Beschaffenheit der ihrem Ehemanne zur Last fallenden Vergehungen und seinen wahren Charakter kennen gelernt habe und infolge dessen ihre frühere Liebe in Abneigung, ihre frühere Verehrung in Verachtung verwandelt und somit die sittliche Grundlage ihres ehelichen Verhältnisses nunmehr zerstört sei. Handelte es sich hierbei nur um einen Widerruf der gewährten Verzeihung, so müßte dem B.G. beigestimmt werden, daß die einmal ertheilte Verzeihung die Scheidungsklage ausschließe, weil sie durch eine später eingetretene Sinnesänderung weder ungeschehen, noch zu einer widerruflichen gemacht werde.

Das Vorbringen der Klägerin läßt jedoch auch eine andere Auffassung zu, welche von dem B.G. noch nicht genügend gewürdigt worden ist.

Die Verzeihung kann nur auf diejenigen Vergehungen des schuldigen Ehegatten bezogen werden, welche der unschuldige Ehegatte bei Gewährung seiner Verzeihung als begangen unterstellte. Ergiebt sich nachher, daß die Verschuldung größer war, als der Verzeihende unterstellte, sei es, daß außer den ihm damals bekannten Verfehlungen dem schuldigen Ehegatten noch andere zur Last fallen, oder daß damals schon bekannte Verfehlungen nach den erst später entdeckten Umständen sich als verwerflicher und unverzeihlicher darstellen, als zur Zeit der Verzeihung unterstellt wurde, so hindert die gewährte Verzeihung den unschuldigen Ehegatten nicht, auf den wahren, ihm damals unbekannten oder nur unvollständig bekannten Thatbestand die Scheidungsklage zu stützen. Es handelt sich dann nicht um Zurücknahme der Verzeihung, sondern um Zurückführung der darin enthaltenen Willenserklärung auf das Maß des wirklich Gewollten. Die Berufung auf Unkenntniß des wahren Sachverhalts erscheint nicht als Anfechtung eines Rechtsgeschäftes wegen Betruges oder Irrthums, sondern als Bestreiten einer für die Wirksamkeit der Verzeihung wesentlichen Voraussetzung.

Die Klägerin hat nun behauptet, daß sie zur Zeit der Verzeihung hinsichtlich der Vergehungen ihres Ehemanns nichts weiter gewußt habe, als was ihr von ihrem Ehemanne darüber mitgetheilt worden sei; sie hat ferner unter Angabe einzelner Aeußerungen ihres Ehemannes behauptet, er habe es verstanden, ihr seine Begangenschaften in einem so milden Lichte darzustellen, daß ihr die erkannte Strafe als eine unbegreifliche Härte erschienen sei; erst im letzten Jahre vor der Klaganstellung habe sie es über sich gewonnen, anderweitige Erkundigungen einzuziehen, wodurch sie den wahren Sachverhalt erfahren habe. Sind diese Behauptungen für wahr zu halten, so ist die Annahme gerechtfertigt, daß Klägerin dem Beklagten nicht das Unrecht vergeben hat, welches er in Wahrheit gegen sie begangen hatte, sondern nur dasjenige, was er in wahrheitswidrig beschönigender Darstellung begangen zu haben ihr gegenüber behauptete."

29. **Voraussetzungen nach Gemeinem protestantischen Kirchenrecht, daß Gefängnißstrafe und Mißhandlungen als Ehescheidungsgründe gelten. Keine Kumulation unzureichender Scheidungsgründe.** Urth. des III. Civilsenats vom 8. April 1885 in Sachen F. zu D., Beklagten und Revisionsklägers, wider uxorem, Klägerin und Revisionsbeklagte.

Vorinstanzen: L. G. Gießen und O. L. G. Darmstadt. Aufhebung. Klagabweisung.

Der Beklagte, welcher bereits im Jahre 1881 zweimal wegen Betruges zu Gefängnißstrafen verurtheilt worden war, wurde im Jahre 1882 wiederholt wegen einer Reihe von betrügerischen Handlungen in Untersuchung gezogen; durch Erkenntniß der Strafkammer zu Gießen vom 23. Februar 1883 ist wegen dreizehn vollendeter Betrugsfälle und acht versuchter Betrügereien auf Grund der §§ 263 und 264 des R. Str. G. B. eine Gesammtgefängnißstrafe von zwei Jahren und sechs Monaten, sowie der Verlust der bürgerlichen Ehrenrechte auf die Dauer von drei Jahren gegen ihn ausgesprochen worden. In allen Fällen betrafen die Verbrechen nur geringe Werthe — den Gegenstand des letzten Strafurtheils bildeten insgesammt 13,20 ℳ. Die Strafe verbüßt Beklagter gegenwärtig im Landesgefängnisse zu Darmstadt. Gestützt auf die gegen ihren Ehemann erkannten Strafen, sowie auf eine Reihe von Sävitien, deren sich ihr Ehemann seit ihrer im Jahre 1880 erfolgten Verheirathung gegen sie habe zu Schulden kommen lassen, hat nun die Ehefrau F. Klage auf Ehescheidung erhoben. Die erste Instanz hat jedoch nach erfolgter Beweisaufnahme diese Klage abgewiesen und nur auf Trennung von Tisch und Bett für die Dauer von drei Jahren erkannt. Auf Berufung der Klägerin hat die zweite Instanz die zwischen den streitenden Theilen bestehende Ehe dem Bande nach getrennt und den Beklagten für den schuldigen Theil erklärt.

„Weder die gegen den Beklagten durch das Urtheil der Strafkammer zu Gießen vom 23. Februar 1883 wegen Betrugs und versuchten Betrugs in 21 Fällen erkannte G e f ä n g n i ß s t r a f e von zwei Jahren und sechs Monaten, in Verbindung mit dem ausgesprochenen Verlust der Ehrenrechte auf die Dauer von drei Jahren, noch diese Strafe in Zusammenhalt mit den gegen den Beklagten im Jahre 1881 wegen Betrugs erkannten Vorstrafen von zwei Monaten und neun Monaten Gefängniß erscheinen nach der Dauer dieser Freiheitsstrafen und der Art der begangenen Vergehen und Verbrechen als ein zureichender Grund zur Ehescheidung. Wenn die Vorinstanz erwägt: „daß die von dem Strafrichter bei Zumessung der im öffentlichen Interesse ausgesprochenen Strafe angenommenen mildernden Umstände für den Civilrichter und den beleidigten Ehegatten bei der Beurtheilung der Schwere der dem letzteren durch die That und deren Folgen zugefügten Beleidigung maßgebend seien", — so übersieht sie, daß die E h e s c h e i d u n g s k l a g e s i c h n u r a u f d i e i m S t r a f u r t h e i l a u s g e s p r o c h e n e S t r a f e z u s t ü t z e n v e r m a g und daß überdies sämmtliche dem Beklagten zur Last fallenden Betrügereien ganz geringfügige Werthe betrafen.

Ebensowenig sind die von dem B. R. in Bezug genommenen im Landgerichtsurtheil festgestellten M i ß h a n d l u n g e n der Klägerin zur Begründung einer Ehescheidungsklage geeignet. Nach Gemeinem protestantischen Kirchenrechte bilden nur solche Sävitien einen Ehescheidungsgrund, welche sich als lebens- oder gesundheitsgefährliche Mißhandlungen darstellen, in letzterer Beziehung einen bleibenden Nachtheil für die Gesundheit des mißhandelten Ehegatten herbeigeführt haben oder doch nach der gewöhnlichen Erfahrung herbeiführen konnten. Keine einzige der für erwiesen erachteten Sävitien trägt diese Merkmale an sich und das Berufungsgericht qualifizirt sie auch nicht als solche.

Dem Vertreter der Revisionsbeklagten kann endlich darin nicht beigetreten werden, daß durch die Zuerkennung der Gefängnißstrafe in Verbindung mit den Mißhandlungen der Ehefrau die Trennung der Ehe dem Bande nach gerechtfertigt werden könnte. Eine Zusammenrechnung verschiedenartiger, an sich nicht zureichender Scheidungsgründe zu dem Zwecke, um durch deren Kumulation eine Ehetrennung herbeizuführen, ist im Rechte nicht begründet."

30. **Von dem Pflichttheilsberechtigten kann, ehe ihm der Besitzer des Nachlasses** (der Beklagte) **ein eidlich erhärtetes Inventar aufgestellt hat, nicht der Beweis der Pflichttheilsverletzung erfordert werden.** Urth. des III. Civilsenats vom 8. April 1885 in Sachen Th. St. zu D., Beklagten und Revisionsklägers, wider C. K. zu A., Kläger und Revisionsbeklagten. Vorinstanz: O.L.G. Celle. Verwerfung.

„Der Kläger hat Namens seiner Kinder den Pflichttheil von dem Nachlasse ihres Großvaters zu beanspruchen. Da der Beklagte sich im Besitze dieses Nachlasses befindet, so ist er, dem Verlangen des Klägers gemäß, verpflichtet, ein eidlich zu erhärtendes Inventar desselben herzugeben. Auf Grund dieses Inventars und des demnächst auf etwaiges Verlangen des Beklagten vom Kläger herzugebenden Konferendenverzeichnisses ist in dem ferneren Verfahren zu ermitteln, ob die Kinder des Klägers in ihrem Pflichttheile verletzt worden sind und welcher Betrag eventuell ihnen vom Beklagten behufs Ergänzung desselben noch auszukehren ist. Bei dieser Rechtslage konnte von dem Kläger zur Begründung seiner Klage in dem gegenwärtigen Stadium des Prozesses ein Beweis in Betreff der behaupteten Pflichttheilsverletzung nicht verlangt werden; die ihm für seine betreffende Behauptung an sich obliegende Beweislast ist zur Zeit dadurch beseitigt, daß die zum Zwecke dieser Beweisführung erforderliche Feststellung des Nachlaßbestandes zu geschehen hat auf Grund des vom Beklagten herzugebenden Nachlaßinventars und daß daher der Beklagte mit der Hergabe des Inventars voraufgehen muß. Demnach hätte auf die erhobene Klage ohne vorgängige Beweiserforderung erkannt werden müssen, daß der Pflichttheilanspruch des Klägers an sich begründet sei und daß behufs der vorzubehaltenden Liquidation dieses Anspruchs zunächst der Beklagte das verlangte Inventar herzugeben habe."

31. Erlöschen der Stammgutseigenschaft von Familienfideikommissen mit Aussterben des erbberechtigten Mannesstammes. Ungültigkeit cognatischer Succession. (S. u. Badisches Recht, Fall 44 S. 60.)

Partikularrecht.

1. Preußisches Recht.

32. Folgen des Uebernahmeverzugs des Käufers nach Preuß. L.R. (I, 5 §§ 278, 288, 360, 361; I, 11 §§ 102, 103, 104; I, 16 §§ 15, 17, 64). Urth. des I. Civilsenats vom 22. April 1885 in Sachen L. G. zu St. P., Beklagten, Widerklägers und Revisionsklägers, wider A. C. zu B., Klägerin, Widerbeklagte und Revisionsbeklagte. Vorinstanz: Kammergericht. Verwerfung.

„Nach den Bestimmungen des Preuß. A.L.R. ist der auch nur aus mäßigem Versehen daran Schuld habende Käufer, daß die Kaufsache nicht zu gehöriger Zeit von ihm übernommen worden ist (im Falle diese Sache nach Eintritt dieses Uebernahmeverzuges, ehe ihre Uebergabe bewirkt war, ohne ein dafür ursachliches Versehen des Verkäufers vernichtet oder: was für das Rechtsverhältniß der Kaufvertragssubjekte in dieser Beziehung der Vernichtung gleich gilt, trotz sachlicher Fortexistenz in eine Lage versetzt ist, durch welche ihre Uebergabe unmöglich geworden ist), verpflichtet, obwohl die Uebergabe des Kaufgegenstandes effektiv nicht erfolgt, dem Verkäufer den Kaufpreis, insoweit derselbe noch nicht bezahlt sein sollte, zu zahlen, und, insoweit derselbe angezahlt sein sollte, zu belassen, als wenn die Tradition des Kaufgegenstandes effektiv erfolgt wäre, auch dem Verkäufer den sonstigen wirklichen Schaden zu ersetzen, welcher demselben durch den auf mäßigem Versehen des Käufers beruhenden Uebernahmeverzug entstanden ist. Liegen zugleich die Voraussetzungen des Verzuges in der Preiseszahlung vor (wie solches der Fall ist, wenn die Uebernahme und Preiseszahlung, wie in dem konkreten Streitfall gleichzeitig realisirt werden sollten, und der Verzug in beiden Beziehungen eingetreten war), so folgt die Pflicht zur Zahlung von Zögerungszinsen des Kaufgeldes von dem Zeitpunkte des Verzuges aus der einfachen Existenz des Verzuges in der Preiseszahlung. Vorstehende Normen konsequiren aus den Bestimmungen des Preuß. A.L.R. Th. I, Tit. 5, §§ 278, 288, 360, 361, Tit. 11, §§ 102, 103, 104, Tit. 16, §§ 15, 16, 17, 64. Es herrscht darüber, daß die Verpflichtung des Käufers unter den gekennzeichneten Voraussetzungen wenigstens eine so weit gehende sei, Uebereinstimmung in der oberstrichterlichen Judikatur und herrschenden Doktrin des Preußischen Rechts, wenn auch in Bezug auf einzelne Nuancen der juristischen Konstruktion eine Verschiedenheit stattfindet (Vergl. Erk. des Preuß. Ob.Trib. v. 18. August 1848; Entsch. des Ob.Trib. Bd. XVII S. 151; Erk. des R.O.H.G. v. 6. November 1875; Entsch. des R.O.H.G. Bd. XIX S. 340; Dernburg, Lehrbuch des Preuß. Privatr. Bd. II 3. Aufl. § 73 S. 172; Förster-Eccius, Theorie und Praxis, Bd. II § 125 S. 86, 87.)

Da ein schuldhaftes, für die Unmöglichkeit der Uebergabe mitwirkendes Verhalten des Verkäufers im konkreten Fall gar nicht behauptet ist; so ist es nicht nothwendig die Frage zu untersuchen, inwiefern sich nach den Prinzipien des Preuß. A.L.R. die Verpflichtung des nur aus mäßigem Versehen in Uebernahmeverzug verfallenen Käufers durch ein solches mitwirkendes Verhalten des Verkäufers günstiger gestalten könne. Bezüglich des beklagten und die Widerklage erhebenden Verkäufers ist im konkreten Fall festgestellt, daß er nicht nur aus mäßigem Versehen, sondern geradezu absichtlich die betreffenden ihm verkauften und gehörig zur Uebernahme offerirten Waaren nicht zu gehöriger Zeit übernommen habe, und daß erst hinterher die Möglichkeit der Tradition eingetreten sei."

33. **Der § 369 I, 5 des A.L.R. findet auch Anwendung, wenn der Altentheiler am Genusse des Altentheils vom Verpflichteten wesentlich gehindert oder lieblos behandelt wird.** Urth. des V. Civilsenats vom 18. März 1885 in Sachen A. J. in G., Beklagten und Revisionsklägers, wider J. und M. J. das., Kläger und Revisionsbeklagte. Vorinstanz: O.L.G. Breslau. Verwerfung.

„Der § 369 Th. I Tit. 5 des A.L.R. bestimmt: „Ist zwar nicht die Erfüllung des Vertrags, aber doch die darin bestimmte Art der Erfüllung unmöglich und diese Unmöglichkeit durch die Schuld des Verpflichteten oder durch einen in dessen Person sich ereigneten Zufall entstanden, so ist der Berechtigte eine andere Erfüllungsart zu wählen befugt." Wie bereits das Preuß. Ob.Trib. in den vom B.R. citirten Erkenntnissen ausgesprochen hat, findet diese Vorschrift auch Anwendung, wenn der Altentheiler an dem Genusse des Altentheils

— im Ganzen oder in einzelnen Beziehungen — von dem zur Gewährung desselben Verpflichteten so gehindert oder von diesem so lieblos behandelt wird, daß ihm eine weitere Annahme der dazu gehörigen Naturalleistungen nicht zugemuthet werden kann, indem er unter der gedachten Voraussetzung statt dessen einen Anspruch auf Geldentschädigung hat."

34. Beweislast bei Schadensersatzforderungen aus einem Dienstvertrag (Allg. L.R. I, 6 §§ 10 ff.). Urth. des I. Civilsenats vom 14. März 1885 in Sachen des W. T. zu B., Klägers und Revisionsklägers, wider E. J. das., Beklagten und Revisionsbeklagten. Vorinstanz: O.L.G. Breslau. Verwerfung.

Der Kläger wurde vom Vorgänger des Beklagten am 19. März 1877 engagirt „für die Stellung als Braumeister der Brauerei zu C., verbunden mit der Vertretung der Brauerei nach Innen und Außen," und demselben neben freier Wohnung und Feuerung „ein fixes Gehalt von 1800 ℳ jährlich und eine (näher bestimmte) Tantième für das von ihm gebraute und verkaufte Bier" zugesagt. „Solange bis das von ihm eingebraute Bier zum Verkauf gelangt und die stipulirte Tantième in Kraft tritt," sollte „eine Erhöhung des Gehaltes von 1800 ℳ auf 3000 ℳ eintreten." Der Kläger trat seine Stelle Anfang April 1877 an. Später wurde ihm auch die Oberleitung der Brauerei des Vorgängers des Beklagten in W. übertragen gegen Zusage einer Tantième von dem dort gebrauten und verkauften Bier. Am 18. November 1879 verließ der Kläger seine Stellung und macht klagend verschiedene Ansprüche gegen den Beklagten geltend, von welchem jetzt nur noch der Tantièmeanspruch von Bedeutung ist. Der Beklagte setzt der Klage compensando einen Anspruch auf Ersatz des Schadens entgegen, welchen er in Folge der schlechten Beschaffenheit des vom Kläger gebrauten Bieres erlitten habe. Es hätten Abkäufern deswegen Vergütungen gewährt werden und eine Partie des vorhandenen Bestandes weggegossen werden müssen. In beiden Instanzen wurde auf Grund der Kompensationseinrede die ganze Klage abgewiesen. Es wurde davon ausgegangen, der Kläger hafte für den durch die schlechte Beschaffenheit des Bieres dem Beklagten entstandenen Schaden, und ausgeführt, schon der aus dem Verkauf eines Postens entstandene Schaden übersteige den Betrag der Forderung des Klägers.

„Daß der Kläger für den Schaden, den er durch eine fehlerhafte Ausübung seiner Funktionen dem Beklagten bereitet hat, aufkommen muß, ist zweifellos, aber fraglich könnte sein, ob nicht die begangenen Fehler dem Kläger vom Beklagten hätten nachgewiesen oder wenigstens dargelegt werden müssen. Im Allgemeinen wird dies bei einer Schadensforderung aus einem Dienstvertrag anzunehmen sein. In einem Fall, wie der vorliegende ist, bei einer dienstlichen Stellung, wie der Beklagte sie im Geschäft des Klägers eingenommen hat, genügt es jedoch, wenn der Geschäftsherr den Erfolg geltend macht; der Dienstleistende hat dann sich zu exkulpiren. Vgl. Urth. des R.G. vom 23. Juni 1883." (Annalen Bd. VIII S. 275; Entsch.

Bd. X S. 168.) „Daß dort eine locatio conductio operis vorliegt, relevirt in Betreff dieser Frage nicht. Dazu wird zwar nicht unbedingt erforderlich sein, daß er die positive Thatsache, durch welche der Schade entstanden ist, nachweist, es wird meistens genügen, daß er seine Diligenz substantiirt darlegt. Der B.R. ist aber auch nur so zu verstehen, wenn er ausspricht, der Kläger als oberster Braumeister habe „für den Erfolg haften müssen". Es genügte nicht, daß der Kläger Möglichkeiten, durch welche der Verderb entstanden sein kann, anführt. Es genügte dies jedenfalls nicht betreffs des Bieres, welches nicht aus der Brauerei herausgekommen war, sich also fortwährend unter der Aufsicht des Klägers befunden hatte. Nur von diesen aber spricht der B.R. Es braucht daher nicht erörtert zu werden, wie sich die Haftung des Klägers für den Verderb des verkauften und ausgelieferten Bieres gestaltet."

35. **Verpflichtung des Fiskus zur Ausführung der von der Polizeibehörde zur Erhaltung der Sicherheit auf öffentlichen Straßen erlassenen Anordnungen** (A.L.R. I, 6, § 26, R.Str.G.B. § 366 Ziff. 10; Straßenpolizeiregl. für Berlin § 88). Urth. des V. Civilsenats vom 18. April 1885 in Sachen des Preuß. Eisenbahnfiskus, Beklagten und Revisionsklägers, wider H. M. zu B., Kläger und Revisionsbeklagten. Vorinstanz: Kammergericht. Verwerfung.

Nach der Feststellung des B.R. liegt folgender Sachverhalt vor: Der Kläger ist am 12. Dezember 1882 auf dem Bürgersteige, bezw. auf dem Trottoir, an welche der dem Beklagten gehörige Görlitzer Bahnhof grenzt, gefallen. Er hat eine Kniescheibe gebrochen und ist in Folge dessen völlig erwerbsunfähig geworden. Die Ursache des Fallens liegt in dem Glatteise, mit welchem der Bürgersteig bedeckt war. Der B.R. nimmt an, daß Beklagter der ihm nach § 366 Nr. 10 des R.Str.G.B. und § 88 des Straßenpolizei-Reglements für Berlin vom 7. April 1867 obliegenden Verpflichtung, „bei eintretender Winterglätte die Bürgersteige, Granitbahnen und Rinnsteinbrücken mit Sand, Asche oder anderem abstumpfenden Material zu bestreuen, und zwar so oft, daß während der Stunden von Morgens 7 Uhr bis Abends 10 Uhr der Entstehung gefahrbringender Glätte vollständig vorgebeugt wird; die Verpflichtung zum Streuen liegt den Besitzern derjenigen Grundstücke ob, welche und soweit dieselben an die öffentliche Straße grenzen," nicht genügt hat. Er verurtheilt deshalb den Beklagten zur Zahlung desjenigen Betrages, welchen Kläger erweislich vor dem Unfall verdient hat.

„Seitens des R.G. ist bereits in anderen Fällen, und zwar in Uebereinstimmung mit Entscheidungen des früheren Preuß. Ob.Trib. und des R.O.H.G. für das Preuß. Recht der Rechtsgrundsatz ausgesprochen, daß juristische Personen (also auch der Fiskus) für die Erfüllung der aus Kontraktsverhältnissen hervorgehenden, und der durch spezielle Gesetze auferlegten positiven Verpflichtungen gleich den Privatpersonen haften, und im Falle der Nichterfüllung solcher Ver-

4*

bindlichkeiten die Beschädigten nicht an ihre Vertreter oder Beamten verweisen dürfen." (Vergl. Annalen Bd. VII S. 95; Entsch. Bd. 8 S. 236, Hülfssenat; Gruchot, Beiträge, Bd. 27 S. 895, Bd. 29 S. 385, V. Senat; Entsch. des Ob. Trib. Bd. 14 S. 92, Bd. 37 S. 32, Bd. 61 S. 1, Bd. 73 S. 263; Striethorst's Archiv Bd. 97 S. 169; Entsch. des R.O.H.G. Bd. 8 S. 201, Bd. 18 S. 135.) „Von diesem Rechtsgrundsatz abzugehen, liegen keine Gründe vor. Da es sich hier nicht um eine Verpflichtung aus Kontraktsverhältnissen handelt, so fragt es sich nur, ob die Verpflichtung des Beklagten, als Grundbesitzer den Bürgersteig bei eintretendem Glatteis zu bestreuen, für eine ihm durch spezielle Gesetze auferlegte positive Verpflichtung angesehen werden kann. Die Frage ist mit dem B. R. zu bejahen.

§ 366 Nr. 10 des R. Str. G. B. enthält das allgemeine Gebot (die Norm, wie das R. O. H. G. Bd. VIII S. 204 zutreffend sagt), alle zur Erhaltung der Sicherheit auf öffentlichen Straßen erlassenen Polizeiverordnungen zu befolgen. Die für den Fall der Nichtbefolgung angedrohte Strafe hat zwar für den Fiskus keine Bedeutung. Dadurch wird jedoch die Verpflichtung des Fiskus, das von den Polizeibehörden in ihren Verordnungen zu dem von dem Gesetze angeführten Zwecke erforderlich Erachtete seinerseits auszuführen, keineswegs ausgeschlossen. Nach § 88 des Straßenpolizei-Reglements hat nun in Berlin die Polizeibehörde jeden Grundbesitzer verpflichtet, bei eintretendem Glatteise die an sein Grundstück grenzenden Bürgersteige in dem oben näher angegebenen Umfange zu bestreuen. Der hierdurch begründeten speziellen gesetzlichen Verpflichtung unterliegt der Beklagte in privatrechtlicher Hinsicht ebenso, wie jede physische Person. Wird sie in Fällen, wo die Befolgung geboten und möglich war, nicht befolgt, so haftet deshalb der Fiskus für den außerkontraktlich verursachten Schaden, und kann den Beschädigten nicht an seine Beamten verweisen. In diesem Sinne sind auch bereits frühere Urtheile der höchsten Gerichte ergangen." (Vergl. Annalen Bd. VII S. 95; Entsch. Bd. 8 S. 236, betreffend § 367 Nr. 14 des R.Str.G.B.; Gruchot, Beiträge Bd. 27 S. 898, betreffend § 330 des R.Str.G.B.; Entsch. des R. O. H. G. Bd. 8 S. 205, betreffend § 345 Nr. 9 des früheren Preuß. Str. G. B.). „Hier kommt über dieshinzu, daß Seitens des Beklagten Einreden, wonach er durch Aufträge an geeignete Beamte oder sonst für die Befolgung der Polizeiverordnung Vorsorge getroffen habe, in den Instanzen nicht erhoben sind."

36. **Auch im Gebiete des Preuß. L.R. hat der § 120 als Ausfluß der aus dem Dienstvertrag dem Dienstherrn obliegenden vollen Diligenz zu gelten.** (S. o. Fall 9 S. 12.)

37. **Der § 810 I, 11 des A.L.R. steht der Gültigkeit der Abrede in einem Kaufvertrage, daß neben den Zinsen andere Geldbeträge gezahlt werden sollen, nicht entgegen.** Urth. des IV. Civilsenats vom 30. März 1885 in Sachen St. & B. zu K., Klägerin und Revisionsklägerin, wider den Preuß. Fiskus, Beklagten und Revisionsbeklagten. Vorinstanz: Kammerger. Verwerfung.

Der B.R. geht davon aus — und dies ist auch nicht streitig — daß die Klägerin auf Grund der Bestimmungen des Vertrages vom 28. Juni 1881 einen gesicherten Anspruch auf den Prämienzuschlag von 10% bei der Amortisation der zu gewährenden Prioritätsobligationen erlangt hat. Er stützt ferner auf die Wortfassung des § 2c jenes Vertrages sowie auf anderweitige Bestimmungen desselben die Annahme, daß der dokumentirte Wille der Kontrahenten von vornherein dahin gegangen ist, es sollten als Aequivalent für die käufliche Ueberlassung der Sachen außer den dort stipulirten Beträgen nicht blos die 600 000 ℳ, sondern außerdem der Prämienzuschlag von 10%, d. h. 60 000 ℳ gezahlt werden; letzterer sei im Sinne der Kontrahenten nicht als Zinsen, sondern als Theil des Kaufpreises, bezw. als selbständige Nebenleistung anzusehen.

„Diese Annahme beruht auf Auslegung des Vertrages, und enthält eine thatsächliche Feststellung, welche in dieser Instanz maßgebend ist. Diese von den Kontrahenten urkundlich dem Prämienzuschlage gegebene Bestimmung und Charakterisirung muß bei der Beurtheilung der darüber getroffenen Vereinbarung im Stempelinteresse zur Grundlage dienen, und es ist daher dem B.R. darin beizutreten, daß es nicht darauf ankommt, ob der Prämienzuschlag nach der Legaldefinition des A.L.R. (§ 803 I, 11) oder etwa im wirthschaftlichen Sinne die Natur von Zinsen hat. Der § 803 l. c. kann hier überhaupt nicht Platz greifen, weil er voraussetzt, daß die Leistung, um welche es sich handelt, für den Gebrauch des geliehenen Geldes entrichtet werden muß, hier aber thatsächlich festgestellt ist, daß der Prämienzuschlag nicht für die Kreditirung des Kaufgeldes, sondern als ein Theil des Kaufpreises oder als selbständige Nebenleistung zu entrichten ist. Der § 810 ebenda legt zwar jedem dem Gläubiger für das Darlehn zugesicherten Gewinn und Vortheil die Natur der Zinsen bei, bestimmt dies aber lediglich zu dem Zwecke, die Umgehung des Zinsverbotes zu verhüten, und stellt in allen anderen Beziehungen über das juristische Wesen eines solchen Gewinns und Vortheils nichts fest, tritt namentlich nicht als Hinderniß der Gültigkeit einer Abrede in einem Kaufvertrage entgegen, wonach neben den Zinsen des kreditirten Kaufgeldes der Verkäufer gewisse Geldbeträge als Theile des

Kaufpreises oder als eine selbständige Nebenleistung zu erhalten hat. Sobald der Prämienzuschlag nicht zu den Zinsen gerechnet wird, ist er jedenfalls eine von den Zinsen unabhängige, selbständige Gegenleistung für die Eigenthumsübertragung, und mag er nun für einen Theil des Kaufpreises oder als eine außerdem bedungene Leistung angesehen werden, so ist immer sein Werth gemäß § 5 des Gesetzes vom 7. März 1822 und der Kabinetsordre vom 14. April 1832 der als Kaufpreis bestimmten Summe zuzurechnen."

38. **Im Zweifel ist die auftraglose Tilgung einer fremden Schuld eine nützliche Geschäftsführung** (A. L. R. I, 13 § 232). Urth. des IV. Civilsenats vom 9. März 1885 in Sachen J. B. zu W., Kläger, Widerbeklagten und Revisionskläger, wider S in B., Beklagten, Widerkläger und Revisionsbeklagten. Aufrechterhaltung des Versäumnißurtheils des R. G. vom 1. Dezember 1884.

„Die auftraglose Tilgung einer fremden Schuld aus eigenen Mitteln braucht nicht unter allen Umständen eine nützliche Geschäftsführung zu sein. Es können Fälle eintreten, in denen sie in der That keinen Nutzen bringt. (Zu vergl. v. Diegenbroick-Grüter in Gruchot Bd. III S. 1 ff.; Dernburg, Privatr. Bd. II § 94 N. 9 und die dort angeführten Urtheile des vormaligen Preuß. Ob. Trib.) Allein derartige Fälle stellen sich als Ausnahmen von der Regel dar. Wenn also nicht Umstände dargethan werden, welche eine andere Auffassung gebieten, so ist die Tilgung einer fremden Schuld als eine nützliche Geschäftsführung anzuerkennen. Dergleichen Umstände liegen nach dem Thatsachenmaterial des B. G. nicht vor."

39. **Auslegung des § 257 I, 13 des A. L. R.** Urth. des I. Civilsenats vom 18. März 1885 in Sachen C. & Co. zu M., Klägerin und Revisionsklägerin, wider J. L. zu St., Beklagten und Revisionsbeklagten. Vorinstanz: O. L. G. Posen. Verwerfung.

Der Versuch der Klägerin, den Beklagten vom Standpunkte seiner angeblichen freiwilligen Geschäftsführung aus in Anspruch zu nehmen, ist daran gescheitert, daß das O. L. G. aus den Umständen des Falles die thatsächliche Feststellung abgeleitet hat, der Beklagte habe die fragliche Versicherung, auch soweit sie die Waaren der Klägerin deckte, nicht in der Absicht, eine Angelegenheit der Klägerin damit zu besorgen, sondern nur um sich wegen seines eigenen Interesses am Speditionsgute zu sichern, genommen.

„Auch wenn man die Absicht der Geschäftsführung beim Beklagten in Beziehung auf den Versicherungsabschluß voraussetzen wollte, wäre daraus für sich allein noch kein Grund herzunehmen, ihn zu weiterer Diligenz in Ansehung des ferneren Verlaufes der Versicherungsangelegenheit verpflichtet zu erklären. Dies würde sich nicht einmal vom Standpunkte des Gemeinen Rechtes aus rechtfertigen lassen, umsoweniger vom Standpunkte des Preuß. L.R. aus, welches die Regelung des Verhältnisses zwischen freiwilligem Geschäftsführer und Geschäftsherrn vorwiegend unter den Gesichtspunkt der Haftung wegen ungerechtfertigter Bereicherung gebracht hat. Wenn also in § 257 I, 13 des A.L.R. bestimmt ist, daß Derjenige, welcher einmal ein fremdes Geschäft ohne Vorwissen des Eigenthümers übernommen habe, dasselbe bis zur gänzlichen Vollendung fortsetzen müsse, so kann das keinen andern Sinn haben, als den, sich aus Stellen wie l. 6 § 12, l. 21 § 2, l. 31 § 2 D. de neg. gest. 3, 5 ergebenden, wonach Derjenige, der einmal als negotiorum gestor gehandelt hat, sich verantwortlich macht, wenn er weitere Handlungen unterläßt, die im Zusammenhange mit der frühern vernünftiger Weise von ihm erwartet werden konnten, und durch deren Unterlassung der Geschäftsherr schlechter gestellt wird, als wenn die fragliche Geschäftsführung überhaupt nicht stattgefunden hätte."

40. **Zeitpunkt des Ueberganges der Gefahr der unentgeltlichen Arbeit und Auslage vom Werkmeister auf den Besteller** (§§ 936, 939, 960 I, 11 des A.L.R.). Urth. des I. Civilsenats vom 15. April 1885 in Sachen des Maschinenfabrikanten Sp. zu D., Klägers, Widerbeklagten und Revisionsklägers, wider A. das., Beklagten, Widerkläger und Revisionsbeklagten. Vorinstanz: O.L.G Marienwerder. Verwerfung.

Eingeklagt ist Restvergütung aus einem Werkverdingungsvertrage. In der Widerklage wird der angezahlte Theil der Vergütung für das verdungene Werk (als in Erwartung eines demnächst nicht existent gewordenen Verpflichtungsgrundes gezahlt) zurückgefordert. Der Kern des Streites besteht in der Frage, ob (nach den Umständen des konkreten Falles) der Besteller oder der Werkmeister den Schaden tragen muß, welcher, je nachdem diese Frage beantwortet wird, aus dem durch einen zufällig entstandenen Brand verursachten Untergang des verdungenen Werkes erwächst. Die Urtheile in den Vorinstanzen stehen sich entgegen. In erster Instanz hat die Kammer für Handelssachen des L.G. Danzig den Beklagten verurtheilt und die Widerklage abgewiesen. Das O.L.G. dagegen hat die Klage abgewiesen und den Kläger auf die Widerklage verurtheilt. Das R.G. tritt dem O.L.G. bei.

„In Uebereinstimmung mit der zu billigenden, herrschenden Doktrin ist in dem B.U. ausgeführt, daß der Gesetzgeber in dem Preuß. A.L.R. (welches letztere, wiewohl ein Handelsgeschäft zu beurtheilen wäre, in Ermangelung besonderer handelsrechtlicher Normen über die Frage der Gefahr bei Werkverdingungsverträgen maßgebend sei) gegenüber der in Bezug auf diese Frage vor und zur Zeit der

Abfassung des Preußischen Gesetzbuches unter den gemeinrechtlichen Praktikern bestehenden Kontroverse sich für die (dem Werkmeister ungünstigere) Norm entschieden habe, daß die Gefahr der unentgeltlichen Arbeit und Auslage dem Werkmeister nicht schon dadurch abgenommen werde, daß er das verdungene Werk den kontraktlichen Bestimmungen gemäß sachlich hergestellt habe, sondern erst dadurch, daß er das Werk dem Besteller angeliefert und der Besteller dasselbe (sei es nun ausdrücklich, sei es durch konkludentes Verhalten) übernommen, oder die Uebernahme ohne rechtlichen Grund verzögert habe." (Vergl. Preuß. A.L.R. I, 11 §§ 936, 939, 960; Dernburg, Lehrbuch des Preuß. Privatr. Bd. II 3. Aufl. § 201 S. 572; Förster-Eccius, Theorie und Praxis des Preuß. Privatr. Bd. II § 138 S. 316, 317.)

41. **Unanwendbarkeit des § 363 I, 16 des A.L.R. beim Vorliegen eines Verwaltungsvertrages.** Urth. des IV. Civilsenats vom 23. März 1885 in Sachen A. H. zu D., Beklagten und Revisionsklägers, wider J. G. zu L., Klägers und Revisionsbeklagten. Vorinstanz: O.L.G. Hamm. Aufhebung und Zurückverweisung.

Der B.R. erachtet die Kompensationseinrede schon durch die Natur der vorliegenden Klage für ausgeschlossen, welche er als Klage auf Rückgabe eines Depositums qualifizirt und auf die er demzufolge den § 363 Th. I Tit. 16 des Allg. L.R. anwendet. Diese Annahme ist dahin begründet: „Es handelt sich hier um die Zurückforderung von Geldern, welche der Beklagte von seiner Schwester A. erhalten und wovon er verschiedene Auslagen für diese gemacht hat. Diese Gelder hat der Beklagte theils von der genannten Schwester unmittelbar erhalten, theils für sie in Empfang genommen. Die Gelder gingen nicht in sein Eigenthum über, sondern blieben Eigenthum seiner Schwester, haben also die Natur eines Depositums."

„Mit Recht macht der Revisionskläger geltend, daß diese Feststellungen, welche auch in dem vorrichterlichen Thatbestande keinerlei Ergänzung finden, für die Annahme eines eigentlichen Verwahrungsvertrages im Sinne des § 9 Th. I Tit. 14 des A.L.R. nicht ausreichen, sondern ebensowohl auf einen Bevollmächtigungs- oder Verwaltungsvertrag schließen lassen, bei welchem gleichfalls die dem Bevollmächtigten beziehungsweise Verwalter zu bestimmter Verwendung übergebenen oder Namens des Prinzipals eingehobenen Gelder bis zum Eintritt einer anderen rechtsverändernden Thatsache im Eigenthume des Prinzipals bleiben. Es ist also in diesem Umstande ein unterscheidendes Merkmal des Verwahrungsvertrages nicht gegeben und ebenso wenig ist festgestellt, daß die Hingabe der fraglichen Gelder an den Beklagten unter dem Beding der Aufbewahrung und demnächstigen Rückgabe erfolgt sei. Daß aber der § 363 Th. I Tit. 16 des A.L.R., wonach „derjenige, welchem etwas in Verwahrung gegeben ist, sich gegen die schuldige Rückgabe mit der Kompensation nicht schützen kann", auf die Kompensationsbefugniß des Bevollmächtigten gegenüber der Klage des Machtgebers auf Herausgabe derjenigen Vermögensstücke, welche jener für diesen in Händen hat, keine Anwendung findet, unterliegt bei dem klaren Wortlaut und der exceptionellen Natur der Vorschrift keinem Zweifel. (Vergl. Entsch. des Preuß. Ob. Trib. Bd. 43 S. 456 ff.; Striethorst's Archiv Bd. 21 S. 79 ff., Bd. 38 S. 39 ff.) Schon dies genügt, um den in Rede stehenden Entscheidungsgrund zu entkräften, da, wie bemerkt, die Feststellungen des angefochtenen Urtheils die Annahme eines Bevollmächtigungsvertrages zwischen dem Beklagten und dessen Schwester gestatten.

Aber auch das Vorliegen eines Verwaltungsvertrages zwischen den Genannten würde die Anwendung des § 363 cit. ausschließen, wie das vormalige Preuß. Ob. Trib. in dem Erk. vom 30. November 1855 (Striethorst's Archiv Bd. XIX S. 144 ff) — unter Zustimmung von Förster (Theorie 2c. 4. Aufl. I S. 692 Note 99) — mit Recht angenommen hat."

42. **Folgen des Ausschließungsbeschlusses gegen den Mitgesellschafter nach §§ 273 ff. I, 17 des A. L. R.** Urth. des I. Civilsenats vom 25. Februar 1885*) in Sachen G. zu B. und Gen., Kläger und Revisionskläger, wider T. das., Beklagten und Revisionsbeklagten. Vorinstanz: Kammerger. Aufhebung und Zurückverweisung.

Die neun Kläger waren Mitglieder einer Vereinigung, welche die Entnahme der Koaks von den Berliner Gasanstalten zu dem billigeren Engrospreise in der Weise zum Gegenstande hatte, daß ein Vorsitzender der Vereinigung entsprechend dem Bedarf der Mitglieder in eigenem Namen mit den Gasanstalten kontrahirte und die Koaks an die Mitglieder ihrem Bedarf entsprechend vertheilte. Der Beklagte war vom 1. März 1878 bis zum 20. Juni 1880, zu welchem Zeitpunkte er aus der Vereinigung austrat, Vorsitzender derselben gewesen. Bei der städtischen Gasanstalt zu Berlin war aus Einlagen der Mitglieder der Vereinigung eine Kaution bestellt worden, zu welcher auch acht Stück Berliner Stadtobligationen à 500 ℳ gehörten. Mit der Behauptung, daß Beklagter, während er Vorsitzender war, zwei dieser Obligationen dem Kautionsdepot entnommen hätte, haben sie gegen denselben Klage auf Herausgabe derselben an sie oder Erstattung ihres Werthes erhoben. Beklagter bestritt die Aktivlegitimation der Kläger, weil zur Zeit der Klagerhebung außer den Klägern die Kohlenhändler B. und L. noch Mitglieder der Vereinigung gewesen seien. Er beantragte deshalb Abweisung der Klage, indem er übrigens behauptete, sich durch diese Obligationen für Auslagen, die er gemacht, gedeckt zu haben. Eventuell, falls Kläger aktiv legitimirt wären, verlangte er widerklagend von den Klägern Zahlung eines Restguthabens von 490,55 ℳ, auch einer Remuneration von

*) Ausgefertigt in der Zeit vom 1. bis 16. Mai.

175,26 ℳ nebst Zinsen. Das L.G. I Berlin verurtheilte den Beklagten und wies die Widerklage ab. Das Kammergericht wies Klage und Widerklage ab. Es geht davon aus, es habe die erhobene Klage von sämmtlichen derzeitigen Mitgliedern der Vereinigung angestellt werden müssen, da das Statut eine Vertretung der Vereinigung hierfür nicht regele. Nun fehle aber der Klagbeitritt des Kohlenhändlers B. Kläger hatten behauptet, daß dieser ausgeschlossen worden sei. Der Beklagte hat dies anscheinend nicht bestritten. Das Kammergericht hält die bloße Thatsache der Ausschließung nicht genügend.

„Der Entscheidungsgrund des B.G., nach welchem über die Thatsache des erfolgten Ausschlusses des B. hinaus noch der Nachweis gefordert wird, daß der Ausgeschlossene dem Beschluß nicht widersprochen habe oder sein Widerspruch durch Richterspruch verworfen werde — das B.G. spricht sogar noch daneben von dem Erfordernisse des Nachweises eines rechtmäßigen Ausschließungsgrundes —, erscheint unzutreffend. Die §§ 273 ff. Tit. 17 Th. I des A.L.R. betreffen nur das innere Verhältniß. Für das Verhältniß nach Außen, für die alleinige Legitimation der verbleibenden Gesellschaftsmitglieder, sind die ausgeschlossenen so lange als Nichtmitglieder zu behandeln, als sie nicht den Ausschließungsbeschluß beseitigt oder doch rechtliches Gehör gegen denselben beantragt haben. Nach der Terminologie des A.L.R. im § 235 cit. wird die Thatsache des Ausschließungsbeschlusses als etwas derartig Beachtliches und Schwerwiegendes erachtet, daß es Sache des Ausgeschlossenen ist, gegen denselben aktiv vorzugehen. Mit dieser Auffassung würde es im Widerspruche stehen, wenn es der betreffende Gesellschafter durch bloße Passivität dahin zu bringen vermöchte, daß die Gesellschaft ihn bei allen weiteren Rechtshandlungen als Mitglied so lange betrachten müßte, bis sie die Anerkennung der Begründetheit seines Ausschlusses durch Richterspruch herbeigeführt hätte. (Vergl. auch das Urtheil des Preuß. Ob.Trib. vom 16. Juni 1863 in Striethorst Bd. 50 S. 110 ff.) Am allerwenigsten kann aber die Rechtmäßigkeit des Ausschlusses zum Gegenstande der Erörterung in dem Prozesse der Gesellschaft mit Dritten gemacht werden. Es bedurfte deshalb nur des Beweises, daß B.'s Ausschluß von der Gesammtheit der Mitglieder mittels des hierfür zuständigen Organs — hier der Generalversammlung — beschlossen worden und, was freilich als erforderlich zu erachten, daß dieser Beschluß dem Ausgeschlossenen mitgetheilt worden ist. Ob das ausgeschlossene Mitglied in der Generalversammlung oder vorher gehört worden, war bei diesem Streite über die Aktivlegitimation in dem Prozesse der verbliebenen Mitglieder gegen einen Dritten oder ein anderes Mitglied ebenfalls nicht zu prüfen. Dagegen war es Sache des Beklagten, einzuwenden, die Frage des Ausschlusses schwebe noch, weil der Ausgeschlossene gegen den Ausschluß auf gerichtliches Gehör angetragen habe."

43. Die gesetzlichen Rechte und Pflichten einer Religionsgesellschaft (Parochie), **als privilegirter Korporation** (A. L. R. II, 11 §§ 11, 17, 58, 237 ff., II, 6 §§ 81 ff.; Ges. vom 20. Juni 1875 § 3). Urth. des IV. Civilsenats vom 30. März 1885 in Sachen der kathol. Kirchengemeinde zu B., Beklagte und Revisionsklägerin, wider F. zu Z., Kläger und Revisionsbeklagten. Vorinstanz: O. L. G. Posen. Aufhebung und Zurückverweisung.

Die Klage ist auf das doppelte Fundament des Vertrages und der nützlichen Verwendung gestützt; das erste Fundament von dem B. R. nicht näher geprüft, weil nach seiner Mittheilung ein Vertragsverhältniß vom Kläger bisher nicht nachgewiesen und von der Beklagten selbst ausdrücklich bestritten ist.

„Daß aber für den Rechtsgrund der nützlichen Verwendung nur die rechtliche Stellung der Kirchengemeinde in Betracht kommt und daß dafür die Stellung des Patrones zu der Kirche und zu der Kirchengemeinde ohne Einfluß ist, das kann als richtig nicht anerkannt werden. Das A. L. R. führt die Obligation aus der nützlichen Verwendung auf die Thatsache zurück, daß Jemand aus fremdem Vermögen in ungerechtfertigter Weise bereichert worden ist, und als bereichert wird derjenige angesehen, dessen Vermögen durch den Aufwand eines Andern vermehrt oder verbessert worden ist (§§ 232, 265 a. a. O.). Wenn nun der Cedent des Klägers den, durch Regierungsbeschluß angeordneten Scheunenbau auf dem Pfarrhofe der beklagten Kirchengemeinde — nach dem Anschlage auf eigene Kosten ordnungsmäßig ausgeführt, was an sich nicht bestritten ist — und dadurch nothwendige und nützliche Ausgaben für die Kirchengemeinde gemacht hat (§§ 268, 269 a. a. O.), so mag die letztere allerdings für bereichert und zur Vergütung des Aufgewendeten für verpflichtet anzusehen sein. Denn eine, zur öffentlichen Feier des Gottesdienstes zu einer gemeinschaftlichen Kirche vereinigte Religionsgesellschaft (Parochie) bildet eine privilegirte Korporation (§§ 11, 17, 58, 237 ff. a. a. O. II, 11) und wird in Ansehung ihrer äußeren Rechte, also auch in Ansehung des Vermögens, nach den Gesetzen, wie andere Mitglieder des Staates, beurtheilt (§§ 81 ff. a. a. O. II, 6). Das Kirchengut, d. i. das den kirchlichen Zwecken dienende Vermögen, ist daher Korporationsvermögen, und Subjekt des Eigenthums an diesem Vermögen ist die Kirchengesellschaft, die Kirchengemeinde, als moralische Person. Zu diesem Vermögen gehören insbesondere die Gebäude, liegende Gründe und alle Einkünfte, welche zur anständigen Unterhaltung des äußeren Gottesdienstes erforderlich sind (§§ 160 ff.

a. a. O.), und der § 170 a. a. O. erklärt Kirchen und andere dahin gehörige Gebäude ausschließend für Eigenthum der Kirchengesellschaft, zu deren Gebrauche sie bestimmt sind (§ 3 Gesetz vom 20. Juni 1875). Und was von dem eigentlichen Kirchengute gilt, das ist auch Rechtens für die Pfarrgüter, d. i. das Vermögen, das unmittelbar zur Unterhaltung des Pfarrers und der übrigen Kirchenbedienten bestimmt ist (§§ 772 ff. a. a. O. II, 11). Ist die beklagte Kirchengemeine daher Eigenthümerin der, von dem Cedenten des Klägers auf eigene Kosten erbauten Pfarrscheune, so ist sie auch, soweit sich durch diesen Bau eine nützliche Verwendung vollzogen hat, obligirt und haftbar. Jedoch aber nicht unbedingt und ohne Einschränkung, sondern nur in Höhe und im Umfange ihrer gesetzlichen oder statutarischen Pflicht, zu den Kirchen- und Pfarrbauten beizutragen. Die Stellung des Patrons ist dieser Obligation aus der nützlichen Verwendung gegenüber daher nicht indifferent. Er steht — soweit nicht seine Eigenschaft als Eingepfarrter von Einfluß ist — zwar nicht innerhalb der Kirchengemeine, sondern außerhalb derselben und ihr gegenüber und die Rechte, welche er in Ansehung des Kirchenvermögens ausübt, entspringen nicht aus dem Eigenthum am Kirchenvermögen, sondern aus der Ehrenstellung, welche er im Kirchenverbande einnimmt und aus der subsidiären Haftung, die ihm — in Ermangelung eines hinlänglichen Kirchenvermögens — bezüglich der Erhaltung der Kirche gemeinsam mit den Eingepfarrten obliegt (§§ 568 ff., 584, 621, 651 a. a. O.). Allein gerade aus dieser Haftbarkeit des Patrons wird die Beitragspflicht der beklagten Kirchengemeine zu den Kirchenbauten und daher die Obligation aus der nützlichen Verwendung eingeschränkt. Die Stellung des B.R., der die Kirchengemeine zunächst allein für haftbar erklärt und ihr den Regreß gegen den Patron überläßt, ist daher als richtig nicht anzuerkennen."

2. Badisches Recht.

44. **Nach Badischem Landrecht kann ein Familienfideikommiß nicht in der Weise errichtet werden, daß für den Fall des Aussterbens des zunächstberufenen Stammes ein anderer Stamm eingesetzt werde. Erlöschen der Stammgutseigenschaft mit Aussterben des erbberechtigten Mannesstammes. Ungültigkeit der statutarischen Anordnung, daß für diesen Fall die kognatische Succession eintrete** (L.R. S. 5, 577 ca, 577 bg, 577 cs, 577 ck, 896; Art. 14 der Bundesakte). Urth. des II. Civilsenats vom 8. April 1885 in Sachen des Grafen L. Douglas u. Gen., Kläger und Revisionskläger, wider den Grafen W. Douglas,

Beklagten und Revisionsbeklagten. Vorinstanz: O.L.G. Karlsruhe. Verwerfung *).

Bei dem L.G. Karlsruhe, welches vom O.L.G. Karlsruhe gemäß § 36 Ziff. 4 der C.P.O. als das zuständige Gericht bestimmt worden ist, haben die Kläger dahin beantragt: „Es sei die Stammgutseigenschaft der auf Ableben des Grafen Ludwig von Langenstein auf den Herrn Beklagten übergegangenen Güter und Herrschaften Langenstein, Gondelsheim, Münchhof, Stetten am Kalten Markt nebst Zubehörden als rechtsbeständig und fortdauernd zu erklären und der Beklagte schuldig, die hieraus folgenden Verpflichtungen den Klägern gegenüber anzuerkennen und zu vollziehen." Mit Urtheil vom 23. Oktober 1883 hat das L.G. die Klage abgewiesen und auf Berufung der Kläger hat das O.L.G. mit Urtheil vom 15. Oktober 1884 bestätigt.

Die dem Rechtsstreit zu Grunde liegenden Thatsachen sind unbestritten und im wesentlichen folgende:

Am 11. Juni 1827 hat Großherzog Ludwig von Baden einen letzten Willen errichtet, dessen Ziff. 1 besagt: „Ich adoptire hiermit Meine beiden Kinder, die ich mit der Gräfin Katharine von Langenstein, einer gebornen Werner, erzeugt habe, Meinen Sohn, Ludwig Wilhelm August, geboren den 4. Oktober 1820 und Meine Tochter, Luise, geboren am 3. März 1825, jedoch dergestalt und also, daß sie nur in Beziehung auf die in diesem Testamente enthaltenen Verfügungen, nicht aber in Beziehung auf das Fideikommiß des Hauses Baden, den ehelichen Kindern gleichgestellt sein sollen." In Ziff. 4 erklärt der Testator die Herrschaften Langenstein, Gondelsheim und eine Anzahl anderer Besitzungen für Gräflich Langensteinisches Stamm- und Lehngut und bestimmt: „In dieses Stamm- und Lehngut soll dereinst nach Meinem Absterben, nach dem Rechte der Erstgeburt mein Sohn Ludwig und dessen eheliche, leibliche standesmäßige Nachkommenschaft, und dann meine Tochter Luise und deren eheleibliche, standesmäßige Nachkommenschaft succediren." In einem beim Generallandesarchive hinterlegten, vom Minister des Großherzogl. Hauses kontrasignirten Gnadenbriefe vom gleichen Tage (11. Juni 1827) ist dieses Testament bestätigt und sind die erwähnten beiden anerkannten natürlichen Kinder nach Maßgabe dieses Testamentes den in standesmäßiger Ehe erzeugten Kindern gleichgestellt.

In dem Testamente ist zugleich auf einen Gnadenbrief und eine Successionsordnung — beide vom 28. Mai 1827 — Bezug genommen. Im ersteren verordnete der Großherzog unter Gegenzeichnung des Ministers nach Ansicht des § 28 der Verfassungsurkunde, kraft der ihm zustehenden Machtvollkommenheit und als Haupt des Hauses Baden Folgendes: „Wir geben, reichen und verleihen Unserem geliebten Sohne, dem Grafen Ludwig Wilhelm August von Langenstein und Unserer geliebten Tochter, der Gräfin Louise von Langenstein, für sich und für ihre eheleibliche, standesmäßige Nachkommenschaft männlichen und weiblichen Geschlechts die Herrschaften Langenstein u. s. w. als Stamm- bezw. als Lehngut dergestalt und also, daß sie nach Unserem Ableben diese Herrschaften in demselben Maße, wie Wir dieselben besessen, genützt und gebraucht haben, daher namentlich mit standesherrlichen Rechten besitzen, nutzen und gebrauchen sollen. — Daß übrigens das Gräflich

*) Der Leser mag nicht verübeln, daß wegen thunlichst ausführlicher Mittheilung dieses wichtigen Urtheils das Rheinisch-Badische Recht diesmal nur durch so wenige Fälle vertreten ist.

von Langenstein'sche Stammgut und Familieneigenthum nach den Vorschriften des L.R.S. 577a ff. beurtheilt werden sollen." Weiter ist noch verordnet, daß der jeweilige Besitzer des Gräflich Langenstein'schen Stammgutes, wenn er nicht ein geborener Graf von Langenstein ist, den Namen und das Wappen eines Grafen von Langenstein für sich und seine eheleibliche standesmäßige Nachkommenschaft anzunehmen und zu führen berechtigt sei.

Die Successionsordnung vom gleichen Tage hebt im Eingange hervor, daß das Stammgut für den Grafen Ludwig und die Gräfin Luise von Langenstein gestiftet sei, und bestimmt im übrigen, daß sich dasselbe nach dem Rechte der Erstgeburt unter Vorzug des Mannsstammes zunächst im Mannsstamme des Grafen Ludwig von Langenstein vererben solle. Beim Erlöschen dieses Mannsstammes soll es an dessen Descendenz im Weiberstamme übergehen. Nach Aussterben der Descendenz des Grafen Ludwig von Langenstein sind die Gräfin Luise von Langenstein und deren Descendenz nach der gleichen Ordnung gerufen.

Nach dem im Jahre 1830 erfolgten Ableben des Großherzogs Ludwig wurde die Theilung des Privatnachlasses nach Maßgabe seines Testamentes vollzogen und erhielt Graf Ludwig von Langenstein die ihm zugedachten Herrschaften und Güter. Standesherrliche Rechte erhielt derselbe jedoch nicht, sondern nur die Rechte eines Grundherrn nach Maßgabe eines am 22. April 1824 über die Rechte der Grundherren erlassenen landesherrlichen Ediktes. Wegen der für das Stammgut erforderlichen Staatsgenehmigung wurden sodann Verhandlungen gepflogen und erlangte ein vom Grafen Ludwig von Langenstein vorgelegtes „Stammgutsstatut" nach einigen daran vorgenommenen Aenderungen am 3. September 1847 die Staatsgenehmigung. Im Eingange referirt das Statut die beiden Urkunden vom 28. März 1827 im wesentlichen wörtlich, insbesondere auch die Verleihung seitens des Großherzogs Ludwig an den Sohn und die Tochter.

Aus der beigefügten vom Großherzog Ludwig getroffenen Successionsordnung sind anzuführen: § 3. Unmittelbar nach Unserem Ableben fällt das Gräflich Langenstein'sche Stammgut an Unseren geliebten Sohn rc. und dann weiter an den Mannsstamm Unseres Sohnes. § 4. Nach Erlöschung des Mannsstammes folgt der Weibsstamm des Sohnes. § 6. Sollte Unser geliebter Sohn mit Tode abgehen, ohne männliche oder weibliche Nachkommenschaft zu hinterlassen, oder sollte der Manns- und Weibsstamm Unseres geliebten Sohnes erlöschen, so folgt alsdann Unsere geliebte Tochter — oder, wenn auch diese bereits verstorben wäre, deren Nachkommenschaft in das Stammgut. Der im Eingang dieses § 6 vorgesehene Fall trat am 11. Juni 1872 durch das kinderlose Absterben des Grafen Ludwig von Langenstein ein.

In einem Testamente vom 12. Dezember 1863 hatte er verordnet, daß in Anerkennung der Verfügungen des Großherzogs Ludwig das Gräflich Langenstein'sche Fideikommiß auf den Sohn seiner Schwester, der Gräfin Luise von Langenstein, verehel. Gräfin Douglas, nämlich an den Grafen Wilhelm Douglas übergehe, welcher den Namen und Wappen eines Grafen von Langenstein anzunehmen und zu führen verpflichtet sei. Am 16. Juli 1872 hat die Mutter des Grafen Douglas zu Gunsten ihres Sohnes auf die Succession verzichtet und ist dessen Recht von sämmtlichen Erbbetheiligten anerkannt worden.

Von Seiten der badischen Staatsbehörden wurden jedoch gegen die Fortdauer der Stammgutseigenschaft Zweifel erhoben. Der Verwaltungsgerichtshof entschied, daß die gemeine Erbschaftsaccise und nicht die geringere für Stammgüter anzusetzen sei. Das Großherzogl. Justizministerium sprach auf die Anzeige des Grafen Wilhelm

Douglas, daß er den Namen und das Wappen eines Grafen von Langenstein anzunehmen gesonnen sei, seine Ansicht dahin aus, daß nach Maßgabe des Landrechts und in Abweichung der Bestimmungen des Familienstatuts mit dem kinderlosen Absterben des Grafen Ludwig von Langenstein die Stammgutseigenschaft der betreffenden Güter erloschen sei und ertheilte die Genehmigung zu Veräußerungen jeweils nur mit der Klausel: „wenn diese Genehmigung erforderlich ist".

Auf eine an das Großherzogl. Staatsministerium gerichtete Vorstellung wurde dem Grafen Wilhelm Douglas eröffnet, daß dem darin gestellten Gesuche, von einer Beanstandung des Statuts des Gräflich Langenstein'schen Stammgutes Umgang zu nehmen, insolange nicht entsprochen werden könne, als nicht über die einschlagenden privatrechtlichen Ansprüche gerichtliche Entscheidung zu Gunsten des Antragstellers ergangen sei.

Die Kläger, Geschwister des Beklagten, erhoben nun Klage, zu welcher sie durch die vermöge dieser Vorgänge bewirkte Unsicherheit des Rechtszustandes, zu deren Hebung vom Beklagten keine weiteren Schritte geschehen seien, veranlaßt sein wollen; überdies ist festgestellt, daß der Beklagte in Folge des erwähnten Erlasses aus dem Großherzogl. Staatsministerium die weitere Auszahlung der in den §§ 8, 9 und 10 des Statuts bestimmten Apanagen eingestellt hat. Der Beklagte hat der Klage nicht widersprochen, sondern sich dem Klagantrage angeschlossen. Die rechtlichen Deduktionen der Parteien erhellen aus dem Urtheil des R.G.

„Die zunächst zu prüfende Rüge der Verletzung der §§ 278, 279 der C.Pr.O. ist nicht begründet. Daß der Beklagte die in der Klage vorgetragenen Thatsachen zugegeben und sich den Ausführungen der Kläger angeschlossen hat, beruht darauf, daß unter den Parteien über die Fortdauer der Stammgutseigenschaft der auf Ableben des Grafen Ludwig von Langenstein in den Besitz des Beklagten gekommenen Güter eine Meinungsverschiedenheit nie bestanden hat und daher insofern ein Anlaß zu einem Rechtsstreite nicht gegeben war. Bei dieser Sachlage fehlte es aber, wie das B.G. zutreffend ausführt, an einem aus dem Verhalten des Beklagten hervorgehenden rechtlichen Interesse für die auf Feststellung gerichtete Klage, und, da es nicht Aufgabe des Richters ist, ohne die Voraussetzung widerstreitender Interessen Rechtsverhältnisse festzustellen und auf solche Weise allgemeine Bescheide zu erlassen (L.R.S. 5), so würde aus der von vornherein bestandenen Uebereinstimmung der Parteien, welche der Beklagte in der Klagbeantwortung bestätigt hat, nicht dessen Verurtheilung, sondern die Abweisung der Feststellungsklage wegen mangelnden rechtlichen Interesses folgen.

Nur wegen des Umstandes, daß der Beklagte positiv die Entrichtung der statutenmäßigen Apanage insolange verweigert, bis eine richterliche Entscheidung ihn hierzu verurtheilt, konnte die Klage für zulässig erachtet werden; diese Weigerung ist noch in zweiter Instanz aufrecht erhalten und formell der Antrag auf Verwerfung der Berufung gestellt worden. Die Kläger können nun nicht dadurch beschwert sein, daß das B.G. anstatt ihre Klage wegen Mangels der Voraussetzungen des § 231 der C.P.O. abzuweisen, solche in Rücksicht auf die Verweigerung der Auszahlung der Apanagen zugelassen hat. Eine Erklärung des Beklagten, daß er zwar das Recht des Klägers im Prinzip anerkenne, den Anspruch aber gleichwohl nicht erfülle, so lange er nicht hierzu verurtheilt werde, erscheint nicht als Anerkenntniß im Sinne des § 278 der C.P.O., kann vielmehr nur dahin aufgefaßt werden, daß der Beklagte ungeachtet des Zugeständnisses der Thatsachen und ungeachtet er die gleichen Folgerungen aus demselben zieht wie der Kläger, gleichwohl diese nicht mit der Wirkung gegen sich gelten lassen will, daß er auf Grund seiner Beurtheilung der Sache zur beanspruchten Leistung verpflichtet sei, sondern daß er seine Verpflichtung immerhin noch davon abhängig machen will, daß durch Richterspruch objektiv anerkannt werde, daß die aus den Thatsachen gezogenen Folgerungen in Rechten begründet seien.

Es ist demnach auf die Prüfung dieser Folgerungen einzugehen; aber auch in dieser Beziehung kann die Revision keinen Erfolg haben.

Unter den Parteien ist unbestritten und es unterliegt auch keinem rechtlichen Bedenken, daß Graf Ludwig von Langenstein das erste Stammhaupt des von Langenstein'schen Stammgutes war. Die Gräfin Luise von Langenstein, verehelichte Gräfin Douglas, und in Folge ihres Verzichtes der Beklagte, nehmen die Succession in dasselbe nicht als Descendenz dieses ersten Stammhauptes, sondern kraft eigenen Rechts in Anspruch, weil das Stammgut von vornherein zugleich für den Grafen Ludwig und, wenn auch nur bedingt, für dessen Adoptivschwester und deren Nachkommen errichtet worden sei.

Mit Recht ist daher in den Verhandlungen (vergl. u. A. das Gutachten von Renaud S. 48 der Akten) die Frage für entscheidend erklärt worden: Ob ein Vater, welcher einen Sohn und eine Tochter hat, ein Stammgut der Art ins Leben zu rufen vermöge, daß dasselbe zunächst auf den Sohn fallen und in dessen Descendenz sich vererben, nach Erlöschen dieser Linie aber an die Tochter und deren Descendenz als Stammgut kommen solle. Das B.G. hat diese Frage verneint, indem es nach Badischem Rechte die Errichtung eines sogenannten agnatisch-kognatischen Fideikommisses für unstatthaft erklärte und daraus herleitete, daß noch viel weniger die eventuelle Berufung einer anderen weiblichen Linie für zulässig erachtet werden könne.

Der Vertreter der Revisionskläger hat in der mündlichen Verhandlung zunächst die Richtigkeit dieser Schlußfolgerung mit dem Vorwurfe angegriffen, daß sie auf einer Verwechselung der Successionsfähigkeit in Bezug auf ein bestehendes Familienfideikommiß mit der Fähigkeit beruhe, zum (ersten) Stammhaupte eines solchen berufen zu werden, da aus der Unfähigkeit einer Person (etwa in den Fällen des L. R. S. 577 ct.), in das Stammgut oder Familienfideikommiß zu succediren, nicht gefolgert werden könne, daß ein Stammgut nicht zum Vortheile einer solchen Person und ihres Stammes (z. B. eines Adoptirten) errichtet werden dürfe. Es kommt jedoch auf diese Rüge weiter nicht an, da nicht nur die Frage, so wie sie gestellt ist, sondern überhaupt verneint werden muß, daß unter der Herrschaft des badischen Landrechts ein Familienfideikommiß in der Weise errichtet werden könne, daß für den Fall des Aussterbens des zunächst berufenen Stammes ein anderer Stamm eingesetzt wird.

Nach Gemeinem Rechte wird zwar die Anordnung einer solchen Stiftung für zulässig erklärt — vgl. Lewis, das Recht des Familienfideikommisses S. 350 und bayrisches Gesetz v. 26. Mai 1878 § 84 —, allein im badischen Gesetze befindet sich eine gleiche Bestimmung nicht, und kann dasselbe auch nicht dahin ausgelegt werden, daß des Fehlens einer solchen ausdrücklichen Gestattung ungeachtet gleichwohl die Verfügungsgewalt des Stifters eines Fideikommisses in dieser Richtung ungehindert sein solle.

Die Revisionskläger stellen sich zunächst auf den Standpunkt der jetzt herrschenden Rechtslehre, welche scharf zwischen dem auf Herkommen beruhenden Stammgute und dem aus Stiftung (besonderer Anordnung) entstehenden Familienfideikommisse unterscheidet; sie behaupten, daß nach dieser Rechtslehre, und, da das in Frage stehende Stammgut auf Stiftung beruhe, also Fideikommiß sei, der Grundsatz der Freiheit der Willensdisposition des Stifters Platz greifen und seine Anordnung, sofern ihr kein ausdrückliches Verbot entgegensteht, maßgebend sein müsse. In Bezug hierauf wird dem B. G. der Vorwurf gemacht, daß es die Ergebnisse der Wissenschaft nicht berücksichtigt habe. Dies ist jedoch unbegründet; denn das B. G. ignorirt die neuere Wissenschaft keineswegs, sondern führt sie unter ausdrücklicher Bezugnahme auf neuere Werke an. Wenn es aber die neuere Theorie nicht anwendete, weil es zur Ueberzeugung gelangt ist, daß das badische Gesetz nicht auf derselben beruhe, sondern die Materie vom Stammgute auf Grundlage einer anderen, zu anderen Folgerungen führenden Anschauung geordnet habe, so muß ihm hierin beigepflichtet werden.

Wenn es nämlich auch Aufgabe des Richters ist, die Ergebnisse wissenschaftlicher Forschung zur Auslegung des Gesetzes heranzuziehen, so würde er doch anderseits seine Pflicht, das Gesetz nach seinem wahren Sinne anzuwenden, verkennen, wenn er dasselbe von seiner historischen Grundlage loslöste und die Doktrin nicht zur Ermittelung des wirklichen Willens des Gesetzgebers, vielmehr dazu benutzte, an die Stelle des erweislich vom Gesetzgeber gewollten ein anderes System zu setzen. Sollte ein Gesetz den begründeten Anforderungen der fortgeschrittenen Wissenschaft nicht entsprechen, so hat nicht der Richter dasselbe zu verbessern sondern der Gesetzgeber. Mit Recht hat aber auch das Berufungsgericht weiter angenommen, daß dem badischen Gesetze die Fideikommißtheorie nicht oder doch nur in wesentlich beschränkter Weise zu Grunde liege, und deshalb die aus dieser sich ergebenden Folgerungen nicht ohne weiteres gezogen werden dürfen. Aus der Aeußerung in Brauer's Erläuterungen (I S. 440, 447), daß die Gesetzgebung meistens nur aus dem geschöpft habe, was bisher schon gebräuchlich war, kann nicht nur nicht gefolgert werden, daß die badische Gesetzgebung den Standpunkt der neueren Theorie einnehme, sondern dieselbe führt umgekehrt auf die Anschauungen und Uebungen einer vergangenen Zeit zurück und weist auf die Erklärung des Gesetzes aus den diesen alten Uebungen entsprechenden Grundsätzen hin. Welche Anschauungen zur Zeit der Abfassung des badischen Gesetzes gegolten haben, wird sich aus der unten folgenden Darstellung und daraus weiter ergeben, daß der Standpunkt des badischen Gesetzgebers keineswegs ein auffälliger, sondern ein leicht erklärlicher ist, wenn man dabei erwägt, daß er ein Rechtsinstitut aus vergangener Zeit in einer Gesetzgebung zu regeln hatte, deren Geist demselben widerspricht. Es ist dabei nicht zu übersehen, daß die L.R.S. 577 ca ff. nicht bloß neu zu errichtende, sondern auch „durch grundgesetzmäßige Familienverträge“ bestehende Stammgüter, also zugleich wahre deutsche Stammgüter zum Gegenstande haben.

Daraus erklärt es sich auch, daß, wie für die Revisionskläger in der Verhandlung ausgeführt worden ist, die Definition in L.R.S. 577 ca allerdings zu eng und der L.R.S. 577 cc ungenau gefaßt erscheint, da Familienfideikommisse nicht bloß durch Familienverträge, sondern auch durch Verfügungen anderer Art errichtet werden können. Aus diesen Ungenauigkeiten kann jedoch betreffs der hier zu entscheidenden Frage keine Folgerung zu Gunsten der Revisionskläger gezogen werden. Wie sich Brauer zu der Fideikommißtheorie verhielt, ergiebt sich aus dessen Bemerkung zu L.R.S., 896 (Erläuterungen Bd. II S. 315 Anm. 4), wo er sagt: „Zwei Ausnahmen macht unser Satz: Die eine zu Gunsten des Stammgutes, unter Verweisung auf die desfallsigen besonderen Gesetze des Stammgutes — Zus. 577 ca — cc; die andere u. s. w. Erstere ist streng genommen nicht einmal eine Ausnahme, weil das Stammgut niemals eine Aftererbschaft war, ungeachtet es von undeutschen Rechtslehrern des Mittelalters in dieses ihm fremde und unpassende Kleid eingezwängt wurde, sondern nur eine eigene Art des gesetzlichen Erbgangs, der auf hergebrachtem Vorrechte beruhte, und nun auf einem besonderen Titel unseres Gesetzes Fuß faßt." Damit ist mit hinreichender Deutlichkeit an das Recht des deutschen Stammgutes angeknüpft. Wenn gleichwohl das Stammgut als Ausnahme vom Verbote der Aftererbsetzung bezeichnet wird, so erklärt dies sich damit, daß eine solche „fortschreitende Erbversorge", wie an einer anderen Stelle das Stammgut bezeichnet wird, mit dem Prinzip des L.R.S. 896 unvereinbar ist, und das als Ausnahme von diesem Prinzipe beibehaltene Institut kann nur in dem Umfange anerkannt werden, in welchem das Gesetz selbst es beibehalten hat.

Die Parteien behaupten zwar, der L.R.S. 896 komme nicht weiter in Betracht, weil, nachdem er die Stammgüter ausdrücklich vom Verbote der Aftererbsetzungen ausgenommen habe, die weitern Fragen lediglich nach Stammgutsrecht zu entscheiden seien. Der L.R.S. 896 hat aber gerade insofern Bedeutung, als aus ihm zu entnehmen ist, in welchem Umfange die Stammgutserrichtung zugelassen worden ist. Er giebt die Ausnahme dahin an: „Nur dasjenige Gut, welches durch Verordnung des Staatsoberhauptes zu Gunsten seiner eigenen Familienglieder, oder der Stämme auch lehenerbberechtigten Familien für Stammgut erklärt ist, kann nach den desfallsigen besonderen Gesetzen als Erbe für die Nachkommen unveräußerlich sein." Es mag dahin gestellt bleiben, ob diese Bestimmung mit dem § 22 lit. b. des VI. Konstitutionsedikts in Verbindung zu bringen und daher Gewicht darauf zu legen sei, daß hier von dem besonderen Rechte des Adels die Rechte ist, seine Verlassenschaft zum Vortheile der Nachkommenschaft und zum Glanze der Besitzer mit Untheilbarkeit zu belegen; denn daß Brauer bei L.R.S. 896 nur die Substitution der Nachkommenschaft des ersten Stammhauptes im Auge hatte, läßt sich auch aus der Bemerkung in Bd. I S. 457 Anm. 57 der Erläuterungen entnehmen, wo in Bezug auf die Aufhebung des Stammgutes durch Beschluß der Stammberechtigten gesagt ist: „Aber eben darum, weil unsere Verfügung ihren Grund nur in Ergreifung einer weiten unübersehbaren Zukunft und ihrem Rechtsbestand in dem allgemeinen Verbot solcher fortschreitenden Erbvorsorgen hat, kann davon auf die im 6. Kapitel des II. Theils des III. Buchs vorkommenden Aftererbsetzungen zu Gunsten seiner Enkel oder Neffen und Nichten, keine Rechtsähnlichkeit entlehnt werden. Diese sind erlaubt, indeß jene verboten sind; diese sind auf das nächste Geschlecht eingeschränkt, indeß jene die ganze Dauer des Geschlechts umfassen." Dazu kommen noch andere Stellen der Erläuterungen (Bd. I S. 456 Nr. 56, S. 460 Nr. 60), in welchem wiederholt hervorgehoben wird, daß das Stammgut nur als Ausnahme zu betrachten, an sich unnatürlich und „das Freieigengut" dem Staate am zuträglichsten sei.

Wie weit der badische Gesetzgeber sich dem Napoleonischen Gesetze über die Majorate angeschlossen habe, kann dahin gestellt bleiben; jedenfalls ergiebt sich aus den Erläuterungen Bd. I S. 447, 459 die Unrichtigkeit der Behauptung auf S. 7 der Denkschrift zur Revisionsbegründung, daß Brauer die Napoleonische Majoratsgesetzgebung unter den Quellen, aus denen er geschöpft, nicht aufführe. Ebenso wird mit Unrecht ein Vorwurf aus der Weglassung des Schlußsatzes des Art. 75 dieses Gesetzes hergeleitet. Nach den nicht mißzudeutenden Worten dieses Schlußsatzes gestattet der Kaiser keineswegs, daß bei Gründung des Majorats dessen Uebergang auf eine andere Linie vorgesehen werden dürfe, sondern er behält sich vor, auf die Bitte des Inhabers (titulaire) das Majorat auf Schwiegersöhne oder Seitenverwandte zu übertragen.

Von diesem in Aussicht gestellten besonderen Gnadenakte kann entweder gar kein Schluß auf den Rechtszustand oder nur der gezogen werden, daß die eventuelle Berufung der weiblichen Descendenz oder der Seitenlinie durch den bloßen Willen des Stifters für unzulässig erachtet worden sei. Nicht bloß dem L.R.S. 896 gegenüber erscheint das Stammgut beziehungsweise das Familienfideikommiß als Ausnahme, sondern es steht auch im Widerspruche zu anderen das badische Landrecht beherrschenden Prinzipien, nach welchen die Gebundenheit des Eigenthums möglichst beseitigt (L.R.S. 577 bg, 619, 686, 815), die Verfügungsgewalt auf den Todesfall erheblich eingeschränkt (L.R.S. 910, 913, 1048, 1049), der Erbvertrag verboten ist (L.R.S. 791, 1130, 1600).

Mit diesen Grundsätzen ist es unvereinbar, die freie Verfügungsgewalt des Stifters eines Stammgutes in der Ausdehnung anzuerkennen, daß für den Fall des Aussterbens der zuerst berechtigten Linie eine andere eingesetzt werden dürfe und zwar um so mehr, als die Annahme einer solchen Freiheit der Verfügung konsequenter Weise dazu führen müßte, auch die eventuelle Berufung einer dritten und weiteren Linie und damit die Beschränkung des Eigenthums auf ewige Zeit für statthaft zu erklären.

Das Gesetz hat aber auch die eventuelle Berufung eines anderen Stammes nach dem Aussterben des zuerst berechtigten geradezu verboten. Dieses Verbot ergiebt sich aus Landrechts-Satz 577cs. Derselbe zählt die Fälle auf, in welchen das Stammgut diese Eigenschaft verliert; diese Erlöschungsgründe gelten gleichmäßig sowohl für die alten, das heißt für die bei Einführung des Landrechts bereits bestandenen, als auch für die neuen, das heißt die erst unter der Herrschaft des Landrechts errichteten Stammgüter. Darnach sollen beide Arten von Stammgütern diese Eigenschaft verlieren, wenn der erbberechtigte Mannsstamm ausgestorben ist, und der als Ausnahme beigefügte Fall, daß etwa ein anderer Stamm, das heißt ein anderer als der erbberechtigte Stamm, mit dessen Aussterben das Stammgut erlöscht, ein Erbrecht hätte, paßt nur auf die eine Klasse der Stammgüter, nämlich auf die alten, nicht auf die neuen. Daß die nur für die alten Stammgüter zugelassene Ausnahme mit dem Art. 34 der Rheinbundesakte zusammenhängt, rechtfertigt keine andere Beurtheilung der Thatsache, daß das Gesetz von dem für die alten und neuen Stammgüter ausgesprochenen Erlöschungsgründe nur bezüglich jener, nicht auch bezüglich dieser eine Ausnahme anerkennt, obgleich es dem Gesetzgeber nahe genug lag, die Berufung eines anderen Stammes bei Errichtung eines neuen Stammgutes zu erwähnen, und, wenn er dies mit dem Systeme des Gesetzbuchs und des Stammgutes, soweit er dieses „Fuß fassen" lassen wollte, für vereinbar hielt, in bestimmter Weise zu erklären.

Alle Versuche, dem L.R.S. 577cs. eine Auslegung zu geben, wonach er der Errichtung eines neuen Stammgutes zum Vortheile mehrerer Linien, von welchen die eine der anderen auf den Fall des Aussterbens der vorgehenden folgen soll, nicht entgegenstehe, müssen schon daran scheitern, daß sie dem Gesetzgeber den Vorwurf einer gänzlich unklaren, inkorrekten Ausdrucksweise machen, wogegen das Gesetz, wenn man es so auffaßt, wie es sich ausdrückt, vollkommen klar erscheint. In dem in erster Instanz vorgelegten Gutachten wird ausgeführt, der L.R.S. 577cs. habe allein den Sinn, daß, wenn ein Stammgut nur für eine bestimmte Familie oder eine bestimmte Linie einer Familie errichtet worden ist, das Erlöschen der Stammgutseigenschaft infolge Aussterbens der erbberechtigten Familienglieder nicht durch eine unter der Herrschaft des Landrechts getroffene Disposition des Inhalts, daß unter einer solchen Eventualität das Gut Stammgut eines anderen Geschlechts oder einer anderen Linie sein solle, verhindert werden könne. Mit dieser Auslegung wird die Thatsache nicht beseitigt, daß die Ausnahmebestimmung sich nur auf alte Stammgüter bezieht; außerdem enthielte nach ihr das Gesetz nicht sowohl eine Ausnahmebestimmung bezüglich dieser alten Stammgüter, als vielmehr nur ein Verbot der nachträglichen Errichtung einer Sekundogenitur, und wäre dasjenige, was in den Erläuterungen (Bd. I S. 458) nur nebenbei mit den Worten hervorgehoben ist: „aber wohl gemerkt nur ältere Verträge und Vorkommnisse" der eigentliche Gesetzesinhalt. Das sagt aber das Gesetz nicht, sondern es stellt die positive Ausnahme auf, daß die Stammgutseigenschaft durch das Aussterben des erbberechtigten Mannsstamms nicht erlösche, wenn ein anderer Stamm durch ältere Verträge und Vorkommnisse für solchen Fall ein einstmaliges Erbrecht hat, und aus dem Beiworte „ältere" ergiebt sich, daß diese Ausnahme sich nur auf alte Stammgüter und bezüglich dieser vor dem Landrechte abgeschlossenen Verträge oder andere ältere Vorkommnisse beziehe. Im Gesetze hat das Wort „ältere" überhaupt nur die eine Bedeutung, daß der Regel des Erlöschens der Stammgutseigenschaft gegenüber ältere, das heißt vor Einführung des Landrechts bereits erworbene Rechte aufrecht erhalten werden sollen. Was in den Erläuterungen eingeschärft wird, daß nur ältere Verträge und Vorkommnisse die Wirkung haben sollen, die Erlöschung der Stammgutseigenschaft aufzuhalten, daß also unter der Herrschaft des neuen Rechtes keine derartigen Verträge mehr Kraft erlangen können, versteht sich in Rücksicht auf den Schutz wohlerworbener Rechte und das Verbot der Erbverträge im Landrechte von selbst. —

In dem in der Berufungsinstanz vorgelegten Gutachten wird S. 18 und 19 nicht verkannt, daß die Ausnahmebestimmung sich nur auf alte Stammgüter beziehe. Damit ist aber nicht vereinbar, den L. R. S. 577cs. so wie dort vorgeschlagen, nämlich dahin zu lesen: „Weiber und Kognaten haben von Rechtswegen kein Erbrecht in das Stammgut, das letztere verliert vielmehr diese Eigenschaft, wenn der erbberechtigte Mannsstamm ausgestorben ist — ausgenommen, wenn ein anderer Stamm ein einstmaliges Erbrecht auf solchen Fall hätte — etwa durch ältere Verträge und Vorkommnisse, deren fortdauernde Gültigkeit für solchen Fall anerkannt wird." Diese Leseart steht in direktem Widerspruche mit dem Gesetze und mit den Erläuterungen hierzu: aus dem ersteren kann unmöglich entnommen werden, daß eine Ausnahme für alte und neue Stammgüter habe festgesetzt werden wollen und nur bezüglich jener erläuternde Beispiele beigefügt worden seien.

Das Wort „etwa" ist nicht sinnlos, wenn man den ganzen mit „ohne daß" beginnenden Satz auf die älteren Stammgüter bezieht, es deutet auch, wenn es synonym mit „vielleicht" genommen wird, auf die Möglichkeit hin, daß solche ältere Verträge oder Vorkommnisse bestehen, es kann auch mit den Worten umschrieben werden, wenn der Fall vorliegt, daß, und würde jeder Zweifel über seine Bedeutung beseitigt sein, wenn es unmittelbar hinter „ohne daß" gesetzt und so der Gedanke ganz bestimmt ausgedrückt wäre: „ohne daß der Fall vorliegt, daß durch ältere Verträge u. s. w. Auf dem Standpunkte dieses Gutachtens steht zum Theil die Ausführung des Vertreters der Revisionskläger in der mündlichen Verhandlung, wonach der Schluß des L. R. S. 577cs. nur darauf beruhe, daß es im badischen Rechte keine Erbverträge gebe und daß nach der einmal geschehenen Errichtung eines Familienfideikommisses eine Aenderung der ursprünglichen Successionsordnung unzulässig sei. Es gilt gegenüber dieser Ausführung das soeben Bemerkte und ist nur noch hervorzuheben, daß hiernach mit „älteren Verträgen" nicht ein Gegensatz zwischen Verträgen gemacht ist, welche vor oder bei Errichtung eines Stammgutes und solchen, welche erst nachher zum Zwecke der Abänderung der einmal festgesetzten Successionsordnung errichtet worden sind, sondern ein Gegensatz zwischen Verträgen und Vorkommnissen vor und nach Einführung des Landrechts.

Wenn sodann der Vertreter der Revisionskläger sich noch auf den Art. 14 der Bundesakte beruft, durch welchen die Autonomie der zum ehemaligen Reichsadel gehörenden Personen wiederhergestellt und damit, sowie durch die hieran sich anschließende badische Gesetzgebung die Möglichkeit erweitert worden sei, daß dem L. R. S. 577cs. widersprechende autonome Statuten entstehen, so kommt hiergegen in Betracht, daß hieraus jedenfalls kein Rückschluß für die Auslegung des badischen Landrechts gezogen werden kann. Die Deduktion endlich, daß, wenn ein Familienfideikommiß zugleich bedingt für einen anderen Mannsstamm errichtet worden sei, der erbberechtigte Mannsstamm nicht aussterbe, weil dieser bedingt berufene Stamm eintrete, also die Regel des L. R. S. 577cs. überhaupt nicht Platz greife, kann deshalb nicht als berechtigt anerkannt werden, weil sie auf der Voraussetzung der Zulässigkeit einer solchen Stiftung beruht, für diese Voraussetzung aber der L. R. S. 577cs. keinen Anhalt bietet.

Nach dem Ausgeführten kann daher die Revision schon deshalb keinen Erfolg haben, weil unter der Herrschaft des badischen Landrechts die Errichtung eines Familienfideikommisses gleichzeitig für zwei Linien, von welchen die eine für den Fall des Aussterbens der anderen eintreten soll, unstatthaft ist. —

Es ist aber dem B.G. auch darin beizupflichten, daß nach badischem Rechte die Stammgutseigenschaft mit Aussterben des erbberechtigten Mannsstammes erlösche und die statutarische Anordnung einer für diesen Fall eintretenden kognatischen Succession ungültig sei. Die in der Revisionsschrift und in der mündlichen Verhandlung hiergegen erhobenen Angriffe können für zutreffend nicht erachtet werden, und ist hierwegen, soweit sie nicht in Vorstehendem bereits ihre Widerlegung gefunden haben, noch Folgendes zu bemerken. Betreffs der rechtlichen Natur des Instituts ist nicht zu übersehen, daß die scharfe Unterscheidung zwischen Stammgut und Familienfideikommiß insbesondere hinsichtlich der adeligen Stammgüter sich erst allmählich herausgebildet hat.

Bis gegen das sechzehnte Jahrhundert hatte sich durch Hausverträge, Erbverzichte, Herkommen u. s. w. ein adeliges Stammgutssystem entwickelt, welches auf den beiden Grundsätzen der Unveräußerlichkeit des Gutes und des Ausschlusses der weiblichen Erbfolge beruhte. (Zimmerle, Das deutsche Stammgutssystem S. 265, 274, 278; Selchow, Elementa juris germanici 7. Ausg. (1787) § 434; Schott, Ueber die Natur der weiblichen Erbfolge in Allodial-, Stamm- und altväterliche Güter (insbesondere auch das S. 48 mitgetheilte Geislinger Statut); von Salza und Lichtenau, Die Lehre vom Familien-, Stamm- und Geschlechtsfideikommisse §§ 9, 62; Costa, Entwickelungsgeschichte des deutschen Familienfideikommisses S. 23 ff., 36, 62; Hillebrand, Lehrbuch des deutschen Privatr. §§ 69, 205; von Gerber, System § 82 u. A.)

Als sodann die Juristen, namentlich des siebenzehnten Jahrhunderts, es unternahmen, durch Hereinziehen der römischen Lehre vom Familienfideikommisse diese Grundsätze, besonders die Unveräußerlichkeit, dem eindringenden römischen Rechte gegenüber zu sichern, entstand eine zu verschiedenen Kontroversen führende Vermengung von Stammgut und Familienfideikommiß (Zimmerle l. c. S. 277, 278, 284, 287; Beseler, Deutsches Privatr. II § 176; Costa l. c. S. 24). Immer aber ging wenigstens die herrschende Lehre dahin, daß die Weiber unfähig zur Succession seien, und wurde in der Regel das Familienfideikommiß nur zu Gunsten der Agnaten einer Familie errichtet (Hillebrand l. c. § 206; Beseler l. c. S. 722 und insbesondere Knipschildt, Tractatus de fideicommis.

(1715) Kap. I Nr. 11, 12, 13, 39, 64, 181, 185, 186; Kap. VI Nr. 123, Kap. VIII Nr. 127, 128, 130, 239).

Gegen diese Vermischung beider Institute erhob sich seit Faber und Böhmer eine Reaktion zur Aufrechterhaltung desjenigen, was man als mores et consuetudines Germaniae bezeichnete (wozu auch der Satz: filius excludi a successione gerechnet wurde), und von jetzt ab vollzog sich erst die Sonderung zwischen dem deutschen Stammgute und dem Familienfideikommisse in derjenigen Bestimmtheit, wie sie von der heutigen Wissenschaft gelehrt wird (Zimmerle, l. c. S. 277 ff.; Posse, Prüfung des Unterschieds zwischen Erbfolgerecht und Erbfolgeordnung S. 47 ff.).

Das B.G. konnte sich auch auf Runde § 693 dafür berufen, daß noch im Anfange dieses Jahrhunderts der Ausschluß der weiblichen Nachkommen für das durch Familienfideikommiß errichtete Stammgut als wesentlich erachtet worden sei. Wenn hierbei die Weglassung der Worte „bis zum Ausgange des Mannsstammes" in den Gründen zum angefochtenen Urtheile seitens der Revisionskläger gerügt wird, so ist auf den § 696 zu verweisen, wonach der Letzte des Stammes wieder alle Rechte der freien Disposition genießen soll. Hieraus ist zu schließen, daß die weggelassenen Worte nur so zu verstehen sind wie bei Selchow § 434, d. h. daß die Weiber erst auf den „ledigen Anfall" an die Reihe kommen sollen. Daß zur Zeit der Abfassung des badischen Landrechts der Ausschluß der Weiber als das Regelmäßige angesehen wurde, ergiebt sich auch aus dem codex Maximilianeus Th. III Kap. 10 § 6, welcher mit den Worten beginnt: „und obwohl in Familienfideikommißsachen die Weibsbilder unter dem Namen des Geschlechts oder der Familie regulariter nicht inbegriffen sind."

Im Anschlusse hieran bezeichnet Kreitlmayer in der Anmerkung hierzu die Fideikommisse, welche auf Weibspersonen fallen können, als irregularia impropria vel mixta. Derselbe sagt ferner Th. III Kap. 10 § 1: „Im weitschichtigen Verstand begreift ein Geschlecht oder Familie auch Weibsbilder unter sich, im engeren Verstand aber, welcher besonders in natura fideicommissi prävalirt, sind nur die Agnaten, das ist jene, welche von männlicher Seite verwandt, einerlei Namens und Stammes sind, auch einerlei Schild und Helm führen, vulgo Schwerdtmagen darunter begriffen, weil die Familien nur durch Mannsleut allein, nicht aber durch die Weiber konservirt werden." Es war also nach dem codex Maximilianeus keineswegs selbstverständlich, sondern bedurfte besonderer gesetzlicher Zulassung, daß ein Fideikommiß auch zu Gunsten der

Weiber angeordnet werden konnte. So bezeichnet auch Roth, Bayrisches Civilrecht II S. 583 die agnatisch-lineale Erbfolge als die Regel für die Fideikommisse.

Ebenso beginnt der § 626 des Oesterreichischen Allg. B.G.B. mit dem Satze: „Die weibliche Nachkommenschaft hat in der Regel keinen Anspruch auf Fideikommisse", und gestattet sodann die Abweichung von der Regel. Auch das Preußische A.L.R. stellt in § 189 II, 4 das Erlöschen der Fideikommißeigenschaft durch Aussterben der männlichen Descendenz als Prinzip voran. Daß die neueren Hannöverischen (1836), Großherzogl. Hessischen und Braunschweigischen Gesetze (von 1858) für die Auslegung des Badischen Rechts ohne Bedeutung sind, ist selbstverständlich.

Berücksichtigte der badische Gesetzgeber die zu jener Zeit vorhandenen Gesetze (ob er das österreichische, erst 1811 publicirte wenigstens im Entwurfe kannte, mag dahin gestellt bleiben), das französische Majoratsgesetz, die Werke von Knipschildt, Selchow, Runde, von welch letzterem die erste Auflage bereits 1791 erschienen war, so stand er vor der Frage, ob er es bei dem regelmäßigen Familienfideikommisse belassen, oder ob er gleichfalls eine Ausnahme gestatten wollte. Wäre Letzteres sein Wille gewesen, so hätte er es im Gesetze ausdrücklich bestimmt, ja bestimmen müssen, wie dies auch in den ihm vorliegenden Gesetzen geschehen war. Er hat aber keine derartige Vorschrift in das Gesetz aufgenommen, und daß er dies nicht gethan hat, hängt unzweifelhaft damit zusammen, daß er sich nicht nur mit dem Prinzipe des L.R.S. 896, sondern auch mit den übrigen der Aufnahme des Stammguts widersprechenden Prinzipien des badischen Landrechts abzufinden hatte. Dagegen ist in L.R.S. 577ca eine Definition vorausgeschickt worden, welche zwar, wie oben erwähnt, zu eng sein mag, auf welche aber gleichwohl die Instanzgerichte im Anschlusse an das in Bd. XIII S. 394 der Annalen der badischen Gerichte mitgetheilte oberhofgerichtliche Urtheil vom 14. Oktober 1845 Gewicht legen durften, um den Willen des Gesetzgebers zu erforschen.

Wenn auch das Preuß. Ob.Trib. in der S. 14 im Gutachten II ae angerufenen Entscheidung den Worten: „Namens und Stammes" eine andere, der Auffassung der Parteien entsprechende Auslegung gegeben hat, so hat doch das B.G. mit Recht hiervon und von der Zustimmung abgesehen, welche diese Auslegung bei Weiß, Staatsrecht § 265 S. 556 und bei Maurenbrecher, Deutsches Privatr. § 217 Note 2 gefunden hat. Diese beiden Schriftsteller führen keine Gründe an, der erstere giebt sogar zu, daß bei adeligen Familien die Weiber meistens ausgeschlossen seien. Ausführlich begründet ist dagegen die entgegengesetzte Auslegung in den vom B. G. angeführten Stellen aus Heffter, Sonderrechte, ferner noch bei Braun, Beiträge zum Deutschen Privatfürstenrechte, der sich S. 132 und 133 auch auf ein daselbst abgedrucktes Gutachten von Jakob Grimm berufen kann, ebenso bei Kohler, Handbuch des Deutschen Privatfürstenrechts § 69 S. 197, § 75 S. 208, § 78 S. 218, § 82 S. 227. Diese beiden Schriftsteller bringen nicht nur Zeugnisse aus der älteren Wissenschaft dafür bei, daß mit der Bezeichnung: „Namens und Stammes" die Weiber ausgeschlossen wurden, sondern der letztere führt auch eine große Anzahl Statuten adeliger Häuser an. Beiden stehen auch die Aussprüche von Knipschildt zur Seite und erscheint die hierwegen in der Denkschrift der Revisionskläger S. 7 erhobene Rüge, daß aus diesem Werke nur eine Stelle in den Gründen angeführt worden sei, gegenstandslos, wenn man diese Nummer 129 in ihrem Zusammenhange mit 127, 128, 130 liest und mit den bereits vorstehend citirten Stellen aus demselben Werke vergleicht, von denen unter Anderem Kap. I No. 39 Folgendes sagt: „Hoc loco, uti et communi loquendi usu, familiae appellatio continet agnatos, qui de eodem sanguine procedunt, mascutos idem cognomen, eademque insignia portantes, die eines Stammes und Namens seyend, welche einerlei Schild und Helm haben — atque ita feminas excludit."

Wenn auch die Definitionen neuerer Schriftsteller die Worte „Stammes und Namens" ebenfalls aufgenommen haben (wie z. B. Gerber, § 84), obgleich dieselben die Errichtung agnatisch-kognatischer Fideikommisse zugeben, so folgt daraus doch nicht, daß die gleiche Definition im badischen Gesetze nicht in dem bestimmten Sinne gebraucht sein könne, welcher ihr nach der Bedeutung zukommt, welche sie zur Zeit der Entstehung des Landrechts hatte. Die Definition hat ihre ursprüngliche einschränkende Bedeutung nicht dadurch verloren, daß sie heute auch gebraucht wird, wo agnatisch-kognatische Fideikommisse zugelassen werden.

Auch die Bezugnahme auf L. R. S. 896 ist, wie aus dem Vorstehenden hervorgeht, nicht rechtsirrthümlich; denn wenn auch das Stammgut mit der fideikommissarischen Substitution, wie Brauer selbst in der oben citirten Stelle Bd. II S. 315 Anm. 4 und zwar in Uebereinstimmung mit S. 6 der Revisionsdenkschrift hervorhebt, nichts gemein hat, so ist das Institut nichtsdestoweniger eine Abweichung von den Prinzipien, aus welchen gedachter L. R. S. 896 hervorgegangen. Dieses Prinzip, die Freiheit des Eigenthums von beschränkenden Verfügungen, kommt auch bei der Frage in Betracht, ob L.R.S. 577cs. als jus cogens die Stiftung eines agnatisch-kognatischen Familienfideikommisses ausschließe. Wenn einmal das Gesetz auf der Grundlage beruht, daß nur das Freieigenthum dem Wohle des Staates förderlich, daß eine unbeschränkte Erbvorsorge unnatürlich sei, daß alle nicht in das Gesetzbuch aufgenommenen Institute für abgeschafft zu gelten haben (L.R.S. 6b) und, wenn es gleichwohl „auf Grund eines besonderen Titels" ein älteres Institut — das Stammgut — „Fuß fassen" läßt, so kann das Stammgut allerdings soweit, als es im Gesetze beibehalten ist, nicht als der öffentlichen Ordnung widersprechend angesehen werden — aber auch nur soweit. Demnach ist die Ausführung des in dieser Instanz überreichten Gutachtens verfehlt. Sie geht dahin: Weil der Gesetzgeber die Errichtung von Stammgütern zugelassen habe, seien diese nicht als der öffentlichen Ordnung zuwiderlaufend anzusehen, folglich werde auch das Erlöschen des konkreten Stammgutes nicht durch das öffentliche Wohl erfordert und demgemäß sei auch nicht abzusehen, wie das öffentliche Wohl dadurch sollte verletzt werden können, daß bei der Stiftung eines Stammguts die eventuelle Succession kognatischer Verwandten angeordnet werde. Es wird hierbei übersehen, daß das Gesetz ein seinen Prinzipien fremdartiges Institut unter gewissen Bedingungen dulden und unter Beschränkungen noch als mit dem allgemeinen Wohle verträglich erachten kann, daß es dagegen über die vom Gesetze gezogenen Grenzen hinaus als dem öffentlichen Wohle zuwider zu gelten habe. Der allein richtige Schluß ist vielmehr der, daß das Gesetz, wenn es in einer positiv normirten Weise eine Abweichung vom jus publicum gestattet, nicht über diese positive Bestimmungen hinaus ausgedehnt, nicht nach dem Grundsatze ausgelegt werden darf, daß alles nicht Verbotene erlaubt sei.

Betreffs des L.R.S. 577ck. giebt die Revisionsschrift zu, daß derselbe für die zu entscheidende Frage keine unmittelbare Bedeutung habe, vielmehr nur bestimmt sei, die gleichzeitige Succession der Weiber und Kognaten mit den männlichen Nachkommen zu verbieten, und kann ihr auch zugegeben werden, daß der Schluß des Berufungsgerichts — welches übrigens dabei Lewis das Recht des Familienfideikommisses S. 344 ff. gefolgt ist — von der Unstatthaftigkeit des gleichzeitigen Eintritts von Männern und Weibern in das Stammgut auf die Unzulässigkeit auch der eventuellen Succession der Weiber nicht zutreffend ist. Entscheidend ist aber auch hinsichtlich der letzteren der bereits in anderer Richtung erörterte L.R.S. 577cs.

und die gegen die bezügliche Ausführung des B.G. vorgebrachten Argumente erscheinen nicht stichhaltig.

Wie dargethan, hat das B.G. keineswegs von der rechtlichen Natur des Familienfideikommisses eine besondere, sonst nicht verbreitete Vorstellung; es hat lediglich festgestellt, in welcher Abgrenzung das Badische Recht — und nur um dieses handelt es sich hier — dem seinen Prinzipien und Systemen fremdartiger Institute Raum gelassen hat.

Was die Bezugnahme des B.G. darauf betrifft, daß bei L.R.S. 577cs. nicht wie bei den L.R.S. 577cl., 577cp., 577cu. auf vom Gesetze abweichende statutarische Bestimmungen verwiesen worden sei, so wollte damit offenbar nicht der selbstverständliche Schluß gezogen werden, daß, wenn L.R.S. 577cs. die gleiche Bezugnahme auf abweichende Statuten enthielten, dann auch die Berufung der kognatischen Descendenz statthaft, die Frage also erledigt wäre. Die Argumentation des B.G. kann vielmehr nur dahin verstanden werden: Wie aus L.R.S. 577cl. u. s. w. zu ersehen, habe das Gesetz die Fälle bezeichnet, in welchen es der Privatdisposition freien Spielraum gewähren wollte, weil nun L.R.S. 577cs. eine gleiche Bestimmung nicht enthalte, sei die Annahme, daß hier eine abweichende Verfügung nicht zugelassen werde, begründet. Es wird also ein argumentum a contrario aufgestellt, welches nur dann bedenklich erscheinen müßte, wenn damit eine allgemeine, für das ganze Gesetzbuch giltige Auslegungsregel ausgesprochen und nicht vielmehr die Folgerung auf einen Abschnitt des Gesetzbuchs beschränkt wäre, in welchem ein als Ausnahme beibehaltenes Rechtsinstitut besonders normirt wird.

Die Bedeutung der am Schlusse dieses L.R.S. 577cs. zugelassenen Ausnahme ist bereits ausführlich erörtert worden. Was den in der Revisionsschrift hervorgehobenen Umstand betrifft, daß neue Stammgüter nur mit Staatsbewilligung errichtet werden dürfen und diese versagt werden könnte, wenn die Anordnung kognatischer Succession im konkreten Falle nicht gestattet werden wollte, so ist darauf zu verweisen, daß dieser Umstand den Gesetzgeber unmöglich bestimmen konnte, das Gesetz in einer Weise zu fassen, welche geradezu unverständlich wäre, wenn es nicht nur bezüglich alter, sondern auch bezüglich neuer Stammgüter das eventuelle Successionsrecht der Kognaten auf Grund einer Anordnung des Stifters hätte zulassen wollen. Die Bedeutung der staatlichen Genehmigung ist sowohl im Gutachten erster Instanz als auch in den Gründen zum angefochtenen Urtheile zutreffend gewürdigt.

In der Revisionsschrift wird Gewicht darauf gelegt, daß die Staatsregierung selbst es sei, welche das seiner Zeit vom Landesherrn ordnungsmäßig genehmigte Stammgut nicht anerkenne. Die Badische Regierung ist aber nicht Partei in diesem Rechtsstreite und, wie das B.G. zutreffend ausgeführt hat, hätte die Klage ohne Weiteres abgewiesen werden müssen, wenn nicht die sich gegenüber stehenden Parteien als Prozeßgegner mit widerstreitenden Interessen angesehen werden könnten. Des Weiteren wird hierwegen auf das im Eingang der Gründe Gesagte verwiesen. Was endlich die Bezugnahme auf die Autonomie des Stifters des Stammgutes betrifft, so ist dem Vertreter der Revisionskläger in der mündlichen Verhandlung die Widerlegung der für zutreffend zu erachtenden Gründe des B.G. nicht gelungen. Einerseits konnte nicht in Abrede gestellt werden, daß die natürlichen, wenn auch durch Reskript adoptirten, Kinder des Stifters nicht zu dessen Familie gehören, anderseits konnte der Nachweis nicht erbracht werden, daß allgemein oder nach Badischem Rechte die Autonomie des Souveräns sich über den Kreis seiner Familie hinaus erstrecke.

45. Die Beweislast bei Sävitien als Ehescheidungsgrund (L.R. S. 1315). Urth. des II. Civilsenats vom 27. März 1885 in Sachen A. W. zu L., Beklagten und Revisionsklägers, wider uxorem das., Klägerin und Revisionsbeklagte. Vorinstanz: O.L.G. Karlsruhe. Verwerfung.

Die Revision behauptet Verletzung des L.R.S., weil der B.R. sich auf die Prüfung der Frage beschränke, ob Klägerin die drei, der Versöhnung nachgefolgten Mißhandlungen durch ihr Benehmen verschuldet habe, während diese Prüfung sich auf das gesammte Verhalten der Klägerin hätte erstrecken müssen.

„Die Revision rügt Verkennung der Grundsätze über die Beweislast, weil dem klagenden Theile zur Begründung der Klage der Beweis obliege, daß die von ihm behaupteten Mißhandlungen ohne seine Schuld erfolgt seien. Diese Ausführung kann nicht als zutreffend anerkannt werden. Nach dem richtigen, auch aus L.R.S. 1315 zu entnehmenden Grundsatze hatte die Klägerin nur den Beweis der behaupteten harten Mißhandlungen zu führen. Wollte Beklagter zu seiner Entlastung behaupten, daß Klägerin durch ihr Verhalten zu Aerger und Mißstimmung Anlaß gegeben habe, und daß nach der Persönlichkeit, Lebensstellung und dem Bildungsgrade der Streittheile die Mißhandlungen den Charakter eines Scheidungsgrundes verloren hätten, so mußte er dafür den Gegenbeweis erbringen."

3. Rheinisches Recht.

46. Eintritt des Käufers in die bestehenden Mieth- und Pachtverträge (gemäß Art. 1583, 1166, 1165, 1743, 1121 des B.G.B.). Urth. des II. Civilsenats vom 31. März 1885 in Sachen des Preuß. Fiskus, Beklagten und Revisionsklägers, wider L., Kläger und Revisionsbeklagte. Vorinstanz: O.L.G. Köln. Verwerfung.

„Es mag der Revision zugegeben werden, daß der Art. 1614 des B.G.B. nur das Rechtsverhältniß zwischen Käufer und Verkäufer, nicht auch das zwischen dem Käufer und dem Pächter oder Miether zum Gegenstande hat, und daher aus dieser Bestimmung allein nicht schon, wie das Berufungsgericht annimmt, der Eintritt des Käufers in die bestehenden Pacht- und Miethverhältnisse gefolgert werden kann. Da aber nach Art. 1583 a. a. O. der Kaufvertrag den unmittelbaren Uebergang des Eigenthums bewirkt und von dem Augenblicke des Kaufes an die Früchte dem Käufer gehören, so erwirbt derselbe dem Verkäufer gegenüber einen obligatorischen Anspruch auf Gewährung des Genusses der natürlichen Früchte und der an die Stelle derselben tretenden bürgerlichen Früchte. Wenn daher auch durch das Kaufgeschäft ein obligatorisches Band zwischen dem Käufer und dem Pächter oder Miether nicht unmittelbar geknüpft wird, so wird doch der Käufer dadurch berechtigt, in Ausübung der Rechte des Verkäufers die erfallenden Pacht- und Miethzieler nach Art. 1166 des B.G.B. von den Pächtern und Miethern einzufordern. Dieser Eintritt des Käufers in die von dem Verkäufer abgeschlossenen Pacht- und Miethverträge kann auch aus der eigenthümlichen Natur dieser Verträge gefolgert werden. Allerdings werden nach Art. 1165 durch den Vertrag nur zwischen den Vertragschließenden Rechte und Verbindlichkeiten erzeugt. Da aber nach Art. 1743 die bestehenden Pacht- und Miethverträge durch den Kaufvertrag nicht aufgelöst werden, sondern der Käufer den Pächter oder Vermiether zur Fortsetzung des Vertrages zwingen kann, wie er auch selbst zur Erfüllung dieser Vertragspflichten verbunden ist, so hat der Pacht- oder Miethvertrag für das Verhältniß zwischen Käufer und Pächter oder Miether die gleiche Wirkung, wie wenn der Verkäufer gemäß Art. 1121 denselben zu Gunsten seines Rechtsnachfolgers im Eigenthume des Grundstückes abgeschlossen hätte. Hiernach enthält die vorliegende Vereinbarung nicht zwei verschiedene Rechtsgeschäfte im Sinne der angeführten allgemeinen Vorschriften, vielmehr stellt sich die Nebenbestimmung lediglich als die Konstatirung und Erfüllung der dem Verkäufer nach Art. 1614 obliegenden gesetzlichen Verbindlichkeit dar und bildet daher mit dem Kaufvertrage ein untrennbares Ganzes."

Civilrechtliches aus den Strafsenaten des R.G.

Reichs-Urheberrechtsgesetz.

1) **Unanwendbarkeit der Kostenerstattungsgrundsätze der C.P.O.** (§ 87) **auf die durch eine ungerechtfertigte Einziehung im Nachdrucksstrafverfahren veranlaßten Kosten** (§§ 1, 2, 21, 26, 27, 36, 47 des Reichs-Urheberrechtsgesetzes; §§ 40—42 des R.Str.G.B.; §§ 477, 478, 496, 497 der R.Str.P.O.; §§ 1, 75 des G.K.G). **2) Die Einziehung muß sich auf den als Nachdruck zu erachtenden Theil beschränken.** Urth. des IV. Strafsenats vom 15. Mai 1885 in der Strafsache betr. die Einziehung des im Verlage des verstorbenen Musikalienhändlers H. zu B. erschienenen musikalischen Werkes „Liederborn". Vorinstanz: L.G. Breslau. Verwerfung der Revision der Staatsanwaltschaft. Aufhebung und Zurückverweisung auf Revision der Einziehungsinteressenten.

Die Strafkammer hat den Einziehungsantrag bezüglich der vier ersten Hefte des musikalischen Sammelwerkes „Liederborn" abgelehnt, indem sie annimmt, daß bei diesen vier Heften die Voraussetzungen zur Anwendung des § 47 des Gesetzes, betr. das Urheberrecht an Schriftwerken, Abbildungen, musikalischen Kompositionen und dramatischen Werken vom 11. Juni 1870 (Bundesgesetzbl. S. 339) vorliegen. Gegen diese Annahme richtet sich die erste Revisionsbeschwerde der Staatsanwaltschaft, die hier nicht weiter in Betracht kommt. Sodann wird von der Staatsanwaltschaft die wegen der Kosten des Verfahrens ergangene Entscheidung mit dem Vorwurfe einer Verletzung der §§ 1, 2, 21, 26, 27, 36, 47 des citirten Gesetzes, der §§ 40, 41, 42 des R.Str.G.B., der §§ 477, 478, 496, 497 der R.Str.P.O., des § 87 der C.P.O. und der §§ 1, 75 des G.K.G. angegriffen und zur Begründung dieses Vorwurfes insbesondere ausgeführt, daß der Vorderrichter zu Unrecht den § 497 der R.Str.P.O. als allein maßgebend angesehen habe und sich des dem Gericht nach § 496 das. zustehenden freien Ermessens, sowie der Möglichkeit, die Kosten den Einziehungsinteressenten oder den Antragstellern aufzuerlegen, nicht bewußt geworden sei.

Zu 1. „Dieser Angriff ist verfehlt. Der § 496 der Str.P.O. bestimmt nichts über die Frage, wer die Kosten des Verfahrens zu tragen hat, namentlich auch nicht, daß das Gericht diese Frage nach freiem Ermessen entscheiden soll. Er enthält vielmehr nur die prozessuale Anordnung, daß jedes Urtheil, jeder Strafbefehl und jede eine Untersuchung einstellende Entscheidung darüber Bestimmung treffen muß, von wem die Kosten des Verfahrens zu tragen sind. Erst in den nachfolgenden Paragraphen (497—505) wird vorgeschrieben, unter welchen Voraussetzungen die Kosten dem Beschuldigten, dem Anzeigenden, dem Antragsteller, dem Privatkläger oder demjenigen, welcher ein Rechtsmittel eingelegt hat, aufzuerlegen sind. Sofern keine dieser Bestimmungen Anwendung findet und nicht etwa für einzelne Kostenbeträge besondere Anordnungen im Gesetze getroffen sind (vergl. z. B. §§ 50, 69, 77, 95, 145 der Str.P.O.), müssen die Kosten des Strafverfahrens der Staatskasse auferlegt werden.

Eine gesetzliche Bestimmung, nach welcher im vorliegenden Falle die Einziehungsinteressenten oder die Antragsteller zur Tragung der Kosten der ersten Instanz verpflichtet wären, ist von der Staatsanwaltschaft nicht bezeichnet und in der That nicht vorhanden. Daß die Vorschrift des § 87 der C.P.O. nur für das Civilprozeßverfahren bestimmt ist und bei der Entscheidung über die Kosten eines Strafverfahrens weder eine direkte noch eine entsprechende Anwendung finden kann, bedarf keiner weiteren Ausführung.

Der von der Revision weiterhin aufgestellte Satz, daß Derjenige die Kosten zu tragen habe, um dessen Interesse ohne Erfolg oder mit Mißerfolg gestritten worden ist, kann in dieser Allgemeinheit nach den bestehenden Gesetzen als richtig nicht anerkannt werden. Die Revision übersieht aber auch, daß bei der Einziehung von Nachdrucksexemplaren und Vorrichtungen mit den vermögensrechtlichen Interessen der durch den Nachdruck Verletzten und Derjenigen, welche einen rechtlichen Anspruch auf den Gegenstand der Einziehung haben, das kriminalpolizeiliche Interesse des Staates an der Verhinderung fernerer Eingriffe in fremde Rechte konkurrirt, und daß eben wegen dieses staatlichen Interesses die Einziehung nicht blos im Civilrechtswege verfolgt, sondern auch im Strafrechtswege beantragt werden kann (§§ 21, 26 Abs. 2 des Gesetzes vom 11. Juni 1870). Ist auf den gestellten Antrag das Strafverfahren eingeleitet, so kann nur nach den für dieses Verfahren geltenden Bestimmungen beurtheilt werden, ob eine Verpflichtung der Privatinteressenten zur Kostentragung besteht, und eine solche Verpflichtung läßt sich für den vorliegenden Fall nach den §§ 497 ff. der Str.P.O. weder daraus, daß die beschädigten Verlagshandlungen den Antrag auf Einziehung bei der Staatsanwaltschaft gestellt, noch daraus herleiten, daß die Erben des im Laufe des vorbereitenden Verfahrens verstorbenen H. der Einziehung widersprochen haben.

Ohne Grund beruft sich die Revision für die entgegengesetzte Ansicht auf den § 75 des G.K.G. Denn derselbe setzt nur die Höhe der Gebühr jeder Instanz für das Verfahren in den Fällen der §§ 477—479 der Str.P.O. fest, bestimmt aber nicht, wann und gegen wen die Gebühr zur Anwendung kommen soll. In den Motiven zum Entwurfe des G.K.G. § 67 (Nr. 76 der Drucksachen des Reichstages 1878 S. 94) ist anerkannt, daß für dieses Verfahren „der Regel nach in Ermangelung eines Kostenpflichtigen eine Gebühr nicht zum Ansatze kommen" kann, jedoch ein Maßstab für die Gebührenerhebung in den Fällen als erforderlich bezeichnet, „wenn einem der Beschlagnahmeinteressenten (§ 478 der Str.P.O.) die Kosten eines Rechtsmittels (§ 505 der Str.P.O.) oder auch Kosten erster Instanz auferlegt werden." Unter welchen Voraussetzungen die Motive die Auferlegung von Kosten erster Instanz gegenüber den Beschlagnahmeinteressenten für statthaft erachtet haben, und ob etwa bei der Vorschrift des § 75 des G.K.G. an den Fall der Privatklage (§§ 477, 503 der Str.P.O.) oder an den Fall einer wider besseres Wissen gemachten oder auf grober Fahrlässigkeit beruhenden Anzeige (§ 501 der Str.P.O.) gedacht worden, ist hier nicht näher zu untersuchen. Denn der vorliegende Fall bot, wie oben gezeigt, keinesfalls einen gesetzlichen Anlaß, den zur Wahrnehmung ihrer Interessen im Strafverfahren gemäß § 478 der Str.P.O. geladenen Erben des Verlegers die Kosten erster Instanz ganz oder auch nur theilweise aufzuerlegen, da dieselben weder als zu Strafe verurtheilte Angeklagte gelten können, noch in ihrer Eigenschaft als Erben für die Kosten, welche möglicherweise ihren Erblasser hätten treffen können, verhaftet sind (§ 497 der Str.P.O.)."

Zu 2. „Dagegen muß die Revisionsbeschwerde der Einziehungsinteressenten für gerechtfertigt erachtet werden. Der Vorderrichter geht von der Annahme aus, daß das fünfte Heft des „Liederborns" eine Sammlung von Werken verschiedener Komponisten zur Benutzung in Schulen sei, und stellt weiterhin fest, daß von den in dieses Heft aufgenommenen Kompositionen nur drei nicht „kleinere" im Sinne des § 47 des Gesetzes vom 11. Juni 1870 sind, daß die Aufnahme dieser drei Lieder in den „Liederborn" als unerlaubte mechanische Vervielfältigung musikalischer Kompositionen anzusehen, die Aufnahme aller übrigen Kompositionen in den „Liederborn" aber als erlaubt zu erachten ist. Wenn trotzdem auf Einziehung nicht blos jener drei Kompositionen, sondern des ganzen fünften Heftes erkannt ist, so liegt dieser Entscheidung eine unrichtige Auffassung der §§ 4, 21, 45, 47 des citirten Gesetzes zu Grunde.

Allerdings führt die Vorinstanz aus, das ganze fünfte Heft sei als Nachdruck anzusehen, weil dieses Heft als eine einheitliche in sich zusammenhängende Sammlung herausgegeben sei und eine progressive Stufenleiter von leichteren zu schwereren Gesängen beobachte, so daß ein organischer Zusammenhang zwischen den einzelnen Liedern dieses Heftes bestehe und bei Aussonderung der drei widerrechtlich aufgenommenen Lieder die Sammlung des fünften Heftes als eine wesentlich andere sich darstellen würde. Allein diese Ausführung erweist sich als rechtsirrthümlich. War nur bei drei Kompositionen eine unerlaubte musikalische Vervielfältigung vorgenommen, so lag nach den angezogenen gesetzlichen Vorschriften auch nur bezüglich dieser drei Kompositionen ein Nachdruck vor, und könnte das ganze Heft als Nachdruck nur dann angesehen werden, wenn anzunehmen wäre, daß dasselbe gerade durch die Aufnahme dieser drei Kompositionen die Eigenschaft einer Sammlung zur Benutzung in Schulen erlangt habe und nach deren Ausscheidung diese Eigenschaft nicht mehr besitzen würde. Eine solche Annahme findet in den Gründen des angefochtenen Urtheils keinen Anhalt, erscheint vielmehr nach den getroffenen Feststellungen ausgeschlossen. Nach der Vorschrift des Abs. 2 des § 21 a. a. O. erstreckt sich aber, wenn nur ein Theil des Werkes als Nachdruck anzusehen ist, die Einziehung nur auf den als Nachdruck erkannten Theil des Werkes und die Vorrichtungen zu diesem Theile. Die gedachte Vorschrift erleidet freilich eine im Gesetze nicht ausgedrückte, jedoch selbstverständliche Einschränkung insofern, als auch bei nur theilweisem Nachdruck die Einziehung des ganzen Werkes erfolgen muß, wenn aus äußeren, mechanischen Gründen der als Nachdruck erkannte Theil sich von den übrigen Theilen des Werkes nicht trennen läßt, die Ausscheidung also unmöglich ist (vergl. auch § 41 Abs. 3 des R. Str. G. B.).

Abgesehen aber von dieser Einschränkung gilt der Grundsatz als „in der Natur der Sache begründet, daß im Falle eines partiellen Nachdruckes auch nur eine partielle Konfiskation eintritt“ (Motive zum Entwurfe des Gesetzes § 22 Nr. 7 der Drucksachen des Reichstages des Norddeutschen Bundes 1870 S. 31), und zwar findet dieser Grundsatz nach dem Inhalt des Abs. 2 des § 21 bei Werken aller Art, also auch bei einheitlichen in sich zusammenhängenden Werken, sowie insbesondere auch dann Anwendung, wenn in Folge der Aussonderung des als Nachdruck erkannten Theils der organische Zusammenhang des Werkes zerrissen ist und das Werk selbst sich als ein wesentlich anderes darstellt, was gewiß in Folge der theilweisen Einziehung nicht selten der Fall sein wird. Hiernach erscheinen die Gründe, aus welchen die Vorinstanz die Einziehung des ganzen fünften Heftes für geboten erachtet hat, unzutreffend und war das angefochtene Urtheil insoweit als auf Gesetzesverletzung beruhend aufzuheben.“

Reichsrecht.

1. Handelsrecht.

47. Der Anspruch der Agenten einer Gegenseitigkeits-Versicherungsgesellschaft auf Prozente der Prämiensätze der Versicherten bezieht sich nur auf die Normalprämien, nicht auf die Nachschüsse. Urth. des I. Civilsenats vom 9. Mai 1885 in Sachen des Generalagenten C. K. zu B., Beklagten und Revisionsklägers, wider die gegenseitige Lebens- u. s. w. -Versicherungs-Gesellschaft P. zu B., Klägerin und Revisionsbeklagte. Vorinstanz: O.L.G. Breslau. Verwerfung.

In dem zwischen den Parteien schwebenden Prozeß ist von wesentlicher Bedeutung die Provisionsforderung in Höhe von 9825,09 ℳ, welche der Beklagte in der Abrechnung in sein Guthaben eingestellt hat. Das L.G. hatte in seinem auf sämmtliche Ansprüche und Gegenansprüche der Parteien sich erstreckenden Urtheil diese Forderung des Beklagten für unbegründet erkannt. Das O.L.G. hat durch Theilurtheil vom 30. Dezember 1884 die Berufung des Beklagten betreffs dieses Punktes zurückgewiesen. Gegen dieses Urtheil hat der Beklagte Revision eingelegt. Der Beklagte war Generalagent der Klägerin für die Regierungsbezirke Breslau, Oppeln, Liegnitz vom 1. Juli 1876 bis 1. Mai 1881. Die vom Beklagten acceptirten Bedingungen des Anstellungsvertrages lauten in § 5: „Für Ihre Mühewaltungen bei Besorgung aller Generalagenturgeschäfte und zur Remunerirung Ihrer Agenten gewähren wir Ihnen die nachfolgend aufgeführten Provisionen, und zwar für die durch Sie selbst vermittelten Geschäfte die volle Provision der Kolonne III, für die durch die Agenten vermittelten die in Kolonne I ausgeworfenen Antheile, während mindestens die Sätze der Kolonne II den Agenten gebühren.“ In der darauf folgenden Tabelle sind je nach den verschiedenen Versicherungsarten (Lebensversicherung, Invaliditäts-, Unfallversicherung) neben Abschlußprovision, bezw. ohne diese, „(Inkasso-)Provisionen von der an uns abgelieferten Prämie“ ausgeworfen. Bei Invaliditäts- und Unfallversicherungen sind diese Provisionen auf 15 bezw. 20 % von dem Prämienbetrag (für Agenten und Generalagenten zusammen) gestellt. Nach § 11 des Anstellungsvertrages „hört mit Entziehung oder Niederlegung der Generalagentur jeder Anspruch auf Provisionsvergütung und auf sonstige Emolumente für den Generalagenten auf.“

Im Februar 1879 schrieb die Gesellschaft zur Deckung eines Defizits des Jahres 1878 im Invaliditäts- und Unfall-Versicherungsverband einen Nachschuß aus. Dieser sollte von den Versicherten an die Direktion direkt eingezahlt werden. Von den ohne gerichtliche Hilfe eingegangenen Beträgen gewährte die Gesellschaft den Agenten 5%, den Generalagenten 4%. Zur Deckung eines Defizits des Jahres 1880 in demselben Verband wurde nach dem 1. Mai 1881 ein Nachschuß von 300% der Jahresprämie eingefordert. In Cirkularen an die Agenten und Generalagenten vom 22. August 1881 wurde ausgesprochen, es könne, da die Gesellschaft das Einziehen selbst besorge, „selbstverständlich keine Inkassoprovision gewährt werden." Die Agenten und Generalagenten wurden aber angewiesen, den Versicherten darzulegen, daß sie trotz des Nachschusses immer noch geringere Beiträge als bei anderen Gesellschaften zu zahlen hätten; ferner sollten sie die Versicherten zur rechtzeitigen Einsendung des Nachschusses veranlassen, Mißtrauen derselben bekämpfen u. s. w. „Für die dadurch zeitweise vermehrten Bemühungen" — „zur Ausgleichung der dadurch verursachten außerordentlichen Mühewaltungen" wurde den Agenten eine „außerordentliche Vergütung" von 2%, den Generalagenten eine solche von 3% der aus den betreffenden Bezirken ohne gerichtliche Hilfe bei der Direktion eingehenden Nachschußzahlungen zugesagt. Der Beklagte fordert nun die gesammte Provision von 15 bezw. 20% der aus seinem Bezirk als Nachschüsse eingegangenen Zahlungen unter Abzug der früher bereits erhaltenen 9%. Er berechnet den Gesammtbetrag seiner Forderung auf 9390,10 ℳ. Die Klägerin bestreitet den Anspruch überhaupt, speziell auch den auf die Provision von dem erst nach des Beklagten Abgang ausgeschriebenen Nachschuß.

„In beiden vorigen Urtheilen ist der Anspruch des Beklagten ohne Rechtsirrthum als unbegründet erkannt worden. Richtig ist, daß bei reinen Gegenseitigkeitsversicherungsanstalten die sogenannten Prämien und die nachträglichen Zuschüsse insofern gleicher rechtlicher Natur sind, als sie die Beiträge der einzelnen Gesellschafter zum Ersatz des gemeinsamen Schadens bilden, gegen welchen Versicherung genommen ist. Allein daraus folgt noch nicht, daß, wenn in einem sonstigen Vertrag über „Prämien" einer solchen Anstalt Bestimmungen getroffen sind, unter dieser Bezeichnung auch die nachträglichen Zuschüsse zu verstehen sind. Insbesondere gilt dies von den Verträgen mit den Agenten, in welchen das Entgelt für die Leistungen der Letzteren in Prozenten der „Prämien" festgestellt ist. Bei diesen Verträgen wird vom regelmäßigen Geschäftsverlauf ausgegangen. Als solcher aber wird angenommen, daß mit den bei Beginn der Versicherung, und bei länger dauernden Versicherungen bei Beginn der einzelnen Versicherungsabschnitte, von den Versicherten zu zahlenden Beträgen die sämmtlichen in der betreffenden Zeit eintretenden Schäden gedeckt zu werden vermögen. Hiernach sind die Prämiensätze berechnet. Nur um auch in außerordentlichen und unvorhergesehenen Fällen den Gesellschaftszweck erreichen zu können, ist der einzelne Versicherte zu eventuellen weitergehenden Leistungen verpflichtet. Mithin können, wenn bei Abschluß der Agenturverträge die Vergütung für die Dienstleistungen der Agenten nach Verhältniß (in Prozenten) der Einzahlungen der Versicherten bestimmt sind, nur die regelmäßigen Eingänge gemeint sein. Dazu kommt, daß diese Eingänge sich auch vorher übersehen lassen und daß es möglich wird, sich ein Urtheil über die Angemessenheit der Vergütung für die zu leistenden Dienste zu bilden, wenn man die regelmäßigen Eingänge berücksichtigt, daß aber die ausnahmsweise vorkommenden Nachschüsse sich aller Berechnung entziehen. Diese Auslegung entspricht auch dem Sprachgebrauch, welcher als Prämien nur die regelmäßigen Leistungen im Gegensatz zu den Nachschüssen bezeichnet. Dies ist auch die Terminologie des Statuts der Klägerin, und es ist bedeutungslos, wenn die Klägerin in einem Ausschreiben einmal den Ausdruck Nachschußprämien gebraucht hat."

48. **Auslegung des Art. 363 des H.G.B.** (Der Artikel enthält nicht blos eine Anwendung der Grundsätze der nützlichen Geschäftsführung, sondern erfordert vom Kommissionär den Nachweis, daß der Kommissionär durch den Verkauf Schaden vom Kommittenten abgewendet habe). **Begriff des Limitum.** Urth. des I. Civilsenats v. 9. Mai 1885 in Sachen W. D. zu B., Beklagten, Widerklägers und Revisionsklägers, wider G. M. das., Klägerin, Widerbeklagte und Revisionsbeklagte. Vorinstanz: Kammergericht. Verwerfung.

Die klagende Handlung erhielt von dem Beklagten im November 1881 kommissionsweise 1852 Sack Kartoffeln zum Verkaufe durch ihr Haus in London und zahlte demselben darauf einen Vorschuß von 3200 ℳ. Nach der Berechnung der Klägerin steht ihr ein Guthaben von 1580,60 ℳ gegen den Beklagten zu, indem sie außer dem Vorschuß 767,50 ℳ für Fracht u. s. w. ausgelegt, der Verkauf der Kartoffeln dagegen nur einen Erlös von 2386,90 ℳ geliefert hat. Sie erhob Klage mit dem Antrage, den Beklagten zur Zahlung von 1580,60 ℳ nebst 6% Zinsen seit dem 1. Februar 1882 zu verurtheilen, wogegen Beklagter widerklagend 1500 ℳ nebst 6% Zinsen seit dem 24. Februar 1882 forderte. Die Vorinstanzen haben verurtheilt und die Widerklage abgewiesen.

Das B.G. erachtet die Weigerung des Beklagten, die von dem Londoner Hause der Klägerin vorgenommenen Kartoffelverkäufe als für seine Rechnung gehend gelten zu lassen, für unbegründet, indem es annimmt, daß die Verkaufskommission anfangs ohne Limitum ertheilt und erst durch den dem Londoner Hause am 5. Dezember 1881 zugekommenen Brief des Beklagten vom 2. Dezember 1881 ein Limitum vorgeschrieben worden sei, daß die vor dem 5. Dezember 1881 stattgehabten Verkäufe bestmöglich abgeschlossen und daß die nach dem 5. Dezember 1881 vorgenommenen Verkäufe, obwohl unter dem Limitum abgeschlossen, dennoch gemäß Art. 363 des H.G.B. von dem Beklagten anzuerkennen seien.

„Die hiergegen gerichteten Revisionsangriffe sind weder in Ansehung der vor dem 5. Dezember 1881, noch in Ansehung der nach diesem Zeitpunkt stattgehabten Verkäufe begründet.

Revisionskläger ficht die Annahme des B.G., daß die Verkaufskommission nicht limitirt gewesen sei, als rechtsirrthümlich, insbesondere als auf einem unrichtigen Begriffe des Limitum beruhend an. Das B.G. nimmt keineswegs an, daß ein Limitum nur durch eine ausdrückliche Willenserklärung gesetzt werden könne; es untersucht vielmehr, ob in dem dargelegten Hergange eine stillschweigende Limitirung gefunden werden könne. Die Gründe, aus welchen dies verneint wird, entsprechen der von dem vormaligen R.O.H.G. (Entsch. Bd. 8 S. 33) entwickelten Ansicht, welcher auch das R.G. sich anschließt. Bei Ertheilung einer Verkaufskommission geht der Kommittent regelmäßig von der Erwartung aus, beim Verkaufe mindestens den Selbstkostenpreis zu erzielen; die Hoffnung, einen höhern Preis zu erzielen, ist der regelmäßige Beweggrund zur Ertheilung der Kommission. Auch wenn der Kommittent dies gegenüber dem Kommissionär ausspricht und ihm den Betrag des Selbstkostenpreises mittheilt, kommt hierdurch allein eine Vereinbarung über die Rechte und Pflichten des Kommissionärs nicht zustande. Es ist darin nicht von selbst die Erklärung des Kommittenten enthalten, daß er dem Kommissionär zu einem geringeren Preise zu verkaufen schlechthin untersage, oder daß er ihm die Befugniß zu verkaufen nur unter der Voraussetzung ertheile, daß mindestens der Selbstkostenpreis erzielt werde; es ist daher auch aus der Annahme der Kommission nicht von selbst die Einwilligung des Kommissionärs in eine derartige Einschränkung des Auftrages zu entnehmen. Das B.G. konnte demnach ohne Rechtsirrthum aussprechen, daß selbst die ausgesprochene feste Erwartung, daß ein bestimmter Preis in minimo erzielt werden müsse, noch nicht als Limitum gelten könne. Ein Grund zur Aufhebung des angefochtenen Urtheils ist hierin um so weniger zu erkennen, da dasselbe sich nicht blos auf diese allgemeine Erwägung, sondern auch auf die besondern Umstände des vorliegenden Falles, nämlich darauf stützt, daß es sich in diesem Falle um einen Seetransport verderblicher Waare mit fernen Verkaufsterminen handelte, weshalb die Absicht eines absolut bestimmten Limitum nicht wahrscheinlich sei, und daß ein Limitum, wenn es verabredet worden wäre, doch nur von guten Kartoffeln zu verstehen wäre und auf den Verkauf der in Rede stehenden, in England angefroren angekommenen Kartoffeln nicht bezogen werden könnte.

War die Verkaufskommission bis zum 5. Dezember 1881 illimitirt, so genügte Klägerin ihrer Pflicht als Kommissionärin, indem sie die Kartoffeln so theuer als möglich verkaufte, was das B.G. ohne Verstoß gegen Prozeßvorschriften als erwiesen ansieht. Wenn in anderer Beziehung, nämlich in Betreff der rechtzeitigen Benachrichtigung des Kommittenten von dem mangelhaften Zustande, in welchem die Kartoffeln in England angekommen waren, und von dem geringen Ertrage, welchen der Verkauf derselben lieferte, die Klägerin ihrer gesetzlichen oder vertragsmäßigen Verpflichtung nicht genügte, so erwuchs hierdurch, wie das B.G. mit Recht annimmt, dem Beklagten unter Umständen ein Schadensersatzanspruch, nicht aber die Befugniß, die auftragsgemäß vorgenommenen Verkäufe als für seine Rechnung gehend nicht gelten zu lassen.

Was sodann die nach dem 5. Dezember 1881 vorgenommenen Verkäufe betrifft, bei welchen das seitdem maßgebende Limitum von 3,50 ℳ. nicht eingehalten worden ist, so erklärt das B.G. dieselben nicht wegen Art. 375 oder wegen Art. 365, 366 des H.G.B., auf welche Bestimmungen Klägerin ihren Anspruch nicht gründet, sondern wegen Art. 363 des H.G.B. für gerechtfertigt, weil Klägerin nachgewiesen habe, daß ein Verkauf zu dem gesetzten Preise nicht ausgeführt werden konnte und die Vornahme des Verkaufes von dem Beklagten noch größeren Schaden abgewendet hat.

Die Rüge, daß Art. 363 des H.G.B. durch unrichtige Anwendung verletzt worden sei, ist unbegründet. Daß Art. 363 auch dann Anwendung findet, wenn nicht allein die Voraussetzungen desselben, sondern auch die Voraussetzungen der Art. 365, 366 des H.G.B. vorliegen, nimmt das B.G. mit Recht an. Denn letztere Artikel räumen dem Kommissionär nur das Recht ein, den Verkauf des Kommissionsgutes unter Beobachtung der Bestimmungen des Art. 343 zu bewirken, ohne ihm die Verpflichtung aufzuerlegen, diesen Weg zu betreten. Wählt er denselben nicht, so verbleibt ihm die Befugniß, sich auf den Art. 363 zu berufen; er hat jedoch alsdann den ihm darnach obliegenden schwierigen Beweis zu erbringen. Revisionskläger macht geltend, Art. 363 sei nicht ohne Rücksicht auf Art. 361 anzuwenden, hiernach aber ein Verkauf gegen den Willen des Kommittenten unter keinen Umständen statthaft, abgesehen von dem hier nicht in Frage stehenden Verkaufe auf Grund des dem Kommissionär am Kommissionsgute zustehenden Pfandrechts. Wäre mit Grünhut, Kommissionshandel S. 400 ff. und in Endemann's Handbuch des Deutschen Handels- und Wechselrechts Bd. 2 S. 239 ff., anzunehmen, daß Art. 363 nur eine Anwendung der

Grundsätze der nützlichen Geschäftsführung enthalte, so würde sich hieraus der von dem Revisionskläger behauptete Rechtssatz ableiten lassen. Das B.G. verwirft aber, in Uebereinstimmung mit v. Hahn, Kommentar zum H.G.B. Bd. 2, II. Aufl. S. 447, mit Recht diese Ansicht, welche dadurch widerlegt wird, daß Art. 363 nicht gemäß den Grundsätzen über nützliche Geschäftsführung den Nachweis für genügend erklärt, daß der Verkauf unter dem gesetzten Preise nach der damaligen Lage der Verhältnisse dem Interesse des Kommittenten entsprochen habe, sondern den Nachweis erfordert, daß derselbe im schließlichen Resultat von dem Kommittenten Schaden abgewendet hat. In Art. 363 ist vielmehr der Gedanke zum Ausdruck gebracht, daß der Kommittent arglistig handeln würde, wenn er den Verkauf unter dem gesetzten Preise wegen Auftragswidrigkeit anzuerkennen verweigerte, obgleich der Verkauf zu dem gesetzten Preise nicht ausgeführt werden konnte und durch die Ausführung desselben zu einem geringeren Preise Schaden von ihm abgewendet worden ist. Ist dies aber der wahre Sinn des Art. 363, so bedurfte es zur Anwendung desselben nicht der Feststellung, daß der Kommissionär den Verkauf in der Absicht einer nützlichen Führung der Geschäfte des Kommittenten vorgenommen habe, und es wird die Anwendung desselben nicht dadurch ausgeschlossen, daß der Verkauf gegen den Willen des Kommittenten vorgenommen worden ist, was bei einem Verkaufe unter dem Limitum allemal der Fall ist."

49. Reportusance der Londoner Börse. Keine Anwendung des Art. 375 des H.G.B., wenn der Kommissionär das Kommissionsgut weder als Eigenthümer noch als Pfandgläubiger in Händen hat. Urth. des I. Civilsenats vom 1. April 1885 in Sachen J. M. zu Berlin, Beklagten und Revisionsklägers, wider M. & Co. zu London, Klägerin und Revisionsbeklagte. Vorinstanz: Kammerger. Berlin. Verwerfung.

Der Beklagte hatte der Klägerin durch deren „Remissier" H. Auftrag zum Ankauf von 5000 £ Nominalbetrag Mexikaner an der Londoner Börse p. ultimo Dezember 1881 gegeben. Die Klägerin vollzog den Auftrag, indem sie am 14. Dezember die Papiere p. ultimo Dezember zu 27¾ % kaufte. Am 29. Dezember reportirte sie die Papiere p. medio Januar 1882 zu 26 %, am 12. Januar p. ultimo Januar zu 24⅛ %, am 27. Januar p. medio Februar zu 20 %. Am 10. Februar verkaufte sie die Papiere zu 21⅝ %. Sie fordert vom Beklagten mit vorliegender Klage Zahlung der Provision, des Reports, der Differenz und der Auslagen mit zusammen 308 £ 1 ß. Der Beklagte bestreitet seine Verpflichtung zur Zahlung dieses Betrages. In erster Instanz wird der Beklagte klagegemäß verurtheilt. Die Berufung gegen dieses Urtheil wird zurückgewiesen.

„Der Beklagte bestreitet, daß die Klägerin, nachdem sie am 9. Januar 1882 durch H. erfahren habe, daß der Beklagte den Ankauf der Papiere für seine Rechnung nicht anerkenne, die Papiere habe reportiren dürfen. Allein nach den Gründen des erstinstanzlichen Urtheils ist den kaufmännischen Mitgliedern der erkennenden Kammer für Handelssachen aus eigener Wissenschaft bekannt, daß an der Londoner Börse die Usance besteht, daß der Kommissionär die eingekauften Papiere, wenn er keinen Verkaufsauftrag erhält, zu reportiren berechtigt ist. Der B. R. nimmt, wie er durfte, Bezug hierauf und führt ohne Rechtsirrthum aus, daß die nicht zum Abschluß gediehenen Verhandlungen des Beklagten und der Klägerin mit H. über Uebernahme der Verpflichtung des Beklagten durch diesen das Recht der Klägerin, der Usance gemäß zu verfahren, nicht in Frage stellen konnten.

Der Beklagte bestreitet ferner, daß der Verkauf der Papiere am 10. Februar 1882 ihm gegenüber rechtsgültig gewesen sei. Die Formvorschriften der Art. 310, 375 des H.G.B., welche auch im Englischen Recht gälten, seien nicht befolgt. Im erstinstanzlichen Urtheil wird das Vorgehen der Klägerin für gerechtfertigt erklärt, weil dem Kommissionär nicht die Pflicht auferlegt werden könne, ein pro ultimo (beziehungsweise pro medio) gekauftes Papier aus seinen Mitteln anzuschaffen. Ebenso spricht sich der B. R. aus; er sagt, „es handele sich um ein pro medio laufendes Engagement, dessen Lösung nur durch ein entsprechendes Gegengeschäft ermöglicht werde, mit der also die Vorschriften der angezogenen Gesetzesparagraphen nichts zu thun hätten.“ Diese Entscheidung ist nicht rechtsirrthümlich. Würde die Klägerin die Papiere für Rechnung des Beklagten gekauft und bezogen haben, so käme nach Deutschem Recht Art. 375 des H. G. B. zur Anwendung. Aber so liegt der Fall nicht. Die Klägerin ist nicht für den Beklagten in Vorschuß gegangen, sie hat die für seine Rechnung gekauften Papiere nicht abgenommen und war nicht dazu verpflichtet. Sie hat, was sie durfte, die Papiere reportirt. Sie kann aber ebensowenig für verpflichtet gehalten werden, die Reportirung bis in infinitum fortzusetzen und wegen des Reports in Vorschuß zu gehen, als sie verpflichtet ist, die Papiere abzunehmen und mit dem Kaufpreis in Vorschuß zu gehen. Hat aber der Kommissionär das Kommissionsgut weder als Eigenthümer noch als Pfandgläubiger in Händen, so fehlt es an der Voraussetzung des Art. 375 des H.G.B. Dem Kommissionär, der nicht verpflichtet ist, in Vorschuß zu gehen, muß aber die Möglichkeit gegeben sein, sich mit möglichst geringem Aufwand von der Verpflichtung der Abnahme der gekauften Papiere zu befreien. Die Entscheidung des B. R. rechtfertigt sich sonach als Konsequenz der Berechtigung der Klägerin zur Reportirung."

2. Reichs-Genossenschaftsgesetz.

50. **Grad der Sorgfalt, für welche Mitglieder des Aufsichts- oder Verwaltungsrathes zu haften haben. Beweislast. Austritt aus Gesundheitsrücksichten. Vorausklage.** (§§ 28, 29 des Reichs-Genossenschaftsgesetzes). Urth. des III. Civilsenats vom 21. April 1885 in Sachen A. B. sen. zu St., Beklagten und Revisionsklägers, wider Konkursmasse der Volksbank St., Klägerin und Revisionsbeklagte. Vorinstanz: O. L. G. Stuttgart. Verwerfung.

Es handelt sich in gegenwärtiger Instanz nur noch um die Ersatzansprüche, welche die Klägerin aus der Geschäftsverbindung der Volksbank mit der Firma Star. & P. und aus der Betheiligung der Volksbank als offene Handelsgesellschafterin an dem Geschäfte Stahl. & Co. geltend macht. Der Beklagte ist am 16. März 1877 in den aus 16 Mitgliedern bestehenden Verwaltungsrath der Volksbank eingetreten. Mit den übrigen Mitgliedern des Verwaltungsrathes hat die Klägerin sich verglichen, ebenso mit zweien der drei Vorstandsmitglieder. Sie fordert jetzt von dem Beklagten nur 1/24 des Verlustes, welchen die Volksbank in der Zeit vom 1. Januar 1878 bis zur Konkurseröffnung vom 30. März 1882 in den gedachten Geschäftsverbindungen erlitten hat. Der B. R. hat diesen Verlust, soweit auch der Beklagte dafür verantwortlich zu machen ist, für die gedachte Zeit bei Star. & P. auf 240000 ℳ, bei Stahl. & Co. auf 215000 ℳ berechnet und den Beklagten auf 1/24 dieser Beträge unter entsprechender Berücksichtigung der von zwei Direktoren im Vergleichswege geleisteten Zahlungen verurtheilt. Der Streit der Parteien bewegt sich auch in dieser Instanz wieder um die Fragen, für welchen Grad der Sorgfalt die Mitglieder des Aufsichtsrathes oder Verwaltungsrathes zu haften haben und welche Partei im Streitfalle die Beweislast trifft. Der Beklagte macht dem B. R. Verkennung der einschlagenden Rechtsgrundsätze zum Vorwurfe: er hält sich auch als Mitglied des Verwaltungsrathes nur zur Anwendung derjenigen Sorgfalt verpflichtet, welche er in seinen eigenen Angelegenheiten anzuwenden pflegt, und begehrt, daß ihm ein Verschulden nachgewiesen werde.

„Der entgegengesetzte Standpunkt des Berufungsrichters ist jedoch der richtige. Konnte der Beklagte auch nur als Genosse in den Verwaltungsrath eintreten, so ist doch diese seine Eigenschaft für das aus seinem Eintritt in den Verwaltungsrath zur Genossenschaft sich ergebende Verhältniß ohne alle Bedeutung; er diente in dem Verwaltungsrath lediglich der Genossenschaft, einem selbständigen Rechtssubjekte, und führte hier nicht seine, sondern nur der Genossenschaft Geschäfte. Wenn ferner der Beklagte von der Genossenschaft selbst durch die Generalversammlung in den Verwaltungsrath gewählt und hiermit zur Uebernahme bestimmter Aufsichtsgeschäfte aufgefordert worden war, so beruhte seine Stellung im Verwaltungsrathe auf einem von ihm angenommenen Auftrage. Demgemäß hatte er die von ihm übernommenen Geschäfte mit der Sorgfalt eines ordentlichen Geschäftsmannes zu erledigen. Zu derselben Annahme führt die dem Verwaltungsrath durch das Statut zugewiesene Aufgabe. Die dem Verwaltungsrathe übertragene Ueberwachung der Geschäftsführung der Genossenschaft in allen Zweigen der Verwaltung soll ein Gegengewicht gegen die nach außen unbeschränkte Vertretungsbefugniß des Vorstandes bilden, kann aber der Genossenschaft selbst einen relativen Schutz nur gewähren, wenn sie mit Sorgfalt geführt wird und als eine eingehende, auf Beobachtung der Instruktionen gerichtete Kontrolle der gesammten Geschäftsführung des Vorstandes erscheint. In diesem Sinne hat denn auch der Verwaltungsrath der Volksbank seine Aufgabe aufgefaßt; er hat aus seiner Mitte außer den im Statute vorgesehenen beiden Kommissionen — Kontrolle- und Ausleihekommission — noch eine Wechselkommission gebildet, für besonders wichtige Geschäftsverbindungen Deputirte ernannt und sich so in die Lage gesetzt, die gesammte Thätigkeit des Vorstandes fortdauernd und eingehend zu kontrolliren. Wenn das Statut die Vorstandsmitglieder nur für den durch Vorsatz und grobe Vernachlässigung der Pflichten zugefügten Schaden verantwortlich macht, so findet diese Bestimmung, wie auch schon der Berufungsrichter bemerkt, ihre Erklärung in der Erwägung, daß es den Vorstandsmitgliedern bei Erledigung der laufenden, fast immer eine schnelle Entschließung fordernden Geschäfte thatsächlich nicht immer möglich ist, mit der an sich gebotenen Sorgfalt und Umsicht zu verfahren, daß daher die Forderung einer solchen Sorgfalt nicht selten als Härte erscheinen, auch auf die Thätigkeit eines vorsichtigen Vorstandes lähmend zum Nachtheil der Genossenschaft wirken kann. Diese Erwägungen treffen für den im wesentlichen nur kontrollirenden Vorstand nach keiner Richtung zu, und die Statuten gewähren auch nicht den geringsten Anhalt für die Annahme, daß die Verantwortlichkeit der Mitglieder des Verwaltungsrathes in gleicher Weise wie die der Vorstandsmitglieder hat eingeschränkt werden sollen.

Ist hiernach davon auszugehen, daß der Beklagte als Mitglied des Verwaltungsrathes die Sorgfalt eines ordentlichen Geschäftsmannes aufzuwenden hatte, so hat die Klägerin, wenn sie den Beklagten für den bei einer Geschäftsverbindung der Volksbank eingetretenen Verlust verantwortlich machen will, nur nachzuweisen, daß und welche Pflichten dem Beklagten in der betreffenden Angelegenheit obgelegen haben und daß zwischen diesen Pflichten und dem Schaden der Kausalzusammenhang vorhanden ist. Hierdurch wird der Schadensanspruch ausreichend begründet, und liegt mithin der Klägerin nicht auch der Nachweis ob, daß der Beklagte seine Pflichten nicht erfüllt hat, der Schaden mithin auf ein Verschulden des Beklagten zurückzuführen ist. Vielmehr ist es der gedachten klägerischen Darlegung gegenüber Sache des Beklagten, die Erfüllung seiner Verbindlichkeiten oder aber solche Umstände darzulegen, welche ihm die Erfüllung unmöglich gemacht haben. Bei Anwendung dieser Grundsätze auf den Fall Star. & P. kann nun kein Zweifel darüber obwalten, daß die Klägerin die ihr obliegenden Nachweise erbracht hat, dem Beklagten aber der Nachweis der Erfüllung seiner Pflichten nicht gelungen ist. Denn es liegt nach den Feststellungen des B. R. vor, daß die Volksbank bei Einrechnung ihrer Kommanditeinlage mit Zinsen am 1. Jan. 1878 in der Geschäftsverbindung mit Star. & P. ein Guthaben von 383 457 ℳ 33 ₰ gehabt hat und daß dieses Guthaben höchstens bis zum Betrage von 200 000 ℳ gedeckt gewesen ist, gleichwohl aber der Vorstand der Volksbank jener Firma bis zum 30. März 1882 mindestens noch weitere 240 000 ℳ ohne Deckung kreditirt hat, daß der bereits am 16. März 1877 in den Verwaltungsrath eingetretene Beklagte ausreichende Veranlassung gegeben hat, auch wohl in der Lage gewesen ist, bis zum 1. Januar 1878 ein klares Bild über den Stand der Geschäftsverbindung mit Star. & P. zu gewinnen, daß endlich jener Betrag von 240 000 ℳ verloren gegangen ist, nicht aber hätte verloren gehen können, wenn der Vorstand verhindert worden wäre, weiteren ungedeckten Kredit zu ertheilen.

Diese Thatsachen begründen die erhobene Klage; sie lassen insbesondere erkennen, daß es angesichts der am 1. Januar 1878 bereits vorliegenden sehr erheblichen Ueberschreitung der Kreditgrenze für jedes Mitglied des Verwaltungsrathes unabweislich geworden war, weitere Kreditgewährungen ohne Deckung mit allen dem Verwaltungsrathe zu Gebote stehenden Mitteln zu verhindern. Andererseits hat nun der Beklagte zur Darlegung der Erfüllung seiner Pflichten mehr nicht behaupten können, als daß er in den Sitzungen des Verwaltungsrathes „Bitten und Ermahnungen an den Vorstand gerichtet habe, die Kredite von verlustdrohenden Verbindungen, wie die mit Star. & P., zu kündigen oder wenigstens zu beschränken, daß er auch nicht unterlassen habe, seine Bedenken dem Vorsitzenden des Verwaltungsrathes mitzutheilen.“ Bitten und Ermahnungen und Aeußerung von Bedenken waren aber um so weniger ausreichend, als der Beklagte anerkennen muß, daß der Vorstand, wenn er auch manchmal eine Zusicherung gemacht, solche doch niemals erfüllt hat. Der Beklagte war daher zu einem weit energischeren Einschreiten verpflichtet; er mußte im Verwaltungsrathe bestimmte Anträge auf Verweigerung weiteren ungedeckten Kredits stellen und auf Beschlußfassung über diese Anträge dringen; ob er verpflichtet gewesen wäre, bei Ablehnung der Berathung oder bei Verwerfung seiner Anträge durch Beschlußfassung die Angelegenheit zur Kenntniß der nächsten Generalversammlung zu bringen, kann hier dahingestellt bleiben; sicher ist aber, daß der Beklagte Anträge stellen mußte, deren Annahme es dem Vorstande unmöglich gemacht haben würde, der Firma Star. & P. noch weiteren ungedeckten Kredit zu gewähren, ohne sich mit bestimmten Weisungen des Verwaltungsrathes in unmittelbaren Widerspruch zu setzen. Die Behauptung des Beklagten, daß seine Anträge doch abgelehnt worden sein würden, entbehrt jeder thatsächlichen Unterstützung und kann schon aus diesem Grunde nicht berücksichtigt werden. Hiernach hat der Beklagte nicht nur nicht bewiesen, daß er die ihm obliegende Sorgfalt angewendet hat, es ergiebt sich sogar aus seinen eigenen Ausführungen, daß er in der in Frage stehenden Angelegenheit seine Schuldigkeit nicht gethan hat.

Dasselbe muß aber auch für die Geschäftsverbindung der Volksbank mit der Firma Stahl. & Co. angenommen werden. Es steht fest, daß die Volksbank in dieser Geschäftsverbindung seit dem 1. Januar 1878 mindestens einen Betrag von 215 000 ℳ angelegt hat, für welchen sie keine Sicherheit gehabt hat; sie hat auch für denselben in der Folge keine Befriedigung erhalten. Veranlassung zu diesen Aufwendungen aber ist eine Association gewesen, welche der Vorstand der Bank mit Anderen zum gemeinschaftlichen Betriebe der Instrumentenfabrik E. F. Stahl. in der Absicht abgeschlossen hat, um das Guthaben der Bank bei dem am 1. März 1876 in Konkurs gefallenen E. F. Stahl. zu retten. Am 2. Februar 1877 sind die Volksbank, die Wittwe des A. Stahl. und Alb. Gr. als offene Handelsgesellschaft unter der Firma Stahl. & Co. in das Handelsregister eingetragen. Die Volksbank hat die Finanziirung dieses Unternehmens übernommen und zwar mit dem Erfolge, daß sie vom 1. Januar 1878 ab über ihr damals nur theilweise gedecktes Guthaben von 71 040 ℳ 40 ₰ hinaus noch Verwendungen in Höhe von 215 000 ℳ ohne jede Deckung auf diesen Fabrikbetrieb gemacht hat. Der Beklagte aber, welcher gleich nach seinem Eintritte in den Verwaltungsrath zur Ueberwachung des Stahl.'schen Betriebes deputirt worden ist, hat nach der Feststellung des B. R. nicht blos Gelegenheit gehabt, sich von allen Bedenken gegen die Uebernahme des Betriebes und von dem Mißerfolge Kenntniß zu verschaffen, er hat auch in der That Einsicht in die wahre Sachlage gewonnen und hieraus entnehmen müssen, daß Aussicht auf Besserung nicht vorhanden war. Diese Thatsachen genügen zur Begründung der erhobenen Schadensklage. Zunächst lag schon der Betrieb einer Instrumentenfabrik ganz außerhalb des geschäftlichen Rahmens der Volksbank, welche nach ihren Statuten die wirthschaftlichen Interessen ihrer Mitglieder durch den Betrieb eines Bankgeschäftes fördern wollte; die Association war aber auch schon aus dem Grunde ein gewagtes Geschäft, weil es den Vorstandsmitgliedern für den zur Frage stehenden Betrieb an den erforderlichen technischen Kenntnissen fehlte und die Bank für alle von der Handelsgesellschaft kontrahirten Schulden einstehen mußte. Auch die Absicht, ein der Bank im Konkurse von E. F. Stahl. in Folge von Kreditüberschreitung verloren gegangenes Kapital von etwa 60000 ℳ zu retten, kann die Association und die Fortsetzung des Fabrikbetriebes trotz aller Mißerfolge in einem günstigeren Lichte nicht erscheinen lassen. Es hat die Verhandlung keine Anzeigen dafür ergeben, daß eine irgendwie begründete Aussicht auf baldige Wiedergewinnung des verlorenen Kapitals durch Uebernahme der Fabrik vorgelegen hat; auch ist nicht behauptet, daß zur Rettung von Hypotheken Fabrikgrundstücke erworben seien und sich den Umständen nach an diesen Erwerb die Fortsetzung des Fabrikbetriebes habe anschließen müssen. Es liegen daher keine Gründe vor, welche die ungedeckte Verwendung von Bankgeldern auf dieses Unternehmen und damit die Verletzung eines ersten Grundsatzes der Bank, Gelder nur gegen Sicherheit wegzugeben, zu rechtfertigen vermöchten.

Dem Beklagten erwuchs mithin auch bei dieser Geschäftsverbindung die Pflicht, Maßnahmen zu beantragen, durch welche die Association aufgelöst und der weitere Abfluß von Bankgeldern in das Unternehmen verhindert wurde. Eine Lösung der Verbindung ergab sich sogar von selbst, als bereits 1878 über das Vermögen des Gesellschafters Gr. Konkurs eröffnet wurde; die Volksbank hat jedoch damals den Fabrikbetrieb nicht eingestellt, denselben vielmehr, sei es allein, sei es in Verbindung mit der Wittwe Stahl., fortgesetzt. Der Beklagte aber hat die ungedeckte Festlegung von Bankgeldern in diesem Unternehmen nicht gehindert. Hat er auch seine Bedenken geäußert, so hat er doch keine Anträge gestellt, welche darauf gerichtet gewesen wären, den Betrieb einzustellen oder doch jedenfalls zu verhüten, daß dem Unternehmen Bankgelder in immer steigendem Maße ohne jede Sicherheit zugewendet wurden. Er kann sich zu seiner Rechtfertigung auch nicht darauf berufen, daß die Generalversammlung das Unternehmen nicht mißbilligt habe, obwohl derselben 1877 und 1881 Mittheilungen über die Uebernahme des Stahl.'schen Geschäftes gemacht seien. Denn er hat nicht behaupten können, daß Mittheilungen über die Uebernahme dieses Geschäftes auf die Tagesordnung gestellt und als Gegenstand der letzteren bekannt gemacht worden sind. War dieses aber nicht geschehen, so können Aeußerungen der Vorstands- und Verwaltungsrathsmitglieder in der Generalversammlung der Genossenschaft nicht präjudiziren und zwar um so weniger, als des vollständigen Mißerfolges bei diesen Mittheilungen nicht gedacht worden ist. Der Beklagte hat daher auch in dieser Sache die Erfüllung seiner Pflicht nicht darlegen können. Die Verhandlung hat sogar sein Verschulden außer Zweifel gestellt; denn ihm fällt zur Last, daß er gegen die Fortsetzung des verlustdrohenden Unternehmens und die sicherheitslose Aufwendung von Bankgeldern für dasselbe nicht nach seinen Kräften eingeschritten ist, obwohl er bei pflichtmäßiger Aufmerksamkeit bald erkennen mußte, daß auf eine baldige Wiedererlangung des bei E. F. Stahl. verlorenen Kapitals nicht gerechnet werden konnte, vielmehr die Gefahr weiterer Verluste nahe lag.

Mit Unrecht macht auch der Beklagte geltend, daß er keinenfalls über den 15. Juni 1881 hinaus haften könne. Er hat an diesem Tage einem Mitgliede des Vorstandes und dem Vorsitzenden des Verwaltungsrathes seinen Austritt aus dem Verwaltungsrath schriftlich erklärt, Letzterem gegenüber unter Berufung auf Gesundheitsrücksichten, „weil sich die schweren Sorgen für die Volksbank mit seinen vielen Funktionen und Sorgen nicht vereinigen lassen." In der Berufungsinstanz hat er zur weiteren Begründung seines Austrittes auch noch ein vom 22. Juni 1884 datirtes ärztliches Attest überreicht, inhalts dessen er von seinem Hausarzte im Sommer 1881 unter Hinweisung auf seine wankende Gesundheit wiederholt aufgefordert worden ist, seine Thätigkeit zu vereinfachen und aus dem Verwaltungsrath der Volksbank auszuscheiden. Wenn der B.R. die Kündigung des Beklagten für eine ungehörige hält, weil er seine Anzeige Männern gemacht habe, welche in gleichem Verschulden gestanden, und weil er vor dem Rücktritt mindestens habe versuchen müssen, in einer Generalversammlung der Genossenschaft Rechenschaft abzulegen und die Mängel der Geschäftsführung und der Kontrolle aufzudecken, so ist gegen diese Erwägungen allerdings mit Grund geltend zu machen, daß der Beklagte, wenn ihm eine ausreichende Veranlassung zum Rücktritt zur Seite stand, hiermit nicht bis zur nächsten ordentlichen oder außerordentlichen Generalversammlung zu warten brauchte, daß auch gerade der Vorsitzende des Verwaltungsrathes diejenige Person war, an welche der Beklagte die Anzeige seines Ausscheidens zu richten hatte. Ob dem Rücktritt des Beklagten Bedeutung für die Begrenzung der Verhaftung desselben beizumessen ist, hängt daher allein von der Beantwortung der Frage ab, ob der Beklagte sich am 15. Juni 1881 aus einem zureichenden Grunde von dem Auftrage losgesagt hat, welchen er bis zur Generalversammlung des Jahres 1883 übernommen hatte. Diese Frage aber muß verneint werden. Es kann unentschieden bleiben, ob ein Geschäftsmann seinen Austritt aus dem Aufsichtsrathe einer Aktiengesellschaft oder Genossenschaft aus dem Grunde erklären darf, weil seine Kräfte zur Besorgung der eigenen Geschäfte und zur pflichtmäßigen Erfüllung der ihm aus seiner Stellung im Aufsichtsrathe erwachsenden Geschäfte nicht mehr ausreichen. Denn wenn der Beklagte auch unter Hinweisung auf seine Gesundheit ausgetreten ist, so hat er doch in dem Schreiben vom 15. Juni 1881 überall nicht behauptet, daß er in Folge abnehmender Kräfte die Geschäfte eines Mitgliedes des Aufsichtsrathes neben seinen eigenen Geschäften nicht besorgen könne; er beruft sich vielmehr nur auf die schweren Sorgen für die Volksbank und hält diese für unvereinbar mit seinen anderen Sorgen und Funktionen. Der Sache nach ist er daher nur wegen der nicht mehr zurückzudrängenden Befürchtungen für die Volksbank ausgetreten. Mit Recht bezeichnet der B. R. diesen Austritt als Fahnenflucht. Die damalige Nothlage der Bank hätte ihn selbst dann in seiner Stellung festhalten müssen, wenn in der That zu jener Zeit seine Gesundheit gewankt haben sollte.

Die Einrede der Vorausklage ist mit Recht zurückgewiesen. Der Beklagte haftet solidarisch mit den nach der Feststellung des B. R. in grober Verschuldung befindlichen Vorstandsmitgliedern, weil für den eingetretenen Schaden auch sein eigenes Verhalten, nämlich sein Nichteinschreiten, kausal gewesen ist. Dem Beklagten steht daher gegenüber der als Kaufmann geltenden Genossenschaft, welche für die Zwecke ihres Betriebes Vorstand und Aufsichtsrath bestellt hat, nach Art. 281 des H. G. B. die Einrede der Vorausklage überall nicht zu."

3. Reichs-Gewerbeordnung.

51. **Die Anordnung der Beobachtung der zur möglichsten Beseitigung der Betriebsgefahren erforderlichen Vorsichtsmaßregeln kann auch als eine „Einrichtung" im Sinne des § 120 der R. Gew. O. angesehen werden.** Urth. des II. Civilsenats vom 10. April 1885 in Sachen der K.'schen M. A. G. in B., Beklagten und Revisionsklägerin, wider P. B., als Vertreter für E. B., Kläger und Revisionsbeklagten. Vorinstanz: O. L. G. Köln. Aufhebung und Zurückverweisung (aus hier belanglosen Gründen).

Am 7. Dezember 1880 war der damals 15 Jahre alte E. B. in der Fabrik der Beklagten mit Bedienung einer Blechrichtmaschine beschäftigt. Es ist dies eine Maschine, welche mittels gegeneinanderlaufender Walzen, zwischen welche Blechplatten geschoben werden, diesen eine glatte Form giebt. Der Arbeiter steht dabei an einem der Tische, die sich zu beiden Seiten der Maschine befinden, führt das Blech in die Walzen und stellt, wenn das Blech mit seinem letzten Ende zwischen die hintersten Walzen gelangt ist, diese mittels eines Hebels um, so daß das Blech wieder durch die Walzen zurückgeht. B. hatte nun zur richtigen Zeit das Umstellen der Walzen versäumt. In Folge dessen ging die Blechplatte ganz durch die Walzen durch und blieb auf dem entgegengesetzten Tisch liegen. Die Blechplatte mußte daher wieder in die Walzen eingeschoben werden. B. griff zu diesem Zweck von seinem Standpunkt aus über die Walzen hinüber und zog mit der linken Hand die Blechplatte an der den Walzen zu liegenden Seite an diese heran. Hierbei wurde seine Hand von den Walzen erfaßt und nebst dem Arm zerquetscht. Die Vorinstanzen haben verurtheilt.

„Nach Ansicht des Ersten Richters hat sich Beklagte „durch Nichtbeschaffung zweckentsprechender Schutzvorrichtungen", deren Herstellung nach § 120 der R. Gew. O. geboten gewesen wäre, „verantwortlich gemacht". Auch der B. R. nimmt an, daß die Beklagte für die Folgen des Unfalls wegen Verfehlung gegen § 120 verantwortlich sei; er findet jedoch diese Verfehlung nicht in dem Mangel einer Schutzvorrichtung, sondern darin, daß die fragliche Arbeit dem jugendlichen Verunglückten „ohne die entsprechenden Aufsichtsmaßregeln" übertragen worden sei. Dieser Annahme scheint eine unrichtige Auffassung des § 120 zu Grunde zu liegen. War es ein Gebot der Vorsicht, einen 15jährigen Arbeiter nicht ohne gewisse „Aufsichtsmaßregeln" an der Maschine arbeiten zu lassen, so würde, falls dieses von der Vorsicht gebotene Verfahren nicht eingehalten worden wäre, die Betriebsleitung allerdings ein Verschulden im Sinne des § 2 des Reichs-Haftpflichtgesetzes treffen. Als eine „Einrichtung" im Sinne des § 120 kann nun zwar auch eine Anordnung, welche bezweckt, die mit dem Betrieb verbundene Gefahr möglichst zu beseitigen, erscheinen, und wenn ein Gewerbeunternehmer jugendliche Arbeiter beschäftigt und dabei unterläßt, die Beobachtung der für solche Arbeiter erforderlichen Vorsichtsmaßregeln anzuordnen, so mag unter Umständen diese Unterlassung als eine Verfehlung gegen § 120 anzusehen sein. Das angefochtene Urtheil beruht jedoch nicht etwa auf der Erwägung, daß es in der Fabrik der Beklagten an einer Anordnung dieser Art gefehlt habe.

Nicht ersichtlich ist sodann, was unter „entsprechenden Aufsichtsmaßregeln" verstanden ist, und es erscheint deshalb ein die Beklagte haftbar machendes Verschulden — sei es eine Verfehlung gegen § 120 oder ein sonstiges Verschulden — nicht als genügend festgestellt. Die Arbeit an der angeblich „äußerst langsam" gehenden Maschine war keine besonders gefährliche, und der Unfall wäre, wie der Berufungsrichter annimmt, wahrscheinlich vermieden worden, wenn E. B. sich „vorschriftsmäßig" verhalten hätte, wenn er nämlich um die Maschine herumgegangen wäre, anstatt über dieselbe hinüberzugreifen. Nach Angabe der Beklagten ist nun aber E. B. wiederholt und eindringlich instruirt worden, wie er sich zu verhalten habe. Den hierfür erbotenen Beweis erklärt der B. R. für unerheblich, ohne jedoch anzugeben, welche andere Maßregeln hätten ergriffen werden sollen. War es überhaupt zulässig, einen 15jährigen Arbeiter an der Maschine zu beschäftigen, was der B. R. nicht verneint, so ist nicht wohl einzusehen, was außer gehöriger Instruktion zum Schutz des B. noch weiter hätte geschehen sollen."

4. Reichs-Haftpflichtgesetz.

52. **Die Uebertretung einer Dienstvorschrift allein genügt noch nicht, das Verschulden des Verletzten im Sinne des § 1 des Reichs-Haftpflichtgesetzes zu begründen. Beweislast der Eisenbahnverwaltung solchenfalls.** Urth. des III. Civilsenats vom 14. April 1885 in Sachen der verw. H. und Gen., Kläger und Revisionskläger, wider den Preuß. Eisenbahnfiskus, Beklagten und Revisionsbeklagten. Vorinstanz: O. L. G. Hamm. Aufhebung und Zurückverweisung.

Thatsächlich stellt der B. R. ein Doppeltes fest: einmal, daß der Ehemann der Klägerin, der Hilfsweichensteller H., zu der Zeit, wo er verunglückte, der ihm ertheilten Dienstinstruktion zuwider seine Handlaterne nicht bei sich geführt und bei der Bedienung der Weiche die ihm vorgeschriebene Stellung an letzterer nicht eingenommen habe; zweitens, daß ohne dieses vorschriftswidrige Verhalten der Unfall nicht eingetreten wäre, letzterer also durch ersteres verursacht worden sei.

„Diese Feststellungen sind mit der Revision nicht anfechtbar. Anfechtbar und mit Grund angefochten, weil das subjektive Moment der Verschuldung ignorirend, ist es dagegen, wenn der B. R. daraus ohne weiteres den Schluß zieht, daß dem H. die Verschuldung des Unfalles zur Last zu legen ist. Bei dieser Schlußfolgerung hat der B. R. verkannt, daß ein Zuwiderhandeln gegen die allgemeine Dienstinstruktion seitens des H. recht wohl möglich war, ohne daß Letzteren der Vorwurf treffen mußte, dabei pflichtwidrig und insonderheit leichtsinnig und ohne die ihm obliegende Aufmerksamkeit und Vorsicht gehandelt zu haben. Denn in dem Sinne absolut und unbeschränkt kann auch eine so allgemein hingestellte Dienstanweisung, wie die hier in Frage stehende, nicht verstanden werden, daß auch nicht unter besonderen Umständen der betreffende Beamte berechtigt resp. sogar verpflichtet erscheinen oder wenigstens ohne Schuld sich für berechtigt oder verpflichtet erachten könnte, von ihr abzuweichen. Wenn daher auch das Zuwiderhandeln gegen eine bindend ertheilte allgemeine Dienstinstruktion ein wesentliches Moment für die Annahme eines Verschuldens des Zuwiderhandelnden abgiebt, so kann dasselbe doch nur dann einen sicheren Schluß auf dasselbe verstatten, wenn die Umstände, unter denen es stattfand, diesen Schluß zulassen. Ohne die Kenntniß dieser Umstände fehlt daher diesem Schluß die sichere Grundlage. Nun ist es aber vorliegenden Falls unmöglich gewesen, die näheren Umstände, unter denen der Unfall erfolgt ist, festzustellen. Es steht nur fest, daß H. in der Nähe der Weiche, die er zu bedienen hatte und anscheinend bedient gehabt hat, im zweiten Geleise von dem zwischen 3 und 4 Uhr Nachts passirenden Güterzug überfahren und getödtet worden ist, während seine Handlaterne auf einer an seinem nahen Wärterhaus stehenden Bank brennend aufgefunden worden ist. Diese Feststellung läßt den Hergang im einzelnen völlig unaufgeklärt, zumal in Ermangelung eines Leichenbefundes selbst Ungewißheit darüber besteht, welches die spezielle Todesursache gewesen ist. Namentlich läßt die Feststellung nicht erkennen, was H. veranlaßt haben kann, sich von seinem Posten an der Weiche weg mitten in das Geleise zu begeben, wo seine Leiche nachher aufgefunden worden ist, und zu welchem Zeitpunkt dies geschehen, — lauter Momente, die zur richtigen Würdigung seiner instruktionswidrigen Versäumniß in Bezug auf die Mitnahme der Laterne hätten von Bedeutung werden können. Ohne Aufklärung über diese Umstände muß der auf das Verschulden des H. zu ziehende Schluß ein unsicherer bleiben, und da es Sache des beklagten Eisenbahnfiskus ist, den Beweis dieses Verschuldens zu erbringen, so muß auch dieser Mangel denselben beweisfällig machen."

5. Reichs-Civilprozeßordnung.

53. **Vertheilung der Gesammtkosten nach sachgemäßen Quoten im Falle des § 88 Abs. 1 der C. P. O.** (darf nicht nach den „Kosten der Klage" und Widerklage erfolgen, da diese kein „einzelnes Angriffsmittel" im Sinne des § 91 der C.P.O. sind). Urth. des I. Civilsenats vom 28. März 1885*) in Sachen M. K. zu S., Klägers, Widerbeklagten und Revisionsklägers, wider N. L. & Co. zu H., Beklagte,

*) Ausgefertigt in der ersten Hälfte des Juni.

Widerkläger und Revisionsbeklagte. Vorinstanz: O.L.G. Hamburg. Abänderung im Kostenpunkt: Die Kosten aller Instanzen werden zu 1/9 dem Kläger, zu 8/9 den Beklagten auferlegt.

„Indem der Kläger in „die durch die Klage entstandenen Kosten", statt in die entsprechende Quote der Gesammtkosten, verurtheilt ist, ist gegen den § 88 Abs. 1 der C.P.O. verstoßen. Zwischen den Kosten der Klage und der Widerklage zu sondern, läßt sich nicht etwa durch den § 91 der C.P.O. rechtfertigen. Daß die Klage nicht ein „einzelnes Angriffsmittel" im Sinne des § 91 genannt werden kann, liegt auf der Hand; man könnte also diese Art der Kostenentscheidung höchstens darauf stützen wollen, daß die Widerklage ein solches einzelnes Angriffsmittel sei und daß dessen Kosten nun auf diese Weise ausgesondert würden. Jedoch abgesehen davon, daß ein solches Verfahren jedenfalls nicht unmittelbar unter den § 91 zu bringen sein würde, ist auch die Widerklage nicht ein „einzelnes Angriffsmittel" im Sinne dieser Gesetzesbestimmung, so wenig wie im Sinne des § 137 (anders freilich im § 251); dies geht schon aus dem in § 91 gemachten Gegensatze zur „Hauptsache" hervor, da die Widerklage nicht minder Hauptsache ist als die Vorklage. Es mußte also an die Stelle der vorigen Kostenentscheidungen eine Vertheilung der Gesammtkosten nach sachgemäßen Quoten gesetzt werden."

54. **Anwendung des § 139 der C.P.O., wenn anzunehmen ist, daß in einem gleichzeitig anhängigen anderen Verfahren der gegenwärtige Rechtsstreit seine Erledigung finden werde.** Beschluß des II. Civilsenats vom 21. April 1885 in Sachen verehel. v. H. zu B., Klägerin, wider v. P. in K., Beklagten. Vorinstanz: O.L.G. Karlsruhe. Aufhebung. Verwerfung der klägerischen Beschwerde gegen den Beschluß des L.G.

„Dem O.L.G. ist zwar zuzugeben, daß das gegenwärtig noch bestehende Erziehungsrecht der Klägerin dadurch nicht berührt würde, wenn ihr dasselbe vom Vormundschaftsgerichte für die Zukunft entzogen werden sollte, da eine solche Entscheidung nicht zurückwirken würde. Dagegen könnte, wenn noch im Laufe des Rechtsstreites die vom Beklagten beim Vormundschaftsgerichte beantragte Entscheidung erginge, diese selbst bis zur Beendigung des Berufungsverfahrens als neues Vorbringen geltend gemacht werden (§§ 251, 491 der C.P.O.), weil nunmehr die Legitimation der Klägerin zu dem erhobenen Anspruche weggefallen wäre, und würde es sich nur darum handeln, wieweit dem Beklagten die Kosten des Rechtsstreites zur Last zu legen seien. Es steht nun aber nichts entgegen, den § 139 der

C.P.O. auch in dem Falle anzuwenden, wenn zwar die Entscheidung des Rechtsstreites zur Zeit nicht von dem Bestehen oder Nichtbestehen des Rechtsverhältnisses abhängt, welches den Gegenstand eines anderen anhängigen Rechtsstreites bildet, durch welchen das fragliche Recht nur für die Zukunft in Frage gestellt wird, gleichwohl aber anzunehmen ist, daß durch die in dem letzteren Verfahren ergehende Entscheidung der anhängige Rechtsstreit seine Erledigung finden werde, so daß die bis zu gedachter Entscheidung gepflogenen Verhandlungen voraussichtlich überflüssig sein werden. Im gegenwärtigen Falle ist nun aber, ungeachtet des dem R.G. vorgelegten Resoluts des A.G. I Berlin vom 6. März 1885, welches im wesentlichen die vom Beklagten der Klägerin vorgeworfenen Thatsachen feststellt, aber dennoch zu Gunsten der Letzteren entscheidet, davon auszugehen, daß der Beklagte noch in höherer Instanz ein seinen Anträgen entsprechendes Erkenntniß und damit eine für den Ausgang des anhängigen Rechtsstreites entscheidende Einrede erlangen könne."

55. **Die Bezugnahme des Klägers auf eine andere rechtliche Beurtheilung seines Klagvorbringens enthält nicht die Aufstellung eines neuen Klaggrundes, keine unzulässige Klagänderung** (§§ 235 Ziff. 3, 240—242 der C.P.O.). Urth. des IV. Civilsenats vom 30. April 1885 in Sachen der Geschwister G. zu S., Beklagten und Revisionskläger, wider D. K. das., Kläger und Revisionsbeklagten. Vorinstanz: O.L.G. Breslau. Aufhebung und Zurückverweisung.

Der Kläger behauptet, mit seiner inzwischen verstorbenen Ehefrau, der Erblasserin der Beklagten, nach Eingehung der Ehe mit derselben mündlich dahin übereingekommen zu sein, daß er auf der Besitzung derselben den vollständigen Umbau und Neubau der darauf befindlichen Gebäude aus eigenen Mitteln ausführe und seine Ehefrau ihm dafür das Miteigenthum an der Besitzung zur Hälfte auflasse. Er behauptet ferner, diesen zur Grundlage der Klage gemachten Vertrag erfüllt zu haben, und fordert mittels der gegenwärtigen Klage, daß die Beklagten als Miterben zum Nachlasse seiner verstorbenen Ehefrau verurtheilt werden, entweder ihm die ideelle Grundstückshälfte aufzulassen oder anzuerkennen, daß ihm an den Nachlaß seiner Ehefrau eine Forderung von 4985,64 *M*, als dem angeblich durch die Bauten erzielten Mehrwerthe des Grundstückes, zustehe. Das B.G. hat dem Kläger einen nothwendigen Eid über den Abschluß eines Vertrages des behaupteten Inhalts auferlegt und von der Ableistung des Eides die Verurtheilung der Beklagten nach dem Klageantrage abhängig gemacht. Es hat laut seiner Entscheidungsgründe angenommen, daß auf den in Rede stehenden Vertrag die Bestimmungen in den §§ 198, 199 Th. II Tit. 1 des Preuß. A.L.R., nach welchen ein Vertrag zwischen Eheleuten, wenn die Ehefrau zu etwas, wozu die Gesetze sie nicht verpflichten, dem Ehemanne oder zu dessen Vortheile verbindlich gemacht werden solle, der gerichtlichen Form sowie der Zuziehung eines Beistandes für die Ehefrau bedürfe und bei Nichtbeobachtung dieser Formen auf Seite der Ehefrau eine obligatorische Haftung nicht erzeuge, nicht anwendbar seien, da in dem Vertrage der Ehemann gegenüber der Ehefrau Verbindlichkeiten übernommen habe und, wenn auch in der Zusage der Auflassung eine Verbindlichmachung der Ehefrau gegenüber dem Ehemanne liege, doch der zugesagten Leistung die Zusage einer Gegenleistung gegenüberstehe.

„Diese Auffassung wird in der gegenwärtigen Instanz mit Recht als rechtsirrthümlich angegriffen. Die angegebenen Vorschriften finden auf jeden zwischen Eheleuten abgeschlossenen Vertrag Anwendung, durch welchen die Ehefrau ohne gesetzlichen Verpflichtungsgrund Verbindlichkeiten gegen den Ehemann oder zu dessen Gunsten übernimmt, gleichviel ob diese Verbindlichkeiten unentgeltlich oder gegen ein Versprechen oder eine Leistung des anderen Theiles übernommen werden. — In Verbindung hiermit steht die Rüge einer weiteren Rechtsnormenverletzung, welche die Beklagten darin gefunden wissen wollen, daß das B.G. die Bestimmungen außer Anwendung gelassen habe, die in den §§ 49 ff. A. L.R. I, 21 für Verträge zwischen dem Nießbraucher und dem Eigenthümer über Reparatur der dem Nießbrauchsrechte unterworfenen Gebäude und in den §§ 586 ff. II, 1; §§ 124 ff. I, 21 des A. L.R. für Verbesserungen eines dem Nießbrauche des Ehemannes unterworfenen Grundstückes der Ehefrau gegeben sind. In Bezug hierauf ist Folgendes zu bemerken. Nach dem Thatbestande des B.U. hat der Kläger selbst, für den Fall, daß angenommen werden sollte, das mit seiner Ehefrau getroffene Abkommen stände wegen Formmangels dem Klagebegehren nicht zur Seite, um seinen Anspruch als begründet erscheinen zu lassen, auf die gesetzlichen Bestimmungen über die Rechtsstellung des Nießbrauchers dem Eigenthümer gegenüber Bezug genommen und endlich auch die Bestimmungen über die Rechte eines unrechtfertigen Besitzers für sein Verlangen angerufen. Das B.G. hat jedoch angenommen, die erst in der Berufungsinstanz erfolgte Bezugnahme des Klägers auf die in Rede stehenden gesetzlichen Bestimmungen enthalte mit Rücksicht darauf, daß dabei die behauptete Leistung des Klägers nicht als die Folge einer voraufgegangenen Abrede, sondern als unabhängig von einer solchen hingestellt werde, die Aufstellung eines neuen Klagegrundes und daher eine unzulässige Klageänderung. Diese Annahme ist rechtsirrthümlich. Von der Aufstellung eines neuen Klagegrundes kann nicht die Rede sein, wenn nichts weiter vorliegt, als daß der Kläger für den Fall, daß eine der von ihm aufgestellten Behauptungen zur Klagebegründung nicht als geeignet angesehen werden sollte, darzulegen bemüht ist, daß der übrige Klagevortrag, von einem anderen Gesichtspunkte angesehen, den geltend gemachten Anspruch als begründet erscheinen lasse. Es muß aber auch angenommen werden, daß angesichts der gesetzlichen Bestimmungen über die Rechtsstellung des Ehemannes gegenüber der Ehefrau und dem Vermögen der letzteren die Prüfung des Klageanspruches nach den im Tit. 21 Th. I und im Tit. 1 Th. II des A. L. R. enthaltenen Vorschriften auch ohne besondere Bezugnahme auf dieselben seitens des Klägers dem B. G. um so mehr oblag, als es sich hierbei um Spezialbestimmungen über das Rechtsverhältniß zwischen dem Nießbraucher und dem Eigenthümer, zwischen dem Ehemanne und der Ehefrau handelt und diese Vorschriften auf Willenseinigungen zwischen den Betheiligten über vorzunehmende Reparaturen und Verbesserungen Bezug haben."

56. **Gebundenheit des Berufungsrichters an den Wortlaut der Zeugenaussagen und Gutachten erster Instanz, wenn er nicht eine neue Beweisaufnahme anordnet** (§§ 259, 146, 148 der C. P. O.). Urth. des I. Civilsenats vom 21. Februar 1885 in Sachen F. S. zu A., Klägers und Revisionsklägers, wider J. H. L. & Co. zu H., Beklagte und Revisionsbeklagte. Vorinstanz: O. L. G. Hamburg. Aufhebung und Zurückverweisung.

Der Kläger, welcher auf dem den Beklagten gehörigen Dampfschiffe „Pinnas" als sogenannter donkeyman d. h. als diejenige Person angestellt war, welche während der Fahrt die Maschine zu beaufsichtigen und zu schmieren hat, ist am 27. Juli 1883, als er auf der Fahrt von Sunderland nach Hamburg im Auftrage seines Vorgesetzten, des ersten Maschinisten W., mit dem Schmieren der Maschine beschäftigt war, ausgeglitten und mit seinem rechten Fuße in die sogenannte Kränkbülsch — den Raum, in welchem die Kurbelumdrehungen stattfinden — hineingerathen, worauf sein Fuß von der Kurbel derartig zerquetscht wurde, daß er abgenommen werden mußte. Wegen des ihm hierdurch erwachsenen Schadens hat er die Beklagten als Rheder des Schiffes auf Grund der Behauptung in Anspruch genommen, daß der Unfall sich nicht ereignet haben würde, wenn vor der Kränkbülsch ein Schutzblech oder eine Schutzstange angebracht gewesen wäre, und daß die Beklagten wegen Unterlassung der Anbringung einer solchen Schutzvorrichtung ein Verschulden treffe, da ihnen die Verpflichtung obliege, die zur thunlichsten Sicherheit ihrer Angestellten gegen Gefahren für Leben und Gesundheit nothwendigen Einrichtungen herzustellen. Die Beklagten haben jedes Verschulden ihrerseits bestritten.

Seine Ueberzeugung, daß den Beklagten wegen des Fehlens der hier fraglichen Schutzvorrichtung ein Verschulden nicht zur Last gelegt werden könne, gründet das B. G. auf den in der Sitzung des L. G. vom 23. Mai 1884 erhobenen, von beiden Theilen angetretenen Sachverständigen-Beweis. Nach dem darüber aufgenommenen Protokolle haben die Sachverständigen v. C. und R. nach geschehener Beeidigung die verzeichneten Erklärungen abgegeben, welche dann, ausweise des darunter befindlichen Vermerkes „v. g.", vorgelesen und genehmigt sind, worauf die Parteien über das Ergebniß des Beweises und zur Sache verhandelt haben und der Beschluß verkündet ist, daß die Entscheidung in einem anderweitig angesetzten Termine ergehen solle. In dem Thatbestande des Urtheils erster Instanz ist in Betreff des Ergebnisses der Vernehmung der Sachverständigen auf das gedachte Protokoll Bezug genommen, welches nach dem Thatbestande des B. U. von dem klägerischen Anwalte bei der Verhandlung in zweiter Instanz — entsprechend den Vorschriften der §§ 258 und 488 der C.P.O. — verlesen ist, und haben die Sachverständigen (soweit ihre Aussagen hier in Frage kommen) nach diesem Protokolle Folgendes erklärt: „Wir haben das fragliche Schiff (scil. den „Pinnas") untersucht; es befindet sich allerdings jetzt ein Schutzblech an dem betreffenden Orte. Es ist nicht gewöhnlich, daß ein solches angebracht wird; man kann daher das Fehlen eines solchen auf ein Verschulden nicht zurückführen. Es ist vielmehr ein ungewöhnlicher Unglücksfall, welcher den Beklagten (rectius Kläger) betroffen hat. Die Anbringung eines Schutzbleches würde allerdings den Unglücksfall wahrscheinlich verhindert haben, sie würde aber andere Nachtheile nach sich ziehen. In Folge des hier fraglichen Unglücksfalles habe Sachverständiger v. E. allerdings in den Sloman'schen Schiffen Schutzbleche anbringen lassen." Statt dessen werden in den Gründen des landgerichtlichen Urtheils die Erklärungen der Sachverständigen dahin referirt: „daß bisher, soweit ihnen bekannt, auf keinem Dampfschiffe eine derartige Schutzvorrichtung angebracht gewesen sei, da Niemand habe annehmen können, daß auf die hier fragliche Weise Jemand zu Schaden kommen könne. Es sei auch nach den von ihnen beim „Pinnas" angestellten Versuchen eine förmliche Kunst, den Fuß in den Kurbelraum zu bringen, so daß nur ein ganz besonders unglückliches Zusammentreffen von Umständen den Unfall herbeigeführt haben könne. Nach dem hier fraglichen Unglück habe der eine der Sachverständigen, v. E., allerdings auf den Schiffen seiner Rheder eine Schutzstange anbringen lassen. Der Werth derselben erscheine aber als ein sehr zweifelhafter, da dieselbe wiederum in anderer Beziehung Gefahr für den Schmierer herbeiführe. Dieser müsse nämlich die Kurbel von Zeit zu Zeit befühlen, um zu sehen, ob sie auch nicht zu heiß sei. Durch das hier fragliche Schutzblech nun könne möglicher Weise der Schmierer verhindert werden, beim Umdrehen der Kurbel rechtzeitig die Hand zurückzuziehen."

Der Kläger hat nun bei der Begründung seiner Berufung unter anderem auch geltend gemacht: „welche andere Gefahren mit der Schutzvorrichtung verknüpft gewesen seien, hätten die Sachverständigen nicht angegeben; das L.G. habe in sein Urtheil manche Behauptungen als Erklärungen der Sachverständigen aufgenommen, wovon in dem Vernehmungsprotokolle nichts enthalten sei." Das B.G. hat jedoch dieser Rüge keine Bedeutung beigelegt, indem es erklärt, es habe keinen Grund zu bezweifeln, daß das L.G. in Betreff der Bemerkungen der Sachverständigen, welche in dem über ihre Vernehmung aufgenommenen Protokolle nicht aufgezeichnet sind, diese von den Sachverständigen vorgenommene Motivirung des in das Vernehmungsprotokoll nur aufgenommenen Resultates ihrer gutachtlichen Ansicht richtig wiedergegeben habe.

„Nun ergiebt sich aber zunächst aus einer Vergleichung des Protokolles mit Demjenigen, was in den Gründen des landgerichtlichen Urtheils als die Aussage der Sachverständigen wiedergegeben ist, daß es sich hier keineswegs um eine bloße Hinzufügung der Motivirung des Gutachtens handelt. Vielmehr ist auch das protokollirte Gutachten motivirt, aber in anderer Weise als nach der Angabe des L.G. Denn während hiernach die Sachverständigen gesagt haben sollen: soweit ihnen bekannt, sei bisher auf keinem Dampfschiffe eine derartige Schutzvorrichtung angebracht gewesen, haben sie nach dem Protokolle nur erklärt, das Anbringen einer solchen Schutzvorrichtung sei nicht gewöhnlich und man könne daher das Fehlen nicht auf ein Verschulden der Beklagten zurückführen. Ferner haben die Sachverständigen nach dem Protokolle den Unglücksfall, welcher den Kläger betroffen hat, nur für einen ungewöhnlichen (d. h. also einen nur selten vorkommenden) erklärt, während sie nach Angabe des Urtheils die Sache so dargestellt haben, als habe man das Vorkommen eines Unfalles der hier fraglichen Art überhaupt für undenkbar ansehen müssen, wie denn auch die von ihnen auf dem „Pinnas" angestellten Versuche — von denen in dem Protokolle garnicht die Rede ist — ergeben hätten, daß es eine förmliche Kunst sei, den Fuß in den Kurbelraum zu bringen, so daß nur ein ganz besonders unglückliches Zusammentreffen von Umständen den Unfall herbeigeführt haben könne. Es liegt also auch in dieser Beziehung eine Abweichung in den Erklärungen der Sachverständigen vor, jenachdem man das Protokoll oder die Angaben in dem Urtheile zu Grunde legt, welches letztere daneben zugleich eine wesentliche thatsächliche Ergänzung des Gutachtens durch den berichteten Befund bei den angestellten Versuchen enthält. Außerdem bildet aber die Begründung eines Gutachtens einen für die richterliche Würdigung des Werthes desselben wesentlichen Bestandtheil des Gutachtens, und es ergiebt sich überdies aus den Gründen des Berufungsgerichts — welches erklärt, „bei dieser Sachlage" (d. h. weil es nicht bezweifele, daß das L.G. die in das Protokoll nicht aufgenommenen motivirenden Bemerkungen der Sachverständigen in seinem Urtheile richtig wiedergegeben habe) auch seinerseits die Ueberzeugung gewonnen zu haben, den Beklagten könne wegen des Fehlens der hier fraglichen Schutzvorrichtung ein Verschulden nicht zur Last gelegt werden —, daß das B.G. auch seinerseits gerade denjenigen Erklärungen der Sachverständigen, welche nicht aus dem Vernehmungsprotokolle, sondern nur aus dem landgerichtlichen Urtheile zu entnehmen sind, entscheidendes Gewicht bei Beurtheilung des Resultates des Sachverständigen-Beweises beigelegt hat.

Hierdurch begeht es aber, indem es die Grenzen der dem Richter durch die Bestimmung des § 259 der C.P.O. verliehenen Befugniß verkennt, einen Verstoß gegen den § 259 vergl. mit §§ 146 und 148 der C.P.O., welcher, da die Entscheidung auf demselben beruht, die Aufhebung des angefochtenen Urtheils zur Folge haben muß. Denn die C.P.O. hat den Richter in Betreff der Aufnahme eines angetretenen Zeugen- oder Sachverständigen-Beweises an das hierfür vorgeschriebene Verfahren gebunden, welches die Beweisaufnahme hinsichtlich der Vollständigkeit der Vernehmung, der schriftlichen Feststellung der Aussagen, sowie der Wahrheit und Richtigkeit derselben u. s. w. mit einer Reihe von Garantien umkleidet, und die Parteien haben auf Innehaltung dieser Garantien ein Recht. Die freie Beweiswürdigung des Richters hat nach der C. P. O. zur Voraussetzung, daß die Vorschriften über die Beweisaufnahme genau befolgt sind, und sie steht daher dem Richter nur in dieser Beschränkung zu. (Vgl. Entsch. Bd. IV S. 375 ff., Bd. IX S. 323 ff. und Bd. X S. 415 ff.)

Zu diesen Vorschriften gehört nun aber auch diejenige des § 146 der C. P. O. in Abs. 2 Ziff. 3: daß die Aussagen der Zeugen und Sachverständigen durch die Aufnahme in das Protokoll (über die mündliche Verhandlung) festzustellen sind, insofern die Zeugen und Sachverständigen (was hier nicht der Fall war) nicht schon früher abgehört waren, und daß auch in diesem Falle ihre Abweichungen von ihren früheren Aussagen in das Protokoll aufzunehmen sind — in Verbindung mit der Vorschrift des § 148 der C. P. O., nach welcher das Protokoll, auch insoweit es die darin festgestellten Aussagen der Zeugen und Sachverständigen betrifft, den Betheiligten vorzulesen oder zur Durchsicht vorzulegen und dann in dem Protokolle zu bemerken ist, daß dies geschehen oder welche Einwendungen erhoben sind. Es wird hierdurch offenbar bezweckt, den Parteien für die Richtigkeit und Vollständigkeit der Fixirung des wesentlichen Inhalts der Aussagen, sowie gegen Leichtfertigkeit oder Ungenauigkeiten der Aussagen der betreffenden Personen und gegen Mißverständnisse derselben seitens des Protokollführers oder des Gerichtes die größtmögliche Garantie zu verschaffen und zugleich — wie aus der Ausnahmebestimmung des § 147 der C. P. O. hervorgeht — dem Berufungsrichter eine von der Auffassung des Prozeßgerichts, vor welchem die Vernehmung erfolgt ist, unabhängige Grundlage für seine eigene Beweiswürdigung und mithin eine Kontrolle zur Nachprüfung der Frage zu bieten, ob das Prozeßgericht das Ergebniß der Beweisaufnahme richtig gewürdigt hat. Die Feststellung durch das Sitzungsprotokoll erfolgt ja überhaupt gerade zu dem Zwecke, um die richtige Darstellung des Sachverhältnisses im Urtheile zu sichern, so daß also das Sitzungsprotokoll in Betreff der Darstellung des Thatbestandes im Urtheile Gegenbeweis liefert (vergl. die Begründung des Entwurfs der C. P. O. S. 24). Der Thatbestand des Urtheils liefert nach § 285 der C. P. O. nur hinsichtlich des mündlichen Parteivorbringens Beweis. Für sonstige Feststellungen, z. B. der Aussagen der Zeugen und Sachverständigen, des Ergebnisses der Augenscheinseinnahme u. s. w., ist, soweit nicht § 147 der C.P.O. zur Frage steht, lediglich das Sitzungsprotokoll maßgebend. Vergl. Struckmann und Koch (4. Aufl.), Anm. 1 zu § 285.

Nun ist allerdings das Protokoll nicht dazu bestimmt, jedes gesprochene Wort zu fixiren, sondern es soll vielmehr nur das Ergebniß der Verhandlung in knapper Form darstellen. Zu dem Ergebnisse eines aufgenommenen Sachverständigen-Beweises gehört aber auch die thatsächliche und technische Grundlage, auf welcher der Ausspruch der Sachverständigen beruht und welche den Richter in den Stand setzen soll, das Gutachten zu kontrolliren und auf den demselben für seine Ueberzeugung beizulegenden Werth zu prüfen. Da nun diese Grundlage im vorliegenden Falle, wenn man die thatsächlichen Anführungen in den Gründen des erstinstanzlichen Urtheils für maßgebend erachtet, in dem Protokolle nicht oder nur unvollständig aufgenommen ist, auch die Motivirung des Gutachtens und damit zugleich das Gutachten selbst, wie solches sich aus dem Protokolle ergeben, von Demjenigen, was in dem Urtheile festgestellt ist, abweicht, so hat das B.G. prozessualisch gefehlt, indem es sich für ermächtigt erachtet, seiner Beweiswürdigung ohne weiteres auch diejenigen von ihm selbst als wesentlich angesehenen Momente zum Grunde zu legen, über welche sich aus dem Protokolle nichts ergiebt, welche vielmehr lediglich auf der in dem Urtheile gegebenen Darstellung beruhen. Das B.G. hätte nach Lage der Sache vielmehr nur die Wahl gehabt, entweder seine Entscheidung lediglich auf die protokollirten Erklärungen der Sachverständigen zu gründen oder von der ihm nach § 377 der C.P.O. zustehenden Befugniß Gebrauch zu machen, eine Wiederholung der Begutachtung durch Sachverständige anzuordnen. Der Einwand der Revisionsbeklagten, daß der Kläger die hier fraglichen, in dem Urtheile erster Instanz enthaltenen Angaben stillschweigend als richtig anerkannt habe, indem er es unterlassen, deren Falschheit zu behaupten, erscheint nicht als zutreffend, da es, um dem Einwande der Heilung des formellen Mangels der Beweisaufnahme durch stillschweigenden Verzicht nach Maßgabe des § 492 der C.P.O. zu begegnen, vollkommen genügte, daß Kläger den vorliegenden formellen Mangel in der Richtung gerügt hat, daß das Urtheil erster Instanz manche Behauptungen als Erklärungen der Sachverständigen bezeichne, von welchen in dem Vernehmungsprotokolle nichts enthalten sei. Eine in dieser Beziehung vorliegende Falschheit des Urtheils brauchte Kläger schon deshalb nicht zu behaupten, weil die angeblichen Erklärungen der Sachverständigen jedenfalls der durch die im § 148 der C.P.O. gebotene Vorlesung des

Protokolles gesetzlich angeordneten Kontrolle durch die Sachverständigen entbehren und deshalb die Möglichkeit vorliegt, daß die Sachverständigen — des von ihnen geleisteten Eides eingedenk — auf erfolgte Vorlesung diese Erklärungen in dem ihnen jetzt vom Gerichte erster Instanz beigelegten Sinne garnicht aufrecht erhalten resp. als ungenau oder mißverstanden bezeichnet hätten. Auch hätte es nicht etwa eines Antrages des Klägers auf Berichtigung des Thatbestandes des ersten Urtheils nach § 291 der C.P.O. bedurft. Denn ein solches Berichtigungsverfahren wäre zwar auch zur Herbeiführung der Uebereinstimmung des Thatbestandes mit dem widersprechenden Inhalte des Sitzungsprotokolls zulässig gewesen, aber bei der dem Sitzungsprotokolle zukommenden höheren Beweiskraft und angesichts der sich aus einer Vergleichung des Protokolls und des Urtheils ergebenden mangelhaften Beobachtung der Vorschriften der §§ 146 und 148 der C.P.O. war es zur Beseitigung der hier fraglichen thatsächlichen Angaben des Urtheils nicht erforderlich. Vgl. Seufferts Kommentar (2. Aufl.), Anm. 1 zu § 291 der C.P.O.

War schon aus diesem Grunde das angefochtene Urtheil aufzuheben und die Sache, da es sich um thatsächliche Würdigungen handelt, in die Berufungsinstanz zurückzuverweisen, so hat die Revision aber auch mit Recht gerügt, daß das Berufungsgericht, selbst unter Voraussetzung des Nichtvorliegens des formellen Mangels bei der Beweisaufnahme, den erhobenen Sachverständigen-Beweis ungenügend beurtheilt habe. Denn sie macht ganz richtig geltend, daß, wenn auch durch die anzubringende Schutzvorrichtung wirklich auf der anderen Seite die näher beschriebene Gefahr für den Schmierer, an den Händen durch die Umdrehung der Kurbel verletzt zu werden, herbeigeführt werden sollte, es doch bei der Beurtheilung der Frage nach dem Verschulden der Beklagten darauf ankomme, ob die durch die Anbringung eines Schutzbleches entstehende Gefahr für Leben und Gesundheit der auf dem Schiffe Angestellten größer oder kleiner ist als diejenige, welche aus dem Fehlen des Schutzbleches entsteht, und daß für das B.G. um so mehr Anlaß vorgelegen hätte, auch diese Frage zu erörtern und eventuell zu diesem Zwecke ein weiteres Gutachten Sachverständiger einzuziehen, als, nach der Bekundung des v. E., dieser in Folge des hier fraglichen Unglücksfalles in den Sloman'schen Schiffen Schutzbleche angebracht hat, was doch an sich zu dem Schlusse berechtigen würde, daß jene „andere" Gefahr nur eine untergeordnete und fernerliegende gegenüber den aus dem Fehlen des Schutzbleches entspringenden Nachtheilen und Gefahren ist und daß dies sowie die Nothwendigkeit oder doch Zweckmäßigkeit der Anbringung von Schutzblechen oder Schutzstangen vor der sogenannten Kränkbülsch bei gehöriger Ueberlegung sich auch schon vor dem Unfalle, welchen der Kläger erlitten hat, ergeben haben würde."

57. Keine Wiedereinsetzung gegen Versäumniß der Berichtigungsfrist (§§ 291, 211—216 der C.P.O.). Beschluß des I. Civilsenats vom 30. April 1885 in Sachen O. & K. zu B., Klägerin, wider H. A.-G. R. & Co. das., Beklagte. Aufhebung und Verurtheilung der Klägerin in die Kosten.

Die Klägerin wurde durch Urtheil des L.G. I Berlin vom 3. März 1884 mit ihrer Klage (unter Prozeßkostenlast) abgewiesen. Das Verzeichniß, in welches der Gerichtsschreiber gemäß § 287 der C.P.O. das Urtheil gebracht hatte, wurde am 14. März 1884 (jener Gesetzesstelle entsprechend) ausgehängt. Der Prozeßbevollmächtigte der Klägerin überreichte am 20. desselben Monats dem Prozeßgerichte (zum Zweck der Einrückung des Verhandlungstermins) einen Schriftsatz vom Tage zuvor, in welchem die Gegenpartei zur Verhandlung über einen Antrag auf Berichtigung des Urtheilsthatbestandes geladen wurde. Nach Einrückung des Verhandlungstermins auf den 31. März 1884 ist (angeblich) die Urschrift des Schriftsatzes dem Antragsteller erst am 24. desselben Monats ausgehändigt. Der Prozeßbevollmächtigte der Klägerin stellte dem Prozeßbevollmächtigten der Beklagten diesen und einen zweiten (auf denselben verweisenden) Schriftsatz vom 29. März 1884, in welchem ein Antrag auf Wiedereinsetzung in den vorigen Stand gegen die Versäumung der im § 291 Abs. 1 und 2 der C.P.O. normirten Frist beantragt war, am 29. März 1884 zu. In dem Verhandlungstermine vom 31. März 1884 hat das Prozeßgericht nicht etwa gemäß § 216 Abs. 1 Satz 2 der C.P.O. den Beschluß gefaßt, das Verfahren zunächst auf die Verhandlung und Entscheidung über den Antrag auf die Wiedereinsetzung in den vorigen Stand zu beschränken. In der Verhandlung hat der Prozeßbevollmächtigte der Klägerin die Anträge aus den Schriftsätzen vom 19. und 29. März 1884 verlesen, während seitens des Prozeßbevollmächtigten der Beklagten nur der Antrag schriftlich überreicht und verlesen ist, „den Antrag auf Berichtigung des Thatbestandes abzulehnen." Dazu ist in dem Protokolle über die Verhandlung bemerkt, es sei von ihm „die Nichteinhaltung der Frist gerügt."

Das Prozeßgericht (die dritte Kammer für Handelssachen des Königl. Preuß. L.G. I zu Berlin) beschloß auf Grund dieser Verhandlung am 31. März 1884: „Der Antrag der Klägerin auf Wiedereinsetzung in den vorigen Stand wird zurückgewiesen. Die Kosten fallen der Klägerin zur Last." Dieser Beschluß ist lediglich darauf gegründet, daß die rechtzeitige Zustellung desjenigen Schriftsatzes, in welchem die Berichtigung des Urtheilsthatbestandes beantragt werde, weder durch Naturereignisse noch durch andere unabwendbare Zufälle im Sinne des § 211 der C.P.O. verhindert worden sei.

Mittels Antrages vom 27. Dezember 1884 beantragten die Beklagten, 147 ℳ an Gebühren ihres Prozeßbevollmächtigten für ihre Vertretung in dem vorerwähnten Urtheilsthatbestandsberichtigungs- und Wiedereinsetzungs-Verfahren zum Zweck der Erstattung seitens der Klägerin festzusetzen, und zwar gemäß § 20 der Geb.O. für R.Anw. in Verknüpfung mit § 26 des G.K.G., bei Zugrundelegung des Streitgegenstandswerthes von 50130 ℳ, 5/10 der Prozeßgebühr mit 73,50 ℳ und 5/10 der Verhandlungsgebühr mit 73,50 M. Das L.G. verwarf den Antrag, weil die Beklagten lediglich über das nach § 47 Nr. 10 des G.K.G. und § 29 Nr. 6 der Geb.O. für R.Anw. gebührenfreie Berichtigungsverfahren verhandelt hätten.

Auf die gegen diesen Beschluß beklagterseits erhobene Beschwerde faßte das Kammergericht Berlin folgenden Beschluß vom 19. März 1885: „Die den Beklagten zu erstattenden Kosten für Vertretung im Wiedereinsetzungsverfahren werden auf 147 M und 80 ₰ Kosten des Festsetzungsbeschlusses festgesetzt. Die Kosten der Beschwerde trägt Klägerin." Dieser Beschluß ist dahin begründet: Die Gebühr für die mündliche Verhandlung stehe nach § 13 der Geb.O. für R.Anw. in Verbindung mit § 18 des G.K.G. für die kontradiktorische Verhandlung zu, und als kontradiktorisch gelte die Verhandlung nach § 19, insoweit in derselben von beiden Parteien widersprechende Anträge gestellt werden. Wenn nun Klägerin Wiedereinsetzung und Thatbestandsberichtigung beantragt habe und Beklagte unter Rüge der Fristversäumniß der Berichtigung widersprochen haben, so liege, ganz abgesehen davon, ob Beklagte deducirt haben mögen, doch in dem Abweisungsantrag zugleich begrifflich der Antrag auf Zurückweisung der als versäumt gerügten Restitution und jedenfalls ein Widerspruch und widersprechender Antrag. Die Kontradiktion sei der Gegensatz der Versäumniß, und versäumt haben die Beklagte keinenfalls. — Gegen diesen Beschluß hat die Klägerin die sofortige Beschwerde vom 10. April 1885 eingelegt mit dem Antrage, (unter Abänderung des Beschlusses des Kammergerichts vom 19. März 1885) den Antrag der Beklagten, die Erstattung von 147 M und Festsetzungskosten der Klägerin aufzugeben, zurückzuweisen.

„Die Beschwerde ist begründet. In der Begründung des Beschlusses vom 19. März 1885 entbehrt zunächst die Ausführung, daß der Widerspruch des Prozeßbevollmächtigten der Beklagten in der Verhandlung vom 31. März 1884 gegen die Berichtigung des Thatbestandes unter Rüge der Fristversäumniß den Antrag auf Zurückweisung der als versäumt gerügten Restitution in sich schließe, hinsichtlich der Annahme einer Rüge versäumter Restitution jeglichen Haltes, da (bei vorausgesetzter gesetzlicher Möglichkeit einer Wiedereinsetzung in den vorigen Stand gegen die Versäumung der Frist zur Beantragung der Berichtigung eines Urtheilsthatbestandes) nach Lage des konkreten Sachverhaltes von einer Versäumung der Frist zum Antrage auf Wiedereinsetzung in den vorigen Stand gar nicht die Rede sein konnte, sondern nur von der Versäumung der im § 291 der C.P.O. festgesetzten einwöchigen (mit dem Tage des Aushanges des Verzeichnisses, in welches das Urtheil eingetragen ist, beginnenden) Frist zu dem mittels Zustellung eines Schriftsatzes zu realisirenden Antrage auf Berichtigung des Urtheilsthatbestandes. Die Begründung des Beschlusses vom 19. März 1884 und dieser (deswegen aufzuhebende) Beschluß selbst erledigen sich überhaupt als hinfällig durch folgende Erwägung": zuerst weil, wenn überhaupt eine Wiedereinsetzung zulässig wäre, das hierüber eingeleitete Verfahren nach § 47 Abs. 1 Nr. 10 des G.K.G. und § 29 der Geb.O. kostenfrei sein würde (dies wird eingehend begründet); sodann aber aus folgendem Grunde:

„In Wirklichkeit giebt es gar keine Wiedereinsetzung in den vorigen Stand gegen die Versäumung der in Abs. 1 und 2 des § 291 der C.P.O. normirten Frist, weil die C.P.O. eine solche Wiedereinsetzung wegen Fristenversäumung nur in Bezug auf Nothfristen normirt hat (C.P.O. §§ 211—216), Nothfristen aber nach § 201 Abs. 3 der C.P.O. nur diejenigen Fristen sind, welche die C.P.O. als solche bezeichnet, was bezüglich der Frist des § 291 der C.P.O. nicht der Fall ist. Die Frist des § 291 ist eine gesetzliche, aber keine Nothfrist. Da besonders bestimmte Fälle der Zulässigkeit einer Verlängerung derselben im Gesetze nicht bestimmt sind, kann die Frist des § 291 nur durch (ausdrücklich erklärte oder konkludent ersichtlich gemachte) Vereinbarung der Parteien verlängert werden. Anträge des Prozeßbevollmächtigten der Beklagten zur Sollizitirung der Irrelevanz des nugatorischen Antrages des Bevollmächtigten der Klägerin, letztere gegen die Versäumung der Frist des § 291 in den vorigen Stand wieder einzusetzen, sowie überhaupt eine Vertretung zur Defension gegen diesen gänzlich nugatorischen Antrag waren ganz überflüssig. Das Gericht mußte von Amtswegen bei der Entscheidung über den Antrag auf Berichtigung des Urtheilsthatbestandes in den Gründen des Beschlusses, durch welchen es diesen Antrag wegen Versäumung der Frist des § 291 a. a. O. als nicht mehr zulässig zu verwerfen hatte, die Irrelevanz des Antrages auf eine (dem Gesetze ganz fremde) Art der Wiedereinsetzung in den vorigen Stand klarlegen und das Eingehen auf denselben (als gesetzlich unmöglich) von der Hand weisen. Auf den richtigen Standpunkt in Bezug auf die Behandlung des Verfahrens über die Berichtigung des Thatbestandes und in Bezug auf die Grenzen der für ihn zur zweckgemäßen Vertheidigung seiner Machtgeber gebotenen Thätigkeit hat sich auch (ausweislich des Protokolls vom 31. März 1884 und der Anlagen desselben) der Bevollmächtigte der Beklagten gestellt, indem er lediglich beantragt hat, den Berichtigungsantrag abzulehnen, unter Geltendmachung, daß die Frist zur Beantragung desselben versäumt sei, — eine Erklärung, welche den ganz verständigen Sinn hatte, den Schluß auf eine durch konkludentes Verhalten seinerseits perfekte Vereinbarung über die Erstreckung der gesetzlichen Frist auszuschließen. Es wäre nun ganz abwegig, den Prozeßbevollmächtigten der Beklagten für befugt zu erachten, einen Gebührenbetrag zu berechnen, welchen er weder unter der Voraussetzung der gesetzlichen Möglichkeit einer Wiedereinsetzung in den vorigen

Stand gegen die Versäumung der Frist des § 291 C.P.O., noch bei der Behandlung der Sache zu berechnen hätte, welche bei der gesetzlichen Nichtexistenz einer solchen Wiedereinsetzung geboten war, und zwar in Bezug auf eine angebliche Thätigkeit, welche gar nicht ersichtlich hervortritt und zur zweckgemäßen Rechtsvertheidigung gar nicht nothwendig war. Das L.G. hatte daher mit Recht den Kostenfestsetzungsantrag der Beklagten für ungerechtfertigt erachtet, und war gegenwärtig (nach Aufhebung des unhaltbaren Beschlusses des Königl. Preuß. Kammergerichts vom 19. März 1885) jener Antrag der Beklagten abzuweisen. Da die Beklagten das ganze Verfahren auf Festsetzung und Erstattung jener Kosten extrahirt haben, müssen sie, als schließlich bezüglich ihres Antrages sachfällig, in Gemäßheit der §§ 87 und 92 der C.P.O. die gesammten Kosten des Verfahrens tragen."

58. **Die Rechtskraft von Entscheidungen über Kompensationseinreden hängt nicht von deren Erwähnung im Urtheilstenor ab** (§ 293 Abs. 1 der C.P.O.). Urth. des I. Civilsenats vom 1. April 1885 in Sachen G. zu F., Klägers und Revisionsklägers, wider S. zu H., Beklagten und Revisionsbeklagten. Vorinstanz: O.L.G. Hamburg. Theilweise Aufhebung (aus hier belanglosen Gründen).

„Nirgends in der C.P.O. ist vorgeschrieben, daß Entscheidungen über Kompensationseinreden in den Urtheilstenor aufzunehmen seien; andrerseits ist in § 293 Abs. 2 daselbst die Rechtskraft einer solchen Entscheidung keineswegs davon abhängig gemacht, ob sie im Tenor oder nur in den Entscheidungsgründen vorkommt. Dies wird sogar auch von Solchen anerkannt, die im übrigen die Rechtskraft nach § 293 Abs. 1 der C.P.O. auf die im Urtheilstenor ausgedrückten Entscheidungen beschränken wollen. Mandry, Civilrechtlicher Inhalt der Reichsgesetze (2. Aufl.) S. 283; Seuffert, C.P.O. (2. Aufl.), Bemerkung 5 zu § 293, S. 585."

59. **Zulässigkeit der Beeidung ursprünglicher Mitkläger bezw. Rechtsvorgänger des Klägers als Zeugen** (§§ 348—350 der C.P.O.). Urth. des I. Civilsenats vom 14. Febr. 1885 in Sachen S. zu R., Klägers und Revisionsklägers, wider J. v. B. zu W., Beklagten und Revisionsbeklagten. Vorinstanz: O.L.G. Hamburg. Aufhebung und Zurückverweisung.

„Das B.G. erklärt betreffs des vom Kläger angetretenen und erhobenen Beweises, auf seine Ueberzeugung vermöge es keinen Einfluß zu üben, wenn die klägerische Ehefrau entgegen ihrer urkundlich abgegebenen Erklärung, entgegen der Thatsache, daß sie über die nach derselben ihr zugesicherte Leistung Quittung ertheilt hat, dennoch als Zeugin jetzt in Abrede stelle, eine derartige Vereinbarung getroffen zu haben. Allein bei der Begründung dieser thatsächlichen Feststellung geht das B.G. von einer rechtsirrthümlichen Voraussetzung aus und berücksichtigt andererseits nicht den gesammten Inhalt der Verhandlungen und der Beweisaufnahme. Wenn nämlich das B.G. dem nachträglich beeidigten Zeugnisse der klägerischen Ehefrau jede Glaubwürdigkeit abspricht, so nimmt es an, es erscheine niemals gerechtfertigt, einem Zeugen durch dessen Beeidigung den Stempel höherer Glaubwürdigkeit aufzudrücken, wenn die betreffende Person ursprünglich selbst Partei war und als Ehefrau des jetzt noch allein Klagenden sowie als diejenige, aus deren Rechte geklagt wird, nach wie vor im höchsten Grade am Ausgange des Prozesses betheiligt bleibt. Dies läßt sich nur dahin verstehen, daß solche Personen als Zeugen überhaupt nicht beeidigt werden dürften, das Prozeßgericht mithin auch von der ihm im letzten Abs. des § 358 der C. P. O. ertheilten Befugniß, die nachträgliche Beeidigung der unter Ziff. 3 und 4 daselbst bezeichneten Personen anzuordnen, nicht Gebrauch machen dürfe. Das erscheint aber als rechtsirrthümlich und mit den Bestimmungen der §§ 348, 349, 350 und 358 der C. P. O. unvereinbar. Denn zu den Personen, welche als Zeugen niemals, auch nicht nachträglich, beeidigt werden dürfen, gehören nur die in § 358 unter Ziff. 1 und 2 bezeichneten, während es in Betreff der daselbst unter Ziff. 3 und 4 aufgeführten Personen in dem freien Ermessen des Prozeßgerichts steht, ob sie nachträglich zu beeidigen sind oder nicht. Sollte aber das B.G. etwa angenommen haben, daß die klägerische Ehefrau nicht etwa zu den bei dem Ausgange des Rechtsstreites unmittelbar betheiligten Personen im Sinne des § 358 Ziff. 4 der C. P. O. gehöre, sondern als Partei anzusehen und deshalb überhaupt nicht als Zeugin zuzulassen gewesen sei (vgl. Entsch. Bd. 8 S. 412), so würde auch dies unzutreffend sein, da der klägerische Anwalt schon vor der Anordnung der Beeidigung erklärt hatte, daß nur der Kläger selbst, nicht auch dessen Ehefrau Prozeßpartei sein wolle, womit der Beklagte sich damals stillschweigend und in der Berufungsinstanz ausdrücklich einverstanden erklärte. Verfolgte aber hiernach die klägerische Ehefrau zur Zeit ihrer Beeidigung als Zeugin nicht ein streitiges Recht für sich, so stand ihr ursprüngliches Auftreten als Mitklägerin ihrer Beeidigung als Zeugin ebensowenig entgegen, wie der Umstand, daß ihr Ehemann ein von ihr hergeleitetes Recht verfolgt. Das Letztere ergiebt sich aus der Bestimmung des § 350 Ziff. 4 der C. P. O. in Verbindung mit § 349 Ziff. 1

daselbst, nach welcher auch bei Fragen, deren Beantwortung dem Zeugen oder einer Person, zu welcher derselbe in einem der im § 348 Ziff. 1—3 bezeichneten Verhältnisse steht, einen unmittelbaren vermögensrechtlichen Schaden verursachen würde, das Zeugniß nicht verweigert werden darf über diejenigen auf das streitige Rechtsverhältniß sich beziehenden Handlungen, welche von dem Zeugen selbst als Rechtsvorgänger (oder Vertreter) einer Partei vorgenommen sein sollen — ein Fall, der in concreto vorliegt, da der Kläger mit seiner Ehefrau unstreitig nach Dotalrecht lebt und daher für die Dauer der Ehe das ihm als Dos Gegebene formell zu vollem Rechte (nicht bloß nießbräuchlich) erhält (vgl. Windscheid, Pandekten §§ 496 und 497), so daß seine Ehefrau, welche ihm ihr ganzes Vermögen und damit auch die hier fragliche Abfindungsforderung als Brautschatz bestellt hat, als seine Rechtsvorgängerin erscheint. Es bedarf daher keines näheren Eingehens auf die Frage, ob nicht auch die, eine fernere Ausnahme von den Bestimmungen in den §§ 348 und 358 begründende Voraussetzung des § 350 Ziff. 3 der C.P.O. hier vorliegt, daß das Zeugniß der klägerischen Ehefrau sich auf Thatsachen bezieht, welche eine durch das Familienverhältniß bedingte Vermögensangelegenheit betreffen. Da das B.G. das Zeugniß der klägerischen Ehefrau von dem unrichtigen Gesichtspunkte aus gewürdigt hat, daß demselben nicht mehr Glauben zu schenken sei, als wenn es nicht beeidigt wäre, liegt die Möglichkeit vor, daß das B.G. von dem richtigen Standpunkte aus, nach welchem jedenfalls die nachträgliche Beeidigung zulässig erscheint, zu einem anderen Ergebnisse seiner thatsächlichen Feststellung gelangt sein würde."

60. **Die Bestimmung in § 500 Abs. 1 Ziff. 3 der C.P.O. findet auch dann Anwendung, wenn in erster Instanz die Klage abgewiesen war** (§ 276 Abs. 1 und 2 der C.P.O.). Urth. des I. Civilsenats vom 8. April 1885 in Sachen M. zu B., Klägerin und Revisionsklägerin, wider die A.-L. F.-A. zu A., Beklagte und Revisionsbeklagte. Vorinstanz: O.L.G. Breslau. Verwerfung.

„Durch die Anträge der Parteien wird der Streitstoff zunächst nur in materieller Beziehung abgegrenzt und jedenfalls nicht in Ansehung solcher Prozedurfragen, welche nicht dem Belieben der Parteien unterliegen. Zu solchen Fragen aber gehört die, ob im Falle eines reformatorischen Erkenntnisses die Sache von dem Rechtsmittelgerichte endgültig zu entscheiden oder zu weiterer Verhandlung und Entscheidung an eine untere Instanz zurückzuverweisen ist. Hierüber hat das Gesetz ohne Rücksicht auf Parteianträge die Bestimmungen getroffen. Daher war die Klägerin durch ihren Berufungsantrag formell nicht gehindert, in der gegenwärtigen Instanz zu rügen, daß das O.L.G. die Sache an das L.G. zurückverwiesen habe, statt selbst auch über den Betrag zu erkennen.

In Wirklichkeit hat nun allerdings die Klägerin in dieser Beziehung keinen besonderen Angriff gegen das vorige Urtheil gerichtet; aber immerhin hat sie durch ihren Revisionsantrag das R.G. formell in die Lage gebracht, auch nach dieser Seite hin eine Nachprüfung anstellen zu müssen. Da war nun freilich soviel ganz unzweifelhaft, daß nach § 276 in Verbindung mit § 485 der C.P.O. das O.L.G. ganz nach seinem Ermessen berechtigt war, auch wenn in erster Instanz die Verhandlung nicht auf den Grund des Anspruches beschränkt gewesen wäre, doch einstweilen nur über diesen Grund zu erkennen und die Entscheidung über den Betrag vorzubehalten. (Vergl. Entsch. Bd. 5 S. 413). Bedenklicher liegt die Sache aber in Ansehung der Frage, ob hier ein Fall gegeben sei, wo nach § 500 Abs. 1 Nr. 3 der C.P.O. die Zurückverweisung an die erste Instanz einzutreten hatte. Schon mehrfach ist vom R.G. ausgesprochen worden, daß die erwähnte Bestimmung bei klagabweisenden Urtheilen erster Instanz jedenfalls nur dann Anwendung finde, wenn irgendwie, wie hier allerdings geschehen, der Grund des Anspruches als Gegenstand der zu erlassenden Entscheidung vorher erkennbar ausgesondert sei." (Vgl. Annalen Bd. V S. 538, Bd. IX S. 350; Entsch. Bd. V S. 412 ff., Bd. VI S. 57, Bd. VIII S. 361 ff., Bd. X S. 428 ff.).

„Dabei ist aber immer die Frage offengelassen, ob die Bestimmung nicht überhaupt auf, den Grund anerkennende Urtheile erster Instanz zu beschränken sei, und sogar einige Hinneigung zur Annahme dieser Beschränkung ist bemerkbar geworden nicht nur in dem letzterwähnten Urtheile (Annalen Bd. IX S. 350; Entsch. Bd. X S. 432), sondern auch schon in einem früheren, Entsch. Bd. V S. 376 abgedruckten, ohne daß jedoch die Frage dort eigentlich entschieden worden wäre. Auch die Ansichten der Schriftsteller sind in Betreff dieses Punktes getheilt: für die Beschränkung haben sich ausgesprochen z. B. Wach, Vorträge S. 390, und Struckmann und Koch (4. Aufl.), Bem. 4 zu § 500 der C.P.O.; gegen dieselbe z. B. Seuffert (2. Aufl.), Bem. 4 zu § 500 der C.P.O. Für die Beschränkung spricht die Analogie von Nr. 4 in § 500 Abs. 1 der C.P.O., gegen dieselbe die Analogie von Nr. 2 ebendaselbst. Bei näherer Prüfung der Frage hat sich das R.G. jetzt dafür entscheiden zu müssen geglaubt, daß die Bestimmung in Nr. 3 auch da Anwendung finden könne, wo in erster Instanz die Klage abgewiesen war, und zwar hauptsächlich deshalb, weil die Einschiebung der Worte: „wenn der Anspruch für begründet erklärt ist,“ in § 276 Abs. 2 der C. P. O. als überflüssig und insofern als unlogisch erscheinen würde, wenn nicht auch ein den Anspruch für **unbegründet** erklärendes Urtheil möglicher Weise als ein „über den Grund **vorab** entscheidendes“ im Sinne des § 276 Abs. 1 und daher auch des § 500 Nr. 3 der C. P O. gelten könnte.“

61. **Auslegung des § 554 der C.P.O.** Urtheil des I. Civilsenats vom 30. April 1885 in Sachen H. K. zu B., Restitutionsbeklagten und Revisionsklägers, wider C. B. zu B., Restitutionskläger und Revisionsbeklagten. Vorinstanz: Kammergericht. Verwerfung.

Der jetzige Revisionsbeklagte hat gegen ein am 13. Dezember 1883 gegen ihn als Beklagten zu Gunsten des jetzigen Revisionsklägers ergangenes Urtheil des L.G. zu Landsberg a. W. als B.G. bei eben diesem Gerichte Restitutionsklage erhoben und am 3. Juli 1884 insoweit ein obsiegliches Urtheil erzielt, daß er gegen das zuerst genannte Urtheil dahin restituirt ist, daß der Beklagte (nämlich der Restitutionsbeklagte) schuldig sei, ihm 247,66 ℳ nebst 6 % Zinsen von 227,65 ℳ seit dem 20. März 1883 zu zahlen; mit einer Mehrforderung ist er abgewiesen, und es sind dabei die gerichtlichen Kosten jeder Partei zur Hälfte auferlegt, die außergerichtlichen Kosten gegen einander aufgehoben. Die hiergegen von dem Restitutionsbeklagten erhobene Berufung ist durch das am 20. Dezember 1884 verkündete Urtheil des Kammergerichts als unzulässig verworfen worden, unter Verurtheilung des Berufungsklägers in die Instanzkosten. Nunmehr hat der Restitutionsbeklagte Revision eingelegt und in der mündlichen Verhandlung seinen Antrag dahin gerichtet, das angefochtene Urtheil aufzuheben und nach seinem Berufungsantrage zu erkennen.

„Die Revision war trotz der geringen Höhe der Beschwerdesumme nach § 509 Nr. 1. der C. P. O. zulässig, weil es sich um die Unzulässigkeit der Berufung handelte. Sie mußte aber als unbegründet verworfen werden. Der § 554 der C. P. O. hat die Bedeutung, daß Rechtsmittel gegen das Restitutions-, wie auch gegen das Nichtigkeitsurtheil nur insoweit zugelassen werden sollen, als sie gegen die Entscheidungen des mit der Restitutions-, bez. Nichtigkeitsklage befaßten Gerichtes **in derselben Eigenschaft, in welcher es hier im einzelnen Falle erkennt**, überhaupt stattfinden. Wenn also ein L. G. auf Grund des § 547 Abs. 1 der C. P. O. mit einer Restitutionsklage gegen ein von ihm erlassenes **Berufungsurtheil** befaßt war, so findet gegen sein darauf ergangenes Restitutionsurtheil so wenig Berufung statt, wie gegen **irgend ein** vom L. G. in der Berufungsinstanz erlassenes Urtheil. Dabei ist es ganz unerheblich, ob das L.G. in der Meinung befangen war, als Gericht **erster Instanz** zu erkennen. Es braucht daher nicht untersucht zu werden, ob aus der

Fassung des vorliegenden Restitutionsurtheils wirklich eine solche irrige Meinung des L.G. erhelle. Diese Frage liegt ganz anders als diejenige, welche zu der in den Entsch. Bd. VII S. 421 ff. abgedruckten Entscheidung der Vereinigten Civilsenate des R.G. Anlaß gegeben hat, daß es sich nach der Absicht des erkennenden Gerichtes bestimme, ob gegen ein gewisses Urtheil als Endurtheil ein Rechtsmittel zulässig sei oder nicht. Das Gericht kann in jedem Prozesse nach seinem Ermessen sowohl ein Endurtheil als auch ein Zwischenurtheil erlassen; aber es könnte nicht, wenn es als Berufungsgericht fungirt, nach seinem Belieben ein Urtheil erster Instanz erlassen; denn seine eigene Stellung in der Gerichtsverfassung ist durch das Gesetz ein für allemal geregelt."

62. **Sofortige Beschwerde in Arrestsachen. Neuer selbständiger Beschwerdegrund. Recht der Beschwerde des Drittschuldners gegen den Pfändungsbeschluß beim Arrest in die von ihm geschuldete Forderung. Gültigkeit der Bestimmungen der C.P.O. bei Vollziehung des Arrestes in eine Forderung des Schuldners, wenn der Drittschuldner im Ausland Wohnsitz hat** (§§ 739, 750, 685, 808, 700, 810, 729, 730, 684, 24 der C.P.O.). Beschluß des I. Civilsenats vom 2. Mai 1885 in Sachen D. & B. zu B. wider die L.-Cz.-J.'er Eisenbahngesellschaft zu Wien. Vorinstanz: O.L.G. Breslau. Verwerfung der weiteren Beschwerde der k. k. privilegirten österreichischen Länderbank in Wien.

Die Handlung D. & B. zu Breslau hatte wegen einer Forderung von 381000 ℳ nebst Zinsen, welche sie gegen die K. K. Lemberg-Czernowitz-Jassyer Eisenbahngesellschaft zu Wien zu haben behauptete, sowie wegen 15000 ℳ Kosten bei dem L.G. Breslau als dem Gerichte, bei welchem die Hauptsache anhängig zu machen, die Anordnung eines Arrestes in die der gedachten Eisenbahngesellschaft gegen die Oberschlesische Eisenbahngesellschaft zu Breslau bezw. den Königl. Preuß. Eisenbahnfiskus, Beide vertreten durch die Königl. Eisenbahndirektion zu Breslau, zustehende Forderung aus dem gegenseitigen Frachtverkehr auf Höhe von 416000 ℳ erwirkt. Hierauf hatte sie sodann bei demselben Gerichte wegen eines Anspruches von 600000 ℳ nebst Zinsen gegen die K. K. Lemberg-Czernowitz-Jassyer Eisenbahngesellschaft und 24000 ℳ Kostenpauschquantum die Anordnung eines Arrestes in die dieser Gesellschaft gegen die K. K. privilegirte österreichische Länderbank in Wien angeblich zustehende Forderung auf Einlieferung aller noch zirkulirender 11452500 fl. steuerpflichtiger 5prozentiger und 31940400 5prozentiger steuerfreier Obligationen der Arrestbeklagten bis spätestens 1. November 1886 in natura und Einlösung der nicht in natura gelieferten, in der Zwischenzeit zur Auslosung gelangenden Obligationen, sowie auf Ersatz aller derjenigen Schäden, Kosten und Auslagen, welche der Arrestbeklagten aus Valutenprozessen entstehen, auf Höhe von 659000 ℳ, bezw. den Beschluß der Pfändung dieser Forderung erwirkt. Dieser Arrestbefehl bezw. Pfändungsbeschluß erfolgte am 11. Februar 1885. Das L.G.

Breslau gab sodann dem Antrage der Arrestklägerin statt, den letztgedachten Pfändungsbeschluß der Drittschuldnerin, der K. K. privilegirten österreichischen Länderbank in Wien, durch Ersuchen des Bezirksgerichts zu Wien gemäß § 182 der C. P. O. zustellen zu lassen. Ueber diesen Arrestbefehl bezw. Pfändungsbeschluß vom 11. Februar 1885 erhoben sowohl die Arrestbeklagte wie die Drittschuldnerin Beschwerde, indem sie Aufhebung dieses Arrestbefehls beantragten. Diese Beschwerde wurde durch Beschluß des O. L. G. Breslau vom 13. März 1885 zurückgewiesen, und zwar, wie die Gründe des Beschlusses ergeben, soweit sie von der Drittschuldnerin eingelegt worden, deshalb, weil sie zu der Beschwerde nicht legitimirt sei, da die Beschwerde gegen die Vollziehung eines Arrestes nur den Parteien zustehe, zu diesen der Drittschuldner nicht gehöre, dieser vielmehr nur entweder bei dem Vollstreckungsgerichte gegen das Verfahren Erinnerungen machen oder im Wege der Klage seine Rechte verfolgen könne. Ueber diesen Beschluß hat die Drittschuldnerin innerhalb zweier Wochen von seiner an sie erfolgten Zustellung ab weitere Beschwerde bei dem R. G. mit dem Antrage erhoben, unter Aufhebung des Beschlusses des O. L. G. den Arrestbefehl vom 11. Februar 1885 insoweit aufzuheben, als durch denselben die bezeichnete Forderung gepfändet worden ist.

„Die Beschwerde war gemäß der §§ 808, 701 der C. P. O. als frist- und formgerecht eingereicht zu erachten. Sie mußte auch für zulässig erachtet werden, da das O. L. G. die rechtliche Zulässigkeit des Pfändungsbeschlusses in seiner Wirksamkeit gegen die Drittschuldnerin, welche dieselbe bestreitet und eben deshalb über jenen Beschluß Beschwerde geführt hat, gar nicht geprüft, vielmehr der Drittschuldnerin das Recht, den Beschluß durch Beschwerde anzugreifen, versagt, also ihre Beschwerde für unzulässig erklärt hat, hierin aber ein neuer und selbständiger Beschwerdegrund liegt." (Annalen Bd. III S. 106; Entsch. Bd. IV S. 362.)

Der Beschwerdeführerin mußte auch das Beschwerderecht gegenüber dem Pfändungsbeschluß zugestanden werden. Daß die Vollziehung der Pfändung einer Forderung die rechtliche Lage des Drittschuldners verändert, und zwar indem sie für denselben besondere Verpflichtungen erzeugt, wie sie nicht etwa in ähnlicher Weise durch eine von ihm zu gewärtigende freiwillige Uebertragung der Forderung seitens seines Gläubigers begründet werden, ergeben die §§ 739, 750 der C. P. O. Ist der Pfändungsbeschluß in Rücksicht auf die Grenzen der diesseitigen Vollstreckungsgewalt gerade gegenüber dem Drittschuldner zu Unrecht ergangen, so ist dieser durch denselben verletzt, und es ist nicht abzusehen, warum ihm nicht, zumal er auch im Sinne des Vollstreckungs- bezw. Arrestvollziehungsverfahrens in Forderungen ein Betheiligter ist (wie sich daraus ergiebt, daß er auf Verlangen des Gläubigers innerhalb dieses Verfahrens unter Rechtsnachtheilen Erklärungen abzugeben und Handlungen vorzunehmen verpflichtet ist, vergl. insbesondere § 739 cit.), das Beschwerderecht der §§ 808, 701 cit. zustehen soll.

Der Erhebung der Beschwerde schon auf Grund des Pfändungsbeschlusses steht der § 685 der C. P. O. nicht entgegen. Dieser Paragraph setzt, insbesondere in der entsprechenden Anwendung im Falle der Arrestvollziehung gemäß § 808 cit., voraus, daß sich in Bezug auf die Art und Weise der Ausführung der Vollziehung Einwendungen oder Erinnerungen ergeben, daß es sich also um eine Kognition des Arrestgerichts handelt, die bisher noch nicht ausgeübt ist. Dagegen hat der Paragraph nicht den Sinn, daß, wenn es der mit voller Kenntniß der erheblichen rechtlichen und thatsächlichen Beziehungen gefaßte Beschluß der Arrestvollziehung ist, welcher einen Betheiligten verletzt, dieser erst noch bei dem Vollstreckungsgericht remonstriren müsse, ehe er von der Beschwerde Gebrauch machen könne. Der Fall des § 690 der C. P. O. liegt überhaupt nicht vor.

Die Beschwerde ist aber materiell unbegründet, und zwar im wesentlichen aus den Gründen, aus welchen das O. L. G. die Beschwerde der Arrestbeklagten zurückgewiesen hat. Die Beschwerdeführerin macht geltend, daß es sich, da der Drittschuldner im Auslande wohne, um eine Zwangsvollstreckung im Auslande handele, das inländische Gericht aber nur im Inlande Vollstreckungshandlungen vornehmen könne, während es bei Vollstreckungen im Auslande, wie der § 700 der C. P. O. ergebe, nur die zuständige Behörde des Auslandes oder den betreffenden Reichskonsul um die Vollstreckung ersuchen könne. Allein diese Auffassung ist nicht zutreffend. Zunächst kommt es auf die Bestimmungen der C. P. O. über die Zwangsvollstreckung nicht an, da für die Vollziehung des Arrestes in Forderungen die besondere Bestimmung des § 810 Abs. 1 Satz 3: „Für die Pfändung einer Forderung ist das Arrestgericht als Vollstreckungsgericht zuständig", welche, auch wenn sie in ihrer, Ausnahmen nicht statuirenden Unbedingtheit von den Bestimmungen über die Zwangsvollstreckung abwiche, nach § 808 cit. maßgebend wäre, entscheidet. Als Arrestgericht ist aber nach § 799 cit. neben dem A. G., in dessen Bezirke sich der mit Arrest zu belegende Gegenstand befindet, das Gericht in der Hauptsache anzusehen, also dasjenige Gericht, bei welchem auf Grund einer vorhandenen Zuständigkeit, sei es auch nur die des § 24 cit., der Anspruch, zu dessen Sicherung der Arrest zu dienen hat, verfolgt werden soll. Die Zuständigkeit des L. G. Breslau für die Verfolgung des Anspruches, wegen dessen die hier angefochtene Arrestpfändung der Forderung der Arrestbeklagten stattgefunden hat, beruhte entsprechend dem § 24 der C. P. O. darauf, daß die Arrestbeklagte in Breslau Vermögen, nämlich die vorher gepfändete Forderung an die Oberschlesische Eisenbahngesellschaft daselbst, hatte. Einen zweiten Zuständigkeitsgrund hat übrigens das O.L.G. ohne Widerspruch der Beschwerdeführerin entsprechend dem § 29 der C. P. O. darin gefunden, daß die Arrestbeklagte für die Erfüllung solcher Ansprüche, wie die von der Arrestklägerin geltend gemachten, wegen deren der Arrest ausgebracht worden, in Breslau eine Zahlstelle errichtet hatte. In seiner Eigenschaft als das für Verfolgung des Anspruches zuständige Gericht war das L.G. Breslau von der Arrestklägerin um Erlaß des Beschlusses betreffend die Pfändung der Forderung der Arrestbeklagten gegen die jetzige Beschwerdeführerin angegangen worden. Eine Ausnahme von der Zuständigkeit des Arrestgerichts als Vollstreckungsgerichts, die behufs dieser Vollstreckung in § 730 Abs. 1 cit. vorgeschriebenen Verbote und Gebote zu erlassen, ist für den Fall, daß die Pfändung einer Forderung gegen einen im Auslande wohnhaften Drittschuldner erfolgen soll, nicht gemacht. Eine solche Ausnahme liegt der C. P. O. aber auch beim Zwangsvollstreckungsverfahren durchaus fern. Der von der Beschwerdeführerin citirte § 700 eod. steht unter dem ersten Abschnitt des die Zwangsvollstreckung behandelnden achten Buches, enthaltend „Allgemeine Bestimmungen“, und entspricht hier dem im § 684 cit. als Regel aufgestellten Prinzipe, daß die Vollstreckungsgewalt — die Anordnung der Vollstreckungshandlungen — demjenigen Gerichte anheimfällt, in dessen Bezirke das Vollstreckungsverfahren stattfinden soll. Da hiernach, wenn das Vollstreckungsverfahren im Auslande stattzufinden hatte, kein inländisches Gericht, dem die Anordnung der Vollstreckungshandlungen zukam, kein Vollstreckungsgericht im Inlande existirte, so war Bestimmung darüber zu treffen, in welcher Weise die Zwangsvollstreckung im Auslande in Bewegung zu setzen sei, und es wurde daher im § 700 cit. bestimmt, daß das diesseitige Prozeßgericht die zuständige Behörde des Auslandes bezw. den Reichskonsul um die Vollstreckung ersuchen solle. Gegenüber dem allgemeinen Prinzipe des § 684 aber, daß die Anordnung der Vollstreckungshandlungen demjenigen Gerichte gebührt, in dessen Bezirke die Vollstreckung stattfinden soll, enthält für die im dritten Abschnitt des gedachten Buches behandelte Zwangsvollstreckung in Forderungen der § 729 Abs. 2 eine ganz geflissentliche, schon im § 684 offen gehaltene Ausnahme (vergl. die Motive zum Entwurf der C. P. O. in Hahn, Materialien Bd. I S. 441). Obwohl nach § 730 cit. die Vollstreckung der Pfändung der Forderung erst mit der Zustellung des Verbotes an den Drittschuldner bewirkt ist, man also sagen kann, es fände diese Vollstreckung der Forderung am Wohnsitze des Drittschuldners statt, so erfolgt die Anordnung der Vollstreckungshandlungen, insbesondere der Erlaß des Verbotes an den Drittschuldner wie des Gebotes an den Schuldner nach § 730 cit. seitens desjenigen Amtsgerichts, bei welchem der Schuldner seinen allgemeinen Gerichtsstand hat oder, falls er im Deutschen Reiche keinen Wohnsitz hat, gemäß § 24 der C. P. O. Klage gegen ihn erhoben werden kann. Die Vollstreckung gilt nach § 730 dadurch als bewirkt, daß dem Drittschuldner das Verbot zugestellt ist, und wenn der Drittschuldner im Auslande wohnt, so erfährt die Thatsache, daß demnach die die Pfändung bewirkende Handlung im Auslande erfolgt, dadurch ihre besondere Berücksichtigung, daß entsprechend dem § 182 der C. P. O. die Zustellung der Regel nach auf Ersuchen durch die zuständige Behörde des ausländischen Staates zu erfolgen hat. Es erscheint dagegen nicht zulässig, durch Hereinziehung des § 700 aus den allgemeinen Bestimmungen in diese besonderen Vorschriften und Verständniß desselben im Sinne eines Prinzips, das er gar nicht enthalten soll, die Bestimmungen der §§ 729, 730 auf Zwangsvollstreckungen in Forderungen gegen im Inlande wohnende Drittschuldner zu beschränken. Der § 700 enthält durchaus nicht ein allgemeines Prinzip, daß, wenn die die Vollstreckung bewirkende Handlung im Auslande zu geschehen habe, auch die Anordnung der Vollstreckungshandlungen nur von der ausländischen Behörde ausgehen könne. Vielmehr will er nur sagen, daß, wenn nach den Bestimmungen der C. P. O. es behufs der Bewirkung der Vollstreckung im Auslande an einem diesseitigen Vollstreckungsgerichte — d. i. an einem diesseitigen Gerichte, welches zur Anordnung der Vollstreckungshandlungen zuständig sei — fehle, es das diesseitige Prozeßgericht sei, welches die ausländische Behörde um die Zwangsvollstreckung zu ersuchen habe. Bei anderer Auffassung würde es für die Zwangsvollstreckung in Forderungen, deren Schuldner im Auslande wohnen, an jeder die Ausführung ermöglichenden Vorschrift fehlen, während doch die Zwangsvollstreckung in solche Forderungen hier verurtheilter Schuldner nicht außer dem Bereiche der Fürsorge der C. P. O. gelegen haben kann. Offenbar kann es nicht die Absicht des Gesetzes sein, daß, weil der Drittschuldner im Auslande wohnt, die ausländische Behörde entsprechend den dort geltenden Vorschriften über die Zwangsvollstreckung in Forderungen auch das Inhibitorium an den hiesigen, hier verurtheilten Schuldner erlasse. Für eine Ausführung der Pfändung in der Weise, daß das Verbot an den ausländischen Drittschuldner die ausländische Behörde, das Gebot an den inländischen Schuldner aber die diesseitige Behörde erlasse, fehlt es aber an einer gesetzlichen Vorschrift, namentlich an der Bestimmung, welches diesseitige Gericht das letztgedachte Gebot erlassen soll, da ja nach §§ 729, 730 nur dem Vollstreckungsgericht, also einem Gericht, welchem die Anordnung der gesammten die Forderungspfändung betreffenden Vollstreckungshandlungen obliegt und welches nach der gegentheiligen Ansicht, eben weil die Vollstreckung im Auslande stattzufinden hätte, hier gar nicht existiren soll, solche Zuständigkeit eingeräumt ist. In der That wird auch in den Kommentaren zu § 730 ohne jedes Bedenken hervorgehoben, daß, wenn der Drittschuldner im Auslande wohnt, die Zustellung gemäß § 182 stattzufinden habe (vergl. Struckmann und Koch, N. 3 und 6 zu § 730; Seuffert, IIa zu § 730; Gaupp, III zu § 730; Petersen, 4 zu § 370; Dorendorf, Arrest S. 490). Aus dem Umstande, daß der abgelehnte Gaupp'sche Antrag zu dem jetzigen § 730, wonach derselbe auf Geldforderungen, „welche der Drittschuldner in Deutschland zu zahlen verpflichtet ist", beschränkt werden sollte, nach seiner Motivirung und dem gewählten Beispiele (Hahn, l. c. S. 846 ff.) Forderungen an hiesige Drittschuldner, die im Auslande zu zahlen wären, von der Bestimmung ausgenommen wissen wollte, ist nicht die Folgerung zu ziehen, daß dabei angenommen wurde, es bezöge sich auf Forderungen an ausländische Drittschuldner die Bestimmung überhaupt nicht. Die inländischen Drittschuldner waren es eben nur, in Bezug auf welche der Antrag einen Anlaß zu besonderer Berücksichtigung durch das inländische Gesetz für vorhanden erachtete. Eine besondere Rücksichtnahme für die Ausländer durch das hiesige Gesetz war nicht angezeigt. Vielmehr konnte es hier dem Auslande überlassen werden, die ihm angehörigen Drittschuldner zu schützen. Muß der ausländische Staat die Zuständigkeit des hiesigen Gerichts für das hier gegen den Schuldner erlassene Urtheil anerkennen, so ist auch nicht abzusehen, warum er nicht die in Folge solchen Urtheils erfolgende Pfändung der Forderung des verurtheilten Schuldners an den in seinem Bereich wohnenden Drittschuldner gerade so, wie wenn der verurtheilte Schuldner sie freiwillig abgetreten hätte, als wirksam anerkennen soll. Hat der auswärtige Staat Grund, diese Zuständigkeit nicht anzuerkennen, so mag er die Zustellung des Verbotes an den Drittschuldner, um welche er ersucht ist, verweigern. Es lag also auch bei aller Rücksicht auf die ausländischen Drittschuldner für die hiesige Gesetzgebung kein Grund vor, die Zwangsvollstreckung zu beschränken. Die Rücksicht auf den auswärtigen Staat ist dadurch gewahrt, daß es der Regel nach seiner Mitwirkung behufs der Zustellung bedarf."

Gemeines Recht.

---

63. Beschränkungen des gemeinrechtlichen Retentionsrechtes gegenüber der Rei Vindicatio. Urth. des III. Civilsenats vom 14. April 1885 in Sachen F. zu A., Beklagten und Revisionsklägers, wider H. als Vormund für den entmündigten Halbmeier F. M. das., Kläger und Revisionsbeklagten. Vorinstanz: O.L.G. Celle. Verwerfung.

Durch Urtheil des L.G. Hildesheim vom 9. Februar 1882 ist unter Ungültigkeitserklärung der zwischen dem Halbmeier F. M. und dem Beklagten am 25. Januar 1878 und 5. April 1879 abgeschlossenen Verträge der Beklagte verurtheilt, das Eigenthumsrecht des F. M. an dem Halbmeierhofe Nr. 29 zu A. anzuerkennen und den genannten Hof nebst Zubehör und den aus der Zeit vor der Klagerhebung noch vorhandenen und den seit der Klagerhebung gezogenen Früchten herauszugeben, auch die Kosten des Rechtsstreites zu tragen. Gegen dieses Urtheil hat der Beklagte die Berufung verfolgt und die Abweisung der Klage beantragt. In der Verhandlung vor dem B.G. hat er im Wege der Retentionseinrede eine Reihe von Ansprüchen geltend gemacht, welche von ihm in erster Instanz nicht geltend gemacht waren. Er hält sich zur Retention berechtigt wegen einer auf dem Hofe mit einem Kostenaufwande von 10500 ℳ erbauten Scheune, wegen eines für den Hof gezahlten Ablösungskapitals von 156 ℳ, wegen der auf den Kaufpreis an den Vertreter des Verkäufers gezahlten Zinsen und wegen der dem Verkäufer auf Grund des Kaufkontraktes geleisteten Alimentation, endlich wegen eines Honoraranspruches für die Verwaltung des Hofes. Das in der Urtheilsformel bezeichnete Urtheil hat jedoch das erstinstanzliche Urtheil bestätigt; das B.U. selbst ist gegen eine Kaution im Betrage von 10656 ℳ für vorläufig vollstreckbar erklärt; die Verhandlung über die Retentionsansprüche wegen des Scheunenbaues und der gezahlten Ablösungsgelder ist zum besonderen Verfahren verwiesen und die Entscheidung über den Kostenpunkt ausgesetzt. Die nicht ad separatum verwiesenen Ansprüche sind nach den Entscheidungsgründen zur Berücksichtigung im jetzigen Rechtsstreite ungeeignet.

„Der aufgestellte Honoraranspruch für die Verwaltung des Hofes kann in keinem Falle zur Retention berechtigen. Zweifelhafter ist die Frage, ob nicht der Beklagte wegen der dem Kläger auf das Kaufgeld gezahlten Zinsen und wegen der dem F. M. auf Grund des Kaufkontrakts gewährten Alimentation zur Retention berechtigt ist. Es kommen in dieser Beziehung insbesondere die const. 14 u. 16 C. de praediis et aliis rebus minorum V, 71 in Frage. Es hat jedoch Bedenken finden müssen, aus diesen für den Fall der Veräußerung citra decretum praesidis getroffenen Bestimmungen das allgemeine Prinzip zu entnehmen, daß bei Veräußerungen durch einen Verpflichtungsunfähigen der Erwerber die von ihm zurückgeforderte Sache retiniren darf, bis er Ersatz für Dasjenige erhält, was von ihm zum Besten des Veräußerers aufgewendet oder an dessen gesetzlichen Vertreter bezahlt worden ist. Die erhobene Klage, welche das durch ein nichtiges Veräußerungsgeschäft nicht verlorene Eigenthum des F. M. mit dem Antrage auf Verurtheilung zur Herausgabe geltend macht, kann nur als rei vindicatio aufgefaßt werden, und es ist an dem schon wiederholt von dem R. G. ausgesprochenen Satze festgehalten worden, daß der rei vindicatio gegenüber gemeinrechtlich ein Retentionsrecht nur besteht wegen Verwendungen, welche der Besitzer auf die Sache gemacht oder wegen Verbindlichkeiten, welche er ihretwegen Dritten gegenüber auf sich genommen hat, mithin nicht auch wegen anderer Forderungen gegen den Vindikanten."

64. Die Uebertretung eines vertragsmäßigen Veräußerungsverbotes giebt dem Mitkontrahenten nur persönliche Klage, macht die Veräußerung nicht ungültig. Urth. des III. Civilsenats vom 24. April 1885 in Sachen der Eheleute K. W. zu K., Beklagten und Revisionskläger, wider die verw. B., Klägerin und Revisionsbeklagte. Vorinstanz: O.L.G. Darmstadt. Verwerfung.

W. B. und dessen Ehefrau in K. verkauften am 6. Januar 1882 ihre Hofraithe im Orte an K. W.'s Eheleute daselbst für den Kaufpreis von 4000 ℳ mit dem Vorbehalte (Pos. 10), daß, wenn die Verkäufer nach Verlauf von zwei Jahren wieder im Stande sein sollten, die Hofraithe zu kaufen und zu bezahlen, die K. W.'s Eheleute solche wieder für denselben Preis und zu den nämlichen Bedingungen abzutreten hätten; es dürfe jedoch die Hofraithe an einen Dritten nicht verkauft werden. Nach dem Tode des W. B. verlangte dessen Wittwe als gesetzliche Vormünderin der nachgelassenen minderjährigen Kinder ihres Ehemannes unter Zahlungsangebot den Rückverkauf der Hofraithe zu den früher verabredeten Bedingungen; die Beklagten weigerten sich jedoch, an der Errichtung der Kaufnotel über den Rückkauf der Hofraithe unter den von den Klägern begehrten Modalitäten Theil zu nehmen, und schützten insbesondere der Klage auf Solennisirung gegenüber die Einrede vor, daß der wahre Sinn des vorerwähnten vertragsmäßigen Veräußerungsverbotes der sei, daß die W. B.'schen Eheleute die Hofraithe im Falle des Rückerwerbes an *eine andere Person als* K. W. nicht veräußern dürften. Diese Dispositionsbeschränkung müsse gemäß Art. 17 des Hessischen Gesetzes vom 21. Februar 1852 durch entsprechenden Eintrag im Grundbuche gewahrt werden, da sie nur unter dieser Voraussetzung gegen Dritte Rechtswirkung habe. Auf Vollzug eines solchen beschränkten Eintrages wurde Widerklage erhoben. Die erste Instanz hat, unter Verurtheilung der Beklagten in die Prozeßkosten, die Widerklage als unbegründet abgewiesen und zur Vorklage die Beklagten verurtheilt, bei der Solennisirung eines den in Pos. 10 der Kaufnotel vom 6. Januar 1882 enthaltenen Bestimmungen entsprechenden Kaufvertrages über die fragliche Hofraithe mitzuwirken und allen durch ihre Weigerung verursachten Schaden, Liquidation vorbehaltlich, zu ersetzen. Die von den Beklagten hiergegen verfolgte Berufung blieb erfolglos. Sie haben nunmehr Revision eingelegt.

Das O.L.G. geht davon aus, daß es sich bei der zwischen den Kontrahenten im Kaufbriefe vom 6. Januar 1882 getroffenen Vereinbarung: „es dürfe (nach erfolgtem Rückerwerbe der fraglichen Hofraithe) diese nicht an einen Dritten veräußert werden", um eine vertragsmäßige Dispositionsbeschränkung des klägerischen Erblassers und, bei der Nachgabe der Klägerin, daß diese Beschränkung zu Gunsten der Beklagten hinzugefügt worden sei, um ein den Letzteren zugesichertes Vorkaufsrecht gehandelt habe; es versagt jedoch dieser Uebereinkunft dingliche Wirkung und erachtet sie nicht für geeignet, zu einem beschränkten Eintrage des Erwerbtitels im Grundbuche zu führen, weil vertragsmäßige Veräußerungsverbote im Zweifel nur persönliche Rechte und Verbindlichkeiten unter den Kontrahenten erzeugten, im vorliegenden Falle die getroffene Vereinbarung ihrem Wortlaute nach keine Resolutivbedingung, Zeit- oder Zweckbestimmung im Sinne des Art. 17 des Hessischen Ingrossationsgesetzes vom 21. Februar 1852 enthalte und die Behauptung der Beklagten, daß solche gleichwohl nach der Absicht der Parteien dinglich habe wirken sollen, durch das Ergebniß der Beweisaufnahme widerlegt werde.

„Diese Erwägungen enthalten theils keine Verletzung allgemeiner Rechtsnormen, theils sind sie, weil auf Partikularrecht sich stützend und als thatsächliche Feststellungen, dem Revisionsangriffe entzogen.

Denn gemeinrechtlich ist es vollkommen begründet, daß ein vertragsmäßiges Veräußerungsverbot dem Mitkontrahenten für den Fall der Uebertretung nur eine persönliche Klage gewährt, eine demselben zuwider vorgenommene Veräußerung aber nicht ungültig macht (l. 61 Dig. de pactis II, 14). Auch ein vertragsmäßig eingeräumtes Vorkaufsrecht erzeugt nur einen persönlichen Anspruch (ein jus ad rem).

Die Frage aber, ob und unter welchen Voraussetzungen einem derartigen Verbote und Vorkaufsrechte nach dem Inhalte des Immobiliar-Veräußerungsvertrages die Wirkung beizulegen ist, daß daraufhin der Eintrag des Erwerbtitels in das Grundbuch als „beschränkt" erfolgen und hierdurch die Geltendmachung der Uebereinkunft gegen dritte Erwerber gesichert werden kann, gehört in das Gebiet des Partikularrechts, während im übrigen, insbesondere was die Auslegung der streitigen Vertragsklausel und die Würdigung des Beweisergebnisses anlangt, das Revisionsgericht an die Entscheidung der Vorinstanz nach § 524 der C.P.O. gebunden ist."

65. Ausschließung der Verjährungsreplik gegenüber der Kompensationseinrede. Urth. des I. Civilsenats vom 1. April 1885 in Sachen G. zu F., Klägers und Revisionsklägers, wider S. zu H., Beklagten und Revisionsbeklagten. Vorinstanz: O.L.G. Hamburg. Theilweise Aufhebung (aus hier belanglosen Gründen).

„Es war die Frage zu entscheiden, ob die Replik der Verjährung einer Kompensationseinrede gegenüber überhaupt Platz greife, und hierüber liegt die verneinende Ansicht des O.L.G. in den vorigen Entscheidungsgründen bereits vor, indem die entsprechende Entscheidung des L.G. ausdrücklich für richtig erklärt ist. Es kommt also jetzt nur noch darauf an, ob auch das R.G. dieser Ansicht beitrete. Dies ist der Fall, und zwar im wesentlichen aus den Gründen, welche vom Hanseatischen O.L.G. entwickelt sind in der vom L.G. angezogenen Entscheidung, die gedruckt ist bei Seuffert, Archiv Bd. 39 Nr. 203, und in dem Beiblatte zur Hanseatischen Gerichtszeitung, Jahrg. 5 Nr. 148. Zwar kann nicht zugegeben werden, daß diese Auffassung auch zum Ausdrucke gekommen wäre im H.G.B. art. 911, sowie in § 9 des Bremischen Verjährungsgesetzes von 1868; vielmehr ist die gemeinrechtliche Streitfrage dort einfach unentschieden gelassen (anders allerdings im Preuß. Allg. L.R. I, 16 § 377); aber die Ausschließung der Verjährungsreplik ist eine Konsequenz der rückwirkenden Kraft der Kompensationserklärung, von welcher in l. 11 D. de compens. 16, 2 und ll. 4, 5 C. eod. 4, 31 Anwendung auf die Unterbrechung des Zinsenlaufes gemacht wird."

66. Erlöschung einer dem Gläubiger nur persönlich gegenüber eingegangenen Bürgschaft bei Cession oder Veräußerung des Forderungsbetrages. Unbeachtlichkeit solcher Verabredung zwischen dem Bürgen und ersten Erwerber eines Inhaberpapieres für gutgläubige spätere Erwerber des letzteren. Urth. des I. Civilsenats vom 8. April 1885 in Sachen B. in A., Klägers und Revisionsklägers, wider H. und Gen. in H., Beklagte und Revisionsbeklagte. Vorinstanz: O.L.G. Hamburg. Verwerfung.

Nach der Feststellung des B.G. haben die Beklagten mit G., dem Cedenten des Klägers, bei Uebernahme der Bürgschaft mündlich vereinbart, daß ihre Verbürgung für die Auszahlung des am 2. Januar 1883 fälligen Hypothekenpostens nur ihm als Inhaber des Postens gelten, einem dritten Inhaber des Postens gegenüber aber nicht bestehen solle.

„Hieraus zieht das B.G. mit Recht den Schluß, daß ungeachtet der Cession des Rechts aus der Bürgschaft an den Kläger und trotz Zuschreibung des in Rede stehenden Hypothekenpostens von G. auf den Kläger Letzterem ein Forderungsrecht gegen die Beklagten nicht zusteht. Es ist in dieser Hinsicht gleichgültig, ob man die unter der festgestellten Vereinbarung übernommene Bürgschaft mit dem B.G. als eine bedingte oder, wie Revisionskläger annimmt, als eine beschränkte auffaßt. Denn im ersteren wie im letzteren Falle ist dem Kläger ein Forderungsrecht gegen die Beklagten nicht zuzugestehen. Faßt man die Vereinbarung dahin auf, daß die Bürgschaft von den Beklagten unter der Bedingung übernommen wurde, daß sie cessire, wenn G. den Posten veräußere, so ist durch den unstreitig erfolgten Eintritt dieser Resolutivbedingung die Verpflichtung der Bürgen erloschen. Faßt man aber die Vereinbarung dahin auf, daß die Bürgschaft in der Beschränkung auf die Person des G. übernommen wurde, so war durch die vertragsweise festgesetzte Eigenschaft des Forderungsrechts als eines höchst persönlichen, nur dem G. für seine Person zustehenden Rechts die Möglichkeit der Cession von Anfang an ausgeschlossen: es war nach dem treffenden Ausdrucke von Windscheid, Pandekten Bd. 2 § 335 Note 5, durch den Willen der Vertragschließenden der Macht des Gläubigers die Grenze gesetzt, daß nur er von dem Schuldner die Leistung solle fordern dürfen; mehr Recht, als er selbst hatte, konnte er auf den Kläger nicht übertragen. Der Kläger hat daher, wie auch in dem in Seuffert's Archiv Bd. 39 Nr. 96 mitgetheilten Rechtsfalle erkannt worden ist, durch die Cession des G. ein Forderungsrecht gegen die Beklagten nicht erworben, gleichviel ob ihm die zwischen G. und den Beklagten getroffene Vereinbarung zur Zeit der Cession bekannt oder nicht bekannt war.

Hieran wird durch den Inhalt der Bürgschaftsurkunde nichts geändert. Sie enthält in der Form eines an G. gerichteten Schreibens die Erklärung der Beklagten: „Mit Gegenwärtigem bestätigen wir Ihnen, daß wir Ihnen gegenüber bis zur erfolgten Auszahlung die Bürgschaft für die Sicherheit folgender Hypothekpöste übernommen haben." Das B.G. stellt fest, daß durch die Worte „Ihnen gegenüber" nach der Absicht des Verfassers der Urkunde, des Mäklers P., die obenerwähnte Vereinbarung zum Ausdrucke gebracht werden sollte. Es ist nun zwar anzuerkennen, daß diese Absicht durch die gewählten Worte nicht für jeden Dritten erkennbar zum Ausdruck gebracht worden ist, weil sie nicht besagen, daß nur dem G. gegenüber die Bürgschaft übernommen werde. Dies giebt jedoch keinen Grund ab, der von G. mit den Beklagten mündlich getroffenen Vereinbarung die rechtliche Wirkung überhaupt oder einem gutgläubigen Dritten gegenüber abzusprechen. Handelte es sich um ein zum Umlauf bestimmtes Ordre- oder Inhaberpapier, so würden allerdings die Aussteller desselben auf eine in der Urkunde nicht ausgedrückte mündliche Vereinbarung mit dem ersten Erwerber über den Inhalt ihrer Verpflichtung einem gutgläubigen dritten Erwerber gegenüber sich nicht berufen können. Die Eigenschaft eines solchen Papiers hat aber die Bürgschaftsurkunde der Beklagten weder nach Form und Inhalt, noch nach der Absicht der Vertragschließenden bei Ausstellung und Aushändigung derselben. Sie dient bloß zum Beweise des darin bestätigten mündlichen Abkommens, welches den Grund der Verpflichtung der Beklagten bildet. Der Inhalt der Verpflichtung bestimmt sich daher durch den Inhalt des mündlichen Abkommens mit G., welches unverändert wiederzugeben die Bürgschaftsurkunde bestimmt war."

67. Poena secundarum nuptiarum nach Gemeinem und Frankfurter Recht. Grenzen der fortdauernden Gültigkeit der exceptio praejudicii nach dem Rechte der C.P.O. Die exceptio praejudicii steht nur dem possessor pro herede, nicht auch dem possessor pro possessore zur Seite. Fruchtersatz (nicht Schadensersatz) des gutgläubigen Besitzers bei der hereditatis petitio nicht erst von Zustellung der Klage, sondern vom Verzug (Weigerung der Herausgabe) **an. Die exceptio praejudicii der actio tutelae gegenüber.** Urth. des I. Civilsenats vom 15. April 1885 in Sachen des M. K. zu F. und Gen., Beklagten bezw. Nebenintervenienten und Revisionskläger, wider E. G. daselbst, Klägerin und Revisionsbeklagte. Vorinstanz: O.L.G. Frankfurt a. M. Verwerfung.

Die Werthpapiere, zu deren Herausgabe der Beklagte verurtheilt ist, sind in seine Hände gelangt als Theile des Vermögens der beiden in der Unmündigkeit verstorbenen Töchter der Klägerin, welches er als Vormund in seiner Verwaltung hatte; der Anspruch auf Herausgabe ist der Klägerin als einziger Erbin eben dieser Töchter zuerkannt worden.

1. „Außer allem Zweifel ist die Richtigkeit derjenigen Entscheidung, wodurch das ausschließliche Erbrecht der Klägerin an dem Nachlasse ihrer einzigen beiden Töchter erster Ehe anerkannt ist. Beide sind bald nach einander im Kindesalter gestorben. Nach den bekannten Bestimmungen der Nov. 118 c. 2 sowie der Frankfurter Reformation 5, 2 §§ 1, 4, 5 wurde die Erbschaft der zuerst versterbenden Tochter zur Hälfte ihrer Schwester, zur Hälfte der Klägerin deferirt, die Erbschaft der andern sodann ausschließlich der Klägerin, als ihrer Mutter. Daß die Klägerin alles, was ihr hiernach deferirt war, auch erworben hat, ist unbestritten. Allerdings ist von Anfang an in diesem Rechtsstreite von der Klägerin nicht klar vorgetragen und auch überhaupt nicht klargestellt worden, ob die der zuletzt verstorbenen Tochter deferirt gewesene Hälfte der Erbschaft der vorverstorbenen von jener selbst noch erworben, oder ob es hierzu gar nicht gekommen und diese Hälfte daher der Hälfte der Klägerin angewachsen ist. Während somit feststeht, daß die Klägerin ausschließliche unmittelbare Erbin der einen Tochter und mindestens zur Hälfte unmittelbare Erbin der anderen geworden ist, bleibt es dahingestellt, ob sie in Ansehung des letzten Viertels des Gesammtvermögens unmittelbar oder nur mittelbar, als Erbin der zuletzt verstorbenen Tochter, die zuerst verstorbene beerbt hat. Diese Unklarheit war für die Entscheidung der Sache aber unerheblich, da es auf jeden Fall feststeht, daß die Klägerin jetzt auf die eine oder die andere Weise die ausschließliche Erbin beider Töchter geworden ist. Wenn der Beklagte sogar schon in diese Frage nach dem Erbrechte der Klägerin

den Gesichtspunkt der sogenannten poena secundarum nuptiarum hineingemischt hat, als ob die Klägerin durch ihre Wiederverheirathung ihre Erbberechtigung eingebüßt haben könnte, so ist das ganz unverständlich, weil unter jenen sogenannten Strafen der Verlust irgend einer Erbberechtigung überhaupt nicht vorkommt. Es handelt sich dabei vielmehr immer nur um die Verwirkung gewisser einzelner Vermögensrechte zu Gunsten der Kinder erster Ehe oder etwa auch gewisser anderer Verwandter; mit der Universalsuccession haben die gesetzlichen Nachtheile der Wiederverheirathung es gar nicht zu thun.

2. Es könnte also höchstens die Einrede hier in Frage kommen, daß gerade diejenigen Vermögensstücke, welche den Gegenstand der vorliegenden Klage bilden, ungeachtet des Erbrechtes der Klägerin auf Grund der besonderen Bestimmungen über die Nachtheile der zweiten Ehe doch dem Eigenthumsrechte der Klägerin entzogen und nur ihrem Nießbrauchsrechte unterworfen seien. Eine solche Bestimmung existirt ja nun auch in Nov. 22 c. 46 §§ 2, 3, beziehentlich in der Frankfurter Reformation 5, 2 § 9, welche hier nur das Gemeine Recht wiederholen will, in Ansehung derjenigen Vermögenstheile, welche aus dem Vermögen des ersten Ehegatten von Todes wegen oder durch Schenkung unter Lebenden an das von dem parens binubus beerbte Kind gelangt sind. Der Beklagte hat eine Verletzung eben dieser Bestimmung der Nov. 22 darin finden wollen, daß das O.L.G. angenommen hat, daß dort der Verlust des Eigenthumsrechtes an den von dem verstorbenen Vater herrührenden Gütern nur zu Gunsten der etwa mit der Mutter zugleich ab intestato erbenden Geschwister eintrete, und daß es daher die Behauptung des Beklagten, die hier fraglichen Werthpapiere gehörten zum väterlichen Vermögen der verstorbenen Töchter der Klägerin, als unerheblich behandelt hat. Daß an der angeführten Stelle der Frankfurter Reformation die entsprechende Bestimmung an sich keine weiter reichende Bedeutung hat, liegt freilich bei ihrer Wortfassung völlig auf der Hand; aber mit Recht ist allerdings auch das O.L.G. nicht etwa davon ausgegangen, daß dadurch für Frankfurt die Anwendung einer weiter reichenden gemeinrechtlichen Bestimmung, falls es eine solche geben sollte, ausgeschlossen würde, sondern hat gerade auch seinerseits die Bedeutung der Nov. 22 c. 46 erörtert. Was jedoch diese betrifft, so ist zwar zuzugeben, daß die Bestimmung, wonach die erbende Mutter in dem fraglichen Falle in Ansehung des väterlichen Vermögens auf den Nießbrauch beschränkt sein soll, dort dem Wortlaute nach nicht so deutlich, wie in der Frankfurter Reformation, an die Voraussetzung geknüpft ist, daß Geschwister des Erblassers mit-

erben; aber diese Voraussetzung wird doch auch dort unverkennbar gemacht, indem zunächst schlechtweg verordnet wird: „vocetur quidem et ipsa cum filii aut filiae fratribus“ etc. und sich daran dann erst jene Beschränkung auf den Nießbrauch schließt, während es an jeder Bestimmung darüber fehlen würde, an wen denn das Eigenthumsrecht an den betreffenden Vermögensstücken fallen solle, wenn die Mutter in einem gegebenen Falle alleinige Intestaterbin des verstorbenen Kindes wäre. Die inneren Gründe aber, welche dieses Verständniß des Gesetzes auch sachlich als ganz unbedenklich erscheinen lassen, sind schon vom Berufungsgerichte genügend dargelegt. Wenn der Beklagte in dieser Instanz auch noch den Wortlaut der l. 5 C. ad SC. Tertull. 6, 56 zu seinen Gunsten angerufen hat, so war dies, von allem andern abgesehen, schon deshalb verfehlt, weil dieses Gesetz nicht etwa in der Nov. 22 c. 46 § 2 nur wiederholt, sondern durch Nov. 2 c. 3 völlig aufgehoben ist und die Nov. 22 c. 46 dann erst wieder eine formell neue, völlig selbständige Bestimmung in der fraglichen Richtung getroffen hat (vergl. Nov. 22 c. 46 pr.). In der gesammten Literatur des Römischen Rechtes ist übrigens, soviel bekannt, die von dem Beklagten verfochtene Rechtsansicht noch niemals hervorgetreten. Für den gegenwärtigen Fall liegt also die Sache so, daß das etwa aus dem väterlichen Vermögen herstammende Gut allerdings nach dem Tode der zuerst verstorbenen Tochter dem Eigenthumsrechte nach zunächst ganz an die andere Tochter gefallen sein mag, falls diese nämlich die Erbschaft neben ihrer Mutter, der Klägerin, erworben haben sollte, daß aber jedenfalls nach dem Tode der zuletzt verstorbenen Tochter die Klägerin das ganze Vermögen, ohne irgend eine Beschränkung auf den Nießbrauch, als Erbin erworben hat. Da schon aus den bisher dargelegten Gründen die Berufung des Beklagten auf die poena secundarum nuptiarum als völlig haltlos erscheint, so mag nur beiläufig noch darauf hingewiesen werden, daß, auch wenn die Klägerin wirklich auf den Nießbrauch beschränkt wäre, sie darum doch wohl um nichts weniger den Anspruch auf Herausgabe der fraglichen Werthpapiere geltend zu machen berechtigt sein würde.

3. Ein weiterer Angriff des Beklagten bezog sich auf die Beurtheilung, welche der von ihm vorgeschützten exceptio praejudicii zu Theil geworden ist. Die Klägerin hatte, als Erbin der verstorbenen Mündel des Beklagten, die actio tutelae directa auf Auslieferung der für die letztere von ihm verwalteten Werthpapiere in der hier vorliegenden Klage angestellt zu haben erklärt, um damit ihr auf Zuerkennung des Ersatzes für allen durch die Verzögerung der Heraus-

gabe ihr entstandenen Schaden gerichtetes Nebengesuch zu rechtfertigen. Der Beklagte hatte erwidert, daß die Klägerin, da er ihr Erbrecht bestreite und selbst pro herede besitze, ihn zunächst nur mit der hereditatis petitio, nicht aber mit einer erbschaftlichen Singularklage belangen könne, indem er im übrigen bei seiner schon früher aufgestellten Behauptung verblieb, daß ihm als gutgläubigem Erbschaftsbesitzer gegenüber die hereditatis petitio nicht die Verurtheilung auf das Verzugsinteresse mit sich bringe. Das L. G. hat, obgleich es den Beklagten als Besitzer pro herede ansah, die exceptio praejudicii für unbegründet gehalten, einmal weil trotz der Erklärung der Klägerin die hereditatis petitio als angestellt gelten könne, sodann weil die exceptio praejudicii heutzutage, jedenfalls nach der C.P.O. nicht mehr anwendbar sei. Was die hiermit in Zusammenhang stehende Frage wegen der Verurtheilung des Beklagten zum Ersatze des Verzugsinteresses anlangt, so hat das O.L.G. den hierauf gerichteten Antrag der Klägerin und die demselben, abgesehen von einer unbedeutenden Abweichung in der Wortfassung, entsprechende Entscheidung des L. G. nur von dem Ersatze des seit der Zustellung der Klage erwachsenen und noch erwachsenden Schadens verstehen zu müssen geglaubt und, weil ein solcher Anspruch auch nach den Grundsätzen von der hereditatis petitio auch dem gutgläubigen Besitzer gegenüber begründet sei, die Berufung des Beklagten auch in Ansehung dieses Nebenpunktes verworfen. Auch dieser Theil der Entscheidungsgründe des vorigen Urtheils ist von dem Beklagten in der Revisionsverhandlung angegriffen worden.

Was nun zunächst die exceptio praejudicii betrifft, so unterliegt allerdings die in einem früheren Urtheile des I. Civilsenats des R.G. (Entsch. Bd. V S. 375) gebilligte Ansicht von Wetzell (Civilprozeß, 3. Aufl., § 64 Anm. 65a S. 872), daß durch die C.P.O. die exceptio praejudicii beseitigt sei, — welche auch von anderen Schriftstellern, wie Schwalbach im Archiv für die civilistische Praxis, Bd. 63 S. 411; Struckmann und Koch, 4. Aufl., Bem. 4 zu § 139 der C.P.O., getheilt wird — erheblichen Bedenken oder bedarf doch wenigstens wesentlicher Einschränkung. Im allgemeinen wird, wie es z. B. von Seuffert, 2. Aufl., Bem. 1 zu § 139 der C.P.O., geschehen ist, mit Recht dagegen geltend gemacht, daß die exceptio praejudicii an und für sich gar nicht dem Prozeßrechte, sondern dem materiellen Rechte, nämlich dem Römischen Aktionenrechte, insbesondere den Bestimmungen über die Klagenkonkurrenz angehöre (vergl. Bülow, Prozeßeinreden S. 219 ff.; Renaud, Civilprozeßrecht, 2. Aufl., § 152 S. 440). Nun ist freilich das ganze Römische

Aktionenrecht insofern sogar schon vor der jetzigen C.P.O. in Deutschland nicht mehr von praktischer Bedeutung gewesen, als es nach Deutschem Prozeßrechte nie darauf ankam, ob der Kläger sich zu einem bestimmten genus actionis und zu welchem ausdrücklich bekannt hatte, sondern nur darauf, ob dieses bestimmte Sachgesuch durch die vom Kläger gemachten thatsächlichen Anführungen schlüssig begründet war.

Daraus folgt, daß auch die exceptio praejudicii schon immer nur soweit noch von praktischer Bedeutung war, als der Beklagte ein materielles Interesse daran haben mochte, daß der Gegenstand des Klaganspruches nicht vom Standpunkte des einen, sondern des anderen genus actionis aus bestimmt werde. Speziell in Ansehung des Verhältnisses der Erbschaftsklage zu den erbschaftlichen Singularklagen hatte also die exceptio praejudicii die praktische Bedeutung, daß der Beklagte, soweit etwa die klagend erhobenen Ansprüche im einzelnen zwar vom Standpunkte der Singularklage, nicht aber von dem der Erbschaftsklage aus begründet waren, die Abweisung dann verlangen konnte, wenn nach den Bestimmungen des Römischen Rechtes die Voraussetzungen jener exceptio gegeben waren. Wie nun hieran durch die C.P.O. etwas geändert sein könnte, ist nicht abzusehen. Ob, wie mehrfach angenommen ist, die praktische Bedeutung der exceptio praejudicii sich vor der C.P.O. hierauf beschränkte (Dernburg, Verhältniß der hereditatis petitio zu den erbschaftlichen Singularklagen S. 121 ff.; Arndts, Pandekten § 534; Sintenis, Gemeines Civilrecht Bd. III, 3. Aufl., § 190 Anm. 36 S. 543 ff.; vergl. auch Sächsisches Bürgerl. G.B. § 2318) oder ob das in Rede stehende materielle Interesse des Beklagten auch darin gefunden werden konnte, daß vor der Erhebung der Singularklage erst rechtskräftig über das streitige Erbrecht entschieden werde, würde sich darnach bestimmen, von welcher Ansicht über die sogenannte Rechtskraft der Entscheidungsgründe nach früherem Gemeinen Rechte man überhaupt ausgehen möchte. Insoweit würde aber allerdings jedenfalls die etwaige praktische Bedeutung der exceptio praejudicii durch die C.P.O. beseitigt sein; denn gerade die eben erwähnte Materie hat, obwohl dem materiellen Privatrechte angehörig, durch die C.P.O. eine neue Regelung gefunden. Mit dem § 293 Abs. 1 das., welcher freilich die Rechtskraft auf die Entscheidung über den Anspruch selbst, wie er nun einmal vom Kläger abgegrenzt ist, bestimmt einschränkt, steht in innerer Verbindung die Bestimmung des § 253 über die Zulässigkeit der Inzidentfeststellungswiderklage, welche es in die Hand des Beklagten legt, nach seinem Belieben in dem einmal anhängigen Prozesse eine rechtskräftige Entscheidung über jede Präjudizialfrage zu erwirken. Dieser Lage des Gesetzes gegenüber kann von einer exceptio praejudicii zu dem Zwecke, um den Kläger zur vorgängigen Anbringung einer Klage auf Anerkennung seines Erbrechtes zu nöthigen, keinenfalls mehr die Rede sein; denn der Beklagte, welcher diesen Rechtsbehelf benutzte, statt seinerseits von der Möglichkeit der Inzidentfeststellungswiderklage Gebrauch zu machen, würde der replicatio doli verfallen sein. Im vorliegenden Falle nun ist im Hinblicke auf die Ausführungen des Beklagten in voriger Instanz beides in Betracht zu ziehen, sowohl die etwaigen Abweichungen in der Haftung des Beklagten bei der Erbrechtsklage und bei der Singularklage, als auch das Fehlen eines Antrages der Klägerin auf Anerkennung ihres Erbrechtes. In der letzteren Beziehung war nach dem soeben Bemerkten allerdings der Grund des O.L.G., daß von der entsprechenden Funktion der exceptio praejudicii nicht mehr die Rede sein könne, für ausreichend zu halten; soweit es sich dagegen um die Frage handelt, ob der Umfang der Haftung des Beklagten wegen der für die hereditatis petitio bestehenden Normen enger, als im ersten Urtheile geschehen, abzugrenzen sei, trifft jener Grund nicht zu.

In dieser Beziehung waren jedoch anderweitige Gründe genug gegeben, um die angefochtene Entscheidung aufrecht zu halten. Zwar der vom O.L.G. an die Spitze gestellte Grund, daß die angestellte Klage in der That eine hereditatis petitio sei, kann keine selbstständige Bedeutung in Anspruch nehmen. Denn entweder reicht das, worauf die Klägerin angetragen hat und was ihr im ersten Urtheile zugesprochen ist, nicht über das ihr nach den Grundsätzen von der hereditatis petitio Gebührende hinaus: dann ist, wie oben dargelegt, die exceptio praejudicii überhaupt gegenstandslos, auch wenn man die actio tutelae als angestellt ansieht; oder das Gegentheil ist der Fall: dann aber kann unmöglich nur die hereditatis petitio als angestellt gelten. Es kommt also in dieser Hinsicht nur darauf an, ob diejenigen Gründe, aus welchen das O.L.G. angenommen hat, daß der vom L.G. der Klägerin accessorisch zuerkannte Schadensersatz den Grundsätzen von der Erbschaftsklage gemäß bemessen sei, zutreffen. Dies war indessen mit dem Beklagten zu verneinen. Das B.G. hat hier offenbar ebenso wenig, wie die Parteien in ihren Ausführungen voriger Instanz, als möglichen Gegenstand der hereditatis petitio den der actio tutelae entsprechenden persönlichen Anspruch auf Herausgabe der Werthpapiere — von dem in dieser Beziehung weiterhin noch zu sprechen sein wird — vor Augen, sondern nur diese Werthpapiere selbst, insofern sie dinglich zum Nachlasse der Töchter der Klägerin gehören. Nun haftet aber bei der Erbschaftsklage der verklagte gutgläubige Besitzer einer Erbschaftssache, als welchen das O.L.G. den gegenwärtigen Beklagten auffaßt, keineswegs für den durch die Verzögerung der Herausgabe bis zum Urtheil dem Kläger entstehenden Schaden, sondern nur einerseits für den während des Prozesses durch seine Schuld an der Sache selbst entstehenden Schaden, andererseits für die Früchte, welche er während des Prozesses von der Sache gezogen hat oder bei gehöriger Sorgfalt hätte ziehen können. Das B.G., welches, wie aus seiner Anführung von Windscheid's Pandektenrecht Bd. III § 612 Nr. 3 hervorgeht, die letztere Bestimmung hier anzuwenden gemeint gewesen ist, irrt darin, daß es diesen Fruchtersatz begrifflich für identisch mit dem geforderten Schadensersatz hält. Dafür, daß diese Identität zu verneinen ist, kann das erwähnte Citat gerade als Belegstelle dienen, indem dort als Gegensatz hervorgehoben wird, daß der unredliche Besitzer auch für die höheren Früchte, welche der Erbe nach seiner besonderen Lage hätte ziehen können, dieser also auf Schadensersatz nach dem Gesichtspunkte des Verzuges hafte. Das B.G. hat aber außerdem auch ganz ohne Grund angenommen, daß unter dem „durch die Säumniß" des Beklagten bewirkten Schaden, von dem im Klagantrage die Rede war, oder unter dem „durch die verweigerte Herausgabe" entstandenen und noch entstehenden Schaden, zu dessen Ersatz das L.G. den Beklagten verurtheilt hat, nur der seit Zustellung der Klage entstandene und entstehende Schade zu verstehen sei, während doch durch den nicht bestrittenen Inhalt der Anlage 3 zur Klage feststand, daß der Beklagte mindestens schon am 20. Februar 1884 die Herausgabe der streitigen Werthpapiere, ungeachtet des darauf gerichteten Verlangens der Klägerin, verweigert hatte und daher nach den Grundsätzen des Obligationenrechts in Verzug gerathen war.

Die vom B.G. aufrechterhaltene Entscheidung des Gerichtes erster Instanz rechtfertigt sich indessen, auch wenn sie in dem weiteren Sinne verstanden wird, der ihr zukommt, aus folgenden Gründen. Zunächst scheinen die Voraussetzungen einer exceptio praejudicii hier überhaupt nicht gegeben zu sein. Bei der für den Beklagten günstigsten Auffassung würden sie jedenfalls nur für ein Fünftel des Klagobjektes vorliegen. Denn wenn der Beklagte die Klägerin wegen ihrer Wiederverehelichung als ihres Rechtes verlustig hat behandelt wissen wollen, so hat er doch nie behauptet, daß das ihm allein zu Gute komme, sondern nur ihm in Gemeinschaft mit seinen vier Geschwistern, den Nebenintervenienten. Insofern man also unter diesem Gesichtspunkte seinen Besitz überhaupt als eine possessio pro herede sollte charakterisiren dürfen, so würde das doch immer nur in Ansehung eines Fünftels zutreffen. Sollte er zu den übrigen vier Fünfteln überhaupt besitzen, d. h. juristisch besitzen, nicht blos für Andere detiniren — denn im Falle der bloßen Detention fände die hereditatis petitio insoweit gegen ihn überhaupt nicht statt, sondern nur die Einzelklage —, so könnte das nur eine possessio pro possessore sein, weil es ihm an jedem Titel fehlen würde. Nun ist aber die Ansicht zu billigen, wonach nur dem possessor pro herede, nicht auch dem possessor pro possessore die exceptio praejudicii zu Gebote steht. (Francke, Kommentar über den Pandektentitel de H. P. S. 144 ff.; Bülow, Prozeßeinreden S. 214 Anm. 111.)

Aber selbst in Ansehung jenes einen Fünftels ist es eigentlich noch eine dem Beklagten zu günstige Auffassung, wenn man ihn als possessor pro herede gelten läßt. Will man auch nicht gerade mit Fitting, im Archiv für die civilistische Praxis Bd. 52 S. 242 ff. Anm. 150, annehmen, daß ein malae fidei possessor nie als possessor pro herede, sondern immer nur als possessor pro possessore gelten könne, so kann doch andrerseits die nackte Behauptung, man besitze pro herede, kaum genügen, wenn die von dem Besitzer selbst angegebenen, beziehentlich zugestandenen Thatsachen damit offensichtlich unvereinbar sind und es an jeder Erklärung fehlt, aus welchem Grunde denn trotzdem das Erbrecht in Anspruch genommen werde. So liegt aber hier die Sache. Der Beklagte setzt der Klägerin, deren Erbrecht an sich er nicht bestreitet, nur die Berufung auf die poenae secundarum nuptiarum entgegen, welche doch, wie oben besprochen ist, mit der Universalsuccession überhaupt nichts zu schaffen haben und daher das Erbrecht der Klägerin als solches ganz unangetastet lassen müssen. Dazu kommt noch, daß nach § 129 Abs. 2 der C.P.O. die von der Klägerin in der vorigen Instanz aufgestellte Behauptung, am 3. November 1881 sei ihren später verstorbenen Töchtern eine Halbschwester geboren, als vom Beklagten stillschweigend zugestanden gelten muß und daß der Beklagte sich nicht darüber ausgesprochen hat, in welchem Sinne denn die von der Klägerin etwa verwirkten Rechte gerade ihm und seinen Geschwistern, die doch mit der letzten Erblasserin nur im dritten Grade verwandt waren, und nicht vielmehr jener Halbschwester, welche nach der Frankfurter Reformation 5, 3 § 4, wie nach der Nov. 118 c. 3 zweifellos näher intestaterbberechtigt war, zugefallen sein sollen.

Sollte man aber selbst den Beklagten als possessor pro herede gelten lassen, so wäre doch aus noch einem andern Grunde zu einer Einschränkung der vom Landgericht ausgesprochenen Verurtheilung vom Standpunkte der exceptio praejudicii aus hier keine Veranlassung gegeben. Die hereditatis petitio dient nämlich dem possessor pro herede gegenüber — wie oben schon angedeutet ist — auch zur Geltendmachung persönlicher Ansprüche, welche zum Nachlasse gehören und von dem Beklagten nur insofern jetzt bestritten werden, als er selbst Erbe des Gläubigers geworden zu sein behauptet. Nur weil dem so ist und weil ein solcher Fall hier — den Beklagten eben als possessor pro herede gesetzt — vorliegt, konnte überhaupt der angestellten actio tutelae gegenüber von der exceptio praejudicii die Rede sein (vergleiche Francke a. a. O. S. 93 ff.). In einem Falle dieser Art kann aber eben der ganze Inhalt des persönlichen Anspruches mittels der hereditatis petitio geltend gemacht werden, ohne Rücksicht darauf, wieviel davon etwa erst nach dem Tode des Erblassers entstanden ist (l. 13 § 15, l. 14, l. 15, l. 16 pr. § 3 D. de H. P. 5, 3), also auch das etwa hinzugetretene Verzugsinteresse. Die exceptio praejudicii würde sich mithin hier als gegenstandslos erweisen."

Partikularrecht.

1. Preußisches Recht.

68. **Bei vorschriftsmäßiger Form der Schriftlichkeit eines Vertrages gelten nur die** (späteren) **schriftlichen Erklärungen als Ausdruck des Vertragswillens** (A. L. R. I, 4 §§ 1, 4, 52 ff.; I, 5 §§ 127, 264).

Urth. des IV. Civilsenats vom 16. April 1885 in Sachen H. zu B., Klägerin und Revisionsklägerin, wider R. K. daselbst, Beklagten und Revisionsbeklagten. Vorinstanz: Kammergericht. Verwerfung.

„Wenn anzunehmen ist, daß die Willenseinigung bezüglich der Garantieleistung fehlt, so betrifft dieser Mangel eine wesentliche Bestimmung des Vertrages. Beklagter, welcher nur unter der Garantie eines bestimmten Flächeninhaltes den Kauf abgeschlossen und Verpflichtungen übernommen hat, kann nicht zur Erfüllung des Vertrages ohne die von ihm bedungene Garantie gezwungen werden, und Klägerin ist nicht befugt, die Erfüllung entsprechend ihrer entgegenstehenden einseitigen, vom Beklagten nicht acceptirten Willenserklärung zu verlangen. Vielmehr hat der Umstand, daß die Kontrahenten sich über einen zur Sprache gebrachten Punkt widersprechend erklärt, also nicht geeinigt haben, die Folge, daß ein Vertrag überhaupt nicht zu Stande gekommen ist. Denn die von einem Theile gewollten Vertragsbestimmungen bilden ein einheitliches Ganzes und können nicht ohne die ausdrückliche, wenigstens stillschweigende Zustimmung des Erklärenden von einander getrennt werden. Nähme man also mit der Klägerin den Mangel einer Willenseinigung an, so würde der Klageanspruch, als auf einem nicht perfekt gewordenen Vertrage beruhend, sich als unbegründet herausstellen, oder Klägerin müßte, wenn sie auf der Gültigkeit des Vertrages besteht und Beklagter hiermit einverstanden ist, den Vertrag unter allen denjenigen Bedingungen gelten lassen, unter welchen Beklagter sich zu verpflichten erklärt hat.

Allein die Klägerin stützt auch ihren Angriff auf einen Sachverhalt, welcher mit der Lage der Sache in den Vorinstanzen nicht übereinstimmt. Sie zieht eine Rechtsfolgerung lediglich aus der Aufstellung, sie habe bei der Unterschrift ihren dem Wortlaut der Vertragsurkunde entgegengesetzten Willen erklärt. Abgesehen davon, wie eine solche d. h. gleichzeitig mit der Unterschrift abgegebene Erklärung rechtlich zu beurtheilen ist, hat Klägerin zur Begründung ihres Anspruches eine Darstellung vorgetragen, nach welcher der Vollziehung der Vertragsurkunde eine mündliche Unterhandlung vorangegangen ist, sie zuerst die mündliche Erklärung betreffs der Garantie abgegeben hat und zwischen ihrer Erklärung und der Unterschrift noch eine Erwiderung des Beklagten liegt. Ist nun nach dem festgestellten Beweisresultat die Erwiderung eine ablehnende gewesen und hat Klägerin trotzdem sich zur Unterschrift herbeigelassen, so kann von ihren beiden, sich widersprechenden, der Zeit nach aber aus einander liegenden Erklärungen, der mündlichen und der schriftlichen, vom rechtlichen Gesichtspunkte aus nur die spätere schriftliche, also in der vorschriftsmäßigen Form abgegebene Erklärung als Ausdruck ihres Vertragswillens angesehen und berücksichtigt werden, und der B.R. hat mit Recht nur der urkundlichen Erklärung Geltung beigelegt. Es folgt dies aus den in den §§ 1, 4, 52 ff. Th. I Tit. 4; §§ 127, 264 Th. I Tit. 5 des Allg. L.R. ausgesprochenen Grundsätzen."

69. Die Bestimmung über die Art und Weise der Zahlung des Kaufpreises ist kein Essentiale des Kaufes (A.L.R. I, 4 §§ 75 ff.; I, 11 §§ 12 ff.). Urth. des IV. Civilsenats vom 28. April 1885 in Sachen A. W. zu W., Beklagten und Revisionsklägers, wider P. K. zu G., Klägerin und Revisionsbeklagte. Vorinstanz: O.L.G. Breslau. Verwerfung.

Für die auf den Fall des Rücktrittes von dem Kaufvertrage stipulirte Konventionalstrafe von 3000 ℳ stellt der B.R. fest, daß der Beklagte von dem

Vertrage bereits Ende August 1882 zurückgetreten ist. Die von dem Beklagten gegen seine Zahlungsverbindlichkeit aus der angeblichen Ungültigkeit und Unwirksamkeit des Vertrages hergeleiteten Einreden sind von dem B. R. verworfen. Insbesondere hält der B. R. den von dem Beklagten geltend gemachten Irrthum für die Gültigkeit und Rechtswirksamkeit des Vertrages für einflußlos, weil sich dieser Irrthum nicht auf den Gegenstand des Kaufvertrages — das Grundstück in seiner Substanz oder Eigenschaft und den Kaufpreis —, sondern auf den Werth des auf den Kaufpreis in Zahlung gegebenen, angeblich minderwerthigen Grundschuldbriefes bezogen habe.

„Darin hat der B. R. nicht geirrt. Denn die Art und Weise der Bezahlung des verabredeten Kaufpreises ist nicht der Hauptgegenstand des Kaufvertrages und gehört auch nicht zu den wesentlichen Bestandtheilen des Kaufes; ein Irrthum in jener Beziehung entkräftet daher nicht den Kauf und macht ihn daher nicht ungültig (§§ 75 ff. Tit. 4, §§ 12 ff. Tit. 11 Th. 1 des Allg. L. R.)."

70. Die Bestimmungen des Gesetzes vom 20. August 1883 können zur Auslegung der §§ 263, 264 des A. L. R. I, 9 nicht verwendet werden.
Urth. des V. Civilsenats vom 25. April 1885 in Sachen des Preuß. Stromfiskus, Beklagten und Revisionsklägers, wider Th. D. zu W., Kläger und Revisionsbeklagten. Vorinstanz: O.L.G. Posen. Verwerfg.

Es ist nur die Frage zu entscheiden, ob die streitige Anlandung zur Zeit der Grenzfeststellung im Jahre 1862 wirklich ein Theil des Gutes W. geworden war, sei es als Alluvion nach § 225 Th. I Tit. 9 des Allg. L. R., sei es durch Okkupation auf Grund des § 263 a. a. O. Der B. R. hat letzteres angenommen, indem er auf Grund der Beweisaufnahme für festgestellt erachtet: 1) „daß die schon vor dem Jahre 1862 in ihrem jetzigen Umfange vorhandene Streitfläche in Folge des von der Strombauverwaltung systematisch zur Ausführung gebrachten rationellen Regulirungssystems und zwar in Folge von Strombauten und Weidenanpflanzungen entstanden sei;" 2) „daß L. (der Besitzvorgänger Klägers) mindestens schon vor dem Jahre 1861 die Streitfläche zum Theil mit Weiden bepflanzt und auf derselben die Jagd ausgeübt, dieselbe mithin in Besitz genommen habe." Daran wird die Schlußfolgerung geknüpft, „daß die streitige Anlandung in dem vom Kläger prätendirten Umfange damals bereits dem Gute W. zugefallen und so in das Eigenthum der L.'schen Eheleute gelangt war." Diese Folgerung erklärt das R. G. für gerechtfertigt.

„Denn wenn auch § 264 a. a. O. dem Uferbesitzer, welcher von der ihm in § 263 gegebenen Befugniß, das durch Verkrippungen und ähnliche Anstalten in einem Flußbett gewonnene Land sich durch Besitznehmung zuzueignen, Gebrauch macht, die Verpflichtung auferlegte, zu den Arbeiten und Kosten nach Verhältniß beizutragen, so blieb doch der Erwerb ein unmittelbarer, der von einer Auseinandersetzung mit dem Unternehmer völlig unabhängig sich vollzog, während dem Unternehmer gegen den Uferbesitzer ein persönlicher Anspruch aus einem quasikontraktlichen Verhältniß erwuchs. (Vergl. Entsch. des Ob. Trib. Bd. 37

S. 69, Bd. 60 S. 48.) Die geradezu abweichenden Vorschriften des Gesetzes vom 20. August 1883 können für eine Interpretation der landrechtlichen Bestimmungen nicht herangezogen werden."

71. **Die Bestimmungen der §§ 996, 998, 1000, 1001 A.L.R. I, 11 setzen den Verlagsvertrag über ein einzelnes Werk voraus, sind nicht auf ein kontinuirliches Verhältniß zwischen Autor und Verleger anwendbar.**
Urth. des I. Civilsenats vom 30. April 1885 in Sachen des Schriftstellers W. L. zu B., Klägers, Widerbeklagten und Revisionsklägers, wider den Verlagsbuchhändler A. B. A. das., Beklagten, Widerkläger und Revisionsbeklagten. Vorinstanzen: L.G. I und Kammerger. Berlin. Aufhebung, und Bestätigung des Urtheils I. Instanz.

Die erste Instanz hatte verurtheilt und die Widerklage abgewiesen. Das Kammergericht hatte die Klage abgewiesen und den zwischen den Streitparteien bestehenden Verlagsvertrag auf die Widerklage für aufgehoben erklärt. Die Revision wird darauf gegründet, daß das B.U. beruhe 1) in seiner Entscheidung auf die Widerklage auf Verkennung des rechtlichen Charakters des zwischen den Parteien bestehenden Rechtsverhältnisses und Mißanwendung der §§ 1000, 1001 Th. I Tit. 11 des Allg. L.R.; 2) in der Entscheidung auf die Klage auf Verkennung des rechtlichen Charakters der zwischen den Parteien schließlich über die Berichtigung des festen Honorars getroffenen Abrede. — Hier interessirt nur die R.G.-Entscheidung auf den Revisionsantrag betreffs der Widerklage.

„Das mit der Widerklage geltend gemachte Recht, von dem Vertragsverhältniß der Parteien abzugehen, ist lediglich darauf gegründet, daß der § 1001 A. L. R. I, 11 auf ein solches Verhältniß, wie das zwischen den Parteien eingegangene, an sich anwendbar sei und die Voraussetzungen des in jener Gesetzesstelle dem Verleger gewährten Rechts im konkreten Falle vorlägen. Das B.G. setzt die Anwendbarkeit jener Gesetzesstelle als selbstverständlich voraus. Es ist aber zu verneinen, daß der § 1001 l. c. auf ein Rechtsverhältniß der vorliegenden Art anwendbar sei. Das A.L.R. bestimmt im achten (die Verträge, „wodurch Sachen gegen Handlungen oder Handlungen gegen Handlungen versprochen werden", normirenden) Abschnitte des Tit. 11 Th. I des Gesetzbuches:

§ 996. „Das Verlagsrecht besteht in der Befugniß, eine Schrift durch den Druck zu vervielfältigen und sie auf den Messen, unter die Buchhändler und sonst ausschließend abzusetzen."

§ 998. „In der Regel erlangt der Buchhändler das Verlagsrecht nur durch einen mit dem Verfasser darüber geschlossenen schriftlichen Vertrag."

§ 1000. „Der Verfasser ist schuldig, den schriftlichen Vertrag durch Lieferung der Handschrift zur gehörigen Zeit zu erfüllen."

§ 1001. „Thut er dieses nicht, so kann der Verleger von dem Vertrage wieder abgehen."

Das Gesetz normirt ersichtlich nur den (einfachen) Fall eines Verlagsvertrages über ein einzelnes Werk, also ein Vertragsverhältniß, nach dessen Wesen in der Unterlassung der Lieferung der Handschrift dieses Werkes zur gehörigen Zeit ein Verzug in der ganzen Vertragsleistung des Verfassers liegt, wobei der Gesetzgeber ersichtlich in das Auge faßt, daß die Spekulation des Verlagsbuchhändlers bei einem Werke auf das Erscheinen desselben zu einer bestimmten Zeit berechnet zu sein pflegt, sei es einer Zeit, welche in Bezug auf den Vertrieb oder die Kauflust erfahrungsmäßig von Wichtigkeit ist (Buchhändlermesse, Weihnachtszeit), sei es einer Zeit, welche mit Rücksicht auf den Inhalt des Werkes im Verhältniß zu gewissen politischen oder Geschmacks-Konstellationen 2c. wesentlich ist. Die Ausdehnung eines solchen Rechts auf ein Vertragsverhältniß zwischen einem Schriftsteller und Verlagsbuchhändler, welches auf Kontinuität während eines längeren Zeitraumes berechnet ist und in welchem der Schriftsteller einen komplizirten Inbegriff von Verpflichtungen (positiven Leistungen und Unterlassungen) übernimmt, das beiderseitige Verhältniß auch einen sozietätsähnlichen Charakter besitzt, ist nicht gestattet. Daß aber ein Rechtsverhältniß der zuletzt gekennzeichneten Art zwischen den Parteien eingegangen ist, ergiebt sich als nicht zweifelhaft, wenn man die zwischen den Parteien getroffenen Abmachungen von dem gebotenen Standpunkte des Art. 278 des H.G.B. auslegt." Dies wird nun weiter thatsächlich ausgeführt.

72. **Verlust des Anspruches gegen den Wechselbürgen, wenn Kläger die Wechselforderung hat verjähren lassen. Beweislast des Klägers im Ausnahmefall des § 333 A. L. R. I, 14.** Urth. des I. Civilsenats vom 29. April 1885 in Sachen der Erben G., Beklagten und Revisionskläger, wider B. P. zu M., Kläger und Revisionsbeklagten. Vorinstanz: O. L. G. Breslau. Aufhebung und Zurückverweisung.

Die Beklagten haben exzipirt, daß Kläger in der Verfolgung seiner Ansprüche gegen die Hauptschuldner nachlässig gewesen sei, auch sich der ihm von den Hauptschuldnern sonst bestellten Sicherheit begeben und dadurch sich des Anspruches gegen den Bürgen verlustig gemacht habe. Sie haben dem Kläger vorgeworfen, daß er nicht schon im Jahre 1876, als die Hauptschuldner noch zahlungsfähig gewesen, die Wechselforderung gegen dieselben eingeklagt und beigetrieben habe; dieser Vorwurf ist aber vom B.R. (wie das R.G. annimmt, mit Recht) deshalb zurückgewiesen worden, weil die fortgesetzte Prolongation der Wechsel für die Dauer der Kreditgewährung der Intention aller Betheiligten entsprochen habe.

„Der hauptsächlichste, mit Unrecht schon jetzt verworfene Einwand der Beklagten ist aber daraus entnommen, daß Kläger einen Theil der Forderungen aus den Prolongationswechseln nicht eingeklagt, sondern hat verjähren lassen. Es ist zunächst vom B.R. mit Recht angenommen, daß die Vorschriften in §§ 331 ff. des A.L.R. I, 14 nach Maßgabe der näheren Ausführung in dem in Entsch. Bd. 8 S. 261 veröffentlichten Urtheil vom 20. Januar 1883 auch auf selbstschuldnerische Bürgschaften Anwendung leiden. Es ist ferner anzunehmen, daß die zur Deckung gegebenen Wechsel zu den im § 331 l. c. gedachten Sicherheiten gehören. Endlich ist auch außer Zweifel, daß eine Begebung seitens des Gläubigers im Sinne des § 331 darin zu finden ist, daß der Gläubiger den Wechselanspruch verjähren läßt. Die qu. beiden Prolongationswechsel, zusammen über 6000 ℳ lautend und am 1. Mai resp. 1. Juni 1879 zahlbar, sind von K. als Aussteller an eigene Ordre auf N. trassirt und von demselben acceptirt, sodann mit einem Blanko-Indossament an den Kläger begeben, sodann, nachdem sie wegen Mangels Zahlung bei Verfall protestirt worden, im Regreßwege auf den Kläger zurückgekommen. Kläger hat dann die volle Wechselsumme des einen Wechsels und den Theilbetrag von 160 ℳ von der Wechselsumme des zweiten Wechsels gegen N. und K. eingeklagt und rechtskräftige Judikate gegen Beide erstritten. Den Rest der Wechselsumme aus dem zweiten Wechsel hat Kläger nicht eingeklagt, und ist der Anspruch insoweit unbestritten verjährt. Der B.R. hat nun den Einwand der Beklagten verworfen, weil dem Kläger die Darlehnsklage gegen die Hauptschuldner geblieben sei. Dieser Grund kann jedoch nicht ohne weiteres als durchgreifend erachtet werden. Nach § 332 des A.L.R. I, 14 ist Kläger, soweit er die Wechselforderung hat verjähren lassen, seines Anspruches gegen den Bürgen verlustig geworden, wenn nicht der Ausnahmefall des § 333 des A.L.R. I, 14, dessen Voraussetzungen der Kläger zu beweisen hat, vorliegt. Der § 333 cit. bestimmt: „Soweit jedoch der Gläubiger überzeugend nachweisen kann, daß der Bürge durch Aufgebung der anderweitigen Sicherheit nicht verkürzt worden sei, ist er sich ferner an den Bürgen zu halten wohl befugt." Von diesem Gesichtspunkte aus hat der B.R. die Sache noch nicht geprüft. Es genügt nicht, daß Kläger die Darlehnsklage noch hat. Es ist noch weiter zu prüfen, ob Kläger dargethan hat, daß der Bürge nicht dadurch in eine ungünstigere Situation gekommen ist, daß Kläger nicht innerhalb der kurzen Verjährungsfrist für die Wechselregreßklage gegen K., und erst innerhalb der dreijährigen Verjährungsfrist gegen N. geklagt und dann rechtzeitig Vollstreckung des Urtheils nachgesucht hat. Es wird sich bezüglich des Anspruches gegen N. und gegen K. fragen, ob nicht Kläger bei zeitiger Klage seine Befriedigung von den Hauptschuldnern hätte erlangen können, während er von denselben jetzt nichts mehr oder doch nicht volle Befriedigung zu erlangen im Stande ist."

73. Begründung eines dauernden Nutzungsrechtes an Immobilien (Preuß. A. L. R. I, 21 § 1; II, 2 § 408; II, 1 § 231). Urth. des V. Civilsenats vom 15. April 1885 in Sachen v. T. u. Gen. zu Chl., Beklagten und Revisionskläger, wider die kath. Kirche zu Chl., Klägerin und Revisionsbeklagte. Vorinstanz: O. L. G. Posen. Verwerfung.

Zufolge eines rechtskräftigen Urtheils ist der Beklagte v. T. als Besitzer von Chl. verpflichtet, einen Vikar bei der Kirche zu Chl. zu unterhalten und ihm insbesondere Wohnung zu gewähren. Behufs Erfüllung der letzteren Verpflichtung hat die Königl. Regierung zu Posen im Zwangsverfahren ein sogenanntes Vikarienhaus für den Beklagten erbaut und die Kosten von ihm eingezogen. Dieses Haus ist nach dem Thatbestand der beiden Vorderurtheile im Jahre 1860 der Klägerin zu dem gedachten Zwecke überwiesen und von ihr in Besitz genommen. Seit 1874 ist die Stelle eines Vikars an der Kirche zu Chl. unbesetzt. Der Beklagte v. T. hat sich im Jahre 1877 in den Besitz des Hauses gesetzt und den Beklagten F. in dasselbe eingelegt. Der B. R. führt nun aus, daß die Klägerin durch Uebergabe des Vikarienhauses ein dingliches Nutzungsrecht an demselben erworben habe.

„Diese Ansicht muß für zutreffend erachtet werden. Die Revisionsbeschwerde der Beklagten, daß nach dem A. L. R. zur Begründung eines dauernden Nutzungsrechts an Immobilien eine stillschweigende oder nur mündliche Willenserklärung nicht genüge, mag richtig sein, sofern es sich um eine Begründung durch Willenserklärungen handelt. Nach § 1 des A. L. R. I, 21 kann jedoch das Recht, ein fremdes Eigenthum zu gebrauchen, nicht bloß durch Willenserklärungen, sondern auch unmittelbar durch Gesetz oder durch Verjährung begründet werden. Bei der Begründung durch Gesetz ist nur erforderlich, daß die vom Gesetze vorgeschriebenen Bedingungen für die Entstehung des Rechts gegeben sind. Ist dies der Fall, so tritt mit der Besitzergreifung das Nutzungsrecht an der Sache für den Berechtigten in Kraft, ohne daß es einer weiteren Willenserklärung bedarf. So beim Nießbrauch des Vaters an dem nicht freien Vermögen der Kinder (A. L. R. II, 2 § 408) und beim Nießbrauch des Mannes am Eingebrachten der Frau (A. L. R. II, 1 § 231). Ganz ähnlich liegt hier die Sache. Ob das Gebrauchsrecht eines Pfarrers oder Vikars an dem zu seiner Wohnung bestimmten Hause in jeder Beziehung unter den Begriff des Nießbrauches fällt (cf. Entsch. Bd. II S. 329), mag dahingestellt bleiben. Jedenfalls gehört es zu den dinglichen Nutzungsrechten. Subjekt dieses Rechts ist die Kirche. Sie überträgt die Ausübung desselben dem jeweiligen Vikar. Die Uebergabe des Hauses an die Kirche zur Benutzung als Wohnung für den Vikar bildet den Entstehungsgrund für das dingliche Recht. Durch die zeitweise Nichtbesetzung der Stelle eines Vikars erlischt es nicht. Selbst wenn man also auch davon ausgeht, daß das Eigenthum an dem Vikarienhause dem Beklagten v. T. verblieben ist, so können doch weder er, noch der Beklagte F. für befugt erachtet werden, ohne Grund und wider Willen der Klägerin in deren Recht einzugreifen."

74. **Uebergang des blos thatsächlich dienenden Verhältnisses eines Grundstückes in eine Servitut, wenn der bisherige Eigenthümer beider Grundstücke das dienende Grundstück ohne besondere Willenserklärung veräußert** (subhastiren läßt. — A.L.R. I, 22 §§ 11 fg.). Urth. des V. Civilsenats vom 15. April 1885 in Sachen C. H. zu B., Beklagten und Revisionsklägers, wider E. J. das., Kläger und Revisionsbeklagten. Vorinstanzen: L.G. I und Kammergericht Berlin. Aufhebung und Klagabweisung.

Der frühere Brauereibesitzer R. hat vor etwa 13 Jahren als Eigenthümer des jetzt dem Beklagten gehörigen Brauereigrundstückes T. Nr. 8 zu Berlin das Wasser eines auf seinem Grundstücke befindlichen Brunnens mittels einer tief unter der Erdoberfläche gehenden, innen ein Kupferrohr enthaltenden, gemauerten Leitung nach einem auf demselben Grundstücke befindlichen Pumpwerk überführen lassen, von wo aus die Verwendung des Wassers zum Brauereibetriebe erfolgt. Die Leitung liegt in ihrem Anfang und Ende in dem Brauereigrundstück, in ihrem mittleren Laufe aber war sie eine Strecke lang durch eine damals dem Rentier S. gehörige angrenzende Parzelle unterirdisch gelegt worden, und zwar heimlich, ohne Wissen und Willen des S. Alsbald aber, nämlich am 19. August 1873, hat R. diese S.'sche Parzelle gekauft und sodann, am 29. April 1876, sowohl das Brauereigrundstück als die Parzelle dem Brauereibesitzer P. aufgelassen. Beide Grundstücke sind 1879 gegen P. subhastirt. Dabei wurde zuerst das Hauptgrundstück durch Zuschlagsurtheil vom 19. März 1879 dem jetzigen Beklagten, und einige Tage später die Parzelle dem Rentier S. zugeschlagen. Letzterer hat am 30. November 1883 denjenigen Theil der Parzelle, welcher von der Röhrenleitung durchschnitten wird, an den jetzigen Kläger verkauft und aufgelassen. Darüber, daß die Leitung dem Zwecke, zu welchem sie hergestellt war, fortdauernd gedient hat, waltet unter den Parteien kein Streit ob. Dagegen ist streitig, ob die Subhastationsinteressenten von dem Vorhandensein der Leitung Kenntniß besaßen. Der Kläger hat auf dem von ihm erworbenen Theile der Parzelle einen Brunnen graben und, als er bei Abteufung des Schachtes auf die Röhrenleitung stieß, diese durchsägen lassen. In Folge dessen ist vom Beklagten auf Schutz in seinem Besitzstande geklagt und der Kläger in diesem Vorverfahren den Anträgen des Beklagten gemäß verurtheilt. Jetzt klagt der Kläger petitorisch. Er führt aus, daß die Röhrenleitung einen Eingriff in sein Eigenthum enthält, und bittet, durch Urtheil die Freiheit seines Eigenthums auszusprechen und dem Beklagten das Recht auf den Besitz und die Nutzung der Leitung abzuerkennen. Der Beklagte nimmt dagegen das Recht auf die Wasserleitung, ohne welche sein Brauereigrundstück der Bestimmung gemäß überhaupt nicht benutzt werden könne, als durch die Subhastation erworben in Anspruch. Er bezeichnet dasselbe als Zubehör seines Grundstückes, eventuell als Servitut. Der Erste Richter hat den Beklagten den Klageanträgen gemäß verurtheilt und der Zweite Richter seine Berufung verworfen.

„Die vom Beklagten gegen dieses Urtheil eingelegte Revision erscheint begründet. Der B. R. geht mit Recht davon aus, daß der Anspruch des Beklagten als Grundgerechtigkeit aufzufassen ist. Der Beklagte verlangt als Besitzer des Brauereigrundstückes eine Einschränkung des Klägers in der freien Ausübung seines Eigenthumsrechts an dem fraglichen Theile der Parzelle (A. L. R. I, 22 §§ 11, 12). Grundgerechtigkeiten können durch gültige Willenserklärungen eingeräumt oder durch Verjährung erworben werden (§ 13 ibid.). Daraus folgt, daß die heimliche Anlegung der Röhrenlegung vor 13 Jahren durch R. nicht als gesetzmäßiger Erwerbsakt einer Grundgerechtigkeit gelten kann. Eine solche bestand mithin 1873, als R. das dienende Grundstück erwarb, noch nicht. Es findet also die Vorschrift der §§ 53, 54 ibid., wonach eine Grundgerechtigkeit, wenn bei der Vereinigung des herrschenden und dienenden Grundstückes der Eigenthümer beider die ihr Dasein bezeichnende Anlage nicht fortschaffen läßt, wieder in Wirkung tritt, sobald das dienende Grundstück an einen anderen Besitzer gelangt, auf den späteren Verkauf der Parzelle keine Anwendung.

Dem B. R. ist ferner darin beizustimmen, daß den Vorbesitzern des Beklagten, R. und P., die rechtliche Möglichkeit fehlte, das eine der beiden ihnen gehörigen Grundstücke zu Gunsten des anderen mit einer Grundgerechtigkeit zu belasten. Ob der vom Berufungsrichter hierfür angezogene Rechtssatz: nemini res sua servit ausnahmslos gilt, mag dahingestellt bleiben. Als Regel geht jedenfalls das Allg. L. R. davon aus, daß die Grundgerechtigkeit ein Recht an einer fremden Sache ist (§§ 25, 26, 30 ff. I, 22). Die Beschränkung des Unterganges der Grundgerechtigkeit bei der Vereinigung des herrschenden und dienenden Grundstückes (§§ 53, 54 ibid.) bildet eine Ausnahme von der allgemeinen Regel (vergl. §§ 482 ff., 485 I 6) und gestattet nicht den Schluß, daß dem Eigenthümer auch eine Neubegründung an einem von ihm besessenen Grundstücke zu Gunsten des anderen freisteht. Es bedarf hiernach keines Eingehens auf die ebenfalls vom B. R. erörterte Frage, ob in dem Fortbestand der die Ausübung der Wasserleitung ermöglichenden Anstalt ein konstitutiver Akt zu finden ist. Man muß vielmehr davon ausgehen, daß der Eigenthümer zweier Grundstücke, wenn er das eine in der Weise nützt, daß es den Zwecken des andern dient, nur das ihm als Eigenthümer zustehende Gebrauchsrecht ausübt. Wenn jedoch in solchem Falle das dienende Grundstück in andere Hände übergeht, so nimmt die konstante

Judikatur sowohl des Gemeinen als des Preußischen Rechts an, daß es eines neuen Aktes behufs der Begründung einer Grundgerechtigkeit nicht bedarf, sofern der Veräußerer und der Erwerber gewollt haben, daß die bisherige Benutzungsart des dienenden Grundstückes fortbestehen solle. Das früher thatsächliche Verhältniß verwandelt sich alsdann in ein rechtliches: der Gebrauch des Eigenthümers geht in eine Grundgerechtigkeit über. Der B. R. verkennt diesen Rechtsgrundsatz auch keineswegs. Er lehnt jedoch die Anwendung desselben hier ab, weil er davon ausgeht, daß der Veräußerungsvertrag selbst den Willen zum Ausdruck bringen müsse. Er verlangt, daß der Wille der Subhastations-Interessenten ausdrücklich oder durch konkludente Handlungen erklärt werde, und legt besonderes Gewicht darauf, ob die Interessenten von den thatsächlichen (herrschenden und dienenden) Verhältnissen Kenntniß hatten. Sind die Entscheidungsgründe des B. R. in diesem Sinne zu verstehen, so wird die Anwendung des oben gedachten Rechtsgrundsatzes auf den hier vorliegenden Fall zu Unrecht ausgeschlossen. Einer besonderen Manifestirung des Willens bei dem Vertragsschluß (bezw. der Subhastation) bedurfte es nicht. War der Wille des Eigenthümers beider Grundstücke, daß die Parzelle des Klägers zu Gunsten des Brauereigrundstückes die Röhrenleitung aufnehmen solle, schon früher gefaßt und bethätigt, und war eine Aenderung bis zu der Subhastation hierin nicht eingetreten, so ging das Grundstück des Klägers mit derjenigen Beschränkung, welcher es bisher thatsächlich unterworfen war, nunmehr als Grundgerechtigkeit belastet in das Eigenthum des Klägers oder seines Vorbesitzers über. Ob dem Erwerber desselben die Einrichtungen zur Ausübung der Gerechtigkeit speziell bekannt waren, erscheint ohne Bedeutung. Er erwarb es mit den aus der bisherigen Benutzungsart folgenden Beschränkungen.

Von ähnlichen Rechtsgrundsätzen ist auch schon das frühere Ober-Tribunal ausgegangen. Es hat z. B. die Konstituirung einer Grundgerechtigkeit in dem Falle angenommen, wenn das bisherige Gebrauchsrecht für das verkaufte herrschende Grundstück dringend nothwendig ist oder wenn der Verkäufer sich die Fortnahme der Anstalt zur Ausübung des Gebrauches nicht ausdrücklich vorbehalten hat (vergl. Entsch. Bd. 79 S. 283; Striethorst, Archiv Bd. 7 S. 228). Ob die Veräußerung durch freiwilligen Vertrag oder im Wege der Subhastation erfolgt, macht keinen Unterschied. Auch bei gerichtlichen Verkäufen finden die allgemeinen Grundsätze von Kaufgeschäften Anwendung (A. L. R. I, 11 § 340)."

75. Begriff der abgesonderten Wirthschaft (A. L. R. II, 2 § 210). Urth. des IV. Civilsenats vom 23. April 1885 in Sachen T. H. zu E., Beklagten, Revisionsklägers und Revisionsbeklagten, wider G. H. das., Kläger, Revisionskläger und Revisionsbeklagten. Vorinstanzen: L.G. Elbing, O.L.G. Marienwerder. Aufhebung, und Bestätigung des klagabweisenden ersten Urtheils.

„Es handelt sich darum, den Begriff der eigenen, abgesonderten Wirthschaft im A. L.R. II, 2 § 210 zu bestimmen. Es ist unbedenklich, eine solche auch darin zu finden, daß der Sohn eine eigene Wohnung miethet und ohne eigenen Heerd seine Beköstigung bei den Wirthsleuten oder in einem Speisehause nimmt. Ebenso wird man daneben nicht schlechthin erfordern können, daß er ein eigenes Gewerbe treibt oder ein öffentliches Amt bekleidet, ja daß er überhaupt eine Erwerbsthätigkeit ausübt. Es kann genügen, daß der Sohn, welchem seine Mittel dies gestatten, als Rentner außerhalb des väterlichen Hauses wohnt und sich beköstigen läßt. Es ist zuzugeben, daß im A. L. R. beim großjährigen Sohne „eigenes Gewerbe, öffentliches Amt" als selbständige Aufhebungsgründe neben der Errichtung einer abgesonderten Wirthschaft aufgeführt sind, und dies stimmt auch mit den von Koch (Kommentar zu § 210) mitgetheilten Gesetzesmaterialien überein. Bei diesen letzten beiden Aufhebungsgründen ist die Voraussetzung unzweifelhaft, daß sie zu einem dauernden Verhältniß führen, wie ja auch das Zustandsverhältniß der außerhalb der Gewalt befindlichen Person (status sui juris) ein dauerndes ist. Ein öffentliches Amt bekleidet man regelmäßig auf längere Zeit, und bei dem eigenen Gewerbe folgt dies aus dem Erfordernisse des § 213: „daß der Sohn sich mit seinem Gewerbe ohne weitere Unterstützung des Vaters ernähren kann." Damit ist ausgedrückt, daß der Gewerbebetrieb den Charakter der von dem guten Willen des Vaters unabhängigen Dauer haben soll, wenn der Sohn das Gewerbe ohne die Genehmigung des Vaters beginnen will.

Es ist trotz dieser Selbständigkeit aller drei Entlassungsmodi aber nicht unrichtig, wenn Förster (Theorie und Praxis III S. 244, erste Ausgabe S. 599), in wesentlicher Uebereinstimmung mit Dernburg (Privatrecht Bd. III § 48 S. 142), die letztern beiden Thatumstände zugleich als gewisse, obwohl nicht erschöpfende Anhaltspunkte zur Bestimmung des Begriffs der abgesonderten Wirthschaft bezeichnet und als Definition aufstellt: „Eine zum Austritt aus der väterlichen Gewalt erforderte abgesonderte Wirthschaft ist vorhanden, wenn der Sohn außerhalb des Geschäftskreises seines Vaters eine Berufsarbeit übernimmt, die an sich geeignet sein kann, ihm einen selbständigen

Unterhalt zu gewähren, wenn sie auch im einzelnen Falle den Unterhalt noch nicht vollständig gewährt." Diese Definition ist allerdings zu eng. Denn, wie bereits bemerkt, wird man dem großjährigen Sohne, welcher als Rentner zu leben in der Lage ist, auch gegen den Willen des Vaters die Errichtung einer abgesonderten Wirthschaft gestatten müssen. Aber jedenfalls ist Erforderniß, daß der Sohn durch Erwerbsthätigkeit, aus den Einkünften seines Vermögens oder sonst die Mittel bezieht, um eine abgesonderte Wirthschaft nicht blos vorübergehend zu errichten, sondern auch auf die Dauer fortzuführen. Eine Wirthschaft, welcher solche reale Unterlage fehlt, ist im Sinne des Gesetzes keine selbständige; sie hebt die Gewalt nicht auf, wenn auch nicht gerade die Voraussetzungen der Erklärung als Verschwender vorliegen.

Kraut sagt dementsprechend für das Gemeine Recht (Vormundschaft Bd. II S. 647): „Nach der übereinstimmenden Ansicht der Juristen ist zur Aufhebung der väterlichen Gewalt durch Anlegung eines eigenen Haushaltes erforderlich: 1) daß das Kind im Stande sei, durch Treiben eines Gewerbes oder eines anderen Geschäfts sich seinen beständigen Unterhalt zu verschaffen, oder daß es wenigstens von seinem eigenen Vermögen leben könne. Mit diesem Erforderniß wird es aber nicht in Widerspruch stehend gehalten, wenn das Kind eine väterliche Unterstützung an Kost, Wohnung u. s. w. bekommt." Letzterer Fall kann selbstverständlich nicht in Frage kommen, wenn das Kind sich gegen den Willen des Vaters von dem väterlichen Hause scheidet.

Aehnlich sagt Zimmermann (Archiv für die civilistische Praxis Bd. 50 S. 166): „Der Hauptgedanke, welcher sich klar durch das so vielfach bezeugte Gewohnheitsrecht hindurchzieht, ist der, daß das Hauskind, sobald es die nöthige Reife und Selbständigkeit erlangt hat, so daß es nicht mehr vom Vater ernährt zu werden braucht, aus dem väterlichen Hause ausscheiden kann."

Indem der B. R. dies verkennt, verletzt er die §§ 210, 211 Allg. L. R. II, 2, und dies führt zur Aufhebung seines Urtheils, soweit es eine Verurtheilung des Beklagten enthält."

76. **Gemeinsames Patronatrecht der Eigenthümer solcher mehrerer Güter, auf denen zusammen das Patronatrecht haftet. Ausschließung der Mitberechtigten seitens eines der Berechtigten durch Ersitzung** (A. L. R. II, 11 §§ 605, 611, 612). Urth. des IV. Civilsenats vom 28. April 1885 in Sachen der verw. V. und Gen. zu T., Kläger und Revisions-

kläger, wider das Kirchenpatronat T., Beklagten und Revisionsbeklagten. Vorinstanz: O.L.G. Stettin. Verwerfung.

Die Entscheidung zweiter Instanz beruht auf der Annahme: das in dem Patronatrechte enthaltene Präsentations- und Vokationsrecht stehe den Klägern, obwohl denselben als Eigenthümern des Rittergutes T. neben dem landesherrlichen Patronatrechte an der Kirche in C. ein Kompatronat fortgesetzt zukomme, nicht zu, da das bezeichnete Recht dem Rittergute T. durch Ersitzung seitens des Landesherrn in der Art verloren gegangen sei, daß gegenwärtig dem Landesherrn das Recht der Ernennung des Pfarrers an der Kirche in C. ohne Konkurrenz der Kläger als Eigenthümer des Rittergutes T. bei der Besetzung der Pfarre gebühre. Zu dieser Annahme ist das B.G. durch die Erwägung gelangt, daß in den Jahren 1739 bis 1740, 1747, 1752, 1797, 1842, 1862 die definitive Besetzung der Pfarre ausnahmslos durch den Landesherrn oder die zur Ausübung der landesherrlichen Patronatrechte berufenen Behörden ohne Zuziehung des Mitpatrons erfolgt sei. Die Zulässigkeit der Ersitzung wird aus der Bestimmung des § 612 Th. II Tit. 11 des Allg. L.R. hergeleitet. Das Gericht hält dafür, daß die Ersitzung bereits im Jahre 1797 vollendet gewesen sei. Aus dieser letzteren Erwägung soll sich die Unerheblichkeit der von den Klägern aufgestellten Behauptung ergeben, daß im Jahre 1842 ein Jude das gegenwärtig im Eigenthume der Kläger stehende Gut besessen habe. Dabei wird ausgeführt, die Heranziehung der vor Einführung des Allg. L.R. vorgekommenen Fälle der Besetzung der Pfarre werde dadurch gerechtfertigt, daß nach Art. XVII des Publikationspatentes vom 5. Februar 1794 und § 14 der Einl. zum Allg. L.R. in Ansehung der Verjährung — und Ersitzung —, deren bisherige gesetzmäßige Frist mit dem 1. Juni 1794 noch nicht abgelaufen gewesen sei, die Vorschriften des Allg. L.R. zur Anwendung kommen. Die Verjährung (Ersitzung) aber erachtet das B.G. nach dem vor Einführung des Allg. L.R. in Geltung gewesenen Gemeinen Kirchenrechte für zulässig. Und zwar nimmt es sowohl die Möglichkeit eines Unterganges des Patronatrechtes durch usucapio libertatis, als auch einen Erwerb des Patronatrechtes durch zehn-, zwanzig- und dreißigjährige Ersitzung an.

Die Revisionskläger wollen in der Entscheidung des B.G. einen Verstoß gegen die Vorschrift des § 612 Th. II Tit. 11 des Allg. L.R. gefunden wissen. Sie suchen geltend zu machen, daß, wenn nach § 611 a. a. O. ein Verlust des Patronatrechtes durch Nichtgebrauch ausgeschlossen, nach § 612 aber der Verlust einzelner, unter dem Patronatrechte begriffener Befugnisse durch Ersitzung derselben seitens der Gemeinde, der Gemeindevorsteher oder auch Dritter für rechtlich möglich erklärt werde, damit nicht auch für einen Mitpatron die Möglichkeit der Ersitzung einer derartigen Befugniß gegeben sei.

„Diesem Angriffe ist jedoch der Erfolg zu versagen. Haftet das Patronatrecht über eine Kirche auf mehreren Gütern, so sind nach § 605 a. a. O. die Eigenthümer der Güter in Ansehung der mit dem Patronatrechte verbundenen Befugnisse als Inhaber eines gemeinsamen Rechtes zu betrachten. Diese Gemeinsamkeit des Rechtes schließt aber nicht aus, daß einer der Berechtigten in den ausschließlichen Besitz des Rechtes gelange und durch Ersitzung seine Mitberechtigung zu einer die bisherigen Mitberechtigten ausschließenden, alleinigen Berechtigung erweitere. Hierbei ist in Betracht zu ziehen, daß die Ersitzung durch den Mitberechtigten sich zwar anders gestaltet, als die

Ersitzung einer Mitberechtigung durch einen Dritten. Denn bei der letzteren wird die Berechtigung des einen Mitberechtigten durch einen Anderen ausgeübt, und die Folge der Ersitzung ist nicht eine Veränderung in dem Inhalte der Theilnahmerechte; es gelangt vielmehr nur an die Stelle des einen Berechtigten ein anderer. Bei der ersteren dagegen tritt in der Rechtsausübung an die Stelle des Sonderbesitzes Mehrerer der ausschließliche Besitz eines der Mitberechtigten, und die Folge der Ersitzung ist die ausschließliche Berechtigung des einen bisher Mitberechtigten. Allein wenn auch die Rechtsstellung des Mitberechtigten von der eines überall nicht Berechtigten bei der Frage des Besitzes und der Ersitzung verschieden ist, so kann doch aus dem Wortlaute des § 612 kein Grund hergenommen werden, den Erwerb der ausschließlichen Berechtigung auf Seite des bisherigen Mitberechtigten durch Ersitzung auszuschließen und nur in dem Falle, daß ein Nichtpatron Patronatbefugnisse während der Ersitzungszeit ausgeübt hat, einen Erwerb durch Ersitzung zuzulassen. Im § 612 ist vielmehr im Gegensatze zum § 611, nach welcher Vorschrift durch Nichtgebrauch das Patronatrecht nicht erlöschen soll, die Bestimmung zu finden, daß, wenn nicht blos Nichtausübung der Befugnisse, welche im Patronatrechte enthalten sind, vorliegt, sondern die Voraussetzungen der Ersitzung gegeben sind, das von der Ersitzung betroffene einzelne Recht für den, der bis dahin der Berechtigte gewesen ist, verloren wird. Und wenn dabei von der Gemeinde, den Gemeindevorstehern und zuletzt von einem Dritten die Rede ist, so liegt ein ausreichender Grund, aus dem als ein solcher Dritter ein Kompatron nicht in Betracht kommen könnte, nicht vor. Für den Verlust der im Patronatrechte liegenden Befugnisse auf Seite dessen, der die Ausübung unterläßt, durch Ersitzung seitens eines Anderen haben vielmehr die allgemeinen Rechtsnormen über den Erwerb durch Ersitzung Geltung. Diese Rechtsnormen aber lassen die Entstehung der ausschließlichen Berechtigung eines bisher Mitberechtigten ebenso zu, wie nach ihnen die Möglichkeit des Erwerbes des Alleineigenthums an einer körperlichen Sache durch Ersitzung seitens des bisherigen Miteigenthümers gegeben ist."

77. **Begriff des Unterhaltes. Voraussetzungen der Gewährung desselben in Geld, statt in Natur** (Gesindeordnung §§ 94, 95, 85). Urth. des IV. Civilsenats vom 23. April 1885 in Sachen S. zu L., Klägers und Revisionsklägers, wider v. A.-S. zu N., Beklagten und Revisionsbeklagten. Vorinstanz: O.L.G. Stettin. Verwerfung.

Der Kläger, welcher im Dienste des Beklagten eine schwere Körperverletzung erlitten hatte, in Folge deren eine Amputation des rechten Armes nothwendig geworden war, trat in erster Instanz laut des Thatbestandes des landgerichtlichen Urtheils mit der Behauptung hervor, daß er in Folge der Körperverletzung und späterer körperlicher Anstrengungen im Dienste des Beklagten nur noch zum vierten Theile, im besten Falle zur Hälfte arbeitsfähig sei. Er gründete hierauf den Anspruch auf eine der Hälfte des jährlichen Arbeitsverdienstes, den er vor der Körperverletzung gehabt hatte, entsprechende Entschädigung. Der Beklagte bestritt seine Entschädigungspflicht, weil die Arbeitsfähigkeit des Klägers nicht in Folge der in Rede stehenden Körperverletzung, sondern durch ein im Entstehen begriffenes chronisches Lungenleiden gemindert sei. In zweiter Instanz behauptete der Kläger, durch die Amputation des Armes, die Anstrengungen im Dienste des Beklagten und die mangelhafte Ernährung völlig arbeitsunfähig geworden zu sein, und führte an, daß der von ihm geforderte Betrag der Hälfte seines früheren Diensteinkommens zum nothdürftigen Unterhalte für ihn selbst, seine Frau und seine Kinder erforderlich sei. Der Beklagte wollte in dieser Begründung des Anspruches eine unzulässige Klageänderung gefunden wissen. Er bestritt die behauptete gänzliche Arbeitsunfähigkeit des Klägers und den ursächlichen Zusammenhang zwischen derselben und der vom Kläger erlittenen Körperverletzung, erhob auch die Einrede der Verjährung. Falls aber und soweit der Kläger in Folge der Verletzung nicht mehr im Stande sein sollte, sich den nothdürftigen Unterhalt zu verdienen, erklärte er, wie er sich nicht weigere, diesen Unterhalt dem Kläger in Natur auf seinem Gute zu gewähren. Beide Vorderrichter haben die Klage nicht für begründet erachtet. Das B.G. nimmt an, daß der Anspruch auf die geforderte Geldentschädigung dem Kläger nicht zustehe und daher von einer Prüfung der Fragen, ob aus den §§ 94, 95 der Gesindeordnung ein Anspruch gegen den Beklagten überhaupt entstanden sei, ob eine unzulässige Klageänderung vorliege und ob die Einrede der Verjährung Platz greife, abgesehen werden könne. Denn Geldentschädigung könne der Kläger nicht ohne weiteres fordern, weil unter der in obigen Bestimmungen normirten Verpflichtung zur Sorge für den nothdürftigen Unterhalt zunächst nur die Verbindlichkeit zur Gewährung des Unterhaltes in Natur verstanden werden könne und, wenn auch unter Umständen dem Kläger das Recht zuzugestehen sein möchte, statt jener Naturalverpflegung, welche der Beklagte eventuell nicht zu verweigern erklärt habe, Geldentschädigung zu verlangen, derartige Umstände doch vom Kläger nicht dargelegt seien.

„Die gegen diese Entscheidung vom Kläger noch eingelegte Revision hat als begründet nicht angesehen werden können. Das B.G. ist laut des Einganges seiner Entscheidungsgründe davon ausgegangen, daß der Klage nach der eigenen Darstellung des Klägers die Behauptung eines vom Kläger im Dienste ohne sein Verschulden erlittenen Unglücksfalles zum Grunde liege und daß daher der geltend gemachte Anspruch lediglich nach den §§ 94, 95 der Gesindeordnung zu beurtheilen sei. Im übrigen ist in Betracht zu ziehen, daß das B.G. dem Kläger den Anspruch auf nothdürftigen Unterhalt nicht aberkannt, sondern nur den erhobenen Anspruch auf Geldzahlung in dem vorliegenden Thatsachenmateriale nicht für gegeben erachtet hat. Hierbei ist zu erwägen, daß die Verpflichtung zum Unterhalte die Gewährung alles dessen zum Gegenstande hat, was zur Erhaltung des Klägers und der Gesundheit erforderlich ist, also Essen, Trinken, Kleidung, Obdach, Krankenpflege und Arzneien. (Zu vgl. Glück, Pandekten Bd. 28 S. 52; Koch, Recht der Forderungen Bd. 3 S. 10.) Daß die Verbindlichkeit zur Gewährung des Unterhaltes erfüllt wird, wenn der Verpflichtete dem Berechtigten alles Angegebene in Natur gewährt, ist an sich unbestreitbar. Daraus folgt aber nicht, daß der Berechtigte darauf beschränkt ist, Unterhalt in Natur zu fordern, und daß eine Geldforderung an Stelle des in Natur zu gewährenden Unterhaltes nur insoweit treten kann, als Alimente in Natur nicht gewährt sind oder nicht gewährt werden können. Es liegt vielmehr im Begriffe der Alimentationsberechtigung, daß, auch abgesehen von dem Falle des Verzuges oder der Unmöglichkeit der Gewährung des Unterhaltes in Natur, ein Anspruch auf Geldzahlung, durch welch' letztere der Berechtigte in den Stand kommen will, sich den Unterhalt selbst zu verschaffen, von vornherein durch die Umstände des Falles begründet sein kann. Von dieser Auffassung ist das vormalige Ob.-Trib. in der in Bd. 69 des Striethorst'schen Archivs S. 50 abgedruckten Entscheidung und das R.G. in dem in Bd. 25 S. 468 der Gruchot'schen Beiträge abgedruckten Urtheile ausgegangen. Zu vgl. auch Förster-Eccius, Theorie und Praxis Bd. 4 S. 257.

Der dargelegten Rechtsauffassung entsprechen die Entscheidungsgründe des angefochtenen Urtheils. Das B.G. verkennt nicht, daß dem Kläger unter Umständen auch das Recht zustehen könne, statt der Naturalverpflegung, Wohnung u. s. w. eine Geldentschädigung zu verlangen. Es nimmt aber an, daß der Kläger derartige Umstände nicht dargethan habe und der Beklagte unter der Voraussetzung, daß er zur Unterhaltsgewährung überhaupt verpflichtet sei, sich nicht weigere, den Unterhalt in Natur zu gewähren."

78. **Auslegung des § 9 des Preuß. Erbschaftssteuergesetzes vom 30. Mai 1873** (Wenn eine zur Hypothek eingesetzte Sache und der Schuldner sich im Auslande befinden, ist diese zum Nachlasse gehörige Forderung als ein im Auslande befindliches Vermögensstück des Erblassers anzusehen). Urth. des IV. Civilsenats vom 16. April 1885 in Sachen des Preuß. Fiskus, Beklagten und Revisionsklägers, wider die Erben B. in K., Kläger und Revisionsbeklagte. Vorinstanz: O.L.G. Posen. Verwerfung.

„Der Zweite Richter hat die allein streitige Frage, wo im Sinne des § 9 des Preuß. Erbschaftssteuergesetzes vom 30. Mai 1873 eine ausstehende Nachlaßforderung sich befindet, ob im Inlande oder im Auslande, wenn der Gläubiger ein Inländer, der Schuldner aber ein Ausländer und die dafür zur Hypothek eingesetzte Sache im Auslande belegen ist, mit Recht dahin entschieden, daß eine solche Nachlaßforderung als ein im Auslande befindliches Vermögensobjekt des Erblassers anzusehen sei.

Nach § 1 a. a. O. wird die Erbschaftssteuer von der Erbschaft ohne Unterschied, ob sie Inländern oder Ausländern zufällt, und zwar nach § 5 a. a. O. von dem Betrage entrichtet, um welchen diejenigen, denen der Anfall zukommt, dadurch reicher werden, weshalb der steuerpflichtigen Masse alle zu derselben gehörigen ausstehenden Forderungen hinzuzurechnen sind. Dies sind, wenn es sich um die Besteuerung einer Erbschaft handelt, sämmtliche Forderungen des Nachlasses, welcher den Gegenstand der zu besteuernden Erbschaft bildet, insoweit das Gesetz selbst keine Ausnahmen von dieser Regel enthält. Die Beantwortung der Frage, ob das Gesetz die Steuerpflichtigkeit der zur steuerpflichtigen Masse zu rechnenden Aktivforderungen anderweit eingeschränkt hat und dadurch deren Zurechnungsfähigkeit zur steuerpflichtigen Masse selbst bedingt erscheint, hängt davon ab, ob die §§ 9 und 10 a. a. O., die, entsprechend den Marginalien, zwischen im Auslande und im Inlande befindlichem Vermögen unterscheiden, auch auf ausstehende Forderungen bezogen werden müssen. Sie bestimmen zunächst, daß außerhalb Landes belegene Grundstücke und Grundgerechtigkeiten nicht zur steuerpflichtigen Masse gehören, dagegen inländische Grundstücke, Grundgerechtigkeiten oder deren Nutzungen, gleichviel ob der Erblasser Inländer oder Ausländer war, immer der Erbschaftssteuer unterworfen sein sollen, sodann daß von dem „andern" d. h. beweglichen Vermögen das ausländische des inländischen Erblassers insoweit steuerfrei ist, als davon erweislich eine ausländische Erbschaftssteuer entrichtet wird (§ 9 a. a. O.), und das inländische eines ausländischen Erblassers dann steuerfrei ist, wenn es in einen Staat verabfolgt wird, der die Rücksicht der Gegenseitigkeit beobachtet (§ 10 a. a. O.). Hiernach gehören alle bei Feststellung der steuerpflichtigen Erbschaftsmasse in Betracht kommenden Nachlaßgegenstände, und zwar mit Rücksicht auf § 5 a. a. O., entweder zu dem unbeweglichen oder zu dem ausländischen oder inländischen beweglichen Vermögen des Erblassers, zu welchem letztern die ausstehenden Forderungen nach §§ 7 ff. Th. I Tit. 2 des A. L. R. zu rechnen sind. Mithin kommt es bei diesen, wie bei dem beweglichen Nachlaßvermögen des inländischen Erblassers überhaupt, darauf an, festzustellen, ob es zum inländischen oder ausländischen gehört, weil, wenn es zum ausländischen zu zählen ist, nach § 9 a. a. O. bei der inländischen Besteuerung die Rücksicht auf die ausländische maßgebend erscheint. Das Gesetz besteuert nicht den Erbanfall oder den Nachlaß als solchen, sondern dessen reale Bestandtheile nach ihrem Werth. Die dazu gehörigen Forderungen sind ihrer Natur nach dazu bestimmt, durch Zahlung getilgt zu werden, und ihr Werth bemißt sich nach der Sicherheit, welche die vorhandenen Befriedigungsmittel dafür gewähren. Dies hat das Gesetz selbst in § 23 a. a. O., wo von unsicheren Forderungen gehandelt wird, anerkannt. Die ausstehende Forderung beansprucht die Zahlungsmittel des Schuldners zur Befriedigung des Gläubigers, und diese sind, wenn, wie im vorliegenden Falle, der Schuldner ein Ausländer und dafür ein ausländisches Grundstück verpfändet ist, ausländische, welche der Einwirkung des fremden Staates, wo sie sich befinden, mittels Erhebung einer Erbschaftssteuer unterworfen sind. Steht aber eine inländische Forderung im Auslande an einen Ausländer aus und ist der Gläubiger präsumtiv auf ausländisches Vermögen zu seiner Befriedigung angewiesen, so muß, worin dem Zweiten Richter beizupflichten, die Forderung selbst im Sinne des § 9 a. a. O. als im Ausland befindliches Vermögen des inländischen Gläubigers angesehen werden. Die thatsächliche Erwägung des Richters, daß nach dem allgemeinen Sprachgebrauch unter ausländischem, im Auslande befindlichen Vermögen eines Inländers dasjenige, dessen Verabfolgung ins Inland beansprucht werden kann, verstanden wird und daß von einer Absicht des Gesetzgebers, von diesem Sprachgebrauch abzuweichen, nichts erhelle, läßt sich nicht beanstanden. Auch ist in der That unter den obwaltenden Umständen kein Grund abzusehen, warum der Gesetzgeber, der im Interesse der Erben einer Doppelbesteuerung des beweglichen ausländischen Vermögens des inländischen Erblassers vorbeugen will, von dem letzteren die Aktivforderungen, bei denen eine solche möglich ist, ausgeschlossen haben sollte."

2. Frankfurter Recht.

79. Die Poena secundarum nuptiarum nach dem Recht der Frankfurter Reformation. (S. o. Fall 67 S. 130.)

3. Rheinisches Recht.

80. **Aussichtsrecht als kontinuirliche und offene Dienstbarkeit, und Aussichtsfenster als sichtbare Anlage einer solchen, wenn die Fenster entgegen der Vorschrift des Art. 678 des B.G.B.** (näher als vorgeschrieben) **angelegt sind.** Urth. des II. Civilsenats vom 21. April 1885 in Sachen der verw. F. zu N., Klägerin und Kassationsklägerin, wider H. R. das., Beklagten und Kassationsbeklagten. Vorinstanz: O.L.G. Köln. Aufhebung. Verurtheilung.

„In Erwägung, daß nach der vom B.G. als unangefochten bezeichneten Feststellung im erstinstanzlichen Urtheile die Eheleute K. ihr an der Dom- und Eisenbahnstraße gelegenes Besitzthum in Bauplätze abgetheilt, zuerst das Haus Domstraße No. 4 mit Hinterhaus gebaut, letzteres zum Bewohnen eingerichtet und mit Aussichtsfenstern versehen, auch den ganzen Bau bis an die Grenze der benachbarten Baustelle angelegt, sodann den zweiten Bau (Eisenbahnstraße No. 25) ausgeführt haben und mit der zu diesem gehörenden Küche 6—7 Fuß von der Grenze des ersteren Anwesens zurückgeblieben sind, sowie daß sie im Jahre 1872 die erst erwähnten Gebäulichkeiten mit allen Rechten an die Klägerin verkauft haben; daß hiernach beim Verkaufsabschlusse an dem verkauften Hintergebäude Fenster angebracht waren, welche sich nach ihrer Beschaffenheit und auch dadurch als Aussichtsfenster darstellten, daß sie bis auf 6 — 7 Fuß Entfernung nach dem den Verkäufern gebliebenen Grundstücke Aussicht gewährten; daß das Gesetz im Art. 689 Abs. 2 das Dasein von Fenstern als Merkmal einer offenen Dienstbarkeit und im Art. 688 Abs. 2 das Aussichtsrecht (vue) als kontinuirliche Dienstbarkeit bezeichnet und hiernach aus dem Vorhandensein von Aussichtsfenstern auf das Bestehen der durch dieselben kundgegebenen Dienstbarkeit des Aussichtsrechts geschlossen werden muß; daß demnach die Eigenthümer der beiden Grundstücke selbst dieselben zu einander in ein Verhältniß gebracht und einen Zustand derselben geschaffen haben, aus welchem eine kontinuirliche und offene Dienstbarkeit hervorgeht; daß also die Art. 692, 693 des B.G.B. Anwendung finden und von dem in den Instanzen angerufenen Art. 694 abgesehen werden kann; daß überhaupt der Besitz von Aussichtsfenstern in geringerer als der vom Gesetze gestatteten Entfernung sich nach den Prinzipien des B.G.B. nicht blos als der Besitz der Freiheit von einer dem Nachbargrundstücke zustehenden gesetzlichen Dienstbarkeit, sondern vielmehr als der Besitz einer eigenen Dienstbarkeit, derjenigen des Aussichtsrechts, kennzeichnet; daß nämlich aus dem in dieser Materie den Code beherrschenden droit continuel und den Art. 557, 544 hervorgeht, daß der Inhalt und Umfang des Eigenthums an sich in den in den Art. 649 ff. angegebenen Richtungen beschränkt worden ist, und dem weder entgegensteht, daß die in den gedachten Artikeln aufgeführten Beschränkungen als „servitudes établies par la loi“ zusammengestellt, noch daß bei den Berathungen über das Gesetz diese Ausdrücke gebraucht worden sind; daß, was die gesetzliche Terminologie betrifft, einerseits Rechtsverhältnisse in solcher Weise bezeichnet sind, auf welche (wie beispielsweise Art. 653—657, 658—661, 663, 666) der Begriff der Servitut nicht paßt, und andererseits nicht einzusehen wäre, warum die Art. 688, 689 das Aussichtsrecht für eine kontinuirliche und offene Dienstbarkeit, insbesondere die Fenster als die sichtbare Anlage einer solchen erklären, welche durch Ersitzung erworben werden kann, wenn gerade in dem zumeist vorkommenden Falle, daß Fenster entgegen der Vorschrift des Art. 678 des B.G.B. bestehen, das Aussichtsrecht nicht als Servitut erworben, auch die Anlage der Fenster nicht an sich für die Anwendung der Art. 692 ff. entscheidend sein sollte; daß bei den Berathungen zwar von servitudes établies par la loi die Rede war, aber auch andere Ausdrücke, wie „modification du droit de propriété“ gebraucht worden sind (Locré, Bd. VIII S. 374); daß, wenn hiernach der Kassationsklägerin beim Kaufe für das Hinterhaus die Dienstbarkeit des Aussichtsrechtes eingeräumt worden ist, auch der Art. 701 des B.G.B. Anwendung zu finden hat und der Kassationsbeklagte daher nicht berechtigt war, die Aussicht in der geschehenen Weise zu verbauen, seinen Bau vielmehr in derjenigen Entfernung zu halten hat, in welcher nach den gesetzlichen Bestimmungen und nach den beim Vertragsabschlusse bestandenen Verhältnissen die Aussicht nicht als beeinträchtigt zu gelten hat; daß daher das Urtheil wegen Verletzung der Art. 688, 689, 692, 693, 701 des B.G.B. zu kassiren ist; daß, soweit es sich um die Hauptsache, die Dienstbarkeit, handelt, in der Sache erkannt und der Beklagte zur Entfernung des gesetzwidrig errichteten Baues verurtheilt werden kann, wobei sich die Art der Vollstreckung aus § 773 der C.P.O. ergiebt, während hinsichtlich des geforderten Schadensersatzes (Art. 1382, 1383 des B.G.B.) die Sache nicht spruchreif ist.“

81. **Erfordernisse stillschweigender Erbschaftsantretung** (insbesondere durch Zahlung einer Erbschaftsschuld. B.G.B. Art. 778, 1454). Urth. des II. Civilsenats vom 17. April 1885 in Sachen des K. sen. in B., Klägers und Revisionsklägers, wider die verw. W.

und Gen. zu B., Beklagte und Revisionsbeklagte. Vorinstanz: O.L.G. Colmar. Aufhebung und Zurückverweisung.

„Sofern von dem Kläger die Uebernahme der Gütergemeinschaft, beziehungsweise der Erbschaft von Seiten der Wittwe und der Kinder des G. J. W. auf die Behauptung gestützt wurde, es sei von denselben nach dessen Tod aus Geldern der Gütergemeinschaft, also des Nachlasses eine Abschlagszahlung auf die klägerische Forderung geleistet worden, ist von dem O.L.G., welches die hierauf bezügliche rechtliche Auffassung des L.G. für zutreffend erachtet hat, das Gesetz verletzt worden.

Allerdings stellt sich nach Art. 778 des B.G.B. (dessen Grundsätze auch hinsichtlich der Frage der Annahme der Gütergemeinschaft anzuwenden sind, cf. Art. 1454) nur eine solche Handlung als eine stillschweigende Antretung der Erbschaft (eine Einmischung) dar, welche die Absicht der Erben, die Erbschaft anzunehmen, nothwendig voraussetzt, und hat diesen Charakter eine Zahlung von Schulden des Erblassers durch den Erben aus Mitteln der Erbschaft nicht unbedingt. Dagegen kann eine solche Zahlung diesen Charakter gewinnen, und kommen hierfür die besonderen Umstände des einzelnen Falles in Betracht (insbesondere die Art der Forderung, der Zweck der Zahlung, namentlich die Dringlichkeit derselben). Es mußte daher das Gericht die näheren Umstände würdigen, unter welchen die Zahlung von 161 ℳ auf die klägerische Forderung geleistet worden (wobei auch festzustellen war, wofür die Forderung erwachsen), und durfte es weder — sofern dies der Sinn des (wie erwähnt, von dem O.L.G. gebilligten) hierauf bezüglichen Theils der landgerichtlichen Entscheidungsgründe sein sollte — einerseits ganz allgemein eine solche Zahlung durch Erben (beziehungsweise die Beklagten) für einen „lediglichen Administrationsakt“ erklären, noch andererseits, sofern es etwa ebenfalls die besonderen Umstände für maßgebend hielt, ohne nähere Angabe der bezüglichen Umstände, auf welche es etwa Gewicht legte, in den Entscheidungsgründen seine Entscheidung in der Richtung, daß keine Einmischung vorliege, abgeben, noch endlich etwa deshalb, weil der Kläger seinerseits die näheren Umstände nicht bezeichnet habe — deren Bezeichnung das Gericht vielmehr durch Ausübung des Fragerechtes (§ 130 der C.P.O.) herbeizuführen hatte —, jener Abschlagszahlung den Charakter einer Erbeinmischung absprechen.“

82. **Beginn des Zinsenlaufes** (Art. 1153 des B.G.B.) **mit Zustellung der Klage.** Urth. des II. Civilsenats vom 21. April 1885 in Sachen

des Preuß. Fiskus, Beklagten und Revisionsklägers, wider H. & Co. zu E., Klägerin und Revisionsbeklagte. Vorinstanz: O.L.G. Köln. Verwerfung.

„Obgleich der Rechtsstreit in dieser Instanz nur einen Betrag von 14 ℳ 20 ₰ zum Gegenstand hat und dieser Betrag in der ursprünglichen Klage nur als Nebenforderung geltend gemacht worden war, wird doch die Statthaftigkeit der Revision ohne Grund bestritten. Es handelt sich nämlich um einen Anspruch gegen den Landesfiskus in Betreff der Verpflichtung zur Entrichtung eines Werthstempels, für welchen nach § 39 des Preuß. Ausf.Ges. v. 24. April 1878 die Landgerichte ausschließlich zuständig sind und nach § 509 Z. 2 der C.P.O. die Revision ohne Rücksicht auf den Werth des Beschwerdegegenstandes stattfindet. Die Revision war aber nicht als begründet anzuerkennen.

Die Entscheidung über den klägerischen Zinsanspruch beruht lediglich auf der Beantwortung der Frage, ob durch die Klagerhebung eine Inverzugsetzung des Beklagten im Sinne des Art. 1153 des B.G.B. stattgefunden hat und der Zinsenlauf nicht blos für den Betrag von 379 ℳ, sondern für die ganze geforderte Summe von 1280 ℳ 50 ₰ eröffnet worden ist. Diese Frage ist aber auch dann zu bejahen, wenn von der richtigen Klageschrift abgesehen und der Entscheidung lediglich die zugestellte mangelhafte Abschrift zu Grunde gelegt wird. Auch nach dieser Abschrift wird die Verurtheilung des beklagten Fiskus zur Rückzahlung von 1280 ℳ 50 ₰ begehrt und als Klagegrund geltend gemacht, daß dieser Betrag die zu Unrecht eingezogenen Werthstempel von fünf, nach ihrem Datum und ihrem Gegenstande genau bezeichneten Lieferungsverträgen darstelle. Der Zinsenlauf wird eröffnet durch die Zustellung einer den Vorschriften des § 230 der C.P.O. entsprechenden Klage; er wird nicht dadurch verhindert, daß die Darstellung des Klagegrundes eine Ungenauigkeit in Betreff der thatsächlichen Angaben enthält, sofern nicht etwa der Beklagte dadurch in einen, seine Interessen schädigenden Irrthum versetzt wird. Der B.R. erklärt die Annahme eines solchen Irrthums für ausgeschlossen, weil die beklagte Steuerverwaltung gewußt haben müsse, mit welcher Eisenbahnbehörde die Verträge a—e abgeschlossen worden seien. Diese Feststellung entbehrt nicht, wie behauptet wird, der Begründung. Der B.R. mißbilligt zwar die Annahme des Ersten Richters, daß die beklagte Verwaltung den Stempel selbst defektirt habe, er schließt aber deren Kenntniß aus dem Umstande, daß dieselbe unter Abstandnahme von dem ursprünglichen Bestreiten der Klageforderung die Rückzahlung des Stempels hinsichtlich aller fünf

Verträge angeordnet habe. Uebrigens würde auch eine nachträgliche Berichtigung der Klage nach § 240 Z. 1 der C.P.O. unzweifelhaft zulässig gewesen sein. Das Bestreiten des klägerischen Zinsanspruches erscheint daher durchaus unhaltbar, und konnte der Versuch, sich auf das Schreibversehen in der Klageschrift zu stützen, keinen Erfolg haben."

83. 1) Zulässigkeit der Beaufsichtigung (Kontrollirung) **des Pächters, insbes. bei Verpachtung eines Bergwerks gegen Tonnenprämie** (Art. 1763). **2) Ermittelung des muthmaßlichen Vertragswillens gemäß Art. 1135 des B.G.B.** Urth. des II. Civilsenats vom 17. April 1885 in Sachen der Eheleute W. zu B., Kläger und Revisionskläger, wider C.-D.-R.-B.-C. zu L., Beklagte und Revisionsbeklagte. Vorinstanz: O.L.G. Cöln. Aufhebung und Zurückverweisung.

Laut notarischen Aktes vom 28. Oktober 1877 verpachteten die Eheleute W. der beklagten Aktiengesellschaft das im Kreise S. belegene, ihnen eigenthümliche Bleierzbergwerk „W." auf die Dauer von 99 Jahren. Es war bedungen, daß der halbjährlich zahlbare Pachtschilling in Form einer sogenannten Tonnenprämie, d. h. in der Weise entrichtet werden solle, daß die Gesellschaft für jede in den geförderten Erzen enthaltene Tonne metallischen Bleies 20 ℳ an die Eheleute W. zu zahlen habe. Bei der Abrechnung für das zweite Semester 1879 entstand Streit, indem die Gesellschaft für den bei der Verhüttung des Erzes sich ergebenden Schmelzverlust einen Abzug machte, den sich die Eheleute W. nicht gefallen lassen wollten. Letztere erhoben daher am 28. April 1883 Klage, worin sie beantragten: „1) die Beklagte zur Nachzahlung des vorenthaltenen Theiles der Tonnenprämie zu verurtheilen; 2) für Recht zu erkennen, daß die Kläger befugt seien, a) die Arbeiten der Beklagten zu besichtigen und die Grube durch einen Bevollmächtigten befahren zu lassen; b) bei der Ermittelung des Metallgehaltes der von der Beklagten zu produzirenden Erze in üblicher Weise zu konkurriren, zu bestimmen, daß von jeder produzirten Sorte Erz eine gemeinschaftliche Probe genommen und in drei Theile getheilt werde, daß 2c. (folgt nähere Darlegung des einzuhaltenden Verfahrens)." Zur Begründung des Antrages 2a machten sie geltend, daß sie ein Interesse hätten, zu kontrolliren, ob das Bergwerk nach den Regeln des Bergbaues betrieben werde, namentlich aber sich zu überzeugen, daß kein Scheinbetrieb stattfinde, und erklärten, daß ihr Bevollmächtigter J., welcher die Grube befahren wollte, zurückgewiesen worden sei. Betreffs des Antrages 2b betonten sie gleichfalls ihr Interesse an richtiger Feststellung des Bleigehaltes des Erzes.

Die Beklagte bezog sich auf die Bestimmung in § 7 des Vertrages, gemäß der den Klägern lediglich eine Einsicht in die Bücher und Dokumente zustehe, von welcher Befugniß sie wiederholt Gebrauch gemacht hätten, ohne Grund zur Rüge zu finden. Das L.G. Aachen erließ am 9. April 1884 Theilurtheil, durch welches es die Klagbegehren unter 2a und 2b abwies und den Klägern 2/3 der Kosten zur Last legte. Betreffs des Klagbegehrens unter 1 erließ es Beweisbeschluß. Gegen besagtes Theilurtheil legten die Kläger Berufung ein, welche durch Urtheil des O.L.G. Köln vom 15. Oktober 1884 zurückgewiesen wurde.

„Von den beiden, den Gegenstand der Revision bildenden Klagansprüchen geht der erste dahin, daß den Klägern die Befugniß zuerkannt werden solle, die Arbeiten der Beklagten zu besichtigen und die Grube durch einen Bevollmächtigten befahren zu lassen. Das O.L.G. weist diesen Anspruch aus zwei Erwägungen ab, nämlich 1) weil vertragsmäßig der Beklagten der Besitz und die custodia des Bergwerkes übertragen, hiermit aber die beanspruchte Kontrolle unvereinbar sei, und 2) weil die Rechte der Kläger in den kontraktlichen Abmachungen ihre Begrenzung fänden und der Richter nicht befugt sei, ihnen noch fernere, angeblich durch die Natur der Sache gebotene Rechte zu bewilligen.

Beide Erwägungen müssen in der Weise, wie sie gegeben sind, als rechtsirrthümlich erscheinen. Mag es schon bei einem gewöhnlichen Pachtvertrage bedenklich erscheinen, anzunehmen, daß die Uebertragung des Besitzes und der custodia der Sache an den Pächter mit einer Kontrolle, wie die beanspruchte, unvereinbar sei, so ist dies ganz entschieden unrichtig, wenn die Eigenart des in Frage stehenden Vertrages in Betracht gezogen wird. Es ist nämlich zu beachten, daß die Beklagte nicht blos berechtigt, sondern auch verpflichtet ist, das Bergwerk auszubeuten, daß diese Ausbeutung in vertragsmäßig bestimmter Weise zu erfolgen hat und nach dem Ergebnisse der Ausbeute sich der stipulirte Pachtzins berechnet. Ein solcher Vertrag ist nämlich, ähnlich wie die Theilpacht (art. 1763 Code civil), gemischter Art; er hat viel vom Wesen des Gesellschaftsvertrages an sich, und es sind auf denselben die Prinzipien dieses Vertrages analog anzuwenden. Es entspricht nun aber der Natur des Gesellschaftsverhältnisses, daß der von der Geschäftsführung ausgeschlossene Gesellschafter die Thätigkeit des geschäftsführenden Gesellschafters, der als sein Mandatar anzusehen ist, zu kontrolliren befugt sei.

Was die vorbezeichnete zweite Erwägung des O.L.G. betrifft, so läßt dieselbe mindestens zweifelhaft, ob dasselbe die Bedeutung des art. 1135 Code civil, welcher ausspricht, daß die Verträge nicht blos zu dem verpflichten, was ausdrücklich bestimmt ist, sondern zu allem, was nach Billigkeit, nach bestehender Uebung oder nach dem Gesetze als Folge des Vertrages anzusehen, das heißt als der vermuthbare Wille der Kontrahenten zu erachten sei, richtig erkannt habe. Hiernach ist der Richter zwar nicht befugt, aus Gründen der Zweckmäßigkeit oder Billigkeit einen Vertrag durch Einfügung von Stipulationen, die ursprünglich nicht gewollt waren, zu ergänzen; allein wohl ist er ebenso befugt als verpflichtet, dem vermuthbaren Vertragswillen dadurch Geltung zu verschaffen, daß er das, was im Vertrage unbestimmt gelassen ist, im Sinne des Art. 1135 a. a. O. näher bestimmt und regelt.

Auch hier ist die Eigenart des vorliegenden Vertrages von Erheblichkeit. Wenn, wie das O.L.G. selbst hervorhebt, die Eigenthümlichkeit des vorliegenden, zudem einen Zeitraum von 99 Jahren umfassenden Vertragsverhältnisses besondere Maßregeln zur Sicherung der Rechte der Verpächter gerechtfertigt erscheinen läßt, so durfte der Umstand, daß der Vertrag keine ausdrückliche Stipulation in dieser Beziehung enthält, für sich allein kein Grund sein, den Klägern jede bezügliche Berechtigung zu versagen; vielmehr war, da andererseits auch das Gegentheil nicht stipulirt ist, Anlaß gegeben, die Frage eingehend zu prüfen und zu erörtern, ob nicht im Sinne des Art. 1135 a. a. O. nach dem vermuthbaren Willen der Kontrahenten den Klägern die beanspruchte Berechtigung zuzuerkennen sei. Falls hierbei das O.L.G. zur Ansicht gelangte, daß die Berechtigung nicht so allgemein, wie in der Klage verlangt, sondern nur in beschränkter Weise anzuerkennen sei, war es keineswegs gehindert, dem eventuell angeregten Gesichtspunkte entsprechend, die Art und Weise, wie die Berechtigung ausgeübt werden dürfe, den Grundsätzen der Billigkeit und der bestehenden Uebung entsprechend zu bestimmen. Hiermit überschritt es keineswegs die Grenze der richterlichen Befugniß, sondern brachte nur den vermuthbaren Vertragswillen im Sinne des Art. 1135 a. a. O. zur Geltung."

84. Erforderniß des „rechtmäßigen Titels" im Sinne des Art. 2265 Code civil (bei der zehnjährigen Verjährung). Urth. des II. Civilsenats vom 10. April 1885 in Sachen F. K. u. Gen. zu K., Kläger und Revisionskläger, wider die Stadtgemeinde K., Beklagte und Revisionsbeklagte. Vorinstanz: O.L.G. Cöln. Verwerfung.

„Nach Rheinisch-Französischem Rechte erfordert die zehnjährige Ersitzung — art. 2265 leg. cit. — als zwei selbständig nebeneinanderstehende Bedingungen: einen rechtmäßigen Titel, welcher die objektive Grundlage derselben bildet, und daran anknüpfend „guten Glauben" (cfr. art. 550 leg. cit.). Ein Putativtitel, wie ihn das Römische Recht zuläßt — Windscheid, Pandekten § 178 —, erscheint ausgeschlossen. Als ein rechtmäßiger Titel kann nun grundsätzlich nur der gelten, welcher im gegebenen Falle — abgesehen von den seiner Wirksamkeit entgegenstehenden Mängeln — das Eigenthum des Grundstückes, von dem es sich handelt, übertragen haben würde. Dies setzt aber voraus, daß sich der Titel auf dieses Grundstück beziehen, das Objekt der Ersitzung auch Objekt des Titels sein muß, was im Bestreitungsfalle derjenige, welcher einen Titel als Grundlage der Ersitzung anruft, zu beweisen hat. So steht dem Erwerber eines Grundstückskomplexes, z. B. eines Gutes, einer Meierei u. s. w., der Nachweis zu, daß ein einzelnes Immobile, welches nicht in dem Erwerbsakte ausdrücklich aufgeführt ist, einen Bestandtheil desselben bildet und deshalb als in ersterem mit inbegriffen anzusehen ist. Unbedenklich kann aber derjenige, dessen Titel nur auf einen Theil des von ihm besessenen Grundstückes sich erstreckt, auf diesen die Ersitzung des darin nicht begriffenen Theiles des letzteren nicht stützen. Das O.L.G. hat nun thatsächlich festgestellt, daß der streitige Terrainstreifen in dem Kaufakte vom 16. Juli 1869, von dem es sich handelt, nicht Gegenstand der Uebertragung gewesen ist, und es entbehrt daher, wie das B.U. mit Recht annimmt, die hier geltend gemachte Ersitzung der erforderlichen objektiven Grundlage, des Titels. Vergleiche Aubry und Rau, Bd. II S. 375 und 381 und Note 23; Laurent, Bd. 32 Nr. 399 und 400; Marcadé, ad art. 2265 N. III; Troplong, prescription Bd. II N. 871 sq., 890 sq."

Civilrechtliches aus den Strafsenaten des R.G.

Reichs-Markenschutzgesetz.

Der Handlungsbevollmächtigte ist nicht ohne weiteres befugt, für die von ihm vertretene Firma Strafantrag wegen Verletzung ihrer Waarenzeichen zu stellen. Nachträgliche Ergänzung seiner Befugniß hierzu. (§ 8 des Reichs-Markenschutzgesetzes.) Urth. des I. Strafsenats vom 2. Juli 1885 wider Ernst Sieglin in Aachen. Vorinstanz: L.G. Aachen. Aufhebung und Zurückverweisung auf Revision der Staatsanwaltschaft.

„Die Staatsanwaltschaft beschwert sich mit Recht darüber, daß das angefochtene Urtheil die Einstellung des Verfahrens wegen Mangels des Strafantrages ausspricht, welcher zur Verfolgung des der Anklage unterstellten Vergehens gegen die Vorschriften des Reichsgesetzes über Markenschutz vom 30. November 1874 erforderlich sei. Die Strafkammer ist bei der getroffenen Entscheidung von der Annahme ausgegangen, daß die Firma Leete & Baillon zu London den Strafantrag, welchen sie durch Eingabe des Rechtsanwalts R. zu Köln — vom 18., eingelaufen am 19. April v. J. bei der Staatsanwaltschaft am L.G. Köln, von dieser übermittelt an die Staatsanwaltschaft am L.G. Aachen als zuständigem Gerichte und eingetroffen dortselbst am 1. Mai v. J. — gestellt hat, auf ein von ihr selbst für sich in Anspruch genommenes Recht gestützt und hierbei nicht als Bevollmächtigte der Glen Cove Manufacturing Company zu New-York gehandelt habe. Für diese Handelsgesellschaft ist das von ihr angemeldete und, wie dem Angeklagten, dem Kaufmann Ernst Sieglin zu Aachen, zur Last gelegt wird, zu widerrechtlicher Bezeichnung von Waaren gebrauchte Waarenzeichen am 23. September 1875 in das Handelsregister eingetragen worden. Ein selbständiges Recht zur Stellung des Strafantrages spricht das Urtheil der Firma Leete & Baillon deshalb ab, weil nach § 8 des angezogenen Gesetzes das Recht auf Schutz des angemeldeten Waarenzeichens ausschließlich der Firma zustehe, welche die Anmeldung und Eintragung desselben im Handelsregister bewirkt habe, die letzteren aber nur für die Firma in New-York erfolgt seien. Hiergegen macht die Revision geltend, es sei gleichgültig, ob die den Strafantrag veranlassende Verletzung das Recht der Bezeichnung von Waaren mit der Schutzmarke in dessen vollem Umfange selbst beeinträchtige oder nur die Ausübung des Rechtes treffe und auf diese Weise in Vermögensrechte eingreife. Zur Unterstützung dieser Ansicht beruft sich die Staatsanwaltschaft auf das Urtheil des R.G. vom 25. Februar 1884" (Annalen Bd. IX S. 505). „Durch dieses sei zur Antragstellung auf strafrechtliche Verfolgung auch derjenige als berechtigt anerkannt worden, welchem vom In=

haber eines Patentes die ausschließliche Ausübung des Patentes für bestimmte Gebiete eingeräumt worden sei.

Allein diese Bezugnahme ist nicht zutreffend. Während das Reichs-Patentgesetz vom 25. Mai 1877 den Anspruch auf Ertheilung des Patentes, wie das Recht aus dem Patente als in beschränkter oder unbeschränkter Weise, durch Vertrag oder durch Verfügung von Todeswegen übertragbar auf Andere erklärt (§ 6), schließt das System des Markenschutzgesetzes vom 30. November 1874 die Möglichkeit einer solchen Uebertragung aus, so daß ein erworbenes Zeichenrecht von der anmeldenden Firma nicht losgelöst und selbständiges Vermögensrecht eines Anderen, wie es bei dem Patentrechte der Fall ist, werden kann. Das Markenschutzgesetz hat absichtlich diesen Uebergang des Zeichenrechts im allgemeinen Interesse vermeiden wollen, da die Bedeutung der Waarenzeichen in der dem Publikum gebotenen Sicherheit liegt, daß die von ihm begehrte Waare aus einer bestimmten geschätzten Erzeugungsquelle oder Handelsstelle herrührt, diese Sicherheit aber verloren wäre, wenn der Besitz eines Zeichens ganz oder getheilt im Wege des Vertrages an Andere gelangen könnte, welche die für das Zeichen gewonnene Werthschätzung zum Nachtheile des Publikums in spekulativer Weise auszubeuten vermöchten (Motive zum Entwurfe zu § 8). Es ist daher die von der Revision vertretene Annahme ausgeschlossen, daß die Firma Leete & Baillon vermöge eines ihr zustehenden selbständigen Rechts und in eigenem Namen wegen Verletzung des Zeichenrechts der Glen Cove Manufacturing Company Strafantrag zu stellen befugt gewesen wäre. Jene Firma konnte solchen vielmehr einzig auf das Recht der Letzteren stützen und daher nur auf Grund einer Bevollmächtigung wirksamen Strafantrag stellen.

Einen generellen Auftrag hiezu erblickt zwar die Revision in dem Umstande, daß die Firma Leete & Baillon in der vom Rechtsanwalte R. dem Staatsanwalte zu Aachen am 12. Mai v. J. zur Vorlage gebrachten Vollmacht sich als „Generalagent der Glen Cove Manufacturing Company zu New-York“ bezeichnet hat und in der Eingabe des genannten Anwalts vom 19. April v. J. bemerkt wurde, es habe erstere Firma für letztere Gesellschaft die Generalagentur für den Verkauf und Vertrieb des von der bezeichneten Gesellschaft fabrizirten Maizenamehls für ganz Deutschland und habe die Erstere für die Einführung und Verbreitung dieser Waare große Summen aufgewendet. Allein aus dieser erwähnten Thatsache läßt sich höchstens die Folgerung ableiten, daß die Firma Leete & Baillon von jener Gesellschaft zum Handlungsbevollmächtigten im Sinne des Art. 47 des Allgem. Deutschen H.G.B. und zum Betriebe der bestimmten Art von Handelsgeschäften bestellt wurde, es kann hierdurch aber nicht die Befugniß als ertheilt erscheinen, aus eigenem Willen sich zur Stellung des Strafantrages zu entschließen, welcher dem Gebiete des öffentlichen Rechts angehört (Entsch. Bd. I S. 388, Bd. VII S. 4) und dessen Stellung nicht zu denjenigen Rechtshandlungen zu rechnen ist, welche der Betrieb jener Handlungsgeschäfte gewöhnlich und regelmäßig mit sich bringt. Bei dem Charakter der Ausschließlichkeit des Zeichenrechts läßt sich auch die Wirksamkeit der Ausübung desselben nur auf eine Willensentschließung des allein als berechtigt in Betracht Kommenden zurückführen.

Ebensowenig ist mit einer Zustimmung der Gesellschaft zu New-York zu dem von der Firma in London gestellten Strafantrage, wie die Revision weiter berührt, die Wirksamkeit des letzteren zu begründen. Die Akten enthalten keinen Anhaltspunkt dafür, daß für einen vermöge eigener Entschließung der Firma, etwa in Erwartung der nachträglich beizubringenden Genehmigung des Berechtigten gestellten Strafantrag die erfolgte Genehmigung behauptet oder nachgewiesen worden wäre. Da bei der auf dem öffentlichen Rechte beruhenden Natur des Strafantrages von einer aus irgend welchen Beziehungen abzuleitenden, vermutheten Vollmacht nicht gesprochen werden kann, würde ein ohne Auftrag gestellter Antrag seine Begründung erst durch die Ertheilung einer Genehmigung finden, und es würde demnach einzig dann solche rechtserheblich sein, wenn sie innerhalb der Antragsfrist von drei Monaten erfolgt wäre. Eine derartige Genehmigung liegt aber nicht vor.

Dagegen ist der Revision insoweit beizutreten, als sie — dem von der Staatsanwaltschaft in der Hauptverhandlung gestellten Antrage, nähere Erhebungen anzuordnen, entsprechend — ausführt, es sei, wie das Urtheil auch bestätigt, von der Firma Leete & Baillon als Nebenklägerin behauptet worden, daß diese Firma vor Erstattung der Anzeige vom 18. April v. J. einen speziellen Auftrag, Strafantrag zu stellen, von der Glen Cove Company erhalten habe, und es lasse auch die Eingabe vom 18. April v. J. selbst bestimmt erkennen, daß die Firma die Absicht gehabt habe, diesem Auftrage gemäß zu handeln; es sei daher nicht gerechtfertigt, daß die Strafkammer unter Verkennung des Inhalts des Strafantrages ausgesprochen habe, es komme auf den angeblich ertheilten besonderen Auftrag deshalb nichts an, weil die Firma nach der Fassung der bezeichneten Eingabe als Bevollmächtigte gar nicht aufgetreten sei, sondern als selbständig Berechtigte gehandelt habe, und es sei mithin geboten gewesen, die behauptete, aber als nicht erwiesen erachtete Thatsache besonderer Auftragertheilung noch festzustellen.

Indem die Strafkammer mittels Auslegung des Inhalts der Eingabe vom ebengenannten Tage zu der thatsächlichen Feststellung gelangt, es sei nicht Absicht der in Frage stehenden Firma gewesen, als Bevollmächtigte zu handeln, und sie habe auch nicht als solche gehandelt, faßt sie in diesem Punkte zwar das nach ihrer Ueberzeugung gebildete Ergebniß der Beweisführung zusammen; es ist jedoch an diese Feststellungen das Revisionsgericht nicht gebunden, da es sich um die Würdigung der thatsächlichen Voraussetzungen für die Anwendung der für die Wirksamkeit des Strafantrages bestehenden Grundsätze für das Verfahren handelt und die in das ausschließliche Ermessen der Strafkammer durch § 260 der Str.P.O. verwiesene Feststellung der für den Schuldausspruch maßgebenden Thatbestandsmerkmale nicht berührt ist (Entsch. Bd. XI S. 262, 263). Es ist demnach das Revisionsgericht, obwohl aus thatsächlichen Gründen eine weitere Beweiserhebung abgeschnitten wurde, zu freier Prüfung der Sachlage berechtigt wie verpflichtet (Entsch. Bd. VI S. 166).

Nun ist nicht auszuschließen, daß den der Vollmacht für den Rechtsanwalt R. vom 17. März v. J. von Seite des Zeichners der Firma Leete & Baillon angefügten Worten „Generalagenten und Bevollmächtigte der Glen Cove Manufacturing Company, New-York" der Sinn ursprünglich beigelegt wurde, welcher ihnen nach der schließlichen Aufstellung zukommen soll, daß nämlich hiermit ausgedrückt wurde, es handele die

Firma auf Grund eines zur Stellung des Strafantrages vor der Ausstellung der Prozeßvollmacht für den Anwalt bereits ertheilten Auftrages. Würde sich diese Behauptung erweisen lassen, so wäre auch in Wirklichkeit der Strafantrag nach dem Willen der berechtigten Gesellschaft gestellt worden und in seiner Wirksamkeit nicht zu beanstanden. Der Umstand, daß nunmehr die für den Antragsteller vorgezeichnete Frist von drei Monaten längst abgelaufen ist, beseitigt die vom Urtheile verworfene Erheblichkeit der Behauptung nicht, daß innerhalb der Frist der Antragsteller vom Verletzten zum Antrage bevollmächtigt wurde. Wenn es der Firma auch leicht sein mußte, das die Wahrheit ihrer Behauptung erweisende, selbst nach den gegentheiligen Aufstellungen des Angeklagten im Laufe der Hauptverhandlung noch jetzt nicht vorgelegte Schriftstück zur Aufklärung des Sachverhaltes beizubringen, so war doch die Antragstellende zum Nachweise des sich als erheblich darstellenden Thatumstandes innerhalb der Frist nicht als verpflichtet anzusehen, und es ist deshalb der erforderliche Beweis nicht unzulässig geworden (Entsch. Bd. XI S. 401), sondern noch zu erholen."

Körperverletzung (§ 230 des R. Str. G. B.) **durch unterlassene Treppenbeleuchtung.** Urth. des II. Straffenats vom 14. April 1885 wider den Hauseigenthümer M. in Berlin. Vorinstanz: L. G. I Berlin. Verwerfung der Revision der Staatsanwaltschaft.

Der im Hause des Angeklagten zu Berlin als Aftermiether wohnende K. verfehlte am 20. September Abends 9 Uhr in der unbeleuchteten Hausflur des Seitengebäudes, wo er beim Vizewirth Wasser holen mußte, die zu dessen Parterrewohnung hinaufführende Treppe und stürzte die daneben zwischen zwei Wänden zu einer Kellerwohnung hinunterführende Treppe hinab, wobei er sich mehrfach verletzte. Eine Fahrlässigkeit — sc. daß er den Hausflur nicht beleuchtet, auch die Kellertreppe nicht mit Geländer versehen und durch eine Thür von dem Hausflur getrennt habe — hat der Erste Richter dem Angeklagten trotzdem nicht zur Last gelegt, ihn vielmehr freigesprochen.

„Die von der Staatsanwaltschaft hiergegen eingelegte Revision kann für begründet nicht erachtet werden. Die Rüge, daß der Erste Richter den Angeklagten vorwiegend deshalb freigesprochen habe, weil ein Gesetz oder eine Verordnung, welche die Beleuchtung des Innern, namentlich der Flure und Treppen der Häuser in Berlin anordne und regele, nicht existire und daher die Unterlassung einer solchen Beleuchtung eine dem Angeklagten zur Last fallende Fahrlässigkeit nicht enthalten könne, trifft nicht zu. Wenn die Staatsanwaltschaft zunächst auszuführen sucht, der Angeklagte habe sich nach § 367 Nr. 12 des R. Str. G. B. einer Uebertretung dadurch schuldig gemacht, daß er mit Rücksicht auf die Beschaffenheit der Kellertreppe, welche zur Zeit des Unfalles mit einem Gitter, einer Barriere oder sonstwie nicht abgesperrt gewesen sei, für die Beleuchtung des Flures nicht Sorge getragen habe, so läßt sich dem nicht beitreten. Der § 367 Nr. 12 a. a. O. bedroht denjenigen mit Strafe, welcher gewisse Anlagen in den Häusern dergestalt unverdeckt oder unverwahrt läßt, daß daraus Gefahr für Andere entstehen kann. Nach dieser lediglich die Beschaffenheit der Anlage betreffenden Bestimmung ist der Eigenthümer eines Hauses nicht strafbar, wenn er den Raum, in welchem die Anlage sich befindet, unbeleuchtet läßt. Allerdings ist der Umstand, daß die Beleuchtung der Flure und Treppen in den Häusern zu Berlin durch besondere gesetzliche oder polizeiliche Vorschriften nicht angeordnet ist, für die Frage, ob der Angeklagte durch die Unterlassung der Beleuchtung fahrlässig gehandelt hat, nicht maßgebend, und wenn der Erste Richter die Fahrlässigkeit des Angeklagten allein deshalb verneint hätte, weil ein besonderes Gesetz oder eine besondere Verordnung, wodurch ihm die Beleuchtung zur Pflicht gemacht war, nicht existire, würde er rechtsgrundsätzlich gefehlt haben. Der Erste Richter stützt aber die Feststellung, daß dem Angeklagten eine Fahrlässigkeit nicht zur Last falle, keineswegs lediglich auf das Nichtvorhandensein einer die Beleuchtung der Flure und Treppen gebietenden Vorschrift, sondern er gelangt zur Verneinung der Fahrlässigkeit auf einem wesentlich anderen Wege. Indem er vorausschickt, daß die zwischen zwei Wänden befindliche, baupolizeilich genehmigte Treppe weder eines Geländers, noch einer sie vom Flure abschließenden Thüre bedurft habe, erwägt er, daß in sämmtlichen von dem Angeklagten geschlossenen Miethsverträgen festgesetzt sei, eine Beleuchtung der Flure und Treppen von Seiten des Vermiethers solle in den Sommermonaten bis zum 1. Oktober nicht stattfinden; daß bei dem Mangel einer die Beleuchtung anordnenden und regelnden Verordnung bisher bei den Hauseigenthümern in Berlin die nahezu allgemeine Sitte und Uebung geherrscht habe, in den Sommermonaten bis zum 1. Oktober die Flure und Treppen nicht zu beleuchten, und daß dies auch im Publikum allgemein bekannt gewesen sei. Daraus folgert er, der Angeklagte habe zuversichtlich annehmen dürfen, daß einen Theils die Miether sowohl, als auch deren Angehörige ihrerseits diejenigen Veranstaltungen treffen würden, welche es ihnen ermöglichten, die von dem Vermiether nicht beleuchteten Flure und Treppen ohne Gefahr zu passiren, und daß anderen Theils auch Fremde, welche nach eingetretener Dunkelheit das Haus betreten sollten, selbst dafür sorgen würden, ungefährdet durch die von Seiten des Eigenthümers nicht beleuchteten Räume ihren Weg zu nehmen. Der Erste Richter erwähnt zwar, der Angeklagte habe von dem Wunsche der Polizeibehörde, daß er während des Sommers die Beleuchtung der Treppen bewirke, Mittheilung erhalten; er ist aber der Ansicht, der Angeklagte habe dadurch, auch bei gehöriger Aufmerksamkeit, in seiner wohlbegründeten Annahme nicht erschüttert werden können, daß unter den obwaltenden Umständen die Unterlassung der Beleuchtung der Flure und Treppen während der Sommermonate eine Gefährdung der Hausbewohner oder anderer Personen nicht herbeiführen werde. Alle diese Erwägungen sind, insofern sie den Ersten Richter davon überzeugt haben, was der Angeklagte unter den obwaltenden Umständen annehmen konnte und angenommen hat, nicht rechtsirrthümlich, sondern liegen auf thatsächlichem Gebiete und entziehen sich deshalb der Nachprüfung durch den Revisionsrichter. Hat aber der Angeklagte, ohne die gehörige Aufmerksamkeit außer Acht zu lassen, angenommen, daß durch seine Unterlassung Niemand werde gefährdet werden, so hat er auch bei Anwendung der gebotenen Aufmerksamkeit den eingetretenen Unfall als eine mögliche Folge seiner Unterlassung nicht vorhersehen können und somit im strafrechtlichen Sinne nicht fahrlässig gehandelt. Den Thatbestand des § 367 Nr. 12 des R. Str. G. B. stellt der Erste Richter nicht fest, und hierüber sich besonders auszusprechen war er, mangels eines Antrages der Staatsanwaltschaft, prozessualisch nicht verpflichtet."

Reichsrecht.

1. Handelsrecht.

85. **Ungültigkeit eines Lieferungskaufes** (Art. 338 des H.G.B.) **oder Vorvertrages** (pactum de contrahendo) **wegen Mangels jeglicher Vereinbarung über die Lieferungspreise bezw. wegen Unmöglichkeit der Bestimmbarkeit derselben.** Urth. des IV. Civilsenats vom 28. April 1885 in Sachen C. B. in H., Klägers und Revisionsklägers, wider P. H. zu S., Beklagten und Revisionsbeklagten. Vorinstanz: O.L.G. Hamm. Verwerfung.

Die Entscheidung des B.R. beruht in erster Reihe auf der Annahme, daß die durch die Schriftstücke vom 1. Mai 1881 beurkundete Vereinbarung sich als ein Vertrag über die fortgesetzte, nach Zahl und Quantität durch das künftige Bedürfniß des klägerischen Geschäftes zu bestimmende Lieferung von Sandstein aus den Steinbrüchen des Beklagten an den Kläger gegen von diesem in baarem Gelde zu leistende Vergütungen charakterisire und daß dieser Vertrag, möge man ihn als Lieferungskauf im Sinne des Art. 338 des H.G.B. oder als Vorvertrag (pactum de contrahendo) über künftig abzuschließende Kaufverträge auffassen, wegen Mangels jeglicher Vereinbarung über die Lieferungspreise ungültig sei, daher auch dem Anspruche auf Zahlung der darin stipulirten Konventionalstrafe nicht zur Grundlage dienen könne.

„Diese Annahme kann in keiner Hinsicht als rechtsirrthümlich bezeichnet werden. Dies gilt zunächst von der rechtlichen Qualifizirung des Vertrages. Wenn inhalts desselben der Beklagte den Alleinvertrieb seines Kohlensandsteins in gewissen Bezirken dem Kläger für dessen Rechnung übertrug und sich, solange Kläger die vereinbarte Zahlungsbedingung (d. h. den vereinbarten Zahlungsmodus) erfüllen würde, verpflichtete, Sandsteinmaterial aus den bezeichneten Brüchen nach jenen Bezirken nicht zu liefern außer an den Kläger und für dessen Rechnung und Ordre, wogegen andererseits der Kläger sich anheischig machte, in den nämlichen Landestheilen an Kohlensandsteinmaterial aus dem Ruhrgebiete nur das des Beklagten zu führen, sofern sich Letzterer nicht weigern sollte, ihm im Einzelfalle Material zu offeriren: so kann es keinem Zweifel unterliegen, daß Kläger nicht Agent oder Kommissionär des Beklagten für den Vertrieb des fraglichen Materials, sondern Selbstkäufer desselben sein sollte, daß es mithin zwischen den Parteien auf den Abschluß von Kaufverträgen über die von dem Kläger zur Verwendung in den bezeichneten Landestheilen zu begehrenden Quantitäten von Sandsteinmaterial aus den beklagtischen Brüchen abgesehen war.

Mit Recht hat aber auch der B.R. angenommen, daß aus diesem Abkommen ein klagbarer Anspruch des Klägers an den Beklagten auf Lieferung irgend eines Quantums von Sandsteinen nicht habe entstehen können, weil es an jeder Preisberedung fehlt. In den ausgewechselten Schriftstücken findet sich hierüber nichts, und nach den Gründen des vorigen Urtheils hat der Kläger eine diesbezügliche Abmachung der Parteien nicht zu behaupten vermocht. Nun wäre freilich gleichwohl die Bestimmbarkeit des Preises in jedem Einzelfalle auch ohne eine neue Vereinbarung der Parteien dann nicht ausgeschlossen, wenn etwa die Letzteren in dem Sinne kontrahirt hätten, daß jedes Mal der handelsübliche Preis des vom Kläger bestellten Materials maßgebend sein solle. (Vergl. Entsch. des R.O.H.G. Bd. V S. 421, Bd. XVII S. 219.) Allein ob dies wirklich der Fall war, ist an sich Thatfrage, und der Vorderrichter hat solche erkennbar verneint, indem er bemerkt, daß „keinerlei Momente, keine Faktoren angegeben seien, nach welchen ein bestimmter Preis bemessen werden könne", und daß bei solcher Sachlage die richterliche Interpretation die unvollständig gebliebene Willenseinigung der Kontrahenten nicht zu ergänzen vermöge. Diese Erwägung läßt nicht nur ersehen, daß sich der B.R. bei der Prüfung dieser Frage des zutreffenden rechtlichen Gesichtspunkts wohl bewußt gewesen ist, sondern auch, daß sich derselbe dabei keineswegs auf den Inhalt der Schriftstücke vom 1. Mai 1881 beschränkt, vielmehr auch das sonstige Vorbringen der Parteien und die sich daraus ergebenden Umstände des Falles in Betracht gezogen hat."

86. **Zulässigkeit der Geltendmachung des Rücktrittsrechtes wegen Nichtlieferung im Wege der Einrede** (nicht blos im Wege der Widerklage); **desgleichen vom Standpunkte des Interessenersatzes aus** (Art. 355 des H.G.B.). Urth. des I. Civilsenats vom 25. April 1885 in Sachen B. zu B., Beklagten, Widerklägers und Revisionsklägers, wider die Vereinsbank das., Klägerin, Widerbeklagte und Revisionsbeklagte. Vorinstanz: Kammerger. Berlin. Aufhebung und Zurückverweisung.

Das R.G. hatte in seinem Urtheil vom 19. März 1884 durch welches das frühere B.U. in dieser Prozeßsache aufgehoben wurde, zur Beseitigung des auf die Berliner Börsenbedingungen für Fondsgeschäfte gestützten Einwandes der Präklusion der Klagansprüche wegen Nichterhebung der Klage binnen vier Wochen von der Fälligkeit ab ausgeführt, daß, da in Folge der Verbindung der Kaufgeschäfte mit einem Kreditvertrage Klägerin dem Beklagten die verkauften Stücke, statt sie ihm in natura auszuliefern, auf Stückekonto kreditirt und den Kaufpreis debitirt, hierdurch aber die Verkäufe zur Erfüllung gebracht habe, jene Präklusion unanwendbar wäre. Auf dieser Ausführung fußt das B.G. jetzt bei Prüfung des Einwandes des Beklagten in Bezug auf den Verkauf vom 22. August 1881, daß er die mittels dieses Geschäftes gekauften Aktien nicht mehr anzunehmen und zu bezahlen brauche, weil er dieselben am 23. August 1881 weiter verkauft, Klägerin die Aushändigung der Aktien an den Käufer aber ohne Grund trotz wiederholter Aufforderung des Beklagten vom 24. und 26. August 1881 unterlassen und dieselbe erst am 30. August 1881, nachdem sein Käufer vom Geschäft zurückgetreten sei und die Aktien sehr erheblich gefallen waren, angeboten habe. Diesen Einwand verwirft das B.G., weil von einem Verzuge der Klägerin mit der Wirkung der Art. 355 ff. des H.G.B. nicht mehr die Rede sein könne, nachdem Klägerin, wie das R.G. ausführe, bereits durch Kreditirung der Stücke auf Stückekonto erfüllt hatte.

„Allein darauf, ob Verzug im Sinne der Wirkungen dieser Gesetzesbestimmungen noch eintreten konnte, kam es nicht ausschließlich an. Beklagter hat nicht blos auf Qualifizirung des klägerischen Verhaltens als solchen Verzug, sondern auf die Thatsache der Weigerung der Herausgabe der Papiere sein Recht auf Rücktritt von dem Geschäfte gegründet. Wenn das B.G. hiergegen geltend macht, das Rücktrittsrecht wegen verweigerter Auslieferung der Stücke hätte nur im Wege einer Widerklage geltend gemacht werden können, so ist dies gewiß nicht zutreffend. Es ist nicht abzusehen, warum der Käufer, wenn er auf Abnahme der gekauften Gegenstände und Zahlung des Kaufpreises mit Klage in Anspruch genommen wird, dies Rücktrittsrecht nicht soll einwandsweise geltend machen können.

Anscheinend soll aber die weitere Erwägung des B.G., es hätten hier nur Schadensersatzansprüche erhoben werden können, die nicht erhoben seien, einen zweiten Entscheidungsgrund des Inhalts, daß das gedachte Verhalten der Klägerin kein Rücktrittsrecht des Beklagten begründe, darstellen. Dabei wird aber verkannt, daß unter Umständen auch vom Standpunkte des Interessenersatzes aus Lossagung von dem ganzen Geschäfte, weil nur hierdurch dem durch verweigerte Herausgabe verletzten Interesse voll genügt wird, gefordert werden kann. In dieser Richtung ist der Anspruch nicht geprüft.

Vergegenwärtigt man sich die thatsächliche Sachlage, so hatte nach H.'s Zeugniß Beklagter am 23. August 1881 ihm die Aktien verkauft und H. deren Lieferung im Wege der Kompensation — er hatte gerade an Klägerin größere Partien solcher Aktien verkauft — von Klägerin vergeblich gefordert. Erst am 30. August 1881 wurden sie von der Klägerin dem H. offerirt, von diesem aber wegen Verspätung zurückgewiesen, und Beklagter ist mit seinem Anspruche wider H. auf Zahlung der Differenz vom Börsenschiedsgerichte abgewiesen worden. H. hat nicht angegeben, zu welchem Kurse er die Aktien vom Beklagten gekauft hatte. Aber die Behauptung des Beklagten, es sei dies zum Kurse von 135 % — Beklagter hatte sie von Klägerin zu 129 % gekauft — geschehen, ist von Klägerin nicht bestritten, wie denn thatbestandsmäßig Klägerin in Betreff dieses ganzen Einwandes nichts weiter erklärt hat, als daß sie sich auf ihre Schriftsätze beziehe, während in dem betr. Schriftsatze nur erklärt war, sie würde ihre Widerlegung mündlich vortragen. Nach den Behauptungen des Beklagten hatte er die Klägerin sowohl am 24. wie am 26. August 1881 unter Androhung des Rücktritts zur Lieferung an H. aufgefordert. Von den vernommenen Zeugen haben ferner bekundet H., daß die Aktien nach dem 23. August 1881 rapid heruntergingen; der Kaufmann M. M., daß sie bei Abschluß des Geschäfts mit H. etwa den höchsten Kurs hatten; der Bankier L., daß sie nach dem erwähnten Vorgange erheblich gefallen seien und zeitweise kaum etwas zu verkaufen gewesen wäre. Bei dieser Sachlage und da insbesondere auch durch die bloße Gutschrift der Effekten die wirklich geschehene Erfüllung nach dem Willen der Parteien nur unter der Voraussetzung als bewirkt angesehen werden kann, daß Klägerin auch auf Erfordern des Beklagten bei Zahlung des Kaufpreises dieselben auch unverzüglich ausliefern werde — welcher Auslieferung gegen Zahlung eine Ziehung zur Kompensation zwischen Klägerin und einem Cessionar des Beklagten, der Effekten gleicher Gattung an Klägerin zu liefern hatte, mangels Aufzeigung besonderer Umstände gleichzustellen war —, war es durchaus angezeigt, die richtige Wahrung des Interesses des Beklagten in der Stornirung des ganzen Debetpostens durch Lossagung von dem Kaufgeschäfte zu finden."

87. 1) **Voraussetzungen der Vermuthung der Schadensersatzpflicht bei Schiffskollision nach Art. 736 des H.G.B.** 2) **Damnum injuria datum. Erforderniß der Rechtswidrigkeit und Schuld.** Urth. des I. Civilsenats vom 29. April 1885 in Sachen der Transatlantischen Güterversicherungs-Gesellschaft in B. und Gen., Kläger und Revisionskläger, wider den Fährpächter G. in H., Beklagten und Revisionsbeklagten. Vorinstanzen: L.G. u. O.L.G. Hamburg. Verwerfung.

Das Urtheil des L.G. Hamburg vom 11. Dezember 1883, durch welches der Beklagte verpflichtet wurde, den Klägerinnen denjenigen Schaden zu erstatten, welcher denselben resp. den bei den Klägerinnen versicherten Ladungseigenthümern durch das Sinken der A.'schen Schute am 1. November 1882 erwachsen ist, ist auf die Berufung des Beklagten durch das Urtheil des O.L.G. aufgehoben, welches vielmehr die Klage unter Verurtheilung der klägerischen Partei in die Kosten des Rechtsstreites abgewiesen hat.

Zu 1. Am 1. November 1882, Vormittags 11 Uhr, lief eine dem Ewerführer A. gehörige kleine Schute (auch Bullen genannt), welche bei dem Quaispeicher neben dem Leichter „Amanda" verstaut lag, voll Wasser und sank, wodurch ein Theil der in derselben verladenen Waaren beschädigt wurde und ein anderer Theil ganz verloren ging. Die klägerischen Gesellschaften, bei denen diese Waaren versichert waren, haben den versicherten Ladungseigenthümern, gegen Uebertragung der denselben zustehenden Rechte auf Schadensersatz gegen Dritte, den hierdurch verursachten Schaden vergütet und machen nunmehr den Beklagten als Eigenthümer des Fährdampfers „Kaiserquai" für diesen Schaden verantwortlich. Das Sinken der A.'schen Schute ist, wie Beklagter einräumt, dadurch verursacht, daß die an ihr befestigte, höher aus dem Wasser liegende L. & R.'sche Schute von dem beklagtischen Fährdampfer, nachdem dieser den Fährponton beim Quaispeicher wieder verlassen hatte, um nach dem kleinen Grasbrook hinüberzugehen, fortgeschoben ward und dadurch mit ihrem vorderen Ende auf den Dollbord der A.'schen Schute gerieth und dieselbe niederdrückte. Beklagter bestreitet aber, daß — wie klägerischerseits behauptet wird — der Führer oder die Mannschaft des Dampfers „Kaiserquai" hierbei schuldhaft gehandelt haben.

Nach dem Thatbestande des angefochtenen Urtheils hat der Beklagte zwar anerkannt, daß er den Klägerinnen gegenüber exkulpationspflichtig sei. Dies kann jedoch — nach der Meinung des R.G. — nur als die Aeußerung einer Rechtsansicht aufgefaßt werden, durch welche der B.R. bei seiner Beurtheilung nicht gebunden war. Der B.R. hat nun seine entgegengesetzte Ansicht damit begründet, daß eine rechtliche Vermuthung, welche den auf Schadensersatz in Folge des Zusammenstoßens von Schiffen nach Art. 736 des H.G.B. (welcher nach § 54 des Hamburgischen Einführungsgesetzes auch auf Flußschiffe Anwendung findet) Klagenden der weiteren Begründung und des Nachweises eines Verschuldens der gegnerischen Schiffsbesatzung überhebt, nur unter der Voraussetzung anzunehmen sei, daß nach den Umständen des Falles ein äußeres Zuwiderhandeln des in Anspruch genommenen Schiffes gegen die zur Verhütung von Kollisionen bestehenden Vorschriften bereits erkennbar vorliegt; denn in diesem Falle sei es allerdings Sache des auf Schadensersatz Belangten, sich durch den Beweis zu exkulpiren, daß sein Verhalten nur äußerlich als ein schuldvolles sich darstelle, in Wahrheit aber ihm als Verschulden nicht anzurechnen sei. Ob jene rechtliche Vermuthung im einzelnen Falle begründet sei, lasse sich aber nur nach den konkreten Umständen desselben beurtheilen.

„Für diese Ansicht wird mit Recht darauf Bezug genommen, daß sie mit der konstanten Rechtsprechung auch des R.G. übereinstimme, und liegt daher insoweit der angefochtenen Entscheidung ein Rechtsirrthum, insbesondere eine falsche Beurtheilung der Beweislast nicht zu Grunde. (Vergl. auch Windscheid, Pandekten Bd. II § 455 Note 12 i. f.) Auch haben die Klägerinnen in dieser Richtung einen Revisionsangriff nicht erhoben. Die Revision wirft dem B.R. vielmehr nur vor, derselbe habe rechtlich geirrt bei seiner ferneren Prüfung, ob die Gesammtlage des gegenwärtig zu beurtheilenden Falles die Anwendung der gedachten Vermuthung rechtfertige, auf Grund deren er zu dem Ergebnisse gelangt ist, daß das Verfahren des Führers des beklagtischen Dampfers in der allein maßgebenden Gesammtlage, in welcher derselbe sich befand, seine Erklärung und zunächst insofern seine Rechtfertigung finde, daß es nicht schon äußerlich als ein widerrechtliches hervortrete, daß aber den Klägerinnen der ihnen hiernach obliegende Beweis des behaupteten Verschuldens nicht gelungen sei. Auch diese Angriffe können aber für begründet nicht erachtet werden."

Zu 2. Der B.R. hat nämlich festgestellt, daß der „Kaiserquai" nicht etwa die L. & R.'sche Schute mit voller Gewalt angerannt hat oder auch nur überhaupt mit ihr zusammengestoßen ist, sondern daß er diese Schute, die ihn an der Fortsetzung seiner Fahrt hinderte, und nur mit dem einen Ende an dem A.'schen Bullen befestigt war, mit dem anderen freiliegenden Ende unter Zwischenhalten eines Fenders nur fortzuschieben sich bemühte, um freie Fahrt zu gewinnen. Ferner hat der B.R. festgestellt, daß im Hamburgischen Hafenverkehre die Macht der Verhältnisse in gewissen Grenzen zur gegenseitigen Duldung eines eigenmächtigen Vorgehens Anderer zwinge, es insbesondere im Schutenverkehre kein ungewöhnliches Vorkommniß sei, daß eine Schute die andere, welche ihr den Weg verlegt, etwas bei Seite zu schieben oder sich an ihr entlang zu ziehen sucht, wie denn auch der Art. 2 Stat. II, 14 in der ihm vom R.O.H.G. (ausweise dessen Entsch. Bd. III S. 35) gegebenen Auslegung einen noch bezeichnenderen Fall erlaubter Selbsthülfe für Schiffe im Hamburgischen Hafen aufweise. Auch stellt der B.R. unter näherer thatsächlicher Begründung fest, er habe nicht die Ueberzeugung zu erlangen vermocht, daß der Führer des beklagtischen Dampfers bei gehöriger Ueberlegung die Möglichkeit voraussehen mußte, daß die von ihm bei Seite zu schiebende L. & R.'sche Schute den A.'schen Bullen, wie geschehen, niederdrücken werde; die Passage um die Ecke des „Kaiserquai" hinter dem Liegeplatze der Hamburg-Südamerikanischen Dampfschiffe herum (um welche es sich hier handelt) nach dem kleinen Grasbrook sei aber eine der belebtesten und damit gefährlichsten im ganzen Hafen, und unter den dadurch und durch die ganze Sachlage bedingten schwierigen und beengenden Verhältnissen, welche die Handlung des Führers des „Kaiserquai" — eines kleinen, zur Vermittelung des Personenverkehres im Hafen dienenden und grundsätzlich nicht anders als die den Waarentransport im Hafen besorgenden Schuten zu behandelnden Dampfschiffes — nicht als eine völlig freie erscheinen lasse, habe der „Kaiserquai", indem er einen Weg einschlug, welcher ihn am schnellsten in der ihm vorgeschriebenen Richtung aus seiner schwierigen Lage zu befreien versprach, damit nicht nur den, allein freilich nicht maßgebenden Interessen des Fährbetriebes, sondern auch dem Verkehre auf der betreffenden Strecke im allgemeinen gedient, welcher zur Vermeidung von Stockungen eine rasche Zirkulation erfordere.

„Wenn nun der B.R. bei diesen thatsächlichen Feststellungen davon ausgeht, daß das Verfahren des Führers des „Kaiserquai" nicht nothwendig als ein rechtswidriges aufzufassen sei, sondern auch eine nach Lage der Sache erlaubte Selbsthülfe gewesen sein könne, indem er die Frage, ob auch einem Dampfer der vorliegenden Art unter Umständen gestattet sei, eine Schute bei Seite zu schieben, bejaht, so kann dies als rechtsirrthümlich nicht angesehen werden. Der zur Begründung der Revision aufgestellte Rechtssatz, daß es zur Begründung der Exkulpationspflicht des Beklagten schon genüge, wenn derselbe (beziehungsweise eine Person, deren Handlungen er zu vertreten hat) auf die beschädigte Sache thatsächlich eingewirkt hat, verdient in dieser Allgemeinheit keine Billigung. Aus einer beschädigenden Handlung entsteht vielmehr ein Schadensanspruch nur dann, wenn sie widerrechtlich war, es wird ein damnum injuria datum vorausgesetzt. Zur Widerrechtlichkeit ist aber erforderlich, nicht nur daß der Beschädigende kein Recht zu der betreffenden Handlung hat, sondern auch daß ihm dieselbe zur Schuld angerechnet werden kann. Ist nun aber, wie der B. R. feststellt, nach der im Hamburger Hafen durch die Macht der Verkehrsverhältnisse herbeigeführten Uebung und rechtlichen Auffassung innerhalb gewisser Grenzen, deren Ueberschreitung im vorliegenden Falle als nicht ersichtlich angenommen wird, eine gegenseitige Ausübung bezw. Duldung der Eigenmacht, insbesondere durch ein Beiseiteschieben im Wege liegender Schuten oder durch eine Benutzung derselben zu dem Zwecke, das eigene Fahrzeug vorwärts zu bewegen, erlaubt bezw. zu gestatten, so kann in dem Verfahren des Führers des „Kaiserquai", welcher hiervon Gebrauch machte, eine Ordnungswidrigkeit nicht ohne weiteres und bis zum Beweise des Gegentheils gefunden werden, da die Berührung der L. & R.'schen Schute und die körperliche Einwirkung auf dieselbe nicht schon an sich als unberechtigt erscheint. Auch der Vorwurf der Revision, daß der B. R. die Grundsätze über erlaubte Selbsthülfe unrichtig angewandt habe, trifft nicht zu. Denn eine solche kann ebensowohl auf der Uebung und Auffassung des Verkehrs als auf ausdrücklicher gesetzlicher Vorschrift beruhen. Wenn der B. R. von der „Gutgläubigkeit" des Führers des „Kaiserquai" bei seinem Vorgehen spricht, so bezieht sich dies dem ganzen Zusammenhange seiner Ausführungen nach ersichtlich nur darauf, daß derselbe eine aus seinem Vorgehen für die gesunkene A.'sche Schute entstehende Gefahr auch thatsächlich nicht erkannt habe, nachdem vorher ausgeführt war, daß er die Möglichkeit der eingetretenen Gefahr beigehöriger Ueberlegung nicht habe vorhersehen müssen. Es soll hiermit also nur festgestellt werden, daß ein Verschulden in keiner Richtung vorliege, und die Rüge der Revision, daß es nur auf die Frage des Verschuldens, nicht aber auf die Gutgläubigkeit ankomme, welche bei einem schuldhaften Handeln regelmäßig vorliege und oft gerade auf der Sorglosigkeit beruhe, trifft daher nicht zu."

88. **Seeversicherungsrecht. Der Versicherte ist der eigentliche Gläubiger. Folgen dieses Grundsatzes für den Indossatar. Ordrepolizen.** (Art. 886 Abs. 2, 887, 891—896 des H.G.B.; §§ 144 Abs. 1, 145 der Allg. Seevers.-Bed.). Urth. des I. Civilsenats vom 6. Mai 1885 in Sachen der D. Transport-Versicherungsgesellschaft zu B., Beklagten und Revisionsklägerin wider H. A. W. zu P., Kläger und Revisionsbeklagten. Vorinstanzen: L.G. Danzig, O.L.G. Marienwerder. Aufhebung u. Zurückverweisung. (Die Vorinstanzen hatten verurtheilt.)

„Es ist geklagt aus einer auf eine Deckladung bezüglichen Seeversicherung, und zwar wird für solche Güter Ersatz verlangt, die während der Reise theils geworfen, theils über Bord gespült sind. Obgleich die Versicherung auf Grundlage der „Allgemeinen Seeversicherungsbedingungen" von 1867 geschlossen ist und diese in § 107 Abs. 1 die Bestimmung enthalten, daß die Versicherung für Deckladung nur „frei von Beschädigung, sowie frei von Werfen und Ueberbordspülen" gelte, so ist doch der erhobene Anspruch an sich zweifellos rechtsbegründet, da sich, was insbesondere den hervorgehobenen Punkt anlangt, in der Polize neben der Bemerkung: „auf Deck geladen" die Klausel eingeschrieben findet: „frei von Beschädigung; jedoch haftet die Versicherung für Werfen und Ueberbordspülen."

Es handelt sich nur um die verschiedenen von der Beklagten vorgeschützten Einreden. Von diesen würde die Einrede der Doppelversicherung jedenfalls erledigt sein durch den zutreffenden Grund des O.L.G., daß sie trotz Ausübung des richterlichen Fragerechtes nicht genügend substantiirt worden sei. Im übrigen ist das B. G. auf die Beurtheilung der Einreden im einzelnen nicht näher eingegangen, weil es annahm, daß sie, da ihre thatsächlichen Grundlagen jedenfalls nur dem Verhältnisse zwischen der Beklagten und den Versicherungsnehmern A. W. & Co. angehörten, während der Kläger durch ein von den Letztern auf die an ihre Ordre lautende Polize gesetztes Blankoindossament legitimirt ist, nach Art. 896 vergl. mit Art. 303 des H.G.B. keinesfalls dem Kläger entgegengesetzt werden könnten. Dieser Entscheidungsgrund würde wenigstens in Ansehung einzelner unter den vorgeschützten Einreden vielleicht selbst dann nicht zutreffen, wenn der Kläger bei der vorliegenden Versicherung in keiner andern Eigenschaft denn als Indossatar der Polize in Betracht käme: dann würde der Streitfrage näher getreten werden müssen, wie der Begriff der „nach Maßgabe der Urkunde selbst" zustehenden

Einreden in seiner Anwendung auf eine an Ordre gestellte Versicherungspolize abzugrenzen sei, ob nicht insbesondere die Einrede der verletzten Anzeigepflicht hier noch von diesem Begriffe mitumfaßt werde. Doch bedurfte dieser Punkt hier keiner Entscheidung, weil jedenfalls darin das Oberlandesgericht rechtlich geirrt hat, daß es den Umstand, daß der Kläger zugleich der ursprüngliche Versicherte ist, für dessen Rechnung und in dessen Auftrag A. W. & Co. die Versicherung genommen haben, für unerheblich hielt. Dem Versicherten selbst können vielmehr, wenn er auch zugleich als Indossatar der an Ordre gestellten Polize legitimirt sein sollte, mindestens alle diejenigen im Verhältniß zwischen dem von ihm verschiedenen Versicherungsnehmer und dem Versicherer begründeten Einreden entgegengehalten werden, mittels deren geltend gemacht wird, daß von vornherein der Versicherer nicht wirksam obligirt worden sei. Dies folgt schon daraus, daß ein Anspruch aus der Polize niemals mit Erfolg erhoben werden könnte, ohne daß zugleich klargelegt würde, wer der eigentliche Versicherte sei. Es ist nämlich, wie man auch über die oben bezeichnete Streitfrage in Ansehung der Einreden denken möge, doch keinesfalls darin der Ansicht von Voigt (Seeversicherungsrecht, Abth. 1 S. 71 und 73) beizutreten, daß nach der Indossirung der Indossatar in Ansehung der Frage nach dem Interesse schlechthin als der Versicherte gelten müßte; vielmehr kann sich das Klagfundament durch die Indossirung keinesfalls ändern. Auch der Indossatar muß daher, wenn er Klage erhebt, ebenso wie die andern in Art. 886 Abs. 2 des H.G.B., beziehungsweise § 144 Abs. 1 der Allg. Seeversicherungsbedingungen aufgeführten Punkte, das Interesse des Versicherten an der genommenen Versicherung und folglich bei der Versicherung für fremde Rechnung nach Art. 887 des H.G.B., beziehungsweise § 145 der Allg. Seeversicherungsbedingungen auch den Auftrag des Versicherten, beziehungsweise die negotiorum gestio des Versicherungsnehmers darlegen (vgl. Makower, H.G.B. (Aufl. 9) S. 795 f. Anm. 14). Gehört es demnach auch für den auf Grund eines Indossamentes klagenden Versicherten wesentlich zur Begründung seiner Klage, daß er sich selbst als den ursprünglichen Versicherten enthülle, so würde es allen Grundsätzen von Treue und Glauben widersprechen, wenn er sich über Einreden hinwegsetzen wollte, die ihm, falls er ohne Indossament auf Grund des Versicherungsvertrages klagte, entgegenstehen würden. Dies könnte höchstens von dem Standpunkte aus bezweifelt werden, daß man auf Grund des Versicherungsvertrages an sich nur den Versicherungsnehmer als Gläubiger des Versicherers betrachtete, von dem bei der Versicherung für fremde

Rechnung, wie von jedem andern Kommissionär, der in eigenem Namen kontrahirt, das Forderungsrecht auf den Kommittenten erst durch besondern Akt übertragen werden müßte. Aber diese Auffassung, mag sie auch die allgemeinen Rechtsgrundsätzen mehr entsprechende und die geschichtlich ursprüngliche sein, wie sie auch heutzutage noch im Französischen und im Englischen Seeversicherungsrechte herrscht, ist für das Deutsche Recht durch das H.G.B. verlassen worden, indem dieses durchaus den Versicherten selbst ohne weiteres als den eigentlichen Inhaber des Forderungsrechtes behandelt und nur gewisse Abschwächungen der hieraus sich ergebenden Konsequenzen zu Gunsten der Stellung des Versicherungsnehmers feststellt (vgl. insbesondere die Art. 891—895 des H.G.B.; vgl. auch Voigt, Seeversicherungsrecht, Abth. 1 Seite 28 ff.).

Gerade auch in Ansehung der Ordrepolizen ist es in Art. 896 des H.G.B. als etwas Singuläres hingestellt, daß bei der Versicherung für fremde Rechnung zur Gültigkeit der ersten Uebertragung das Indossament des Versicherungsnehmers genüge; auch hier wird also davon ausgegangen, daß der Versicherte der eigentliche Gläubiger sei, als dessen Vertreter nur der Versicherungsnehmer indossire, wenn er, und nicht der Versicherte selbst, es thue. Bei dieser Sachlage ist es ganz undenkbar, daß der ursprüngliche Versicherte, auch wenn er ein Indossament des Versicherungsnehmers für sich hat, nicht allen auf den Abschluß des Vertrages bezüglichen Einreden ausgesetzt sein sollte."

2. Reichs-Haftpflichtgesetz.

89. **Kein persönliches Verschulden, wenn ein Bahnbeamter eine gefahrvolle Handlung zu dem Zwecke vornimmt, um Andere** (oder einen ganzen Zug) **vor Gefahr oder Schaden zu bewahren.** (§ 1 des R. Haftpflichtges.) Urtheil des V. Civilsenats vom 25. April 1885 in Sachen der verw. J. zu R. und deren Kinder, Kläger und Revisionskläger, wider die Oberschlesische Eisenbahn, Beklagte und Revisionsbeklagte. Vorinstanz: O. L.G. Breslau. Aufhebung und Zurückverweisung.

Der seit mehreren Jahren bei der Beklagten als Hilfswärter angestellte und beim Weichenstellen beschäftigte J. (Ehemann resp. Vater der Kläger) ist am 25. Januar 1883 spät abends, während er zur Erledigung seiner Dienstgeschäfte über Bahngeleise zu Beuthen ging, von der Lokomotive des aus Morgenroth kommenden Zuges Nr. 204 erfaßt und getödtet worden. Uebereinstimmend nehmen die Instanzrichter an, daß auf diesen Thatbestand die Bestimmung des § 1 des Reichs-Haftpflichtgesetzes vom 7. Juni 1871 Anwendung findet, die Beklagte also für den entstandenen Schaden haftet, sofern sie nicht beweist, daß der Unfall durch höhere Gewalt oder durch eigenes Verschulden des Getödteten entstanden ist. Letzteres hat Beklagte behauptet. Beide Instanzrichter halten den Beweis für geführt. Der Erste Richter nimmt für festgestellt an, daß J., um die Weichen für den von Breslau kommenden Zug Nr. 349 zu stellen, über das Geleise, auf welchem der Zug Nr. 204 einfahren sollte, gehen mußte. Er erwägt jedoch, daß der Zug Nr. 349 fahrplanmäßig erst 19 Minuten nach dem Zuge Nr. 204 einfahren sollte, so daß nach dem Passiren des letzteren noch ausreichende Zeit zur Stellung der Weichen für ersteren übrig blieb, und erachtet unter solchen Umständen das Ueberschreiten des Geleises unmittelbar vor dem bereits einfahrenden Zuge Nr. 204 für eine grobe Fahrlässigkeit des J.

Diese thatsächliche Grundlage des ersten Urtheils hat der B. R. verlassen, weil seitens der Kläger geltend gemacht ist, es könne für die Frage, ob Eile beim Weichenstellen geboten war, nicht auf die Zeit, wann die betreffenden Züge fahrplanmäßig, sondern wann sie wirklich eingetroffen sind, ankommen. Für die Entscheidung des B. R. bleibt deshalb nur die Thatsache bestehen, daß J. in Erfüllung seiner dienstlichen Verrichtungen kurz vor dem einfahrenden Zuge Nr. 204 über das Bahngeleise gegangen ist. Der B. R. nimmt an, daß auch dieser Thatbestand zur Feststellung des eigenen Verschuldens des J. ausreicht. Der Maßstab, welchen er bei Prüfung des Verhaltens des Getödteten anlegt, wird dahin angegeben: „Möchte die Veranlassung zum Ueberschreiten des Geleises eine noch so befugte und drängende gewesen sein, jedenfalls ist darin ein Verschulden eines Bahnbeamten zu erblicken, wenn derselbe unmittelbar vor einem herankommenden Zuge ein Geleis, wissend, daß dies Geleis befahren wird, zu überschreiten versucht." Ferner: „Wollte man auch soweit gehen, anzunehmen, daß der Getödtete im letzten Momente ein dem Zuge vermeintlich entgegenstehendes Hinderniß, um eine Entgleisung desselben zu verhindern, selbst mit Aufopferung seines Lebens zu beseitigen versuchte, so würde hierdurch doch nicht ein Verschulden des Getödteten ausgeschlossen und eine Haftpflicht des Beklagten begründet sein. Wenn ein Eisenbahnbeamter in Ausführung seiner Dienstverrichtungen sich in gefährliche Situationen begiebt, so ist wohl dann ein Verschulden desselben ausgeschlossen, wenn er nach der Sachlage annehmen kann, daß er bei gehöriger Vorsicht der Gefahr entgehen werde; muß er sich aber sagen, daß er den Gefahren unterliegen werde und müsse, dann kann — mag auch der Zweck ein guter sein — nur ein eigenes Verschulden des Beamten angenommen werden."

„Die Beschwerde der Kläger, das dieser Maßstab, welchen der B. R. bei Prüfung des eigenen Verschuldens des Getödteten anlegt, gegen Rechtsgrundsätze verstößt, muß für begründet erachtet werden. Es ist zwar richtig, daß die Bahnverwaltungen von ihren Bediensteten unter gewöhnlichen Umständen ein sorgfältiges, überlegtes, den Instruktionen entsprechendes Verhalten verlangen dürfen. Wenn jedoch Gefahr im Betriebe ein augenblickliches und selbständiges Handeln des Beamten erfordert, so ist hierfür ein anderer Maßstab anzulegen. Dem Beamten kann eine Handlung, welche unter gewöhnlichen Umständen als schuldbare Gefährdung des eigenen Lebens erscheint, doch nicht unbedingt als Schuld zugerechnet werden, wenn sie vorgenommen wird, um Andere vor drohender Gefahr oder Schaden zu bewahren, und zwar selbst dann nicht, wenn es dabei dem Handelnden an der sonst erforderlichen Ueberlegung und Geistesgegenwart fehlt. In diesem Sinne ist bereits eine Reihe von Entscheidungen sowohl des früheren R.O.H.G. als des R.G. ergangen. (Vergl. Eger, Haftpflichtges. S. 147, 149 Entsch. des R.O.H.G. Bd. X S. 411, 417; Bd. XXII S. 313, 316. Blum, Annalen Bd. II S. 357; B. III S. 193). Von dem darin ausgesprochenen Rechtsgrundsatze abzugehen liegt kein Anlaß vor. Wenn der Berufungsrichter also in der Thatsache, daß J. kurz vor dem Herannahen des Zuges Nr. 204 über das von demselben zu passirende Geleise ging, unter allen Umständen, auch wenn die Handlung geschah, um den Zug vor Entgleisung zu schützen, ein Verschulden finden, und ihn nur dann für entschuldigt achten will, wenn er bei gehöriger Vorsicht sich sagen konnte, daß er der Gefahr entgehen werde, so verstößt diese Entscheidung gegen Rechtsgrundsätze und unterliegt der Aufhebung. Es bedarf vielmehr einer neuen Prüfung, ob die an sich zu den dienstlichen Obliegenheiten des J. gehörige Handlung nach den obwaltenden, vom Beklagten zu erweisenden, Umständen als eine schuldbare Gefährdung seines Lebens zu erachten oder ob diese Annahme wegen des Zweckes, welchen J. bei der Handlung verfolgte, ausgeschlossen ist."

90. Eigenes Verschulden im Sinne des § 2 des R. Haftpflichtgesetzes. Ausbruch des Delirium tremens nach der Verletzung. Urth. des III. Civilsenats vom 28. April 1885 in Sachen des H.'er Bergwerks und Hüttenvereins zu H., Beklagten und Revisionsklägers, wider den Invaliden W. A. das., Kläger und Revisionsbeklagten. Vorinstanz: O.L.G. Hamm. Verwerfung.

„Ist ohne Rechtsirrthum festgestellt, daß der Beinbruch, welchen der Kläger in Folge der mangelhaften Beschaffenheit der Leiter erlitten hat, auf ein Verschulden der Beklagten zurückzuführen ist, so muß auch, da der Kläger unbestritten in weiterer Folge des Beinbruches seine Erwerbsfähigkeit ganz oder zum Theil eingebüßt hat, die Minderung oder Aufhebung der Erwerbsfähigkeit von der Beklagten vertreten werden, insoweit nicht Letztere nachweist, daß die Erwerbsunfähigkeit durch ein späteres eigenes Verschulden des Klägers herbeigeführt ist. Mit Unrecht rügt die Beklagte, daß das B.G. in dieser Beziehung die Grundsätze von der Beweislast verkenne. Denn es genügt nicht der Nachweis, daß die Erwerbsunfähigkeit des Klägers durch das eigene Verhalten des Letzteren insofern mit verursacht sei, als die schlechte Heilung des Beinbruches und die dadurch bewirkte

Erwerbsunfähigkeit des Klägers durch das delirium tremens, von welchem der Kläger während des Heilungsprozesses befallen sei, veranlaßt worden ist. Es muß vielmehr der Beweis geliefert werden, daß dies Verhalten dem Kläger auch zur Schuld angerechnet werden kann. Mit Recht geht aber das B.G. davon aus, daß ein eigenes Verschulden des Klägers nur dann anzunehmen sei, wenn vorliegen würde, daß der Kläger sich nach dem Unfall dem übermäßigen Branntweingenusse hingegeben hätte. Wenn das B.G. nun weiter ausspricht, daß letzteres weder behauptet noch erwiesen sei, vielmehr angenommen werden müsse, daß das eingetretene delirium lediglich eine Folge der schon vor dem Unfall vorhandenen körperlichen Beschaffenheit des Klägers gewesen sei und diese Folge erst durch den Unfall selbst herbeigeführt worden sei, umsomehr als erfahrungsgemäß diese Krankheit bei Branntweintrinkern bei plötzlicher und gänzlicher Entziehung von Spirituosen gewöhnlich aufzutreten pflege, so kann hierin weder eine unzulässige Suppeditirung von Thatsachen noch auch eine Verletzung des § 130 der C.P.O. erblickt werden. Denn das B.G. folgert lediglich thatsächlich aus dem Schweigen der Beklagten, in Verbindung mit dem von ihm angezogenen Erfahrungssatz, daß die Beklagte nicht im Stande gewesen sei zu behaupten und zu beweisen, daß der Kläger noch nach dem Unfall sich dem unmäßigen Genusse des Branntweins hingegeben habe, das delirium vielmehr die Folge der schon vorher vorhandenen Disposition des Klägers zu dieser Krankheit gewesen sei, welche durch den Unfall selbst zum Ausbruch gekommen sei."

91. **Klage auf Feststellung der Schadenersatzpflicht für Verletzung eines zur Zeit noch erwerbsunfähigen, im Kindheitsalter stehenden Menschen.** S. u. Fall 100 S. 202. (Annalen Bd. I S. 193.)

3. Reichs-Patentgesetz.

92. **Begriff der „neuen Erfindung"** (Künstliche Blumen als Attrappen für einliegende Knallbonbons. Patent Nr. 5549. § 10 Nr. 1 und 2 des Reichs-Patentgesetzes.) Urtheil des I. Civilsenats vom 20. April 1885 in der Patentstreitsache E. P. zu B., Beklagten und Berufungsklägers, wider M. M. daselbst, Kläger und Berufungsbeklagten. Vorinstanz: Kaiserliches Patentamt. Aufhebung und Abweisung der Klage.

Gegen die Entscheidung des Kaiserl. Patentamtes vom 16. Oktober 1884, durch welche das dem Beklagten auf „Neuerung an Knallbonbons" ertheilte Patent

Nr. 5549 für nichtig erklärt und Beklagter in die Kosten des Verfahrens verurtheilt worden ist, hat Beklagter rechtzeitig Berufung eingelegt mit dem Antrage, die angefochtene Entscheidung aufzuheben, den Kläger mit der erhobenen Klage abzuweisen und ihm die Kosten des Verfahrens zur Last zu legen.

„Diesem Antrage war zu entsprechen.

Daß der Gegenstand des Patentanspruches, „die Kombination einer künstlichen Blume mit der Petarde und Einlage eines Knallbonbons", zur Zeit der Patentanmeldung neu war, kann man nach der eigenen Darstellung des Klägers nicht bezweifeln. Wenn auch hiernach alle einzelnen Bestandtheile, deren Kombination den Gegenstand des Patentanspruches bildet, wie auch Kombinationen mehrerer dieser Bestandtheile, nämlich die Verbindung von künstlichen Blumen mit Einlagen und von Knallbonbons mit Einlagen, damals bereits bekannt waren, so hat Kläger doch nicht darzulegen vermocht, daß die Kombination sämmtlicher im Patentanspruch bezeichneter Bestandtheile oder mit anderen Worten die Herstellung künstlicher Blumen, welche zugleich Knallbonbons sind, damals bereits bekannt gewesen sei. War aber dieser Handelsartikel neu, so kann nicht davon die Rede sein, daß derselbe von dem Kläger entlehnt und das Patent nach Nr. 2 § 10 des Reichs-Patentgesetzes vom 25. Mai 1877 für nichtig zu erklären sei.

Zweifelhafter erscheint es, ob die Herstellung dieses neuen Gegenstandes als eine Erfindung bezeichnet werden könne und deßhalb patentfähig sei.

Die angefochtene Entscheidung verneint diese Frage, davon ausgehend, daß es sich lediglich um die Anwendung einer allgemein bekannten äußern Form — der künstlichen Blumen — zur Dekoration der ebenfalls bekannten Knallbonbons mit Einlagen handele. Wenn anzunehmen wäre, daß die Verwendung der künstlichen Blumen nur zu diesem Zwecke stattfinde, so müßte der angefochtenen Entscheidung um so unbedenklicher beigestimmt werden, da Beklagter in der Berufungsinstanz ausdrücklich eingeräumt hat, daß die Verwendung künstlicher Blumen als Verzierung von Knallbonbons zur Zeit der Patentanmeldung schon bekannt gewesen sei. Es ist jedoch dem Beklagten darin Recht zu geben, daß bei dem ihm patentirten Gegenstand die Blume mehr ist als bloße Verzierung eines Knallbonbons. Die patentirten Blumenknallbonbons sind künstliche Blumen und Knallbonbons mit Einlage zugleich. Sie stellen sich sogar ihrer äußeren Erscheinung nach nicht als Knallbonbons, sondern nur als Blumen dar. Indem sich daraus in überraschender Weise durch Ziehen der Petarde die Einlage entwickelt, dient die Blume als sogenannte

Attrappe zum Verbergen des Inhalts. Sie ist daher nicht nebensächliche Verzierung, welche auch fehlen könnte, ohne daß dadurch die Natur des Gegenstandes verändert würde, sondern ein wesentliches Stück desselben, welches die Ueberraschung vermittelt und dadurch dem Zwecke geselliger Unterhaltung dient. Man muß daher annehmen, daß das Patent nicht einen bereits bekannten, nur in veränderter Form dargestellten, sondern einen neuen Gebrauchsgegenstand betrifft, dessen von dem Beklagten zuerst unternommene Herstellung als eine, wenn auch sehr einfache, doch patentfähige Erfindung zu bezeichnen ist. Dem Antrage, das Patent nach Nr. 1 § 10 des Reichs-Patentgesetzes wegen Mangels der Patentfähigkeit des Gegenstandes desselben für nichtig zu erklären, war daher nicht stattzugeben."

4. Reichs-Konkursordnung.

93. Haftung der vom Miether eingebrachten Sachen für die Forderungen aus dem Miethsverhältnisse; insbesondere Begriff der Worte „laufender Zins" in § 41 der Reichs-Konkurs-Ordnung. (§ 709 der C.P.O.; Preuß. Gesetz vom 6. März 1879.) Urth. des V. Civilsenats vom 9. Mai 1885 in Sachen G. zu D., Klägers und Revisionsklägers, wider F. B. und Gen., Beklagte und Revisionsbeklagte. Vorinstanz: O.L.G. Marienwerder. Aufhebung und Abänderung.

Durch das angefochtene Urtheil ist auf die Berufung von vier Mitbeklagten, unter Abänderung der ersten Entscheidung, Kläger mit der Klage gegen diese Beklagten abgewiesen und sowohl die Anschlußberufung des Klägers gegen Letztere, als auch die Berufung desselben gegen die Mitbeklagten zurückgewiesen. In den Gründen ist der Abschluß des Miethsvertrages zwischen dem Kläger und dem O. Z. für nachgewiesen erachtet, und sind demgemäß die zur Zeit der Pfändung in der Miethswohnung vorhanden gewesenen Illaten des Miethers für dem Pfandrechte des Klägers wegen Miethszinses und anderer Forderungen aus dem Miethsverhältnisse unterworfen erklärt. Dagegen ist mit Berufung auf § 709 der C. P. O., §§ 41, 17, 52 der R. Konk. O. und § 7 des Preuß. Ausführungsgesetzes dazu ausgeführt, daß das Vorzugsrecht des Pfandgläubigers vor den später entstandenen Pfändungspfandrechten der Beklagten nur auf die Ansprüche auf den letztjährig rückständigen und den laufenden Zins und andere Forderungen und damit auf die durch den Zinszahlungstermin bestimmte Miethsperiode beschränkt sei, woraus dann mit Rücksicht darauf, daß zur Zeit der Pfändung dergleichen Ansprüche des Klägers nicht bestanden, gefolgert ist, daß derselbe vorzugsweise Befriedigung — aus jenen Illaten, beziehentlich deren Erlöse — nicht verlangen könne.

Seitens des Revisionsklägers ist die eingeschränkte Bedeutung, welche der Vorderrichter dem Ausdrucke: „laufender Zins" in § 41 Nr. 4 der R. Konk. O. beigelegt hat, mit der Ausführung bemängelt, daß unter diesem Ausdrucke lediglich der noch nicht fällige Miethszins zu verstehen sei, der im Konkurse bei der Fortdauer der Miethe nur die Natur einer Masseschuld annehme, diese Wirkung des

Konkurses außerhalb des letzteren nicht eintreten könne und der Begriff des laufenden Miethszinses, als eines während der Miethszeit laufenden, überhaupt von jener im Konkurse eintretenden Modifikation nicht beeinflußt sein könne und in dieser Beziehung eine entsprechende Anwendung im Sinne des § 7 des Gesetzes vom 6. März 1879 geradezu ausgeschlossen sei. Für die Revisionsbeklagten ist demgegenüber unter Bezugnahme der Gesetzesmotive behauptet, daß die sich aus der R. Konk. O. ergebende Beschränkung der Haftung der Mietherillaten für laufende Miethszinsen auch außerhalb des Konkurses habe eintreten sollen und daß der Begriff des laufenden Miethszinses sich allgemein nach den im § 17 der R. Konk. O. erwähnten Kündigungsfristen bestimme; außerdem ist aber auch der Einwand, daß das Pfandrecht des Klägers durch sein Verhalten bei der Pfändung erloschen sei, aufrecht erhalten und die Beurtheilung des Richters in diesem Punkte für unzutreffend erachtet.

„Es muß aber der Auffassung beigetreten werden, daß in der Haftung der von dem Miether eingebrachten Sachen für die Forderungen aus dem Miethsverhältnisse — Allg. L. R. I, 11 § 395 —, von Zinsrückständen abgesehen, außerhalb des Konkurses durch die Vorschriften des § 709 der C. P. O., § 41 der R. Konk. O. und § 7 des Gesetzes vom 6. März 1879 eine Veränderung nicht eingetreten ist. Die Sachen sind nach § 395 a. a. O. Pfand für die Miethszinsforderungen ohne Unterscheidung, und letztere können daraus, sobald sie fällig sind, realisirt werden. Der § 709 der C. P. O. hat Pfandrechte, welche im Konkurse den Faustpfandrechten gleichgestellt sind, auch dem neu eingeführten Pfändungspfandrechte gegenüber aufrechterhalten, und nach § 41 Nr. 4 der R. Konk. O. steht das Pfandrecht des Vermiethers an den Mietherillaten wegen letztjährigen Zinsrückstandes sowie wegen des laufenden Zinses und anderer Forderungen aus dem Miethsverhältnisse dem Faustpfandrechte gleich. Diese Unterscheidung von (zur Zeit der Konkurseröffnung) rückständigem und laufendem Zins führt zu keiner Beschränkung des Begriffs des laufenden Zinses auf eine kürzere Dauer als die des Miethsverhältnisses selbst; denn mit dem Miethsverhältniß besteht auch die Miethszinsforderung, und die korrespondirenden Verpflichtungen des Miethers und Vermiethers sind für die Dauer des Vertrages laufende. Zu demselben Resultate führt die Aufrechterhaltung des Pfandrechts für andere Forderungen aus dem Miethsverhältnisse, weil kein Grund erfindlich ist, aus welchem der Gesetzgeber die Haftung für die nicht fälligen Zinsforderungen zu beschränken beabsichtigt haben sollte und für andere Forderungen aus dem Miethsvertrage nicht. Allerdings besagen die Motive zu dem Entwurfe der R. Konk. O. und des § 41 a. a. O., daß durch diese Vorschrift zu Nr. 4 eine Beschränkung des Separationsrechts des Vermiethers auf die in Gemäßheit des § 17 Nr. 1

fortlaufende Miethe und den letztjährigen Zinsrückstand eintreten solle, während diese Beschränkung in Ansehung des Pachtzinses fortfalle (Nr. 2 daselbst), aber daraus ergiebt sich gleichfalls nur, daß das Separationsrecht hinsichts des laufenden — des nicht rückständigen — Zinses an das Fortlaufen des Miethsverhältnisses geknüpft ist, und außerdem noch, daß letzteres als fortlaufend anzusehen ist, wenn von dem Kündigungsrechte nach § 17 a. a. O. kein Gebrauch gemacht ist. Hierdurch widerlegt sich denn von selbst die Meinung, daß die Dauer des Laufens der Miethszinsen mit den Kündigungsfristen des § 17 a. a. O. zusammenfalle, selbst dann, wenn eine Kündigung nicht erfolgt. Freilich nehmen die Zinsforderungen aus Miethsverträgen, welche von der Gläubigerschaft fortgesetzt werden, von der Zeit der Konkurseröffnung ab die Natur von Masseschulden an — § 52 der R. Konk. O. —; daraus folgt aber weder, daß sie von diesem Zeitpunkte ab zu laufen aufhören, noch daß das Separationsrecht des Vermiethers in Ansehung ihrer ganz wirkungslos und die Gläubigerschaft rechtlich in die Lage gebracht wird, über das Pfand oder dessen Erlös zum Nachtheil des Vermiethers zu verfügen. Wohl aber folgt daraus, daß, selbst wenn die behauptete Beschränkung des Absonderungsrechts des Vermiethers in Ansehung der ihm zustehenden Miethszinsen im Konkurse Platz griffe, dieselbe doch außer dem Konkurse im Verhältnisse zu anderen Gläubigern keine Anwendung finden könnte. Denn eine solche Anwendung müßte die Ungleichheit der Voraussetzungen ignoriren und dem Vermiether ein wohlerworbenes Recht nehmen, welches im Konkurse genügend gesichert bleibt. Im Konkurse entgeht der Vermiether dem ihm durch Kürzung des Pfandrechts drohenden Verluste an künftigen Miethszinsen durch die Möglichkeit, den Vertrag zu kündigen, und durch das ihm im Nichtkündigungsfalle verbleibende Vorzugsrecht an der Konkursmasse; außer dem Konkurse würde er sein Recht jedem Exekutionsgläubiger gegenüber verlieren und in Ansehung der ihm vertragsmäßig zustehenden Gegenleistungen meist das Nachsehen haben. Wenn daher § 7 des Ausführungsgesetzes vom 6. März 1879 verordnet, daß § 41 der R. Konk. O. auch außerhalb des Konkurses auf das Verhältniß der dort bezeichneten Gläubiger zu anderen Gläubigern entsprechende Anwendung finde und ein Absonderungsrecht hinsichts einzelner Gegenstände nur so, wie es im Konkurse zugelassen sei, bestehe, so kann dies doch nicht dahin aufgefaßt werden, daß der Vermiether außer dem Konkurse in Folge der eintretenden Konkurrenz anderer Gläubiger die ihm gesetzlich zustehende Sicherheit für die in Zukunft fälligen Miethsforderungen verlieren und dieselbe nur für einen schwebenden Zeitraum von noch dazu unbestimmt gelassener Dauer behalten solle. Mit derartigen Grundsätzen würde die Vorschrift des § 710 der C.P.O., nach welcher der Pfandgläubiger in Konkurrenz mit dem Pfändungspfandgläubiger sein Recht auf Befriedigung aus dem Pfande auch in Ansehung seiner noch nicht fälligen Forderungen behält, nicht in Einklang zu bringen sein.

Die Entscheidung des Vorderrichters beruht hiernach auf irrthümlicher Anwendung der bezogenen Rechtsvorschriften und war aufzuheben. Denn durch den Einwand, daß das Pfandrecht des Vermiethers durch Unterlassung des Widerspruches gegen Fortschaffung der Sachen erloschen sei, wird die Entscheidung nicht gehalten; der Einwand ist vielmehr mit Recht verworfen worden. Dem Kläger stand nach §§ 710, 712 der C.P.O. ein Widerspruch weder gegen die Pfändung noch gegen die damit verbundene Fortschaffung der Sachen zu, und von einem solchen Widerspruche konnte daher die Erhaltung seiner Rechte nicht abhängen. In der Sache selbst ergiebt sich aus Vorstehendem, daß das Verlangen des Klägers, aus dem Erlöse der gepfändeten Sachen vorzugsweise Befriedigung in Ansehung der ihm für die Zeit vom 1. Juli 1883 bis dahin 1887 vertragsmäßig zustehenden Miethszinsen zu erhalten, sofern der Abschluß des Miethsvertrages feststeht, gerechtfertigt ist."

5. Reichs-Anfechtungsgesetz vom 21. Juli 1879.

94. **Feststellung der Benachtheiligungsabsicht, wenn die Forderung des benachtheiligten Gläubigers erst nach der Benachtheiligungshandlung entstanden ist** (Reichs-Anfechtungs-Gesetz §§ 2, 3 Z. 1). **Anrechnung von Verwendungen nach § 7; sie sind keine „Gegenleistung" im Sinne des § 8.** Urth. des II. Civilsenats vom 5. Mai 1885 in Sachen K., Beklagte und Revisionsklägerin, wider K., Kläger und Revisionsbeklagten. Vorinstanz: O.L.G. Dresden. Aufhebung und Zurückverweisung.

R. K. war durch Urtheil des L.G. Chemnitz vom 13. November 1883 verurtheilt, dem C. G. K. 2700 ℳ sammt Zinsen zu 5% für 300 ℳ seit 1. Juli 1882 und für 2400 ℳ seit 1. Juli 1883 zu bezahlen. Auf Grund dieses für vorläufig vollstreckbar erklärten, inzwischen auch rechtskräftig gewordenen Urtheils wurde am 26. November 1883 die Zwangsvollstreckung in das bewegliche Vermögen des Schuldners versucht. Der Auktionserlös der Pfandstücke betrug aber nur 34,20 ℳ. Seines Grundbesitzes hatte sich R. K. schon vorher entäußert. Er kaufte nämlich unter dem 4. März 1882 dem C. E. W. L. dessen Gut, Fol. 161 des Grundbuches für L., um 22500 ℳ ab und vereinbarte mit dem Verkäufer, daß er die Hypotheken mit 13200 ℳ übernehmen, 300 ℳ baar zahlen und daß der Betrag von 9000 ℳ gegen einen gleich hohen Kaufpreisrest aufgerechnet werden sollte, welchen er für ein in M. gelegenes Gut von L. zu fordern hatte. Bevor aber R. K. als Eigenthümer des L.er Gutes in das Grundbuch eingetragen wurde, trat er am 28. April 1882 sein Kaufrecht an seine Ehefrau ab. Letztere wurde am 11. Mai 1882 als Eigenthümerin des Gutes eingetragen. Sie bestellte während ihrer Besitzzeit dem Gutsbesitzer C. G. K. und dem J. G. M. wegen eines Darlehns von 1200 ℳ nebst Zinsen und Kosten eine neue Hypothek an dem Grundstücke. C. G. K. hat das zwischen den Eheleuten K. abgeschlossene Rechtsgeschäft mittels Klage beim L.G. Chemnitz auf Grund § 3 Ziff. 4 des Reichsgesetzes vom 21. Juli 1879 gegen die Ehefrau angefochten. Durch das erstinstanzliche Urtheil vom 24. Januar 1884 ist die Klage abgewiesen und der Kläger zur Tragung der Prozeßkosten verurtheilt worden. Er legte Berufung ein. In der Berufungsinstanz erklärte er, das fragliche Rechtsgeschäft auch auf Grund § 3 Ziff. 1 des angezogenen Reichsgesetzes anfechten zu wollen. Die Beklagte brachte unter anderem Folgendes vor: 1) Der Kläger sei zur Anfechtung des Abtretungsgeschäftes deshalb nicht legitimirt, weil ihm zur Zeit desselben nur eine fällige Forderung von 300 ℳ an ihren Ehemann zugestanden habe. Er habe für R. K. Bürgschaft geleistet und zwar am 1. Januar 1882 nach Höhe von 300 ℳ, am 16. Mai 1882 und 1. Juli 1882 je nach Höhe von 900 ℳ und am 16. Dezember 1882 nach Höhe von 600 ℳ. Diese Summen seien erst je 3 Monate nach der Verbürgung fällig und, als R. K. zur Verfallzeit nicht gezahlt habe, von dem Kläger als eigene Schulden übernommen worden; 2) der Ehemann sei nicht Eigenthümer des L.er Gutes geworden, sondern habe nur sein Kaufrecht, einen obligatorischen Anspruch, abgetreten. Daher könne der Kläger höchstens einen Anspruch auf Schadensersatz gegen sie erheben, nicht aber ein Hilfspfandrecht am Grundstücke fordern; 3) die neue Hypothek von 1200 ℳ sei aufgenommen worden, um Mittel zur Verbesserung des Gutes zu beschaffen. Sie habe den Stall im Wohnhause zu einer Stube umgebaut, den in der Stube stehenden Ofen für 177 ℳ angeschafft, einen Verschlag zwischen Stall und Hausflur anbringen, zwei Kammern dielen lassen, den Schweinestall und Wagenscheuer errichtet, den Wasserbehälter im Hofe neu hergestellt, die niedergebrachten Feldgrundstücke verbessert. Aus Prozeßakten des L.G. Chemnitz gehe hervor, daß ein Sachverständiger diese Verbesserungen auf 200 ℳ geschätzt habe.

Das O.L.G. Dresden hat am 5. November 1884 die Beklagte verurtheilt, ihre Genehmigung dazu zu ertheilen, daß für den Kläger wegen 300 ℳ mit Anhang, wegen 2400 ℳ mit Anhang und wegen der Prozeßkosten — abzüglich der am 20. Dezember 1883 durch Mobiliarpfändung erlangten 34,60 ℳ — die Zwangsvollstreckung in ihr Grundstück vorgenommen werde, ferner für den Fall des Ausfalles dieser Forderungen bei der Zwangsversteigerung des Grundstückes dem Kläger den Vorrang vor der für C. G. K. und J. G. M. eingetragenen Hypothek von 1200 ℳ zu verschaffen, auch die Kosten erster und zweiter Instanz zu tragen. In den Gründen wird ausgeführt: Nach § 2 des Reichsgesetzes vom 21. Juli 1879 sei zur Anfechtung von Rechtshandlungen eines Schuldners außerhalb des Konkursverfahrens jeder Gläubiger befugt, welcher einen vollstreckbaren Schuldtitel erlangt habe und dessen Forderung fällig sei, sofern die Zwangsvollstreckung nicht zur Befriedigung des Gläubigers geführt habe. Hiernach sei es nicht nöthig, daß die Forderung des anfechtenden Gläubigers bereits zur Zeit der angefochtenen Handlung entstanden und fällig war. Es genüge, daß der Anfechtende für seine fällige Forderung zur Zeit der Erhebung des Anfechtungsanspruches einen vollstreckbaren Titel erlangt habe. Dieser Titel legitimire ihn zur Anfechtung aller Rechtshandlungen des Schuldners, die innerhalb des in § 12 des Gesetzes bezeichneten zehnjährigen Zeitraumes vorgekommen seien. — Unbegründet sei der oben zu 2 gedachte Einwand der Beklagten. Denn unter anfechtbaren Rechtshandlungen verständen sich Verfügungen jeder Art, durch welche der Schuldner einen pfändbaren Bestandtheil seines Vermögens veräußere. Hierunter falle auch die Abtretung des Rechtes, welches der Ehemann der Beklagten gegen L. auf die Ueberlassung des verkauften Grundstückes erworben hatte. Schon dieses Kaufrecht repräsentire einen selbständigen Vermögenswerth, da es einen Rechtsgrund zur Eigenthumserwerbung bildete; es unterlag daher dem Zugriffe der Gläubiger. Die Erklärung des Klägers, das Abtretungsgeschäft auf Grund § 3 Ziff. 1 des Gesetzes vom 21. Juli 1879 anfechten zu wollen, enthalte keine Klagänderung. — Aus Zeugenaussagen und dem nahen persönlichen Verhältnisse der Ehegatten ergebe sich, daß R. K. das Kaufrecht am L.er Gute in der Absicht, seine Gläubiger zu benachtheiligen, an die Beklagte abgetreten und daß die Beklagte diese Absicht gekannt habe. Somit stelle sich der erhobene Anfechtungsanspruch schon aus dem Gesichtspunkte der Bestimmung unter Ziff. 1 § 3 des Reichs=Anfechtungsgesetzes als begründet dar. Anlangend den Einwand, daß das durch die neue Hypothek sichergestellte Darlehn zur Verbesserung des Grundstückes verwendet worden sei, so könne, ganz abgesehen davon, daß nach dem eigenen Anführen der Beklagten der Werth des Grundstückes durch die behaupteten Verbesserungen sich nur um 200 ℳ dauernd erhöht haben würde, der etwaige Meliorationsaufwand nur als eine Forderung im Sinne von § 8 des Reichs=Anfechtungsgesetzes angesehen werden, wegen deren sich die Beklagte an den Ehemann zu halten habe.

„Der Einwand unter Nr. 2 verdient keine Berücksichtigung. In welcher Weise bei Anfechtungsklagen außerhalb des Konkursverfahrens die Rückgewähr des vom Schuldner Veräußerten zu bewirken ist, bestimmt sich gegebenen Falles nach Landesrecht. Hier hat die Vorinstanz unter Anwendung des Sächs. B.G.B. erwogen, daß das vom Ehemanne der Beklagten erworbene Kaufsrecht die Möglichkeit bot, das gekaufte Grundstück selbst seinem Vermögen zuzuführen, daß daher die Zwangsvollstreckung in das Kaufsrecht zulässig war; und daraus ist weiter gefolgert worden, die Beklagte, welcher das Kaufsrecht abgetreten und nachher das Grundstück zugeschrieben worden war, müsse zur Befriedigung des Klägers die Zwangsvollstreckung in das Grundstück geschehen lassen.

Nicht unbeachtlich sind dagegen die sonstigen Einwendungen der Revisionsklägerin. Das Anfechtungsgesetz schließt zwar nicht unbedingt aus, daß Rechtshandlungen, welche der Schuldner in der dem anderen Theile bekannten Absicht, seine Gläubiger zu benachtheiligen, vorgenommen hat, selbst von solchen Gläubigern angefochten werden, deren Forderungen erst nach der benachtheiligenden Handlung entstanden sind. In der Regel wird auch auf die Zeit der Entstehung der Forderungen nicht gesehen. Vielmehr „begründet der vollstreckbare Schuldtitel die Legitimation des Gläubigers gegenüber dem Dritten. Ein sonstiger Nachweis der Forderung des Gläubigers ist nicht er=

forderlich" (Motive zu § 2 des Anfechtungsgesetzes S. 12 f.). Behauptet und beweist aber der andere Theil, daß die Forderungen erst später entstanden waren, so erhebt sich die Frage, ob die angefochtene Rechtshandlung wirklich mit der Absicht, den anfechtenden Gläubiger zu schädigen, vollzogen worden und ob diese Absicht dem anderen Theile bekannt gewesen sei. Alsdann reicht die Feststellung der Benachtheiligungsabsicht im allgemeinen nicht hin, sondern es sind noch besondere Umstände darzuthun, aus denen hervorgeht, daß die rechtswidrige Absicht des Schuldners auch gegen den neuen Gläubiger mit gerichtet war, daß insbesondere der Schuldner beim Abschlusse des angefochtenen Geschäftes den Willen hatte, künftig noch Schuldverbindlichkeiten einzugehen, und daß dieser Wille auch dem Vertragsbetheiligten nicht verborgen sein konnte; sonst fehlt es an dem ursachlichen Zusammenhange zwischen der Rechtshandlung und der Gläubigerbenachtheiligung, wie ihn § 3 Ziffer 1 des Anfechtungsgesetzes voraussetzt. Vorliegenden Falls stellt nun das Oberlandesgericht lediglich fest, daß der Schuldner in der der Beklagten bekannten Absicht, seine Gläubiger zu benachtheiligen, handelte, ohne zu erörtern, zu welcher Zeit die Forderungen des Klägers entstanden seien und ob, wenn sie erst nachher entstanden waren, der Schuldner schon bei der Kaufrechtsabtretung den Willen hatte, noch weitere Schulden zu kontrahiren, von der Meinung ausgehend, daß es auf die spätere Entstehung der Schulden überhaupt nicht ankomme. Dem kann nicht beigepflichtet werden; vielmehr ist das bezügliche Vorbringen der Beklagten (unter 1) zu prüfen und, wenn sich dasselbe als wahr erweist, zu erwägen, ob der Ehemann der Beklagten die Absicht hatte, weitere Verpflichtungen noch zu übernehmen, und ob der Beklagten eine solche Absicht bekannt war. Die angegriffene Entscheidung verletzt also das Gesetz im Sinne von § 513 Ziff. 7 der C.P.O. Sie mußte deshalb aufgehoben werden.

Ein fernerer Verstoß gegen reichsgesetzliche Vorschriften zeigt sich in der Beurtheilung der Einrede zu 3. Wenn die Beklagte die neue Hypothek in der That zu dem Zwecke, dadurch Mittel zur Bestreitung von Verwendungen in das Grundstück zu gewinnen, aufgenommen und wenn sie nachher Verwendungen gemacht hat, so ist sie befugt, wenigstens die Wertherhöhung des Grundstücks dem Kläger anzurechnen. Nach § 7 des Anfechtungsgesetzes darf der Kläger nur verlangen, daß ihm das Grundstück so zur Verfügung gestellt werde, wie der Schuldner es gehabt haben würde. Die Verwendungen der Beklagten sind keine Gegenleistung (§ 8 des Anfechtungsgesetzes). Ihre Gegenleistung beschränkte sich auf das, was sie dem Ehemanne für die

Kaufrechtsabtretung gewährte. Dazu gehören die Verwendungen in das Grundstück nicht. Vielmehr handelte es sich bei den Verwendungen um Ausgaben, welche nach Befinden den Werth des Grundstücks vergrößerten, und diese Werthssteigerung kann der Kläger nicht für sich beanspruchen. Somit wird die Beklagte, wenn sie nachweist, daß sie um den Betrag der Hypothek den Werth des Grundstücks vermehrt habe, nicht dazu zu nöthigen sein, dem Kläger den Vorrang vor der Hypothek zu verschaffen. Anlangend übrigens den Betrag der Werthserhöhung, so ist von ihr nicht schlechthin eingeräumt worden, daß sich dieselbe nur auf die Summe von 200 ℳ. belaufen habe. Das B.U. wendet demnach auch die Vorschriften in §§ 7 und 8 des Anfechtungsgesetzes unrichtig an, indem es die Beklagte verurtheilt, dem Kläger den Vorrang vor der neuen Hypothek zu verschaffen, ohne die Behauptung zu würdigen, daß die Beklagte durch Verwendungen den Werth des Grundstücks erhöht habe. In diesem Punkte unterliegt es daher ebenfalls der Aufhebung."

95. Begriff der Erstattung der Gegenleistung im Sinne des § 8 (§ 7) des Anfechtungsgesetzes. Urth. des II. Civilsenats vom 21. April 1885 in Sachen G. zu F., Beklagten und Revisionsklägers, wider P. zu C., Kläger und Revisionsbeklagten. Vorinstanz: O.L.G. Dresden. Aufhebung und Zurückverweisung.

B. P., Kläger, hat von seinem Bruder E. A. P. 2850 ℳ mit 4% Zinsen seit dem 1. April 1883 zu fordern. Er hat diese Forderung ausgeklagt und am 10. Juli 1883 deshalb erfolglos die Pfändung des Schuldners versucht. Am 11. Juni 1883 verkaufte E. A. P. sein Grundstück, Fol. 523 des Grundbuches für C., um 17 100 ℳ an O. R. G., den Beklagten. Der Kaufpreis wurde mit 15 000 ℳ durch Uebernahme der Hypotheken und mit 2100 ℳ durch Baarzahlung gedeckt. Am 11. Juni 1883 erfolgte die Eintragung des Käufers. B. P. hat bei dem L.G. Zwickau gegen G. Klage erhoben mit dem Antrage, daß G. die Eintragung der dem Kläger an A. P. zustehenden Forderung auf dem Folium seines Grundstückes geschehen lasse. Die Vorinstanzen haben verurtheilt. Das L.G. achtete die Voraussetzungen des § 3 Ziff. 1 des Reichsgesetzes vom 21. Juli 1879, daß A. P. sein Grundstück dem Beklagten in der diesem bekannten Absicht, seine Gläubiger zu benachtheiligen, verkauft habe, für dargethan. Der Beklagte legte Berufung ein. Er beantragte zunächst die Abweisung der Klage und machte geltend, daß Kläger auf die Anfechtung des Kaufes verzichtet habe. Diese Vorbringen sind hier belanglos. Eventuell beantragte er, daß ausgesprochen werde, er habe den Eintrag der Hilfshypothek für den Kläger nur in der Weise geschehen zu lassen, daß für ihn selbst wegen 6000 ℳ und 3000 ℳ sammt 4¾% Zinsen und Kosten eine der Hilfshypothek im Range vorgehende Hypothek im Hypothekenbuche verlautbart werde. Zu den im Kaufvertrage übernommenen Hypotheken gehörten nämlich 3000 ℳ Hypothek des Fleischermeisters C. G. K. und 6000 ℳ Hypothek des Beklagten. Die letztere Hypothek war am 11. Juni 1883 auf Antrag des Beklagten, die erstere

Hypothek, nachdem der Beklagte den Gläubiger befriedigt hatte, am 18. September 1883 auf Antrag der Betheiligten im Hypothekenbuche gelöscht worden.

Das O.L.G. Dresden trat den Erwägungen der ersten Instanz bei und führte über das hier zur Entscheidung stehende neuere Vorbringen des Beklagten unter anderem Folgendes aus: Die Aufrechnung der beiden, für den Beklagten und für K. auf dem Grundstücke haftenden Hypotheken auf den Kaufpreis durch Uebernahme derselben schließe die Gegenleistung des Beklagten in sich, und sein Verlangen nach Wiederherstellung dieser Forderungen nebst Unterpfandsrechten komme auf den Anspruch auf theilweise Erstattung der Gegenleistung hinaus. Wegen eines solchen Erstattungsanspruches könne sich aber der Beklagte nur an seinen Verkäufer halten. Nach §§ 7 und 8 des Reichs-Anfechtungsgesetzes habe die in Folge der Anfechtung eintretende Restitution insofern den Charakter einer einseitigen, als nur zu Gunsten des anfechtenden Gläubigers, nicht des Anfechtungsgegners, der frühere Zustand wiederhergestellt werden solle. Zwar führe dies hier dazu, daß der Kläger eine günstigere Pfandstelle erlange, als er sie erhalten hätte, wenn der Kauf nicht abgeschlossen worden wäre. Das sei aber nur eine nicht abzuweisende Konsequenz jener Gesetzvorschriften, wonach der Erwerber wegen Erstattung der Gegenleistung sich nur an den Veräußerer halten könne. Durch die Löschung der beiden Hypotheken habe der gegenwärtige Fall dieselbe Gestalt angenommen, welche er gehabt haben würde, wenn diese Forderungen überhaupt nicht auf dem veräußerten Grundstücke gehaftet hätten und der durch ihre Uebernahme getilgte Kaufpreis baar von dem Beklagten an den Veräußerer bezahlt worden wäre. Wie der Beklagte sich im letzteren Falle wegen Erstattung der Gegenleistung nur an den Veräußerer zu halten hätte, müsse das Gleiche auch von dem ähnlich gestalteten Falle gelten. Die ihm hieraus erwachsenden Nachtheile würde der Beklagte als Rechtsfolge der ihm nachgewiesenen unredlichen Handlungsweise zu tragen haben.

„Der Beklagte hat bei dem Ankaufe des Grundstücks die Hypotheken desselben in Aufrechnung auf die Kaufgelder übernommen und das Grundstück erst nach der Erwerbung von zwei Hypotheken befreit. Jetzt fordert er, daß die Hilfshypothek des Klägers im Range nach den beiden, wiederherzustellenden Hypotheken eingetragen werde. Damit ist er zurückgewiesen worden, weil sein Verlangen den Anspruch auf theilweise Erstattung der Gegenleistung in sich schließe, derenthalben er sich nach § 8 des Anfechtungsgesetzes nur an den Schuldner halten könne. Diese Schlußfolgerung ist zu beanstanden. Die Gegenleistung hatte der Beklagte theilweise durch Uebernahme der Hypotheken gewährt. Auch soweit die eigene Hypothek des Beklagten übernommen war, würde er nach § 443 des Sächs. B.G.B. wenigstens das Recht gehabt haben, die Forderung Anderen abzutreten. Indem er nun nach der Erwerbung das Grundstück von den Hypotheken entlastete, nahm er eine neue selbständige Handlung vor, welche auf das Vermögen des Schuldners keinen Einfluß hatte, mithin als Gegenleistung nicht zu betrachten ist. Die Gegenleistung war dem Schuldner bereits gewährt, und unthunlich ist es, dem vorliegenden Sachverhalte den Fall gleichzustellen, daß der Beklagte das Grundstück ohne die Hypotheken kaufte und den entsprechenden Theil des Kaufpreises baar an den Veräußerer zahlte. Denn letzteren Falls ging eben das Grundstück hypothekenfrei auf den Beklagten über. Er erwarb also mehr, als er unter den gegenwärtigen Umständen erworben hat. Die Veräußerung des mit den Hypotheken belasteten Grundstücks verschafft ihm einen geringeren Vermögenswerth, als derjenige ist, welcher bei hypothekenfreiem Verkaufe an ihn gelangt wäre; und nach § 7 des Anfechtungsgesetzes kann der Anfechtungskläger nur beanspruchen, daß, soweit es zu seiner Befriedigung erforderlich ist, das durch die anfechtbare Handlung aus dem Vermögen des Schuldners Veräußerte als noch zu demselben gehörig von dem Empfänger zurückgegeben werde. Der Kläger würde demnach durch die Hilfshypothek an dem von den Hypotheken befreiten Grundstücke nach Befinden eine größere Leistung erlangen, als er sie von dem Schuldner selbst erhalten hätte, wenn der Kauf nicht abgeschlossen worden wäre. Das steht mit dem im § 7 ausgesprochenen Grundsatze nicht im Einklang. Der Beklagte fordert überhaupt nicht Erstattung seiner Gegenleistung, sondern er begehrt nur, nicht mehr herausgeben zu müssen, als er durch den Kauf empfangen hat.

Demnach mußte die angefochtene Entscheidung wegen unrichtiger Anwendung des § 8 und Nichtanwendung von § 7 des Anfechtungsgesetzes aufgehoben werden. Ob der Antrag des Beklagten so, wie er gestellt ist, zuzusprechen, ob die Wiederherstellung der gelöschten Hypotheken möglich oder ob ein anderer Weg zu finden sei, etwa der, daß das Grundstück geschätzt und die Hilfshypothek auf den nach Abzug der gelöschten Hypotheken überschießenden Betrag beschränkt werde, ist der Entscheidung der Vorinstanz zu überlassen."

6. Reichs-Stempelgesetz von 1881.

96. **Bestätigung der bekannten Entscheidung der Vereinigten Strafsenate** (vgl. Urth. u. Annalen Bd. I S. 422, 456) **betreffs der Befreiung der Handelskorrespondenz von Stempelpflicht durch den Ersten Civilsenat des R. G. Auch Briefe, welche den Abschluß eines der im Tarif II, 4, a bezeichneten Geschäfte bestätigen, sind stempelfrei.** Urth. vom 29. April 1885 in Sachen der Deputation für indirekte Steuern und Abgaben zu Hamburg, Beklagten und Revisionsklägerin, wider die Vereinsbank daselbst, Klägerin und Revisionsbeklagte. Vorinstanz: O. L. G. Hamburg. Verwerfung.*)

*) Bei der großen Wichtigkeit der Angelegenheit für den gesammten Handelsverkehr erschien auch die Mittheilung dieses Urtheils geboten.

Das Bankhaus Robert Warschauer & Co. zu Berlin hat an die Vereinsbank in Hamburg neun von Berlin nach Hamburg (also auf eine Entfernung von mindestens 15 Kilometern) beförderte Briefe vom 9., 14., 21., 22. August, 22. September 1883, 7., 13., 18., 20. Februar 1884 geschrieben. Jeder dieser Briefe enthält mehrfache handelsgeschäftliche Mittheilungen, und zwar (neben Mittheilungen anderer Art) auch die Mittheilung für die Vereinsbank bewirkter Verkäufe von (für den Handelsverkehr bestimmten) Werthpapieren. Ein in dem Briefe vom 22. August 1883 erwähnter Verkauf von Stücken der Russischen Anleihe von 1880 im Gesammtnominalbetrage von 10000 Rubel war als „per ultimo" abgeschlossen bezeichnet. Die Stelle letzteren Briefes, welche sich auf Verkäufe von Werthpapieren bezieht, lautet: „Wir verschlossen heute für Sie ℳ 2800 neue 4% Elisab. Gold-Prior. à 92. 30 ·/. ½‰ Ctg., welche wir zur Berechnung erwarten, sowie in Folge Ihrer gefl. Depesche Stg. 80 Russ. 1880er Anl. per ultm. à 72. 80 ·/. ½‰ Ctge. E. Stg. 40, wovon wir Sie per Draht unterrichteten. Wir machen Sie darauf aufmerksam, daß letztere hier per ultimo nur in Summen von Stg. 50 gehandelt werden; doch gelang es uns heute, Ihren Auftrag trotzdem auszuführen."

Die Mittheilungen über die Werthpapierverkäufe in den übrigen Briefen sind kurz so gefaßt, wie die vorstehende Mittheilung über den Verkauf der Goldprioritäten der Elisabeth-Bahn. Es wird in ihnen nicht erwähnt, daß die Vereinsbank vor Absendung der Briefe von den betreffenden Verkäufen durch Telegramme unterrichtet worden war. Thatsächlich sind in jedem Falle solche kurze Anzeigen durch Telegramme erfolgt. Die Deputation für indirekte Steuern und Abgaben in Hamburg hat jeden dieser neun Briefe wegen der gekennzeichneten Mittheilungen über Werthpapierverkaufsabschlüsse mit einem Stempel von 20 ₰, den Brief vom 22. August 1883 (wegen der Eigenschaft des einen angezeigten Geschäftes als eines Zeitgeschäftes) außerdem mit einem Stempel von 1 ℳ belegt auf Grund des Tarifs II Nr. 4 unter a des Gesetzes betreffend die Erhebung von Reichsstempelabgaben vom 1. Juli 1881. Die Vereinsbank hat den von ihr verlangten Stempelbetrag von 2,80 ℳ unter Protest bezahlt und klagt gegen die vorgenannte Behörde auf Rückzahlung des gezahlten Betrages, indem sie die Stempelfreiheit der gedachten Briefe auf die Bestimmung „Befreiungen Ziff. 3 zu Nr. 4 II des oben erwähnten Tarifs" stützt, während die beklagte Behörde die Anwendung der betreffenden Befreiungsbestimmung prinzipiell für ausgeschlossen erachtete, wenn die briefliche Mittheilung den Zweck verfolge, einen urkundlichen Beweis für das abgeschlossene Geschäft herzustellen, und als Anzeige für die thatsächliche Verfolgung eines solchen Zweckes im konkreten Falle das angeblich bei den demnächst verstempelten Briefen stattgehabte Unterlassen einer Erwähnung der vorher abgesendeten Telegramme heranzog, indem sie meinte, daß aus diesem Unterlassen, als einem (angeblich) gegen die Ueblichkeit verstoßenden, geschlossen werden müsse 1) auf die Existenz des Bewußtseins bei dem Briefabsender, daß die briefliche Bestätigung eines telegraphisch abgeschlossenen Geschäfts nur zwecks Herstellung des Beweises für den Geschäftsabschluß, wodurch die Befreiung von der Stempelpflicht fortfalle, erfolgen könne; 2) auf die Existenz eines planmäßig die Verkürzung des Steuerrechtes anstrebenden Verhaltens bei Abfassung der Briefe. — Die Vorinstanzen haben die Beklagte zur Bezahlung des Betrages der 2,80 ℳ und zur Tragung der Kosten des Rechtsstreites verurtheilt. Das Urtheil des O.L.G. ist gegründet 1) auf die thatsächliche Feststellung, daß die neun oben als Briefe bezeichneten Schriftstücke nach Inhalt und Form in Wahrheit Briefe seien, und zwar Briefe über Geschäfte der unter Nr. 4 lit. a des betreffenden Tarifs bezeichneten Art, und zugleich Briefe, welche auf eine

Entfernung von mindestens 15 Kilometern befördert worden wären; 2) auf die Rechtsausführung, daß von allen Briefen, bei denen die beiden letzterwähnten Kriterien zuträfen, nach der Bestimmung „Befreiungen unter Nr. 3 zu Nr. 4 des Tarifs zum Gesetze betreffend die Erhebung von Reichsstempelabgaben vom 1. Juli 1881" die durch jene Nr. 4 des Tarifs bestimmte Abgabe nicht erhoben werden dürfe; 3) eventuell auch auf die Feststellung, daß thatsächlich keine schlüssige Grundlage bezw. keine relevante Beweisantretung dafür vorliege, daß bezweckt worden sei, durch die in Rede stehenden Briefe einen Beweis für den Abschluß der betreffenden Verkäufe von Werthpapieren herzustellen, geschweige denn arglistig das Steuerrecht zu verkürzen.

Bei der Rechtsausführung unter Nr. 2 bezieht sich das B.U. auf die Ausführungen in dem Urtheile des I. Civilsenats des R.G. vom 2. Februar 1884 (Annalen Bd. XI S. 529; Entsch. Bd. XI S. 79). Es ist dabei zu weiterer Ausführung der (dort erfolgten) Widerlegung der Ansicht, „daß die Befreiungsbestimmung in Rede nicht anwendbar sei, falls der betreffenden brieflichen Mittheilung die Absicht unterliege, einen urkundlichen Beweis zu schaffen," bemerkt: „Nach der jetzt geltenden freien Beweistheorie könne jedes Schriftstück zum Beweise geeignet sein. Der dessen Kundige werde aber bei jeder Schreibung eines Briefes auch daran denken können, und zwischen einem solchen Darandenken und der Absicht der Schaffung einer Beweisurkunde wäre doch kaum ein Unterschied zu finden, mindestens wäre derselbe ein so subtiler und so schwierig zu ermittelnder, daß er für die Begrenzung der Stempelpflichtigkeit absolut unbrauchbar sein würde. Auch daran möge erinnert werden, daß nach § 6 Abs. 2 des Gesetzes nicht blos der Aussteller eines Schriftstückes, also auch nicht blos der Verfasser eines Briefes, sondern eventuell" (nämlich für den Fall, daß die Versteuerung von dem Aussteller unterlassen ist) „auch der Empfänger desselben stempelpflichtig" (d. h. zur Versteuerung des Briefes binnen drei Tagen vom Empfange, jedenfalls vor weiterer Aushändigung desselben verpflichtet) „sei, der Empfänger eines Briefes aber in überaus vielen Fällen nicht in der Lage sein werde zu beurtheilen, ob der Verfasser eine Mittheilung in der Absicht oder auch in der Absicht, einen „urkundlichen Beweis zu schaffen", dem betreffenden Briefe inserirt habe." Gegen das B.U. hat die beklagte Behörde das Rechtsmittel der Revision eingelegt.

„Das B.U. beruht nicht auf Gesetzesverletzung.

Die in dem Thatbestande des gegenwärtigen Revisionsurtheils unter Nr. 1 und 3 vergegenwärtigten Feststellungen des B.U. sind prozeßgerecht verwirklicht. Dabei ist in Anknüpfung an die Feststellung unter Nr. 3 hervorzuheben, daß die Prozeßbevollmächtigten der beklagten Steuerbehörde in den Vorinstanzen bei Erhebung des vollständig verfehlten schweren Vorwurfs gegen das Bankhaus Robert Warschauer & Co., daß dasselbe absichtlich bestrebt gewesen sei, das Steuerrecht zu verkürzen, nicht einmal bemerkt haben, daß es in dem Briefe vom 23. August 1883 wörtlich heißt: „wovon wir Sie per Drath unterrichteten"!

Die unter Nr. 2 in dem Thatbestande des gegenwärtigen Revisionsurtheils gekennzeichnete dezisive Rechtsausführung des B.U. beruht auf richtiger Auslegung des Gesetzes betreffend die Erhebung von

Reichsstempelabgaben vom 1. Juli 1881 und stimmt im wesentlichen überein mit den" (hierdurch in Bezug genommenen, im XI. Bande der Entsch. S. 65, Annalen Bd. IX S. 529 abgedruckten) „Gründen des von dem I. C.S. des R.G. gefällten Urtheils v. 2. Februar 1884, welchen demnächst (soweit solches für die vorliegenden Entscheidungen in Betracht kommt) sich angeschlossen haben die Vereinigten Strafsenate des R. G. in dem Urtheil v. 31. Januar 1885 und der III. C.S. des R.G. in dem Urtheil v. 27. Februar 1885." (Urth. u. Annalen Bd. I S. 422, 456).

„Der Prozeßbevollmächtigte der Revisionsklägerin hat klarzulegen versucht, daß allerdings ebensowenig die bloße Absicht, durch den betreffenden, auf eine Entfernung von mindestens 15 Kilometern beförderten Brief über unter lit. a Nr. 4 II des Tarifs im Gesetze vom 1. Juli 1881 bezeichnete Geschäfte eine Beweisurkunde über den Geschäftsabschluß zu schaffen, noch das einfache objektive Geeignetsein des Briefes, als eine solche Beweisurkunde zu dienen, die Befreiung des Briefes von der Verstempelung ausschließe, daß vielmehr der erste Satz der Bestimmung unter Nr. 3 der Befreiungen zu Nr. 4 II jenes Tarifs auch unter jenen Voraussetzungen solche Briefe von der Verstempelung befreie, welche den Abschluß von Geschäften der unter lit. a Nr. 4 II des Tarifs bezeichneten Art enthielten oder bewirkten, daß indessen die Befreiung niemals dann eintrete, wenn ein Brief den bereits erfolgten Abschluß eines der unter lit. a Nr. 4 bezeichneten Geschäfte bestätige. Ein Brief der letzteren Art sei im Sinne des Gesetzes kein „Brief" über die unter lit. a Nr. 4 des Tarifs bezeichneten Geschäfte.

Diese der Fassung des Gesetzes vom 1. Juli 1881 und den Gesetzen der deutschen Sprache befremdend gegenüberstehende Auslegung (nach welcher ein den Abschluß der unter a bezeichneten Geschäfte bestätigender Brief kein Brief über solche Geschäfte sein soll) wird auf folgende, anzeiglich für dieses befremdende Ergebniß schlüssige Momente gestützt.

1. In der Anmerkung Nr. 3 zu Nr. 4 II des Tarifs heiße es: „In Betreff der Stempelpflichtigkeit der zu a und b sowie in der Anmerkung 1 bezeichneten Schriftstücke macht es keinen Unterschied, ob dieselben in Briefform oder in irgend einer andern Form ausgestellt werden und ob das Schriftstück mit Namensunterschrift versehen oder ohne solche ausgehändigt ist", während unter „Befreiungen" bestimmt sei: „Die Abgabe wird nicht erhoben 3) von Telegrammen und Briefen über die unter a bezeichneten Geschäfte, wenn die Briefe auf Entfernungen von mindestens 15 Kilometern befördert werden."

Die Verschiedenheit des Ausdrucks in der Anmerkung 3 „Schriftstücke in Briefform" von dem Ausdrucke „Briefe" in der Befreiungsbestimmung zeige an, daß der Gesetzgeber mit dem einen der beiden Ausdrücke etwas anderes habe bezeichnen wollen als mit dem anderen.

2. Für einen solchen Unterschied der Bedeutung spreche es auch, daß ohne die Voraussetzung des Unterschiedes der zweite Satz der Bestimmung „Befreiungen Nr. 3": „Auf die einem solchen Briefe beigelegten oder angehängten Schriften der unter a und b und in der Anmerkung 1 bezeichneten Art erstreckt sich die Befreiung nicht" unerklärlich erscheine.

3. Die gegenwärtig von der Revisionsklägerin vertheidigte Unterscheidung finde darin eine Unterstützung, daß in der Begründung der entsprechenden Befreiungsbestimmung des Entwurfs zu dem Reichsgesetze betreffend die Erhebung von Reichsstempelabgaben bemerkt und dieser Bemerkung in den sich daranschließenden legislativen Stadien nicht entgegengetreten, sondern derselben mehrfach zugestimmt sei: „Die Befreiung beabsichtige die eigentliche Handelskorrespondenz von der Stempelabgabe auszuschließen."

Zur eigentlichen Handelskorrespondenz würden zwar solche Briefe gerechnet, welche den Abschluß eines Geschäftes enthielten oder bewirkten, keineswegs aber solche Briefe, welche ein abgeschlossenes Geschäft bestätigten. —

Der Bevollmächtigte der Revisionsklägerin hat selbst sich der Einsicht nicht verschließen können, daß (bei der eminenten Schwierigkeit, sicher zu ergründen, ob ein von Bestätigung eines Geschäfts von dabei bezeichnetem Inhalt sprechender Brief den Abschluß des Geschäftes enthalte, beziehungsweise bewirke, oder ein bereits abgeschlossenes Geschäft bestätige) die von ihm vertheidigte Gesetzesauslegung „an einer gewissen Unbestimmtheit für die praktische Anwendung des Gesetzes leide." Diese Einsicht ist eine sehr richtige und fällt sehr schwer gegen jene Auslegung in das Gewicht; denn es ist der größte Fehler, welchen ein Steuergesetz (namentlich ein Verstempelungsgesetz) besitzen kann, wenn es an Unbestimmtheit für die praktische Anwendung leidet, und ist es eine alte Regel, daß man das Begehen grober Fehler bei dem Gesetzgeber nicht voraussetzen darf.

In Wirklichkeit entbehren denn auch die Momente, welche für diese eigenartige Gesetzesauslegung herangezogen sind, jeder Stringenz. Der Schwerpunkt dieses verfehlten Auslegungsversuchs wird nicht in dem Gesetze gesucht, sondern in legislativen Vorarbeiten. Es wird nicht im geringsten klargelegt, daß auch nur in diesen legislativen Vorbereitungen zur Entstehung des Gesetzes jemals die jetzt vertheidigte Unterscheidung ausgesprochen, sondern nur, daß dabei von einer beabsichtigten

Befreiung „der eigentlichen Handelskorrespondenz" geredet sei, und wird dann diesen (dem Gesetze gänzlich fremden) Worten eine angebliche Bedeutung untergelegt, welche der sprachlichen Bedeutung so wenig entspricht, daß sich mit Fug und Recht sagen läßt, gerade der entgegengesetzte Sinn lasse sich mit viel besseren Gründen vertheidigen.

Die angebliche Unerklärlichkeit des zweiten Absatzes der Bestimmung unter „Befreiungen" Nr. 3, falls nicht die Auslegung der Revisionsklägerin adoptirt werde, beruht lediglich auf einer unbegründeten subjektiven Vorstellung. Die Koexistenz des ersten und zweiten Satzes der Bestimmung „Befreiungen" unter 3 erklärt sich ganz einfach und durchaus befriedigend aus dem Zusammenwirken der (dem ersten Satze zu Grunde liegenden, in der Anlage des von dem Reichskanzler bei dem Bundesrath gestellten Antrages vom 15. Mai 1882 hervorgehobenen, für den Handelsstand wohlwollenden) Absicht des Gesetzgebers, jenem Stande die Mühe und Kosten zu ersparen, welche entstehen würden, wenn beim Schreiben von Geschäftsbriefen jedesmal bedacht werden müßte, ob der Brief stempelpflichtig sei und deswegen versteuert werden müsse, mit dem Willen des Gesetzgebers, daß das Steuerinteresse nicht in weiterem Maße zurücktreten solle, als zur Verwirklichung jener wohlwollenden Absicht erforderlich sei, weswegen durch die Vorschrift des zweiten Satzes der (ohne dessen Existenz nicht ferne liegenden) Auslegung des allein hingestellten ersten Satzes entgegenzutreten sei, daß Anhänge und Beilagen eines Briefes (trotz des in der Anmerkung 1 ausgesprochenen Prinzips) als zu dem Briefe gehörig in die Befreiungsbestimmung für die Briefe einbegriffen seien.

Während bei dieser richtigen Gesetzesauslegung die ganze Bestimmung „Befreiungen Nr. 3" in jedem ihrer Sätze einen klaren Sinn hat, die dem Handelsstande wohlwollende Absicht des Gesetzgebers voll verwirklicht und zugleich nicht weiter ausdehnt, als der Gesetzgeber wollte, würde bei der (von der Revisionsklägerin vertheidigten) falschen Auslegung durch die Befreiungsbestimmung der wohlwollende Gesetzeswille nicht verwirklicht, vielmehr diese Befreiungsbestimmung (durchaus gegen die Tendenz derselben) in der Praxis als eine Falle für Steuerpflichtige wirken.

Die Schlußfolgerungen aus der Ausdrucksweise der Anmerkung 3 und der Bestimmung „Befreiungen Nr. 3" sind nicht wohlbedacht. Künstelt man nicht an dem Gesetze herum, sondern tritt an dasselbe unbefangen heran, so gestaltet sich die Auslegung in folgender Weise.

Im Kontext des Tarifs II Nr. 4 werden die dem betreffenden Stempelansatz unterliegenden Schriftstücke nach ihrem geschäftlichen

Wesen gekennzeichnet und gruppirt, wobei aus dem § 1 des Gesetzes sich ganz im Allgemeinen ergab, daß es sich um Verstempelung von „Urkunden" handele. Die Unbestimmtheit des Begriffs der Urkunde konnte in der praktischen Anwendung namentlich zu folgenden Zweifeln Veranlassung geben:

1) ob bei Ausstellung der Schriftstücke zu a und b des Tarifs II Nr. 4 in mehreren Exemplaren, Abschriften oder in eingehender Fassung und im Auszuge, gleichzeitig oder nacheinander, nur ein Hauptexemplar resp. das zuerst gefertigte, alsdann weiteren Abschriften als Urschrift dienende Schriftstück, beziehungsweise das eingehendere (in anderen Schriftstücken nur im Auszuge wiedergegebene) Schriftstück allein, oder ob alle solche Schriftstücke, welche die zu a und b Nr. 4 des Tarifs angegebenen Kriterien an sich trügen, als Urkunden zu verstempeln seien;

2) ob im Fall ein Schriftstück der unter a Nr. 4 II des Tarifs bezeichneten Art sich auf mehr als eines der dort aufgeführten Geschäfte beziehe, das Schriftstück als eine Urkunde oder als mehrere Urkunden anzusehen und zu verstempeln sei;

3) ob außer den unter lit. a und b der Nr. 4 II des Tarifs angegebenen Kriterien der Schriftstücke noch irgend ein Formerforderniß für die Urkundenqualität wesentlich sei, namentlich etwa eine Namensunterschrift oder eine sonstige die besondere Absicht, etwas rechtlich Bedeutsames schriftlich fixiren zu wollen, anzeigende Form.

Diese Bedenken werden in der Anmerkung 1 zu a und b, in der Anmerkung 2 zu a und der Anmerkung 3 zu Nr. 4 II des Tarifs in dem für das Steuerinteresse günstigsten Sinne beseitigt. Die Anmerkung 3 bezieht sich speziell auf die möglichen Bedenken bei der Formfrage; dadurch erklärt sich vollständig die Fassung dieser Anmerkung: „In Betreff der Stempelpflichtigkeit der zu a und b sowie in der Anmerkung 1 bezeichneten Schriftstücke macht es keinen Unterschied, ob dieselben in Briefform oder in irgend einer anderen Form ausgestellt werden und ob das Schriftstück mit Namensunterschrift versehen oder ohne solche ausgehändigt ist."

Die „Befreiungen" zu Nr. 4 II des Tarifs verfolgen einen anderen, grundverschiedenen Zweck als die „Anmerkungen". Der Nachdruck, welcher gerade bei der Anmerkung 3 auf die Form zu legen war, mußte bei der Befreiungsbestimmung 3 vollständig unnöthig erscheinen. Worauf es allein ankam, um den (oben hervorgehobenen) Zwecken dieser Befreiungsbestimmung zu genügen, war einfach das: die Mittel zu bezeichnen, mit welchen in der Neuzeit erfahrungsmäßig unter von einander entfernten Personen die Mittheilung von Erklärungen über Geschäfte erfolgt, und bei demjenigen Mittel, welches auch in geringerer Entfernung häufig gebraucht zu werden pflegt (dem Briefe), die Befreiung an eine verhältnißmäßig größere Entfernung der Beförderung zu knüpfen und zugleich einer mißverständlichen Ausdehnung des ersten Satzes der Befreiungsbestimmung Nr. 3 vorzubeugen. Dadurch erklären sich die an die Eingangsworte der „Befreiungen": „die vorbestimmte Abgabe wird nicht erhoben" unter Nr. 3 sich anschließenden Worte: „von Telegrammen und Briefen über die unter a bezeichneten Geschäfte, wenn die Briefe auf Entfernungen von mindestens 15 Kilometern befördert werden. Auf die einem solchen Briefe beigelegten oder angehängten Schriften der unter a und b und in der Anmerkung 1 bezeichneten Art erstreckt sich die Befreiung nicht."

Es ist hiernach lediglich bei dem Satze stehen zu bleiben, welcher bereits in dem oben zitirten Revisionsurtheil vom 2. Februar 1884 eingehend gerechtfertigt ist: „Im Zusammenhange des ersten und zweiten Satzes der Befreiungsbestimmung Nr. 3 stellt sich nach Gesetzes-Wort und -System der Gesetzes-Sinn dieser Befreiungsbestimmung in Bezug auf Briefe dahin fest: Ein auf Entfernungen von mindestens 15 Kilometern beförderter Brief ist von der unter Tarif II Nr. 4 lit. a und lit. b verordneten Verstempelung frei, wenn er ein Brief über die im Tarif II Nr. 4 lit. a bezeichneten Geschäfte ist, obwohl er an sich seinem brieflichen Inhalte nach zu den im Tarif II Nr. 4 lit. a als regelmäßig stempelpflichtig gekennzeichneten Schriftstücken gehören würde. Diese Befreiung erstreckt sich aber nicht auf die Beilagen und Anhänge eines solchen von der Verstempelung befreiten Briefes; vielmehr sind alle solche Beilagen oder Anhänge, auch wenn sich darunter mehrere gleiche Exemplare oder Abschriften oder Auszüge befinden, zu verstempeln, wenn die betreffende Beilage oder der betreffende Anhang die Kriterien der nach dem Tarif II Nr. 4 lit. a oder b bezeichneten Schriftstücke an sich trägt."

Es beruht auf einem Rechtsirrthum, Briefe, welche den bereits erfolgten Abschluß eines der im Tarif II Nr. 4 lit. a bezeichneten Geschäfte bestätigen, nicht zu den „Briefen über die unter a bezeichneten Geschäfte" im Sinne der Bestimmung „Befreiungen" unter Nr. 3 zum Tarif II Nr. 4 des Gesetzes betreffend die Erhebung von Reichsstempelabgaben vom 1. Juli 1881 zu rechnen."

7. Reichs-Civilprozeßordnung.

97. **Folgen des Grundsatzes der Mündlichkeit des Verfahrens der C.P.O.: Unzulässigkeit der Ergänzung des mündlich vorgetragenen Prozeßstoffes aus vorbereitenden Schriftsätzen oder Urkunden, die sich in Handakten befinden** (§§ 119, 259, 122, 126, 385 ff. der C.P.O.). Urth. des II. Civilsenats vom 28. April 1885 in Sachen C. und Gen. in M., Beklagten und Revisionskläger, wider J. daselbst, Kläger und Revisionsbeklagten. Vorinstanz: O.L.G. Köln. Aufhebung und Zurückverweisung.

„Nach den Prinzipien der C.P.O. ist das Urtheil ausschließlich nur auf die mündliche Verhandlung zu gründen, darf also bei der Urtheilsfällung nichts berücksichtigt werden, was nicht Gegenstand der mündlichen Verhandlung gewesen ist (§§ 119, 259 der C.P.O.). Die C.P.O. räumt dem diese Verhandlung vorbereitenden Verfahren keine den Zweck bloßer Vorbereitung überschreitende Bedeutung ein, und es wäre entschieden dem Geiste derselben zuwider, den Prozeßstoff, welchen die mündliche Verhandlung geboten hat, durch Rücksichtnahme auf den Inhalt von Schriftsätzen oder von Urkunden, die sich in den Handakten der Parteien befinden und vorbereitend mitgetheilt waren (§§ 122, 126 der C.P.O.), zu *ergänzen*.

Hiernach erscheint es dem Wesen des neuen Verfahrens nicht entsprechend, wenn das O.L.G. in vorliegender Sache, nach der im früheren Verfahren üblichen Weise, die *Hinterlegung der Handakten* verfügt hat, um dieselben bei der Urtheilsfällung zu benützen. Da nach jetzigem Verfahren *Gerichtsakten* bestehen, welche alles zur Prozedur Gehörige enthalten, da ferner die bei der Verhandlung geltend gemachten Beweisurkunden *dem Richter vorzulegen sind* (§ 385 ff. der C.P.O.) und mindestens bis zum Urtheilsspruche in dessen Händen verbleiben, so ist nicht abzusehen, wie die Hinterlegung der Handakten erforderlich sein sollte, um dem Gesetze entsprechende Zwecke zu erreichen; wohl aber wird sie leicht die *gesetzwidrige* Folge haben, daß Schriftstücke, die bei der Verhandlung nicht geltend gemacht wurden, bei der Urtheilsfällung verwerthet werden. In vorliegender Sache ist letzteres in der That der Fall gewesen; denn es ist im Beschlusse des O.L.G. über Berichtigung seines Thatbestandes bekundet, daß der in den Entscheidungsgründen des Urtheils als *Beweismoment verwerthete* Theil des S.'schen Bilanzberichts, inhaltlich dessen C. noch verschiedene Einsprüche geltend gemacht hat, bei der mündlichen Verhandlung weder verlesen wurde, noch Gegenstand der Diskussionen gewesen ist. Wenn auch, wie aus den Schriftsätzen erster Instanz hervorgeht, fraglicher Bilanzbericht dem Kläger durch Gerichtsvollzieherakt zugestellt worden ist, so bestand doch ein Recht, ihn für das Urtheil zu benützen, nur insoweit, als er bei der Verhandlung geltend gemacht wurde."

98. **Namhaftmachung der Person, für welche zugestellt wird, in der Zustellungsurkunde** (§§ 173 Abs. 3, 174 Ziff. 2 der C. P. O.). Urth. des III. Civilsenats vom 1. Mai 1885 in Sachen L. in H., Beklagten und Revisionsklägers, wider P. daselbst, Mitkläger und Revisionsbeklagten. Vorinstanz: O. L. G. Celle. Aufhebung des Zwischen- und Endurtheils desselben. Zurückweisung der Berufung des P. gegen das Urtheil des L. G. Hannover.

In erster Instanz wurde der von dem Beklagten gegen den Mitkläger P. vorgeschützte Einwand, daß die Klage ihm für diesen Mitkläger nicht zugestellt und somit als von demselben nicht erhoben anzusehen sei, für begründet erkannt und demnach der Mitkläger P. mit den seinerseits gestellten Anträgen kostenfällig zurückgewiesen. Auf die Berufung desselben erkannte die zweite Instanz in Abänderung des erstinstanzlichen Urtheils zunächst durch Zwischenurtheil, daß der gedachte Einwand verworfen werde, und alsdann in der Sache selbst durch Endurtheil.

„Das Zwischenurtheil der Vorinstanz beruht auf rechtsirrthümlicher Anwendung der in der C. P. O. über die Zustellungen gegebenen Vorschriften. Eine Zustellung kann nur zu Gunsten derjenigen Person wirksam werden, *für welche* sie erfolgt ist; es muß daher bei der Vornahme der Zustellung dem *Zustellungsempfänger* kundgegeben werden, für wen die Zustellung geschehe. Deshalb schreibt der § 173 Abs. 3 der C. P. O. vor, daß eine beglaubigte Abschrift der Zustellungsurkunde, welche nach § 174 Z. 2 die Bezeichnung dieser Person enthalten *muß*, durch den Gerichtsvollzieher auf das zu *übergebende* Schriftstück oder auf einen mit demselben zu verbindenden Bogen zu setzen ist. Der Vorinstanz ist zuzugeben, daß in der Zustellungsurkunde als die Person, für welche zugestellt werden soll, nicht blos die Partei selbst, sondern auch der Prozeßbevollmächtigte derselben und also im Anwaltsprozesse der sie vertretende Anwalt bezeichnet werden darf. Im vorliegenden Falle ist nun aber in der Zustellungsurkunde *nur* der *Rechtsanwalt* F. I als die Person, für welche die Zustellung erfolgte, bezeichnet. Der Rechtsanwalt F. I war aber *nicht Vertreter des Mitklägers* P., er war an dem Rechtsstreite nur betheiligt theils als Mitkläger in eigener Person, theils als Vertreter des Mitklägers L., während der Mitkläger P. durch den Rechtsanwalt W. vertreten wurde. Somit ist *nach Inhalt der Zustellungsurkunde* eine Zustellung für den Mitkläger P. *nicht erfolgt*."

99. Aufhebung der Verfügung eines Senatspräsidenten beim O.L.G., durch welche die beantragte Ansetzung eines neuen Termins zur Zeit abgelehnt wurde (§§ 193, 325 der C.P.O.). Beschluß des I. Civilsenats vom 16. Mai 1885 in Sachen W. in H., Klägers und Berufungsbeklagten, wider uxorem daselbst, Beklagte und Berufungsklägerin. Vorinstanz: O.L.G. Hamburg. Aufhebung.

„In Erwägung, daß die angefochtene Verfügung, durch welche der Vorsitzende des Gerichts die beantragte Ansetzung eines neuen Verhandlungstermins zur Zeit ablehnt, mit dem durch die C.P.O. zur Geltung gebrachten Grundsatze des Betriebs des Prozesses durch die Parteien und mit der Vorschrift des § 193 Abs. 2 der C.P.O. nicht vereinbar ist; daß dieselbe insbesondere weder durch Berufung auf § 325 der C.P.O., noch durch Hinweisung auf die von der Beklagten ausgehende Störung einer geordneten Prozeßleitung gerechtfertigt werden kann, indem sowohl über die Zulässigkeit der angekündigten neuen Anträge nach § 325, als auch über etwaige Zurückweisung nachträglich vorgebrachter Vertheidigungsmittel nach § 252 der C.P.O. erst auf Grund der mündlichen Verhandlung von dem Gerichte entschieden werden kann, wird beschlossen: unter Aufhebung der Verfügung vom 19. April 1885 die Ansetzung eines Verhandlungstermins auf dem am 16. April 1885 eingereichten vorbereitenden Schriftsatz der Beklagten anzuordnen und die in Folge der aufgehobenen Verfügung entstandenen Gerichtskosten niederzuschlagen."

100. Klage auf Feststellung der Schadenersatzpflicht für die Verstümmelung eines zur Zeit noch erwerbsunfähigen, im Kindesalter stehenden Menschen (§ 231 der C.P.O.). Urth. des III. Civilsenats vom 28. April 1885 in Sachen B. zu H., Klägers und Revisionsklägers, wider v. B. zu C., Beklagten und Revisionsbeklagten. Vorinstanz: O.L.G. Celle. Aufhebung und Zurückverweisung.

Der Kläger, welcher behauptet, daß sein damals vier Jahre alter Sohn am 3. Mai 1882 durch ein Verschulden des Beklagten an seinem Körper verletzt und dadurch auf das erheblichste in seinem demnächstigen Fortkommen beeinträchtigt sei, indem er verschiedene Berufsarten nicht werde wählen können, daß auch dessen demnächstige Arbeits- und Erwerbsfähigkeit eine geringere sein werde, als wenn er die Verletzungen nicht erlitten hätte, hat mit der gegen den Beklagten erhobenen Klage principaliter beantragt: den Beklagten zu verurtheilen, ihm für seinen Sohn Eduard 3000 ℳ nebst 5% Zinsen seit der Klagerhebung, eventuell eine Rente von 200 ℳ für das Jahr, anfangend mit dem vollendeten 18. Lebensjahre seines Sohnes bis zu dessen Lebensende zu zahlen. Das B.G. hat diesen prinzipalen Klagantrag auf Zahlung eines Kapitals bezw. einer Rente als unhaltbar abgewiesen, weil dem Verletzten durch die Verletzung zur Zeit ein Vermögensnachtheil in der eingeklagten Richtung noch überall nicht erwachsen sei, da der zur Zeit der Verletzung etwa vier Jahre alte Knabe gegenwärtig überhaupt noch nicht erwerbsfähig sei, weil es ferner jetzt noch in keiner Weise sich übersehen lasse, ob durch die Verletzung später vielleicht eine solche Vermögensbeschädigung in Folge verminderter Erwerbsfähigkeit des Verletzten entstehen werde und insbesondere in welchem Umfange dieses event. der Fall sein werde, und weil namentlich diese noch nicht in Gestalt eines bestimmten Kapitals oder einer festen Rente sich berechnen lasse, indem in der Zwischenzeit bis zum Eintritte der Erwerbsfähigkeit des Verletzten sehr wohl Ereignisse eintreten können, welche eine Verringerung der künftigen Erwerbsfähigkeit ausschließen oder dieselbe doch erheblich herabzudrücken geeignet erscheinen, für die Berechnung einer später möglicherweise eintretenden Vermögensbeschädigung aber jedenfalls hinreichende Anhaltspunkte nicht gegeben seien. Insoweit bestätigt das R.G. die Vorentscheidung. Dagegen erachtet es den gegen die Abweisung der eventuell vom Kläger angestellten Feststellungsklage von dem Revisionskläger erhobenen Angriff für begründet. Der B.R. stellt durch Interpretation der von dem Kläger in der Berufungsinstanz bezüglich seines eventuellen Antrages abgegebenen Erklärung fest, daß derselbe eventuell die vorläufige Feststellung der beanspruchten Entschädigungspflicht des Beklagten überhaupt habe begehren wollen, und er erachtet einen solchen Antrag prozessualisch für zulässig. Obgleich das B.G. sodann hervorhebt, daß immerhin das Vorhandensein eines schon gegenwärtigen Interesses des Klägers an der alsbaldigen Feststellung der beanspruchten Entschädigungspflicht des Beklagten überhaupt nach Lage der Sache nicht verkannt werden möge, weist es den Antrag dennoch ab, weil es zur Zeit noch völlig ungewiß sei, ob überhaupt jemals ein Schaden in der beanspruchten Richtung in Folge der Verletzung eintreten werde, der Eintritt einer eventuell festgestellten Verpflichtung des Beklagten durch manche zur Zeit noch gar nicht absehbare Umstände in Frage würde gestellt werden können, eine Feststellungsklage für den Fall eines künftig vielleicht eintretenden Schadens, gerichtet auf Abgabe eines richterlichen Ausspruches über den bedingungsweisen dermaleinstigen Bestand des Rechtsverhältnisses, welchem bezüglich der quaestio an zur Zeit noch jede sichere Grundlage fehle, eines Ausspruches, der möglicherweise lediglich von theoretischer Bedeutung und ohne allen praktischen Erfolg bleiben würde, aber im Sinne des § 231 der C.P.O. liegend nicht angesehen werden könne.

„Diese Erwägungen können für zutreffend nicht erachtet werden. Es handelt sich bei der eventuell vom Kläger erhobenen Feststellungsklage um die richterliche Entscheidung der unter den Parteien streitigen Frage, ob der Beklagte verpflichtet ist, dem Sohne des Klägers für die nach der Behauptung des Klägers durch sein Verschulden entstandene Körperverletzung Schadenersatz zu leisten. Dieses Verschulden des Beklagten vorausgesetzt, besteht für ihn die Verpflichtung, den durch die Körperverletzung für den Sohn des Klägers entstandenen und entstehenden Schaden zu ersetzen. Eine Klage auf Feststellung dieser Verpflichtung, deren Voraussetzungen das B.G. im übrigen mit Recht als gegeben ansieht, indem es ein rechtliches Interesse des Klägers an der alsbaldigen Feststellung der Entschädigungspflicht des Beklagten als vorhanden annimmt, ist aber nicht ausgeschlossen zu erachten, wenn der Verletzte zur Zeit der Verletzung und zur Zeit der Anstellung der Klage weder erwerbsthätig, noch erwerbsfähig war, sofern der Verletzte in der Lage sich befindet, daß der Eintritt der Erwerbsfähigkeit und mit ihr die Ausübung gewinnbringender Thätigkeit erfahrungsmäßig und nach dem gewöhnlichen Laufe der Dinge zu vermuthen ist, und sofern die Folgen der erlittenen Körperverletzung derartige sind, daß die Erwerbsfähigkeit als beeinträchtigt angesehen werden darf. So liegt aber der gegenwärtige Fall. Nach den Behauptungen des Klägers ist durch den Schuß der Daumen der rechten Hand seines Sohnes für immer gelähmt, die Sehkraft des linken Auges desselben für immer erheblich gemindert und außerdem dessen Gesicht verunstaltet. Sind diese Behauptungen wahr, so liegt schon jetzt nach dem gewöhnlichen Laufe der Dinge vor, daß durch die Beschädigung, welche der Sohn des Klägers erlitten hat, eine Beeinträchtigung der Arbeits- und Erwerbsfähigkeit desselben in irgend einer Weise eintreten, für ihn also ein Vermögensschaden entstehen wird, vorausgesetzt, daß derselbe nicht vor Erreichung eines Alters, in welchem seine Erwerbsfähigkeit überhaupt erst eintritt, versterben sollte. Es handelt sich daher nicht, wie der Berufungsrichter meint, um einen Ausspruch über das Bestehen eines völlig ungewissen, bloß möglichen Rechtsverhältnisses zwischen dem Kläger und dem Beklagten, dessen Existenz davon abhängig ist, ob und welche Beeinträchtigung der Erwerbsfähigkeit des jetzt noch im Kindesalter stehenden Sohnes des Klägers möglicherweise eintreten wird, sondern um ein schon gegenwärtig bestehendes und nur seinem Umfange nach unbestimmtes Rechtsverhältniß, dessen Feststellung keineswegs eine bloß theoretische, sondern für den Kläger auch eine wesentliche praktische Bedeutung hat. Der Umstand aber, daß möglicherweise der Verletzte den Eintritt seiner Erwerbsfähigkeit nicht erlebt und also die an sich festgestellte Schadenersatzpflicht des Beklagten faktisch nicht zur Geltung kommt, kann die erhobene Feststellungsklage nicht ausschließen."

101. Voraussetzungen für den Verlust des Rügerechts nach § 267 der C.P.O. und für Unterbrechung des Verfahrens nach § 218 der C.P.O.

Beschluß des V. Civilsenats vom 20. Mai 1885 in Sachen Z.'s Erben zu M., Kläger, wider W. zu G., Beklagten. Vorinstanz: Kammerger. Berlin. Verwerfung der weiteren Beschwerde der Kläger.

Die Kläger haben wider den Kaufmann W., den Beklagten, wegen einer Forderung von 375 ℳ und Zinsen bei dem L.G. Guben Klage erhoben. Ueber das Vermögen des Beklagten W. war am 12. Oktober 1883 Konkurs eröffnet. Die Klage und die Ladung der Kläger ist am 29. Februar 1884 nicht dem W., sondern dem Konkursverwalter S. zugestellt. In dem zur Verhandlung vor dem L.G. anberaumten Termine am 21. April 1884 sind für die Kläger der Rechtsanwalt H., für den Beklagten der Rechtsanwalt L. erschienen. Das Protokoll enthält nur den

Vermerk: „Die Mandatarien zeigten an, daß über das Vermögen des Beklagten der Konkurs eröffnet sei." Darauf hat das L.G. beschlossen, daß das Verfahren ruhen solle. Eine Vollmacht ist von dem Anwalt L. nicht abgereicht. Demnächst hat der Rechtsanwalt S., ebenfalls ohne Vollmacht, die Kläger namens des Beklagten zu einem neuen Verhandlungstermine — 10. November 1884 — geladen. In demselben sind für die Kläger der Rechtsanwalt H., für den Beklagten der Rechtsanwalt L. aufgetreten. Das Protokoll enthält nur den Satz: „Die Herren Mandatarien sind darüber einig, daß die Klage an den Beklagten W. überhaupt nicht zugestellt sei, und verhandeln beide nicht zur Sache." Das L.G. hat abermals beschlossen: „das Verfahren ruht." Auf eine erneute Ladung des Rechtsanwalts L. ist dann ein Verhandlungstermin auf den 2. Februar 1885 angesetzt, in welchem für die Kläger Rechtsanwalt H., für den Beklagten Rechtsanwalt S. aufgetreten sind. Letzterer hat Erlaß eines Versäumnißurtheils und Verurtheilung der Kläger zu den Kosten beantragt, der Rechtsanwalt H. dagegen dem Antrag widersprochen. Die Parteien haben über diesen Antrag verhandelt, und das L.G. hat beschlossen, daß der Antrag zurückzuweisen und daß es bei dem Beschlusse vom 10. November 1884 zu belassen sei. Auf Beschwerde des Beklagten hat das Kammergericht zu Berlin die Beschlüsse des L.G. vom 2. Februar 1885 und 10. November 1884 aufgehoben und die Entscheidung über den Kostenpunkt dem Urtheil in der Hauptsache vorbehalten.

„Die von den Klägern gegen diesen Beschluß eingelegte Beschwerde kann nicht für begründet erachtet werden. Dem ersten Entscheidungsgrunde des II. Richters ist allerdings nicht beizustimmen. Derselbe geht dahin, daß die Kläger den ihnen bekannten Mangel der Ladung des Beklagten W. in dem Verhandlungstermine vom 21. April 1884 nicht gerügt, also das Rügerecht nach § 267 der C.P.O. verloren haben und daß deshalb Rechtshängigkeit eingetreten sei. Es kann unerörtert bleiben, ob diese Annahme die daraus gezogene Schlußfolgerung rechtfertigt und ob noch anderweite Gründe ihrer Richtigkeit entgegenstehen. Denn es ist den Klägern darin beizutreten, daß die Bedingungen zur Anwendung des § 267 cit. hier nicht vorliegen. Dieses Gesetz schließt eine Rüge aus, wenn die Partei „bei der nächsten mündlichen Verhandlung, welche auf Grund des betreffenden Verfahrens stattgefunden hat," den Mangel des Verfahrens nicht gerügt hat. Hier ist zwar vom L.G. ein Verhandlungstermin anberaumt, aber es hat keine mündliche Verhandlung stattgefunden. Es sind weder die Anträge verlesen, noch ist der Sachverhalt vorgetragen, sondern die Vertreter der Parteien haben dem Gericht nur den Grund angezeigt, weshalb sie nicht verhandeln wollten. Es kann also von einem Verlust des Rügerechts gemäß § 267 der C.P.O. keine Rede sein.

Dagegen nimmt das Kammergericht mit Recht an, daß der Beschluß des L.G., wonach die Einstellung des Verfahrens stattfinden soll, zu Unrecht erlassen ist. Eine Vereinbarung der Parteien, kraft welcher das Verfahren ruhen soll (C. P. O. § 228), hat überall und jedenfalls nach den Anträgen in der Verhandlung vom 2. Februar 1885 nicht stattgefunden. Es könnte sich also nur fragen, ob gemäß § 218 der C. P. O. eine Unterbrechung des Verfahrens eintreten muß. Das ist nicht anzunehmen. Die Bedingungen für Anwendung dieses Gesetzes sind: a) daß das Verfahren die Konkursmasse betrifft, und b) daß es nicht nach den für den Konkurs gegebenen Bestimmungen aufgenommen wird. Der Gemeinschuldner verliert an sich nicht die Prozeßfähigkeit. Soweit jedoch der erhobene Anspruch die Masse betrifft, ist nicht er, sondern der Konkursverwalter deren gesetzlicher Vertreter.

Geht man in der vorliegenden Sache davon aus, daß die Kläger nur die Verurtheilung des Gemeinschuldners verlangen und keinen Anspruch an die Masse erheben, so fehlt jeder Grund für die Unterbrechung des Verfahrens. Nimmt man dagegen an, daß Kläger Ansprüche an die Masse erheben wollen, so liegen ebenfalls nicht die Bedingungen zur Anwendung des § 218 der C. P. O. vor, sondern die Klage ist wegen mangelnder Passivlegitimation des W. abzuweisen.

Daraus folgt, daß das L. G. das Verfahren fortzusetzen und über den Antrag des Beklagten durch Urtheil zu entscheiden hat. Hieran ändert auch nichts der Umstand, daß nach Anzeige der Parteien im Termin vom 11. November 1884 die Klage dem Beklagten W. nicht zugestellt ist. Denn im Falle der oben gedachten zweiten Alternative bedurfte es keiner Zustellung an den Gemeinschuldner; die Zustellung an dessen gesetzlichen Vertreter, den Konkursverwalter, macht vielmehr die Sache rechtshängig. Im Falle der ersten Alternative muß ebenfalls über den Widerspruch des nicht ordnungsmäßig geladenen, aber im Verhandlungstermin vertretenen Beklagten durch Urtheil entschieden werden."

102. **Wirkung des auf Grund eines bedingten Endurtheils formgültig abgeleisteten Parteieides nur für den gegenwärtigen Prozeß der Streitparteien, nicht für künftige** (wenn auch auf demselben Rechtsgeschäfte basirende) **Prozesse** (§§ 428—430, 543, 544, 549 der C. P. O.). Urth. des IV. Civilsenats vom 11. Mai 1885 in Sachen J. R. zu B., Klägers und Revisionsklägers, wider G. K. das., Beklagten und Revisionsbeklagten. Vorinstanz: Kammergericht Berlin. Aufhebung und Zurückverweisung.

Die Entscheidung des Rechtsstreites hängt von der Frage ab, ob der Beklagte seiner persönlichen Verhaftung für die auf seinem Grundstücke eingetragene Hypothek von 11000 ℳ von dem damaligen Inhaber, dem Maurermeister W., dem Cedenten des Klägers, entlassen worden ist? Wird die Frage bejaht, so erweist sich der jetzt — nach Ausfall der Hypothek — vom Kläger erhobene Anspruch aus dem persönlichen Schuldverhältnisse als unbegründet (I, 11 §§ 407, 408 des Allg. L.R.; § 38 des Gesetzes vom 5. Mai 1872). Der Beklagte hat in dieser Beziehung behauptet, daß er vor der Licitation des verhafteten Grundstückes mit dem Inhaber der Hypothek, dem Maurermeister W., verabredet habe: er, Beklagter, solle von seiner persönlichen Verhaftung für die 11 000 ℳ frei sein, falls W. das Grundstück für 70000 ℳ erstehe, also von dem hinter der ersten Hypothek von 70 000 ℳ mit einer Forderung von 9000 ℳ eingetragenen Gläubiger R. nicht überboten werde. Den Zweck und die Absicht der Kontrahenten bei diesem Abkommen hat der B.R. für die Interessen des Maurermeisters W. näher sachlich dargelegt und auch aus den Umständen des Falles nachgewiesen, inwiefern auch der Beklagte, als Subhastat, im Stande gewesen ist, bei der Realisation des Abkommens — fördernd und hindernd — thätigen Antheil zu nehmen. Das so geschlossene und beiderseits erfüllte Abkommen — wenn es erwiesen — stellt der B.R. unter den Einfluß des § 165 I, 5 des Allg. L.R. und erachtet dasselbe soweit für dargethan, daß er ergänzend — nicht wie der Erste Richter — noch einen Eid für den Kläger, sondern einen Eid für den Beklagten erforderlich erklärt. Allein er erkennt in dem entscheidenden Theile seines Urtheiles nicht auf diesen Eid, weil der Beklagte in einem mit dem Kläger wegen Zinsen desselben Kapitals geführten Vorprozesse bereits einen richterlichen Eid desselben Inhalts geleistet hat, wie er jetzt für den Beklagten zu normiren gewesen wäre, und weil — wie man nach dem Inhalte seiner Entscheidungsgründe annehmen muß — durch jenen im Vorprozesse geleisteten Eid die streitige Thatsache bindend auch für den gegenwärtigen Prozeß festgestellt werde. Solchergestalt gelangt der B.R. zur Abweisung der Klage, die er in dem Urtheile auch ausgesprochen hat.

„Allein der Standpunkt, den der B.R. gegenüber dem Eide im Vorprozesse einnimmt, ist entschieden nicht richtig. Ein Prozeß bezweckt einen konkreten Rechtsstreit unter den Parteien zur richterlichen Entscheidung zu bringen, und auf dieses Ziel ist das Verfahren in seinen verschiedenen Stadien der mündlichen Verhandlung, der Beweisaufnahme und der Urtheilsfällung gerichtet. Die Parteien haben daher ihre entsprechenden Anträge zu stellen und die Beweismittel, deren sie sich zum Nachweise oder zur Widerlegung thatsächlicher Behauptungen bedienen wollen, anzugeben (§§ 121, 128, 230, 255, 269, 279 der C.P.O.). Die Beweisaufnahme erfolgt vor dem Prozeßgerichte (§ 320 a. a. O.), und wenn die Sache zur Endentscheidung reif ist, d. h. wenn alle zur Feststellung der streitigen Thatsachen gegebenen Mittel erschöpft sind, wird von dem Gerichte das Endurtheil erlassen (§ 272 a. a. O.). Das so geartete Prozeßverfahren bildet in seinen verschiedenen Stadien ein in sich geschlossenes Ganze, und in den Rahmen desselben fällt an sich auch der Parteieid, als ein Akt der Beweisaufnahme. Allein die Eigenschaft des Eides, insbesondere des richterlichen Eides, als eines nur subsidiären Beweismittels und die Heilighaltung des Eides haben den Beweis durch Parteieid in Abhängigkeit vom richterlichen Urtheile gesetzt, so daß also auf die Leistung eines Eides — nach Form und Wirkung — durch bedingtes Endurtheil zu erkennen ist (§§ 425, 426, 427, 439 a. a. O.). Ein im Prozeßverfahren in solcher Form erkannter und geleisteter Eid liefert — von Gesetzeswegen — vollen Beweis der beschworenen Thatsache (§ 428 a. a. O.) für die konkrete Streitsache, nicht — mit gleicher Wirkung — darüber hinaus für ein anderes Prozeßverfahren, wenn auch unter denselben Parteien und in Veranlassung eines und desselben Rechtsgeschäftes. Der Eid hat daher unmittelbare gesetzliche Wirkung nur für den Prozeß, in welchem darauf erkannt und in welchem er abgeleistet ist. Wenn das nicht schon aus allgemeinen prozeßrechtlichen Grundsätzen folgte, so weisen darauf die Inkonsequenzen und Rechtsnachtheile hin, welche auf dem vom Berufungsrichter betretenen Wege nothwendig entstehen müssen. Zunächst werden durch die Wirksamkeitserklärung eines früher geleisteten Parteieides für einen späteren Prozeß dem Gegner in diesem Prozesse die Rechtsfolgen entzogen, welche durch die Verweigerung der Eidesleistung und durch das Nichterscheinen des Schwurpflichtigen im Eidesleistungstermine nach dem Gesetze erwachsen (§§ 429, 430 a. a. O.); denn diese dem Gegner günstigen Folgen setzen einen Eid und daher die Möglichkeit der Ableistung dieses Eides voraus — Vorbedingungen, welche fehlen, wenn ein in einem früheren Prozeßverfahren bereits abgeleisteter Eid auch für den späteren Prozeß als wirksam und abgeleistet gilt. Auch das selbständige Recht der Restitutionsklage aus § 543 Nr. 1 wegen Verletzung der Eidespflicht wird dem Prozeßgegner vereitelt; denn dieselbe ist abhängig von der Leistung des Parteieides und von der rechtskräftigen Verurtheilung wegen Verletzung der Eidespflicht (§ 544 a. a. O.), und die Restitutionsklage, gegründet auf den früher geleisteten Eid, auch wenn ihre Beziehung auf den späteren Prozeß denkbar wäre, hat ihre selbständig laufende Noth- und Verjährungsfrist, durch deren Ablauf die Klage vollends beseitigt wird (§ 549 a. a. O.). Die Stellung, welche der B.R. in der Lehre vom Parteieide einnimmt, ist daher prinzipiell nicht richtig.“

103. Begriff der „neuen Ansprüche“ im Sinne des § 491 der C.P.O.

Urth. des III. Civilsenats vom 1. Mai 1885 in Sachen Z. zu B., Klägers und Revisionsklägers, wider S. zu W., Beklagten und Revisionsbeklagten. Vorinstanz: O.L.G. Celle. Verwerfung.

Die von dem Beklagten erst in der Berufungsinstanz den sämmtlichen klägerischen Forderungen gegenüber geltend gemachte Kompensationseinrede, gestützt auf die Behauptung, die von ihm überreichten 38 Wechsel der Firma Z. & S., deren Mitinhaber der Beklagte gewesen, seien in seinem Auftrage von seinen Verwandten eingelöst und Kläger verpflichtet, ihn bezüglich der Hälfte des Betrages zu entlasten, hat das B. G. aus dem Grunde zurückgewiesen, weil durch § 491 der C. P. O. das Erheben neuer Ansprüche, mit welchen kompensirt werden solle, an die Voraussetzung geknüpft sei, daß glaubhaft gemacht werde, die Partei sei ohne ihr Verschulden außer Stande gewesen, dieselben in erster Instanz geltend zu machen, Beklagter aber nicht einmal eine Behauptung in dieser Richtung aufgestellt habe.

„Der Beklagte greift diese Entscheidung mit Recht an. Unter neuen Ansprüchen im Sinne des § 491 der C. P. O. sind nur solche Ansprüche zu verstehen, welche in der Berufungsinstanz zuerst erhoben werden. Dieses geschieht aber nicht, wenn, wie im vorliegenden Falle, der Beklagte eine bereits in erster Instanz geltend gemachte, aber nur einer der vom Kläger eingeklagten mehreren Forderungen gegenüber zur Kompensation benutzte Forderung in zweiter Instanz auch den übrigen Klagforderungen gegenüber compensando geltend macht. Es treffen auch in diesem Falle die Gründe, welche bestimmend gewesen sind, die Klagänderung in der Berufungsinstanz selbst mit Einwilligung des Gegners auszuschließen und die Geltendmachung neuer Ansprüche nur ausnahmsweise unter den in § 491 aufgestellten Voraussetzungen zuzulassen, nicht zu.

Die Zurückweisung der Kompensationseinrede erscheint jedoch gerechtfertigt, weil dem Beklagten aus der behaupteten Bezahlung von Wechselschulden der Gesellschaft Z. und S. nur ein Anspruch gegen diese Gesellschaft würde erwachsen sein, welchen er nicht ohne weiteres gegen den Kläger als Gesellschafter geltend machen kann, und weil diejenigen Voraussetzungen, unter denen Beklagter den Kläger auf Ersatz der Hälfte der angeblich bezahlten Summe in Anspruch nehmen könnte, nicht behauptet sind."

104. **Neuer selbständiger Beschwerdegrund** (im Sinne des § 531 Abs. 2 der C. P. O.), wenn die erste Instanz aus formellen (Zuständigkeits-), die zweite aus materiellen Gründen den Antrag auf Erlaß einer einstweiligen Verfügung ablehnt. **Begriff der „dringenden Fälle" im Sinne des § 532 Abs. 1 der C. P. O.** Beschluß des I. Civilsenats vom 20. April 1885 in Sachen des Balletmeisters A. S. zu B., Klägers, wider die Inhaber des Circus Corty-Althoff, Beklagte. Vorinstanz: O. L. G. Celle. Die Beschwerde Klägers wird als in der gewählten Form unzulässig verworfen.

„Da das L. G. Hannover mittels Beschlusses vom 17. Febr. 1885 den Antrag des Klägers auf Erlassung einer einstweiligen Verfügung abgelehnt und das O. L. G. Celle die vom Kläger dawider eingelegte Beschwerde durch den jetzt angefochtenen Beschluß verworfen hat, so könnte es auf den ersten Blick scheinen, als ob es der jetzigen Beschwerde des Klägers an einem neuen selbständigen Beschwerdegrunde fehlte und dieselbe daher nach § 531 Abs. 2 der C.P.O. überhaupt unzulässig wäre. Dem ist indessen nicht so; denn während das L.G. jenen Antrag, der vor Anhängigmachung der Hauptsache an dasselbe gerichtet worden war, daraufhin geprüft hatte, inwiefern seine Zuständigkeit für eine diesem Antrage entsprechende „Hauptsache“ und damit nach § 816 Abs. 1 der C.P.O. auch für die Erlassung der begehrten einstweiligen Verfügung selbst begründet sein könnte, und nur deshalb, weil es auf diese Weise zur Verneinung seiner Zuständigkeit gelangt war, den Antrag abgewiesen hatte, ist das O.L.G., nachdem inzwischen die Sachlage durch Einreichung einer nach der Erklärung des Klägers die entsprechende „Hauptsache“ bezielenden Klage beim L.G. Hannover, dessen Zuständigkeit wenigstens für einen Theil der in derselben enthaltenen Anträge auch nicht wohl bezweifelt werden konnte, sich einigermaßen verändert hatte, bei seiner Entscheidung auf jene Zuständigkeitsfrage gar nicht eingegangen, sondern hat die Beschwerde deswegen verworfen, weil vom Standpunkte der nunmehr in der angedeuteten Weise fixirten „Hauptsache“ aus zur Erlassung der erbetenen einstweiligen Verfügung überhaupt kein Anlaß gegeben sei. Der gegenwärtige Fall liegt daher in dem jetzt in Rede stehenden Punkte ganz ähnlich dem in den“ (Annalen Bd. III S. 106; Entsch. Bd. I S. 233 ff.) „mitgetheilten. Der Sache nach hat das O.L.G. den Beschluß des L.G. Hannover, welches den klägerischen Antrag nur wegen mangelnder Zuständigkeit abgelehnt hatte, aufgehoben und, unter Offenlassung der Zuständigkeitsfrage in der Sache selbst entscheidend, den Antrag schlechthin abgewiesen. Da nun an sich die Ablehnung des Antrages auf Erlassung einer einstweiligen Verfügung nach der allgemeinen Bestimmung des § 530 der C.P.O. zweifellos einen Beschwerdegrund abgiebt, so mußte die Zulässigkeit einer weitern Beschwerde für diesen Fall im allgemeinen anerkannt werden.

Die hier angebrachte Beschwerde erwies sich aber dennoch als unzulässig, weil sie nicht in der richtigen Form eingelegt ist. Es kommen hier nicht etwa die Bestimmungen des § 540 der C.P.O. in Betracht; denn wie schon das O.L.G. der vorigen Beschwerde gegenüber mit Recht ausgeführt hat, kann es sich, solange noch nicht die Vollziehung des Arrestes, beziehungsweise der einstweiligen Verfügung, sondern nur erst die Anordnung selbst in Frage steht, nie um einen Fall der sofortigen Beschwerde nach § 701 in Verbindung mit § 808 und § 815 der C.P.O., sondern eben nur um einen Fall der gewöhnlichen Beschwerde nach § 530 daselbst handeln. Maßgebend für die Form der Einlegung ist also § 532 der C.P.O. Nun ist aber in

Abs. 1 daselbst als Regel die Einlegung bei demjenigen Gerichte, von welchem die angefochtene Entscheidung erlassen ist, vorgeschrieben; nur in dringenden Fällen kann die Einlegung, wie es mit der gegenwärtigen Beschwerde geschehen ist, auch bei dem Beschwerdegerichte erfolgen. Man darf nicht etwa ohne weiteres jeden Fall, in welchem es sich um die Erwirkung einer einstweiligen Verfügung handelt, für einen „dringenden" im Sinne des Gesetzes erklären; denn daß dies falsch sein würde, ergiebt sich aus § 816 Abs. 2 und § 820 Abs. 1 der C.P.O., wo besondere Ausnahmebestimmungen für „dringende Fälle" einstweiliger Verfügungen getroffen sind. Das R.G. hat nun aus den Akten nicht den Eindruck gewinnen können, daß, nachdem die Beklagten schon seit Mitte des Monats Februar ungehindert die Pantomime „Die lustigen Heidelberger" in Hannover zur Aufführung gebracht hatten und nachdem der Kläger seit der am 4. März erfolgten Zustellung des das einstweilige Verbot solcher Aufführungen versagenden Beschlusses des O.L.G. auch noch 14 Tage bis zur Einreichung seiner weiteren Beschwerde hatte verstreichen lassen, es gerade am 18. März, an welchem die Einlegung der vorliegenden Beschwerde stattgefunden hat, für den Kläger so besonders dringend war, das fragliche Verbot zu erwirken; in der Beschwerdeschrift selbst aber ist in dieser Richtung gar nichts ausgeführt."

105. **1) Auslegung der Worte: „Gegen den Schiedsspruch finden die gesetzlichen Rechtsmittel statt" in einer Polize** (C.P.O. §§ 866). **2) Begriff der „Partei" in § 865. 3) Nachbringung einer „Ausfertigung" in der Berufungsinstanz** (§ 865). Urth. des I. Civilsenats vom 29. April 1885 in Sachen Rh.-Westf. Lloyd zu M., Beklagten und Revisionsklägerin, wider R. S. & Co. in Memel, Klägerin und Revisionsbeklagte. Vorinstanz: O.L.G. Königsberg. Verwerfung.

Die Klägerin hatte bei der Beklagten auf Frachtgelder Versicherung genommen. Die „Memel, den 6. September 1882" datirte Polize enthält die Bestimmung: „Die Entscheidung von Streitigkeiten zwischen der Gesellschaft und dem Versicherten soll durch zwei Schiedsrichter und eventuell einen Obmann, welche sämmtlich vom Vorstand der hiesigen Kaufmannschaft aus hier wohnenden Kaufleuten zu ernennen sind, erfolgen. Gegen den Ausspruch finden die gesetzlichen Rechtsmittel statt". Das Schiff, dessen Fracht versichert war, strandete. Auf Grund der Dispache beanspruchte die Klägerin von der Beklagten 6986,77 ℳ mit Zinsen. Zur Realisirung dieser von der Beklagten bestrittenen Forderung beantragte die Klägerin bei dem Vorstand der Memeler Kaufmannschaft die Ernennung von zwei Schiedsrichtern. Die Ernennung erfolgte. Vor den ernannten Schiedsrichtern haben nun die Parteien durch zwei Anwälte, welche in einer Ausfertigung des Schiedsspruches als durch Vollmachten legitimirt bezeugt worden, deren Vollmacht auch jetzt nicht bestritten wird, am 7. Dezember 1883 und 18. Januar 1884 verhandelt. Am letzteren Tage erging ein Schiedsspruch mit Gründen, durch welchen die Beklagte zur Zahlung von 6986,77 ℳ mit Zinsen verurtheilt wurde. Der Schiedsspruch ist von den Schiedsrichtern unterschrieben und am 13. Februar 1884 auf der Gerichtsschreiberei der Kammer für Handelssachen zu Memel niedergelegt worden. Eine Ausfertigung wurde im Auftrag der Schiedsrichter dem Rechtsanwalt, welcher die Klägerin vertreten hatte, zugestellt, während dem Mandatar der Beklagten nur eine Abschrift zugestellt wurde. Letzterem wurde jedoch, während der vorliegende Prozeß in der Berufungsinstanz schwebte, ebenfalls eine von den Schiedsrichtern unterschriebene Ausfertigung des Schiedsspruches zugestellt. Die Urkunden über diese verschiedenen Zustellungen sind auf der Gerichtsschreiberei niedergelegt. Die Klägerin verlangte mit einer an die Handelskammer zu Memel gerichteten Klage vom 10. März 1884 Vollstreckungsurtheil. Ein solches wurde in erster Instanz erlassen. Die dagegen von der Beklagten eingelegte Berufung wurde zurückgewiesen. Gegen das B.U. ist von der Beklagten Revision eingelegt. Sie bestreitet die Rechtsgültigkeit des Schiedsvertrages wegen des Schlußsatzes der betreffenden Polizenbestimmung: „Gegen den Ausspruch finden die gesetzlichen Rechtsmittel statt".

„1) In einem vom R.G. früher entschiedenen Fall (Rep. I, 662/81 in Sachen Baseler Transportversicherungsgesellschaft wider Retzlaff & Schober, Urth. v. 11. Februar 1882, abgedruckt bei Wallmann, Deutsche Juristen-Zeitung Bd. VII S. 93) war die Polize, welche über die schiedsrichterliche Entscheidung eine mit der der vorliegenden Polize übereinstimmende Klausel enthielt, am 6. September 1879, also vor dem Inkrafttreten der C.P.O. ausgestellt. Im Schlußsatz über die Rechtsmittel konnte daher nur der Vorbehalt der nach der früheren Prozeßgesetzgebung zulässigen Rechtsmittel gefunden werden, und es mußte, da diese Rechtsmittel zur Zeit, als die Differenzen zwischen den Parteien eintraten, unter der Herrschaft der Civilprozeßordnung nicht mehr zulässig waren, der Vorbehalt also wirkungslos war, der ganze Schiedsvertrag, zu dessen wesentlichem Inhalt der Vorbehalt gehörte, als hinfällig erachtet werden.

Der vorliegende Fall ist ein ganz anderer. Es mag sein, daß das Polizen-Formular aus früherer Zeit stammt und daß bei Anfertigung desselben unter den „Rechtsmitteln" die des früheren Rechts verstanden waren. Allein auch wenn dies feststände, so ist doch die Polize am 6. September 1882 vollzogen, und dieses Datum ist für den Vertrag allein maßgebend. Wenn aber in einem nach Einführung der C.P.O. abgeschlossenen Vertrag von den „gesetzlichen" Rechtsmitteln gegen den Schiedsspruch die Rede ist, so kann dies entweder nur von denjenigen Rechtsmitteln, welche die Civilprozeßordnung gewährt, verstanden werden, oder die Bestimmung muß so aufgefaßt werden, daß Rechtsmittel, insofern und insoweit die Civilprozeßordnung solche gewährt, vorbehalten werden. Beide Auffassungen führen zu dem gleichen Resultat. Nach der ersteren würde allerdings der Rechtsbehelf des § 867 der C.P.O. als Rechtsmittel bezeichnet sein, allein darin würde nur eine bedeutungslose Inkorrektheit des Ausdruckes zu finden sein. Der Schiedsvertrag ist daher mit Recht als rechtswirksam anerkannt worden.

2) Die Revisionsklägerin rügt, der Schiedsspruch sei nicht wie doch § 865 der C.P.O. vorschreibe, den Parteien zugestellt worden; der Vertreter der Partei im Schiedsverfahren könne nicht als Prozeßbevollmächtigter im Sinne der C.P.O. angesehen werden. Es kann dahingestellt bleiben, ob dies richtig ist und ob die Entscheidung auf die Vorschrift des § 162 der C.P.O. gestützt werden durfte. Denn nach der Terminologie der C.P.O. wird unter „Partei" sowohl die Person der Partei als auch, wo und soweit eine Vertretung möglich ist, der Vertreter dieser Person verstanden. Die im § 865 der C.P.O. angeordnete Zustellung der Ausfertigung des Schiedsspruches an die Partei kann daher wirksam auch an den Parteivertreter erfolgen.

3) Die ursprüngliche Zustellung einer Abschrift des Schiedsspruches an den Vertreter der Beklagten genügte nicht. Nach § 865 der C.P.O. muß eine Ausfertigung zugestellt werden. Allein die Nachholung in der Berufungsinstanz genügt, da diese ein novum judicium ist. Der B.R. hat aber auch dadurch nicht rechtsgrundsätzlich gefehlt, daß er wegen des ursprünglichen Mangels nicht von der Befugniß des § 92 Absatz 2 der C.P.O. Gebrauch gemacht hat; denn die Beklagte hatte in erster Instanz ihren Widerspruch gegen die Rechtswirksamkeit des Schiedsspruches gar nicht auf den betreffenden Mangel gestützt. Vielmehr heißt es im Thatbestande des ersten Urtheils: es sei zwischen den Parteien unstreitig, daß die Schiedsrichter den Schiedsspruch in einer von ihnen unterschriebenen Ausfertigung den Prozeßbevollmächtigten der Parteien zugestellt haben. In zweiter Instanz aber hat die Beklagte ihren Widerspruch nicht sofort aufgegeben, nachdem der Fehler geheilt worden war."

8. Gebührenordnung für Rechtsanwälte.

106. **Besondere Berechnung der Gebühr des Anwalts im Falle des § 30 Ziff. 2. Begriff der „Trennung" des Verfahrens** (über einen Antrag auf Anordnung oder Aufhebung einer einstweiligen Verfügung) **von dem Verfahren über die Hauptsache.** Beschluß des V. Civilsenats vom 2. Mai 1885 in Sachen H. zu B., Klägers, wider S. daselbst, Beklagten. Vorinstanz: Kammerger. Berlin. Aufhebung und Zurückverweisung auf die Beschwerde des klägerischen Anwalts.

Der Kläger hat negatorisch auf Anerkennung der Freiheit seines Eigenthums an dem Grundstücke F.'sche Straße 17 zu B. und der Berechtigung, einen begonnenen Bau auszuführen, sowie auf Löschung einer den Bau hindernden, auf Antrag des Beklagten im Grundbuch mittels einstweiliger Verfügung eingetragenen Vormerkung geklagt. Der Beklagte hat konfessorisch auf Anerkennung seiner Befugniß zur Einschränkung des Eigenthumes des Klägers geklagt. Das L.G. Berlin hat beide Klagen verbunden, sie anfänglich zugleich verhandelt, Beweis beschlossen und diesen theilweise aufgenommen. Vor Abschluß der Beweiserhebung war die Sache an die Ferien-Civilkammer des L.G. gelangt. Diese beschloß am 16. Juli 1883, „daß als Feriensache nur der Antrag auf Aufhebung der einstweiligen Verfügung zu behandeln und die Verhandlung auf diesen Antrag zu beschränken sei." In dem Urtheil der Ferienkammer von demselben Tage ist die einstweilige Verfügung für ungerechtfertigt erklärt und sind dem Beklagten die Kosten auferlegt. Am 14. Januar 1884 hat das L.G. über die weiteren in der Klage und Widerklage geltend gemachten Ansprüche entschieden. In den höheren Instanzen sind die beiden Anträge des Klägers wieder verbunden.

Nach Erlaß des Urtheils vom 16. Juli 1883 hat der klägerische Anwalt die durch das Verfahren über die einstweilige Verfügung entstandenen Kosten liquidirt und um Festsetzung derselben gebeten. Der Antrag ist jedoch vom L.G. I durch Beschluß vom 21. September 1883 auf Grund des § 29 der Geb.O. für R.Anw. vom 7. Juli 1879 als unzulässig zurückgewiesen. Die nach Beendigung des Prozesses behufs Festsetzung eingereichte Liquidation des klägerischen Anwalts enthält abermals eine Position, in welcher besondere Kosten für das Verfahren über Aufhebung der einstweiligen Verfügung verlangt werden. Das L.G. I hat die Kosten, wie beantragt, festgesetzt, das Kammergericht dagegen dieselben im Betrage von 104,75 ℳ gekürzt.

„Der alleinige Entscheidungsgrund des Kammergerichts geht dahin, daß der Beschluß des L.G. I v. 21. September 1883, weil er nicht mittels sofortiger Beschwerde innerhalb der Nothfrist angegriffen sei, rechtskräftig geworden ist. Diese Ansicht kann nicht für richtig erachtet werden. Die Vorschrift des § 99 Abs. 3 der C.P.O., wonach gegen den Festsetzungsbeschluß *sofortige* Beschwerde stattfindet, bezieht sich nicht auf den hier vorliegenden Fall, wenn die Festsetzung von Kosten überhaupt als unzulässig abgelehnt wird. Daß vielmehr in diesem Falle die gewöhnliche, von einer Nothfrist nicht abhängige Beschwerde gegeben ist, hat das R.G. (*Entsch.* Bd. VI S. 390) bereits näher ausgeführt.

Es kommt deshalb auf eine Entscheidung der Frage an, ob der Anwalt des Klägers bei dem vorliegenden Thatbestand für die Entscheidung über die einstweilige Verfügung besonders liquidiren darf. Nach § 30 der R.Anw.Geb.O. werden die Gebühren besonders erhoben für die Thätigkeit bei Streitigkeiten und Anträgen, welche betreffen: „2) das Verfahren über einen Antrag auf Anordnung oder Aufhebung einer einstweiligen Verfügung, sofern das Verfahren von dem Verfahren über die Hauptsache getrennt ist." Der

Schlußsatz des § 30 in der ursprünglichen Regierungs-Vorlage, wonach die Prozeßgebühr in den Fällen der Nr. 2 auf die Prozeßgebühr des Rechtsanwalts in der Hauptsache anzurechnen ist, hat keine Aufnahme in das Gesetz gefunden. Der bei der Berathung neu hinzugesetzte Schlußsatz findet hier keine Anwendung. Daraus folgt, daß bei getrennter Verhandlung der Rechtsanwalt (anders wie beim Theilurtheil) besonders liquidiren darf. Die Entscheidung über die Beschwerde hängt also davon ab, ob hier eine Trennung des Verfahrens über die einstweilige Verfügung von demjenigen über die Hauptsache stattgefunden hat. Daß eine Trennung nicht schon dann anzunehmen ist, wenn der Anwalt die Ansprüche und Anträge in gesonderten Schriftsätzen einreicht, sprechen bereits mehrere Entscheidungen des Reichsgerichts aus“ (vgl. Entsch. Bd. VIII S. 428; Annalen Bd. VII S. 496). „Andrerseits kann aber nicht für erforderlich erachtet werden, daß das Verfahren von Anfang an bis zum Schlusse ununterbrochen entweder verbunden oder getrennt sein muß; die Vorschrift des § 30 Nr. 2 kommt vielmehr auch dann zur Anwendung, wenn einzelne Stadien des Verfahrens verbunden, andere getrennt verhandelt werden (vgl. Walter, R.Anw.Geb.O. S. 139). Hier hat die Ferien-Kammer nach ursprünglicher Vereinigung das Verfahren in der Hauptsache von demjenigen über die einstweilige Verfügung getrennt. In dem Termine vom 16. Juli 1883 ist nur über die Begründung der einstweiligen Verfügung verhandelt und nur hierüber durch das Urtheil von demselben Tage erkannt. Darnach hat zeitweise eine Trennung des Verfahrens stattgefunden, und der Anwalt des Klägers muß für befugt erachtet werden, für das Verfahren, soweit es getrennt worden ist, besonders zu liquidiren. Da die Trennung sich hier nur auf einen Verhandlungstermin bezieht, so darf für das getrennte Verfahren weder eine Prozeßgebühr, noch eine Beweisgebühr, sondern allein die Verhandlungsgebühr in Ansatz gebracht werden, und auch diese nur nach Höhe des Objekts, über welches durch Urtheil vom 16. Juli 1883 erkannt ist.

Das Königliche Kammergericht hat eine materielle Entscheidung über die Liquidation noch nicht abgegeben. In jetziger Instanz kann dieselbe um so weniger getroffen werden, als die Manualakten des klägerischen Anwalts, von deren Einsicht die Prüfung der geforderten baaren Auslagen abhängt, nicht vorliegen.“

Gemeines Recht.

107. **Die Perfektion eines Kaufvertrages** (über ein Grundstück) **ist durch Einigung der Kontrahenten über Preis und Waare noch nicht unbedingt erreicht.** Urth. des III. Civilsenats vom 24. April 1885 in Sachen K. zu K., Beklagten, Revisionsklägers, wider Stadt Kiel, Klägerin, Revisionsbeklagte. Vorinstanz: O.L.G. Kiel. Aufhebung und Bestätigung des ersten (klagabweisenden) Urtheils.

„Der Entscheidung des B.G. liegt offenbar der Satz zu Grunde, daß unter allen Umständen der Kauf zur Perfektion gelangt sei, sobald die Kontrahenten über den Preis und die Waare einig geworden sind. So allgemein hingestellt ist dieser Satz falsch; er ist nur insoweit richtig, als derselbe nach den Umständen des Falles als Wille der Parteien angesehen werden kann. Wenn dagegen, wie dies bei Grundstücksverkäufen regelmäßig der Fall sein wird, Käufer und Verkäufer wissen, daß noch sonstige Vertragsbedingungen von der einen oder von der andern Seite werden aufgestellt werden, so ist, damit der Kaufvertrag für beide Theile bindend sei, eine Einigung über die anderen Bedingungen nicht minder erforderlich als über den Preis und die Waare. Wer daher auf ein bestimmtes Grundstück einen Kaufpreis bietet mit dem Bewußtsein, daß der Verkäufer die näheren Verkaufsbedingungen erst später feststellen werde — und dies ist vom B. G. im vorliegenden Fall angenommen —, macht damit keine Offerte in dem Sinne, daß durch deren Annahme schon der Kaufvertrag perfekt werde. Er erklärt vielmehr damit nur seine Geneigtheit, auf Grund seines Angebots in weitere Verhandlungen einzutreten. In einem andern Sinne kann dies Anerbieten auch nicht vom Verkäufer aufgefaßt werden, da dieser nicht voraussetzen darf, daß der Kaufliebhaber sich von vornherein allen Verkaufsbedingungen unterwerfen werde, welche der Verkäufer demnächst zu stellen für gut finden wird. Hiervon ausgegangen, ist es rechtsirrthümlich, wenn das B.G. annimmt, daß im vorliegenden Falle ein Kaufvertrag zu Stande gekommen ist."

108. **Ungültigkeit eines pactum de contrahendo, bei dem der Preis weder vereinbart noch bestimmbar ist.** (S. o. Fall 85 S. 169).

109. **Klagbarkeit des Freiwerberlohns** (Mäklergebühr für Heirathsvermittelung) **nach Gemeinem Recht.** Urth. des III. Civilsenats vom

8. Mai 1885 in Sachen H. zu H., Beklagten und Revisionsklägers, wider die A. D. zu H., Klägerin und Revisionsbeklagte. Vorinstanz: O.L.G. Celle. Verwerfung.

Der Revisionskläger hat ausgeführt, daß, wenn auch im allgemeinen ein Vertrag, durch welchen für die Vermittelung einer Heirath eine bestimmte Geldsumme versprochen werde, nicht als ein negotium turpe aufzufassen sei, das B.G. doch darin gefehlt habe, daß es nicht geprüft habe, ob nicht unter den konkreten Umständen der geschlossene Vertrag als ein pactum turpe aufzufassen sei.

„Der Angriff ist unbegründet. Das B.G. nimmt an, daß in der Vermittelung der Eheschließung zwischen zwei Personen, als in der Vermittelung eines durchaus erlaubten Vertrages, an sich etwas moralisch Verwerlfiches nicht liege. Dies ist unbedenklich richtig, wie denn auch schon nach Römischem Recht (vgl. l. 1 und 3 Dig. de prom. 50, 14 und die nicht glossirte l. 6 Cod. de spons. 5, 1) die Einklagung eines versprochenen Freiwerberlohnes klagbar war. Zuzugeben ist, daß unter besonderen Umständen ein solcher Vertrag ein negotium turpe sein kann. Dies wird aber auch vom B.G. nicht verkannt. Denn es prüft die in dieser Beziehung vom Beklagten geltend gemachten Umstände, daß die Klägerin sich zur Erreichung des Zweckes unerlaubter Mittel, insbesondere doloser Vorspiegelungen bezüglich der beiderseitigen Vermögensverhältnisse und des Alters der von W. bedient habe, sowie daß das versprochene Honorar in keinem Verhältnisse zu der Thätigkeit der Vermittelung der Heirath stehe. Beide Umstände machen nach der Auffassung des B.G. den Vertrag nicht zu einem pactum turpe. Die Begründung dieser Entscheidung ist nicht rechtsirrthümlich. Denn mit Recht nimmt das B.G. an, daß, wenn an sich in dem Versprechen eines Freiwerberlohns und in der Annahme eines solchen Versprechens nichts Unerlaubtes liegt, das Versprechen nicht hinterher dadurch den Charakter eines pactum turpe erlangen kann, daß der Vermittelnde zur Erreichung des Zweckes sich unerlaubter Mittel bedient hat. Ebenso ist es völlig zutreffend, daß ein derartiger Mäklerlohn nicht ein Aequivalent für die von dem Vermittelnden aufgewandte Thätigkeit bildet, sondern eine von dem Umfange der letzteren unabhängige Belohnung für den vermittelten Erfolg. Entscheidend ist lediglich, ob die Vermittelung den Erfolg thatsächlich gehabt hat, und dies ist auf Grund der vorliegenden, im B.U. näher angegebenen thatsächlichen Umstände ohne Rechtsirrthum bejaht worden."

110. Damnum injuria datum. Erforderniß der Rechtswidrigkeit und Schuld. (S. o. Fall 87 sub 2 S. 172.)

111. Das beneficium cessionis bonorum ist keine blos in das Exekutionsstadium zu verweisende Einrede. Urth. des I. Civilsenats vom 18. April 1885 in Sachen C. D. zu H., Beklagten, Revisionsklägers, wider K. & Sch. das., Kläger, Revisionsbeklagte. Vorinstanz: O.L.G. Hamburg. Aufhebung aus hier belanglosen Gründen.

Es besteht kein Streit darüber, daß dem Beklagten, welcher 1877 sein Vermögen den Gläubigern abgetreten hat, nach beendigtem Konkurse die Rechtswohlthat zur Seite steht, daß er wegen seiner alten Schulden nur mit der Beschränkung in Anspruch genommen werden kann, daß ihm das zu seiner bürgerlichen Existenz Erforderliche nicht entzogen werden darf. Der B.R. hat festgestellt, daß der Beklagte nach seinen jetzigen Verhältnissen jährlich 1000 ℳ an die Kläger abtragen könne, und er hat denselben demzufolge verurtheilt, zwei im September 1883 und 1884 fällig gewordene Jahresraten an die Kläger zu zahlen; dagegen hat er die weiteren Raten für die Jahre 1885 und folgende zur Zeit abgewiesen. Gegen diese letztere Entscheidung richtet sich der Angriff der Kläger. Sie meinen, ihre an sich als begründet anerkannte Forderung habe auch nicht zum Theil zur Zeit abgewiesen werden dürfen, sondern es hätte erkannt werden müssen, daß Beklagter auch die folgenden Jahresraten in den durch das Urtheil festzusetzenden Beträgen und Zeiten zu zahlen verpflichtet sei, damit sich nicht in jedem folgenden neuen Prozesse über die weiteren Raten der Streit über die Verpflichtung des Beklagten erneuern könne.

„Dieser Angriff ist aber materiell und formell unbegründet. Es ist keineswegs schon jetzt zu übersehen, ob der Beklagte auch in jedem der folgenden Jahre bis zur gänzlichen Tilgung der Schuld 1000 ℳ abtragen muß; die Einkommens- respektive Vermögensverhältnisse können sich künftig ändern, und es wird von diesen jedesmaligen Verhältnissen abhängen, ob und wieviel Beklagter in den folgenden Jahren wird zahlen können und müssen. Das beneficium cessionis bonorum begründet nicht blos eine in die Exekutionsinstanz zu verweisende Einrede; es ist vielmehr, wie es auch im vorliegenden Prozesse geschehen, auch künftig im Hauptverfahren zu erörtern und darüber zu entscheiden, wieviel Beklagter leisten kann."

112. Kein Vorzug des Mannsstammes bei der Erbfolge in Stammgüter des niederen Adels nach heutigem Gemeinen Recht. Urth. des III. Civilsenats vom 17. April 1885 in Sachen des Freiherrn F. v. R. zu R., Klägers, Revisionsklägers, wider Freifrau H. v. R. zu R., Beklagte, Revisionsbeklagte. Vorinstanz: O.L.G. Darmstadt. Verwerfung.

Der Revisionskläger rügt u. a. rechtsirrthümliche Auslegung der Familienverträge vom 9. Februar 1784 und 24. Februar 1790, sowie Verkennung der Rechtsgrundsätze über Familienfideikommisse. In ersterer Beziehung wird ausgeführt, daß der Vorderrichter mit Unrecht die vor dem Abschlusse jener Verträge bestandenen Successionsrechte des Mannsstammes in der Freiherrlichen Familie v. R. z. Rabenau außer Betracht gelassen habe, daß er in Ansehung der Veranlassung, des Zweckes und des Gegenstandes jener Verträge von irrigen Voraussetzungen ausgegangen sei. Das Wesen des Familienfideikommisses, so wird weiter geltend gemacht, sei insofern verkannt, als der Vertrag von 1784 alle Kennzeichen eines solchen Rechtsverhältnisses in sich begreife und es für die Annahme einer Fideikommißstiftung gleichgültig erscheine, ob dieser Ausdruck im Statute gebraucht sei oder nicht.

„Es ist jedoch zunächst eine willkürliche Unterstellung des Revisionsklägers, daß der B.R. bei der Auslegung der Familienverträge die Heranziehung des früheren Rechtszustandes deshalb abgelehnt habe, weil der Wortlaut der Verträge allein schon ein unzweideutiges Ergebniß liefere. Der Zweite Richter interpretirt die Urkunden überhaupt nicht nach ihrem bloßen Wortlaute, sondern nach ihrem Gesammtinhalte unter Berücksichtigung aller Umstände, unter denen sie errichtet wurden, und stellt zugleich zu allen bestrittenen Punkten den wahren Willen der Kontrahenten fest. Die Berufung auf das ältere Deutsche Recht aber weist er zurück, weil diesem praktische Bedeutung nicht mehr zukomme, und die Bezugnahme auf frühere Familienberedungen und auf die Geschlechtssitte in der Freiherrlichen Familie v. N. z. Rabenau in der Erwägung, daß das behauptete agnatische Erbfolgerecht nach dem eignen Anführen des Klägers in den mehrerwähnten Verträgen seinen besonderen Ausdruck gefunden habe. Bei dem unumwundenen Zugeständnisse des Klägers, daß das Statut von 1784 kein neues Recht habe schaffen, sondern nur bestehendes Recht habe zur Anerkennung bringen wollen, ist es kein Rechtsirrthum, wenn das Berufungsgericht die vorgelegten Familienverträge nach ihrem eigenen Inhalt würdigte, auch das übrige hierher gehörige Vorbringen des Klägers unbeachtet ließ.

Dem Revisionskläger kann ferner darin nicht beigetreten werden, daß gemeinrechtlich der Grundsatz der Unveräußerlichkeit und des Vorzuges des Mannsstammes bei der Erbfolge für Stammgüter des niederen Adels, zu welchem nach der thatsächlichen Feststellung des Vorderrichters die Freiherrliche Familie v. N. z. Rabenau gehörte, bei der Errichtung des Status von 1784 bestanden habe oder noch bestehe. Ob dies nach hessischem Partikularrechte anzunehmen sei, ist nicht weiter zu untersuchen, da auf die Verletzung einer partikularen Rechtsnorm die Revision nach § 511 der C.P.O. nicht gestützt werden kann. Doch mag hervorgehoben werden, daß das Recht der Stammgüter im Großherzogthum Hessen weder gesetzlich noch gewohnheitsrechtlich besonders geregelt und ausgebildet ist und daß die von manchen Schriftstellern, wie von Dalwigk, Erbrecht 2c. Bd. II S. 119, Büff im Archiv für praktische Rechtswissenschaft Bd. IV S. 200 fg, aufgestellte Behauptung, daß nach einem in Hessen allgemein geltenden Gewohnheitsrechte die Güter der hessischen Ritterschaft, insbesondere des landsässigen Adels, nur im Mannesstamm vererbt worden seien, selbst wenn solche begründet wäre, nur die in dem ehemals hessen-kasselschen Landen belegenen Stammgüter des niederen Adels treffen würde.

Wenn sich der Kläger hiernächst auf die alten Volksrechte — das salische und ripuarische Gesetz — beruft, so unterliegt es zwar keinem Zweifel, daß der größte Theil der ehemaligen Landgrafschaft Hessen zum alten Ostfranken gehörte und daß dort das fränkische Recht galt. Noch im dreizehnten Jahrhundert ließen sich viele hessische Städte ihre alten fränkischen Gerechtsame von dem Landgrafen zu Hessen bestätigen, so namentlich die Stadt Grünberg im Oberfürstenthume, zu deren Gerichtsbezirk späterhin das v. R.'sche Patrimonialgericht Londorf gehörte (vergl. Bestätigungsbrief des Landgrafen Heinrich I. von 1272 bei Glaser, Geschichte von Grünberg S. 28, 179). Daraus folgt aber nichts zu Gunsten des Klägers; denn zu damaliger Zeit hatten jene alten Volksrechte längst ihre praktische Bedeutung verloren, wenn solche überhaupt jemals in der Landgrafschaft Hessen in Uebung waren (von Meibom und Roth, Kurhessisches Privatrecht I § 17). Käme etwas darauf an, so müßte umgekehrt das bis zum Eindringen des römischen Rechts im fränkischen Rechtsgebiete während des Mittelalters vielfach verbreitete kleine Kaiserrecht zu Gunsten der Beklagten herangezogen werden, sofern dieses in cap. 13 und 14 bei der Succession in das Erbe die Töchter den Söhnen gleichstellt.

Auch aus dem Bestehen eines Ganerbiats unter den Mitgliedern der genannten Familie vor und nach dem Abschlusse des Vertrages von 1784 läßt sich ein Vorzug des Mannsstammes vor den Kognaten bei der Erbfolge in die darunter begriffenen Güter nicht herleiten. Die ganerbschaftliche Verbindung als eine sachenrechtliche Gemeinschaft an einer Vermögensmasse, meist einer Burg mit Zubehör, kam und kommt unter den verschiedenartigsten Personen als Berechtigten, sowohl unter juristischen Personen (sogenannten unsterblichen Ganerben, wie Landesherrschaften, Gemeinden) als unter physischen Personen vor; sie begründet, je nach der besonderen Natur ihrer rechtlichen Grundlage, bald ein wirkliches gegenseitiges Erbrecht der Genossen, bald nur ein Kommunionsverhältniß, insbesondere ein Miteigenthumsrecht oder einen Mitbesitz; hin und wieder hat sie sich zu einer wahren Korporation ausgebildet, öfter noch ist sie in ihren rechtlichen Wirkungen zu einem bloßen Retraktrechte der Betheiligten abgeschwächt. (Vergleiche überhaupt Gierke, Genossenschaftsrecht I S. 424, 968; II S. 419, 952; III S. 719, 825 und ibi cit.).

In letzterer Form erscheint das Ganerbenrecht namentlich in dem von dem Vertreter des Revisionsklägers angezogenen Odenwälder (Erbacher) Landrechte von 1520, Artikel 2 und 8, und von 1552 Tit. 17 § 8, sowie in dem Rechte des unweit des Londorfer Gerichts gelegenen Breidenbacher Grundes und der Reformation der Stadt Frankfurt a. M. Th. II T. 5. Sieht man jedoch von der Vieldeutigkeit des Ausdruckes „Ganerbiat" und der Verschiedenartigkeit der dadurch begründeten Rechtsverhältnisse ab und versteht man darunter in Anwendung auf den vorliegenden Fall die dauernde Vereinigung der Familienglieder zur gemeinsamen Verwaltung und Benutzung des ihnen theils von ihren Vorfahren im Erbgange zugefallenen, theils von allen oder einzelnen der Genossen für die Gemeinschaft erworbenen Vermögens, so kann doch ein gegenseitiges Erbrecht so wenig wie eine agnatische Erbfolge der Betheiligten als nothwendige Folge der Genossenschaft angesehen werden, vielmehr hätte es zur Herbeiführung einer derartigen rechtlichen Wirkung der ausdrücklichen statutarischen Festsetzung bedurft. Die von dem Revisionskläger unter Berufung auf Wippermann, Kleine Schriften Heft I S. 55 und fg., vertheidigte Ansicht, daß das Ganerbengut gleichsam „potenzirtes Stammgut" und mit dem Familienfideikommisse identisch sei, ist grundlos. Das regelmäßige Familienfideikommiß mit Individualsuccession wenigstens ist fast das Gegentheil des durch vielköpfige Herrschaft und Wirthschaft sich charakterisirenden Ganerbiats. (Vergleiche Pfaff und Hoymann, Exkurse zum allgemeinen österreichischen bürgerlichen Recht Bd. II Heft 1 S. 165 und fg.).

Die Geschlechtssitte in der Familie der Freiherrn von Rabenau endlich ist, da der niedere (landsässige) Adel niemals das Recht der Autonomie besaß, keine Rechtsquelle.

Der Berufungsrichter hat demgemäß auch materiell keine revisible Rechtsnorm verletzt, indem er der behaupteten Stammgutsqualität der fraglichen Güter, den Bestimmungen der alten Volksrechte, dem ganerbschaftlichen Verhältnisse und der angeblichen Familienobservanz rechtliche Bedeutung für die Interpretation der Familienverträge von 1784 und 1790 versagte. Uebergangen hat er aber die Bezugnahme des Klägers auf jene vermeintlichen Rechtsquellen nicht, vielmehr die Frage, ob die Familie v. N. z. Rabenau durch die Verträge althergebrachte Gewohnheiten habe aufrecht erhalten wollen, nach dem ganzen Zusammenhange der Entscheidungsgründe geprüft."

Partikularrecht.

1. Preußisches Recht.

113. Civilrechtliche Wirkungen (nach I, 4 § 6 des Allg. L.R.) **des Verbotes des Spielens in auswärtigen, in Preußen nicht zugelassenen Lotterien** (Verordnung vom 5. Juli 1847). Urth. des I. Civilsenats vom 2. Mai 1885 in Sachen E. zu B., Klägerin und Revisionsklägerin, wider die Handlung Gebr. B. das., Beklagte und Revisionsbeklagte. Vorinstanz: Kammergericht Berlin. Verwerfung.

Klägerin hatte bei der beklagten Handlung Gebr. B., welche mit Lotterieloosen handelt, für das 5/10-Loos der Königl. Sächs. Landeslotterie Nr. 29975, welches sie bereits seit einigen Jahren spielte, den Einsatz der drei ersten Klassen bezahlt und das Loos erhalten. Die Bezahlung der vierten Klasse war nicht erfolgt, und in dieser Klasse war das Loos in der Ziehung vom 7. und 8. April 1884 mit 5000 ℳ herausgekommen. Klägerin ist der Meinung, daß der auf das Loos, welches die Beklagte bei der Lotteriedirektion erhoben hatte, gefallene Gewinn zu dem betreffenden Antheil ihr gebühre, weil gemäß den Aeußerungen, welche A. B. wiederholt anläßlich ihrer Bezahlungen der einzelnen Klassen, bei welchen sie etwas saumselig gewesen sei, gethan habe, sie Eigenthümerin auch des fraglichen Looses vierter Klasse durch Besitzübertragung mittels constitutum possessorium geworden sei, aber auch abgesehen hiervon Beklagte auf Herausgabe des Gewinnes hafte, weil sie die vierte Klasse im Auftrage der Klägerin bei der Königl. Sächs. Lotteriedirektion erhoben habe. Die Vorinstanzen haben die Klage abgewiesen.

„Nach der Verordnung vom 5. Juli 1847 (Preußische Gesetzsammlung von 1847, S. 261 ff.) ist in Preußen das Spiel in auswärtigen, in Preußen nicht zugelassenen Lotterien — und die Königl. Sächsische Landeslotterie ist in Preußen nicht zugelassen — sowie die Uebernahme des Verkaufs auswärtiger Loose und die Beförderung des Verkaufs als Mittelsperson strafbar. In der Praxis ist die Annahme überwiegend, daß, wenn auch in den die auswärtigen Lotterien betreffenden Strafgesetzen die civilrechtliche Unwirksamkeit der jenen Verboten zuwider abgeschlossenen Rechtsgeschäfte nicht ausdrücklich ausgesprochen ist, die ausgesprochenen Verbote auch in Hinsicht auf die civilrechtliche Wirkung der Rechtsgeschäfte Verbote sind. (Vergl. Entsch. des R.G. Bd. V S. 124 ff. und die Citate in Endemann, Handbuch des Deutschen Handels-, See- und Wechselrechts; Georg Cohn, Die Theilnahme an verbotenen Lotterien Bd. III S. 89 Note 19). Die Richtigkeit dieser Auffassung ist insbesondere nach Preußischem Rechte nicht zu bestreiten, zumal § 6 Th. I T. 4 des Allg. L.R. ausdrücklich bestimmt, daß zu Handlungen, welche die Gesetze verbieten, niemand durch Willenserklärungen verpflichtet oder berechtigt werden kann. Daraus folgt nun freilich nicht, daß nicht der preußische Eigenthümer des auswärtigen Looses den auf das Loos gefallenen Gewinn zu erheben berechtigt wäre und daher dessen Herausgabe auch von demjenigen, der denselben als Detentor des Looses bezogen hat, fordern könnte (vergl. Entsch. des R.G. Bd. V S. 130, des R.O.H.G. Bd. 14 S. 221; Striethorst Bd. 85 S. 293). Allein das B.G. hat die Behauptungen der Klägerin über die Willensäußerungen der Beklagten, aus welchen Klägerin den Erwerb des Eigenthums an dem betreffenden Erneuerungsloose durch constitutum possessorium folgert, unter diesem Gesichtspunkt geprüft und ohne Gesetzesverletzung denselben die geltend gemachte Bedeutung versagt. Nach der Behauptung der Klägerin wäre sie am 31. März 1884 — zwei Tage nach dem planmäßigen Ablauf der Erneuerungsfrist — im Geschäftslokal der Beklagten gewesen, hätte hier den Preis für das Erneuerungsloos zahlen wollen, aber keine ausreichenden Zahlungsmittel bei sich gehabt und A. B. hierbei zu ihr gesagt: „es hat gar keine Eile". Hierin findet das B.G. nichts weiter als ein Versprechen, ihr das fragliche Loos auch noch später zu gewähren, welches Versprechen eben wegen der Unerlaubtheit des Rechtsgeschäfts rechtlich unwirksam gewesen wäre. Es ist auch nicht ersichtlich, welche zwingenden Gründe dafür vorhanden sein sollten, diese Worte in einem weiter greifenden Sinne, nämlich als Ausdruck des Willens, schon sofort das Loos nicht mehr für sich, sondern für Klägerin zu besitzen, zu verstehen. Klägerin hatte sich freilich auch auf Vorgänge, welche frühere Erneuerungen des Looses betrafen, berufen, inhalts deren A. B. ihr theils bei Verspätung der Zahlungen, theils bei verfrühten Zahlungsofferten gesagt habe: „das macht nichts, fällt ein Gewinn auf das Loos, so reservire ich ihn Ihnen, wir verrechnen uns nachher"; „das Loos wird nicht verkauft, ob es bei mir im Kasten liegt oder bei Ihnen, das ist doch ganz egal"; „Sie brauchen keine Angst zu haben, das Loos ist das Ihre". Das B.G. hat hier erwogen, daß solche Aeußerungen, falls sie überhaupt von rechtlicher Bedeutung waren, jedenfalls nicht geeignet gewesen wären, der Klägerin das Eigenthum an dem Loose in infinitum zu verschaffen, womit gemeint ist, daß sie nach dem Willen des Aeußernden nicht über das gerade zur Zeit der Aeußerung in Frage stehende Erneuerungsloos hinaus ihre Wirkung erstrecken sollten. Daß aber das B.G. bei der Prüfung der Bedeutung des „es hat gar keine Eile" in Betreff der hier interessirenden Looserneuerung die behaupteten früheren Aeußerungen außer Betracht gelassen hätte, läßt sich nicht annehmen, zumal die hier angeblich gethane Aeußerung über die Bereitschaft, die Zahlung auch noch später anzunehmen, hinaus nichts und namentlich eben nicht, wie einzelne der behaupteten früheren Aeußerungen, Bemerkungen, welche auf einen Eigenthumswechsel am Loose gedeutet werden könnten, enthält.

Nun vertritt allerdings die Revisionsbegründung die Auffassung, daß es auf den schon erfolgten Eigenthumserwerb der Klägerin am Loose nicht ankomme, sofern nur Beklagte das Erneuerungsloos im Auftrage der Klägerin erhoben habe, weil alsdann der Grundsatz, daß der Beauftragte allen Vortheil aus der Auftragsausführung dem Machtgeber herausgeben müsse, durchgreife, welcher Grundsatz durch die Verbotsnatur des Spiels nicht beeinträchtigt werden könne. Allein auch wenn man diese rechtliche Konsequenz des Auftrages und seiner Ausführung zugeben will, was hier dahingestellt bleiben kann, fehlt es doch durchaus an jedem Anhalte, daß Beklagte das Erneuerungsloos im Auftrage der Klägerin erhoben habe. Daraus, daß diejenigen, welche bei der Beklagten Loose entnommen hatten, unter bestimmten Voraussetzungen ein Anrecht darauf, daß sie ihnen auch die Erneuerungsloose liefere, haben sollten, folgt noch nicht, daß Beklagte die Erneuerungsloose in Uebernahme eines Auftrages seitens jener Abnehmer bei der Sächsischen Lotteriedirektion oder dem Sächsischen Kollekteur bezogen hat. Es kann dabei, wie überhaupt bei der ganzen Sachlage, nicht unerwogen bleiben, daß das Verbot des Spiels und der dasselbe vermittelnden Rechtsgeschäfte auch die Lage des Loosverkäufers prekär macht, weil auch da, wo sonst das Verhalten desjenigen, der von ihm die frühere Klasse des Looses entnommen, für diesen Abnehmer eine Rechtspflicht, auch den Einsatz für das Erneuerungsloos zu zahlen, begründen möchte, eben das Verbot die Erzeugung solcher Verpflichtung hindert und der betreffende Verkäufer sich schwerlich wird in die Lage bringen wollen, das neue Loos liefern zu müssen, wenn es dem Abnehmer paßt, weil darauf bereits Gewinn gefallen, dagegen ohne erzwingbares Recht auf Erstattung des Einsatzes zu sein, wenn der Abnehmer denselben zu zahlen verweigert. Im vorliegenden Falle war die Frist zur Erneuerung des Looses bereits abgelaufen, als Klägerin sich zur Zahlung des Einsatzes, die übrigens auch nun nicht erfolgte, zur Beklagten begab. Demnach kann nur angenommen werden, daß Beklagte die Erneuerungsloose damals bereits und zwar für sich bezogen hatte, freilich um, wenn ihre Abnehmer von der Erneuerung Gebrauch machten, sie ihnen liefern zu können, aber auch um, wenn dies nicht geschah, anderweitig darüber zu verfügen. Man kommt also immer nicht über ein einfaches obligatorisches Verhältniß — sei es ein Versprechen, das Loos noch bei nachträglicher Zahlung des Einsatzes zu verkaufen, oder ein Verkauf unter der Verpflichtung, das Loos bei Zahlung des Einsatzes zu übergeben — hinaus zu einer Qualifikation, welche Klägerin zu einem Anspruch ohne Rücksicht auf das Verbot berechtigte. Jenes bloße Versprechen, das Erneuerungsloos zu geben, ist eben wegen des Verbots rechtsunwirksam, mag auch die Nichterfüllung des Versprechens, gestützt auf jenes Verbot, vielleicht einen Bruch des Vertrauens, welches in den Versprechenden gesetzt wurde, enthalten."

114. **Wichtigkeit der inneren Absicht der Partei** (nicht blos der äußeren Handlungen derselben) **bei Extrahirung eines richterlichen Rückkehrbefehls** (Allg. L.R. I, 4 §§ 53—55). Urth. des IV. Civilsenats vom 11. Mai 1885 in Sachen L. T. zu G., Klägerin, Widerbeklagten und Revisionsklägerin, wider maritum, Beklagten, Widerkläger und Revisionsbeklagten. Vorinstanz: O.L.G. Königsberg. Aufhebung und Zurückverweisung.

Der Erste Richter hat, unter Abweisung der Klage, auf die Widerklage die Ehe der Parteien wegen böslicher Verlassung von Seiten der klagenden Ehefrau getrennt, gleichwohl aber keinem Theile ein Uebergewicht der Schuld zur Last gelegt. Von beiden Theilen ist hiergegen, jedoch nur bezüglich der Entscheidung der Schuldfrage, Berufung bezw. Anschlußberufung eingelegt, und der B.R. hat das erste Urtheil dahin abgeändert, daß er die Klägerin und Widerbeklagte für den allein schuldigen Theil erklärt hat. Das R.G. erachtet die Annahme des B.R., daß die Klägerin mit Grund der Vorwurf der böslichen Verlassung treffe, in mehrfacher Hinsicht nicht frei von Rechtsirrthum. Nach dem vom B.R. in Bezug genommenen Thatbestande des ersten Urtheils steht fest, daß die Klägerin den Beklagten um Pfingsten 1882 unter Mitnahme ihrer Sachen verlassen hat, infolge eines ihr am 8. Juli 1882 zugestellten gerichtlichen Rückkehrbefehls „im Winter 1882—83" (oder, wie im B.U. als unstreitig bezeichnet ist, Anfangs Dezember 1882) zum Beklagten zurückgekehrt ist, denselben jedoch im Jahre 1883 (der Zeitpunkt ist nicht genauer festgestellt) wiederum verlassen hat und seitdem von ihm getrennt lebt, auch die nochmalige Rückkehr verweigert. Der Erste Richter erachtet die zweite Verlassung für nicht gerechtfertigt durch das Verhalten des Beklagten und hat demgemäß als Scheidungsgrund festgestellt, daß die Klägerin im Jahre 1883 den Beklagten böslich verlassen habe. In der Berufungsinstanz machte Klägerin hiergegen geltend, daß nach ihrer letzten Trennung von dem Beklagten ein Rückkehrmandat an sie nicht ergangen sei und daß überdies der Beklagte ihre Rückkehr und die thatsächliche Fortsetzung der Ehe niemals ernstlich gewollt habe. Ueber die erstere Rüge hat sich der B.R. nicht ausgesprochen, weil er annimmt, daß schon durch die als erwiesen anzusehende Nichtbefolgung des am 8. Juli 1882 zugestellten Rückkehrbefehls seitens der Klägerin der Beklagte, da an der Ernstlichkeit seines Verlangens, Klägerin solle zu ihm zurückkehren, nicht gezweifelt werden dürfe, einen rechtmäßigen Scheidungsgrund erworben habe, welcher durch die Rückkehr der Klägerin nach Ablauf der bestimmten Frist nicht habe beseitigt werden können. Diese nachträgliche Rückkehr sowie die entsprechende Aufnahme der Klägerin durch den Beklagten würdigt der

B.R. sodann nur aus dem Gesichtspunkte der Verzeihung und versagt ihnen diesen Charakter.

„Jene Argumentation verstößt indeß gegen die ausdrückliche Vorschrift des § 5 Abs. 5 des Preuß. Ausf.Ges. zur C.P.O. v. 24. März 1879, wonach die bösliche Verlassung nicht schon deßhalb als festgestellt angenommen werden darf, weil der erlassene Rückkehrbefehl nicht befolgt ist. Der B.R. hätte demzufolge erörtern und feststellen müssen, ob sich aus den die Entfernung der Klägerin veranlassenden und begleitenden Umständen sowie aus dem nachherigen Verhalten derselben, wobei auch die von ihr später bethätigte Bereitwilligkeit zur Fortsetzung des ehelichen Beisammenlebens in Betracht zu ziehen war, wirklich folgern lasse, daß sie der Wiederherstellung der Ehegemeinschaft beharrlich und mit der Absicht der dauernden Aufhebung derselben widerstrebt und sich nicht blos durch gerechte Ursachen zu einer vorübergehenden Trennung bewogen gefühlt habe. Hierüber enthalten auch die Entscheidungsgründe der ersten Instanz nichts, weil diese erst das wiederholte Verlassen des Beklagten seitens der Klägerin als ein bösliches qualifizirte und die erste Entfernung der Klägerin als durch deren Rückkehr bedeutungslos geworden ansah. — Nicht minder entbehren die darauf bezüglichen Erwägungen des B.R., daß in der Wiederannahme der Klägerin durch den Beklagten eine Verzeihung nicht zu finden sei, der ausreichenden thatsächlichen Grundlage. Von diesem Gesichtspunkte aus ist, soviel die Thatbestände ersehen lassen, von den Parteien über den fraglichen Vorgang gar nicht verhandelt; es fehlen daher auch jegliche Angaben über den nächsten Anlaß der Rückkehr der Klägerin und deren Wiederaufnahme durch den Beklagten, so daß sehr wohl möglich bleibt, daß beides die Folge einer ausdrücklichen Aussöhnung der Parteien gewesen ist. Es wäre gemäß § 130 der C.P.O. Pflicht des Gerichts gewesen, auf die Ergänzung der unvollständigen Parteierklärungen hinzuwirken, bevor ein lückenhafter Thatbestand zur Grundlage der rechtlichen Beurtheilung gemacht wurde.

Anlangend aber den eventuellen Entscheidungsgrund des B.R., daß, wenn man auch eine Verzeihung der böslichen Verlassung als erfolgt unterstellen wollte, letztere gleichwohl bei der Beurtheilung der Schuldfrage in Betracht zu ziehen sein würde, so ist dabei übersehen, daß vorliegend die bösliche Verlassung den einzigen, von beiden Vorderrichtern anerkannten Scheidungsgrund bildet und daß, wenn dieser sich als unbegründet herausstellte, die rechtskräftig gewordene Ehescheidung überhaupt ohne rechtmäßigen Grund von dem Beklagten durchgesetzt sein würde. Solchenfalls könnte aber nicht davon die Rede sein, der

Klägerin ein Uebergewicht der Verschuldung an der ohne ihre Schuld erfolgten Ehetrennung zur Last zu legen. Die vom B.R. angezogenen Präjudizien setzen selbstverständlich voraus, daß die Scheidung aus einer anderen als der verziehenen Ursache erfolgt ist und letztere nur zur Ausgleichung der Schuld von Seiten des Gegners des die Scheidung durchsetzenden Theiles verwerthet werden soll.

Endlich muß auch, mit der Revisionsklägerin, diejenige Ausführung des B.R. als rechtlich unhaltbar bezeichnet werden, welche sich auf die Behauptung der Klägerin bezieht, daß der Beklagte, trotz der Extrahirung des richterlichen Rückkehrbefehls, ihre Rückkehr und die faktische Fortsetzung der Ehe nicht ernstlich gewollt habe. Der B.R. erklärt diese Behauptung für unerwiesen, weil „der Beklagte durch Extrahirung des Rückkehrbefehls klar zu erkennen gegeben habe, daß er die Fortsetzung der Ehe wolle (§§ 54, 53 Th. I T. 4 des Allg. L.R.), Umstände, aus denen erhelle, daß dieses zum Schein geschehen sei, nicht nachgewiesen seien (§ 55 daselbst) und es auf den Nachweis solcher äußerlich erkennbarer Thatsachen, nicht aber auf die innere Thatsache ankomme, daß der Handelnde oder Erklärende sich heimlich etwas anderes gedacht habe, als der Ausdruck seines Willens erkennen lasse". Allein die vom B.R. angezogenen Gesetzesvorschriften beziehen sich nach ihrem klaren Wortlaut (vgl. §§ 52 und 1 das.) und ihrer systematischen Stellung nur auf Willenserklärungen mit beabsichtigten Rechtsfolgen d. h. auf rechtsgeschäftliche Willenserklärungen. Die Extrahirung eines richterlichen Rückkehrbefehls ist aber nicht ein rechtsgeschäftlicher, sondern ein prozessualer Akt, dessen äußere Wirksamkeit von der wahren Absicht oder Gesinnung des Extrahirenden in keiner Weise abhängig, für dessen innere Bedeutung als Vorbereitung des Ehescheidungsverfahrens aber der eigentliche Wille des Extrahenten insofern von Erheblichkeit ist, als die thatsächliche Trennung des anderen Theiles als bösliche Verlassung nur dann angesehen werden kann, wenn der Verlassene die Wiedervereinigung in Wahrheit wünscht und sich nicht blos durch jenes prozessuale Verfahren einen haltbaren Grund für die von ihm gewollte Ehescheidung zu verschaffen beabsichtigt. Hierfür kommt es also recht eigentlich auf die wahre Absicht desselben, als eine innere Thatsache, an, welche zwar nur aus äußerlich wahrnehmbaren Umständen erkannt werden kann, bei deren Feststellung aber der Richter an die in den §§ 53, 54 Th. I T. 4 des Allg. L.R. aufgestellten Vermuthungen selbst in dem Falle nicht gebunden sein würde, wenn diesen Vorschriften überhaupt noch formelle Geltung zugeschrieben werden könnte (§ 14 Nr. 3 des Einf.Ges. zur C.P.O. und § 259 der C.P.O). Ebensowenig kann von der Anwendbarkeit des § 55 Th. I T. 4 des Allg. L.R., welcher der Berufung auf bloße Mentalreservationen entgegentritt, auf den vorliegenden, ganz anders gearteten Fall die Rede sein, in welchem es sich um die Ermittelung der eigentlichen Absicht des Handelnden zum Zweck der Feststellung der rechtlichen Bedeutung seines Verhaltens handelt. Es ist zwar nicht ausgeschlossen, daß der B.R. auch ohne die irrthümliche Heranziehung der §§ 53—55 Th. I T. 4 des Allg. L.R. zu demselben Ergebnisse gelangt wäre; da dies jedoch mit Zuverlässigkeit aus seinen Ausführungen nicht zu entnehmen ist, so muß als möglich zugegeben werden, daß er sich durch den Hinblick auf jene Vorschriften bei der ihm nach § 259 der C.P.O. obliegenden freien Beweiswürdigung in unstatthafter Weise hat beeinflussen lassen und anderenfalls den Thatbestand mehr zu Gunsten der Klägerin festgestellt haben würde."

115. **Nichterfüllung von Seiten des anderen Kontrahenten berechtigt in der Regel noch nicht zur Abgehung vom Vertrage, sondern vielmehr nur zum Anspruch auf Erfüllung des Vertrages; dies gilt auch beim Nichtvorhandensein versprochener Eigenschaften, solange die Uebergabe der Sache noch nicht erfolgt ist** (Allg. L.R. I, 5 §§ 393 ff.). Urth. des IV. Civilsenats vom 11. Mai 1885 in Sachen der Berlin-Schöneberger Terraingesellschaft, Beklagten und Revisionsklägerin, wider D. zu B., Kläger und Revisionsbeklagten. Vorinstanz: Kammergericht Berlin. Aufhebung und Zurückverweisung.

Das angefochtene Urtheil beruht auf der Feststellung, daß in dem von der Beklagten dem Kläger verkauften Hause am 21. Januar 1884, dem Tage des Vertragsschlusses, Schwammbildung vorhanden gewesen sei. Das B.G. nimmt an, bei dem Abschlusse eines Kaufvertrages über ein Hausgrundstück sei das Freisein des Hauses vom Hausschwamm eine gewöhnlich vorausgesetzte Eigenschaft des Hauses. Das Gericht nimmt ferner an, die Schwammbildung sei ein nicht in die Augen fallender Fehler des Hauses gewesen und der Kläger habe bei dem Abschlusse des Kaufvertrages von der Schwammbildung keine Kenntniß gehabt, sich also in Ansehung des Vorhandenseins der fraglichen Eigenschaft im Irrthum befunden. Alle diese Annahmen sind thatsächlicher Natur. Die Verletzung einer Rechtsnorm ist in ihnen nicht erkennbar. Sie bleiben also für die gegenwärtige Instanz bestehen. Auf Grund derselben hat das B.G. die Beklagte nach dem Klagantrage zur Rückzahlung der vom Kläger gezahlten Kaution von 2000 ℳ und zur Erstattung der für die Untersuchung des Hauses vom Kläger ausgelegten Kosten mit 43,60 ℳ nebst Zinsen verurtheilt, indem es angenommen hat, daß ein die Willenserklärung entkräftender Irrthum in einer gewöhnlich vorausgesetzten Eigenschaft des Kaufgegenstandes vorliege (§ 81 Th. I Tit. 4 des Allg. L.R.). Auf die von der Beklagten behauptete Möglichkeit der Nachgewähr der in Frage stehenden Eigenschaft durch dauernde Beseitigung des Fehlers hat das B.G. bei seiner Entscheidung darum kein Gewicht gelegt, weil diese Möglichkeit, welche bei einem nach Erfüllung des Vertrages durch Uebergabe der Sache erhobenen Gewährleistungsanspruche nach § 326 Th. I Tit. 5 des Allg. L.R. erheblich sein könne, für die Befugniß des Käufers, wegen wesentlichen Irrthums vom Vertrage abzugehen, nicht in Betracht komme. Diesen Entscheidungsgrund greift die Beklagte in der gegenwärtigen Instanz als rechtsirrthümlich und gegen die Normen der §§ 393, 394 Th. I Tit. 5 des Allg. L.R. verstoßend an. Die abzugebende Entscheidung hängt also in erster Reihe von der Beantwortung der Frage ab, ob ein durch Uebergabe des Kaufgegenstandes noch nicht erfüllter Kaufvertrag wegen eines Irrthums in einer gewöhnlich vorausgesetzten Eigenschaft des Kaufgegenstandes zu Gunsten des Irrenden entkräftet werde, wenn die Eigenschaft zur Zeit des Vertragsabschlusses nicht vorhanden gewesen, ihre Gewährung jedoch möglich ist.

„In der Beantwortung dieser Frage ist dem B.G. nicht beizutreten. Eine Willenserklärung wird nach §§ 81 ff. Th. I T. 4 des Allg. L.R. durch einen Irrthum in gewöhnlich vorausgesetzten Eigenschaften der Sache, auf welche sich der Wille des Erklärenden bezieht, entkräftet, wenn nicht der Irrende durch eigenes grobes oder mäßiges Versehen seinen Irrthum veranlaßt hat. Dieser Ausschließungsgrund der Entkräftung der Willenserklärung ist nach den Feststellungen des B. G. im vorliegenden Falle nicht vorhanden. Eine ausdrückliche Bestimmung, welche die in der Entkräftung der Willenserklärung bestehende Wirkung des Irrthums in gewöhnlich vorausgesetzten Eigenschaften der Sache auch dann ausschließt, wenn der Sache die bei Abgabe der Willenserklärung fehlende Eigenschaft nachträglich verschafft wird, ist in den gesetzlichen Vorschriften, welche den Irrthum als Willensfehler in Betracht ziehen, nicht vorhanden. Der Wortlaut dieser Vorschriften scheint also der Auffassung des B.G. zur Seite zu stehen. Allein auf der anderen Seite ist in Betracht zu ziehen, daß es sich hier um einen Vertrag handelt und daß laut desselben die Beklagte als Verkäuferin dem Kläger als Käufer das Eigenthum an dem verkauften Hausgrundstück durch Auflassung am 1. April 1884, von welchem Tage ab Lasten und Nutzungen auf den Käufer übergehen sollten, zu übertragen sich verpflichtet hatte. Für die Verträge aber gilt der Rechtssatz, daß Nichterfüllung von der einen Seite den andern Kontrahenten in der Regel noch nicht berechtigt, von dem Vertrage wieder abzugehen, daß vielmehr der andere solchenfalls bei vorhandener Möglichkeit der Erfüllung auf den vertragsmäßigen Erfüllungsanspruch angewiesen ist (§§ 393 ff. Th. I T. 5 des Allg. L.R.). Als Ausfluß dieser Rechtsauffassung ist die Bestimmung aufzufassen, nach welcher der Uebernehmer einer Sache, welcher ausdrücklich vorbedungene oder gewöhnlich vorausgesetzte Eigenschaften fehlen, in erster Reihe nur einen Anspruch auf Gewährung dieser Eigenschaften und erst in dem Falle, daß die fehlende Eigenschaft nicht gewährt werden kann, einen Redhibitions- oder Preisminderungsanspruch hat. Ihrem Wortlaute nach stellt sich diese Bestimmung allerdings als eine auf den Fall der bereits erfolgten Uebergabe des Kaufgegenstandes sich beziehende dar. Allein es kommt in Betracht, daß es nur für diesen Fall einer besonderen Normgebung, durch welche im Interesse der Aufrechthaltung eines geschlossenen Vertrages das Redhibitionsrecht dessen, der die Sache übernommen hat, beschränkt wird, bedurft hat, während die Fälle der noch nicht erfolgten Uebergabe des Vertragsgegenstandes nach den Rechtsnormen zu entscheiden sind, welche die Verpflichtung zur Vertragserfüllung und die Befugniß, die Annahme einer nicht vertragsmäßigen Leistung als Vertragserfüllung zu verweigern, betreffen. Nach diesen Bestimmungen hatte der Kläger einen Anspruch darauf, daß ihm am 1. April 1884 der Kaufgegenstand in vertragsmäßiger Beschaffenheit und mit den gewöhnlich vorausgesetzten Eigenschaften gewährt wurde. Er war befugt, die Annahme zu verweigern, wenn der Sache eine der fraglichen Eigenschaften fehlte. Aber die vertragsmäßigen Rechte und Pflichten eines Käufers werden durch einen vertragswidrigen Zustand der Sache vor der Uebergabe und den Mangel vorbedungener oder gewöhnlich vorausgesetzter Eigenschaften nicht berührt, sofern nur die Sache bis zur festgesetzten Zeit der Uebergabe in vertragsmäßigen Zustand gesetzt und mit den in Rede stehenden Eigenschaften versehen werden kann. Und einem Irrthum in Eigenschaften der Sache, welche zur Zeit des Vertragsschlusses gefehlt haben, die aber der Sache bis zu dem im Vertrage bestimmten Zeitpunkte des Ueberganges der Sache in das Vermögen des Käufers verschafft werden können, läßt sich ein Einfluß auf den Bestand des Vertrages beim Mangel einer Beeinträchtigung des Vertragserfüllungsinteresses nicht einräumen. Wenn daher das B.G. die Thatsache, daß der Kaufvertrag noch nicht erfüllt sei, zum Ausgangspunkte nimmt und mit derselben sowie mit Hilfe des Umstandes, daß die fragliche Eigenschaft im Zeitpunkte des Vertragsschlusses nicht vorhanden gewesen sei, und mit der Erwägung, daß es nur auf den Zustand des Hauses in jenem Zeitpunkte ankommen könne, die von der Beklagten aufgestellten Thatsachen, daß sie, als der Kläger mit der Behauptung des Vorhandenseins des Schwammes hervorgetreten sei, zur sofortigen Beseitigung desselben auf ihre Kosten sich bereit erklärt habe und daß diese Beseitigung innerhalb einer Woche, jedenfalls also bis zum 1. April 1884 hätte bewirkt werden können, für unerheblich erklärt und zur Annahme der Ungültigkeit der Willenserklärung wegen Irrthums gelangt ist, so sind diese Ausführungen für rechtsnormenverletzend zu achten. Fehlende Eigenschaften des Vertragsgegenstandes können, solange die Uebergabe der Sache noch nicht erfolgt ist, den Bestand des Vertrages wegen Irrthums nur in Frage stellen, wenn sie bis zur Uebergabe nicht gewährt werden können."

116. Anfechtungsrecht des nachstehenden Hypothekengläubigers (§ 13 Th. I Tit. 20 des Allg. L. R.). Urth. des V. Civilsenats vom 2. Mai 1885 in Sachen F. zu G., Beklagten und Revisionsklägers, wider H. C. zu G., Kläger und Revisionsbeklagten. Vorinstanz: O. L. G. Breslau. Aufhebung und Zurückverweisung.

Die Revision betrifft nur denjenigen Theil der Vorentscheidung, welcher dem Kläger von der Streitmasse unbedingt 2439,59 ℳ nebst Zinsen zutheilt. Gegen die Begründung dieser Entscheidung ist geltend gemacht: daß dem nachstehenden Gläubiger das Recht, eine vorstehende Post anzufechten, erst mit Eintritt des Kollisionsfalles erwachse, dieser Fall aber bei der Subhastation erst mit der Kaufgelderbelegung oder höchstens mit der Einleitung der Subhastation eintrete; und daraus folge, daß die Anfechtung nicht auf eine vor diesem Zeitpunkte, wenn auch nachträglich erfolgte Valutabelegung der vorstehenden Post gestützt werden könne; es liege eine Verletzung der § 36 des Gesetzes vom 5. Mai 1872, § 13 Th. I Tit. 20 des Allg. L. R., § 70 des Subhastationsgesetzes von 1869 und des hervorgehobenen Grundsatzes vor.

„Der Angriff erscheint gerechtfertigt. Zuvörderst steht die Erwägung des Vorderrichters, Beklagter habe selbst angegeben, es habe zur Zeit der Hypothekenbestellung eine Forderung an den Sch. nicht bestanden und auch keine Verabredung über die künftige Begründung einer solchen, mit dem Thatbestande nicht im Einklange, nach welchem Beklagter nur behauptet hat, die Hypothek sei irrthümlich und eigenmächtig von Sch. über lauter Darlehen ausgestellt, während die Forderung auch in Preisen für Materialien und Arbeiten bestand, unter deren Anrechnung dann die Valuta berichtigt worden, während Kläger selbst die Hypothek als Kautionshypothek für noch zu berechnende Vorschüsse bezeichnet hat. Ist dann die Begleichung der baaren Restvaluta auf Grund spezieller Abreden nach und nach geschehen, so folgt daraus nicht, daß ein Anspruch des Beklagten von vornherein deshalb nicht bestand, weil es an einem Rechtsgrunde für denselben fehlte. Hätte aber das versicherte Darlehn oder der darunter verborgene andere Anspruch, weil es noch an gehöriger Verabredung darüber fehlte, von vornherein nicht bestanden, so würde daraus wiederum nicht folgen, daß, sobald dieser Anspruch später zur Existenz kam, nicht auch die dafür im voraus bestellte Hypothek mit rückwirkender Kraft zur Geltung gebracht wurde. Denn das Gesetz — § 13 Th. 1 T. 20 des Allg. L. R. — verbindet diese Wirkung schlechthin mit dem Rechtsbeständigwerden eines ungeachtet seiner vollkommenen Ungültigkeit mit Hypothek versicherten Anspruches und hat damit in Ansehung der Hypothek eine bekannte Rechtsregel außer Wirksamkeit gesetzt. Aber auch wenn man sich auf den Standpunkt des Vorderrichters stellt und somit annimmt, daß die Darlehnsforderung in Höhe von 3500 *M.* erst mit dem 8. Oktober 1881 rechtsbeständig wurde und die Hypothek erst von da ab konvaleszirte, muß doch der Beschwerde darin beigepflichtet werden, daß dem nachstehenden, wenn auch früher eingetragenen Gläubiger daraus noch nicht das Recht erwachsen ist, die Hypothek als nicht vorhanden zu betrachten und dieselbe als unrichtig oder ungültig anzufechten. Das Anfechtungsrecht eines solchen Gläubigers beruht in der durch die Unzulänglichkeit des Pfandes hervorgerufenen Kollision und es findet seine Begrenzung in dem zur Zeit des Hervortretens jener Unzulänglichkeit obwaltenden Rechtszustande; bis dahin steht dem postlocirten Gläubiger als solchem keineswegs das Recht zu, erlaubte Dispositionen des Eigenthümers über voreingetragene Realrechte zu verhindern, es kann auch bis dahin von einem ihm dadurch zugefügten Nachtheile nicht die Rede sein. Diese Grundsätze sind in der Rechtsprechung des Preußischen Ob.-Trib. wiederholt zur Anwendung gebracht (vergl. Entsch. Bd. 11 S. 47 ff.; Striethorst, Archiv Bd. 37 S. 198—199, 202; Bd. 58 S. 309—10), und eine Abweichung davon ist nicht angezeigt."

117. **Gesetz vom 5. Mai 1872. Rückwirkende Kraft einer Hypothek, deren Schuldgrund erst nach ihrer Eintragung** (aber während noch unverminderter Dispositionsfähigkeit des Grundeigenthümers) **begründet wird. Unschädlichkeit der unrichtigen Bezeichnung des Schuldgrundes für die Wirksamkeit der Hypothek. Unwesentlichkeit der Person des Inhabers.** Urth. des V. Civilsenats vom 25. April 1885 in Sachen C. zu B., Klägers und Revisionsklägers, wider W. daselbst, Beklagte und Revisionsbeklagte. Vorinstanz: Kammergericht Berlin. Aufhebung und Zurückverweisung.

Nach dem B.U. handelt es sich für den Kläger um die ursprünglich L.'sche Hypothek Abth. III Nr. 14 über 20 000 *M*, von welcher L. dem Kläger den Betrag von 8000 *M* vor Einleitung der Subhastation cedirt hat; diese Cession ist eingetragen; als Schuldgrund der L.'schen Hypothek ist im Grundbuch ein Darlehn eingetragen; aber der Gläubiger L. hat dem Hypothekbesteller, dem Grundeigenthümer K., ein Darlehn nicht gegeben, hat ihm überhaupt eine Valuta nicht gewährt; die Partialcession an den Kläger ist sodann auf Anweisung des K. erfolgt und der Kläger hat bei ihrer Annahme gewußt, daß der Hypothek irgend ein persönlicher Anspruch des L. gegen den K. nicht zum Grunde lag. Kraft dieser Feststellung hat der B.R. die Abweisung des Klägers bestätigt, weil dieser ein gültiges Hypothekenrecht nicht erworben habe.

„Mit Recht rügt der Kläger das Rechtsirrthümliche dieser Entscheidung. Richtig ist, daß die Hypothek des Preußischen Rechts auch nach dem Gesetz vom 5. Mai 1872 ihren accessorischen Charakter bewahrt hat, daß sie also zu ihrer Entstehung einen persönlichen Anspruch voraussetzt, zu dessen Sicherheit sie dient. Aber es ist nicht zweifelhaft, daß die zur Zeit der Eintragung noch mangelnde Begründung der Schuldverbindlichkeit die Entstehung einer gültigen Hypothek nicht schlechthin hindert: wird jene Verbindlichkeit später in zulässiger Weise während noch unverminderter Dispositionsbefugniß des Grundeigenthümers begründet, so entsteht eine gültige Hypothek mit rückwirkender Kraft. Und es ist nicht minder zweifellosen Rechtens, daß eine unrichtige Bezeichnung des Schuldgrundes die Wirksamkeit der Hypothek nicht beeinträchtigt. Wäre also der Eigenthümer K. nach der ohne Existenz der Schuldverbindlichkeit für den L. erfolgten Eintragung der Darlehnshypothek mit diesem vor der Subhastation des Grundstücks übereingekommen, daß die Hypothek zur Sicherung einer inzwischen dem L. gegen K. entstandenen Kaufgelderforderung für gelieferte Bauhölzer dienen sollte, so würde die anfangs ungültige Hypothek rechtlichen Bestand gewonnen haben. Vergl. Gruchot, Beiträge Bd. 27 S. 945.

Es stand aber rechtlich nichts im Wege, der nur formellen Hypothek dadurch materiellen Bestand zu gewähren, daß der Grundeigenthümer den nur scheinbaren Hypothekengläubiger zur Cession der Hypothek an einen Gläubiger vermochte, der einen entsprechenden Anspruch gegen den Grundeigenthümer hatte und auf Sicherung durch Hypothek bestand. Denn ist es, wie oben erwähnt, für den Rechtsbestand der Hypothek nicht wesentlich, daß sie schon zur Zeit der Eintragung auf einer vorhandenen Schuldforderung basire, kann ihr vielmehr durch Vereinbarung in einem später entstandenen Anspruch rechtliche Grundlage und Existenz verschafft werden, so erscheint auch nur diese Grundlage, nicht aber die Person des Inhabers als das Wesentliche, mithin eine Uebereinkunft, daß die Anfangs ungültige Hypothek die reelle Forderung eines Dritten sichern und für diesen umgeschrieben werden solle, nicht ausgeschlossen. Es hat auch bereits das R.G. in einem Urtheil vom 24. April 1885 entschieden, daß der Grundeigenthümer dem Liquidat eines kraft solcher Uebereinkunft eingetragenen Cessionars nicht mit der Einrede begegnen könne, dieser habe eine nicht gültige Hypothek erworben, daß vielmehr diese Einrede mit der replica doli repellirt werde. Bleibt aber der Grundeigenthümer selbst an die von ihm vereinbarte Disposition gebunden, so steht auch einem nacheingetragenen Hypothekengläubiger, falls jene Disposition vor der Subhastationsbeschlagnahme geschah, die Anfechtung der Gültigkeit der Disposition nicht zu, und es fehlt unter gleicher Voraussetzung einem vor eingetragenen Gläubiger dazu vollends die Befugniß. — Nun hat der Kläger behauptet und unter Beweis gestellt, er habe eine dem liquidirten Betrage entsprechende Forderung aus Holzlieferungen gegen K. erworben, K. habe ihm zu deren Sicherheit Hypothek zugesagt und zur Genügung dieses Versprechens den L. angewiesen, 8000 ℳ. der L.'schen Hypothek an den Kläger zu cediren. Auf diese Weise sei die Cession an ihn erfolgt. Diese nach Obigem wesentlichen Behauptungen sind im B. U. nicht festgestellt. Ihre Konstatirung ist aus der Verkennung ihrer rechtlichen Bedeutung unterlassen."

118. Begriff des Wortes „Unternehmer" im § 24 des Preuß. Ausf.-Ges. vom 12. März 1881 zum Reichs-Viehseuchengesetz. Urth. des IV. Civilsenats vom 15. Mai 1885 in Sachen der Stadtgemeinde St., Klägerin und Revisionsklägerin, wider den Preuß. Fiskus, Beklagten und Revisionsbeklagten. Vorinstanz: O.L.G. Stettin. Verwerfung.

Betreffs eines ihrer Ansprüche stützt sich Klägerin auf § 23 des Gesetzes vom 12. März 1881, wonach die durch thierärztliche Amtsverrichtungen in den vom Gesetze bestimmten Fällen erwachsenen Kosten aus der Staatskasse zu bestreiten sind, und darauf, daß sie auch nicht als Unternehmerin der Vieh- und Pferdemärkte im Sinne des § 24 desselben Gesetzes zu betrachten sei.

„Die Kosten der durch beamtete Thierärzte auf den Vieh- und Pferdemärkten geführten Aufsicht werden allein durch letzteren § 24 erschöpfend geregelt, und der § 23 findet darauf keine Anwendung, wie auch in gleicher Weise in dem Preußischen Viehseuchengesetze vom 25. Juni 1875 von den entsprechenden §§ 15 und 68 der erstere und nicht der letztere auf die gedachten Kosten anwendbar war. Der § 2 des Reichsgesetzes, betreffend die Abwehr und Unterdrückung von Viehseuchen, vom 23. Juni 1880 überläßt die näheren Bestimmungen über die Bestreitung der durch das Verfahren entstehenden Kosten den Einzelstaaten. Der § 24 des Preußischen Ausführungsgesetzes vom 12. Mai 1881 ist seinem wesentlichen Inhalt nach dem § 15 Abs. 6 des Gesetzes vom 25. Juni 1875 entnommen, welcher lautet: „Die Kosten, welche aus der Beaufsichtigung der Vieh- und Pferdemärkte und der vorbezeichneten Pferde- und Viehbestände durch beamtete Thierärzte erwachsen, fallen dem Unternehmer zur Last und sind in Ermangelung gütlicher Einigung unter den Betheiligten von der Landespolizeibehörde festzusetzen".

Das Wort „Unternehmer" findet sich schon im Abs. 1, wo es heißt: „Alle Vieh- und Pferdemärkte und die von Unternehmern behufs öffentlichen Verkaufs zusammengebrachten Viehbestände sollen durch beamtete Thierärzte beaufsichtigt werden." Hier ist von Unternehmern nur bezüglich der zusammengebrachten Viehbestände die Rede; der Abs. 6 spricht aber auch von den Unternehmern der Vieh- und Pferdemärkte, und wer hiermit gemeint ist, ergiebt sich schon aus dem § 15 des dem Landtage vorgelegten Entwurfs und den beigefügten Motiven zum § 15. Der erste Absatz des § 15 lautet im Entwurfe wörtlich so wie im Gesetze, der letzte aber dahin: „Die Kosten, welche aus der Beaufsichtigung der Vieh- und Pferdemärkte durch beamtete Thierärzte erwachsen, fallen dem Unternehmer des Viehmarktes zur Last", — sodaß hier bei jedem Viehmarkt ein Unternehmer als vorhanden vorausgesetzt wird. Die Motive zu § 15 sagen: „— durch einen Cirkularerlaß vom 6. März 1855 ist ausdrücklich bestimmt, daß diejenigen Kommunen, welchen die Abhaltung von Viehmärkten erlaubt ist, auf Grund des Gesetzes vom 11. März 1850 anzuhalten sind, diese Märkte durch approbirte Thierärzte auf ihre Kosten überwachen zu lassen. Der Entwurf weicht nur darin von den vorerwähnten Vorschriften ab, daß er die Aufsicht durch beamtete Thierärzte fordert, daß er diese Beamte ermächtigt, in eiligen Fällen gewisse vorläufige Schutzmaßregeln zu treffen, und daß er auch die von Unternehmern behufs der Versteigerung zusammengebrachten Viehbestände der veterinär-polizeilichen Beaufsichtigung unterwirft. Größere von Unternehmern veranlaßte öffentliche Verkäufe zusammengebrachten Viehes stehen der Sanitätspolizei gegenüber den Viehmärkten gleich und bedürfen daher, wie diese, der veterinärpolizeilichen Aufsicht."

Hierdurch ist ausdrücklich ausgesprochen, daß der Entwurf von der damals bestehenden Regel, daß die Kommunen die Kosten der Beaufsichtigung der Viehmärkte durch Thierärzte tragen, nicht abweiche; es sind aber den Viehmärkten die von Anderen als den Kommunen veranlaßten Ansammlungen größerer Viehbestände behufs Verkaufs gleichgestellt, und es erhellt mit zweifelloser Gewißheit, daß wegen dieser Gleichstellung im letzten Absatz des Entwurfs des § 15 die Worte „Unternehmer des Viehmarkts" absichtlich gewählt sind, um die gedachten, von Privaten veranstalteten Viehansammlungen ebenso wie die den Kommunen gestatteten Viehmärkte zu treffen und mit einem gemeinschaftlichen Ausdruck Private und Kommunen zu bezeichnen, von denen die einen wie die anderen als Unternehmer der Viehmärkte resp. der diesen gleichgestellten Viehansammlungen gedacht sind.

Hiernach giebt sich klar zu erkennen, daß im § 24 des Gesetzes vom 12. März 1881 das Wort „Unternehmer“ auf diejenige Kommune, in deren Bezirke Vieh- und Pferdemärkte abgehalten werden, zu beziehen ist, wenn nicht im einzelnen Falle die Veranstaltung des Marktes sich unter solchen Umständen vollzieht, daß andere Individuen als die eigentlichen Unternehmer hervortreten und die Kommune, indem sie denselben die Abhaltung des Marktes gestattet, nur eine passive Rolle spielt. Solche besondere Umstände liegen hier nicht vor, und es ist keine andere Person vorhanden, welche als Unternehmerin der in Stettin abgehaltenen Vieh- und Pferdemärkte betrachtet werden könnte. Klägerin hat die Plätze und Straßen, deren Benutzung ihr allein zusteht, hergegeben; sie hat ein Stättegeld resp. Marktstandgeld erhoben, und auch dies sind Momente, welche die Abhaltung der Märkte als Kommunalsache, das Unternehmen derselben als ein kommunales erscheinen lassen. Daß das Stättegeld für die zahlenden Marktbesucher die Natur eines Miethzinses hat, beruht auf einer gesetzlichen Bestimmung, welche im Interesse des Publikums erlassen ist (§ 68 der Reichsgewerbeordnung vom 21. Juni 1869 in Uebereinstimmung mit der Preußischen Gesetzgebung in § 77 der Gewerbeordnung vom 17. Januar 1845, § 2 der Verordnung vom 4. Oktober 1847, § 2 des Gesetzes vom 26. April 1872), und ist in keiner Weise geeignet, die Stellung der Klägerin als Unternehmers zu beeinflussen. Ebenso unerheblich ist die gesetzliche Bestimmung (§ 65 der Reichsgewerbeordnung, Preußisches Gesetz vom 26. Juli 1876 § 139, Gesetz vom 11 August 1883 § 127), daß die zuständige Verwaltungsbehörde über die Zahl, Zeit und Dauer der Viehmärkte beschließt; hierin liegt nur die Ausübung eines staatshoheitlichen Aufsichtsrechts, und die Ordnung und schließliche Festsetzung aller auf die Abhaltung der Viehmärkte bezüglichen Modalitäten ist zwar von der Kommune zu befolgen, entzieht aber dieser nicht die Stellung des Unternehmers und überträgt solche nicht auf eine andere Person, am wenigsten auf den Staat, welcher durch den über die Viehmärkte beschließenden Provinzialrath nicht repräsentirt wird. Die Nothwendigkeit einer Anzeige der Klägerin über die Markttage ergiebt sich schon aus dem staatlichen Recht der Aufsicht und Mitwirkung, namentlich hinsichtlich der Publikation der Markttage, und es kann nichts darauf ankommen, daß, wie Klägerin behauptet, ihr die Anzeige der Markttage ausdrücklich von der Königlichen Regierung zur Pflicht gemacht ist. Mit Recht hat also der B.R. die Klägerin als Unternehmer im Sinne des § 24 a. a. O. erachtet und ihr die Verpflichtung zur Tragung der dort bezeichneten Kosten auferlegt.“

2. Rheinisches Recht.

119. Begriff des „Zwanges" und der widerrechtlichen Gewalt, insbesondere des Kausalnexus bei denselben. Urth. des II. Civilsenats vom 1. Mai 1885 in Sachen P. in K., Klägers, Revisionsklägers, wider K. das., Beklagten, Revisionsbeklagten. Vorinstanz: O.L.G. Köln. Verwerfung.

Der Kläger P. in K. beanspruchte gegen den Beklagten K. das. zunächst im Urkundenprozeß auf Grund eines Schuldscheines vom 10. März 1881, ausweislich dessen der Beklagte ihm für baares Darlehn 5000 ℳ, zahlbar auf 15. Januar 1882, schuldete, den genannten Betrag nebst Zinsen zu 5 % vom 15. Januar 1882. Auf Einwendungen des Beklagten verzichtete Kläger auf den Urkundenprozeß und erklärte, nun den genannten Betrag im ordentlichen Prozeß verfolgend, der Schuld liege folgendes Sachverhältniß zu Grunde. Der Beklagte habe ohne des Klägers Erlaubniß, unter Benutzung der an den Kläger gerichteten Bestellungen, Loose der Kölner Dombaulotterie unter seinem Namen mittels Nachnahme versandt und auf das Kouvert geschrieben: „im Auftrage von P." (dem Kläger); P. habe dadurch einen Schaden von 10000 ℳ erlitten; Beklagter habe dies auch anerkannt und dem Kläger sofort baar 5000 ℳ bezahlt und über den Rest dem Kläger einen Schuldschein gegeben, der sodann durch den in der Klage erwähnten ersetzt worden sei. Der Beklagte erhob zunächst Widerspruch gegen das neue Vorbringen als eine Klageänderung, und das L.G. Köln, wie das die Berufung des Klägers verwerfende O.L.G. Köln — vor welch' letzterem der Kläger noch geltend machte, das ursprüngliche Forderungsrecht sei durch Novation in ein Darlehn umgewandelt worden, der Anspruch stehe also auf dem Boden der Klage — erachteten mit Urtheilen vom 1. Mai 1882 bezw. 7. März 1883 die neue Klage für unzulässig. Mit Urtheil vom 22. November 1883 hob jedoch auf Revision des Klägers das R.G. das Urtheil des O.L.G. auf und wies die Sache zur anderweiten Verhandlung und Entscheidung an dasselbe zurück. Nach weiteren Verhandlungen und Beweiserhebung und nachdem der Beklagte neben der Verwerfung der Hauptberufung des Klägers seinerseits im Wege der Anschlußberufung Abweisung der Klage als unbegründet beantragt hatte, erkannte das O.L.G. Köln unterm 8. Oktober 1884 dahin: „Die Hauptberufung gegen das Urtheil des L.G. Köln vom 1. Mai 1882 wird verworfen; auf die Anschlußberufung wird, unter Aufhebung dieses Urtheils, der Kläger mit dem Klageanspruch auf Zahlung von 5000 ℳ nebst Zinsen abgewiesen, und zwar aus folgenden Gründen: Der Darlehnsanspruch des Klägers werde auf die Behauptung gestützt, daß mit der Ausstellung des vorliegenden Schuldscheines durch Novation die ursprünglich aus einem Delikt entstandene, vergleichsweise festgestellte Schuld in ein Darlehn umgewandelt worden sei. Für diese beklagterseits bestrittene Behauptung habe der Kläger den ihm obliegenden Beweis nicht zu erbringen vermocht, was näher ausgeführt und wobei insbesondere angenommen wird, daß aus dem Schuldschein keineswegs der Wille der Novation erhelle (Bürgerl. G.B. Art. 1273). Aber auch bei der Unterstellung des Zustandekommens der Novation müsse dem Rechtsgeschäft jede Wirksamkeit abgesprochen werden, weil aus dem Inbegriffe der Verhandlungen und dem Ergebnisse der Beweisaufnahme hervorgehe, daß die Einwilligung des Beklagten zur Ausstellung des in Frage stehenden Schuldscheines vom Kläger durch Gewalt erzwungen sei. Es wird dies näher dargelegt und werden hierbei (nach einzelner Darstellung des Vorganges, namentlich des Handelns des J. im Auftrage des Klägers) insbesondere folgende Sätze aufgestellt: „Der Kläger behauptet selbst, daß er wiederholt die Absicht ausgesprochen habe, den P. und den Beklagten der Staatsbehörde zu denunziren, und kann hiernach kein Bedenken sein, daß der Beklagte bei Abgabe des Versprechens, 5000 ℳ zu zahlen, und bei Ausstellung des Schuldscheines über 5000 ℳ unter dem Einfluß der Drohung stand. Daß der Beklagte sich nicht ganz rein fühlte und die unmittelbare Verwirklichung der Drohung befürchtete, wenn er die Forderung nicht bewillige, das geht daraus hervor, daß er die von ihm für zu hoch erklärte und offenbar zu hohe Forderung, ohne weiteren Nachweis zu verlangen, zugestand und sich nur die Nichtanzeige, die Geheimhaltung der Sache dagegen versprechen ließ. Keines Beweises bedarf es, daß die Drohung mit Kriminalanzeige, womit die Ehre, die Freiheit und das Vermögen des Bedrohten in Gefahr kommt, an sich geeignet ist, auch den stärksten Geist zu erschüttern. Die Aeußerung des J., daß der Beklagte die Forderung von 10 000 ℳ bewilligen werde, der Beklagte gehe nicht ans Gericht, läßt erkennen, welches Gewicht der Drohung mit Kriminalanzeige nach den individuellen Verhältnissen des Beklagten beigelegt wurde." Ferner: es habe der Kläger dafür, daß ihm durch die Handlungsweise des Beklagten ein Schaden entstanden, nicht das mindeste zu erweisen vermocht. Die Schadensforderung des Klägers sei zweifellos insoweit keine berechtigte gewesen, als auch für die ohne Schuld des Beklagten nicht abgesetzten Loose der entgangene Gewinn angesetzt worden sei, und unter allen Umständen sei die Steigerung von 6000 auf 10 000 ℳ eine völlig widerrechtliche. Das Widerrechtliche sei dem Kläger bei Stellung der Forderung bekannt und damit die beigefügte Drohung der Anzeige bei der Staatsanwaltschaft widerrechtlich gewesen, da die Drohung vom Kläger als Mittel gebraucht worden, um sich widerrechtliche Vortheile zu verschaffen. Ob der Kläger sich der Erpressung im Sinne des § 253 des R.Str.G.B. schuldig gemacht habe, sei hier nicht zu untersuchen. Vom Standpunkte des bürgerlichen Rechts müsse aber angenommen werden, daß das Schuldversprechen des Beklagten, unter der Herrschaft des Zwanges hervorgerufen, im Zustande der Willensunfreiheit abgegeben, nach Art. 1109 ff. des Bürgerl. G.B. unwirksam sei. Aus welcher Veranlassung das erste Schuldversprechen durch den eingeklagten Schuldschein vom 10. März 1881 ersetzt worden sei, erhelle nicht. Die Zwangslage des Beklagten habe aber noch bei Ausstellung dieses Scheines bestanden und der Beklagte sei zur Genehmigung dieses Scheines, zur Unterschrift lediglich durch die Befürchtung bestimmt worden, die Androhung der Anzeige bei der Staatsanwaltschaft würde unmittelbar verwirklicht werden, wenn er die Vollziehung verweigern wollte. Für einen Verzicht auf die Anfechtung wegen Zwanges liege kein Anhalt vor, insbesondere auch nicht in dem Beisatz: „Gut für 5000 ℳ". Der Schuldschein sei wegen des ausgeübten Zwanges ohne Rechtswirkung.

„Es kann unerörtert bleiben, ob das O.L.G. bezüglich der Verneinung einer Novation das Gesetz verletzt habe, da es ohne Verletzung des Gesetzes angenommen hat, es sei auch bei der Unterstellung des Zustandekommens einer Novation das Rechtsgeschäft deshalb unwirksam, weil die Einwilligung des Beklagten zur Ausstellung des der Klage zu Grunde liegenden Schuldscheins vom 10. März 1881 erzwungen worden sei. In dieser Hinsicht ist zunächst davon auszugehen, daß eine Unwirksamkeit des durch die erwähnte Urkunde beurkundeten Rechtsgeschäfts wegen Zwanges auch dann vorliegen kann, wenn zwar der einen Zwang im Sinne der Art. 1109, 1111 und 1112 des B.G.B. bildende äußere Vorgang nicht unmittelbar zeitlich dem bezeichneten Rechtsgeschäft vorausgegangen, seine Wirkung jedoch eine solch' fortdauernde ist, daß auch noch im Zeitpunkte des durch die Urkunde vom 10. März 1881 beurkundeten Rechtsgeschäfts die in Art. 1112 bezeichnete Lage vorhanden ist. Die Feststellungen des urtheilenden Gerichts geben aber der Annahme Ausdruck, es sei die Wirkung des einen Zwang im Sinne der Art. 1109, 1111, 1112 bildenden äußeren Vorganges eine derart fortdauernde gewesen, daß auch noch im Zeitpunkte des durch die Urkunde vom 10. März 1881 beurkundeten Rechtsgeschäfts die in Art. 1112 bezeichnete Lage vorgelegen sei; ob die Wirkung eine derart fortdauernde gewesen, fällt in das der Nachprüfung entzogene Gebiet der thatsächlichen Auffassung. Weiter ist das urtheilende Gericht nicht etwa blos davon ausgegangen, es habe sich K. bei Ausstellung der Urkunde vom 10. März 1881 in einer Zwangslage befunden, sondern davon, es sei diese der Bestimmungsgrund für K. zur Einwilligung mittels Unterzeichnung der Urkunde vom 10. März 1881 gewesen, es habe dieselbe die Ursache zu dieser Unterzeichnung gebildet.

Das Gericht hat ferner in spezieller Weise begründet, in welchem äußeren Vorgang es einen noch bei der Unterzeichnung der Urkunde vom 10. März 1881 seine Wirkung äußernden Zwang erblickt hat, und die betreffende Darstellung läßt weiter auch in sonstiger Beziehung einen Rechtsirrthum nicht erkennen. Das urtheilende Gericht erblickte einen solchen Zwang in der von ihm dargestellten Androhung einer (strafrechtlichen) Anzeige bei der Staatsanwaltschaft. In dem Vorgang konnte eine widerrechtliche Gewalt im Sinne des Art. 1111 des B.G.B. gefunden werden. Allerdings ist die Erhebung einer Anzeige bei der Staatsanwaltschaft gegen eine Person wegen einer von dem Anzeiger unterstellten strafbaren Handlung dieser Person nichts Rechtswidriges; dagegen ist dies die Androhung einer solchen Anzeige, durch welche zur Erreichung der Absicht, sich oder einem Dritten einen rechtlich nicht gebührenden Vermögensvortheil zu verschaffen, jene Person zu einer Handlung (oder Duldung oder Unterlassung) genöthigt werden soll. Das urtheilende Gericht ging aber nach seinen thatsächlichen Annahmen von einer solchen Unterstellung, insbesondere davon aus, daß, wenn dem P. überhaupt ein Anspruch auf eine Entschädigung zugestanden, er jedenfalls keine Entschädigung von der durch J. gegenüber K. verlangten Höhe zu beanspruchen habe. Eine zur Erzielung einer so hohen Entschädigungssumme geschehene Androhung einer Anzeige der Handlungsweise K.'s bei der Staatsanwaltschaft war daher eine widerrechtliche Gewaltsanmaßung, auch wenn dem P. bezüglich eines geringeren Betrages ein Rechtsanspruch zugestanden haben sollte."

3. Badisches Recht.

120. Rechtliche Folgen der Mitverbindlichkeit (nicht Sammtverbindlichkeit) **der Ehefrau für ehemännliche Schulden** (Landrechtssatz 1135). Urth. des II. Civilsenats vom 8. Mai 1885 in Sachen der verehel. d'A. zu L. und Gen., Kläger und Revisionskläger, wider J. S. und Ehefrau zu N., Beklagte und Revisionsbeklagte. Vorinstanz: O.L.G. Karlsruhe. Aufhebung und Zurückverweisung.

Die erste Ehefrau des M. G. hatte als Mitschuldnerin mit diesem (nicht Sammtschuldnerin) gegenüber der jetzigen Ehefrau des J. S. Schulden kontrahirt und bei der Erb- und Gemeinschaftstheilung auf Ableben der Ehefrau des M. G. dieser die Bezahlung übernommen. Bei einer gegen M. G. im Jahre 1882 vollzogenen Zwangsvollstreckung in Liegenschaften erhielt die S. für eine Forderung von 12477,73 M mit Pfandeintrag vom 22. Juni bezw. 21. September 1881 7241,13 M, während die Restforderung wegen Mangels an Erlös in Verlust gerieth. Der Verlust (wie die theilweise Befriedigung) betrifft theils Forderungen, auf welche sich die Verbindlichkeit der Ehefrau des M. G. bezieht, theils solche, auf welche sie sich nicht erstreckt. Es belangten nun die Eheleute S. die drei Kinder der ersten Ehefrau des M. G. als Universalsuccessoren ihrer Mutter, deren Erbschaft sie unter der Rechtswohlthat des Erbverzeichnisses angetreten, auf den Ausfall in ersterer Beziehung, und wurden dieselben durch Urtheil des L.G. Offenburg zur Zahlung von je 1/3 von 4605,30 M nebst 5% Zinsen vom 11. Februar 1882 bis zum Betrage ihres Erbtheiles verurtheilt. Dieses Urtheil wurde vom O. L. G. bestätigt und die Revision gegen letzteres Urtheil vom R.G. am 11. März 1884 zurückgewiesen. Die damaligen Beklagten hatten einredend geltend gemacht, daß die Gläubigerin für den Schuldantheil der Beklagten bezahlt, bezw. die den Letzteren obgelegene Schuld erloschen sei, und dies dahin begründet: es habe ihnen wegen der klägerischen Forderung an sie auf Grund einer von ihrem Vater M. G. und dessen zweiter Ehefrau, geb. H., am 11. Juni 1880 zur Sicherung bezüglich der aus der Verbindlichkeitsübernahme ihrer Mutter erwachsenden Nachtheile und zur Erfüllung der hieraus entstehenden Verbindlichkeiten bestellten Realkaution, sowie kraft Gesetzes als Rechtsnachfolger ihrer ersatzberechtigten mitschuldnerischen Mutter und als Mündel ihres väterlichen Vormundes, der in der mütterlichen Erbtheilung die Berichtigung der ganzen Schuld vertragsmäßig übernommen habe, ein Regreßanspruch auf die von ihnen zu zahlende Hälfte bezw. auf denjenigen Betrag, welchen sie als Schuldner der Hälfte an die Gläubigerin zahlen müßten, zugestanden; da nun aber sowohl das mit Errichtung der Realkaution vertragsmäßig eingeräumte Pfandrecht, als auch die mit der Ersatzforderung aus der aufgelösten Gemeinschaft und aus der Vormundschaft verbundenen gesetzlichen Pfandrechte an den väterlichen Liegenschaften älteren Datums seien, als die von der Ehefrau S. für ihre Forderungen genommenen Inskriptionen, so hätte ihnen (den damaligen Beklagten) bei Verweisung der väterlichen Liegenschaftserlöse derjenige Betrag als Vergütung gebührt, welcher ihrem Schuldantheil gleichkomme, den aber die Gläubigerin mit der zugewiesenen Summe von 7241,13 ℳ erhalten habe; diese, welche bei gehöriger Berücksichtigung der Pfandrechte der Beklagten den Betrag von 4605,30 ℳ weniger erhalten haben würde, sei sonach ihnen (den damaligen Beklagten) gegenüber als befriedigt anzusehen. Diese Einrede wurde jedoch nicht für begründet erachtet. Die Entscheidungsgründe des reichsgerichtlichen Urtheils vom 29. Februar 1884 fassen dieselbe als die Einrede auf, „die Kläger (Revisionsbeklagten) seien bereits aus den Mitteln der Beklagten (Revisionskläger) befriedigt, weil Letztere von ihrem den Klägern vorgehenden Pfandrechte im Verweisungsverfahren keinen Gebrauch gemacht hätten", und würdigen dieselbe dahin:

„Sowohl die Konventionalhypothek als auch die gesetzlichen Pfandrechte der Beklagten (Revisionskläger) bestehen aber nur für eine bedingte Forderung, nämlich für den Fall, daß die Beklagten (Revisionskläger) als Erben ihrer Mutter, der ersten Ehefrau des M. G., welche Schuldnerin für die Hälfte gewesen ist, Zahlung an die Kläger (Revisionsbeklagten) geleistet haben. — Nach der accessorischen Natur des Pfandrechts (Landrechtssatz 2114) kann der Inhaber einer bedingten Forderung seine Hypothek für solche nicht geltend machen, um eine ihm nicht gebührende sofortige Zahlung zu erwirken, sondern ihm gebührt höchstens der Anspruch auf Sicherung (L. R. S. 1180; vergl. § 60 der R. Konk. O.). — Die Beklagten (Revisionskläger) behaupten nun nicht, daß sie selbst aus ihren Mitteln eine Zahlung an die Kläger (Revisionsbeklagten) gemacht haben, und diejenige Summe, welche den Letzteren in der Verweisung über den Erlös der Zwangsliegenschaftsversteigerung des M. G. zugewiesen ist, empfangen die Revisionsbeklagten aus dem Vermögen des M. G., welcher ihnen für ihre ganze Forderung schon kraft Gesetzes (L. R. S. 1484) und kraft der Erb- und Gemeinschaftstheilung auf Ableben seiner ersten Ehefrau haftet, weil er dort die ganze Forderung zu zahlen übernommen hat. Damit haben also die Kläger (Revisionsbeklagten) nichts aus dem Vermögen der Beklagten (Revisionskläger) erhalten, sondern es liegt nur eine den Ersteren, mit Rücksicht auf das oben über das Unterpfandsrecht der Revisionskläger Gesagte, rechtlich gebührende Zahlung aus dem Vermögen ihres Schuldners vor. Mithin können sich hierauf die Beklagten (Revisionskläger) nicht berufen, um im vorliegenden Prozesse ihre Zahlungsverbindlichkeit abzulehnen. Ob die Beklagten (Revisionskläger) nach Leistung der ihnen obliegenden Zahlung den Vorrang ihres Unterpfandrechts vor den Klägern (Revisionsbeklagten) geltend zu machen rechtlich befugt und mit Rücksicht auf die Verweisung noch in der Lage sind, bedarf demnach keiner Prüfung."

Nachdem hierauf die damaligen Beklagten der rechtskräftigen Verurtheilung Folge geleistet hatten, erhoben zwei derselben — die Ehefrau des Th. d'A. und E. G. (die jetzigen Klägerinnen) — gegen die Eheleute S. (die jetzigen Beklagten) Klage auf Berichtigung des Verweisungsentwurfs vom 27. März 1882 dahin, daß sie mit 3403,22 ℳ nebst 5% Zinsen vom 11. Februar 1882 vor den Beklagten locirt und auf den Steigerungserlös verwiesen würden, soweit nicht bereits Zahlung kraft der Verweisung an die Beklagten erfolgt sei. („Es ist — bemerkt der Thatbestand des jetzt angefochtenen oberlandesgerichtlichen Urtheils vom 8. November 1884 — als Versehen anerkannt worden, daß die Kapitalleistung 3403,22 ℳ betragen habe;

dieselbe belief sich nur auf $\frac{4605,30 \times 2}{3} = 3070,20$ ℳ, und es wurden irrthümlich die hieraus bezahlten Zinsen doppelt angefordert"). Die Klage führte aus, die Kläger hätten gemäß dem rechtskräftigen Urtheile je ⅓ des Ausfalls an die Beklagten bezahlt, sie besäßen aber besseres Pfandrecht als die Beklagten auf Grund der Realkaution von 1880, wie auch aus dem gesetzlichen Pfandrechte als Erben ihrer Mutter und als Mündel ihres Vaters, welcher, obgleich er bei der Theilung die Tilgung der ganzen Forderung der Beklagten vertragsmäßig übernommen hatte, trotzdem seine Kinder und Mündel nicht durch Zahlung entlastet habe. Der Notar habe bei der Verweisung diesen schriftlich geltend gemachten Ersatzanspruch ignorirt; sei letzterer, wie das R. G. ausgeführt habe, ein bedingter, so sei jetzt durch Zahlung die Bedingung eingetreten. Bei richtiger Verweisung wären die Kläger mit ihrem Ersatzanspruch vor den Beklagten und an deren Stelle zu verweisen gewesen. Die Beklagten beantragten die Abweisung der Klage. Sie machten hierfür zunächst geltend, die Geltendmachung des Pfandrechts für die Ersatzforderung der Kläger hätte in dem Zwangsvollstreckungsverfahren erfolgen müssen, jetzt sei dieselbe verspätet. Weiter leiteten sie aus dem reichsgerichtlichen Urtheil die Einrede rechtskräftiger Entscheidung ab und hielten ferner aus näher erörterten rechtlichen Erwägungen die Klage für materiell unbegründet.

Das L. G. Offenburg erkannte mit Urtheil vom 24. Mai 1884 nach dem Klagbegehren; es erachtete — was es näher ausführt — den formellen Einwand durch § 73 des Bad. Einführungsgesetzes zu den Reichs-Justizgesetzen als widerlegt, die Einrede rechtskräftiger Entscheidung als nicht gerechtfertigt und materiell den Klaganspruch als gerechtfertigt. Gegen dieses Urtheil ergriffen die Beklagten die Berufung mit dem Antrage auf Abweisung der Klage. Sie machten hierfür zunächst rechtskräftige Entscheidung durch den Vorprozeß geltend. Ferner sei die Klage als Anfechtung eines Vollstreckungsaktes verspätet; § 73 des Einf.-Gesetzes handle nur von dritten, außerhalb des Vollstreckungsverfahrens stehenden Personen, während die Kläger als Gläubiger bei dem Verfahren mitgewirkt hätten, deshalb auf die Behelfe der §§ 76, 77 des Einf.-Ges. beschränkt seien, die sonst gar keine Bedeutung hätten; auch die §§ 686, 757 der C. P. O. ständen entgegen. Sodann könne, was in Befolgung eines gerichtlichen Urtheils bezahlt sei, nur durch Wiederaufnahme des Verfahrens oder Restitutionsklage zurückverlangt werden; die Klage erscheine als eine condictio indebiti, der es aber an dem Irrthum bei der Zahlung gebreche. Die Klage sei aber auch materiell unbegründet; die Kläger könnten den Ersatz für ihre Leistung aus der Verbindlichkeitsübernahme ihrer Mutter nicht gegenüber dem Gläubiger fordern, welchem sie als Erben der Mutter persönlich verhaftet seien; dieser Versuch eines Regresses gegen die Gläubiger der mitverbindlichen Mutter bilde einen fehlerhaften Zirkel; hier treffe die Bestimmung des L. R. S. 1640a zu. Die weitere Behauptung, in dem Vorgang von 1880 liege eine die früheren gesetzlichen Pfandrechte beseitigende Novation, dieser aber stehe gegen das Pfandrecht der Beklagten keine Priorität zu, wurde auf die Entgegnung, daß auch die Realkaution dem Pfandrecht zeitlich vorgehe, dahin aufrecht erhalten, das bedungene Pfandrecht habe nicht, wie das gesetzliche, den Vorzug der Rückdatirung, entstehe vielmehr erst mit der Leistung selbst.

Mit Urtheil vom 8. November 1884 änderte das O. L. G. das landgerichtliche Urtheil vom 24. Mai 1884 dahin ab, daß die Kläger, unter Verfällung in die Kosten beider Rechtszüge, mit der erhobenen Klage abgewiesen werden. Das O. L. G. erachtete die Einrede der rechtskräftigen Entscheidung, ferner die Einwendungen der

Verspätung und aus §§ 686, 757 der C. P. O., sowie jene, es könne, was in Befolgung eines gerichtlichen Urtheils bezahlt sei, nur durch Wiederaufnahme des Verfahrens oder Restitutionsklage zurückverlangt werden und es liege ein condictio indebiti vor, der es an dem Irrthum bei der Zahlung gebreche, für unbegründet (was es näher ausführt), dagegen (weshalb eine Erörterung der aus der Natur des Vorganges als Novation von den Berufungsbeklagten abgeleiteten Folgerung nicht nöthig falle) die Berufungsbeschwerde materiell als begründet. In letzterer Hinsicht führt das O. L. G. aus:

„Die ersteheIichen Kinder des M. G. haften als Erben ihrer mitschuldnerischen Mutter der Gläubigerin Ehefrau S. persönlich, soweit ihr Erbtheil reicht, bis zur Hälfte der durch die Mitverbindlichkeit gedeckten Forderung und bleiben in diesem Rahmen verpflichtet, sofern die Gläubigerin nicht aus dem Vermögen des Vaters ihre volle Befriedigung findet. Faßt man auch die Stellung der mitschuldnerischen Ehefrau gegenüber dem Gläubiger als Bürgschaftsverhältniß auf, welches L. R. S. 1431 gegenüber dem Ehemanne annimmt, so fehlt für den Gläubiger jeder Anlaß, auf den Bürgen zu greifen, insoweit das Vermögen des Hauptschuldners zu seiner Befriedigung hinreicht. Die Befriedigung aus dem Vermögen des Hauptschuldners kann deshalb der Gläubiger zunächst aus dem letzteren Vermögen, unbeirrt durch das Bürgschaftsverhältniß, suchen; letzteres hat ihn nur für den ihm entstehenden Ausfall zu decken. Handelt es sich um eine Sammtverbindlichkeit, so muß ihm der ganze Ausfall durch die sammtverbindliche Bürgin ersetzt werden; liegt nur eine Mitverbindlichkeit vor, wie hier, so geht die Haftung bis zur Hälfte der betreffenden Forderung, während ein weiterer Ausfall, als durch die Mitverbindlichkeit nicht gedeckt, zu Lasten des Gläubigers bliebe. Im vorliegenden Falle haben die Beklagten nach Befriedigung der ersteheIichen Kinder für ihr Gleichstellungsgeld (und einer weiteren Gläubigerin kraft besonderen Vorzugsrechts) noch in dem Vermögen des schuldnerischen Ehemannes Befriedigung für mehr als die Hälfte ihrer Forderung gefunden und insoweit nicht nöthig gehabt, sich an die Kinder als Erben ihrer Garantien zu halten. Nur für den Ausfall, der weniger als die Hälfte der Forderung beträgt, waren sie genöthigt, ihr Recht aus der Mitverbindlichkeit der ersten Ehefrau des Schuldners geltend zu machen, wie dies im Vorprozesse geschah.

Die jetzigen Kläger haben den Ersatzanspruch für die Wirkungen der übernommenen Mitverbindlichkeit in der Absicht geltend gemacht, ihrerseits die Mittel zu der an die Beklagten geschuldeten Leistung vor den Beklagten aus dem väterlichen Vermögen zu schöpfen und die Beklagten mit dem ihnen alsdann erwachsenden Ausfalle an den Vater als unmittelbaren Schuldner zu verweisen. Sie berufen sich hierfür auf den in der Gerichtspraxis neuerdings anerkannten Satz, daß die Uebernahme der Sammt- oder Mitverbindlichkeit für eine Schuld des Ehemannes von Seiten der Ehefrau noch keinen Verzicht auf ihr gesetzliches Unterpfandsrecht enthalte (folgen Citate). Allein dieser Rechtssatz kann keine unbedingte und unterschiedslose Anwendung beanspruchen. Wohl tritt er in allen Fällen ein, wenn die Frau in Konkurrenz mit anderen Gläubigern des Mannes einen Anspruch gegen den Ehemann erhebt, der mit der von ihr übernommenen Sammt- oder Mitverbindlichkeit keinen Zusammenhang hat; dagegen kann er dann nicht Platz greifen, wenn es sich gerade um die Schuld handelt, für welche die Frau die Verbindlichkeit übernommen hat, wenn die Frau ihr gesetzliches Pfandrecht gerade gegenüber der Schuld geltend machen wollte, für welche sie mitverbindlich ist. Würde hier die Priorität des Pfandrechtes entscheiden, so wäre geradezu die Verbindlichkeitsübernahme der Ehefrau während der Ehe illusorisch, für den betreffenden Gläubiger wirkungslos.

Entscheidend ist hier die Natur des zwischen den Gläubigern und der Ehefrau entstehenden Rechtsverhältnisses; die Mit- bezw. Sammtverbindlichkeit der Ehefrau bildet einen Garantievertrag, eine Art Bürgschaft, durch welche die Ehefrau den Gläubiger aus ihrem Vermögen für den durch spätere Unzulänglichkeit des ehemännlichen Vermögens entstehenden Verlust sichert und deckt. Als Garantie hat aber die Ehefrau sich vor allem zu enthalten, den Gläubiger in der Befriedigung aus dem Vermögen des Schuldners (des Ehemannes) zu stören; dem Versuche der Ehefrau, dem Gläubiger, dem sie mitverpflichtet ist, durch Berufung auf ihr gesetzliches Pfandrecht Konkurrenz zu machen, steht die exceptio doli entgegen. Würde der Frau kraft ihres Pfandrechtes zustehen, einen solchen Gläubiger mit dem Ausfalle an den insolventen Schuldner zu verweisen, so wäre damit das Gegentheil des in der Uebernahme der Mitverbindlichkeit zum Ausdrucke gelangten Parteiwillens erreicht, ein Ergebniß, gegen welches der berufungsklägerische Anwalt mit Recht auf die Analogie des L.R.S. **1640a** hingewiesen hat, nach welchem die Entwährungsbefugniß dessen, der Erbe oder Rechtsfolger des rechten Eigenthümers ist, wegfällt, so oft ihn die Gewährleistungsklage treffen würde."

„Dem angefochtenen Urtheile liegt Rechtsirrthum zu Grunde. Inhaltlich der thatsächlichen Feststellung hat die erste Ehefrau des M. G. für die in Frage stehenden S.'schen Forderungen an M. G. die Mitverbindlichkeit, nicht die Sammtverbindlichkeit übernommen. Damit haftet sie dem Gläubiger für die Hälfte der Forderungen. Soweit sie haftet, geht nur ihre Verpflichtung zur Befriedigung des Gläubigers. In dem Wesen dieser Verpflichtung liegt auch jene, nicht durch Ausübung des gesetzlichen Pfandrechts wegen ihres Ersatzanspruches an den Ehemann gerade für die von ihr übernommene Verbindlichkeit, unter Geltendmachung der Priorität desselben vor einem Pfandrecht des Gläubigers, bezüglich der Verweisung der Erlöse aus der Liegenschaftsvollstreckung gegen den Ehemann ein Ergebniß herbeizuführen, daß der Gläubiger eine wirkliche Befriedigung aus dem Vermögen der Ehefrau nicht für jenen hälftigen Betrag erhalten würde, für welchen die Ehefrau haftet (Landrechtssatz 1135). Wenn nun die Ehefrau aus ihren Mitteln nur einen Theil der ihr obliegenden Forderungshälfte bezahlt hat und für diesen bezahlten Theil das gesetzliche Pfandrecht wegen ihres Ersatzanspruches an den Ehemann hierfür, unter Geltendmachung der Priorität ihres Pfandrechts vor einem Pfandrecht des Gläubigers, in Anspruch nimmt, so mindert sich daher ihre Berechtigung auf Priorität ihres Pfandrechts vor jenem des Gläubigers um denjenigen Betrag, der zur Deckung der der Ehefrau obliegenden Forderungshälfte noch erforderlich ist; der Ausnützung der Priorität ihres Pfandrechts vor jenem des Gläubigers für den bezeichneten Betrag stünde nämlich die Einrede entgegen, daß sie andererseits zur Leistung eines gleichen Betrages aus ihrem Vermögen auf Grund ihrer Haftung für die Hälfte der Forderung dem Gläubiger verpflichtet sei.

Dagegen ergeben sich aus der Mitverbindlichkeit der Ehefrau für die Schuld des Ehemannes keine Verpflichtungen der Ehefrau bezüglich der weiteren Hälfte der Forderung. In der Uebernahme der Mitverbindlichkeit von Seiten der Ehefrau liegt an sich keine Uebernahme einer Garantie gegenüber dem Gläubiger bezüglich des die Hälfte der Forderung übersteigenden Betrages; es besteht deshalb auch keine Verpflichtung der Ehefrau, nicht in die Befriedigung des Gläubigers hierfür aus dem Vermögen des Ehemannes störend einzugreifen und sich auch soweit der Konkurrenz durch Berufung auf die Priorität ihres Pfandrechts vor einem solchen des Gläubigers zu enthalten; in letzterer Hinsicht besteht vielmehr nur die oben bezeichnete, aus ihrer Haftung für die Hälfte der Forderung hervorgehende Schranke.

Die bisher entwickelten Grundsätze finden entsprechende Anwendung, soweit im vorliegenden Falle die Haftungsverbindlichkeit der jetzigen Kläger als Erben ihrer Mutter, der ersten Ehefrau des M. G., in Frage steht. Es steht daher nicht ihrem ganzen Prioritätsanspruch wegen ihres auf mehrere Titel gestützten Pfandrechts die exceptio doli entgegen, sondern er erleidet nur eine Minderung um die Summe, welche sie weniger als nach dem Maaß ihrer Haftung als Erben ihrer Mutter bezahlt haben."

Civilrechtliches aus den Strafsenaten des R.G.

Reichs-Wechselstempelsteuergesetz von 1869.

Nur „Inhaber" im Sinne der §§ 5 ff. des Reichs-Wechselstempelsteuergesetzes von 1869 sind wechselstempelsteuerpflichtig. „Inhaber" ist derjenige, der im eigenen Namen (wenn auch für fremde Rechnung) **auftritt und die im § 5 vorgesehenen wechselrechtlichen Handlungen vornimmt. Ein Rechtsanwalt, der nur als Bevollmächtigter des Wechselinhabers diese Handlungen vornimmt, ist nicht „Inhaber" des Wechsels, außer wenn er als Indossatar auftritt.** Urth. des I. Strafsenats vom 16. April 1885 wider den Rechtsanwalt B. zu H. Vorinstanz: L.G. Halle. Aufhebung und Zurückverweisung.

Nach den thatsächlichen Feststellungen des angefochtenen Urtheils hat der Angeklagte einen am 17. Mai 1882 von dem Gutsbesitzer F. W. ausgestellten eigenen Wechsel, kraft dessen sich dieser verpflichtete, die Summe von 2000 ℳ drei Monate nach Sicht an die Ordre des Vorschuß- und Sparvereins in E. zu bezahlen, im Mai 1884 an den Gerichtsvollzieher S. in L. mit dem Auftrag übersandt, diesen Wechsel, der nicht mit dem tarifmäßigen Stempel versehen war, dem Aussteller W. vorzulegen. Wegen dieser Handlung wurde der Angeklagte, der geltend gemacht hatte, er habe den Wechsel lediglich im Auftrage des Konkursverwalters des genannten Vorschußvereins dem Gerichtsvollzieher zum Zweck der Präsentation zur Zahlung übersandt und sei deshalb nicht als Theilnehmer am Umlaufe dieses Wechsels im Sinne des Gesetzes vom 10. Juni 1869 anzusehen, durch Urtheil des Schöffengerichts zu Halle vom 27. November 1884 der Uebertretung der §§ 1, 2, 4, 5, 6 und 11 des angeführten Gesetzes für schuldig erklärt und zu einer Geldstrafe von 50 ℳ verurtheilt. Die von demselben eingelegte Berufung wurde durch das angefochtene Urtheil als unbegründet verworfen. Zur Begründung dieser Entscheidung wurde bemerkt, das B.G. habe sich den Ausführungen des Schöffenrichters angeschlossen, wonach der Angeklagte dem Gerichtsvollzieher gegenüber Vertreter des Konkursverwalters H. und nicht blos Bote, sondern, unabhängig von dem zwischen ihm und H. bestehenden Rechtsverhältniß, selbständiger Extrahent des von dem Gerichtsvollzieher erhobenen Protestes gewesen sei. Auch wurde unter Bezugnahme auf ein Urtheil des früheren Preuß. Ob.Trib. vom 7. November 1873 (Goltdammer's Archiv Bd. XXI S. 579) ausgeführt: daß der Angeklagte selbst eine rechtliche Beziehung zu dem in Umlauf gesetzten Wechsel gehabt habe, werde zur Strafverfolgung wegen Wechselstempelsteuerhinterziehung nicht vorausgesetzt, vielmehr genüge das Vorhandensein einer rechtlichen Beziehung zu der Person des Wechseleigenthümers oder sonstigen Wechselberechtigten; eine solche liege aber vor.

„Von dem Angeklagten wird mit Recht geltend gemacht, diese Ausführungen genügten nicht, um die Anwendung der in Frage stehenden Strafbestimmungen zu rechtfertigen. Nach § 4 des Gesetzes über die Wechselstempelsteuer vom 10. Juni 1869 sind der Reichskasse sämmtliche Personen, welche an dem Umlaufe des Wechsels im Gebiete des Deutschen Reiches Theil genommen haben, für die Entrichtung der Abgabe solidarisch verhaftet. In § 5 wird bestimmt, daß als Theilnehmer an dem Umlaufe eines Wechsels außer dem Aussteller und dem Unterzeichner eines Accepts, Indossaments oder einer anderen Wechselerklärung Derjenige anzusehen ist, der für eigene oder fremde Rechnung den Wechsel erwirbt, veräußert, verpfändet oder als Sicherheit annimmt, zur Zahlung präsentirt, Zahlung darauf empfängt oder leistet oder mangels Zahlung Protest erheben läßt, ohne Unterschied, ob der Name der Firma auf den Wechsel gesetzt wird oder nicht. Nach § 11 des Gesetzes, der im vorliegenden Falle zutrifft, ist, wenn die in den §§ 6—10 vorgeschriebene Versteuerung eines Wechsels unterlassen wurde, der nächste und, solange die Versteuerung nicht bewirkt ist, auch jeder fernere inländische „Inhaber" verpflichtet, den Wechsel zu versteuern, ehe er eine der in diesem Paragraphen aufgezählten Handlungen vornimmt, insbesondere ehe er den Wechsel unterzeichnet, zur Zahlung präsentirt, mangels Zahlung Protest erheben läßt oder den Wechsel aus den Händen giebt. Im vorliegenden Falle durfte die Verurtheilung des Angeklagten, der den Wechsel dem Aussteller zur Zahlung vorlegen und Protest mangels Zahlung erheben ließ, auf Grund des § 11 nur dann erfolgen, wenn die festgestellten Thatsachen die Annahme rechtfertigten, daß derselbe im Sinne dieses Paragraphen „Inhaber" des Wechsels gewesen sei und in dieser Eigenschaft die oben bezeichneten Handlungen vorgenommen habe. Thatsachen dieser Art sind aber nicht festgestellt worden. Die Bedeutung des in § 11 gebrauchten Wortes „Inhaber" ergiebt sich aus § 5 des Gesetzes, auf den auch in § 6 in dieser Beziehung ausdrücklich verwiesen worden ist. Als Inhaber des Wechsels im Sinne des Wechselstempelsteuergesetzes erscheint sonach nicht jede Person, welche den Wechsel in ihrem Besitze hat, sondern nur Derjenige, der nach § 5 des Gesetzes als Theilnehmer an dem Umlaufe eines Wechsels anzusehen ist. Der Umstand, daß Jemand einen Wechsel für eigene oder fremde Rechnung zur Zahlung präsentirt oder mangels Zahlung Protest erheben läßt, kann nach § 5 allerdings genügen, um diese Person als Theilnehmer am Umlaufe des Wechsels erscheinen zu lassen; allein dies ist nur dann der Fall, wenn diese Person, obgleich für fremde Rechnung, doch in eigenem Namen auftritt, beziehungsweise die in § 5 vorgesehenen wechselrechtlichen Handlungen vornimmt. Dies ergiebt sich schon aus § 5 selbst, außerdem aus der Vorschrift des § 15, nach der inländische Makler und Unterhändler, welche wissentlich unversteuerte Wechsel verhandelt haben, ebenso zu bestrafen sind, wie die Personen, welche der ihnen nach den §§ 4—12 obliegenden Verpflichtung zur Entrichtung der Stempelabgabe nicht rechtzeitig genügt haben. Diese Vorschrift läßt deutlich erkennen, daß Derjenige, der lediglich im Auftrage und namens eines Dritten einen Wechsel für diesen verkauft, nicht als Theilnehmer am Umlaufe des Wechsels anzusehen ist und an sich nicht nach den §§ 4—12 bestraft werden könnte. Was von der Veräußerung gilt, muß aber auch bezüglich der anderen im § 5 des Gesetzes aufgezählten Handlungen, insbesondere von der Präsentation zur Zahlung und dem Auftrag zur Protesterhebung gelten. Bestätigt wird die Richtigkeit dieser Auffassung auch durch die dem Entwurf des Gesetzes beigegebenen Motive, in denen (auf S. 13) bemerkt wurde, daß sich die Steuerpflicht, solange sie unerfüllt sei, auf folgende „Wechselinteressenten" fortpflanze. Der Rechtsanwalt, der mit der Einklagung einer Wechselforderung beauftragt ist und in seiner Eigenschaft als Bevollmächtigter namens seines Auftraggebers den Wechsel zur Zahlung vorlegen oder mangels derselben Protest erheben läßt, ist hiernach nicht als Theilnehmer am Umlaufe dieses Wechsels oder als Inhaber desselben im Sinne der §§ 6 und 11 des Gesetzes vom 10. Juni 1869 anzusehen. Vielmehr kommt ihm diese Eigenschaft nur dann zu, wenn er in eigenem Namen eine der im § 5 vorgesehenen wechselrechtlichen Handlungen vornimmt, insbesondere wenn er nicht durch einfache Vollmacht, sondern durch ein diese enthaltendes Inkasso-Indossament in den Besitz des Wechsels gelangt ist und in seiner Eigenschaft als Indossatar den Wechsel zur Zahlung vorlegt. Wenn sich der Rechtsanwalt den Wechsel giriren läßt, tritt er in die Reihe derjenigen Personen ein, welche an dem Umlaufe desselben Theil nehmen, nicht aber wenn er sich darauf beschränkt, namens seines Auftraggebers die demselben zustehenden Befugnisse auszuüben. Im vorliegenden Falle sind keine Thatsachen festgestellt, aus denen zu entnehmen ist, daß der Angeklagte auf Grund eines anderen als des sich aus einer einfachen Vollmacht ergebenden Rechtsverhältnisses in den Besitz des Wechsels gelangt ist und Auftrag zur Präsentation desselben gegeben hat. Insbesondere steht nicht fest, daß der Wechsel zum Zweck der Einkassirung auf ihn girirt worden ist. Die Strafkammer hat zwar den Satz aufgestellt, daß der Angeklagte nicht als Bote, sondern als selbständiger Extrahent des Wechsels anzusehen sei. Auch ist in dem schöffengerichtlichen Urtheil, auf dessen Begründung die Strafkammer Bezug genommen hat, ausgesprochen worden, der Angeklagte könne nicht nur als Prozeßbevollmächtigter angesehen werden, der strafrechtlich außer Verantwortlichkeit bleibe, wenn er den Auftrag der Partei ausführe. Aber abgesehen davon, daß die Thatsachen, in denen zum Ausdruck gekommen sein soll, daß der Angeklagte Inhaber des Wechsels war und denselben in eigenem Namen zur Zahlung vorlegen ließ, nicht angegeben worden sind, ist aus dem Urtheile nicht klar zu ersehen, was die Strafkammer unter einem selbständigen Extrahenten des Protestes versteht, und liegen verschiedene Anhaltspunkte dafür vor, daß dieselbe nur in Folge einer rechtsirrthümlichen Auffassung zu ihren Feststellungen gelangt ist. Insbesondere läßt die Ausführung, es sei nicht nöthig, daß der Angeklagte eine rechtliche Beziehung zu dem Wechsel gehabt habe, vielmehr genüge das Vorhandensein einer rechtlichen Beziehung zur Person des Wechselberechtigten, die hier gegeben sei, in Verbindung mit der Feststellung, daß der Angeklagte dem Gerichtsvollzieher als Vertreter des Konkursverwalters H. gegenüber gestanden habe, den Schluß zu, die Strafkammer sei von der Annahme ausgegangen, auch wenn der Angeklagte lediglich als Vertreter des Konkursverwalters und namens desselben Auftrag zur Präsentation des Wechsels und zur Protesterhebung gegeben habe, sei er als Inhaber des Wechsels und selbständiger Extrahent des Protestes anzusehen und die Anwendung der in Frage stehenden Strafbestimmungen gerechtfertigt. Hierfür spricht auch einestheils, daß aus dem Urtheil in keiner Weise zu ersehen ist, der Angeklagte habe zu dem Konkursverwalter in einem anderen Verhältniß als dem eines Bevollmächtigten gestanden, anderntheils der Umstand, daß die Strafkammer selbst angenommen zu haben scheint, eine rechtliche Beziehung zwischen dem Angeklagten und dem Wechsel selbst liege nicht vor. Eine derartige Auffassung wäre aber nach den obigen Ausführungen als rechtsirrthümlich anzusehen."

Reichsrecht.

1. Handelsrecht.

121. Insoweit bei eheweiblichen Bürgschaften nach Landesgesetz bloße „Förmlichkeiten" zu erfüllen sind, kommt es im Falle des Art. 317 Abs. 2 des H.G.B. (bei Verbürgung der Ehefrau einem Kaufmann gegenüber) **hierauf nicht an.** Urth. des II. Civilsenats vom 1. Mai 1885 in Sachen der Erben F. zu St., Kläger und Revisionskläger, wider die Eheleute K. zu A., Beklagte und Revisionsbeklagte. Vorinstanz: O.L.G. Dresden. Aufhebung und Zurückverweisung.

In einer Urkunde vom 30. Juni 1866 hat der beklagte Ehemann bekannt, dem Kohlenhändler F. für erkaufte Steinkohlen den Betrag von 2342 Thlr. 1 Gr. 2 Pf. Kapital und 41 Thlr. 23 Gr. 9 Pf. Zinsen zu schulden, auch versprochen, diese 2383 Thlr. 25 Gr. 1 Pf. nach dreimonatiger Kündigung zurückzuzahlen, inzwischen aber mit 5 vom Hundert jährlich zu verzinsen. Die mitbeklagte Ehefrau ist nach derselben Urkunde als Bürgin für die Schuld ihres Ehemannes eingetreten. Sie ist von dem zuständigen Gerichte in Abwesenheit des Ehemannes über das Wesen der Bürgschaft belehrt worden, darauf bei ihrer Erklärung allenthalben verblieben und hat erklärt, daß sie sich als Selbstschuldnerin für die Schuld ihres Ehemannes ausdrücklich verbürgen wolle, auch der Ausflucht der Vorausklage entsage. Der Ehemann stimmte den Erklärungen der Ehefrau zu. Am 21. September 1882 ist der Gläubiger F. verstorben. Seine Erben haben die Schuld am 16. April 1883 gekündigt und sodann bei dem L.G. Chemnitz gegen den Schuldner und die Bürgin Klage erhoben. Sie fordern die solidarische Bezahlung von 7151,51 ℳ nebst 5 % jährlichen Zinsen von 7026,12 ℳ seit 1. Juli 1866 an den Kläger F. zur Hälfte und an jede der Mitklägerinnen zu einem Viertheile. In dem erstinstanzlichen Urtheile vom 21. November 1883 sind die Beklagten antragsgemäß, sowie zu antheiliger Tragung der Prozeßkosten verurtheilt worden, vorbehaltlich der Leistung eines dem beklagten Ehemanne über eine Einrede auferlegten richterlichen Eides. Im Falle der Eidesleistung sollten die Kläger mit der Klage abgewiesen und in die Kosten verurtheilt werden.

Die Kläger legten Berufung ein. Sie beantragten eine unbedingte Verurtheilung der Beklagten. Die mitbeklagte Ehefrau schloß sich der Berufung an und beantragte, die gegen sie gerichtete Klage abzuweisen. Durch Urtheil vom 29. Oktober 1884 hat das O.L.G. Dresden dem Antrage der Anschlußberufung entsprechend erkannt, die Kläger zur Tragung der Hälfte der erstinstanzlichen Kosten verurtheilt, deren Berufung zurückgewiesen und den Klägern die Kosten der Berufungsinstanz auferlegt. In den Gründen wird zur Anschlußberufung ausgeführt: Nach den Vorschriften in § 1650 des Sächs. Bürgerl. G.B. sei zur Gültigkeit der eheweiblichen Verbürgung mindestens eine solche Fassung des über die gerichtliche Belehrung der Ehefrau aufzunehmenden Protokolles erforderlich, welche keinen Zweifel darüber aufkommen lasse, daß das Gericht die Ehefrau in den Stand gesetzt habe zu übersehen, daß sie durch das zu Gunsten des Ehemannes einzugehende Rechtsgeschäft Verlust an ihrem Vermögen erleiden könne und in welcher Richtung und Ausdehnung dies möglich sei. Bei der in § 1650 getroffenen Einrichtung handele es sich nicht blos um eine Ausnahme von der Regel des § 97, wonach sich Niemand auf Unkenntniß der Gesetze berufen könne, sondern um die noch weiter gehende Absicht des Gesetzgebers, den Ehefrauen für ihr eigenes Vermögen einen Rechtsschutz zu gewähren. Vorliegenden Falles sei es um so mehr geboten gewesen, daß die Mitbeklagte durch geeignete Belehrung in die Lage kam, sich alle Folgen der beabsichtigten Bürgschaft für ihr eigenes Vermögen zu vergegenwärtigen, als sie sich als Selbstschuldnerin, mithin in einer Form verbürgte, mit welcher das Gesetz besonders schwere Folgen für das Vermögen des Bürgen verbinde (§ 1462 des Bürgerl. G.B.). Daß aber der Mitbeklagten von dem Gerichte in vorstehendem Sinne zureichende Belehrung zu Theil geworden sei, lasse das Protokoll nicht erkennen. Es frage sich schon, ob dasselbe nicht lediglich zum Ausdruck bringe, daß ihr nur der gesetzliche Begriff der Bürgschaft erläutert worden sei. Wenn Jemand von dem Wesen der Bürgschaft spreche, so könne er dabei beispielsweise (nur) den Unterschied zwischen der rechtlichen Stellung des Bürgen und derjenigen des Hauptschuldners oder die Frage, ob und unter welchen Voraussetzungen einem Bürgen ein Regreß an den Hauptschuldner zustehe, im Sinne gehabt haben. Jedenfalls sei in der Versicherung des Protokolles, daß die Mitbeklagte „über das Wesen der Bürgschaft belehrt worden sei", nicht die zweifellose Bezeugung der Thatsache zu erblicken, daß der Mitbeklagten eine solche Belehrung zu Theil geworden sei, von welcher angenommen werden müßte, daß sie der Mitbeklagten vollständige Aufklärung über die nachtheiligen Folgen, welche die Bürgschaft für sie haben könne, über den Inhalt und Umfang der ihr durch die Bürgschaft erwachsenden Verpflichtungen und über das Maß, in welchem dadurch ihr eigenes Vermögen belastet wurde, verschafft habe. Sonach habe wegen der Mangelhaftigkeit des über die Verbürgung aufgenommenen Protokolles das Verbürgungsgeschäft selbst nicht als ein wirksames angesehen werden können.

Die Kläger haben gegen das B.U. Revision eingelegt. Sie luden indessen nur die mitbeklagte Ehefrau zur Verhandlung vor und beantragten, das angefochtene Urtheil aufzuheben und die Anschlußberufung zurückzuweisen, indem sie Folgendes geltend machten: 1) Die Auslegung des Protokolles vom 30. Juni 1866 sei mangelhaft begründet. Nachdem die Ehefrau von dem Gerichte belehrt worden, habe sie erklärt, daß sie sich als Selbstschuldnerin verbürgen wolle, auch der Ausflucht der Vorausklage entsage. Diese Stelle des Protokolles sei nicht gewürdigt, obwohl sie von Belang sei. Denn danach hätte das O.L.G. die Belehrung nicht für ungenügend halten können, hätte vielmehr annehmen müssen, daß sie auf dasjenige gerichtet gewesen sei, was die Ehefrau nachträglich erklärt habe. 2) Da der Gläubiger F. Kohlenhändler, mithin Kaufmann gewesen sei, so habe die Bürgschaft als Handelsgeschäft zu gelten. Auf dieselbe finde also die Bestimmung in Art. 317 Abs. 1 des H.G.B. Anwendung; und bei den Vorschriften des § 1650 des Sächs. Bürgerl.

G.B. handele es sich nur um „Förmlichkeiten", deren Beobachtung die Rechtswirksamkeit des Bürgschaftsvertrages nach Art. 317 des H.G.B. nicht bedinge.

„Die Auslegung des Protokolles vom 30. Juni 1866 bewegt sich auf thatsächlichem Gebiete, welches der Revision nicht zugänglich ist. Daß das Oberlandesgericht dabei einen wichtigen Umstand übersehen hätte, läßt sich nicht behaupten. Anlangend insbesondere die Erklärung, welche die Ehefrau nach empfangener Belehrung zu Protokoll gegeben hat, so ist daraus der Inhalt der Belehrung nicht zu erkennen, auch nicht daraus zu folgern, daß die Belehrung den Vermögensverlust zum Gegenstand gehabt habe, welchen sich die Ehefrau durch die Verbürgung zuziehen konnte. Dem ersten Angriffe konnte daher Berücksichtigung nicht zu Theil werden.

Nicht unbeachtlich erscheint dagegen der zweite Einwand der Revisionskläger. Der Gläubiger F. wird im Thatbestand des B.U. als „Gutsbesitzer und Kohlenhändler" bezeichnet. Er kann demnach gewerbemäßig Handelsgeschäfte betrieben haben, und wenn dies der Fall war, so hatte die Bürgschaft auf seiner Seite die Bedeutung eines Handelsgeschäfts (Art. 273 Abs. 1, Art. 274 Abs. 1 des H.G.B.). Dieselbe fällt daher nach Art. 277 unter die Regel des Art. 317, und es mußte die Frage entstehen, ob nicht die Vorschriften in § 1650 des Bürgerl. G.B. Förmlichkeiten für die eheweibliche Bürgschaft erfordern, welche zur Gültigkeit von Handelsgeschäften nicht gehören. Diese Fragen sind in dem vorigen Urtheile nicht geprüft. Das O.L.G. erläutert zwar den § 1650 als eine Ausnahme von der Regel des § 97, wonach sich Niemand auf die Unkenntniß des Gesetzes berufen kann, sowie als auf der Absicht beruhend, den Ehefrauen für ihr Vermögen einen möglichst wirksamen Rechtsschutz zu gewähren. Damit ist jedoch nicht gesagt, daß der § 1650 — in dem hier fraglichen Punkte der Belehrung der Ehefrau durch das Gericht — keine Formvorschrift, sondern ein materielles Erforderniß für die Handlungsfähigkeit einer Ehefrau enthalte (vergl. Entsch. Bd. IX S. 176). Sonach verletzt die Entscheidung des B.G. möglicherweise den Art. 317 des H.G.B.; sie muß deshalb, soweit sie angefochten ist, aufgehoben werden. Die Sache ist noch nicht zur Endentscheidung reif. Zunächst wird festzustellen sein, ob F. die Eigenschaft eines Kaufmanns gehabt hat und, bejahenden Falles, wie die Vorschriften des § 1650 des Bürgerl. G.B. nach der hier in Rede stehenden Richtung hin aufzufassen sind."

122. Marktgängigkeit von Börsenpapieren. Ausdrückliche Bedingung dieser Eigenschaft. Folgerung der Nichtmarktgängigkeit aus der Nicht-

notirung von Effekten an der Börse (Art. 335, 346 des H.G.B.). Urth. des I. Civilsenats vom 6. Mai 1885 in Sachen der Vereinsbank zu Berlin, Beklagten, Widerklägerin und Revisionsklägerin, wider W. R. das., Kläger, Widerbeklagten und Revisionsbeklagten. Vorinstanz: Kammerger. Berlin. Verwerfung.

Dem Kläger, welcher 10 000 ℳ Anhalter Kohlen=Aktien durch Vermittelung der Beklagten mit Gewinn verkauft hatte und für den Erlös ein anderes Werthpapier kaufen wollte, empfahl die Beklagte den Ankauf von Elsasser Wollenmanufaktur=Obligationen. Er ertheilte ihr den Auftrag, ein solches Papier an der Börse zu kaufen, und er kaufte am 30. Januar 1883 von ihr 10 000 ℳ der genannten Obligationen zum Kurse von 93,50 ℳ, indem er inkl. Provision und Stempel 9411,20 ℳ bezahlte. Kläger hat hierauf dieses Geschäft angefochten, und zwar aus einer Reihe von Gründen, insbesondere auch deshalb, weil es den gedachten Papieren an einer ausdrücklich oder zum mindesten doch stillschweigend vorausgesetzten Eigenschaft, nämlich daß sie überhaupt an der Berliner Börse gehandelt wurden, also marktgängig waren, gefehlt habe. Beklagte bestritt den Anspruch auf Aufhebung des Geschäftes und erhob eine Widerklage auf Grund einer das Geschäft als gültig behandelnden Kontokorrentrechnung. Die Kammer für Handelssachen des L.G. I Berlin erkannte durch Urtheil vom 5. Mai 1884: 1) das am 30. Januar 1883 zwischen den Parteien geschlossene Geschäft betreffs der 10 000 ℳ Elsasser Wollenmanufaktur=Obligationen wird für ungültig und dem Kläger gegenüber für rechtsunverbindlich erklärt und Beklagte demgemäß verurtheilt, dem Kläger den Betrag von 4411,20 ℳ nebst 6% Zinsen seit dem 30. Januar 1883 zu zahlen; 2) Beklagte und Widerklägerin wird mit dem Antrage, den Kläger und Widerbeklagten zu verurtheilen, an die Beklagte und Widerklägerin Zug um Zug gegen Empfang von 10 000 ℳ Elsasser Wollenmanufaktur=Obligationen 5046,20 ℳ nebst 6% Zinsen seit dem 8. Mai 1883 zu zahlen, abgewiesen; 3) die Kosten des Rechtsstreites trägt Beklagte und Widerklägerin. — Dieses Urtheil wurde vom Kammergericht bestätigt.

„Erwägt man, daß, wie von dem B.G. als feststehend erachtet wird, ohne daß hiergegen ein begründeter Vorwurf sich erheben läßt, Kläger für seine Kapitalanlage die Empfehlung eines „guten und steigerungsfähigen" Papiers von der Beklagten verlangt, diese ihm aber am 29. Januar 1883 — dem Tage vor dem Abschlusse des Geschäfts — den von ihr ausgegebenen Kurszettel vorgelegt hatte, in welchem das fragliche Papier zu 93,50 „bezahlt und Geld" notirt war, so erscheint die Annahme, daß die Marktgängigkeit des Papiers, über welches das Geschäft abgeschlossen wurde, eine ausdrücklich vom Kläger vorausgesetzte Eigenschaft desselben war, nicht anfechtbar. Es kommt deshalb auf die Erörterung der weiteren Frage nicht an, ob solche Marktgängigkeit der Papiergattung als stillschweigend vorausgesetzte Eigenschaft bei jedem zur Kapitalanlage erfolgten Ankauf eines Papiers bei einem Bankier anzusehen ist. Was aber die Annahme anlangt, daß die fragliche Papiergattung nicht marktgängig gewesen, so legt das B. G. auf die Auskunft der Aeltesten der Berliner Kaufmannschaft, daß die fraglichen Obligationen zur Kurs=

notirung weder im amtlichen noch im nichtamtlichen Theile des von diesen herausgegebenen Kurszettels zugelassen waren, nicht unter dem Gesichtspunkte Gewicht, daß diese Zulassung mit der Marktgängigkeit identisch wäre. Es folgert vielmehr die Nichtmarktgängigkeit aus dieser Thatsache, deren Erheblichkeit nicht bezweifelt werden kann, da, wie die bezeichnete Auskunft ergiebt, solche Zulassung die Feststellung voraussetzt, daß in dem Effekt dauernde und lebhafte Umsätze stattgefunden haben, in Verbindung damit, daß in der ganzen Zeit von Mitte Februar bis Ende März 1883 ein Umsatz nicht stattgefunden hat, so daß es selbst bei einer Kursermäßigung von 5,50 % nicht möglich war, die Obligationen wieder zu verkaufen, sowie mit dem Zeugniß des Maklers H, welchem neben einem anderen Makler die Vermittelung von Geschäften in den fraglichen Effekten übertragen war und der für die Zeit von etwa Mitte November 1882 ab nur einen Verkaufsauftrag unter dem 22. Februar 1883 von 1200 ℳ von A. B. & Co. an die Beklagte als notirt bezeugt. Bei dieser Sachlage ist es ohne Belang, daß das B.G. für die Erheblichkeit der Eigenschaft des Effekts als marktgängige Waare Präjudikate heranzieht, die allerdings nicht passen, da sie sämmtlich Fälle betreffen, in welchen von einer marktgängigen Effektengattung ein nicht marktgängiges Stück geliefert worden war. Gleichgültig ist es auch, ob das Verhältniß der Parteien zu einander das einer der Beklagten ertheilten Einkaufskommission, bei welcher nur Beklagte als Verkäuferin eintrat, gewesen ist. Denn wenn der Auftrag darauf gerichtet war, das Papier, sofern es ein marktgängiges, zu kaufen, so muß Beklagte, welche diesen Auftrag durch Lieferung als Verkäuferin zu erfüllen erklärt hat, eben wie der Verkäufer einer Sache mit ausdrücklich vorbedungener Eigenschaft haften."

123. **Die Zusicherung einer vor dem Verkauf von Wolle mit dieser angestellten Waschprobe enthält die Zusicherung einer bestimmten Waarenbeschaffenheit** (Art. 335, 340 des H.G.B.). **Einrede des Dolus gegenüber dieser Zusicherung.** Urth. des III. Civilsenats vom 12. Mai 1885 in Sachen M. F. zu A., Beklagten und Revisionsklägers, wider Gebr. G. zu F., Kläger und Revisionsbeklagte. Vorinstanz: O.L.G. Jena. Aufhebung und Zurückverweisung.

Betreffs der Behauptung des Beklagten, daß er 17 Ballen einer Wolle gekauft habe, welche die Eigenschaft besitze, daß sie bei dem Waschen höchstens 40 % Verlust ergebe, stellt der B.R. auf Grund der beiderseitigen Beweisführung als Beweisergebniß fest, daß es sich bei den Verhandlungen der streitenden Theile über den Waschverlust der Wolle nicht um eine vertragsmäßige Festsetzung des Reingehaltes der Wolle, sondern nur um eine muthmaßliche Abschätzung desselben zum Zwecke der Preisermittelung gehandelt habe. Dabei nimmt der B.R. auf den „ganzen Gang der Verhandlungen" unter den Vertragschließenden Bezug und erwägt zugleich thatsächlich, daß die Kläger weder eine Garantie bezüglich des Maximalverlustes bei der Wäsche der Wolle übernommen, noch irgend welche verbindliche Meinungsäußerung darüber abgegeben hätten. Damit widerlegt der B.R. von selbst die Behauptung des Beklagten, daß Wolle von einer bestimmten Beschaffenheit — einem gewissen Reingehalte — Gegenstand des Kaufvertrages gewesen sei und die Versicherungen der Kläger als Bestandtheile der Lex contractus erschienen. Nach dem Thatbestande des B.U. hat sich dagegen der Beklagte nicht nur im allgemeinen auf eine ihm von den Verkäufern über den Reingehalt der Wolle ertheilte Versicherung, sondern auch noch besonders darauf bezogen, daß diese Versicherung unter Berufung auf eine sei es von ihm selbst, sei es von dem beim Verkaufe mitanwesend gewesenen Agenten B zuvor gemachte Waschprobe abgegeben worden sei.

„Ist diese Behauptung des Beklagten begründet, so liegt keineswegs eine rechtsunverbindliche Meinungsäußerung der Verkäufer — eine allgemeine Anpreisung der Güte der Waare — vor, sondern eine bestimmte Erklärung mit Bezug auf eine von den Verkäufern oder deren Agenten selbst vorgenommene Handlung. Auf diese Erklärung durfte sich, auch wenn solche nicht in der Form einer Garantieübernahme oder einer besonderen Zusicherung abgegeben wurde, der redliche Käufer verlassen, und ist es für die Relevanz dieses Vorbringens unerheblich, ob die Verkäufer oder deren Agent die angebliche Waschprobe wirklich vollzogen hatten oder nicht. Dasselbe erscheint übrigens mit Rücksicht auf die zum ersten Revisionsangriffe erwähnten thatsächlichen Feststellungen des B.R., sowie nach der Art seiner prozessualischen Geltendmachung als Einrede, so daß nur der von dem Beklagten darüber zugeschobene, von den Klägern bereits angenommene Eid zu normiren ist.

Anlangend den von dem Beklagten behaupteten Dolus der Verkäufer, so hat der Vorderrichter diese Einrede des Beklagten gleichfalls mit Unrecht verworfen. Indem sich Letzterer darauf berief, daß er von den Verkäufern hintergangen worden sei, hat er implicite behauptet, daß die Unwahrheit der ertheilten Versicherung, die angestellte Waschprobe habe einen Gewichtsverlust von 35 % ergeben, den Klägern bekannt gewesen sei. Hierfür müssen die Kläger unter allen Umständen aufkommen: haben sie eine Waschprobe überhaupt nicht vorgenommen, wegen doloser Vorspiegelung; andernfalls allerdings nur dann, wenn die Waschprobe der ertheilten Versicherung nicht entsprach. In beiden Richtungen mußte der Vorderrichter, da er die thatsächlichen Behauptungen des Beklagten zur Substantiirung der Einrede des Dolus nicht für ausreichend erachtete, gemäß § 130 der C.P.O. von dem richterlichen Fragerechte Gebrauch machen und den Beklagten zur Angabe etwaiger Beweismittel auffordern."

124. Der Frachtvertrag ist nicht schon mit der Ankunft der Waaren am Bestimmungsort, sondern erst durch Bereitstellung derselben zur Verfügung des Destinatärs beendet (Art. 395 des H.G.B.). **Bis zu demselben Zeitpunkt hat der Verkäufer die** (gemäß Art. 345 Abs. 2 des H.G.B. übernommene) **Gefahr zu tragen** (Art. 392 Nr. 4, 401, 402, 403 des H.G.B). Urth. des II. Civilsenats vom 15. Mai 1885 in Sachen A. Ch. in Donnelay (Frankreich), Beklagten und Revisionsklägers, wider J. D. in C., Kläger und Revisionsbeklagten. Vorinstanz: O.L.G. Colmar. Aufhebung und Zurückverweisung.

Auf Bestellung des Beklagten hat Kläger demselben mit Faktura vom 26. April 1880 14 Fässer Weißwein zum Gesammtpreise von 2175 ℳ übersendet. Die im Juli 1881 erhobene Klage ist auf Zahlung dieses Kaufpreises gerichtet und der Beklagte durch Urtheil des L.G. Metz vom 16. Juni 1882 zur Zahlung von 2175 ℳ nebst 6% Zinsen vom 26. Juli 1880 ab verurtheilt worden. Auf Berufung des Beklagten hat das O.L.G. mit Urtheil vom 19. November 1884 bestätigend erkannt. Den Antrag auf Abweisung der Klage stützt der Beklagte auf folgende Behauptungen: Als er am 3. Mai 1880 den Wein an Station Dieuze in Empfang nehmen und probiren wollte, seien die 14 Faß wegen Verdachtes, daß sie gesundheitsschädlichen Kunstwein enthielten, auf Anlaß der Steuerbehörde mit Beschlag belegt worden, wovon er sofort dem Vertreter des Klägers Nachricht gegeben habe. Die Fässer sind sodann einem Spediteur zur Aufbewahrung übergeben und, nachdem auf Antrag des Vertheidigers des Beklagten der Beschlag aufgehoben worden war, auf dessen Betreiben zur Deckung der Lagerungskosten am 29. August 1881 versteigert worden. Danach habe Beklagter den Wein nie erhalten; die Sendung sei aber auf Gefahr des Verkäufers gegangen, denn es sei ausdrücklich vereinbart gewesen, daß die Lieferung loco Dieuze zu erfolgen und der Verkäufer die Gefahr bis zur Empfangnahme der Waare durch den Käufer zu tragen habe. Die Beschlagnahme sei auch auf die Schuld des Klägers zurückzuführen, weil dieser Kunstwein in den Verkehr bringe. Der in den 14 Fässern enthaltene Wein sei auch Kunstwein, jedenfalls kein dem Kaufpreise entsprechender Wein mittlerer Art und Güte gewesen.

Das B.G. hat über Beschaffenheit und Werth der Waare, über die behauptete Verabredung betreffs Ueberganges der Gefahr und die Mängelanzeige Beweise erhoben und führt unter Bezug auf die vorgelegte und anerkannte Korrespondenz sowie auf die gerichtlichen Untersuchungsakten im wesentlichen Folgendes aus: Die Behauptung, daß Kläger bis zur Empfangnahme durch den Beklagten die Gefahr zu tragen übernommen habe, sei durch den hierüber abgehörten Zeugen nicht bestätigt worden; die Frage, ob Coblenz oder Dieuze als Erfüllungsort anzusehen sei und ob deshalb gemäß Art. 345 des H.G.B. nicht der Beklagte, sondern der Kläger die Gefahr zu tragen hatte, von welcher die Waare auf dem Transporte getroffen wurde, sei unerheblich, da feststehe, daß die 14 Fässer mit Weißwein richtig auf dem Bahnhofe zu Dieuze angekommen seien, ohne während des Transportes einen Schaden erlitten zu haben. Hierwegen wird auf einen Brief des Beklagten vom 19. September 1880 Bezug genommen. Der Transport sei am

3. Mai, zur Zeit der Beschlagnahme, beendet gewesen. Es komme deshalb auf den vom Beklagten erbotenen Beweis, daß der Lieferungsort (Dieuze) zugleich der Erfüllungsort gewesen sei, nicht an. Ob Beklagter die Mängelanzeige rechtzeitig gemacht habe, könne dahingestellt bleiben, weil der Kläger den Beweis erbracht, daß er Handelsgut mittlerer Art und Güte (Art. 335 des H.G.B.) geliefert habe. Nach dem Ergebnisse der Beweisaufnahme, wie solches in den Gründen zusammengestellt wird, sei anzunehmen, daß der Wein in den 14 Fässern denjenigen Eigenschaften entsprochen habe, welche bei der Bestellung vorausgesetzt waren. Die Behauptung des Beklagten, daß die durch die Zollbehörde erfolgte provisorische Beschlagnahme lediglich auf die Schuld des Klägers zurückzuführen sei, werde durch die Untersuchungsakten widerlegt. Danach sei dieselbe durch einen Verdacht veranlaßt worden, der sich mindestens ebenso gut gegen den Kläger als gegen den Beklagten richtete.

„Der Beklagte kann die Bezahlung des Kaufpreises nicht deshalb verweigern, weil der an ihn abgeschickte Wein nicht von vertragsmäßiger Beschaffenheit gewesen sei; denn das B.G. stellt fest, daß der Kläger Handelsgut mittlerer Art und Güte abgesendet und der Wein den bei der Bestellung und bei dem hierfür vereinbarten Preise vorausgesetzten Eigenschaften entsprochen habe. Die gegen diese Feststellung erhobenen Angriffe beziehen sich nur auf Würdigung der Beweise und können daher im Revisionsverfahren keine Beachtung finden.

Demnach kann die Einrede des nicht erfüllten Vertrages nur darauf gestützt werden, daß der Beklagte den gekauften Wein überhaupt nicht empfangen habe, und der Erfolg dieser Einrede hängt davon ab, welcher von beiden Theilen die Folgen desjenigen Ereignisses zu tragen habe, durch welches die Ablieferung des Weines an den Käufer verhindert worden ist. Dieses Ereigniß ist die Beschlagnahme der Fässer in Dieuze, welche sich als unbegründet erwiesen hat, und sie ist als Gefahr im Sinne des Gesetzes zu betrachten, wenn keinen der streitenden Theile hierwegen ein Verschulden trifft oder sie gleichmäßig auf das frühere Verhalten beider Theile zurückzuführen ist. Daß letzteres der Fall sei, ist am Schlusse der Gründe zum angefochtenen Urtheile festgestellt, und ist auch gegen diese thatsächliche Würdigung ein zulässiger Angriff nicht erhoben worden.

Der Beklagte behauptet nun, daß diese Gefahr den Kläger aus zwei Gründen treffe: einmal weil ausdrücklich verabredet worden sei, daß der Verkäufer die Gefahr bis zur Empfangnahme durch den Käufer zu tragen habe, sodann weil Dieuze als Erfüllungsort bestimmt worden, daß also gemäß Art. 345 Abs. 2 des H.G.B. die auf dem Transport eingetretene Gefahr den Verkäufer treffe.

Betreffs der ersteren Behauptung führt das B.G. aus, daß der hierüber erhobene Beweis mißlungen sei. Hiergegen ist ein Angriff nicht erhoben worden. Die zweite Behauptung und das Beweiserbieten hierüber erledigt das B.G. mit der Argumentation: Aus dem Sachverhalte, wie er sich aus dem Briefe des Beklagten vom 19. September 1880 ergiebt, sei zu ersehen, daß zur Zeit der Beschlagnahme der Transport beendet gewesen sei; es stehe fest, daß die 14 Fässer mit Weißwein auf dem Bahnhofe in Dieuze richtig angekommen seien, ohne während des Transportes einen Schaden erlitten zu haben; mithin komme es auf Art. 345 Abs. 2 cit. weiter nicht an. — Demnach und da nicht festgestellt ist, sich auch aus dem angezogenen Briefe nicht ergiebt, daß dem Beklagten der Frachtbrief eingehändigt oder die Sendung zur Abnahme von der Eisenbahn avisirt war oder daß die Eisenbahnverwaltung durch einen anderen Vorgang ihre Verfügung über den Wein aufgegeben habe, ist anzunehmen, daß das B.G. den Transport schon mit der Ankunft der Waare an der Station des Bestimmungsortes für beendigt gehalten hat, so daß, wenn auch eine Vereinbarung gemäß Art. 345 Abs. 2 des H.G.B. bewiesen wäre, der Käufer jede Gefahr zu tragen hätte, von welcher die Waare nach ihrer Ankunft am Bahnhofe getroffen wird.

Hierin ist aber eine Verletzung der Art. 345, 392 Nr. 4, 395, 401, 402, 403 des H.G.B. zu erkennen. Der Transport kann nämlich auch im Sinne des Art. 345 nicht eher beendigt sein, als in dem Zeitpunkte, in welchem auch der Frachtführer den Frachtvertrag und damit zugleich auch die ihm vom Absender übertragene Verpflichtung erfüllt hat, die Waare zur Verfügung des Adressaten zu stellen. Der Frachtvertrag hat aber nicht schon mit der Ankunft der Waare am Bestimmungsorte seinen Abschluß erreicht, sondern dies ist erst dann der Fall und erst dann der Frachtführer von seiner Haftung gemäß Art. 395 des H.G.B. befreit, wenn er die Waare abgeliefert, das heißt: durch eine ausdrückliche oder stillschweigende Erklärung dem Destinatär gegenüber seine Verfügung aufgegeben und dadurch die Sendung zur Abnahme durch denselben bereitgestellt hat. Wie bis zu diesem Zeitpunkte der Frachtführer für den durch Verlust oder Beschädigung des Frachtgutes entstandenen Schaden gemäß Art. 395 des H.G.B. haftet, so hat auch bis dahin der Verkäufer die von ihm gemäß Art. 345 Abs. 2 des H.G.B. übernommene Gefahr zu tragen (vergl. v. Hahn, Kommentar zu Art. 345 § 9 und S. 603, 633, 639; Entsch. des R.O.H.G. Bd. II Nr. 58, S. 233, 252, Nr. 59 S. 261, 264, Bd. VIII Nr. 6 S. 27, Bd. XXIV Nr. 6 S. 29)."

125. Anwendbarkeit der Art. 349, 338, des H.G.B. unter Kaufleuten im Gebiete des Rheinischen Rechts, falls bei Werkverdingung Material geliefert wird (s. unten Fall 154 S. 311 ff.).

126. Betrugsbeweis des Käufers nach Verbrauch der Waare (Art. 350 des H. G. B.). Urth. des III. Civilsenats vom 5. Mai 1885 in Sachen des Weinhändlers A. W. in H., Beklagten und Revisionsklägers, wider die Weinhandlung K. & M. in D., Klägerin und Revisionsbeklagte. Vorinstanz: O. L. G. Frankfurt a. M. Aufhebung und Zurückverweisung (wegen hier belangloser unrichtiger d. h. das Parteivorbringen nicht erschöpfender Förmelung des richterlichen Eides).

Im Juli und August 1880 bezog der Beklagte von der Klägerin käuflich 86 334 Liter 1878er Weißwein zu dem Preise von 340 ℳ pro 1000 Liter. Von dem im ganzen 29 353,56 ℳ betragenden Kaufgelde klagte die Verkäuferin einen Rest von 13 919,23 ℳ nebst Auslagen und Zinsen ein. Beklagter schützt vor, daß der gelieferte Wein, dem Vertrage zuwider, verfälschter oder Kunstwein gewesen sei und höchstens einen Werth von 100 ℳ pro 1000 Liter habe; er hält sich deshalb, obwohl er die einzelnen Sendungen angenommen und den Wein theils weiter verkauft, theils verbraucht hat, zum Abgehen vom Vertrage oder doch zur Kompensation mit den bereits geleisteten Abschlagszahlungen und den gleichzeitig geltend gemachten Schadensersatzansprüchen berechtigt. Die erste Instanz hat den Beklagten in der Hauptsache klaggemäß verurtheilt. Sie geht davon aus, daß der Beklagte die Einrede des nicht erfüllten Vertrages in Verbindung mit derjenigen des Betruges vorgeschützt habe, daß zwar beide Rechtsbehelfe an sich noch zulässig seien, die erstere insbesondere deshalb, weil, wenn Klägerin Kunstwein an der Stelle von Naturwein geliefert habe, ein wesentlich anderer Gegenstand (aliud) als Vertragserfüllung hingegeben worden sei, auf welchen Fall der Art. 347 des H. G. B. keine Anwendung finde, daß aber gleichwohl der Klagantrag begründet erscheine, da nach dem Ergebnisse des Beweisverfahrens der Beklagte, nachdem er davon Kenntniß erlangt, daß er Kunstwein erhalten, die Waare behalten und verbraucht habe.

Auf Berufung des Beklagten hat die zweite Instanz ein durch Eid bedingtes Urtheil erlassen; sie hat den Theilhabern der klagenden Firma einen Eid darüber auferlegt: „daß sie nach sorgfältiger Prüfung und Erkundigung die Ueberzeugung nicht erlangt hätten, daß die im Juli und August 1880 an den Beklagten gelieferten 86334 Liter als 1878er Weißwein bezeichnete Flüssigkeit aus Wasser, Sprit, Zucker, Glycerin, ferner Gerbsäure oder Kouleur bestanden oder daß sie unter Zusatz dieser genannten Stoffe hergestellt worden.“ Das B. G. erwägt: daß thatsächlich dem Beklagten 70 Fuder Wein, welche dessen Küfer A. in dem Keller der Klägerin probirt und ausgesucht habe, verkauft und, da Beklagter nicht behauptet habe, daß die erfolgte Lieferung der behändigten Probe nicht entsprochen, auch wirklich geliefert worden seien. Da nun nach dem Vorbringen beider Theile Beklagter W e i n bei der Klägerin bestellt habe und habe kaufen wollen, so sei, wenn die von A. ausgewählte Flüssigkeit K u n s t w e i n (künstlich fabrizirter Wein) gewesen, ein Vertrag überhaupt nicht zu Stande gekommen; es habe sich vielmehr in diesem Falle A. in einem die Willensübereinstimmung ausschließenden, wesentlichen Irrthum über das Kaufobjekt befunden, ein Irrthum des Beauftragten, welcher dem Beklagten als Auftraggeber zu gute komme und, wenn erweislich, diesen berechtige, den Kaufkontrakt als nichtig anzufechten. Von diesem Standpunkte aus würdigt der B. R. das Ergebniß des Beweisverfahrens und normirt den oben angeführten Eid in Anschluß an die thatsächlichen Behauptungen des Beklagten.

Die Klägerin hat sich bei diesem Erkenntnisse beruhigt, der Beklagte dagegen Revision eingelegt, Aufhebung des B.U. und Klagabweisung beantragt und zur Begründung dieses Antrages ausgeführt: Mit Unrecht nehme der B.R. an, daß, wenn dem Beklagten Kunstwein geliefert worden sei, ein Mangel bei dem Vertragsabschlusse vorliege. Denn die Behauptung, daß nur eine Flüssigkeit von bestimmter Beschaffenheit verkauft worden sei, habe die Klägerin selber nicht aufgestellt. Gegenstand des Vertrages sei 1878er Weißwein gewesen; auch wenn solcher vorher probirt worden, habe doch Wein geliefert werden müssen, welcher in diesem Jahre gewachsen, nicht solcher, welcher 1878 fabrizirt worden. Klägerin habe überdies zugestanden, daß Beklagter seinen Eintritt in die geschäftliche Verbindung davon abhängig gemacht habe, daß die Verkäuferin die Lieferung von Naturwein garantire. Während daher auf der einen Seite der B.R. eine gar nicht vorgebrachte Thatsache bei seiner Entscheidung heranziehe, übergehe er auf der anderen Seite ein vorgebrachtes erhebliches Faktum. Jedenfalls sei die Klägerin verpflichtet, darzuthun, daß das Gelieferte der Probe entsprochen habe, wie denn die Vorinstanz überhaupt die Grundsätze über Vertheilung der Beweislast verkannt habe.

„Von der unbestrittenen Thatsache ausgehend, daß der Beklagte W e i n bei der klagenden Handlung habe kaufen wollen und bestellt habe, nimmt der B.R. nach dem Ergebnisse der Verhandlungen und Beweisaufnahme als erwiesen an, daß der Beklagte, nachdem sein Küfer im Frühjahr 1880 die Weinvorräthe der Klägerin in deren Keller probirt und eine bestimmte Sorte ausgewählt habe, auch dem Beklagten eine Probe derselben nebst Analyse zugesendet worden sei, mittels Schreibens vom 21. Juni 1880 die noch vorhandenen 70 Fuder dieser Weinsorte acceptirt habe. Hieraus, in Verbindung mit dem Umstande, daß Beklagter selber nicht behauptet, es habe die gelieferte Flüssigkeit der Probe nicht entsprochen oder es sei etwas anderes als die von A. ausgesuchte Weinsorte geliefert worden, folgert der B.R., daß der Beklagte gerade die bestellte Flüssigkeit empfangen habe. Dieser thatsächliche Schluß kann in der Revisionsinstanz nicht mit Erfolg angefochten werden, am wenigsten mit Berufung darauf, daß die Klägerin selbst nicht geltend gemacht habe, es sei Wein von einer bestimmten Beschaffenheit gekauft worden. Denn von einer solchen Beschaffenheit im Sinne besonderer Eigenschaften des fraglichen Weines redet das B.U. so wenig, als es Gewicht auf die Bezeichnung des Jahrganges des Weines legt; es entscheidet einfach die Frage, was nach den Verhandlungen G e g e n s t a n d des Kaufvertrages und der Lieferung gewesen sei.

Ob nun nach den thatsächlichen Feststellungen des Vorderrichters ein Mangel bei dem Vertragsschlusse (error in substantia) oder ein Mangel in der Erfüllung vorliege, ist in Zusammenhalt mit dem thatsächlichen Vorbringen beider Theile immerhin zweifelhaft. Es bedarf jedoch keiner Entscheidung dieser Frage, da nach den Umständen des Falles der Beklagte den Beweis des angeblich vorhandenen Mangels übernehmen muß, gleichviel ob ein Irrthum über das Kaufobjekt bei dem Kontrahiren obwaltete oder die Klägerin statt des gekauften Naturweines verfälschten Wein, beziehungsweise sogenannten Kunstwein lieferte.

Daß im ersteren Falle der Beklagte beweispflichtig erscheint, hat die vorige Instanz zutreffend ausgeführt und wird von dem Revisionskläger nicht weiter bestritten. Faßt man dagegen den Rechtsbehelf des Beklagten mit dem Ersten Richter als Einrede des nicht erfüllten Vertrages auf, so sind nach der eigenen Sachdarstellung des Beklagten zwei Fälle möglich: entweder lieferte Klägerin Wein, welcher Zusätze von Wasser, Zucker und Alkohol oder anderen Substanzen enthielt — oder sie hat ein Gemisch von Stoffen geliefert, welchem gar kein oder doch nur ein geringer Zusatz von Traubensaft gemacht worden war.

In jenem Falle ist verfälschter Wein, in diesem Weinsurrogat (Kunstwein) geliefert worden; dort hatte der Wein Mängel, hier ist eine andere Substanz im eigentlichen Sinne des Wortes (ein aliud) als Vertragserfüllung hingegeben worden.

Keinem Bedenken unterliegt es, daß der Beklagte, da er die rechtzeitige Mängelanzeige unterließ, nach den Vorschriften der Art. 347 und 350 des H. G. B. den Nachweis führen muß, daß der Klägerin bei der Lieferung einer mangelhaften Waare — hier eines verfälschten Weines in obigem Sinne — ein Betrug zur Last falle, wenn und soweit der Beklagte überhaupt noch mit diesem Vorbringen zu hören ist. Dasselbe muß aber im vorliegenden Falle bei der etwaigen Lieferung von Kunstwein gelten. Denn der Beklagte hat die von seinem Küfer für ihn ausgewählte und ihm übersendete Flüssigkeit als Vertragserfüllung angenommen, Abschlagszahlungen auf den Kaufpreis geleistet, die Waare als Wein verbraucht und veräußert und nicht einmal die ihm behändigte Ausfallsprobe aufbewahrt. Nimmt man hinzu, daß die gelieferte Waare ihrer äußeren Beschaffenheit nach die gekaufte sein konnte und, nach der Behauptung des Käufers, nur wegen ihrer inneren Zusammensetzung den Charakter einer wirklichen, wenn auch mangelhaften Vertragserfüllung nicht haben soll, so wird man unter solchen Umständen nicht den Verkäufer mit dem Beweise belasten dürfen, daß er Naturwein geliefert habe, vielmehr auch in diesem Falle an den Käufer die Anforderung stellen müssen, daß er gemäß Art. 350 des H. G. B. die Einrede des Betruges erweise.

Wenn Beklagter für seine entgegenstehende Auffassung des Sach- und Rechtsverhältnisses anführt, daß die Klägerin ihrem eigenen Zugeständnisse nach die Garantie für reinen Naturwein übernommen habe, so vermag eine solche Garantieübernahme schon an sich die Beweislast nicht zu ändern. Thatsächlich hat aber auch die Klägerin nur eingeräumt, daß Beklagter von den ihm im Briefe vom 23. Februar 1880 angebotenen beiden Weinsorten diejenige bestellt habe, welche „nicht Kandis enthalte“. Diese Nachgabe weicht wesentlich von der Behauptung des Beklagten ab, daß er seinen Eintritt in die geschäftliche Verbindung mit der Klägerin davon abhängig gemacht habe, daß letztere für Naturwein garantire. Das B.G. hat mithin keineswegs eine feststehende erhebliche Thatsache unter Verletzung des § 516 Ziff. 3 der C.P.O. übergangen.“

2. Wechselrecht.

127. Bei vertragswidriger Ausfüllung eines Wechselblanketts kommt nichts darauf an, ob der auf dem Blankett Eingeschriebene durch die vertragswidrige Ausfüllung in eine günstigere oder ungünstigere Rechtslage, als er beabsichtigte, versetzt wird und aus welchem Motiv die arglistige Handlungsweise des Anderen hervorgeht (Art. 82, 21, Abs. 3 der A.D.W.O.). Urth. des I. Civilsenats vom 9. Mai 1885 in Sachen W. & Co. zu D., Klägers und Revisionsklägers, wider B. zu M., Beklagten und Revisionsbeklagten. Vorinstanz: O.L.G. Hamm. Verwerfung.

Im Thatbestande des früheren Urtheils des R.G. vom 28. Mai 1884 (Annalen Bd. X S. 381) war als unstreitig angenommen, daß Beklagter dem Kläger den streitigen Wechsel als ein gänzlich unausgefülltes gedrucktes Wechselformular gegeben habe, auf welchem damals nur der Name des Beklagten H. B., und zwar an der Stelle unten rechts, auf welcher der Name des Ausstellers geschäftsüblich zu stehen pflegt, geschrieben stand, in welchem aber Ort und Zeit der Ausstellung, Zahlungszeit, Remittent und Wechselsumme noch nicht eingeschrieben war und die Adresse des Trassaten, sowie endlich auch der Name des Klägers W. noch fehlte. Mit dieser jetzt als richtig angefochtenen Annahme hat es folgende Bewandtniß: In erster Instanz hatte der Beklagte behauptet, daß er dem Kläger ein unausgefülltes Wechselblankett, wie solches in dem angegebenen Thatbestande des früheren R.G.-Urtheils als unstreitig angenommen ist, gegeben habe. Dagegen hatte Kläger in erster Instanz behauptet, daß Beklagter ihm ein vollständig ausgefülltes Wechselformular, worauf bereits die Adresse des Beklagten als Trassaten gestanden und nur noch die Accept-Unterschrift des Beklagten und die Aussteller-Unterschrift des Klägers gefehlt, hingegeben, nachdem Beklagter seine Unterschrift an der gedachten Stelle geschrieben, worauf dann zuletzt Kläger seine Firma als Aussteller aufgeschrieben habe. In Bezug auf diesen offenbar erheblichen Streitpunkt hatte aber die Lage der Sache eine andere Wendung durch einen also lautenden Passus in dem ersten B.U. vom 12. Februar 1884 erhalten: „der klägerische Anwalt habe ohne Widerspruch des Beklagten behauptet, Beklagter habe das ihm von F. W. vorgelegte unausgefüllte Wechselformular mit seiner Unterschrift versehen." Nach dieser Feststellung des B.G. mußte das R.G. in dem früheren Revisionsurtheil annehmen, daß Kläger seine oben mitgetheilte Behauptung erster Instanz fallen gelassen und sich mit der Behauptung des Beklagten einverstanden erklärt habe, der Inhalt der letzteren also unstreitig sei.

Nachdem jedoch durch das R.G.-Urtheil das erste B.U. vom 12. Februar 1884 aufgehoben und die Sache zur anderweiten Verhandlung und Entscheidung zurückverwiesen war, hat der Kläger behauptet, daß der angeführte Passus in dem Thatbestande des ersten B.U. unrichtig sei, daß Kläger das fragliche Zugeständniß gar nicht abgegeben habe und daß damit auch die Basis des früheren Revisionsurtheils hinfällig geworden sei, namentlich die Annahme, daß Kläger nachweisen müsse, „daß er nach dem ausdrücklich oder in konkludenter Weise erklärten Willen des Beklagten ermächtigt gewesen sei, das Blankett so auszufüllen, daß dem Beklagten die Stellung als Acceptant angewiesen wurde": daß vielmehr nach wie vor der Beklagte dem formgerechten, alle Essentialien enthaltenden Klagewechsel gegenüber nachweisen müsse, daß Kläger dem Wechsel einen dem Willen der Betheiligten nicht entsprechenden Inhalt gegeben habe. Dieser Auffassung des Beklagten ist das B.G. in seinem anderweiten Urtheil vom 30. Januar 1885 nicht beigetreten; es hat vielmehr angenommen, daß es nach § 528 der C.P.O. bei der in dem früheren R.G.-Urtheil normirten Beweislast bewenden müsse und daß darauf, daß Kläger das vom B.R. festgestellte Zugeständniß jetzt bestreite, nach § 291 der C.P.O. keine Rücksicht genommen werden könne. Das B.G. ist jedoch nach eingehender Prüfung des gesammten Inhalts der Verhandlungen und insbesondere auf Grund des Ergebnisses der neuerdings erfolgten Ergänzung der Beweisaufnahme zu dem Resultate gelangt, daß die Entscheidung von der Leistung oder Weigerung des in dem erstrichterlichen Urtheile vom 19. Mai 1883 dem Beklagten darüber auferlegten Eides, „daß Parteien vereinbart, daß Beklagter sich durch seine Wechselunterschrift nur als Aussteller, nicht als Acceptant des Wechsels habe verpflichten wollen nnd sollen," abhängig zu machen sei, und es hat demzufolge die Berufung des Klägers gegen das erstrichterliche Urtheil zurückgewiesen. Dagegen hat nunmehr Kläger die Revision eingelegt.

„Es kann unerörtert bleiben, ob das in dem Thatbestande des ersten B.U. vom 12. Februar 1884 festgestellte Zugeständniß des Klägers, daß der Beklagte dem Kläger ein vollständig unausgefülltes Wechselblankett, auf welchem nur der Name des Beklagten an der mehrgedachten Stelle gestanden, übergeben habe, dadurch, daß das R.G. jenes B.U. aufgehoben hat, seine ganze Bedeutung verloren hat oder ob dasselbe auch für die jetzige Entscheidung noch seine Bedeutung ungeschmälert behalten hat und ob daher die Ausführung des B.G., daß es nach § 528 der C.P.O. bei der in dem früheren R.G.-Urtheile normirten Beweislast bewenden müsse, ohne daß auf das jetzige Bestreiten des fraglichen Zugeständnisses seitens des Klägers Rücksicht genommen werden dürfe, richtig ist oder nicht. Denn der B.R. führt im unmittelbaren Anschlusse an seine vorgedachte, angefochtene

Ausführung aus: „Mag man nun aber auch die Abgabe des Zugeständnisses als erfolgt oder das Gegentheil annehmen" 2c. Er macht also seine Entscheidung von der Richtigkeit oder Unrichtigkeit seiner angefochtenen Ausführung nicht abhängig, sondern er prüft unabhängig hiervon den gesammten Prozeßstoff und namentlich die Ergebnisse der Beweisaufnahme, und er gelangt auf Grund dieser Prüfung zu dem Resultate, daß der Beklagte zu einem richterlichen Eide über die den fraglichen Wechsel betreffenden Partei-Vereinbarungen zugelassen und davon die Entscheidung abhängig gemacht werden müsse. In dieser Ausführung des B. G., welche wesentlich thatsächlichen Inhalts ist, kann die Verletzung einer Rechtsnorm nicht gefunden werden. Wenn Beklagter den erkannten Eid schwört, dann steht fest, daß der Vereinbarung gemäß der Beklagte nur als Aussteller, nicht als Acceptant haften sollte, und Kläger hat widerrechtlich gehandelt, indem er durch die Art, wie er den Wechsel ausgefüllt, den Beklagten in die Rolle des Acceptanten verdrängt hat. Er konnte daher aus dem Wechsel nicht den Beklagten als Acceptanten in Anspruch nehmen. In den Ausstellungen, welche Kläger in der heutigen mündlichen Verhandlung gegen die die Beweisergebnisse betreffende Argumentation gerichtet hat, kann ein begründeter Revisions-Angriff nicht gefunden werden. Namentlich ist es auf die Entscheidung ganz einflußlos, ob die Erwägungen des B. R. darüber, ob die Stellung des Beklagten als Acceptanten oder als Aussteller die günstigere sei, richtig sind oder nicht; es kommt nur darauf an, ob die Stellung, welche der Kläger dem Beklagten zugewiesen hat, der Vereinbarung entspricht oder nicht. Auch die das Motiv zu der arglistigen Handlungsweise des Klägers betreffende Betrachtung des B. R. in dem Schlußsatze seiner Entscheidungsgründe ist für die Entscheidung ohne alle Bedeutung. Entscheidend ist nur, ob das Verhalten des Klägers bei Ausfüllung des Wechsels der getroffenen Vereinbarung entspricht oder nicht; im Verneinungsfalle konnte Kläger sein arglistiges Verhalten nicht zur Fundirung des Klageanspruches verwerthen."

3. Reichs-Haftpflichtgesetz. Gewerbeordnungsnovelle.

128. 1) **Die dem Sachverständigengutachten konforme Feststellung des Richters, daß eine Schutzvorrichtung „nicht üblich" sei, genügt** (nach § 259 der C. P. O.) **nicht, um die Frage ihrer bedingten Nothwendigkeit zu entscheiden. 2) Kausalzusammenhang zwischen Unfall und mangelhafter Beleuchtung. 3) Keine Beschränkung der Haft-**

pflicht des Betriebsunternehmers auf die Gefahren, welche eine unmittelbare Beschäftigung mit dem Betriebe einer Maschine mit sich bringt (Reichs-Haftpflichtgesetz §§ 1 und 2; R.Gew.O. von 1878 § 120). Urth. des I. Civilsenats vom 6. Mai 1885 in Sachen R. zu H., Klägers und Revisionskläger, wider den Preuß. Eisenb. Fiskus, Beklagten und Revisionsbeklagten. Vorinstanz: O.L.G. Hamburg. Aufhebung und Zurückverweisung.

Kläger ist in den beiden Vorinstanzen abgewiesen. Die Klage ist auf zwei Fundamente gestützt, auf Reichs-Haftpflichtgesetz § 1 und auf Vernachlässigung der dem Dienstherrn aus dem Dienstmiethvertrage obliegenden Verpflichtung, die Arbeiter vor Schaden zu bewahren. In letzterer Beziehung machte der Kläger, welcher unbestritten am Abend des 31. Dezember 1883, als er auf einem vom Bahnhof abseits liegenden Quai mit Entladung eines Eisenbahnwagens beschäftigt war, bei der Arbeit verletzt ist, geltend, er habe, als eine der letzten Kisten abgesetzt war, behilflich sein wollen, den Ausleger des Krahns nach der anderen Seite, auf welcher der Wagen stand, zurückzudrehen. Der Krahn habe schon die halbe Drehung ausgeführt, als Kläger auf die mit dem Krahn sich drehende Plattform hinaufsteigen wollte. Als er mit einem Fuß oben stand, sei er ausgeglitten und habe im Fallen das Kammrad der Drehvorrichtung ergriffen. An dem Abend habe nebliches Frostwetter geherrscht, die Platte sei aber mit Sand nicht bestreut gewesen; auch habe das Kammrad keine Schutzvorrichtung gehabt und der Krahn sei mangelhaft beleuchtet gewesen. Das B.G. hat erwogen, durch die Sachverständigen sei erwiesen, daß es im allgemeinen weder üblich noch erforderlich sei, die Zahnräder des zum Drehen eines Krahns der hier fraglichen Art dienenden Getriebes mit einem Schutzblech oder überhaupt mit einer Schutzvorrichtung zu versehen.

Zu 1. „Von dieser Begründung ist der Satz, „es sei nicht üblich" 2c., wie durch mehrfache Urtheile des R.G. ausgesprochen ist, nicht entscheidend. Ob es nicht erforderlich sei, bedurfte einer eingehenderen Darlegung als der bloßen Berufung auf das Resultat, zu welchem die Sachverständigen bei Beurtheilung des Falles gekommen seien. Im Thatbestande des B.U. sind die Gutachten der beiden Sachverständigen wiedergegeben. Beide Gutachten stellen die Nothwendigkeit einer Schutzvorrichtung zusammen mit dem Grade der Beleuchtung. L. hält ein Schutzblech nicht für erforderlich; eine bessere Beleuchtung des Krahns habe nicht schaden können. St. erklärt, er könne der Bahnverwaltung keinen Vorwurf daraus machen, daß sie über dem Getriebe der Drehvorrichtung kein Schutzblech habe anbringen lassen. Solche Schutzbleche seien unter besonderen Verhältnissen, z. B. in beengten Räumen erforderlich. Auch wenn bei Licht und in Eile gearbeitet werde, könne man die Nothwendigkeit von Schutzblechen als allgemeine Norm nicht aufstellen. Könne eine ordentliche Beleuchtung nicht beschafft werden, so werde ein Schutzblech wohl erforderlich. Die Beleuchtung an dem fraglichen Abend sei nicht ausreichend gewesen. Ein kleines konisches Getriebe sei ohne Beleuchtung nicht zu sehen.

Er halte es für möglich, daß Kläger gestolpert sei, weil er die Kurbel nicht sah. — Eine Würdigung dieser Aussagen der Sachverständigen, wie sie dem urtheilenden Richter obliegt, wird zwischen den in diesen Aussagen enthaltenen Elementen zu unterscheiden haben. Die Frage, was zu thun dem Dienstherrn nach dem Dienstvertrage obliegt, um die Gefahr einer Verletzung abzuwenden, steht zur richterlichen Beurtheilung. Die Frage, ob im gegebenen Falle eine Gefahr vorhanden war, wird der technische Sachverständige zu beantworten haben ebenso wie die andere Frage, ob sich diese Gefahr durch eine Vorrichtung beseitigen ließ. Nun läßt der Inhalt der Aussage des Sachverständigen St. klar erkennen, daß die Beschäftigung eines Arbeiters an einem nicht genügend beleuchteten Krahn bei unbedecktem Getriebe eine Gefahr nach seiner Ansicht mit sich führt. Wenn er deshalb die Bedeckung des Getriebes für erforderlich hält, wenn sich eine genügende Beleuchtung nicht beschaffen läßt, so spricht er eben damit aus, daß die Bedeckung ein Mittel ist, jene Gefahr auszuschließen. Ob, wenn der Richter soweit dem Sachverständigen folgt, dem Dienstherrn die Verpflichtung, das Getriebe zu bedecken, nur obliegt, wenn er eine ausreichende Beleuchtung nicht beschaffen kann, oder ob ihn eine Verschuldung trifft, wenn er weder das Getriebe bedeckt noch an dem betreffenden Abend oder überhaupt unter Berücksichtigung jenes Umstandes für eine ausreichende Beleuchtung und somit für die Sicherheit der Arbeitsstätte sorgt, dies zu entscheiden wird dem urtheilenden Richter obliegen. Eine dementsprechende Scheidung der Elemente der Aussagen der Sachverständigen und damit eine der C.P.O. § 259 entsprechende Würdigung findet sich in dem B.U. nicht. Was aber das Urtheil an eigener Beurtheilung nach der letztgedachten Richtung enthält, ist in mehrfacher Beziehung rechtsirrthümlich."

Zu 2. „Die zufolge der Beschattung der Drehvorrichtung durch die Krahnsäule mangelhafte Beleuchtung des Getriebes hält das B.U. nur deshalb für unerheblich, weil Kläger gestolpert sei; beim Stolpern habe aber eine unwillkürliche Bewegung seine Hand in eine schädigende Berührung mit dem Zahnrad auch bei hellster Beleuchtung bringen können. Das kann richtig sein und ist doch nicht entscheidend. Der Kausalzusammenhang zwischen der mangelhaften Beleuchtung und dem Stolpern oder auch nur zwischen der mangelhaften Beleuchtung und dem Hineingreifen in das unbedeckte Kammrad wird nicht dadurch ausgeschlossen, daß der Kläger auch bei hellster Beleuchtung hätte hineingreifen können; die Ausschließung des Kausalzusammenhanges würde nur in Frage kommen, wenn das B.G. geglaubt hätte annehmen zu dürfen, der Kläger würde auch bei hellster Beleuchtung gestolpert sein und in das Kammrad hineingegriffen haben. Wenn aber das B.G. noch die Beleuchtung um deswillen für ausreichend erachtet, weil der Krahn stets in derselben Weise beleuchtet war, so liegt die Erwägung nahe, ob nicht umgekehrt zu schließen gewesen wäre, daß, weil die Beleuchtung immer nicht besser war als an jenem Abend, und weil solche Beleuchtung stets den Nachtheil einer Beschattung der Krahnsäule mit sich führte oder mit sich führen konnte, es der Bahnverwaltung obgelegen hätte, die sich daraus ergebenden Nachtheile und Gefahren durch eine bleibende Schutzvorrichtung auszuschließen."

Zu 3. „Das Argument, mit welchem eine dahin gehende Verpflichtung der Bahnverwaltung abgelehnt wird, ist völlig abwegig. Die Verpflichtung des Dienstherrn beschränkt sich keineswegs auf die Abwendung solcher Gefahren, welche für den betreffenden Bediensteten mit dem Betriebe einer Maschine verbunden sind. Wenn schon die Anwesenheit der Arbeiter an der Betriebsstätte sie in die Nähe gefahrdrohender Maschinen bringt, so hat der Dienstherr auch diese Gefahren bei seinen schützenden Einrichtungen ins Auge zu fassen, wie ja auch die Gewerbeordnung den Arbeitgeber verpflichtet, diejenigen Einrichtungen herzustellen und zu unterhalten, welche nicht blos mit Rücksicht auf die Beschäftigung des betreffenden Arbeiters an einer Maschine, sondern allgemein mit Rücksicht auf die besondere Beschaffenheit des Gewerbebetriebs und der Betriebsstätte zu thunlichster Sicherheit gegen Gefahr für Leben und Gesundheit nothwendig sind. Es ist auch in anderen Fällen, ganz abgesehen von Kesselexplosionen, dem Springen von Dampfröhren, dem Herunterfallen von Gegenständen, mit denen der Arbeiter nichts zu thun hatte, die Haftung des Gewerbeunternehmers ausgesprochen z. B. wenn ein mit dem Ausschütten einer Last in die Mühle beschäftigter Arbeiter gestolpert und in das unbedeckte Getriebe hineingefallen ist, ohne daß dort die Voraussetzung vorlag, der Arbeiter sei gerade an dem Getriebe beschäftigt gewesen. Im vorliegenden Falle war ja überdies der Kläger eben mit der Drehung des Krahns beschäftigt, als er in das Getriebe hineinfiel."

4. Reichs-Konkursordnung.

129. **Unterschied zwischen Ueberschuldung und Zahlungseinstellung** (§ 23 der R.Konk.O.). **Begriff der Zahlnngseinstellung: Erforderniß des Willens, alle Zahlungen zu unterlassen. Widerlegung der Zahlungseinstellung durch den Nachlaß der normalen Fortsetzung der Geschäfte seitens des Schuldners.** Urth. des II. Civilsenats vom 12. Mai

1885 in Sachen S. & H. G. zu F., Beklagten, Widerklägerin und Revisionsklägerin, wider N.'s Konkurs zu R., Kläger, Widerbeklagten und Revisionsbeklagten. Vorinstanz: O.L.G. Karlsruhe. Aufhebung und Zurückverweisung.

Am 5. April 1882 wurde gegen den Bankier G. N. zu R. das Konkursverfahren eröffnet. Der Konkursverwalter hat gegen die Firma S. & H. G. zu F. a. M. (die Beklagte) bei dem L.G. Karlsruhe eine Anfechtungsklage aus §§ 23 und 24 der R. Konk. O. erhoben mit der Behauptung: Am 22. März 1882 habe N. seine Zahlungen eingestellt und die Beklagte von seiner Vermögenslage in Kenntniß gesetzt. Darauf sei A. G., Theilhaber der beklagten Firma, in der Nacht vom 22. zum 23. März nach R. gereist und habe sich zur theilweisen Deckung bezw. Sicherstellung seiner Forderung Werthpapiere im Kurswerthe von 10017,68 ℳ als Faustpfand, ferner Werthpapiere, Banknoten, Wechsel und Baarschaft in Höhe von 4444,84 ℳ als Deckung von N. geben lassen. Am 26. März 1882 habe A. G. weiter noch 424,69 ℳ Koupons zur Gutschrift erhalten. Von den Werthpapieren seien die meisten ausgelöst, nur noch für 811,2 ℳ im Besitze der Beklagten. Der Klagantrag ging auf 1) Zurückgewährung der Werthpapiere im Werthe von 811,2 ℳ; 2) Zurückvergütung der ausgelösten Depots mit 9206,66 ℳ; 3) Zurückzahlung der Deckungen von 4444,84 ℳ; 4) Zurückgewährung der Koupons im Werthe von 424,69 ℳ, eventuell Werthvergütung.

Die Beklagte entgegnete: N. habe ihr gegen Kreditverstattung Werthpapiere als Faustpfand gegeben gehabt. Am 18. März 1882, als ihr Guthaben den Werth der Faustpfänder überstieg, habe er telegraphirt: „Sendet Effektendepot, Anschaffung folgt". Sie habe darauf das ganze Depot dem N. zugesandt, sich aber sofortige Beschaffung des Werthes bedungen. N. habe ihr am 19. März den Empfang des Depots, am 20. März aber weiter angezeigt, die für sie bestimmte Sendung habe wegen Postschlusses nicht abgehen können. Nunmehr habe sich A. G. am 22. März und 26. März von N. die obigen Werthe ausfolgen lassen. Hierzu sei die Beklagte befugt gewesen, da N. ihr das Depot durch Betrug entlockt habe. Den übrigen Klagebehauptungen widersprach die Beklagte. Die Vorinstanzen haben verurtheilt. In zweiter Instanz brachte die Beklagte zur Begründung ihrer Berufung vor: Das ganze Depot im Werthe von etwa 22000 ℳ habe aus Papieren bestanden, welche Kunden des G. N. diesem hinterlegt hatten. Die Beklagte habe das Depot ohne das geringste Mißtrauen zurückgegeben. Auch von Frau N., welche am 21. März zu der Beklagten gekommen sei, habe man Näheres über die Vermögenslage ihres Mannes nicht erfahren, sondern nur soviel, daß die Beklagte um ihr Depot betrogen war. Die Frau N. habe in F. vorzugsweise mit H. F., dem Schwiegervater A. G.'s und einem Verwandten ihres Ehemannes, verkehrt. Die Zahlungseinstellung N.'s könne nicht früher als auf den 1. April 1882 angenommen werden. Nach dem 22. März 1882 habe N. sein Geschäft ziemlich normal fortgeführt; noch am 29. März seien eine größere Anzahl Wechsel zum Inkasso eingeschickt worden, auch hätten bedeutende Zahlungen und Umsatz in Papieren stattgefunden. Zum Nachweise dieser Geschäfte wurde ein Auszug aus dem Memorial und Kassabuche übergeben, auch die Ernennung von Sachverständigen beantragt. Endlich fehle es an einer Benachtheiligung der Masse; diese habe kein Recht, sich die Früchte eines Verbrechens anzueignen, überdies würden die Papiere dem Vindikationsanspruche der Kunden unterlegen sein. Das O. L. G. stützte die Bestätigung der Verurtheilung auf folgende Gründe: Die unter Zusage sofortiger Anschaffung erfolgte Abforderung des Faustpfandes (durch N.) war eine betrügliche, da N. weder im Stande war, noch beabsichtigte, Anschaffung folgen zu lassen, und dem Pfandgläubiger sowohl seine Zahlungsverlegenheit, als daß die verpfändeten Papiere den Depots seiner Kunden entstammten, verschwieg. Die Beklagte handelte zwar ohne Vorsicht, hatte aber keinen Grund, G. N. für insolvent zu halten. Die Rückgabe der Effekten erfolgte in der Absicht, dem Schuldner sein Eigenthum zurückzugeben. Daher würde der Beklagten ein Aussonderungsrecht bezüglich der Effekten im Konkurse nicht zugestanden haben; aber auch kein Absonderungsrecht, da sie ihres Pfandrechtes durch Aufgabe des Besitzes am Faustpfande verlustig gegangen. Auch das Vindikationsrecht, welches dem Faustpfandgläubiger Dritten gegenüber zugestanden wird, wenn er die verpfändete Sache verloren hat oder wenn sie ihm gegen seinen Willen entzogen wurde, hätte die Beklagte, welche die Papiere freiwillig zurückgegeben hat, nicht ansprechen können. Gleichwohl habe sich G. N. durch die betrügliche Abforderung des Depots einer auf vollen Wiederersatz gerichteten Klage ausgesetzt. Die Beklagte habe damit, daß sie die früheren Effekten wieder ins Depot und Baarbeträge zur Gutschrift erhielt, nichts empfangen, als was der Wiederherstellung ihres betrüglich verkürzten Rechtes genau entsprochen habe. Unter den aufs neue in Depot gegebenen Papieren befanden sich meist solche, welche die Beklagte schon früher im Depot hatte. Mit diesen und den zur Gutschrift erhaltenen Baarsummen habe die Beklagte nur eine ihr zustehende Sicherung bezw. Befriedigung erlangt. Deshalb könnte die Anfechtung aus § 23 Nr. 2 der R. Konk. O. nur bezüglich der übertragenen neuen Effekten richterliche Anerkennung finden. Auch die übrigen Voraussetzungen dieser Gesetzesbestimmung würden hier nicht fehlen, da selbst dann, wenn man den 1. April 1882 als Tag der Zahlungseinstellung annähme, die am 22. März erfolgten Rechtshandlungen in die kritischen zehn Tage fielen und da der der Beklagten obliegende Beweis ihrer Unbekanntschaft mit der Begünstigungsabsicht des Gemeinschuldners nicht erbracht sei. Die Anfechtungsklage sei indessen nach § 23 Ziff. 1 Satz 2 der R. Konk. O. in ihrer ganzen Ausdehnung begründet. Ungeachtet der Gemeinschuldner noch bis zum 31. März Geschäfte gemacht habe, sei doch die Zahlungseinstellung als am 22. März erfolgt, und zwar als den angefochtenen Rechtshandlungen vorausgegangen, anzunehmen. Nach der Bilanz des Konkursverwalters standen einem Aktivvermögen von nur 10 061,81 ℳ Passiva von 153 636,64 ℳ entgegen. Daher war schon am 18. März 1882 eine so bedeutende Ueberschuldung vorhanden, daß der Gemeinschuldner den Konkurs als nahe bevorstehend ansehen mußte. Dabei befand er sich, wie er selbst angegeben hat, in der dringendsten Verlegenheit dadurch, daß er Effekten, welche seine Kunden ihm ins Depot gegeben hatten, seinem Hauptgläubiger, der Beklagten, als Faustpfand übergeben hatte, diese Depots aber von den Kunden zurückverlangt wurden. Er konnte daher auch durch Wiedererlangung dieser Effekten nicht erwarten, seinen falliten Zustand zu verbessern, und war genöthigt, am 22. März auch der Beklagten diesen Zustand einzugestehen. In der Darstellung seiner Lage, welche er der Beklagten durch seine nach F. entsendete Ehefrau machen ließ, wie darin, daß A. G., als er am 22. März, wie man annehmen darf, die versprochene Anschaffung, mindestens aber Wiederherstellung seines Faustpfandes verlangte, den Gemeinschuldner außer Stande fand, dieser Verbindlichkeit nachzukommen, sei die Einstellung der Zahlungen seitens des N. in der Weise in die äußere Erscheinung getreten, wie das Gesetz es erfordere, welches nicht voraussetze, daß dieselbe eine notorische, auch den übrigen Gläubigern sofort bekannt gewordene gewesen sei. Nachdem es sich herausgestellt, daß N., von welchem man als Bankier eine prompte Erfüllung aller Verbindlichkeiten erwarten durfte, der Beklagten weder die zugesagte Anschaffung zu machen, noch eine dem Werthe des betrüglich entlockten Faustpfandes gleichkommende Sicherheit zu gewähren im Stande sei, war der Konkursanspruch der Gläubiger entstanden; denn die Zahlungseinstellung stellt sich als eine allgemeine und aus der Zahlungsunfähigkeit hervorgegangene dar. Dem stehe auch nicht entgegen, daß N. seine Geschäfte noch fortsetzte, Zahlungen empfing und leistete; denn letztere seien nur vereinzelt und wenig bedeutend gewesen, hauptsächlich, wie er selbst angab, solchen Gläubigern gemacht, die zum Garantievergleiche günstiger gestimmt werden sollten. Ueberhaupt setzte er die Geschäfte nur in der, schon am 1. April fehlgeschlagenen Hoffnung fort, daß ein Gantvergleich zu Stande komme. Die Beklagte habe von der Zahlungseinstellung Kenntniß gehabt. Dies ergebe sich daraus, daß die Entdeckung, durch eine falsche Vorspiegelung ihres Faustpfandes beraubt worden zu sein, ihr die wahre Vermögenslage des Schuldners sofort klar machen mußte, daß sie Gelegenheit hatte, durch die Ehefrau des N. Näheres hierüber zu erfahren und daß dem A. G. bei seinem Eintreffen bei dem in Verwandtschaftsverhältnissen zu ihm stehenden N. ohne Zweifel ein vollständiger Einblick in die Lage zu Theil wurde.

Die Beklagte begründete ihre gegen das B. U. eingelegte Revision damit: Den Begriff der Zahlungseinstellung fasse das O. L. G. nicht richtig auf. Wenn auch die Nichtzahlung einer einzigen Schuld genügen könne, so müsse doch der Schuldner die Absicht gehabt haben, überhaupt nicht mehr zu zahlen. Woraus hier eine solche Absicht gefolgert werde, sei nicht zu ersehen. Uebrigens habe die Verhandlung mit der Beklagten nicht diejenige Offenkundigkeit gehabt, welche die Annahme der Zahlungseinstellung voraussetze. Auch habe N. seine Geschäfte noch länger als eine Woche fortbetrieben, beträchtliche Zahlungen erhalten (über 31 000 ℳ) und geleistet (mehr als 18 000 ℳ), für mehr als 96 000 ℳ neue Geschäfte gemacht. Diese normale Fortsetzung des Bankgeschäftes stehe mit der Zahlungseinstellung nicht im Einklang.

„Das O.L.G. folgert die spätestens am 22. März 1882 geschehene Zahlungseinstellung des G. N. daraus, daß er zu jener Zeit der Beklagten seine Ueberschuldung eingestehen mußte und sich außer Stande befand, die Verbindlichkeit gegen die Beklagte zur „Anschaffung“ oder zur Wiederherstellung des Faustpfandes vollständig zu erfüllen. Dies genügt aber unter den vorliegenden Umständen nicht. Die Zahlungseinstellung darf mit der Ueberschuldung nicht verwechselt werden. Ueberschuldung kann vorhanden sein; dessenungeachtet braucht der Schuldner seine fälligen Zahlungen noch nicht eingestellt zu haben. Nach § 23 der R.Konk.O. bildet nur der Antrag auf Eröffnung des Konkursverfahrens oder die Zahlungseinstellung diejenige äußerlich wahrnehmbare Handlung, welche die Zahlungsunfähigkeit beweist, den Konkursanspruch der Gläubiger zur Entstehung bringt. Die Ueberschuldung (Vermögensunzulänglichkeit) kommt dabei nicht in Betracht (Motive zur R.Konk.O. S. 107 ff., 319 ff., 322 ff.). Nach den Bemerkungen des O.L.G. ist es ungewiß, ob der erwähnte Unterschied gehörig gewürdigt wurde. Es legt mit darauf Gewicht, daß N. am 22. März überschuldet war und hiervon der Beklagten Kenntniß gab. Das kann wohl geschehen sein; doch rechtfertigt sich dadurch noch nicht der Schluß, daß N. bereits an jenem Tage unterließ, die verfallenen

Zahlungen zu bewirken, und wenn er der Beklagten nicht vollständig leistete, was sie zu fordern hatte, so liegt an sich hierin noch kein genügender Beweis der Zahlungseinstellung. Zur Zahlungseinstellung erfordert die R.Konk.O., daß in der Hauptsache alle vorkommenden Zahlungen unterbleiben sollen (Motive S. 323 ff.). Allerdings kann auch ein einzelner Fall der Nichtzahlung den auf eine allgemeine Zahlungseinstellung gerichteten Willen erkennen lassen. Dabei muß aber der Wille, im allgemeinen die Zahlungen zu unterlassen, irgendwie hervortreten. Daß dies bei der Verhandlung zwischen A. G. und N. der Fall war, ist nicht festgestellt. Die Verhandlung war eine vertrauliche; es war eine Abmachung zwischen verschwägerten Personen, die Dritten verborgen blieb. Zudem liegt nicht einmal vor, daß G. gegenüber eine Zahlungseinstellung wirklich erfolgte. G. hat einen namhaften Betrag seiner Forderung theils baar, theils in Werthpapieren empfangen und dabei sich beruhigt. Es ist nicht ermittelt, was er von N. begehrte und wie sich N. ihm gegenüber verhielt. In den Gründen des B.U. wird freilich gesagt, daß G. die versprochene „Anschaffung“, mindestens Wiederherstellung seines Faustpfandes verlangt, daß der Gemeinschuldner dieser Verbindlichkeit nachzukommen sich außer Stande befunden habe und daß dem G. ein vollständiger Einblick in die Lage N.'s zu Theil geworden sei. Hierauf gerichtete Behauptungen hatte indessen der Kläger nicht aufgestellt. Die Behauptung des Klägers war vielmehr nur die: G. hat sich die fraglichen Vermögenswerthe „zur theilweisen Deckung bezw. Sicherstellung seiner Forderung von N. übergeben lassen“. Näheres über den Inhalt der zwischen Beiden gepflogenen Verhandlung ergiebt sich daraus nicht. und das O.L.G. bewegt sich in bloßen, nicht zulänglich begründeten Vermuthungen, wenn es den Inhalt, wie geschehen, feststellt. Gegen die am 22. März bereits erfolgte Zahlungseinstellung spricht endlich auch die Thatsache, daß das Bankgeschäft N.'s noch bis zu Ende März fortgesetzt worden ist und zwar, wenn die Angaben der Beklagten wahr sind, in keineswegs geringem Umfange und jedenfalls in einer Weise, daß sehr fraglich wird, ob die Absicht N.'s, mit Erfüllung seiner Verpflichtungen schon am 22. März im allgemeinen aufhören zu wollen, an die Oeffentlichkeit getreten sei.“

5. Reichs-Civilprozeßordnung.

130. **Keine Zusammenrechnung der Streitsumme der Klage und Widerklage, wenn beide denselben Gegenstand betreffen** (§§ 5, 508 der C.P.O.). Urth. des II. Civilsenats vom 1. Mai 1885 in Sachen

der Firma S. & C. zu St., Beklagten, Widerklägerin und Revisionsklägerin, wider F. zu S., Kläger, Widerbeklagten und Revisionsbeklagten. Vorinstanz: O. L. G. Colmar. Verwerfung.

Am 29. Oktober 1883 bestellte der Gymnasialdirektor F. zu S. bei der Firma S. & C. in St. eine Eßzimmereinrichtung; der Preis wurde auf 977,50 ℳ festgesetzt, wovon jedoch die Frachtkosten in Abzug zu bringen waren. Die Möbel wurden nach S. geliefert, von F. aber sofort zur Verfügung gestellt, weil dieselben nicht die vertragsmäßige Beschaffenheit hätten; von der Verkäuferin, welche dies bestritt, wurde jedoch die Zurücknahme verweigert. F. erhob hierauf gegen die Firma S. & C. Klage mit dem Antrag: „das Gericht wolle den am 29. Oktober 1883 zwischen den Parteien vereinbarten Kaufvertrag über eine eichene Eßzimmereinrichtung für aufgelöst, demgemäß die beklagte Firma für verpflichtet erklären, die gelieferten Möbel auf ihre Gefahr und Kosten zurückzunehmen, dem Kläger die verauslagten Frachtkosten mit 50,60 ℳ, sowie diejenigen Kosten, welche durch die einstweilige Aufbewahrung der rechtzeitig zur Verfügung gestellten Möbel dem Kläger nachweislich entstanden sind, zu ersetzen, die Beklagte sodann in einen Schadensersatz nach richterlichem Ermessen verurtheilen und derselben die Kosten des Verfahrens einschließlich derjenigen, welche durch die vorgängige Expertise entstanden sind, zur Last legen." Die beklagte Firma, welche geltend machte, die Möbel seien so bestellt worden, wie sie geliefert worden, beantragte Abweisung der Klage und erhob ihrerseits Widerklage auf Zahlung des Preises, nämlich nach Abzug der Frachtkosten auf 926,90 ℳ.

Das L. G. Straßburg erachtete als erwiesen, daß die gelieferten Möbel nicht die vertragsmäßige Beschaffenheit gehabt hätten, und erließ am 20. Mai 1884 Urtheil dahin: „1) Der am 29. Oktober 1883 zwischen den Parteien vereinbarte Kaufvertrag über eine eichene Eßzimmereinrichtung wird für aufgelöst und demgemäß die Beklagte für verpflichtet erklärt, die gelieferten Möbel auf ihre Kosten zurückzunehmen; 2) die Beklagte wird verurtheilt, dem Kläger die verauslagten Frachtkosten in Höhe von 50,60 ℳ zurückzuerstatten, und es werden der Beklagten die Prozeßkosten zur Last gelegt; 3) die weiteren Anträge des Klägers und die Widerklage werden abgewiesen." Dieses Urtheil wurde vom O. L. G. Colmar bestätigt. Die Beklagten wenden Revision dagegen ein.

„Die in § 508 der C. P. O. festgesetzte Revisionssumme kann nicht als vorhanden erachtet werden. Der in dem Urtheil der Vereinigten Civilsenate vom 29. September 1882" (Annalen Bd. VI S. 386 und ebenda S. 122; Entsch. Bd. VII S. 383) „zum Ausdruck gelangte Satz, daß, wenn die Beschwerde des Revisionsklägers sowohl die Klage als die Widerklage betrifft, der Gegenstand der die Klage und die Widerklage betreffenden Revisionsbeschwerden in Ansehung der Revisionssumme zusammenzurechnen sei, findet, wie auch in den Gründen dieses Urtheiles hervorgehoben ist" (vergl. Annalen S. 386; Entsch. S. 384 verbis: „Nur dann, wenn der Werth der auf die Klage bezüglichen Beschwerde mit dem Werthe der auf die Widerklage bezüglichen Beschwerde zusammenfällt, weil beide denselben Streitgegenstand betreffen, ist die Zusammenrechnung derselben der Natur der Sache nach ausgeschlossen"), „keine Anwendung, soweit Klage und Widerklage denselben Streitgegenstand betreffen. Letzteres trifft aber im vorliegenden Fall dahin zu, daß der Beschwerdewerth der Widerklage in dem Beschwerdewerth des die Klage betreffenden Ausspruches des oberlandesgerichtlichen Urtheils enthalten ist.

Mit der Widerklage verlangt die Firma S. & C. die Bezahlung des Betrages von 926,90 ℳ als Preis für die von ihr gelieferten Möbel, und andererseits widerspricht F. der Verbindlichkeit zur Bezahlung wegen nicht vertragsmäßiger Lieferung der Möbel. Die gleichen thatsächlichen und rechtlichen Verhältnisse bilden den Grund der auf Auflösung des Vertrages gerichteten Klage F.'s, und mit dem Ausspruch der Auflösung des Vertrages wird auch die Frage, ob F. der Verbindlichkeit zur Bezahlung des Kaufpreises enthoben sei, entschieden. Wird sie schon durch diesen auf die Klage bezüglichen richterlichen Ausspruch zum Nachtheil der Firma S. & C. entschieden, so wird die Größe der Beschwerde der Letzteren nicht dadurch erhöht, daß ihr mit der Widerklage geltend gemachtes Verlangen auf einen positiven Ausspruch der Verbindlichkeit F.'s zur Bezahlung des Kaufpreises mit 926,90 ℳ abgewiesen wird. Es kann daher die Abweisung der Widerklage nicht dahin verwerthet werden, den Betrag der Beschwerde, welchen für die Firma S. & C. der richterliche Ausspruch bezüglich der Klage bildet, durch Hinzufügung des Betrages von 926,90 ℳ zu erhöhen. Dieser Betrag darf vielmehr nur einmal in Berechnung gezogen werden. Der Beschwerdewerth übersteigt hiernach nicht den Beschwerdewerth, welchen für die Firma S. & C. der richterliche Ausspruch bezüglich der Klage hat; dieser aber erreicht nicht die Revisionssumme. Es tritt hiernach im vorliegenden Fall das gleiche Ergebniß ein, wie hinsichtlich der Gebühren nach § 11 des G.K.G. (nämlich der Bestimmung desselben: „Soweit Klage und Widerklage, welche nicht in getrennten Prozessen verhandelt werden, denselben Streitgegenstand betreffen, sind die Gebühren nach dem einfachen Werth dieses Gegenstandes zu berechnen")."

131. **Die Reisekosten der Partei unterliegen in derselben Weise dem Kostenfestsetzungsverfahren des § 98 der C.P.O. wie diejenigen des Rechtsanwaltes.** (S. u. Fall 137 unter 3, S. 285.)

132. **An den Vermiether des Büreau's des Anwaltes kann nicht für Letzteren gültig zugestellt werden** (§§ 166, 168, 497 der C.P.O.). Urth. des I. Civilsenats vom 18. Mai 1885 in Sachen Sch. zu H.,

Klägers und Revisionsklägers, wider K. daselbst, Beklagten und Revisionsbeklagten. Vorinstanz: O.L.G. Hamburg. Verwerfung.

Die Berufung ist deshalb in Anwendung des § 497 der C.P.O. für unzulässig erklärt, weil keine gültige Zustellung der Berufungsschrift an den Rechtsanwalt Dr. K., den Prozeßbevollmächtigten des Beklagten in voriger Instanz, nachgewiesen war. Vorgelegt war nur eine Zustellungsurkunde, nach welcher die Zustellung durch Uebergabe an den Vermiether H. vorgenommen ist, nachdem Dr. K. selbst in seinem Geschäftslokale nicht angetroffen worden.

„Es unterliegt keinem Zweifel, daß nach § 166 vergl. mit § 168 der C.P.O. in solcher Weise die Zustellung nicht schon dann vollzogen werden darf, wenn die Person, welcher zugestellt werden soll, nicht in ihrem Geschäftslokale angetroffen wird sondern nur dann, wenn sie nicht in ihrer Wohnung angetroffen wird, und daselbst auch nicht ein zur Familie gehörender erwachsener Hausgenosse oder eine in der Familie dienende erwachsene Person angetroffen wird. Auch ist vom R.G. schon mehrfach ausgesprochen worden, daß auch Fehler bei der sogenannten Ersatzzustellung die Zustellung ungültig machen und daß mindestens da, wo es sich um die Förmlichkeiten von Rechtsmitteln handelt, ein solcher Fehler auch nicht etwa dem Parteiverzichte nach Maßgabe des § 267 der C.P.O. unterliegt: so vom II. C.S. in dem in den Entsch. Bd. X S. 362", (Annalen Bd. VI S. 132) „abgedruckten Falle, vom I. C.S. am 12. November 1884" (Urth. u. Annalen Bd. I S. 200). „Hätte nun der Kläger in der Berufungsinstanz irgend eine bestimmte Behauptung über einen den gesetzlichen Vorschriften entsprechenden Hergang bei der Zustellung aufgestellt und Beweismittel dafür angegeben, so würde die Frage entstehen, ob ein solcher Gegenbeweis gegen den Inhalt der Zustellungsurkunde erheblich sei oder ob nicht vielmehr für den Fall des Gelingens desselben die Zustellung sich nach § 174 in Verbindung mit § 173 Abs. 1 der C.P.O. dennoch als ungültig darstellen würde. Jetzt kam es aber hierauf noch nicht einmal an, weil der Kläger solche Behauptungen gar nicht vorgebracht hat. Er hat nur auf Vertagung des Berufungsverhandlungstermines angetragen, um noch erst Erkundigungen über die wirklichen Vorkommnisse einziehen zu können. Da der Beklagte nicht in die Vertagung willigte, so stand es im freien Ermessen des O.L.G., ob es dieselbe beschließen wolle oder nicht; denn der Regel zufolge hat keine Partei ein Recht auf die Vertagung einer Verhandlung, und ein gesetzlicher Ausnahmefall lag hier nicht vor."

133. Wenn in erster Instanz auf Scheidung der Ehe erkannt wurde und das Berufungsurtheil es nur noch mit Entscheidung der Schuld-

frage zu thun hat, so findet auf solche Urtheile nicht § 282, sondern § 288 Abs. 1 der C. P. O. Anwendung (sie müssen also auf Betreiben der Parteien zugestellt werden). Urth. des IV. Civilsenats vom 15. Mai 1885 in Sachen C. S. zu G., Klägers, Widerbeklagten und Revisionsklägers, wider uxorem, Beklagte, Widerklägerin und Revisionsbeklagte. Vorinstanz: Kammerger. Berlin. Die Revision wird als wirkungslos eingelegt zurückgewiesen.

Gegen das erstinstanzliche Urtheil, durch welches die Klage abgewiesen, auf die Widerklage hingegen die Ehe der Parteien getrennt und der Kläger für den allein schuldigen Theil erklärt ist, hat der Kläger ausweislich des Thatbestandes des zweiten Urtheils nur insoweit die Berufung eingelegt, als er für den allein schuldigen Theil erklärt ist. Die in erster Instanz erkannte Ehescheidung war somit in Rechtskraft übergegangen und das B. U. hatte es nur noch mit der Entscheidung der Schuldfrage zu thun. Das B. U. ist den Parteien nur von Amtswegen zugestellt.

„Auf Urtheile solchen Inhalts aber findet die Vorschrift des § 282 der C. P. O., wonach „Urtheile, durch welche auf Trennung, Ungültigkeit oder Nichtigkeit der Ehe erkannt ist, den Parteien von Amtswegen zuzustellen sind", nach deren Wortlaut und Tendenz (vgl. Annalen Bd. III S. 540, Bd. VI S. 235; Entsch. Bd. IV S. 393, Bd. VII S. 363) keine Anwendung. Es verbleibt vielmehr für sie bei der Regel des § 288 Abs. 1 der C. P. O., daß die Zustellung der Urtheile auf Betreiben der Parteien zu erfolgen hat. War hiernach die im vorliegenden Falle von Amtswegen bewirkte Zustellung als eine dem Gesetze entsprechende nicht anzusehen, so vermochte sie weder die Nothfrist der Revision in Gang zu setzen, noch auch die im § 514 Abs. 2 der C. P. O. statuirte Vorbedingung der Einlegung dieses Rechtsmittels zu erfüllen."

134. **Gegenstand und Umfang der neuen Verhandlung im Falle des Todes des Schwurpflichtigen.** Urth. des III. Civilsenats vom 15. Mai 1885 in Sachen der P.-Cementfabrik zu P., Beklagten und Revisionsklägerin, wider M. zu H., Klägerin und Revisionsbeklagte. Vorinstanz: O. L. G. Kiel. Verwerfung.

Der Ziegelmeister M., welcher im Jahre 1879 bei der Beklagten als Ziegelmeister angestellt war, hat wider die Beklagte eine Schadensersatzklage erhoben und dieselbe dadurch begründet, daß der Direktor S. eine dem Kläger ertheilte, in der Klage näher bezeichnete Zusicherung nicht erfüllt habe. Nach stattgehabter Beweiserhebung über diese von der Beklagten bestrittene Zusicherung hat das L. G. Kiel am 19. Dezember 1881 ein Urtheil abgegeben, inhalts dessen die Beklagte schwören sollte, daß S. die fragliche Zusicherung nicht gemacht habe. Für den Fall der Ableistung dieses (Schieds-) Eides sollte der Kläger mit der erhobenen Klage abgewiesen, anderenfalls die Beklagte zur Zahlung von 1153,12 ℳ an den Kläger verurtheilt werden. Auf die Berufung des Klägers hat das B. G. nach weiterer

Beweiserhebung am 23. April 1883 abändernd dahin erkannt, daß dem Kläger hinsichtlich der Zusicherung ein richterlicher Eid zugesprochen und die ihm eventuell zuerkannte Summe auf 2460 ℳ erhöht ist. Nunmehr legte die Beklagte Revision ein, mit dem Antrage, das angefochtene Urtheil aufzuheben und die Berufung des Klägers zu verwerfen. Inzwischen war der Kläger verstorben und seine Wittwe als Rechtsnachfolgerin in den Prozeß eingetreten. Mit Rücksicht hierauf erklärte die Beklagte in der Verhandlung vor dem Revisionsgerichte, daß sie anstatt des vorher erwähnten jetzt den Antrag stelle, auf Grund des § 433 der C.P.O. das Urtheil der Vorinstanz aufzuheben und die Sache an die Vorinstanz zurückzuverweisen. Durch Urtheil des R.G. vom 8. Januar 1884 wurde die Revision verworfen. Darauf hat die jetzige Klägerin auf Grund des § 433 der C.P.O. die Beklagte zur weiteren Verhandlung vor das B.G. geladen. Nachdem in dem stattgehabten Verhandlungstermine das B.G. beschlossen und verkündet hatte, daß die Verhandlung lediglich auf die Beweisführung zu beschränken sei, nicht aber darauf sich zu erstrecken habe, welche Folgen aus der Beweisführung sich ergeben, hat dasselbe am 4. Dezember 1884, unter Aufhebung des früheren B.U. vom 23. April 1883 und des landgerichtlichen Urtheils vom 19. Dezember 1881, wieder ebenso wie in dem früheren Urtheile erkannt, nur daß es jetzt, statt dem Kläger, seiner Rechtsnachfolgerin den richterlichen Eid und zwar als Ueberzeugungseid auferlegt hat. Gegen dies Urtheil ist von der Beklagten Revision erhoben mit dem Antrage, das B.U. aufzuheben und die Sache zur anderweiten Verhandlung und Entscheidung an das B.G. zurückzuverweisen.

Das B.G. nimmt an, daß in einem Fall, wie er hier vorliegt, nach Maßgabe des § 433 bezw. § 439 der C.P.O. nur in Ansehung der betreffenden Beweisführung neue Beweismittel und eine neue Verhandlung zulässig seien, daß dagegen die übrigen Resultate der früheren Verhandlungen, wie sie durch das frühere Urtheil festgesetzt seien, nicht in Frage gestellt werden könnten. Der dem § 433 der C.P.O. zu Grunde liegende gesetzgeberische Zweck — so wird ausgeführt — werde vollkommen dadurch erreicht, daß die Parteien in die Lage zurückversetzt werden, in welcher sie sich ohne den fraglichen Eid bezüglich der Beweisführung befunden hatten. Eine Wiedereröffnung der Verhandlungen im weiteren Umfange sei nicht gerechtfertigt. Dies werde auch in den Motiven und in dem Wortlaute des § 433 der C.P.O. („in Ansehung der betreffenden Beweisführung") bestimmt zum Ausdruck gebracht. Das sonst den Prozeß beherrschende Prinzip des § 251 der C.P.O., nach welchem Angriffs- und Vertheidigungsmittel noch bis zum Schlusse derjenigen mündlichen Verhandlung, auf welche das Urtheil ergeht, geltend gemacht werden können, solle für den Fall des § 433 der C.P.O. ausgeschlossen sein. Dem stehe auch nicht der Abs. 3 dieses Paragraphen entgegen. Denn die Aufhebung des Urtheils und das anderweitige Erkennen in der Sache sei in dem vorausgesetzten Fall unvermeidlich, aber daß das anderweitige Erkennen in einem weiteren Umfange, als es unvermeidlich geworden und im ersten Satz bereits eingegrenzt sei, gestattet sein solle, lasse sich aus dem Abs. 3 nicht entnehmen. Hiervon ausgehend, ist das B.G. in eine Erörterung der Frage, ob die Klage begründet oder durch die vorgeschützten Einreden elidirt sei, nicht eingetreten; es hat sich vielmehr, da neue Beweise bezüglich des hier fraglichen Beweissatzes von keiner Partei angeboten waren, darauf beschränkt, zu prüfen, ob und inwieweit der der klagenden Partei obliegende Beweis hinsichtlich der behaupteten Zusicherung des Direktors S. nach Maßgabe der früheren in der Verhandlung wieder vorgetragenen Beweisergebnisse geführt sei.

„Die gegen diese Entscheidung erhobenen Angriffe sind nicht begründet. Der § 433 der C. P. O., soweit er hier in Betracht kommt, lautet wörtlich: Absatz 1. „Wenn der Schwurpflichtige stirbt, ... so können beide Parteien in Ansehung der betreffenden Beweisführung alle Rechte ausüben, welche ihnen vor der Zuschiebung des Eides zustanden." Absatz 3. „Ist der Eid durch bedingtes Urtheil auferlegt, so wird unter Aufhebung des Urtheils in der Sache anderweit erkannt."

Daß das nach Abs. 3 abzugebende neue Urtheil nur auf Grund einer neuen Verhandlung erlassen werden kann, versteht sich von selbst. Fraglich ist nur, ob demselben eine neue vollständige Verhandlung vorangehen muß, in welcher die Parteien alle Rechte ausüben können, welche ihnen nach § 251 und § 256 der C. P. O. zustehen würden, wenn der Schwurpflichtige vor der Zuschiebung oder vor der Auferlegung des Eides gestorben wäre, oder ob die Verhandlung lediglich auf die betreffende Beweisführung zu beschränken ist, dergestalt daß die Parteien zwar bezüglich desjenigen Beweissatzes, welcher in dem früheren Urtheil als Eidesthema fixirt ist, das frühere Beweismaterial reproduziren, auch in Bezug auf diesen Beweissatz neue Beweismittel beibringen dürfen, im übrigen aber ihnen die Beibringung neuer Thatsachen und Beweismittel versagt ist. Je nachdem die Frage in dem einen oder in dem anderen Sinne zu entscheiden ist, wird sich auch die Aufgabe des erkennenden Richters verschieden gestalten: im ersten Fall wird er so zu erkennen haben, wie wenn das frühere Urtheil nicht existirte; im zweiten Fall wird sich seine Prüfung lediglich darauf zu beschränken haben, ob nach Maßgabe der früheren und der etwa neu hinzugekommenen Beweiserhebungen nunmehr noch die Auferlegung eines Eides nothwendig ist und eventuell welchem der jetzigen Streittheile ein Eid aufzuerlegen ist, während eine weitere Prüfung des Prozeßstoffes ausgeschlossen bleibt. Dementsprechend werden auch die gegen das neue Urtheil zulässigen Rechtsmittel entweder im vollen Umfange Platz greifen oder nur mit der aus der Sachlage sich ergebenden Beschränkung zuzulassen sein.

In welchem Sinne nun diese Frage zu beantworten ist, muß zunächst nach dem Wortlaute des Gesetzes entschieden werden, dem um so größere Bedeutung beizulegen ist, als die Motive und die Entstehungsgeschichte des § 433 der C. P. O. keine Anhaltspunkte für die Annahme bieten, daß der Wille des Gesetzgebers sich nicht oder nicht vollständig mit dem Wortlaute deckt. In den Motiven (vgl. Hahn, Materialien S. 338) wird nur bemerkt, daß der § 415 des Entwurfs

(§ 433 der C. P. O.) in Uebereinstimmung mit den Prozeßordnungen für Hannover (§ 291). Oldenburg (Art. 176, §§ 1 und 3), Baden (§ 563), Württemberg (Art. 603), Bayern (Art 482) und mit dem Hannover'schen Entwurf § 426, dem Preußischen Entwurf § 515, sowie dem Norddeutschen Entwurf § 628 vorschreibe, daß in den Fällen des Absatzes 1 und 2 der Eid weder als verweigert, noch als geleistet gilt, vielmehr beide Parteien in Ansehung der betreffenden Beweisführung die ihnen vor Zuschiebung des Eides zustehenden Rechte ausüben sollen. Hiernach enthalten die Motive lediglich eine Wiedergabe des Inhaltes der gesetzlichen Bestimmungen, ohne deren Einfluß und Tragweite auf die hier vorliegende Frage weiter zu erörtern. Der Hinweis der Motive auf die genannten Prozeßgesetze und Entwürfe ist gleichfalls von keiner entscheidenden Bedeutung, schon deshalb nicht, weil dieselben sämmtlich eine Bestimmung, wie sie der § 251 der C. P. O. enthält, nicht kennen, vielmehr noch an dem Grundsatze der Trennung der Verhandlungen in zwei Abschnitte festhalten, von welchen der zweite lediglich für die Beweisaufnahme und Beweisausführung (zum Theil auch für die Beweisantretung) bestimmt ist. Indessen mag doch bemerkt werden, daß der § 291 der Bürgerlichen Prozeßordnung für Hannover, welcher zuerst den (allerdings bestrittenen) Satz des Gemeinen Prozeßrechts: „mortem loco jurisjurandi esse" aufgab, entschieden eine Beschränkung der Verhandlung und des Urtheiles vorschreibt, indem er für den vorliegenden Fall bestimmt, daß bei nothwendigen Eiden das Gericht auf Antrag, und nachdem erforderlichen Falles die Parteien gehört seien, über die Frage, ob und wem der nothwendige Eid aufzuerlegen sei, von neuem zu erkennen habe. Auch gewähren sämmtliche oben allegirte Prozeßgesetze und Entwürfe den Parteien nur die Rechte, welche ihnen in Ansehung der Beweisführung vor der Zuschiebung oder Auferlegung des Eides zustanden. Ist man daher zunächst auf den Wortlaut des § 433 der C. P. O. angewiesen, so steht dieser offenbar der vom B. G. vertretenen Ansicht zur Seite. Entscheidend sind die Worte im ersten Absatz: „in Ansehung der betreffenden Beweisführung". Wäre es die Absicht des Gesetzgebers gewesen, auch im Falle eines bereits vorliegenden rechtskräftigen Urtheiles nach dem Tode des Schwurpflichtigen beiden Parteien die volle Freiheit im Vorbringen neuer Thatsachen geben zu wollen, so hätten diese Worte nicht aufgenommen werden dürfen. Denn würde der Nachsatz mit Weglassung jener Worte gelautet haben: „so können beide Parteien alle Rechte ausüben, welche ihnen vor der Zuschiebung des Eides zustanden," so wäre es nach dem System der C. P. O.

(§ 251 und 256) ohnehin selbstverständlich, daß ihnen diese Rechte auch in Ansehung der betreffenden Beweisführung gewährt werden müßten. Die Worte „in Ansehung der betreffenden Beweisführung" wären daher überflüssig. Gerade deshalb aber, weil nach dem Grundsatz der C. P. O. bis zum Schlusse der mündlichen Verhandlung, auf welche das Urtheil ergeht, von beiden Parteien noch neue Angriffs- und Vertheidigungsmittel geltend gemacht werden können, gewinnt der Zusatz „in Ansehung der betreffenden Beweisführung" die Bedeutung einer Beschränkung der den Parteien durch den Nachsatz verliehenen Befugnisse, woraus zugleich die Nothwendigkeit einer Beschränkung der Verhandlung und der richterlichen Thätigkeit auf diesen Theil des Prozeßstoffes sich ergiebt. Von der Revisionsklägerin wird zwar geltend gemacht, daß diese Bestimmung schon deshalb nicht wohl im Sinne einer Beschränkung verstanden werden könne, weil sie sich auch auf den Fall beziehe, wo der Eid durch Beschluß auferlegt sei, und in diesem Fall doch offenbar von einer Ausschließung der Parteien mit neuen Behauptungen keine Rede sein könne. Sie glaubt ihrerseits, daß durch diese Worte habe zum Ausdruck gebracht werden sollen, daß alle Beschränkungen, welche dem Schwurpflichtigen gegenüber im Laufe der Verhandlungen bezüglich der Beweismittel sich ergeben haben (etwa aus § 423 oder aus § 267), in Wegfall kommen sollen; die fraglichen Worte enthielten daher keine Beschränkung, sondern im Gegentheil eine Erweiterung der Grenzen der Verhandlungen.

Diese Ausführungen können indessen für zutreffend nicht erachtet werden. Nach § 423 der C. P. O. kann die Annahme oder Zurückschiebung des Eides außer in den Fällen des § 419 Abs. 2 und des § 422 nicht widerrufen werden. Nun kann man immerhin sagen, daß diesen Ausnahmefällen durch den § 433 noch ein weiterer hinzugefügt wird und daß insofern die Parteirechte erweitert werden. Diese Erweiterung wird aber durch den Grundsatz gewährt, daß die Parteien alle Rechte ausüben können, welche ihnen vor der Zuschiebung des Eides zustanden, nicht aber durch die diesen Satz wieder einschränkenden Worte „in Ansehung der betreffenden Beweisführung". Aehnlich verhält es sich, wie keiner weiteren Ausführung bedarf, mit dem § 267 der C. P. O. Richtig ist die Bemerkung der Revisionsklägerin, daß der § 433 Abs. 1 sich nicht blos auf den Fall bezieht, wo der Eid durch Urtheil, sondern auch in den Fällen Anwendung findet, wo der Eid durch Beschluß auferlegt ist; und richtig ist ferner, daß in solchem Fall eine Beschränkung der Verhandlung auf die Beweisergebnisse trotz jener osterwähnten beschränkenden Worte nicht eintreten kann, weil der § 433 den Parteien die ihnen auch ohne jenen Zwischenfall nach der C. P. O. zustehenden Rechte nicht nehmen will. Daraus folgt aber nur, daß, wenn die fraglichen Worte „in Ansehung der betreffenden Beweisführung" nicht völlig bedeutungslos sein sollen, sie gerade für den vorliegenden Fall, daß der Eid durch Urtheil auferlegt ist, Bedeutung haben.

Diesem klaren Wortlaut des Gesetzes gegenüber müssen alle Bedenken zurücktreten, welche gegen die hier vertretene Auffassung vielleicht geltend gemacht werden können. In dieser Beziehung sind von geringerer Bedeutung die Gründe, welche von der Revisionsklägerin für ihre abweichende Ansicht aus der Fassung des Abs. 3 des § 433 der C. P. O. entnommen werden. Die im Abs. 3 gegebene Vorschrift hat ersichtlich nur eine formale Bedeutung. Unzweifelhaft hätte der Gesetzgeber bei der hier für richtig erachteten Auslegung des § 433 Abs. 1 auch bestimmen können, daß das neue Urtheil sich auf den Ausspruch zu beschränken habe, in welchen bestimmten Punkten das frühere Urtheil aufzuheben oder abzuändern sei. Er konnte aber auch, wie im Abs. 3 geschehen, anordnen, daß das frühere Urtheil ganz aufzuheben und durch ein neues zu ersetzen sei. Es war dies eine reine Zweckmäßigkeitsfrage, deren Entscheidung in der einen oder in der anderen Richtung für die vorliegende Frage von keiner Bedeutung ist. Erheblicher erscheint dagegen auf den ersten Blick der Umstand, daß nach der hier vertretenen Ansicht der im § 251 der C. P. O. enthaltene Grundsatz durchbrochen und einem Urtheile in gewisser Beziehung eine Rechtskraft beigelegt wird, welches demnächst aufgehoben werden soll. Allein was den ersten Punkt anlangt, so konnte der Gesetzgeber zweifellos aus prozeßpolitischen Gründen die Anwendung des § 251 der C. P. O. auf diesen Fall ausschließen, wenn er solche für praktisch bedenklich erachtete. In der That müßte es auch unbillig und unzweckmäßig erscheinen, wenn nach dem Erlasse eines bedingten Endurtheiles die sämmtlichen Ergebnisse der bisherigen Verhandlungen auch in solchen Punkten wieder in Frage gestellt würden, welche an sich durch die im § 433 der C. P. O. bezeichneten Ereignisse nicht berührt werden. Der Gesetzgeber hatte nur die Wahl, entweder für diesen Fall von dem Grundsatz des § 251 der C. P. O. abzugehen, oder aber sich über die Existenz des rechtskräftigen Urtheiles ganz hinwegzusetzen. Bei diesem Dilemma mußte der erste Weg, die Verhandlung auf die „betreffende Beweisführung" zu beschränken, als der minder bedenkliche erscheinen. Daß dabei das frühere Urtheil in denjenigen Punkten, welche durch das betreffende Ereigniß nicht berührt werden, bei der Verhandlung als rechtskräftiges Urtheil behandelt wird, ungeachtet es demnächst formell durch ein anderes ersetzt werden soll, darf nicht befremden, da das frühere Urtheil bis zu seiner Wiederaufhebung auch formell noch als solches besteht und sich materiell die ganze Verhandlung um die Frage bewegt, in wie weit eine Abänderung des Urtheiles in dem Punkte, welcher durch eines der im § 433 erwähnten Ereignisse betroffen wird, geboten ist. Für den Gesetzgeber lag es auch um so näher, diesen Weg einzuschlagen, als ein analoges Verfahren auch für den ähnlichen Fall der Wiederaufnahme des Verfahrens (§§ 541 f. der C.P.O.) angeordnet ist, indem auch hier die Hauptsache nur insoweit von neuem verhandelt wird, als sie von dem Anfechtungsgrunde betroffen ist (§ 553 der C.P.O.). Wenn die Restitution aus einem lediglich ein Beweismittel betreffenden Grunde beantragt wird (z. B. auf Grund des § 543 Ziff. 1—3 der C.P.O.), so hat sich die Verhandlung, wie solches auch in den Motiven zum § 553 der C.P.O. (§ 529 des Entwurfs; siehe Hahn, Materialien S. 386) ausdrücklich hervorgehoben wird, auf diesen Punkt des Rechtsstreites zu beschränken, ohne daß die übrigen Resultate der Verhandlungen in Frage kommen."

134 a. Keine Anwendung des § 491 Abs. 2 der C.P.O. auf Retentionseinreden. (S. u. Fall 151 unter 4, S. 310.)

135. C.P.O. § 500 Ziff. 3. Begriff der Vorabentscheidung im Sinne des § 276. Unvereinbar mit dieser ist ein Endurtheil in der Sache selbst. Begriff des Endurtheils (§§ 272, 425) **und des Zwischenurtheils.** Urth. des V. Civilsenats vom 13. Mai 1885 in Sachen E. L. zu B., Beklagten und Revisionsklägers, wider L. und Gen., Kläger und Revisionsbeklagte. Vorinstanz: Kammerger. Berlin. Aufhebung und Zurückverweisung.

„Ein Verstoß gegen den § 500 Nr. 3 der C.P.O. liegt in der Zurückverweisung der Sache an das Gericht erster Instanz zum Zwecke der Verhandlung und Entscheidung über den Betrag der den Klägern zu gewährenden Entschädigung.

Nach der gedachten Vorschrift wäre dieselbe nur zulässig gewesen, wenn der Erste Richter in Gemäßheit des § 276 der C.P.O. über den Grund des streitigen Anspruches vorab entschieden hätte. Eine solche Vorabentscheidung liegt jedoch nur dann vor, wenn im Sinne des § 275 a. a. O. über den Grund des Anspruches als eine einzelne Voraussetzung desselben (als ein „einzelnes selbständiges Angriffsmittel") durch Zwischenurtheil besonders entschieden, nicht aber wenn bereits ein Endurtheil in der Sache selbst abgegeben ist. Denn nach der Bestimmung im Abs. 2 des § 276 soll das über den Anspruchsgrund vorab entscheidende Urtheil nur in Betreff der Rechtsmittel als Endurtheil angesehen, also nur in dieser einen Beziehung demselben gleich behandelt werden; es wird daher vorausgesetzt, daß dasselbe nicht selbst schon ein Endurtheil enthält.

Ob nun aber ein Urtheil als Endurtheil oder nur als Zwischenurtheil anzusehen sei, hängt allein von der in demselben getroffenen Entscheidung ab. Ein Endurtheil (§ 272 der C.P.O.) ist jedes Urtheil, welches durch seine Entscheidung den Rechtsstreit oder den betreffenden Anspruch endlich oder, als bedingtes Endurtheil (§ 425 der C.P.O.), durch Auferlegung eines Eides wenigstens bedingt-endlich erledigt, so daß ein weiteres Urtheil in demselben Rechtsstreite oder über denselben Anspruch (abgesehen von dem das Eidesurtheil purifizirenden Urtheile) weder erforderlich noch möglich ist; im Gegensatz dazu kann daher als ein Zwischenurtheil nur dasjenige Urtheil angesehen werden, welches die Sache noch nicht in dieser Weise zur Erledigung bringt, sondern die Möglichkeit der demnächstigen Abgabe eines Endurtheils offen läßt, wenngleich es diesem präjudizirt. Unzweifelhaft liegt hiernach ein bloßes Zwischenurtheil über den Anspruchsgrund vor, wenn nur entschieden ist, daß der Anspruch seinem Grunde nach gerechtfertigt sei, weil es dann noch eines weiteren Urtheils über den Schadensbetrag bedarf. Dagegen kann bei der gleichzeitigen Verurtheilung zur Zahlung der ermittelten Schadenssumme nicht mehr von einem besonderen Zwischenurtheile über den Grund des Anspruches die Rede sein. Dementsprechend ist es zwar nur ein Zwischenurtheil über den Anspruchsgrund, wenn der Ausspruch des Richters sich darauf beschränkt, daß der Anspruch seinem Grunde nach für nicht gerechtfertigt erklärt werde, nicht aber, wenn schon die Abweisung des Klägers ausgesprochen wird, da in dem letzteren Falle zur Abgabe eines weiteren Urtheils kein Raum bleibt, durch die Abweisung vielmehr die Sache schlechthin endlich (also eben mittels Endurtheils) erledigt ist.

In dem vorliegenden Falle hat der Erste Richter die Entscheidung, daß die Klägerinnen mit der erhobenen Klage abzuweisen seien, in dem Urtheil vom 28. November 1882 ausdrücklich bereits getroffen. Daß das letztere danach nicht als ein Zwischenurtheil, welches noch die Möglichkeit eines späteren Endurtheils übrig ließe, sondern selbst als ein die Sache vollständig erledigendes Endurtheil sich darstellt, unterliegt keinem Zweifel. Nur dann, wenn der Charakter eines Urtheils in der fraglichen Beziehung nach der Fassung der Entscheidung als zweifelhaft erscheint, wird nach der aus seinem ganzen Inhalte erkennbaren Absicht des Richters zu bestimmen sein, ob dasselbe als bloßes Zwischenurtheil oder schon als ein Endurtheil anzusehen sei, wobei auch ein etwaiger Vorbescheid, daß nur über den Anspruchsgrund verhandelt und entschieden werden solle, in Betracht gezogen werden kann. Allein Erwägungen nach dieser Richtung sind ausgeschlossen, wenn der Inhalt des Urtheilstenors, wie in dem gegenwärtigen Falle, völlig klar ist, also einer Interpretation nicht mehr bedarf.

Die bloße Beschränkung der Verhandlung auf den Anspruchsgrund läßt einen Schluß darauf, daß nur ein Zwischenurtheil über denselben abgegeben sei, überhaupt nicht zu. Denn auch auf Grund beschränkter Verhandlung kann immer ein Endurtheil erfolgen, wenn es zur Abgabe desselben nur der theilweisen Aufklärung des Sachverhältnisses bedurfte. Ebensowenig aber ist der Vorbeschluß, daß nur über den Anspruchsgrund entschieden werden solle, hier unbedingt maßgebend; denn es kann sehr wohl im Widerspruche mit einem solchen Vorbeschluß dennoch ein Endurtheil — namentlich, wie im vorliegenden Falle, durch Abweisung der Klage — erfolgen.

Mit dem hier Ausgeführten steht das in Entsch. Bd. X S. 427 ff." (Annalen Bd. IX S. 350) „abgedruckte Erkenntniß im Einklange, da die dortige Ausführung, daß bei der Frage, ob ein Zwischenurtheil oder ein Endurtheil anzunehmen sei, die Absicht des Richters in Betracht komme, eben auf Fälle eines über den Sinn der Entscheidung obwaltenden Zweifels zu beziehen ist. Da im vorliegenden Falle der Erste Richter zweifellos ein Endurtheil abgegeben hat, so findet der § 500 Nr. 3 der C.P.O. keine Anwendung. Vielmehr hat sich der B.R. nach § 499 daselbst auch der Verhandlung und Entscheidung über den Entschädigungsbetrag zu unterziehen."

136. **Voraussetzungen der Zulässigkeit einer Anschlußrevision und einer Revision der Staatsanwaltschaft** (§§ 518, 607 der C.P.O.). Urth. des II. Civilsenats vom 8 Mai 1885 in Sachen W. in V., Intervenienten und Revisionsklägers, und der Staatsanwaltschaft beim L.G. Aachen, vertreten durch den Reichsanwalt, wider A. in E., Kläger und Revisionsbeklagten. Vorinstanz: O.L.G. Cöln. Verwerfung der Revision des Intervenienten. Die sogenannte Anschlußrevision der Staatsanwaltschaft wird als unzulässig verworfen.

Im Dezember 1882 hat der Gärtner W. in V. bei dem A.G. Erkelenz die Entmündigung des Gärtners A. daselbst beantragt. W. ist der Sohn einer Halbschwester des A. Das A.G. hat mehrere Zeugen sowie auch den A. selbst, den Letzteren unter Zuziehung von Sachverständigen vernommen, und gutachtliche Aeußerungen dieser Sachverständigen (Dr. med. Lu., Dr. med. La., Dr. med. Ky., sämmtlich in Erkelenz, und des Direktors der Provinzial-Irrenanstalt zu Grafenberg, Dr. P.) eingezogen und sodann durch Beschluß vom 16. April 1883 den damals 86 Jahre alten A. wegen Geisteskrankheit für entmündigt erklärt und ihm die Kosten des Verfahrens zur Last gelegt. A. hat von diesem Beschluß im Juni 1883 Kenntniß erhalten. Er hat hierauf bei dem L.G. Aachen Anfechtungsklage erhoben; am 26. Juni 1883 ist die Klage der Staatsanwaltschaft zugestellt und am 30. desselben Monats ist W. zur mündlichen Verhandlung unter Mittheilung der Klage geladen worden. Durch Urtheil vom 1. Dezember 1883 hat das L.G., dem Antrag der Beklagten (der Staatsanwaltschaft und des W.) entsprechend, die Klage abgewiesen und den Kläger zur Tragung der Prozeßkosten verurtheilt.

Auf die von A. eingelegte Berufung hat das O.L.G. Köln zufolge Beweisbeschlusses vom 28. Mai 1884 sechs Personen, darunter den Kreiswundarzt K. zu Erkelenz, vernommen und am 29. Oktober 1884 erkannt: „Unter Abänderung des Urtheils des Königl. L.G. zu Aachen vom 1. Dezember 1883 wird der die Entmündigung des Berufungsklägers aussprechende Beschluß des A.G. zu Erkelenz vom 16. April 1883 aufgehoben. Die Kosten beider Instanzen, welche durch die Intervention entstanden sind, werden dem Intervenienten W., die sämmtlichen übrigen Kosten der Staatskasse zur Last gelegt." Der Oberstaatsanwalt hatte sich nach der in zweiter Instanz erfolgten Beweisaufnahme dem Antrag des Klägers auf Aufhebung der Entmündigung angeschlossen, eventuell die Beiordnung eines Beistandes beantragt und bezüglich der Kosten ausgeführt, daß diese zum größten Theil den W., welcher zur Anfechtung eines von dem Kläger errichteten Testaments das Verfahren in eigenem Interesse veranlaßt habe, treffen müssen. In den Gründen des O.L.G. ist erwogen: Nach den Aussagen der in zweiter Instanz vernommenen Zeugen und dem Gutachten des Lu. und La. sei A. zwar ein Sonderling, keineswegs aber geisteskrank. Entscheidend sei vor allem die Aussage des Zeugen K., welcher den A. seit 30 Jahren kenne und behandelt habe. K. sei vermöge seines Berufes zu richtiger Beobachtung des A. befähigt und wegen seiner längeren Bekanntschaft hierzu besonders in der Lage und habe den A., welcher nur zu prahlen geliebt habe, abgesehen von dieser Eigenschaft, als vernünftig angesehen und ihn „als einen Mann, welcher wohl wußte, was er that," bezeichnet. Die hiergegen vorliegenden Gutachten des Ky. und P. könnten nur dadurch ihre Erklärung finden, daß diese den A. nicht lange genug beobachtet und auf die Aussagen der durch das A.G. vernommenen Zeugen, denen es an hinreichender Beobachtungsgabe und Urtheilsfähigkeit gemangelt haben möge, ein nach der jetzigen Beweisaufnahme nicht gerechtfertigtes Gewicht gelegt haben. Nach §§ 601, 614 und 92 der C.P.O. habe der Intervenient die durch seinen Beitritt verursachten Mehrkosten, alle übrigen Kosten die Staatskasse zu tragen.

Gegen dieses am 26. November 1884 zugestellte Urtheil hat W. Revision eingelegt. Die Revisionsschrift ist am 13. Dezember 1884 dem Vertreter des A. und am 12. desselben Monats der Staatsanwaltschaft bei dem O.L.G. Köln zugestellt worden. Diese hat, und zwar nach dem 3. März 1885 den Vertretern des A. und des W. einen vom 3. März datirten Schriftsatz zustellen lassen, welcher die Erklärung enthält, daß die Staatsanwaltschaft als Revisionsbeklagte Verwerfung der Revision und, indem sie sich der Revision anschließe, Aufhebung des B.U. im Kostenpunkte beantrage. Im Verhandlungstermin hat der Anwalt des W. Aufhebung des B.U. und Verwerfung der Berufung, der Anwalt des A. Zurückweisung der Revision beantragt. Die Reichsanwaltschaft hat die in dem Schriftsatz vom 3. März enthaltenen Anträge gestellt. Das R.G. verwirft die Revision des W. aus hier belanglosen Gründen und führt dann weiter aus:

„Auch dem von der Reichsanwaltschaft auf theilweise Aufhebung des Berufungsurtheils gestellten Antrage konnte keine Folge gegeben werden. Die Zulässigkeit einer Anschlußrevision der Staatsanwaltschaft würde voraussetzen, daß die Staatsanwaltschaft Revisionsbeklagte wäre (C.P.O. § 518). Dies ist nicht der Fall. Die von A. erhobene Anfechtungsklage ist gegen den Staatsanwalt gerichtet worden und mußte gemäß § 607 Abs. 1 der C.P.O. gegen diesen gerichtet werden. In zweiter Instanz hat sich nun zwar der Oberstaatsanwalt dem Antrag des A. auf Aufhebung der Entmündigung angeschlossen; er konnte jedoch hiermit nur der Berufung des A. nachgeben, keineswegs aber selbst Anfechtungskläger werden, da eine Anfechtungsklage des Staatsanwalts nur in erster Instanz möglich und gegen den Vormund des Entmündigten zu richten gewesen wäre (C.P.O. § 607 Abs. 2). Die von W. eingelegte Revision richtet sich daher nicht gegen den Staatsanwalt und die Revisionsschrift ist diesem nicht als dem Prozeßgegner des W., sondern als dessen Streitgenossen (C.P.O. § 607 Abs. 3) gemäß § 60 der C.P.O. zugestellt worden.

Das Rechtsmittel der Revision ist von der Staatsanwaltschaft nicht eingelegt worden. Die sogen. Anschließung an die Revision ist nach Ablauf der Revisionsfrist erfolgt, kann daher nicht als selbständige Revision angesehen werden (zu vgl. § 518 in Verbindung mit § 483 Abs. 2 der C.P.O.); nach § 94 der C.P.O. wäre auch eine solche unzulässig. Unerörtert kann hiernach bleiben, ob das Rechtsmittel der Revision von der Staatsanwaltschaft des O.L.G. eingelegt werden kann oder ob dies nicht vielmehr durch die Reichsanwaltschaft geschehen muß (G.V.G. § 143)."

137. **1) Kein neuer selbständiger Beschwerdegrund** (C.P.O. § 531 Abs. 2) **bei Nichtbeachtung formeller Beanstandungen des landgerichtlichen Kostenfestsetzungsverfahrens. 2) Fall eines neuen, aber nicht eines selbständigen Beschwerdegrundes. 3) Feststellungsverfahren betreffs der Reisekosten der Partei** (C.P.O. § 98). Beschluß des III. Civilsenats vom 8. Mai 1885 in Sachen des Generalagenten A. K. in Darmstadt namens der Lebensversicherungsgesellschaft Janus in Hamburg, Klägerin, gegen J. Kl. in M., Beklagten. Vorinstanz: O.L.G. Darmstadt. Die sofortige Beschwerde des Prozeßbevollmächtigten der Klägerin, Rechtsanwalts M. III zu Darmstadt, wird als unzulässig zurückgewiesen.

Zu 1. „In Ansehung der Frage, ob dem Prozeßbevollmächtigten der Klägerin, Rechtsanwalt M. III zu Darmstadt, die liquidirten Reisekosten im Betrage von 83 ℳ 64 ₰ zu Lasten des Beklagten zuzubilligen seien, liegen schon ihrem Wortlaute nach zwei übereinstimmende Entscheidungen der beiden Vorinstanzen vor, gegen welche nach § 531 Abs. 2 der C.P.O. eine weitere Beschwerde nicht statthaft ist Ein neuer selbständiger Beschwerdegrund ist der Klägerin auch dadurch nicht erwachsen, daß das O.L.G. unterlassen hat, auf die formellen Beanstandungen einzugehen, welche der Beschwerdeführer gegen das landgerichtliche Verfahren, beziehungsweise die Verfügung vom 20. Dezember vorigen Jahres erhoben hatte. Denn deren Prüfung unterlag der richterlichen Offizialthätigkeit, und es muß ohne weiteres davon ausgegangen werden, daß sowohl die zweite wie die dritte Instanz die Formalien der von dem Beklagten gegen den Amtsgerichtsbeschluß vom 19. November 1884 erhobenen Beschwerde für gewahrt erachtet haben."

Zu 2. „Zur eventuellen Beschwerde hatte der Beschwerdeführer in voriger Instanz zunächst den Antrag gestellt, die von ihm liquidirten Kosten deshalb zu Lasten des Beklagten festzusetzen, weil die etwaigen Reisekosten der eigentlichen Prozeßpartei — der in Hamburg wohnenden Direktion der klagenden Versicherungsgesellschaft — von ihrem Wohnorte an das A.G. Fürth die Reisekosten des Anwalts von Darmstadt nach Fürth dem Betrage nach bedeutend überstiegen. Es handelte sich mithin nach dieser Richtung um ein neues Vorbringen des Beschwerdeführers zur Rechtfertigung der primären Beschwerde. Dadurch, daß die Vorinstanz diesen Antrag zurückwies, hat sie dem Beschwerdeführer zwar einen neuen, aber keinen selbständigen Beschwerdegrund gegeben, und muß daher auch hier die weitere Beschwerde nach § 531 cit. ohne Erfolg bleiben."

Zu 3. „Anlangend den weiteren eventuellen Antrag, dem Beklagten mindestens diejenigen Reisekosten zur Last zu setzen, welche entstanden sein würden, wenn der Generalagent der klagenden Versicherungsgesellschaft — A. K. zu Darmstadt — die Klägerin in den Verhandlungsterminen vertreten hätte, so steht zwar soviel außer Zweifel, daß die Reisekosten der Partei in derselben Weise dem Kostenfestsetzungsverfahren des § 98 der C.P.O. unterliegen, wie dies bezüglich der Reisekosten des Rechtsanwalts der Fall ist, daß folgeweise die Erwägung, mit welcher das O.L.G. jenen Antrag beseitigt, als zutreffend nicht erachtet werden kann. Die Klägerin mußte sich indessen mit dem Gesuche um Festsetzung dieser Kosten an das zuständige Amtsgericht wenden. Denn jenes Gesuch steht mit dem früheren Antrage auf Erstattung der Reisekosten des Anwalts außer allem Zusammenhange, und es ist unzulässig, einerseits dem Ermessen des Ersten Richters über die Nothwendigkeit einer Reise des durch einen Unteragenten bei dem Vertragsabschlusse vertretenen Generalagenten K. nach Fürth, sowie eventuell über die Höhe der Reisekosten vorzugreifen, andererseits dem Beklagten den Weg der Beschwerde gegen den Beschluß der ersten Instanz abzuschneiden."

138. **Ein Berufungsurtheil, welches die gegen ein Ehetrennungsurtheil erster Instanz eingelegte Berufung verwirft, muß von Amtswegen zugestellt werden** (§ 582 der C.P.O.). Urth. des IV. Civilsenats vom 15. Mai 1885 in Sachen W. St. zu F., Beklagten und Revisionsklägers, wider uxorem, Klägerin und Revisionsbeklagte. Vorinstanz: O.L.G. Hamm. Die Revision wird als wirkungslos eingelegt zurückgewiesen.

Die Zustellung des angefochtenen Urtheils, durch welches die vom Beklagten mit dem Antrage auf Abweisung der Ehescheidungsklage erhobene Berufung gegen das die Ehetrennung aussprechende Urtheil erster Instanz zurückgewiesen worden ist, hat von Anwalt zu Anwalt stattgefunden.

„Nach § 582 der C.P.O. sind Urtheile, durch welche auf Trennung der Ehe erkannt ist, den Parteien von Amtswegen zuzustellen. Zu diesen von Amtswegen zuzustellenden Urtheilen muß auch das mit der gegenwärtigen Revision angefochtene Urtheil gerechnet werden. Denn durch dasselbe ist die Berufung, welche der Beklagte gegen das der Ehescheidungsklage der Ehefrau stattgebende, die Ehetrennung aussprechende Urtheil erster Instanz erhoben hatte, zurückgewiesen, die Ehetrennung also aufrecht erhalten worden" (zu vergl. Annalen Bd. VI S. 379; Entsch. Bd. VII S. 362). „Die Vorschrift des § 582 ist eine dergestalt zwingende, daß die in ihr gebotene Zustellung von Amtswegen durch die im vorliegenden Falle nachgewiesene Zustellung des Urtheils von Anwalt zu Anwalt nicht ersetzt wird. Hieraus folgt, daß, da die Einlegung der Revision vor der Zustellung des Urtheils nach § 514 der C.P.O. wirkungslos ist, die vorliegende Revision mangels der vorgeschriebenen Zustellung des Urtheils als wirkungslos erhoben zurückgewiesen werden muß."

Gemeines Recht.

139. Durch Einräumung bloßer Innehabung der Polize erfolgt keine Uebertragung des Versicherungsanspruches. Die Donatio mortis causa steht (für das Verhältniß des Beschenkten zu den Gläubigern) **im Fall der Insolvenz des Schenkers den Vermächtnissen gleich.** Urth. des III. Civilsenats vom 12. Mai 1885 in Sachen verw. K. zu R. und Gen., Kläger und Revisionskläger, wider K.'s Konkurs das., Beklagten und Revisionsbeklagten. Vorinstanz: O.L.G. Jena. Verwerfung.

Gegen das Urtheil des O.L.G., durch welches in Abänderung des erstinstanzlichen Urtheils die Kläger mit der erhobenen Klage abgewiesen und auf die Widerklage verurtheilt worden sind, haben die Kläger Revision eingelegt.

„Als Versicherter kann nach der thatsächlichen Feststellung des B.G. über den Abschluß des Versicherungsvertrages nur die im Nachlasse fortlebende Persönlichkeit des Versicherungsnehmers gelten. Haben nun die Klägerin und deren Sohn als gesetzliche Erben des weiland K. den überschuldeten Nachlaß desselben ausgeschlagen, so steht nach der Sachlage nur noch zur Frage, ob von der Klägerin, welche freiwillig ihren Sohn betheiligt, dargethan worden ist, ob K. ihr den zur Frage stehenden Versicherungsanspruch rechtsbeständig zur eigenen Geltendmachung übertragen hat. Wenn die Klägerin behauptet, daß ihr weiland Ehemann ihr die Polize übergeben habe, so liegt in der Einräumung der bloßen Innehabung der Versicherungsurkunde selbstverständlich noch nicht eine Uebertragung des Versicherungsanspruches. Die Klägerin hat aber eventuell auch Schenkung behauptet, und die Revision ist insoweit begründet, als der B.R. von einer näheren Prüfung dieser Behauptung aus dem Grunde absieht, weil in der Berufungsinstanz der Anwalt der Berufungsbeklagten mit jenem erstinstanzlichen Anführen nicht wieder hervorgetreten sei. Denn da der Thatbestand des ersten Urtheils, welcher jene Behauptung enthält, nach dem Thatbestande des zweiten Urtheils vorgetragen worden ist, so war auch diese Klagbegründung zur Entscheidung des B.R. verstellt, falls nicht die Berufungsbeklagten ausdrücklich oder konkludent auf dieselbe verzichteten. Von einem Verzichte kann aber um so weniger gesprochen werden, als der Anwalt der Berufungsbeklagten geltend gemacht hat, daß in der späteren Verschenkung der Polize eine Verschenkung der Versicherungssumme nicht liege. Der hiernach vorliegende prozessuale Verstoß kann jedoch zu einer Aufhebung des Urtheils nicht führen, weil die behauptete Schenkung, auch wenn sie vor der Konkurseröffnung erfolgt sein sollte, sich den Konkursgläubigern gegenüber in jedem Falle als unwirksam herausstellt. Denn war der Versicherungsanspruch inter vivos geschenkt, so war die Schenkung ungültig und der Revokationsanspruch steht nach Eröffnung des Konkurses zur Verfügung des Konkursverwalters; es kann auch eine Konvaleszenz der Schenkung wegen nicht erfolgten Widerrufs nicht in Frage kommen, weil der Schenker vor seinem Tode in Folge der Konkurseröffnung die Befugniß zur Verfügung über den Versicherungsanspruch verloren hat. War aber von Anfang an eine mortis causa donatio gewollt, so ist entscheidend, daß die Schenkungen auf den Todesfall im Falle der Insolvenz des Schenkers für das Verhältniß des Beschenkten zu den Gläubigern des Erblassers den Vermächtnissen gleichstehen, daß es für diese erst mit dem Tode des Schenkers in Wirksamkeit tretenden Schenkungen keinen Unterschied begründen kann, ob die Insolvenz bei Lebzeiten oder nach dem Tode des Schenkers hervortritt, daß endlich auf die für das gedachte Verhältniß den Vermächtnissen gleichstehenden Schenkungen auf den Todesfall das Anfechtungsrecht der Konkursordnung Anwendung nicht leidet."

140. **1) Haftung des Wohnungsinhabers nach der actio de effusis et dejectis. Keine Haftung desselben für Versehen der in der Wohnung arbeitenden selbständigen Handwerker. 2) Dagegen Verpflichtung des Wohnungsinhabers zur Aufstellung von Warnungszeichen. Haftung für deren Unterlassung.** Urth. des I. Civilsenats vom 23. Mai 1885 in Sachen A. M. und Gen., Kläger und Revisionskläger, wider die verw. A. zu H., Beklagte und Revisionsbeklagte. Vorinstanz: O.L.G. Hamburg. Aufhebung und Zurückverweisung.

Zu 1. „Dem B.G. ist darin beizustimmen, daß die Beklagte für den Schaden, welchen der in ihrer Miethwohnung in ihrem Auftrage mit dem Einsetzen eines eisernen Fensters in das Dach beschäftigte Maurer L. dadurch verursacht hat, daß er das Fenster auf die Straße herabfallen ließ, nur im Falle eines ihr selbst zur Last fallenden Verschuldens haftbar sein würde, indem die Voraussetzungen, unter welchen nach Gemeinem Recht (Dig. 9, 3) der Wohnungsinhaber für den durch Hinauswerfen oder Hinausgießen eines Gegenstandes aus der Wohnung auf einen begangenen Ort entstandenen Schaden auch ohne eigenes Verschulden zu haften hat, nicht vorliegen. Zwar ist das Fallenlassen beim Einhängen des Fensters dem Hinabwerfen desselben gleichzuachten (l. 1 § 3. D. h. t.) und es hat nach dem Wortlaute des die Haftpflicht des Wohnungsinhabers bestimmenden Edikts

(l. 1 pr. eod.) den Anschein, als ob der objektive Thatbestand des Hinabwerfens rc. ohne Rücksicht auf die Person, durch welche, und auf die Umstände, unter welchen dasselbe stattgefunden hat, die Haftpflicht begründe. Indessen ist mit dem B.G. anzunehmen, daß eine in dieser Richtung unbedingte und unbeschränkte Haftpflicht des Wohnungsinhabers nicht besteht. Schon aus dem Inhalte des Edikts selbst ist zu entnehmen, daß eine so ausgedehnte Haftung nicht angeordnet werden sollte. Denn für den Fall, daß ein Sklave des Wohnungsinhabers ohne sein Vorwissen die Handlung beging, sollte der Herr nur in der Weise haften, wie überhaupt für die durch Sklaven verursachten Beschädigungen gehaftet wurde, nämlich mit der Befugniß, durch Herausgabe desselben an den Beschädigten sich weiterer Haftpflicht zu entziehen.

Insbesondere aber mußte die Entwickelung, welche dem im Edikt aufgestellten Grundsatze mit Rücksicht auf den Grund und Zweck desselben von der Jurisprudenz gegeben wurde, zu einer einschränkenden Auffassung der dadurch begründeten Haftpflicht führen. Die darin enthaltene Ausnahme von der Regel, daß jedermann nur für die Folgen seines eigenen Verschuldens zu haften habe, rechtfertigte man durch die Erwägung, daß in der Regel der Wohnungsinhaber nicht frei von irgend einer Schuld sein werde. Namentlich die Bestimmung, daß nicht der Eigenthümer der Wohnung, sondern der Bewohner zu haften habe, wurde mit der Erwägung (l. 1 § 4 eod.) gerechtfertigt: culpa enim penes eum est. Demgemäß wurde der Entschädigungsanspruch gegen den Wohnungsinhaber als ein Quasi-Delikts-Anspruch behandelt (§ 1 J. 4, 5). Aus dieser Auffassung ergiebt sich, daß die Vorschrift des Edikts in solchen Fällen nicht anwendbar ist, in welchen — ganz abgesehen von der Gestaltung des einzelnen Falles — von einer Schuld des Wohnungsinhabers niemals die Rede sein kann. Die gesetzliche Haftpflicht ist daher ungeachtet des Vorhandenseins des im Edikt bezeichneten objektiven Thatbestandes für ausgeschlossen zu erachten, wenn aus der eigenen Darstellung des Klägers hervorgeht oder von dem Beklagten einredeweise dargethan wird, daß die Handlung von jemandem begangen worden ist, der sich ohne Vorwissen und Erlaubniß des Wohnungsinhabers in der Wohnung befand oder der sich zwar mit Vorwissen und Bewilligung desselben, aber unter Umständen in der Wohnung befand, unter welchen dem Wohnungsinhaber die Pflicht zur Ueberwachung seines Verhaltens nicht oblag und die Berechtigung zu einer Einwirkung auf dasselbe mangelte. Für diese Einschränkung kann der Ausspruch: habitator suam suorumque culpam praestare debet in l. 6 § 8 h. t. angeführt werden, sofern man den Ausdruck suorum nicht blos auf Familienglieder, sondern auf alle diejenigen bezieht, denen gegenüber der für die Hausordnung verantwortliche Wohnungsinhaber kraft eines Familien-, Dienst- oder sonstigen Verhältnisses zu einer Einwirkung behufs Verhinderung gemeingefährlicher Handlungen berufen und berechtigt ist. Zur Unterstützung ist hervorzuheben, daß in den kasuistischen Erörterungen der römischen Juristen zwar der Kreis der Personen, für welche der Wohnungsinhaber haftet, weit ausgedehnt und insbesondere auf die nur in vorübergehender oder beschränkter Weise als Hausgenossen erscheinenden Personen, wie Arbeitsgehilfen, Lehrlinge, Schüler und Gäste, erstreckt (l. 5 § 3, l. 1 § 9, l. 5 § 1 D. h. t.), nirgends aber die Haftpflicht des Wohnungsinhabers bezüglich der Handlung einer Person anerkannt ist, welche zu ihm in keinem Abhängigkeitsverhältnisse steht. Mit Recht bemerkt das B.G., daß es der in den Quellen enthaltenen Kasuistik gar nicht bedurft hätte, wenn die Ediktsbestimmung von einer in subjektiver Hinsicht unbeschränkten Haftung zu verstehen wäre.

Bei Anwendung dieser einschränkenden Auslegung des Edikts ist die Haftpflicht des Wohnungsinhabers zu verneinen, wenn ein in dessen Wohnung arbeitender selbständiger Handwerker sich daselbst eine Handlung zu Schulden kommen läßt, welche ihrer objektiven Beschaffenheit nach unter die actio de effusis et dejectis fällt. Einem solchen Handwerker gegenüber befindet er sich in einer andern Lage, als gegenüber einem in seinem Dienste stehenden Arbeitsgehilfen. Denn das zwischen ihm und dem selbständigen Handwerker eingegangene Vertragsverhältniß begründet für ihn weder eine Verpflichtung zur Ueberwachung des Handwerkers bei der von ihm übernommenen Arbeit, noch eine Berechtigung zur Einwirkung bei derselben. Demnach ist es nicht für rechtsirrthümlich zu erachten, wenn das B.G. annimmt, daß „für ganz außerhalb der Sphäre des Wohnens thätige, am Hause innerhalb oder außerhalb desselben, auf eigene oder fremde Bestellung beschäftigte Handwerker eine Haftpflicht des Wohnungsinhabers durch die actio de effusis et dejectis nicht statuirt sei."

Zu 2. „Hinsichtlich der Annahme, daß die Nichtaufstellung von Warnungszeichen oder eines Warners auf der Straße der Beklagten nicht zum Verschulden anzurechnen sei, erscheint der Revisionsangriff begründet.

Zwar ist dem B.G. darin beizutreten, daß es dem Maurer L. oblag, die erforderlichen Sicherheitsmaßregeln bei der von ihm übernommenen Arbeit anzuwenden und die zur Anwendung derselben nöthigen Mittel zu beschaffen, sowie daß er durch die angeblich an die Beklagte gerichtete Aufforderung, Warnungsstangen aufstellen zu lassen, jener Verpflichtung nicht enthoben wurde. Allein hieraus folgt, wie Revisionskläger mit Recht geltend machen, wenn auch die Schuld des L., doch nicht die Schuldlosigkeit der Beklagten hinsichtlich der Nichtanwendung von Sicherungsmaßregeln. Wenn die Beklagte, obwohl sie wußte, daß L. die Arbeit ohne die nöthigen Sicherheitsmaßregeln vornehmen werde, die Vornahme derselben nicht verhinderte oder untersagte, so ist sie von der Mitschuld an der durch L. verursachten Verletzung des A. M. nicht freizusprechen. Das bisher von den Klägern zur Darlegung eines Verschuldens der Beklagten Vorgebrachte genügt zwar nicht, die Annahme eines solchen zu rechtfertigen; es ist namentlich weder dargelegt, wann und unter welchen Umständen die behauptete Aufforderung von L. an die Beklagte gerichtet worden, noch was seitens der Beklagten danach erklärt worden oder geschehen sei. Dagegen lag hinreichende Veranlassung vor, gemäß § 130 der C.P.O. auf eine Ergänzung des mangelhaften Vorbringens hinzuwirken, was, soviel aus dem Thatbestand hervorgeht, nicht geschehen ist."

141. **Einrede der Vorausklage. Keine nothwendige Exnexuation des alten (Hypotheken-)Schuldners durch Zustimmung zu einem einen neuen (Hypotheken-)Schuldner präsentirenden Vertrage** (unter Dritten), **durch Annahme von Zahlungen seitens des neuen Schuldners, Klagerhebung gegen diesen** u. s. w. Urth. des III. Civilsenats vom 19. Mai 1885 in Sachen B. in G., Beklagten und Revisionsklägers, wider die verw. J. in H., Klägerin und Revisionsbeklagte. Vorinstanz: O.L.G. Kiel. Aufhebung und Zurückverweisung.

„Die Beschwerde wegen der Zurückweisung der Einrede der Vorausklage erscheint begründet. Das B.G. geht zunächst zutreffend davon aus, daß die Einrede der Vorausklage des persönlichen Schuldners nur dann begründet sei, wenn außer dem bereits erfolglos ausgeklagten insolventen K. noch andere persönliche Schuldner vorhanden seien. Da ferner ohne Rechtsirrthum festgestellt ist, daß J. W. aus dem Obligationsnexus entlassen sei, so kommt nach Lage der Sache nur in Frage, ob S. aus der in Rede stehenden Obligation, für welche das jetzt im Besitze des Beklagten befindliche Grundstück verpfändet ist, noch als persönlicher Schuldner haftet? Das B.G. hat dies verneint. Es nimmt an, daß S. aus seiner persönlichen Verpflichtung von der Klägerin entlassen sei, weil bei dem Verkauf der beiden Hufen von S. an K. dieser unbestritten unter Zustimmung der Klägerin die Obligationsschuld in Anrechnung auf den Kaufpreis übernommen, die Klägerin den ihr angebotenen persönlichen Schuldner angenommen und auf alle mögliche Weise versucht habe, von ihm ihr Geld zu erhalten. Darauf habe sie zu erkennen gegeben, daß S. nicht mehr ihr Schuldner sei. Hätte sie etwa beabsichtigt, trotzdem S. als persönlichen Schuldner zu behalten, so hätte es die bona fides erfordert, daß dieser Wille von ihr zum Ausdruck gebracht werde. Hiernach nimmt das B.G. nicht etwa thatsächlich an, daß S. von der Klägerin als Schuldner entlassen sei; es bezeichnet vielmehr die Entlassung des S. als eine mit Nothwendigkeit aus der Zustimmung der Klägerin zum Eintritt des K. als Schuldner in die Obligation und aus dem Versuche der Klägerin, von diesem ihr Geld zu erlangen, sich ergebende rechtliche Folge. Diese Annahme ist aber rechtsirrthümlich.

Wenn der Erwerber eines Grundstückes eine auf demselben lastende Hypothek in Anrechnung auf den Kaufpreis übernimmt, so wird durch diesen Vertrag zwischen Dritten selbstredend der Gläubiger nicht verpflichtet, den neuen Schuldner an Stelle des alten anzunehmen. Der alte Schuldner wird vielmehr erst dadurch frei, daß der Gläubiger ihn aus dem Obligationsverbande entläßt. Eine solche Entlassung liegt aber nicht nothwendig darin, daß er seine Zustimmung zu dem Vertrage giebt, Zahlungen von dem neuen Schuldner annimmt und Klage gegen diesen erhebt. Alle diese Handlungen lassen an sich auch die Erklärung zu, daß der Gläubiger den neuen Schuldner annimmt, gleichwohl aber den alten noch als solchen beibehalten will. Auch liegt darin keine Verletzung der bona fides, da der Gläubiger insoweit nur den Intentionen der Kontrahenten folgt, welche gewollt haben, daß der Erwerber des Grundstückes dem Veräußerer die fragliche Schuld von der Hand halte, wie denn auch das B.G. selbst nicht verkennt, daß der Gläubiger durch einen ausgesprochenen Vorbehalt sich seine Rechte gegen den alten Schuldner sichern kann, ohne gegen die bona fides zu verstoßen. Zuzugeben ist, daß in der Zustimmung zu dem Vertrage unter Umständen eine Entlassung des alten Schuldners liegen kann. Ob aber im gegebenen Falle darin eine solche gefunden werden muß, läßt sich nicht beurtheilen, da die näheren Umstände, unter welchen die Zustimmung erfolgt ist, vom B.G. nicht festgestellt sind und sich daher nicht beurtheilen läßt, in welchem Sinne damals jene Zustimmung erklärt ist."

142. Haftung der juristischen Person für die von ihren Beamten für sie eingegangenen rechtlichen Verpflichtungen. Urth. des III. Civilsenats vom 2. Juni 1885 in Sachen des Wilstermarsch-Wegedistrikts, Beklagten und Revisionsklägers, wider H. zu J., Kläger und Revisionsbeklageen. Vorinstanz: O.L.G. Kiel. Aufhebung und Zurückverweisung.

Das B.G. prüft nicht, in welcher Eigenschaft die Marschhauptleute gehandelt haben. Es erwägt vielmehr, daß, wenn die fraglichen Personen nur als Spezialbevollmächtigte zum Abschluß des Vertrages berechtigt gewesen wären, dann allerdings der Inhalt der Vollmacht für den Umfang ihrer Befugnisse Dritten gegenüber entscheidend sei und es Sache des Klägers gewesen sein würde, sich darüber zu vergewissern, wie weit der Auftrag reiche, daß aber, da die fraglichen Personen schon durch ihre amtliche Stellung zum Abschluß dieses Vertrages ermächtigt gewesen wären, der Kläger keine Veranlassung gehabt habe, sich um den Umfang und den Inhalt der Vollmacht zu bekümmern.

„Wäre die Annahme des B.G. richtig, daß die Marschhauptleute durch ihre amtliche Stellung zum Abschluß des Vertrages ermächtigt gewesen seien, so würde in dieser Deduktion weder ein materiellrechtlicher, noch ein prozessualer Verstoß liegen — ersterer nicht, weil das Vorhandensein einer dem Dritten nicht mitgetheilten, die amtlichen Befugnisse beschränkenden Vollmacht die Verpflichtung der vertretenen Kommune nicht ausschließen würde, letzterer nicht, weil unter dieser Voraussetzung es nicht darauf ankommen würde, ob die betreffenden Personen sich als Bevollmächtigte bezeichnet haben.

Mit Recht wird aber vom Revisionskläger im zweiten Angriff geltend gemacht, daß die oben erwähnte Annahme des B.G. auf einer rechtsirrthümlichen Grundlage beruht. Der in den Gründen des angefochtenen Urtheils aufgestellte Satz: „Die juristische Person hat für die kontraktlichen Verpflichtungen aufzukommen, welche ihre Beamten in dieser Eigenschaft für sie eingehen, sofern nicht dem dritten Kontrahenten bekannt war, daß die Beamten ihre Zuständigkeit überschritten haben," ist in dieser Allgemeinheit unrichtig. Die juristische Person haftet vielmehr für die von ihren Vertretern in dieser ihrer Eigenschaft für sie übernommenen Verpflichtungen nur insoweit, als ihre Vertreter innerhalb des ihnen überwiesenen Geschäftskreises gehandelt haben. Dieser Satz folgt unmittelbar aus dem Begriff der Stellvertretung. Wie weit nun die Befugnisse der Vertreter im einzelnen Fall reichen, darüber lassen sich keine allgemeinen Grundsätze aufstellen, weil der Umfang derselben abhängt von den Gesetzen, Statuten oder den sonstigen Normen, auf welchen ihre Vertretungsbefugniß beruht; wo derartige positive Bestimmungen fehlen, wird der Zweck der juristischen Person die Grenzen der Vertretungsbefugniß bestimmen müssen. Geht man hiervon aus, so kann es, wenn man zunächst von den besonderen Umständen absieht, durch welche der

Kläger eine Verpflichtung der beklagten Kommune zu begründen sucht, nicht wohl zweifelhaft sein, daß die Vertreter eines kommunalen Wegeverbandes nach dem Zweck, zu welchem dieser gebildet ist, und der Aufgabe, welche er zu erfüllen hat, kraft ihres Amtes nur hinsichtlich solcher Wege vertragsmäßige, für die Kommune bindende Verpflichtungen übernehmen können, welche innerhalb des Wegeverbandes belegen sind, weil ihr Geschäftskreis nicht weiter reicht. Stand ihnen objektiv die Befugniß nicht zu, auch bezüglich der außerhalb des Wegedistrikts belegenen Wege Verträge zu schließen und dadurch den Distrikt zu verpflichten, so ist es auch für die Verpflichtung der Kommune gleichgültig, ob der dritte Kontrahent mehr oder weniger guten Grund hatte, die Bevollmächtigten zum Abschluß dieses Vertrages für befugt zu halten. Dieser Umstand, auf welchen das B. G. Gewicht legt, mag von Bedeutung sein für die Frage, ob der dritte Kontrahent die Vertreter wegen Ueberschreitung ihrer Vollmacht oder ihres Amtes in Anspruch nehmen kann; für die Frage dagegen, ob der Vertretene durch eine solche Ueberschreitung seiner Vertreter haftbar wird, ist der Irrthum des dritten Kontrahenten ohne Einfluß. Die vom B. G. herangezogene Analogie der offenen Vollmacht und der dabei dem Bevollmächtigten durch den Machtgeber insgeheim auferlegten Beschränkungen führt nicht zu den daraus vom B. G. für den vorliegenden Fall gezogenen Konsequenzen. Wie bei der offenen Vollmacht der dritte Kontrahent sich nur nach dem Inhalt dieser Vollmacht richten kann und darf, so darf der Dritte auch bei einem Vertreter einer Kommune sich darauf verlassen, daß dieser *innerhalb des Geschäftskreises*, welcher ihm durch Gesetz, Statut oder Zweck des Kommunalverbandes angewiesen ist, zur Vertretung der Kommune befugt ist. Daraus folgt aber nur, daß, wenn in einem konkreten Fall einem an sich berechtigten Vertreter durch einen dem dritten Kontrahenten nicht mitgetheilten Beschluß der Kommune bestimmte Beschränkungen auferlegt sind, die Kommune sich dem Dritten gegenüber nicht auf diese heimliche Beschränkung der Befugnisse berufen kann; nicht aber folgt daraus, daß die Kommune auch durch Handlungen ihrer Vertreter verpflichtet wird, welche außerhalb des ihnen überwiesenen Geschäftskreises liegen."

143. Haftung des Staates für die durch die Handlungen seiner Beamten verursachten Schäden, wenn der Staat als Geschäftsherr in Erwerbsgeschäften durch seine Beamten handelt. Urth. des III. Civilsenats vom 15. Mai 1885 in Sachen des Preuß. Fiskus, Beklagten und Revisionsklägers, wider M. zu W., Kläger und Revisionsbeklagten. Vorinstanz: O.L.G. Cassel. Verwerfung.

Der B.R. hat auf Grund der in erster und zweiter Instanz erhobenen Beweise angenommen, daß der Einsturz der Brücke durch fehlerhafte Anordnungen der Baubeamten des Beklagten herbeigeführt worden sei, und macht für den dadurch dem Kläger verursachten Schaden den Beklagten verantwortlich, weil es sich vorliegend um eine in Kontraktsverhältnissen zugefügte Verletzung handele. Gegen diese Entscheidung ist der Revisionsangriff gerichtet.

„Die vorerwähnte Annahme des vorigen Richters ist thatsächlicher Natur und läßt weder einen formellen noch einen materiellen Rechtsverstoß erkennen; ebensowenig aber läßt sich die daran geknüpfte Schlußfolgerung in rechtlicher Hinsicht beanstanden. Allerdings haftet der Staat für die aus gesetzwidrigen Handlungen seiner Beamten verursachten Schäden nach Gemeinem Rechte nicht. Dieser von dem R.G. durch Urtheil vom 8. April 1884 aufgestellte Grundsatz" (vergl. Annalen Bd. X S. 277; Entsch. Bd. XI S. 206) „bezieht sich jedoch nicht auf die Kontraktsverhältnisse des Staates, beziehungsweise auf die von ihm betriebenen Erwerbsgeschäfte, in denen der Staat als Geschäftsherr durch seine Beamten handelt. Daß in Fällen solcher Art der Staat für die durch seine Angestellten verursachten Beschädigungen dem anderen Kontrahenten gegenüber haftet, ist vom R.G. an anderem Orte ausgesprochen worden (vergl. Entsch. Bd. VIII S. 236). Im vorliegenden Falle ist außer Zweifel, daß der preußische Fiskus mit dem Kläger einen Bauakkordvertrag — gleichgültig ob eine conductio operis oder operarum — eingegangen hat und daß der Kläger vertragsmäßig die Anordnungen der bauleitenden Beamten sowohl im allgemeinen, als in den besonders hervorgehobenen Punkten zu befolgen hatte. Wenn nun, wie thatsächlich feststeht, die Beamten des Beklagten bei Ausführung dieser vertragsmäßigen Bauleitung durch fehlerhafte Anordnungen den Einsturz der Brücke herbeigeführt haben, so haftet der Beklagte, weil er für den Schaden verantwortlich ist, welcher durch die schuldhafte Handlungsweise seiner Beamten dem Kläger entstand, wonach es nicht weiter darauf ankommen kann, ob den Fiskus in der Auswahl seiner Beamten eine Schuld trifft."

144. Ausdehnung des gemeinrechtlichen Grundsatzes „pater est, quem nuptiae demonstrant" auf außereheliche Schwängerung. Urth. des III. Civilsenats vom 12. Mai 1885 in Sachen M. zu W., Beklagten und Revisionsklägers, wider die verw. R. das., Klägerin und Revisionsbeklagte. Vorinstanz: O.L.G. Stettin. Verwerfung.

Den Beweis der Schwängerung der Klägerin durch den Beklagten erachtet das B.G. als erbracht, weil Beklagter zugestanden habe, mit der Klägerin innerhalb der Konzeptionszeit des von ihr am 10. Oktober 1883 außerehelich geborenen Kindes, nämlich am 11. Februar 1883 den Beischlaf vollzogen zu haben, und diesem Zugeständnisse gegenüber die Behauptung des Beklagten, daß das Kind nicht von ihm erzeugt sei, nicht weiter in Betracht komme. Der Revisionskläger hat hiergegen geltend gemacht, daß nicht positiv festgestellt sei, daß die Schwangerschaft der Klägerin vom Beklagten herrühre, da der Satz „pater est, quem nuptiae demonstrant" für die außereheliche Schwängerung nicht zutreffe.

„Der Angriff ist indeß verfehlt. Die im Römischen Recht für die Vaterschaft eines in der Ehe geborenen Kindes aufgestellte Präsumtion ist gewohnheitsrechtlich auch auf die außereheliche Schwängerung dergestalt ausgedehnt worden, daß derjenige, welcher innerhalb der Konzeptionszeit mit einem Frauenzimmer den Beischlaf vollzogen hat, als Vater des von ihr geborenen Kindes gilt. Deshalb liegt in der Feststellung des B.G., daß der Beklagte mit der Klägerin innerhalb der Konzeptionsperiode konkumbirt habe, zugleich die Feststellung, daß der Beklagte als Schwängerer anzusehen sei."

Partikularrecht.

1. Preußisches Recht.

145. Muß die ganze Arbeit (das ganze Werk) **wegen Unbrauchbarkeit nochmals gemacht werden, so liegt nicht bloße Fehlerhaftigkeit, sondern Nichterfüllung vor** (A.L.R. I, 5 § 271). Urth. des IV. Civilsenats vom 4. Mai 1885 in Sachen S. in K., Beklagten und Revisionsklägers, wider S. in S., Kläger und Revisionsbeklagten. Vorinstanz: O.L.G. Stettin. Aufhebung und Klagabweisung.

Der vom Cedenten des Klägers mit dem Beklagten abgeschlossene Vertrag, durch welchen sich der Erstere zur Eindeckung der vom Beklagten neu zu erbauenden Scheune mit Schiefer gegen eine Vergütung von 52 ℳ für die Quadratruthe verpflichtet hat, ist vom B.G. als ein Vertrag über ein verdungenes Werk aufgefaßt worden. Der auf Zahlung des bedungenen Preises gerichteten Klage hat der Beklagte laut des im B.U. in Bezug genommenen Thatbestandes des Urtheils erster Instanz den Einwand entgegengesetzt, daß der Cedent des Klägers seinen Vertragspflichten noch nicht Genüge geleistet habe. Er behauptet nämlich Vertragswidrigkeit des verwendeten Materials und Zweckwidrigkeit des Arbeitsproduktes. In ersterem Betracht hat das B.G. jedoch durch die Beweisaufnahme für festgestellt erachtet, daß der Cedent des Klägers vertragsmäßiges Material verwendet habe. In letzterer Hinsicht dagegen hat das Gericht durch die Beweisaufnahme für dargethan angesehen, daß das hergestellte Dach in so hohem Grade mangelhaft sei, daß es in seinem jetzigen Zustande seinem Zwecke durchaus nicht entspreche und nur durch eine vollständige Umdeckung in einen tauglichen Zustand versetzt werden könne. Ungeachtet dieser Feststellung hat das Gericht dem Einwande des nicht erfüllten Vertrages die Wirkung der Abweisung der Klage nicht beigelegt. Es hat angenommen, daß der Cedent des Klägers immerhin ein Schieferdach hergestellt habe, in dessen Besitz der Beklagte sich befinde, der Vertrag also in der Hauptsache erfüllt sei, in einem solchen Falle der Grundsatz des § 271 Th. I Tit. 5 des Allg. L.R. nicht zur Anwendung komme, der Beklagte die Erfüllung seinerseits nicht ganz verweigern dürfe, derselbe vielmehr nur befugt sei, von der vertragsmäßigen Vergütung denjenigen Betrag, welcher dem Werthe der vom Cedenten des Klägers seiner kontraktlichen Verpflichtung gemäß geschuldeten, zur Beseitigung der Mängel erforderlichen Leistung entspreche, bis zur bewirkten Beseitigung der Mängel zurückzuhalten.

„Mit diesen Ausführungen hat das B.G. den Rechtsgrundsatz des § 271 a. a. O. verletzt. Nach dem vorliegenden Vertrage hatte der Cedent des Klägers die Bedachung der Scheune einschließlich der Beschaffung des Materials herzustellen. Die Verschalung sollte der Besteller ausführen. Dem Werkmeister lag also nur ob, mit dem von ihm beschafften Materiale das Decken vorzunehmen. Nun stellt das B.G. fest, daß das Dach so mangelhaft gedeckt ist, daß es umgedeckt werden muß. Das ganze Arbeitsprodukt, also das ganze hergestellte Werk muß also in die Bestandtheile, aus denen es zusammengesetzt ist, wieder aufgelöst und das Material zur Herstellung eines neuen Werkes verwendet werden. Daraus folgt, daß in Wahrheit nicht hergestellt ist, was bedungen war. Man kann auch nicht von einer Fehlerhaftigkeit des Werkes im Rechtssinne sprechen, wenn die ganze Arbeit von Anfang an nochmals vorgenommen werden muß. Es liegt vielmehr bis jetzt von der Vertragserfüllung nichts weiter vor, als die Beschaffung des Materials. Aus diesen Gründen und mit Rücksicht darauf, daß ein Uebernahmeakt, welcher geeignet sein könnte, dem Beklagten die Einrede des nicht erfüllten Vertrages mit der Wirkung der Klagabweisung zu nehmen und denselben auf die Befugniß der Zurückbehaltung eines Theiles des bedungenen Preises bis zur vertragsmäßigen Herstellung des Werkes zu beschränken, nicht behauptet ist, hat die Revision für begründet erachtet und auf die vom Beklagten gegen das Urtheil erster Instanz eingelegte Berufung die Abweisung der Klage unter Verurtheilung des Klägers in die gesammten Prozeßkosten ausgesprochen werden müssen."

146. Nur relative Gültigkeit des Satzes, daß der Pflichttheilserbe den Pflichttheil nur mit den Beschränkungen und zu der Zeit fordern könne, wie der Intestaterbe (A.L.R. II, 2 § 392). Urth. des IV. Civilsenats vom 4. Mai 1885 in Sachen H. M. in O., Klägers und

Revisionsklägers, wider die verw. Z. zu W., Beklagte und Revisionsbeklagte. Vorinstanz: O.L.G. Hamm. Verwerfung.

Darüber, daß Kläger sowohl aus dem Testamente der Großeltern, als auch nach den Bestimmungen des Preuß. Allg. L.R. statt der ihm in erster Reihe zugewendeten 75 000 ℳ den gesetzlichen Pflichttheil an sich beanspruchen darf, besteht kein Zweifel. Streitig ist vielmehr nur, ob der Kläger schon jetzt von der Beklagten die Ausantwortung seines Pflichttheils an dem großväterlichen Nachlasse oder wenigstens die Feststellung seines diesbezüglichen Anspruches sowie der für dessen Umfang maßgebenden Faktoren verlangen könne. Für den Anspruch des Klägers auf Ausantwortung des Pflichttheils kommt zunächst in Betracht, daß die Beklagte mit ihrem Ehemanne in der Münsterschen Gütergemeinschaft gelebt hat und daß zufolge derselben, wie der B.R. als Inhalt der Münsterschen Polizeiordnung vom 18. Januar 1592 cum adjectis gemäß § 511 der C.P.O unanfechtbar festgestellt hat, bei kinderbeerbter Ehe der überlebende Ehegatte mit den Kindern aus der aufgelösten Ehe in ungetheilter Gemeinschaft der Güter sitzen bleibt, an dem gütergemeinschaftlichen Vermögen nicht nur den lebenslänglichen Nießbrauch hat, sondern auch über dasselbe frei und uneingeschränkt wie ein Eigenthümer verfügen darf (obwohl den Kindern ein Miteigenthum daran zusteht), ohne zur Kautionsleistung, Rechnungs- oder Inventarlegung verpflichtet zu sein, und daß nur in den hier nicht vorliegenden Fällen der Wiederverheirathung oder der Prodigalitätserklärung eine frühere Schichtung einzutreten habe. Bei dieser Rechtslage erklärt das R.G. den Schluß des B.R. für gerechtfertigt, daß, wenn es die Beklagte und deren Ehemann bei den gesetzlichen Rechten des Ueberlebenden von ihnen belassen hätten, der Kläger bei Lebzeiten der Beklagten, abgesehen von den zuletzt erwähnten Ausnahmefällen, die Auskehrung seines Erbtheiles oder Pflichttheiles nicht würde beanspruchen können, indem schon die Möglichkeit einer quantitativen Feststellung desselben durch die Ungewißheit der Theilungsmasse ausgeschlossen sein würde. Nun hat aber der B.R. weiter ohne Rechtsirrthum durch Auslegung des maßgebenden Testaments festgestellt, daß nach dem Willen der Testatoren im Verhältniß zum Kläger dem überlebenden Ehegatten keine anderen oder besseren Rechte, als demselben nach dem Münsterschen Statutarrecht ohne Testament gebühren würden, hätten zugewendet werden sollen und wirklich zugewendet seien und daß insoweit der im Testamente ausgesprochenen Erbeseinsetzung eine lediglich formale, das materielle Recht nicht wesentlich modifizirende Bedeutung zukomme.

„Ist dies aber richtig, so kann der Beklagten nicht mit Rücksicht auf die Erkenntnisse des Preuß. Ob.Trib., welche in den Entsch. desselben Bd. 8 S. 331 und Bd. 78 S. 225 abgedruckt sind, entgegengehalten werden, daß sie sich zum Nachtheil des Klägers sowohl der Rechte aus dem Testamente, als auch der davon verschiedenen gesetzlichen Rechte bedienen wolle; sondern dem Klageanspruche steht allein das aus dem Statutarrechte fließende, nach der vorrichterlichen Feststellung durch das Testament im wesentlichen nur bestätigte Recht der Beklagten an dem gütergemeinschaftlichen Vermögen entgegen. Hiermit steht von den in der gegenwärtigen Instanz von den Parteien angezogenen diesseitigen Urtheilen vom 12. Februar 1885 in Sachen Schulz wider Schulz" (Urth. u. Annalen Bd. I S. 400 ff.) „und vom 2. März 1885 in Sachen Schulze wider Greve "(Urth. u. Annalen Bd. I S. 495)„ das erstere wegen abweichender thatsächlicher und rechtlicher Unterlagen nicht in Widerspruch, das letztere hingegen in vollem Einklang. Insbesondere ist der in den Entscheidungsgründen des letztgedachten Urtheils an die Spitze gestellte Satz, daß der Pflichttheil, als Quote des Intestaterbtheils, nur mit denselben Beschränkungen und zu derselben Zeit, wie der Intestaterbtheil gefordert werden könne, nicht als ein absoluter und für alle Fälle geltender, sondern als ein für den damaligen Fall zutreffender aufgestellt worden, in welchem, ebenso wie vorliegend, dem Pflichttheilsanspruche die selbständigen, durch das Testament weder begründeten, noch wesentlich verstärkten Rechte des überlebenden Ehegatten an dem gesammten gütergemeinschaftlichen Vermögen gegenüberstanden. Auch im gegenwärtigen Falle kann bei der durch die Feststellungen des B.R. gegebenen Sachlage unentschieden bleiben, ob und wieweit jener Satz, welchen der B.R. anscheinend als einen allgemein maßgebenden ausspricht, eine über die konkrete Gestaltung des Falles hinausgreifende Geltung beanspruchen kann.

Ist hiernach der Klageanspruch auf Anerkennung und Auskehrung eines bereits fälligen Pflichttheils an dem großväterlichen Nachlasse, auf Rechnungslegung über die davon gezogenen Nutzungen und Legung eines Inventars ohne Verletzung revisibler Rechtsnormen für zur Zeit nicht begründet erachtet, so ist dem B.R. auch darin beizupflichten, daß dem Kläger jedes rechtliche Interesse an der alsbaldigen Feststellung, zu welcher Quote er an dem Nachlasse seines Großvaters pflichttheilsberechtigt und wie letzterer zu berechnen sei, und daß somit ein wesentliches Erforderniß der insoweit vorliegenden Feststellungsklage fehlt (§ 231 der C.P.O.). Denn da der Pflichttheil zufolge obiger Ausführung noch nicht gefordert werden kann, so ist auch die Gefahr des Verlustes des diesfälligen Anspruches durch Verjährung ausgeschlossen, weil letztere vor der rechtlichen Möglichkeit der klageweisen Realisirung des Anspruchs nicht zu laufen beginnt. Als hereditatis petitio kann dieser Theil des Klageantrages nicht qualifizirt werden, weil jene ihrem Begriffe nach auf Herausgabe der Erbschaft oder eines Theiles derselben gerichtet sein muß."

147. **Die Vorschriften der §§ 68 ff. A.L.R. II, 6 stehen nur solchen Aenderungen von (Knappschaftsvereins-) Statuten entgegen, welche den Mitgliedern nachtheilig sind.** Urth. des V. Civilsenats vom 6. Mai 1885 in Sachen des Märk. Knappschaftsvereins zu B., Beklagten und Revisionsklägers, wider den Berginvaliden Schm.

zu N., Kläger und Revisionsbeklagten. Vorinstanz: O.L.G. Hamm. Verwerfung.

Nachdem Kläger bereits in den Genuß der Unterstützungen getreten war, welche das bei seiner Invalidisirung bestehende Statut des beklagten Vereins zusicherte, wurde dasselbe dahin geändert, daß Invaliden, welche einen näher bestimmten Verdienst hatten, nur die Hälfte der statutenmäßigen Pension beziehen sollten, und ferner, daß die Kindergelder in Zukunft nur zu einem ermäßigten Betrage zu zahlen seien. Der Kläger ist mit seinem Anspruch auf Fortzahlung der ihm bis zur Statutänderung gewährten Unterstützungsbeträge nur bezüglich der Invalidenpension in erster Instanz durchgedrungen. Dagegen hat der B.R. nicht blos die auf gänzliche Abweisung gerichtete Berufung des Beklagten zurückgewiesen, sondern auch auf die Berufung des Klägers diesem das Recht auf Fortbezug der Kindergelder in früherer Höhe zuerkannt.

„Die dagegen eingelegte Revision des Beklagten konnte keinen Erfolg haben. Hinsichtlich der Invalidenpension steht die angegriffene Entscheidung in Uebereinstimmung mit den "(Annalen Bd. X S. 463 ff.; Entsch. Bd. XI S. 269 ff. abgedruckten)„ Urtheilen des R.G. vom 6. Februar 1884. Das dort vorliegende Sach- und Rechtsverhältniß ist mit der Ausnahme dasselbe, wie es hier durch die thatsächliche Feststellung des B.G. gegeben wird, daß hier Beklagter behauptet, Kläger sei unter der Herrschaft eines Statuts Mitglied des Vereins geworden, welches eine der erwähnten Aenderung entsprechende Bestimmung gehabt habe. Auf diesen Umstand ist aber deshalb kein Gewicht zu legen, weil unstreitig das Statut, unter welchem Kläger invalidisirt wurde, jene frühere Bestimmung nicht mehr hatte, die der Aenderung der Statuten entgegenstehenden allgemeinen gesetzlichen Vorschriften der §§ 68 f. des Allg. L. R. II, 6 sich aber nur auf solche Aenderungen beziehen, welche den Mitgliedern nachtheilig sind.

In jenem früheren Urtheile ist nun zwar in Bezug auf die Kindergelder eine von der des angegriffenen Urtheils abweichende Entscheidung getroffen. Aber die thatsächliche Unterlage ist nicht dieselbe wie hier. Dort hatte der B.R. die in dem älteren Statut vorgesehene Aenderung desselben als eine Bestimmung ausgelegt, welche gewollt gewesen sei nicht blos in Bezug auf die erst in Zukunft unbedingt werdenden, sondern auch auf die bereits unbedingt gewordenen Ansprüche auf Unterstützung. Im vorliegenden Falle hat das O.L.G. diese Auslegung verlassen und festgestellt, der Wille bei der Abänderung sei dahin gegangen, daß diese die Mitglieder nicht betreffen solle, welche bereits in den Genuß der Unterstützungen gelangt seien. Diese Feststellung, welche die Herrschaft eines Rechtsirrthums nicht erkennen läßt, ist für den Revisionsrichter bindend und zwingt zur Zurückweisung der Revision auch bei diesem Theile des Klaganspruches."

148. Der in einem Grundstückskauf zu Geld veranschlagte Verzicht des Verkäufers auf die in dem Grundstück ausgeübte Apothekerkonzession ist nicht kaufstempelpflichtig (Allg. L.R. I, 11 § 1). **Kein Kaufstempel von mündlichen Verabredungen neben dem schriftlichen Vertrag. Entscheidend für die Höhe des Stempels ist der urkundliche Kaufpreis, nicht der Werth des Grundstückes** (Stempelsteuergesetz von 1822 § 5). Urth. des IV. Civilsenats vom 8. Mai 1885 in Sachen des Preuß. Steuerfiskus, Beklagten und Revisionsklägers, wider den Apothekenbesitzer E. L. zu G., Kläger und Revisionsbeklagten. Vorinstanz: O.L.G. Naumburg. Verwerfung *).

Der Beklagte ist durch landgerichtliches Urtheil für schuldig erkannt, dem Kläger 330 ℳ zu viel erhobenen Stempel zurückzuzahlen, und seine auf Abweisung der Klage gehende Berufung ist durch das O.L.G. zurückgewiesen. Der B.R. erwägt zunächst: „daß es rechtlich möglich sei, eine besondere Vergütung dafür zu bedingen, daß der Verkäufer für seine Person auf die in dem verkauften Grundstück ausgeübte Apothekerkonzession verzichtet."

„In der That läßt sich dies nicht wohl bezweifeln. Denn der Käufer hat ein erhebliches vermögensrechtliches Interesse daran, daß er in die Lage gebracht wird, der Verwaltungsbehörde einen solchen Verzicht vorzulegen, da dies zur Erlangung der Konzession für den Fortbetrieb des Apothekergewerbes in dem erkauften Grundstücke mindestens in hohem Grade dienlich ist. Ja es läßt sich wohl behaupten, daß regelmäßig ohne solchen Verzicht die Konzession für den Käufer nicht zu erlangen sein wird. Von einer gesetzlichen Unzulässigkeit eines solchen Verzichts oder des Bedingens einer Gegenleistung für denselben kann überall nicht die Rede sein. Ebensowenig läßt sich aber behaupten, daß ein in einer zugleich einen Kauf enthaltenden Urkunde geschlossener Vertrag solchen Inhalts unter den im Allg. L.R. Th. I Tit. 11 § 1 aufgestellten Begriff des Kaufgeschäfts fällt und der Tarif-Position „Kaufverträge" unterliegt. Nun stellt aber der B.R. ohne ersichtliche Rechtsverletzung durch Auslegung des Vertrages vom 11. April 1878 fest: „daß die Kontrahenten neben der Preisbestimmung für Mobilien und Immobilien mit dem Ausdruck: „auf die Konzessionsvaluta 33 000 ℳ" eine besondere Vergütung für die Konzessionsentsagung haben festsetzen wollen." Dies ist nach § 524 der C.P.O. maßgebend für die Entscheidung des Revisionsgerichts, und daraus folgt nach dem Obigen, daß der streitige Stempelanspruch des Beklagten an sich nicht begründet ist. Mit Recht

---

*) Ein in der Hauptsache gleiches Urtheil ist am nämlichen Tage von demselben Senate in Sachen des Steuerfiskus (Beklagten) wider den Apothekenbesitzer Ch. Sch. zu M. erlassen worden (IV. 19./1885).

hat ferner der B.R. die durch Eideszuschiebung unter Beweis gestellte Behauptung des Beklagten für unerheblich erachtet: „daß Kläger mit dem Verkäufer einen besonderen Preis für Ueberlassung der Konzession oder für den Verzicht auf die letztere nicht verabredet habe, daß er vielmehr mit dem Verkäufer nur für das Grundstück und die Apotheke einschließlich der Utensilien und Vorräthe einen Kaufpreis von 51 000 ℳ festgesetzt, dabei aber verabredet habe, es solle in dem Vertrage lediglich behufs geringerer Berechnung des Kaufstempels niedergeschrieben werden, daß von dem Kaufpreise von 51 000 ℳ ein Betrag von 33 000 ℳ auf die Konzessionsvaluta gerechnet werde." Denn wie in der vom B.R. angezogenen Entscheidung der Vereinigten Strafsenate des Ob.Trib. vom 9. März 1857 (Entsch. Bd. 36 S. 441) zutreffend ausgeführt ist, kommt der abweichend von dem schriftlichen Kaufvertrage mündlich verabredete, also in einer Urkunde nicht festgestellte Kaufpreis deshalb nicht in Betracht, weil der Kaufstempel ein Urkunden-, kein Mutationsstempel ist und also mündlich geschlossene Verträge demselben nicht unterliegen. Nur wo der Werth des Grundstückes entscheidet, also in dem Falle, daß bei der Auflassungserklärung die das Veräußerungsgeschäft enthaltende Urkunde dem Grundbuchamt nicht vorgelegt wird, findet die Ermittelung des Werthes (nicht des Kaufpreises) des Grundstückes statt (§§ 1 bis 7 des Gesetzes vom 5. Mai 1872 betreffend die Stempelabgaben ꝛc.). Um einen solchen Stempel handelt es sich hier aber nicht.

Damit wird auch unerheblich die Ausführung des Beklagten, daß die Uebernahme der Hypothekenschuld im Betrage von 43 500 ℳ. ein Beweis dafür sei, daß die Kontrahenten den Werth des Immobile nicht blos auf 12 000 ℳ. gerechnet haben könnten. Denn nach § 5 des Stempelsteuergesetzes von 1822 ist der bestimmte Kaufpreis, und zwar (nach dem Obigen) der in der Urkunde durch die Kontrahenten bestimmte Kaufpreis, (nicht aber der Werth des Immobile) die Summe, wonach der Betrag des Stempels zu berechnen ist."

149. In den Landestheilen der Provinz Sachsen, in denen die Verordnung vom 11. November 1844 gilt, ist die Anwendung der §§ 710 ff. des A.L.R. II, 11 ausgeschlossen. Die Verordnung bezieht sich (zwar nicht auf persönliche, aber) **auf alle dinglichen Patronate ohne Ausnahme.** Urth. des IV. Civilsenats vom 8. Mai 1885 in Sachen der Kirchengemeinde L., Klägerin und Revisionsklägerin, wider den Rittergutsbesitzer F. zu T., Beklagten und Revisionsbeklagten. Vorinstanz: O.L.G. Naumburg. Verwerfung.

Mit dem Rittergute T. des Beklagten ist das Patronat über die klagende Kirche zu L. verbunden, in deren Parochie jenes Gut nicht liegt und der Beklagte nicht wohnt. Die Parteien streiten darüber, ob unter diesen Umständen der Patron zu den Kosten der nothwendigen Anschaffung einer neuen Orgel gemäß §§ 710 ff. Th. II Tit. 11 des Allg. L.R. beizutragen oder gemäß §§ 11—14 der Verordnung vom 11. November 1844, betreffend die Beitragspflicht der Rittergutsbesitzer und anderer Grundbesitzer in den vormals Königl. Sächsischen Landestheilen der Provinz Sachsen zur Unterhaltung von Kirchen, Pfarren und Schulen, nicht beizutragen habe. Der Zweite Richter hat, mit dem Ersten übereinstimmend, angenommen, daß das partikulare Gesetz maßgebend sei, und dasselbe zu Gunsten der vom Beklagten beanspruchten Befreiung ausgelegt.

„Die letztere Annahme entzieht sich mit Rücksicht auf § 511 der C.P.O., § 1 der Verordnung vom 28. September 1879 und die Bekanntmachung vom 11. April 1880 der Nachprüfung des Revisionsrichters, und die erstere erscheint gerechtfertigt. Das Patronatgut T. liegt, wie die Parochie L., in den Theilen der Königlich Preußischen Provinz Sachsen, für welche die Verordnung vom 11. November 1844 gegeben ist. Diese hat zu ihrem Zweck und Gegenstand die Anordnung einer gleichmäßigen Beitragspflicht der Rittergutsbesitzer und anderer Grundbesitzer zur Unterhaltung von Kirchen, Pfarren und Schulen zur Beseitigung der in dieser Beziehung obgewalteten Zweifel und Bedenken und bestimmt deshalb im § 22: „Die gegenwärtige Verordnung findet fortan auf Parochial-Leistungen für Kirchen, Pfarren und Schulen überall Anwendung, wo nicht eine Befreiung von diesen Leistungen oder ein anderes Beitragsverhältniß durch ausdrücklichen Vertrag oder durch rechtskräftiges Erkenntniß schon vor Publikation dieser Verordnung dauernd festgestellt ist."

Hieraus folgt, daß im Umfange der materiellen Bestimmungen dieses Provinzialgesetzes in den betreffenden Landestheilen die Anwendung der §§ 710 f. Th. II Tit. 11 des Allg. L.R. ausgeschlossen ist. Nachdem in den §§ 1 bis 13 der Verordnung vom 11. November 1844 die Beitragspflicht der Rittergutsbesitzer zu allen auf dem Parochialverbande beruhenden Leistungen für Kirchen, Pfarren und Schulen und ihre Zugehörigkeit zur Parochie geregelt ist, setzt der § 14 fest: „Außer den in gegenwärtiger Verordnung bestimmten Beiträgen zu den Parochiallasten sind die Rittergutsbesitzer nicht noch zu weiteren Leistungen wegen der mit den Rittergütern verbundenen Patronate verpflichtet, ohne Unterschied, ob das Rittergut in der Parochie der Kirche, deren Patronat mit demselben verbunden ist, sich befindet oder nicht. Patronate, welche nicht an einem Grundbesitze haften, werden durch diese Verordnung nicht berührt." Die Verordnung bezieht sich demnach nur nicht auf persönliche Patronate, dagegen auf alle dinglichen ohne Ausnahme, also auch auf den vorliegenden Fall. Ist aber dieselbe, und zwar in Gemäßheit der Auslegung durch den B.R., maßgebend, so erscheint die Abweisung der Klage gerechtfertigt."

150. Umfang der Beweiskraft des Grundbuches. Zurückführung desselben auf das Steuerkataster (Gesetz vom 5. Mai 1872). Urth. des V. Civilsenats vom 16. Mai 1885 in Sachen W. zu N., Beklagten und Revisionsklägers, wider L. und Gen. zu G., Kläger und Revisionsbeklagte. Vorinstanz: O.L.G. Stettin. Verwerfung.

Der R.G. hat aus der eidlichen Aussage des A. L. für erwiesen angenommen, daß derselbe die das Streitstück bildenden jetzigen Flächenabschnitte Nr. 38 und 39 als damaliger Eigenthümer derselben im Jahre 1865 durch mündlichen Vertrag für 300 ℳ an den Erblasser der Kläger (H. L.) verkauft, solche demselben übergeben und das Kaufgeld in Empfang genommen hat. Auf Grund dieser Feststellung nimmt der B.R. mit Recht an, daß H. L. Eigenthümer des Streitstückes geworden ist.

„Zwar war nach der früheren Gesetzgebung für die Kaufverträge um Grundstücke die (hier auch schon mit Rücksicht auf den Werth des Vertragsgegenstandes erforderliche) schriftliche Form geboten. Hatte aber der Verkäufer auf Grund eines solchen Kaufvertrages dem Erwerber das Grundstück übergeben, so überkam dieser an demselben (allerdings widerrufliches) Eigenthum. Der Verkäufer konnte nicht vindiciren, sondern war nur zur Aufrufung des Vertrages und Zurückforderung des Grundstückes gegen Rückgabe der empfangenen Gegenleistung befugt. Bis dahin und insbesondere gegen Dritte äußerte dieses durch Uebergabe übertragene Eigenthum seine volle Wirkung (Allg. L.R. Th. I Tit. 5 §§ 155—157; Erk. des früheren Ob.Trib. vom 15. März 1869 in Striethorst, Archiv Bd. 74 S. 122, Bd. 75 S. 27; Erk. vom 8. März 1875 in Entsch. Bd. 74 S. 265. Vergl. Dernburg, Pr. Privatrecht, 4. Aufl., Bd. I S. 223; Förster, Theorie und Praxis Bd. I § 79 Anm. 86).

Daß das im Grundbuch der Ueckermünder Holländereien eingetragene Stammgrundstück ein ländliches und deshalb den bei Strafe der Nichtigkeit zu beobachtenden Formvorschriften des Gesetzes vom 24. Mai 1853 unterworfen gewesen wäre, ist in den Vorinstanzen nicht behauptet und kann nicht ohne weiteres angenommen werden. Es konnte sich daher nur fragen, ob das solchergestalt erworbene Eigenthum des Erblassers der Kläger dadurch, daß der Beklagte das Grundstück Nr. 31 des Grundbuches der Ueckermünder Holländereien von A. L. 1879 mittels Auflassung erwarb, aufgehoben und das Streitstück als Bestandtheil des aufgelassenen Grundstückes in das Eigenthum des Beklagten übergegangen ist. Diese Frage hat der

B.R. unerörtert gelassen; sie entscheidet sich aber aus den von ihm festgestellten Thatsachen zu Gunsten der Kläger.

Es kann hier dahingestellt bleiben, ob der Eigenthumserwerb mittels Auflassung seine volle Wirkung gemäß § 9 Abs. 2 des Eigenthumserwerb-Gesetzes auch dem bisherigen wahren Eigenthümer gegenüber schon in dem Falle äußert, wenn, wie hier, die Auflassung von einem noch unter der Herrschaft des früheren Gesetzes eingetragenen Eigenthümer erklärt worden ist (vergl. Erk. des Preuß. Ob.Trib. vom 12. März 1875 in Entsch. des Ob.Trib. Bd. 75 S 15; dagegen Erkenntniß des II. H. Sen. des R.G. vom 12. Juli 1880 in Entsch. Bd. II S. 323). Jedenfalls ist der Beklagte nicht in der Lage, den Klägern gegenüber auf den Glauben des Grundbuches für seinen Eigenthumserwerb an dem hier streitigen Stücke sich zu berufen (§ 9 Abs. 2 des Eigenthumserwerb-Gesetzes). Denn der Glaube des Grundbuches erstreckt sich nicht weiter als der Inhalt desselben; was aus dem Grundbuch nicht ersichtlich ist, dafür kann auch der öffentliche Glaube des letzteren nicht in Anspruch genommen werden. Wenn es sich also, wie im gegenwärtigen Rechtsstreit, nicht um das ganze mittels Auflassung veräußerte Grundstück, sondern um einen angeblichen Bestandtheil desselben handelt, so kommt es darauf an, ob diese Zugehörigkeit zur Zeit der Auflassung aus dem Grundbuch sich ergab und der entgeltliche Erwerber somit durch das Grundbuch selbst in den Glauben versetzt wurde, daß er die fragliche Fläche als Theil des aufgelassenen Grundstückes miterwerbe. Um in dieser Beziehung dem Erwerber Sicherheit zu gewähren, dient die Zurückführung des Grundbuches auf das Steuerkataster (§ 5 der Grundbuchordnung). Aus dem vom B.R. in Bezug genommenen Thatbestand des ersten Urtheils aber ergiebt sich, daß bezüglich der hier in Rede stehenden Grundstücke diese Zurückführung erst im Jahre 1881 stattgefunden, also nachdem bereits Beklagter das Mühlengrundstück, als dessen Bestandtheil bei der Zurückführung die jetzt streitigen Flächenabschnitte Nr. 38 und 39 verzeichnet worden sind, durch Auflassung erworben hatte. Auf den in Folge der Zurückführung berichtigten Inhalt des Grundbuches also kann sich der Beklagte gegenüber der auf das früher erworbene Eigenthum gestützten Klage nicht berufen. Es steht nun allerdings nach dem im B.U. in Bezug genommenen Thatbestand des ersten Urtheils ferner fest, daß zur Zeit der Auflassung auf dem Titelblatt des aufgelassenen Mühlengrundstückes als Bestandtheile desselben verzeichnet standen: „1. eine Windmühle, 2. Wohnhaus mit Stallung, 3. ein beim Hause belegener Garten von ungefähr einem Morgen und einigen Quadratruthen", und es würde sich demnach der

Beklagte wohl auf den Glauben des Grundbuches berufen können, wenn ihm einer dieser Bestandtheile durch die Anfechtungsklage eines früheren Erwerbers entzogen werden sollte. Es würde dies aber voraussetzen die volle Identität des Gegenstandes der Klage mit einem jener auf dem Titelblatt verzeichneten Bestandtheile. Diese Identität ist aber im vorliegenden Falle nicht vorhanden, auch vom Beklagten nicht behauptet worden. Nur die Kläger selbst haben nach dem erstrichterlichen Thatbestande angegeben, daß das Streitstück einen Bestandtheil des unter 3 des früheren Titelblattes von Nr. 31 der Ueckermünder Holländereien verzeichneten Gartens gebildet habe. Auch die Größenangabe bei Nr. 3 des früheren Titelblattes stimmt nicht mit der Größe des den Gegenstand der Klage bildenden, weit kleineren Flächenabschnitts. Es handelt sich also auch hier wiederum nur um den Umfang des dem Beklagten durch die Auflassung übereigneten Grundstückes, speziell des damals unter Nr. 3 des Titelblattes aufgeführten Bestandtheiles desselben. Für diesen Umfang aber waren die wesentlich informatorischen Aufzeichnungen auf den früheren Titelblättern nicht dergestalt maßgebend, daß dadurch der gute Glaube des Erwerbers an die Richtigkeit des Grundbuches mit der ihm gegenwärtig (§ 9 Abs. 2 des Eigenthumserwerbs-Gesetzes) beigelegten rechtserzeugenden und dadurch ältere wohlerworbene Rechte tilgenden Kraft begründet werden könnte.

Kann aber der Beklagte für seinen guten Glauben an die Zugehörigkeit des Streitstückes zu dem durch Auflassung erworbenen Mühlengrundstücke des A. L. sich auf den Glauben des Grundbuches nicht stützen, so ist es gleichgültig, ob er aus anderen Umständen, insbesondere aus den Erklärungen des Verkäufers bei der Uebergabe auf diese Zugehörigkeit etwa hätte schließen können. Das durch Kauf und Uebergabe erworbene Eigenthum des Erblassers der Kläger an früheren Bestandtheilen des A. L.'schen Mühlengrundstückes ist sonach durch die auf Grund der Auflassung des gedachten Grundstückes erfolgte Eintragung des Eigenthumsüberganges an den Beklagten nicht berührt worden, mithin die vorliegende Eigenthumsklage begründet und die den Beklagten demgemäß verurtheilende Entscheidung des B.R. gerechtfertigt."

151. **1) Die nach § 2 des Eigenthumsgesetzes vor dem Grundbuchamte abgegebenen mündlichen Erklärungen bedürfen der Protokollirung in der von der Allg. Ger.O. vorgeschriebenen Form (A.G.O. II, 2 § 45). 2) Die Beachtung dieses Formmangels ist nicht vom Rügerecht der Parteien abhängig, sondern von Amtswegen zu prüfen und**

wird durch nachträgliche einseitige Ergänzung des mangelnden Beitrittes eines Kontrahenten nicht geheilt (§ 2 des Eigenthumsgesetzes). **3) Einreden, welche das Recht auf Auflassung darthun, bleiben trotz der nichtigen Auflassung beachtlich. 4) Auf Retentionseinreden findet § 491 Abs. 2 der C.P.O. keine Anwendung.** Urth. des V. Civilsenats vom 9. Mai 1885 in Sachen der Eheleute J. zu B., Beklagter und Revisionskläger, wider die verw. C. das., Klägerin und Revisionsbeklagte. Vorinstanz: O.L.G. Posen. Aufhebung und Zurückverweisung.

Die Klägerin hatte drei für sie eingetragene Grundstücke und durch den Bürgermeister M. als ihren Bevollmächtigten das für sie eingetragene Miteigenthum eines vierten Grundstückes dem Beklagten J. aufgelassen, welcher in Folge dessen für sich und seine mitbeklagte Ehefrau die Eintragung erwirkte. Es ist von ihr beantragt, zu erkennen, daß den Beklagten kein Eigenthums- oder Nutzungsrecht an jenen Immobilien und dem dazu gehörigen Wirthschaftsinventar zustehe und daß sie zur Herausgabe und zur Bewilligung der Wiedereintragung der Klägerin schuldig seien, indem sie sich jedoch für den Fall für befriedigt erklärte, daß die Beklagten ihr statt dessen den ausschließlichen Nießbrauch an den gedachten Gegenständen einräumen. Der B.R. hat nach ihrem Antrag erkannt.

Die Revisionskläger machen geltend: Mit Unrecht halte der B.R. die Auflassung der streitigen Grundstücke deshalb für ungültig, weil das betreffende Protokoll von dem Beklagten J. nicht unterzeichnet sei; denn nach § 2 des Eigenthumsgesetzes und § 12 der Grundbuchordnung vom 5. Mai 1872 sei dazu die mündliche Erklärung der Betheiligten genügend und deren gerichtliche Protokollirung überhaupt nicht erforderlich gewesen. Ebenso unzutreffend sei es, daß der B.R. die von der Klägerin an den Bürgermeister M. ertheilte Vollmacht zur Auflassung des streitigen Miteigenthumsantheiles als unwirksam ansehe. Jedenfalls fehle er darin, daß er ihre (der Beklagten) Einrede aus der dem schriftlichen Kontrakte zum Grunde liegenden mündlichen Verabredung verwerfe und die Retentionseinrede nicht beurtheile, indem er statt dessen nur ausführe, daß sie die fraglichen Immobilien in ihrem früheren hypothekarischen Zustande zurückzugeben haben.

Zu 1. „Daß der Anspruch der Klägerin an sich begründet ist, nimmt der B.R. ohne Rechtsverletzung an. Die Auflassung der drei Grundstücke erfolgte nach Inhalt des gerichtlichen Protokolls vom 4. Februar 1881 nach Verlautbarung eines Vertrages über deren Veräußerung an den Beklagten J. in der Weise, daß die Klägerin die Eintragung des Letzteren als neuen Eigenthümers bewilligte und dieser die Eintragung für sich und seine Ehefrau nachsuchte. Das gedachte Protokoll ist aber von dem Beklagten J. nicht unterschrieben, auch ein Grund für diese Unterlassung nicht angegeben. Da nun nach § 45 Th. II Tit. 2 der Allg. Ger.O. die Unterschrift der Parteien oder bei Schreibensunfähigen das vorgeschriebene Surrogat derselben eine wesentliche Form der über Handlungen der freiwilligen Gerichtsbarkeit aufgenommenen Protokolle bildet (vergl. Dernburg,

Preuß. Privatrecht Bd. I § 102 Nr. 5), so ist bei dem Mangel der bezeichneten Unterschrift nicht blos der Abschluß des Veräußerungsvertrages, sondern auch die Auflassung formell ungültig erfolgt. Denn wenngleich Auflassungserklärungen nach § 2 des Eigenthumsgesetzes vor dem Grundbuchamte mündlich abgegeben werden müssen, so bedarf es doch zugleich, da ihre Entgegennahme durch den Grundbuchrichter (§ 32 der Grundbuchordnung) als eine Handlung der freiwilligen Gerichtsbarkeit sich darstellt, der Protokollirung derselben in der von der Allg. Ger. O. vorgeschriebenen Form, und ohne die Beobachtung der letzteren kann daher eine Auflassungserklärung in dem Geltungsgebiete der Allg. Ger. O. nicht wirksam abgegeben werden (vergl. Dalcke in Gruchot's Beiträgen Bd. XVII S. 457, Bd. XVIII S. 155; Johow, Jahrbuch Bd. III, 1873, S. 284)."

Zu 2. „Auch ist die Ausführung des Beklagten, daß der bezeichnete Formmangel nur seinerseits hätte gerügt werden können, bei der Verpflichtung des Richters, die gesetzlichen Formen rechtlicher Handlungen von Amtswegen zu prüfen, ebenso unhaltbar wie die, daß der Mangel durch seinen am 22. und 26. Juni 1883 erklärten Beitritt zu dem Vertrage vom 4. Februar 1881 geheilt sei, da, abgesehen von dem diesem Beitritt bereits vorhergegangenen Rücktritt der Klägerin, die einseitige Auflassungserklärung der Letzteren bei der nach § 2 des Eigenthumsgesetzes nothwendigen Gleichzeitigkeit der beiderseitigen Erklärungen durch den bloßen nachträglichen Beitritt des Beklagten nicht ergänzt werden konnte.

Aus der Ungültigkeit der Auflassung der drei Grundstücke folgt auch die Unwirksamkeit der von dem Beklagten für sich und seine Ehefrau erwirkten Eintragung derselben. Denn nach § 1 des Eigenthumsgesetzes wird im Falle freiwilliger Veräußerung das Eigenthum an einem Grundstücke nur durch die auf Grund der Auflassung erfolgte Eintragung des Eigenthumsüberganges erworben. Die Auflassung und Eintragung bilden daher einen zur Eigenthumsübertragung erforderlichen einheitlichen Akt, welcher in seinem ganzen Umfange als unwirksam erscheint, wenn die Auflassung, also ein wesentlicher Bestandtheil desselben, ungültig ist. Bezüglich der drei Grundstücke erscheint der Klageanspruch hiernach ohne weiteres gerechtfertigt.

Mit Recht hält ihn aber der B. R. auch in Ansehung des von der Klägerin ferner veräußerten Miteigenthumsantheiles und des Wirthschaftsinventars für begründet. Zwar kann seiner Ausführung, daß aus der Ungültigkeit des Veräußerungsvertrages auch die Unwirksamkeit der damit äußerlich verbundenen Bevollmächtigung des Bürgermeisters M. zur Auflassung des fraglichen Miteigenthumsantheiles folge, nicht beigetreten werden. Allein mit ihm ist die Annahme des Ersten Richters zu billigen, daß der gedachte Vertrag selbst als ein untrennbares Ganzes erscheint und daher nicht hinsichtlich der drei Grundstücke als nichtig, im übrigen aber als rechtsbeständig angesehen werden kann."

Zu 3. „Wenngleich nun aber danach der Klaganspruch seinem ganzen Umfange nach an sich für gerechtfertigt zu erachten war, so hat doch der B.R. die demselben entgegengesetzten Einreden nicht zutreffend beurtheilt. Die Beklagten haben zunächst eingewendet: Vor ihrer Verlobung sei zwischen der Klägerin und dem Beklagten J. verabredet, daß Klägerin, wenn der Letztere ihre Pflegetochter (seine jetzige Ehefrau) heirathe, als Gegenleistung dafür die streitigen Grundstücke unter den im Vertrage vom 4. Februar 1881 enthaltenen Bedingungen zu überlassen habe; in Erfüllung dieses Abkommens habe der Beklagte darauf mit der klägerischen Pflegetochter sich verlobt und sie geheirathet. Werden diese Thatsachen durch die von der Beklagten angebotenen Beweismittel dargethan, so hat die Klägerin mit dem Beklagten J. einen Vertrag geschlossen, welcher Handlungen des Letzteren zum Hauptgegenstande hatte, welche Handlungen von ihm geleistet sind. Nach § 165 Th. I Tit. 5 des Allg. L.R. kann er daher in diesem Falle die dafür verabredete Vergütung fordern, dieselbe also auch, soweit er sie bereits empfangen hat, behalten.

Wenn der B.R. die bezeichnete Einrede mit der Erwägung beseitigt, daß das bloße Recht des Beklagten auf Auflassung nicht die fehlerhafte und nichtige Auflassung selbst und die auf Grund derselben für ihn erfolgte Eigenthumseintragung zu heilen vermöge, so ist zwar letzteres richtig, es folgt aber daraus nicht die Unerheblichkeit der Einrede. Allerdings können nach § 7 Abs. 2 des Eigenthumsgesetzes gegen die Eigenthumsklage des eingetragenen Eigenthümers die aus dem Rechtsgeschäfte, welches den Eigenthumserwerb bezweckte, von dem Erwerber herzuleitenden Rechte nicht als Einrede geltend gemacht werden. Aber die Klägerin ist zur Zeit nicht die eingetragene Eigenthümerin der streitigen Immobilien, sondern will mit der erhobenen Klage erst ihre Wiedereintragung erlangen; die Voraussetzung der gedachten Vorschrift trifft daher in dem vorliegenden Falle nicht zu, und ebensowenig steht eine andere gesetzliche Bestimmung der Geltendmachung der fraglichen Einrede entgegen. Die gedachte Erwägung des B.R. ist daher rechtsverletzend, und mußte schon aus diesem Grunde sein Urtheil aufgehoben werden."

Zu 4. „Ebenso verletzt er aber den § 491 der C.P.O., wenn er unter Berufung auf diese Vorschrift die von den Beklagten mit der Retentionseinrede geltend gemachten Gegenforderungen zurückweist, soweit sie nicht aus Verbesserungen der streitigen Grundstücke herrühren. Denn auf die Retentionseinrede findet der § 491 a. a. O., wie bereits früher ausgeführt" (vergl. Annalen Bd. VII S. 283; Entsch. Bd. VIII S. 364) „keine Anwendung."

152. **Die Bestimmungen des Fluchtliniengesetzes vom 2. Juli 1875 berühren vorher entstandene Schädenansprüche nicht. Nach dem früheren Rechte hatte der Eigenthümer bei Verweigerung des Baukonsenses Anspruch auf Entschädigung.** Urth. des V. Civilsenats vom 16. Mai 1885 in Sachen Landgemeinde S. (K. und Gen.), Beklagter und Revisionsklägerin, wider den Bauunternehmer W. zu B., Kläger und Revisionsbeklagten. Vorinstanz: O.L.G. Hamm. Verwerfung.

In den Gründen des B. U. ist ausgeführt, daß die Baufreiheit des Klägers durch Ablehnung seines Baugesuches beschränkt worden und derselbe Ersatz des ihm dadurch verursachten Nachtheiles fordern könne, und zwar von der Beklagten, in deren Interesse die Beschränkung eingetreten sei. Die Einreden der Beklagten, daß kein Schaden entstanden, die Ablehnung der Bauerlaubniß von der endgültigen Feststellung der Fluchtlinie bedingt worden und diese Feststellung durch Gemeindebeschluß vom 2. August 1882 definitiv erfolgt sei, sind verworfen, weil der Schaden den durch die Verbreiterung der Straße geschaffenen Vortheil immer noch überwiege, die bedingte Zurückweisung des Baugesuches definitiv geworden sei und nur die Hinhaltung des Klägers bis zur Feststellung eines Bebauungsplanes bezweckt habe und weil die Folgen dieser Feststellung nach Gesetz v. 2. Juli 1875 bei einer früheren Versagung des Konsenses nicht eingetreten wären. Die Revision beruht in der Ausführung, daß dem Kläger die Bauerlaubniß nur bis zur Feststellung des in Kraft getretenen Bebauungsplanes versagt worden sei und daß seit der Offenlegung dieses Planes der dem Kläger entstandene Schaden nicht in jener Versagung, sondern in den gesetzlichen Beschränkungen (§§ 11, 13 des Gesetzes vom 2. Juli 1875) seinen Grund habe, welche den Anspruch auf Entschädigung ausschließen.

„Diese Ausführung ist nicht zutreffend. Der Vorderrichter hat dem Kläger den durch die verweigerte Bauerlaubniß demselben erwachsenen Schaden unter der Feststellung, daß dieser Schaden in eingetretener Werthsverminderung bestehe und daß damals ein Bebauungsplan im Sinne des Gesetzes vom 2. Juli 1875 nicht existirt habe, zugebilligt. Die nicht anfechtbare Feststellung, daß die Ablehnung des Baukonsenses den Schaden verursacht habe, steht der Behauptung der Beschwerde, daß der Schaden in der angeblich später eingetretenen gesetzlichen Beschränkung seinen Grund habe, direkt entgegen. Für den Schaden, welcher durch eine in Gemäßheit des gedachten Gesetzes eingetretene Baubeschränkung hervorgerufen ist, würde Kläger allerdings keine Vergütung zu beanspruchen haben; etwas anderes nimmt aber der Vorderrichter auch nicht an, seine Ansicht geht nur dahin, daß das Gesetz der Beklagten nicht zur Seite stehe, weil zur Zeit der Ablehnung des Baugesuches die Voraussetzung des Gesetzes, ein gehörig festgestellter Bebauungsplan, nicht existirt habe. Diese Ansicht entspricht den in der Entsch. des R.G. Bd. VI S. 296 entwickelten Grundsätzen, nach denen die Bestimmungen des Gesetzes vom 2. Juli 1875 bereits vorher entstandene Entschädigungsansprüche nicht berühren. Daß aber nach dem früheren Rechtsstande die durch Verweigerung des Baukonsenses bewirkte Beschränkung des Eigenthümers in seiner Baufreiheit Anspruch auf Entschädigung zur Folge hatte, steht außer Frage."

2. Sächsisches Recht.

153. **Möglichkeit des Einflusses des Art. 317 Abs. 2 des H.G.B. auf die Förmlichkeiten der Verbürgung von Ehefrauen nach § 1650 des Bürgerl. G.B.** (S. o. Fall 121 S. 249 ff.).

3. Rheinisches Recht.

154. **1) Bei dem Mangel einer vertragsmäßig zugesagten Eigenschaft** (dictum et promissum) **findet die kurze Verjährung des Art. 1648 des Code civil nicht Anwendung. 2) Hat der Uebernehmer eines Werkes das Material zu diesem zu liefern, so liegt nach Art. 1787, 1711, 1788—1799 des Code civil ein Kauf vor. 3) Im Gebiete des Rheinischen Rechts haben daher solchenfalls unter Kaufleuten die Art. 338, 349 des H.G.B. Anwendung zu leiden.** Urth. des II. Civilsenats vom 12. Mai 1885 in Sachen G. E. H.'s Söhne zu K., Klägerin und Revisionsklägerin, wider die Firma M. N. und deren Geranten zu K., Bekagte und Revisionsbeklagte. Vorinstanz: O.L.G. Köln. Verwerfung.

Im Juli 1881 wurde zwischen den Parteien ein Vertrag geschlossen, gemäß dessen der klägerischen Firma für deren Fabrik in W. bei Kassel eine Mahlvorrichtung zum Vermahlen von Holzkohlen- und Braunkohlen-Coaks zu liefern war, insbesondere: eine Zackenmühle zum Vorarbeiten, ein Becherwerk, eine Transportschnecke mit Trog, ein Aufgebetisch mit Trichter, eine Staubmühle mit Exhaustor, eine Antriebstransmissionswelle mit allen erforderlichen Zapflagern, Riemenscheiben, Trommeln und Kettenrädern sammt Gelenkkette, jedoch ohne Treibriemen, und zwar zum Preise von 5692 ℳ, wovon 1/3 bei Bestellung, 1/3 bei Ablieferung und 1/3 nach sechs Monaten fällig sein sollte. Nach Behauptung der Klägerin war garantirt, daß mit der gelieferten Maschine ohne Siebvorrichtung staubfeines Pulver, wie es Siebgaze Nr. 215 liefere, herzustellen sei. Anfangs November 1881 wurde die Mühle geliefert und sodann von einem Monteur der Beklagten eingerichtet. Am 21. Dezember 1881 wurde sie als fertiggestellt der Klägerin zum Gebrauche übergeben. Sie entsprach den Anforderungen der Klägerin nicht, weshalb Reklamationen und Verhandlungen erfolgten, auch mehrfach Versuche zur Verbesserung der Mühle gemacht wurden, die jedoch nicht zum Ziele führten.

Am 8. März 1883 erhob die Firma G. E. H.'s Söhne vorliegende Klage, in welcher sie im wesentlichen Auflösung des Vertrages, Rückzahlung der bereits berichtigten beiden ersten Raten des Preises sowie Erstattung ihrer Auslagen, alles im Gesammtbetrage von 4649,49 ℳ mit entsprechenden Zinsen, endlich Zahlung eines Lagergeldes von 10 ℳ für den Monat vom 27. April 1882 an bis zum Tage der Abnahme der Maschine verlangte. Die Beklagten wendeten zunächst ein, daß sie den Vertrag nicht für sich, sondern nur als Agenten der Firma L. S. & Co. in D., an welche auch die Zahlungen erfolgt seien, abgeschlossen hätten, schützten auf Grund von Art. 349 des H.G.B. Verjährung vor und bestritten, daß sie die behauptete Garantie versprochen hätten. Das L.G. Köln wies durch Urtheil vom 14. Juni 1883 die Klage ab. Es erklärte für zweifellos, daß die Beklagten den Vertrag für sich und nicht für die Firma L. S. & Co. geschlossen hätten, erkannte jedoch, daß nach den thatsächlichen Verhältnissen des Falles ein Lieferungskauf (keine Werkverdingung) anzunehmen und deshalb nach Art. 349 des H.G.B. Verjährung eingetreten sei.

Gegen dieses Urtheil legte die Klägerin Berufung ein. Zur Begründung derselben machte sie geltend: 1) Es handele sich nicht um die redhibitorische Klage, sondern um Klage auf Auflösung wegen Nichterfüllung einer ausdrücklichen Zusage; 2) es stehe nach den Umständen des Falles kein Lieferungskauf, sondern eine Werkverdingung in Frage.

Das O.L.G. wies durch Urtheil vom 22. Oktober 1884 die Berufung zurück. In den Gründen dieses Urtheils ist im wesentlichen erörtert: „Möge man einen Lieferungskauf oder eine Werkverdingung annehmen, so sei die Klage jedenfalls verjährt. Liege ein Lieferungskauf vor, so sei Art. 349 des H.G.B. maßgebend. Liege eine Werkverdingung vor, so griffen die Grundsätze des Civilrechts ein und seien, da die Beklagten unbestritten das Material zu der Maschine geliefert, für den vorliegenden Vertrag die civilrechtlichen Grundsätze des Kaufvertrages maßgebend; nach Art. 1648 des Code civil sei aber die Verjährung eingetreten. Dasselbe würde auch der Fall sein, wenn man Kassel als Erfüllungsort annehmen, also das Gemeine Recht anwenden würde."

Zu 1. „Als rechtsirrthümlich ist es allerdings zu bezeichnen, wenn das O.L.G. den Art. 1648 Code civil als anwendbar erachtet; denn es handelt sich im vorliegenden Falle um den Mangel einer vertragsmäßig zugesagten Eigenschaft (dictum et promissum), betreffs dessen die kurze Verjährung des Art. 1648 a. a. O. nicht Platz greift; allein nach den thatsächlichen Feststellungen des O.L.G. findet zweifellos Art. 349 des H.G.B. Anwendung, erscheint also, wenn auch aus anderen Gründen, die Entscheidung gerechtfertigt (§ 526 der C.P.O.)."

Zu 2. „Sodann ist dem O.L.G. beizupflichten, wenn es auf Grund seiner Feststellung, daß die Beklagten das Material zu dem in Frage stehenden Werke geliefert haben, annimmt, es liege nach den Prinzipien des Französischen Rechts ein Kauf vor. Der scheinbare Widerspruch zwischen Art. 1787 und Art. 1711 Code civil erklärt sich dadurch, daß ein ursprünglich in Art. 1787 gemachter Zusatz, der die Werkverdingung, je nachdem der Besteller oder der Verfertiger des Werkes das Material lieferte, als Miethe oder Kauf bezeichnete, vom Tribunale gestrichen wurde, jedoch nicht etwa deshalb, weil man ihn als unrichtig erachtete, sondern weil man der Ansicht war, es sei dies ein doktrineller Satz, der nicht in ein Gesetz gehöre. Der Sinn des Gesetzes ist daher, daß die Werkverdingung, möge sie ihrer Natur nach als Kauf oder als Miethe zu betrachten sein, den besonderen Bestimmungen der Art. 1787—1799 unterworfen sei, daß jedoch im übrigen, d. h. soweit besondere Bestimmungen nicht gegeben sind, die Grundsätze über Kauf oder Miethe gelten, je nachdem der eine oder der andere Vertrag vorliegt.

Auch der Umstand, daß die Beklagten die Montirung des Werkes zu Kassel besorgen ließen, steht der Annahme eines Kaufes nicht im Wege; denn auch angenommen, die Beklagten seien hierzu vertraglich verpflichtet gewesen (was sie bestreiten), würde nur eine Nebenabrede vorliegen, die am Wesen des Vertrages so wenig etwas ändern könnte, als etwa die Verpflichtung des Verkäufers, für den Transport der Waare zu sorgen (vergl. Entsch. des R.O.H.G. Bd. VIII S. 13, Bd. IX S. 219, Bd. XI S. 62). Ohne Belang erscheint es ferner, wenn das O.L.G. in Frage stellt, ob in fraglicher Beziehung das Französische Recht oder das in Kassel, dem Wohnorte der Klägerin, geltende Gemeine Recht anwendbar sei; denn es erklärt, daß auch nach letzterem Rechte die nämlichen Prinzipien Geltung hätten, diese Entscheidung aber ist, da das Gemeine Recht im Bezirke des O.L.G. Köln nicht gilt, nicht revisibel (§ 511 der C.P.O.)."

Zu 3. „Liegt demzufolge nach dem maßgebenden Landesrechte ein Kauf vor, so folgt hieraus, da unzweifelhaft ein Handelsgeschäft in Frage steht, daß die Bestimmungen des H.G.B. über den Kauf, worunter insbesondere auch Art. 349 a. a. O., zur Anwendung zu kommen haben.

Wie nämlich aus den Verhandlungen der Nürnberger Kommission hervorgeht, vom R.O.H.G. vielfach entschieden, auch vom R.G. (Entscheidungen Bd. I Nr. 29) bereits anerkannt ist, wollte das H.G.B. die Frage, was Kauf sei, dem Landesrechte überlassen und nur im Hinblicke auf das Preuß. Allg. L.R. (§§ 981 ff. Th. I Tit. 11), welches die Lieferungsverträge als Verträge über Handlungen auffaßt, betreffs des Lieferungsvertrages eine einheitliche Bestimmung dahin geben, daß solche Verträge, wenn sie vertretbare

Sachen zum Gegenstande haben, in allen Fällen nach den Bestimmungen über Kauf zu beurtheilen seien (Art. 338 des H.G.B.). Im Gebiete des Preuß. Landrechts ist daher bei Handelsgeschäften, welche die Lieferung eines Werkes, zu welchem der Liefernde das Material stellt, zum Gegenstande haben, immer zu prüfen, ob eine bloße Werkverdingung oder aber ein Lieferungskauf im Sinne des Art. 338 des H.G.B. vorliege, d. h. ob das Werk nach den Umständen des Falles als vertretbare Sache gelten könne, und von diesem Standpunkte aus wurde sie in verschiedenen Urtheilen des R.O.H.G. erörtert; allein in Rechtsgebieten, wo jede derartige Werkverdingung als Kauf zu gelten hat, erscheint die bezeichnete Frage ohne Bedeutung. Hieraus ergiebt sich die Unerheblichkeit der Erörterungen, durch welche die Klägerin darzuthun und welche sie durch Bezugnahme auf die Korrespondenz zu begründen sucht, daß ein Lieferungsgeschäft im Sinne des Art. 338 des H.G.B. nicht vorliege."

4. Badisches Recht.

155. Die Aktivlegitimation einer Gemeinde bei Geltendmachung eines (Weg-) Dienstbarkeitsanspruches (L.R.S. 637, 686, 697, 701, 703, 705, 706). Urth. des II. Civilsenats vom 12. Mai 1885 in Sachen der Gutsherrschaft v. O. in G., Beklagter und Revisionsklägerin, wider die Gemeinde G., Klägerir und Revisionsbeklagte. Vorinstanz: O.L.G. Karlsruhe. Aufhebung und Zurückverweisung.

Mit der im Jahre 1882 erhobenen Klage spricht die Klägerin eine Wegdienstbarkeit an Grundstücken der Beklagten an. Durch Urtheil des L.G. Mannheim vom 26. September 1882 ist die Klage abgewiesen worden. Auf Berufung der Klägerin hat das O.L.G. mit Urtheil vom 21. November 1884 abändernd dahin erkannt: „Die Beklagte ist schuldig, die auf ihren Grundstücken Gewann Galgenberg (Seeberg) ruhende Wegdienstbarkeit (Weg A B des von der Beklagten in erster Instanz vorgelegten Situationsplanes) zu Gunsten der Klägerin anzuerkennen, sich jeder Störung der Letzteren in Ausübung dieser Dienstbarkeit zu enthalten und die abgetragene Brücke bei B des Planes wieder herzustellen." Auf Grundlage des im Urtheile erwähnten Planes und der Feststellungen des O.L.G. nach einer von einem Gerichtsdeputirten vorgenommenen Ortsbesichtigung ist betreffs der Oertlichkeit zu bemerken: Der streitige Weg A B, welcher sich nicht als Weganlage, sondern als nicht kultivirtes, von Fahrgeleisen durchfurchtes Feld darstellt, wird beansprucht, um auf dem kürzesten Wege über eine früher bei B befindliche, von der Beklagten entfernte Brücke auf dem noch besonders zu erwähnenden Allmendwege B H nach den in den Gewannen Ottilienberg und Kehrbach gelegenen Grundstücken der Bürger von G. zu gelangen. Die Klägerin spricht den Weg nicht als Nothweg an, sondern hat sich in erster Instanz auf dreißigjährige, eventuell unvordenkliche Ersitzung und Anerkenntniß berufen; in zweiter Instanz wurde nur noch die Ersitzung und die

Vergünstigung (L.R.S. 691) geltend gemacht. Letztere wurde, wie folgt, begründet: Im Jahre 1873 ist, wie unbestritten, im Gewann Ottilienberg eine Feldbereinigung vorgenommen worden, bei welcher die Beklagte mitgewirkt hat. Hierbei sei die Wegstrecke B H als Allmendweg aufgenommen worden; diese sei aber die Fortsetzung des streitigen Weges A B, und würde sich die Klägerin gar nicht zur Feldbereinigung verstanden haben, wenn dieser Weg A B hätte eingehen und den Bewohnern zugemuthet werden sollen, auf bedeutenden Umwegen ihre Grundstücke in den Gewannen Kehrbach und Ottilienberg zu erreichen. Der mit der Ausführung der Feldbereinigung betraut gewesene Kulturinspektor wurde als sachverständiger Zeuge vernommen. Auf Grund der erhobenen Beweise nimmt das B.G. an, daß der Erwerb der Dienstbarkeit durch Vergünstigung (Titel) dargethan sei.

In rechtlicher Beziehung gehen die Gründe davon aus, daß ein Titel ausdrücklich oder stillschweigend geschaffen werden könne und eine Urkunde nicht erforderlich sei, wenn nicht eine Freigebigkeit beabsichtigt werde. Um eine Liberalität handele es sich nicht, sondern, wie eine Feldbereinigung es mit sich bringe, um eine tauschweise Einräumung einer Dienstbarkeit. Das O.L.G. stellt nun konkludente Thatsachen zusammen, aus welchen sich (L.R.S. 1108a und b) ergebe, daß die Beklagte bei der Feldbereinigung in unzweideutiger Weise zu erkennen gegeben habe, daß den betheiligten Güterbesitzern die fernere Benutzung der streitigen Wegestrecke als Dienstbarkeitsrecht gestattet werden wolle. Wegen der unvordenklichen Ersitzung waren zur Sicherung des Beweises unter Zuzug der beiderseitigen Vertreter Zeugen abgehört worden, und erachtet das B.G. durch deren Aussagen hergestellt, daß die streitige Wegstrecke seit Menschengedenken ungestört von den betheiligten Güterbesitzern in G. benutzt wurde, um zu ihren Feldern auf den Gewannen Ottilienberg und Kehrbach zu gelangen. Diese Thatsache müsse der Beklagten bekannt gewesen sein. Wenn nun bei der im Jahre 1873 auf gedachter Gemarkung vorgenommenen Feldbereinigung die streitenden Theile, wie dies der Fall, dahin übereingekommen sind, daß bei B H ein Allmendweg errichtet werden solle, welcher, wie Plan und Augenschein bestätigen, sich in unzweideutiger Weise als Fortsetzung der bis zu jener Zeit benutzten Wegstrecke A B darstelle, während andererseits zu dieser Wegstrecke vom Orte aus gleichfalls Wege führen, so könne die Thatsache, daß bei dieser Feldbereinigung bezüglich der streitigen Wegstrecke eine Bestimmung nicht getroffen wurde, die Beklagte sich vielmehr schweigend verhielt, nur dahin gedeutet werden, daß diese Wegstrecke auch fernerhin das „Bindeglied" zwischen den auf die Strecke A B stoßenden Wegen einerseits und B H andererseits sein solle. Weitere entscheidende Anhaltspunkte für diese Auffassung entnimmt das B.G. noch aus den des näheren angegebenen Aussagen des sachverständigen Zeugen.

„Die Gemeinde hat die Klage nicht in der Richtung begründet, daß sie ihr gehörende Grundstücke bezeichnete, zu deren Gunsten die Dienstbarkeit erworben sein soll (L.R.S. 686); es ergiebt sich vielmehr aus den Verhandlungen, daß das in Anspruch genommene Wegrecht lediglich zur Bewirthschaftung der in den Fluren Kehrbach und Ottilienberg gelegenen Liegenschaften dienen soll, und die Feststellung im angefochtenen Urtheile geht ausdrücklich dahin, daß den betheiligten Güterbesitzern die fernere Benutzung der streitigen

Wegstrecke als Dienstbarkeit gestattet werden wolle. Wenn nun gleichwohl die Beklagte verurtheilt worden ist, das Wegrecht auf ihrem Grundstücke zu Gunsten der Klägerin anzuerkennen, so hat deren Vertreter mit Recht die Rüge erhoben, daß die Aktivlegitimation der Klägerin nicht geprüft worden sei.

Die von Amtswegen anzustellende, also auch noch im Revisionsverfahren vorzunehmende Prüfung der Berechtigung der Gemeinde, für einen Theil ihrer Angehörigen als Klägerin aufzutreten und das nur diesen zustehende Recht für sich zu beanspruchen, führt aber zum Ergebnisse, daß diese Legitimation in den Instanzen nicht dargethan worden ist.

Wenn auch in der gemeinrechtlichen Rechtsprechung angenommen wird, daß eine Gemeinde als solche eine Dienstbarkeit, namentlich Weide- und Wegrecht, klagend verfolgen kann, sei es weil und wenn sie dabei die Gesammtheit ihrer Angehörigen vertritt, sei es weil die ganze Gemeindeflur als das herrschende Grundstück unterstellt wird, so sind doch im gegebenen Falle die Voraussetzungen dieser Rechtsprechung nicht festgestellt, und kann davon abgesehen werden, ob sie mit den Grundsätzen des Badischen Landrechts vereinbar sein würde. Weder vertritt hier die Klägerin die Gesammtheit der Gemeindeangehörigen, noch hat sie begründet, für welches Gemeindeeigenthum das Wegrecht bestehen soll, es ist vielmehr, wie angeführt, aus dem angefochtenen Urtheile zu entnehmen, daß es sich nur um ein Wegrecht zum Vortheile der Liegenschaften in zwei Gewannen handele.

Von diesem Mangel der Begründung der Aktivlegitimation durfte aber gegenüber den L.R.S. 637, 686 nicht abgesehen werden, und erscheint die Beklagte dadurch beschwert. Sollte nämlich dieselbe auch, wie das B.G. annimmt, durch ihr Verhalten bei der Feldbereinigung in das Fortbestehen der streitigen Wegstrecke als Dienstbarkeit eingewilligt haben, so ist es schon in Rücksicht auf Umfang der Belastung, Erlöschung durch Nichtgebrauch oder Konfusion (L.R.S. 697, 701, 703, 705, 706) ein wesentlicher Unterschied, ob das Wegrecht der Gemeinde oder ob es nur den Eigenthümern der in den mehrerwähnten Bezirken gelegenen Grundstücke zugesprochen wird. Das Urtheil mußte daher wegen Verletzung der L.R.S. 637, 686 aufgehoben und die Sache, weil über die Aktivlegitimation der Klägerin noch gar nicht verhandelt worden ist, an das B.G. zurückverwiesen werden."

156. Prinzip des Badischen Pflichttheilsrechtes (L.R.S. 912 ff., 920 ff., 930; C.P.O. § 28). Urth. des II. Civilsenats vom 15. Mai 1885 in Sachen M. in K., Klägers, Revisionsklägers und Revisionsbeklagten, wider die M.'sche Stiftung rc., Beklagte, Revisionskläger und Revisionsbeklagte. Vorinstanz: O.L.G. Karlsruhe. Verwerfung beider Revisionen.

Der Kläger ist der Sohn des im Jahre 1875 verstorbenen Majors a. D. F. M., welcher seinen Wohnsitz unbestritten in Baden-Baden hatte. Derselbe hat zugleich durch Erbvergleich die Ansprüche der Kinder seiner verstorbenen Schwester erworben. Der Erblasser hat am 25. August 1873 durch Schenkung unter Lebenden dem Königl. Preuß. Ministerium der geistlichen, Unterrichts- und Medizinalangelegenheiten ein gewisses Vermögen mit der Auflage zugewiesen, den jährlichen Ertrag zur Förderung der Architektur bei den Deutschen zu verwenden; sodann hat er durch letzten Willen vom 7. Mai 1875 dem Preuß. Nationalmuseum Kunstgegenstände und der M.'schen Stiftung zur Beförderung deutscher Architekturstudien weiteres Vermögen vermacht. Hierwegen wurde in den Jahren 1878—1881 ein Prozeß zwischen den jetzigen Parteien geführt: die beklagte Stiftung verzichtete auf das Vermächtniß, und durch rechtskräftige Urtheile ist erkannt worden: Es sei das dem Nationalmuseum zugedachte Vermächtniß einzuziehen, die Schenkung zur Beförderung der deutschen Architekturstudien vom 25. August 1873 auf den Betrag von 91 370,76 ℳ zu mindern und diese Stiftung schuldig, dem Kläger 68 498,96 ℳ zu bezahlen.

Mit der neuen Klage wird nun behauptet, F. M. habe am 31. August 1872 der Königl. Preuß. Regierung für die Königl. Museen in Berlin eine Kunstsammlung im Werthe von 80 000 ℳ geschenkt und derselbe sei zur Zeit dieser Schenkung und fortdauernd bis an sein Lebensende ganz geistesgestört gewesen. Demgemäß wird beantragt, die Schenkungsverträge vom 31. August 1872 und 25. August 1873, sowie das Testament vom 7. Mai 1875 für nichtig bezw. für ungültig zu erklären und die Beklagten für verpflichtet, das ihnen zugewendete Vermögen — soweit dies noch nicht geschehen — herauszugeben. Eventuell wurde die Verzinsung der 68 498,96 ℳ vom 1. November 1875 und die weitere Minderung der angefochtenen freiwilligen Verfügungen bis zur vollständigen Ergänzung des Pflichttheils verlangt. Die Beklagten haben prozeßhindernd die Einrede der Unzuständigkeit des Gerichts vorgeschützt. Mit Urtheil vom 23. Mai 1884 ist diese Einrede vom L.G. Karlsruhe verworfen worden. Auf Berufung der Beklagten hat das O.L.G. unterm 8. November 1884 bestätigt, soweit die Einrede der Unzuständigkeit gegen den Antrag der Klage, das Testament vom 7. Mai 1875 für nichtig zu erklären, und gegen den eventuellen Klageantrag gerichtet ist, im übrigen aber dahin abgeändert, daß der Antrag der Klage, die Schenkungsverträge vom 31. August 1872 und 25. August 1873 für nichtig zu erklären, „von hier" zurückgewiesen wurde.

Betreffs des Antrages auf Ungültigerklärung des Testamentes vom 7. Mai 1875 führen die Gründe aus: Durch diesen Antrag solle eine richterliche Entscheidung darüber herbeigeführt werden, ob den Beklagten ein Anspruch aus dem letzten Willen des F. M. zustehe; hierfür sei nach § 28 der C.P.O. das Gericht zuständig, bei welchem der Erblasser zur Zeit seines Todes den allgemeinen Wohnsitz hatte. Ob Kläger mit Recht die beantragte Feststellung begehre, sei für die Zuständigkeit unerheblich. Auch für die eventuelle Klage auf Minderung sei die gleiche Zuständigkeit begründet, weil mit derselben der Anspruch auf Ausfolgung des nicht verfügbaren, zum Nachlasse gehörenden Theiles des Vermögens des Erblassers geltend gemacht werde (L.R.S. 913). Dies entspreche auch dem Zwecke des Gesetzes, eine Zersplitterung des Theilungsverfahrens zu verhüten.

Betreffs des Klagantrages, die Schenkungen wegen Geistesschwäche für nichtig zu erklären, wird ausgeführt: Mit demselben werde weder ein Erbrecht, noch ein Anspruch des Klägers aus einer Verfügung des Erblassers auf den Todesfall geltend gemacht, noch eine Entscheidung darüber nachgesucht, daß den Beklagten ein derartiges Recht nicht zustehe. Die Herausgabe der geschenkten Vermögenstheile werde nicht kraft Erbrechts, sondern aus einem Grunde gefordert, aus welchem auch der Erblasser selbst sie hätte verlangen können. Gegen dieses Urtheil haben beide Theile Revision eingelegt.

„Keine der beiden Revisionen kann für begründet erachtet werden; denn:

I. der Kläger ist durch den Ausspruch, daß für das Begehren der Nichtigkeitserklärung der Schenkungsverträge vom 31. August 1872 und 25. August 1873 wegen Geistesschwäche des Schenkers der § 28 der C.P.O. nicht anwendbar sei, nicht beschwert. Seine Erbberechtigung begründet nur die Aktivlegitimation für dasselbe, ist aber nicht der Gegenstand der Klage. Vielmehr war der bezügliche Anspruch, seine Begründung vorausgesetzt, schon zu Lebzeiten des Schenkers gegeben, da dieser selbst, beziehungsweise ein für ihn zu bestellender Vormund diese Nichtigkeit hätte geltend machen können. Die Ausführung des Revisionsklägers, das Erbrecht sei deshalb als Gegenstand des Anspruches anzusehen, weil die Nichtigkeit behauptet werde und daher lediglich mit der Behauptung, daß Kläger Erbe sei, eine Klage auf Herausgabe der geschenkten Sachen hätte begründet werden können und erst der Berufung auf die Schenkungen gegenüber deren Nichtigkeit als Replik vorzuschützen war, ist nicht geeignet, eine andere Beurtheilung der Zuständigkeit herbeizuführen. Abgesehen nämlich davon, daß nur eine Anfechtung in Frage steht (L.R.S. 901 f., 1125, 502 ff.), wäre auch bei Unterstellung einer eigentlichen Nichtigkeit nur eine Kondiktion der geschenkten Sachen möglich (L.R.S. 2279), und diese Klage, selbst eine Vindikation, wenn eine solche zulässig wäre, wären Ansprüche, welche bereits zum Nachlasse gehörten und vom Kläger nicht als sein Erbrecht, sondern als Ansprüche des Erblassers, weil er dessen Nachfolger geworden ist, verfolgt würden. Dagegen handelt es sich

II. betreffs der Revision der Beklagten um einen Anspruch, für welchen die Erbenqualität nicht nur die Legitimation begründet, sondern als dessen Gegenstand geradezu das Erbrecht des Klägers zu gelten hat. Nach dem System des Bad. L.R. beruht nämlich das Pflichttheilsrecht auf dem Prinzipe, daß der vom Gesetze bestimmte Theil des Nachlasses ein unentziehbares Erbrecht der Abkömmlinge und Ahnen bildet und demgemäß der Erblasser, zu dessen Nachlasse diese Personen berufen sind, überhaupt nur über diejenige Quote freigebig verfügen darf, über welche ihm das Gesetz dies gestattet (L.R.S. 912 ff.). Demnach wird mit der Klage auf Minderung der den Beklagten zugewendeten Schenkungen (L.R.S. 920 ff.) das vom Erblasser entgegen der gesetzlichen Beschränkung geschmälerte Erbrecht geltend gemacht. Die vom Vertreter der Beklagten angeregte Frage, ob auch für die gemäß L.R.S. 930 gegen einen dritten Besitzer angestellte Klage die Zuständigkeit nach § 28 der C.P.O. begründet sei, kann unerörtert bleiben; jedenfalls würde aber auch mit dieser Klage das Erbrecht, soweit es vom Gesetze für unentziehbar erklärt ist, verfolgt werden. Die gleichen Grundsätze müssen auch für den Anspruch auf Zinsen aus der Summe in Anwendung kommen, um welche im früheren Prozesse die Schenkungen gemindert worden sind; denn auch diese Zinsen werden kraft des Erbrechtes gefordert (L.R.S. 928)."

157. **Das Zuwiderhandeln gegen einen Vertrag begründet nicht nur dem Kontrahenten, sondern auch dem Dritten gegenüber die Entschädigungspflicht, wenn es sich zugleich als unrechte That darstellt, durch welche der Dritte beschädigt wird** (L.R.S. 1382). Urth. des II. Civilsenats vom 12. Mai 1885 in Sachen K. zu P., Klägers und Revisionsklägers, wider G. das., Beklagten und Revisionsbeklagten. Vorinstanz: O.L.G. Karlsruhe. Aufhebung und Zurückverweisung.

Im Jahre 1874 hat der Presser K. B. vom Beklagten ein Haus um 19 000 fl. gekauft und am Kaufpreise 3000 fl. anbezahlt. Zu dieser Zahlung entlieh er vom Kläger 2000 fl. Später gerieth B. in Gant, bei welcher Kläger, der nicht in die Rechte des Verkäufers subrogirt worden war, seine Darlehnsforderung von 4416,13 ℳ (weniger 35,23 ℳ) verloren hat. Mit der erhobenen Klage fordert er nun Bezahlung von 3257,13 ℳ nebst Zinsen vom Klagtage an und stützt den Anspruch darauf, daß der Beklagte ihm die Rückgabe von 2000 fl. für den Fall versprochen habe, daß er das seiner Zeit dem B. verkaufte, von ihm zurückerworbene Haus verkaufen werde; diese Bedingung sei eingetreten. Als Grund dieses Versprechens giebt der Kläger an, daß es dem Beklagten bekannt gewesen sei, daß er die Anzahlung bis zum Betrage von 2000 fl. aus Mitteln des Klägers erhalten habe. Außerdem führte er in zweiter Instanz aus: B. habe dem Kläger die baldige Heimzahlung und zwar aus einem auf das Haus aufzunehmenden Kapitale versprochen. Derselbe habe auch bei K. ein Kapital von 18 800 ℳ zugesagt erhalten, aber seiner dem Kläger gegebenen Zusage nicht nachkommen können, weil der Beklagte, obgleich ihm diese Zusage bekannt gewesen, sich unwahrer Weise dem K. als Bevollmächtigten des B. dargestellt, das Geld in Empfang genommen und zur Befriedigung anderer Gläubiger verwendet habe.

Das L.G. hat die Klage mit Urtheil vom 12. November 1883 abgewiesen; die hiergegen eingelegte Berufung ist durch Versäumnißurtheil vom 23. Februar 1884 und der dagegen erhobene Einspruch durch Urtheil vom 3. Dezember 1884 verworfen worden. Die Entscheidung des B.G. beruht darauf, daß es dem behaupteten Versprechen an einer gültigen Vertragsursache fehle. Als Liberalität hätte es in den Formen der Schenkung (L.R.S. 931) gegeben werden müssen; eine belastete Ursache könne in dem Umstande allein, daß das beim Kläger aufgenommene Darlehn zur Befriedigung des Beklagten verwendet worden sei, nicht gefunden werden. Sollte der Beklagte ohne Vollmacht das aufgenommene Kapital bei K. erhoben haben, so könnte er dadurch diesem oder wegen auftragswidriger Verwendung des Kapitals dem V. haftbar geworden sein. Dem Kläger gegenüber habe ein Vertragsverhältniß nicht bestanden, mithin könne durch den behaupteten Geldeinzug auch eine Verbindlichkeit gegen diesen nicht begründet worden sein. Die im Termine aufgestellte Behauptung, daß der Beklagte auch versprochen habe, aus dem von V. erhobenen Gelde an den Kläger Zahlung zu leisten, lasse unbestimmt, an wen dieses Versprechen gegeben worden sei. Dem K. gegenüber gegeben, wäre es unerheblich, weil für den Beklagten keine Verbindlichkeit gegen diesen bestanden habe. Sollte eine dem V. gemachte Zusage gemeint gewesen sein, so müßte die Klage in ganz anderer Richtung begründet werden und wäre dies eine in zweiter Instanz unstatthafte Klagänderung. Da hiernach die behauptete Zusage unverbindlich wäre, könne auch nicht auf den hierüber zugeschobenen Eid erkannt werden.

„Die Klage wird nicht auf die in der Berufungsinstanz behaupteten Vorgänge, sondern auf das Versprechen gestützt, welches der Beklagte dem Kläger gegeben haben soll und für welches jene nur als Vertragsursache (cause) geltend gemacht werden (L.R.S. 1108, 1131). Demnach kommt es nicht darauf an, ob ein Vertragsverhältniß des Beklagten zum Kläger entstanden sei, wenn jener, wie behauptet wird, im Bewußtsein, daß V. dem Letzteren aus dem bei K. zu erhebenden Gelde Befriedigung zugesagt hatte, diese dadurch verhinderte, daß er sich fälschlich bei K. als Bevollmächtigten zur Gelderhebung ausgab, das Kapital an sich nahm und anderweit verwendete. Entscheidend ist nur, ob dieser Vorgang die genügende Ursache für das dem Kläger angeblich gemachte Versprechen sein konnte. Dies hat nun aber das B.G. in Verletzung des L.R.S. 1382 verneint. Abgesehen nämlich davon, daß hienach ein Vertragsverhältniß des Beklagten zu K. oder V. nicht bestanden hat, also auch nicht verletzt sein kann, wenn sich derselbe jenem unwahrer Weise als Bevollmächtigten des Letzteren ausgegeben hätte, würde auch bei Unterstellung eines Vertragsverhältnisses zu K. oder V. nicht ausgeschlossen sein, daß durch Verletzung desselben zugleich auch eine unrechte That gegen den Kläger verübt worden sei, welche den Beklagten auch diesem gegenüber zum Schadensersatze verpflichten konnte, wenn die anderweiten Voraussetzungen, namentlich der ursachliche Zusammenhang zwischen der unrechten That und dem eingetretenen Schaden, gegeben sind.

Indem nun das B.G. die zu entscheidende Frage in verneinendem Sinne mit der Bemerkung erledigt, es lasse sich nicht ersehen, inwiefern der Beklagte durch vertragswidriges Handeln gegenüber seinem Kontrahenten V., einem Dritten, mit dem er gar nicht in Vertragsverhältniß gestanden, haftbar erscheinen solle, verletzt es den L.R.S. 1382 und den in Doktrin und Jurisprudenz anerkannten Grundsatz, daß das Zuwiderhandeln gegen einen Vertrag nicht nur dem Kontrahenten, sondern auch dem Dritten gegenüber die Entschädigungspflicht begründet, wenn sich dasselbe zugleich als eine unrechte That darstellt, durch welche dieser Dritte beschädigt worden ist.

Müßte aber angenommen werden, daß der Beklagte, indem er sich fälschlicher Weise für den Bevollmächtigten des V. ausgab, das Geld erhob und dadurch der Verfügung des V. entzog, obgleich er wußte, daß dieser dem Kläger die Zahlung mittels dieser Kapitalaufnahme zugesagt, sich zugleich auch einer unrechten That gegenüber dem Kläger schuldig gemacht habe, so würde sich daraus eine gültige Ursache für das der Klage zu Grunde liegende Versprechen ergeben. Es käme auch diesem Versprechen gegenüber nicht mehr darauf an, daß Kläger jetzt noch den ursachlichen Zusammenhang zwischen dem rechtswidrigen Handeln des Beklagten und dem Verluste nachwiese, welchen er unbestritten beim V.'schen Konkurse erlitten hat, sondern das vom Kläger angenommene Versprechen wäre nach den Grundsätzen vom Vergleiche zu beurtheilen (L.R.S. 1107 Abs. 2, 2044), indem der Beklagte, im Bewußtsein des von ihm begangenen Unrechts von weiterer Untersuchung des ursachlichen Zusammenhangs zwischen diesem und dem Verluste des Klägers absehend, sich zum Ersatze eines Theiles des Schadens verpflichtete und der Letztere sich dabei beruhigte."

Civilrechtliches aus den Strafsenaten des R.G.

Reichs-Strafgesetzbuch.

Die Frage der Zuständigkeit der Landesbehörden zur Ausweisung von Ausländern aus einem Bundesstaate des Deutschen Reiches entscheidet das Landesrecht (da die Frage reichsrechtlich nicht geregelt ist, § 361 Nr. 2 des R.Str.G.B). **In Preußen ist die Orts-, nicht die Landespolizeibehörde zuständig.** Urth. des IV. Strafsenats vom 21. April 1885 wider Dings aus Venlo. Vorinstanz: L.G. Duisburg. Aufhebung und Zurückverweisung auf Revision der Staatsanwaltschaft.

„Der § 361 Nr. 2 des R.Str.G.B. bedroht den mit Haft, der, nachdem er des Bundesgebietes oder des Gebietes eines Bundesstaates verwiesen, ohne Erlaubniß zurückkehrt. Die für den im wesentlichen gleichlautenden § 115 des Preuß. Str.G.B. früher aufgeworfene Frage, ob der der Landesverweisung damit gebotene strafrechtliche Schutz sich nur auf die richterlich erkannte oder auch auf die ohne richterliches Urtheil durch die Polizei angeordnete Landesverweisung bezieht, kann jetzt nicht mehr aufgeworfen werden, weil das Deutsche Str.G.B. die Landesverweisung überhaupt nicht mehr als eine vom Richter zu erkennende Strafe, sondern nur als eine in das Ermessen der Landespolizeibehörde gestellte, von ihrer Anordnung abhängige Folge der Strafe kennt, als solche auch nur die Verweisung aus dem Bundesgebiet, nicht aus dem Gebiete eines Bundesstaates (§§ 39 Nr. 2, 284 Abs. 2, 362 Abs. 3 des R.Str.G.B.). Wenn der § 361 Nr. 2 des R.Str.G.B. auch die unerlaubte Rückkehr nach Verweisung aus einem Bundesstaate unter Strafe stellt, so kann er daher nur die polizeiliche Ausweisung aus einem Bundesstaate schützen.

Um eine solche, und zwar eines Ausländers, handelt es sich hier. Daß der Angeklagte Ausländer, unterstellt die Anklage ausdrücklich, und das Urtheil spricht nur frei, weil die Ausweisung des Angeklagten aus Preußen nur durch die Ortspolizeibehörde zu St. Hubert, nicht durch die allein zuständige Landespolizeibehörde erfolgt, deshalb rechtsunwirksam sei. Daß die Strafkammer befugt und verpflichtet war, die Rechtswirksamkeit des übertretenen Verbotes zu prüfen, hat das R.G. in dem in seinen Entsch. für Strafsachen Bd. VI S. 378 mitgetheilten Erkenntniß dargelegt.

Der Strafkammer kann indessen nicht zugestimmt werden.

Reichsgesetzlich ist die Ausweisung von Ausländern aus dem Gebiete eines Bundesstaates nicht geordnet. Das auf Grund des Art. 4 der Verfassung des Deutschen Reiches ergangene Gesetz über das Paßwesen vom 12. Oktober 1867 enthält keine Bestimmungen darüber, hält vielmehr die bestehenden Vorschriften über Zwangspässe, Reiserouten und die Kontrolle der Fremden aufrecht. Das Freizügigkeitsgesetz vom 1. November 1867 ordnet und beschränkt nur die polizeiliche Ausweisung von Reichsangehörigen aus dem Staatsgebiete. Die Frage, ob und wie Ausländer aus dem Gebiete eines Bundesstaates zu verweisen, kann daher nur nach dem Landesrecht, hier nach Preußischem Recht beurtheilt werden. Dabei kann zunächst als ein, wie auch in den Motiven zu den §§ 36, 37 des Entwurfes eines Str. G.B. für den Nordd. Bund (Aktenstücke des Reichstages des Nordd. Bundes Nr. 5 von 1870) hervorgehoben, unbestrittener staatsrechtlicher Grundsatz bezeichnet werden, daß die Verwaltungsbehörde befugt, im Interesse der öffentlichen Sicherheit, Ordnung und Ruhe jeden Ausländer aus dem Lande zu verweisen (vergl. Rönne, Preuß. Staatsrecht, 4. Aufl., S. 120 unter 2). Eine Bestätigung findet dieser Grundsatz in den §§ 4, 191, 195, 708, 1303 Th. II Tit. 20 des Allg. L.R. und in § 41 der Einl. zum Allg. L.R., wonach Fremde des Schutzes der Gesetze nur, so lange sie sich dessen nicht unwürdig machen, theilhaftig sein und als Bettler, Landstreicher, Müßiggänger, ebenso wenn sie in hiesigen Landen ein Verbrechen begangen und die erkannte Strafe ausgestanden, ebenso als Winkelärzte oder gewerbsmäßige Hazardspieler polizeilich des Landes sollten verwiesen und bei Rückkehr bestraft werden können. Anwendung dieses Grundsatzes waren die §§ 29, 120 Abs. 4, 146 Abs. 3, 266 des Preuß. Str. G.B., bei dessen Vorberathung das polizeiliche Ausweisungsrecht anerkannt und gerade mit Rücksicht auf dasselbe dem § 115 des Preuß. Str. G.B. die allgemeine Fassung gegeben wurde, daß durch seine Strafbestimmung auch dies Ausweisungsrecht geschützt wurde (Goltdammer, Materialien Bd. II S. 195).

Die Entscheidung hängt demnach nur noch davon ab, ob das so begründete Ausweisungsrecht lediglich durch die Landespolizeibehörde oder auch durch die Ortspolizeibehöde ausgeübt werden kann. Die Vereinigten Straffenate des vormaligen Preuß. Ob. Trib. zu Berlin haben die Frage in ihrem Urtheil vom 10. Mai 1858 (Entsch. des Ob. Trib. Bd. 39 S. 1 ff.) in letzterem Sinne entschieden. Begründet ist dies damit, daß die auf Grund des § 24 des Paß-Edikts vom 22. Juni 1817 (Gesetzsamml. S. 155) durch den damaligen Minister der Polizei erlassene Generalinstruktion vom 17. Juli 1817 jede Polizeibehörde ermächtige, die Landesverweisung anzuordnen, daß durch Reskript des Ministers des Innern und der Polizei an die Regierung zu Minden vom 27. April 1827 (v. Kamptz' Annalen Bd. XI S. 458) die Ueberlassung der Anordnung der Landesverweisung an die den Landespolizeibehörden untergeordneten Polizeibehörden (Landräthe, Magistrate, Magistratsdirigenten) genehmigt worden, daß der Minister des Innern dazu befugt gewesen und daß endlich auch bei den Vorberathungen des Entwurfes für das Preuß. Str. G.B.

vom Jahre 1847 im ständischen Ausschuß die ausdrückliche Erklärung des Regierungskommissars, es sei ohne Zweifel jede Polizeibehörde in dem die Landesverweisung betreffenden § 137 jenes Entwurfes gemeint, ohne Widerspruch geblieben sei. Unter Bezugnahme auf diese Begründung sind demnächst in dem Bescheid des Ministers des Innern vom 24. September 1867 (Ministerialbl. für die innere Verwaltung S. 336) und wiederholt in der Verfügung desselben Ministers vom 31. Januar 1882 (das. S. 50, 51) alle Ortspolizeibehörden zur selbständigen Anordnung der Landesverweisung für kompetent erachtet worden.

Ob die Berufung auf die auf Grund des Paßedikts ergangene Generalinstruktion zur Zeit, wo das Paßedikt in allen seinen wesentlichen Theilen durch das Gesetz über das Paßwesen vom 12. Oktober 1867 beseitigt war, noch durchgreift, kann dahingestellt bleiben. Aber Erwägungen anderer Art führen zu demselben Ergebniß. Die Kompetenz der Polizeibehörden zur Ausweisung von Ausländern aus dem Preuß. Staatsgebiete ist durch kein Gesetz geregelt. Weder das Allg. Landrecht noch die Verordnung vom 26. Dezember 1808 wegen verbesserter Einrichtung der Provinzial-Polizei- und Finanzbehörden (Gesetzsamml. S. 464), die Verordnung vom 30. April 1815 (Gesetzsamml. S. 85) und die Regierungsinstruktion vom 23. Oktober 1817 (Gesetzsamml. S. 248) oder die späteren Gesetze enthalten darüber eine Bestimmung (vergl. Rönne, Preuß. Staatsrecht Bd. IV § 287). Die Allerhöchste Kabinetsordre vom 10. März 1839 weist die Gerichte nur an, für den Fall, daß ein ausgewiesener Ausländer über die Grenze zurückkehrt und nunmehr Inländer zu sein behauptet, ein Gutachten der Regierung einzuholen. Die Bestimmungen in den §§ 39 Nr. 2, 284, 362 des R.Str.G.B., welche, ebenso wie die in §§ 3 ff. des Freizügigkeitsgesetzes, die Kompetenz der Landespolizeibehörde voraussetzen, betreffen nur die Ausweisung aus dem Bundesgebiete bezw. die Ausweisung von Reichsangehörigen. Daß der § 120 Abs. 4 des Preuß. Str.G.B. in der Fassung des Gesetzes vom 14. April 1856, wonach die Befugniß der Landespolizeibehörde, Ausländer aus dem Lande zu weisen, durch die Abs. 1—3 des § 120 nicht berührt werden soll, nach Fassung, Zweck und Entstehung die Kompetenz der Polizeibehörde nicht hat bestimmen sollen, ist in dem obigen Urtheil des vormaligen Ob.Trib. vom 10. April 1858 dargelegt und als richtig anzuerkennen.

Die Folgerung der Strafkammer, daß, weil das Gesetz die Kompetenz der Polizeibehörden nicht geordnet, die Landespolizeibehörde allein kompetent sei, ist unhaltbar. Ihre Berufung auf die von ihr angezogenen Aeußerungen in Rönne's Preuß. Staatsrecht erweist sich schon deshalb als verfehlt, weil derselbe Staatsrechtslehrer in der Anm. 1a zu dem die Landesverweisung behandelnden § 287 (Bd. IV S. 118, 119, 4. Aufl.) die selbständige Befugniß der unteren Polizeibehörden zur Ausweisung von Ausländern aus dem Preuß. Staatsgebiete unter Allegirung des obigen Reskripts vom 31. Januar 1882 anerkennt. Bei der Ausweisung von Ausländern aus dem Staatsgebiete handelt es sich auch in der That um einen Akt der diskretionären Polizeigewalt im Sinne des § 10 Th. II Tit. 17 des Allg. L.R., um einen Akt der Exekutivgewalt, nicht, wovon die Strafkammer ausgeht, um die Anwendung einer allgemeinen, gleichmäßigen Norm des Verwaltungsrechts, für welche die Zuständigkeit durch das Gesetz derart geregelt, daß die Uebertragung der Ausübung von einem Organ der Staatsgewalt auf ein anderes, ihr untergeordnetes unzulässig erscheint. Darauf beruht offensichtlich, daß nach § 130 Abs. 3 des Gesetzes vom 30. Juli 1883, wie früher nach § 66 Abs. 3 des Gesetzes vom 26. Juli 1880 über die Organisation der allgemeinen Landesverwaltung, Ausländern gegen polizeiliche Landesverweisungsverfügungen keine Klage im Streitverfahren zusteht. Aus der Natur der polizeilichen Exekutivgewalt aber folgt, daß sie, wo sie nicht, wie dies hier der Fall, durch Gesetz oder Verordnung einem bestimmten Organe der Polizeiverwaltung übertragen ist, von dem oberen auf das ihm untergeordnete Organ übertragen werden kann. Da dem Minister des Innern die Landes- und Lokalpolizeiverwaltung allgemein untersteht, so war er durch kein Gesetz gehindert, den Ortspolzeibehörden die Ausweisung von Ausländern im Interesse der Ordnung, Ruhe und Sicherheit zu übertragen, wie dies, abgesehen von dem in dem Urtheil des Ob. Trib. angeführten Reskripte, jedenfalls durch die oben erwähnten vom Jahre 1867 und 1882 geschehen ist."

Vorsätzlichkeit bei Sachbeschädigung (§ 303 des R. Str. G. B.). Urth. des II. Straffenats vom 16. Juni 1885 wider Nagel. Vorinstanz: L. G. II Berlin. Aufhebung und Zurückverweisung auf Revision der Staatsanwaltschaft.

Am 25. Januar 1885 stach der Angeklagte mit einem Messer nach dem Rücken des Böttchermeisters R. Der Stich ging durch Ueberzieher, Rock, Weste, Hose und Hemd, aber nicht durch die Unterjacke, so daß R. nicht verletzt wurde. Der Erste Richter stellt fest, daß die Kleidungsstücke des R. durch den Stich beschädigt worden seien, erachtet jedoch den Angeklagten nur einer Uebertretung aus § 367 Nr. 10 des R. Str. G. B. für schuldig und spricht ihn von der Anschuldigung der vorsätzlichen und rechtswidrigen Sachbeschädigung frei, weil der Vorsatz des Angeklagten dahin gegangen sei, den R. zu verwunden, und nicht dahin, dessen Kleidungsstücke zu beschädigen.

„Diese Begründung läßt, wie die Staatsanwaltschaft mit Recht rügt, deutlich erkennen, daß der Erste Richter den Begriff der Vorsätzlichkeit, wie diese nach § 303 des R. Str. G. B. zum Thatbestande der strafbaren Sachbeschädigung gehört, unrichtig auffaßt. Strafrechtlich handelt derjenige vorsätzlich, welcher das Bewußtsein hat, daß seine Handlung den zu ihrer Strafbarkeit erforderlichen Erfolg herbeiführen werde. Hat er dieses Bewußtsein, dann hat er den Erfolg gewollt und darin liegt die Vorsätzlichkeit des Handelns im Gegensatze zur Fahrlässigkeit, welche darin besteht, daß der Handelnde bei Anwendung der gewöhnlichen Aufmerksamkeit den eingetretenen Erfolg als eine mögliche Folge seiner Handlung hätte vorhersehen können, den Erfolg aber nicht gewollt hat. In einem anderen Sinne ist auch in dem § 303 a. a. O. die Vorsätzlichkeit des Handelns nicht aufzufassen. Wenn das Gesetz verlangt, daß die rechtswidrige Handlung, durch welche Jemand eine fremde Sache beschädigt, auch eine vorsätzliche ist, so wird dadurch zum Ausdrucke gebracht, daß der Thäter die Beschädigung gewollt haben muß und der § 303 auf eine fahrlässige Sachbeschädigung keine Anwendung findet. Es fragt sich daher im vorliegenden Falle, ob der Angeklagte die Kleidungsstücke des R. beschädigen wollte, ob er mit dem Bewußtsein gehandelt hat, daß der von ihm geführte Messerstich die Beschädigung herbeiführen werde. Diese Frage hat aber der Erste Richter völlig unerörtert gelassen, obwohl es nach dem Sachverhalt, von dem er ausgeht, unerfindlich ist, weshalb der Wille des Angeklagten auf die Beschädigung der Kleidungsstücke nicht gerichtet gewesen sein sollte, wenn es sein Vorsatz und somit sein Wille war, den Körper des R. an einem bekleideten Theile durch einen Messerstich zu verwunden. Jedenfalls hat der Erste Richter nicht festgestellt, daß dem Angeklagten jener Wille gefehlt habe, und augenscheinlich auch nicht feststellen wollen. Indem er vielmehr den Vorsatz, den R. zu verwunden, und den, dessen Kleidungsstücke zu beschädigen, einander als etwas sich Ausschließendes gegenüberstellt, diesen Vorsatz verneint und jenen bejaht, versteht er offenbar unter Vorsatz die auf Erreichung eines gewissen Endzweckes gerichtete Absicht des Thäters und verlangt zur Anwendung des § 303 außer der Vorsätzlichkeit der Handlung noch als weiteres Thatbestandsmerkmal, daß die Beschädigung der Endzweck der Handlung ist. Das ist rechtsirrthümlich. Da der § 303, abgesehen von der Rechtswidrigkeit, nur ein vorsätzliches Handeln erfordert, kommt es, wenn sonst die Bedingungen desselben vorliegen, nicht darauf an, ob die Beschädigung der fremden Sache sich als der Endzweck der Handlung darstellt oder ob sie nur das gewollte Mittel ist, um einen anderen Zweck, als den der Beschädigung, zu erreichen."

Begriff der Gewerbsmäßigkeit des Glücksspiels (§ 284 des R. Str. G. B.). Urth. des II. Strafsenats vom 19. Mai 1885 wider Kitzitoff und Gen. Vorinstanz: L. G. II Berlin. Verwerfung der Revision der Staatsanwaltschaft.

Die Angeklagten haben bei den Rennen in Hoppegarten an vier Tagen beliebigen Leuten Wetten angeboten, die bei einem bestimmten Pferde offerirten Chancen zu den Umstehenden laut geäußert, im Falle der Annahme der Wetten die erfragten Namen der Wettenden sich notirt, die Einsätze eingesteckt und nach Ablauf der einzelnen Rennen etwaige Gewinne ausgezahlt. Der Vorderrichter hat nun aus der Art und Weise, wie die Angeklagten die Wetten eingegangen sind, die Ueberzeugung gewonnen, daß es denselben bei der Eingehung der Wetten nicht um Aufstellung von Behauptungen und Aufrechthaltung ihrer Wahrheit gegenüber von entgegengesetzten Behauptungen, sondern nur um Erlangung von Gewinn zu thun war; und daß die Entscheidung hierüber von Umständen abhängig gemacht wurde, deren Eintritt oder Nichteintritt wesentlich dem Zufalle anheimfiel; und demgemäß für festgestellt erachtet, daß diese beiden Mitangeklagten ein Glücksspiel getrieben haben. Dagegen hat er bei denselben die Gewerbsmäßigkeit nicht angenommen.

„Zwar ist es richtig, daß es zum Begriffe der Gewerbsmäßigkeit nicht nothwendig gehört, daß ein Erwerb *stattfindet*, sondern daß das Vorhandensein der auf Erwerb gerichteten *Absicht* des Thäters genügt, da sonst bei einem stets mit Unglück, ohne Gewinn, Spielenden nie von einem gewerbsmäßigen Glücksspiele die Rede sein könnte. Der Vorderrichter hat aber hier die Gewerbsmäßigkeit nicht etwa deshalb verneint, weil bei den Angeklagten ein Erwerb nicht stattgefunden habe. Vielmehr beruht seine oben wiedergegebene Konstatirung augenscheinlich auf der thatsächlichen Annahme, „daß die beiden Angeklagten in den einzelnen konstatirten Fällen Glücksspiele zwar in der Absicht, um Gewinn zu erlangen, nicht aber in der Absicht, um aus dem Glücksspiele eine Erwerbsquelle zu machen, getrieben haben."

Diese thatsächliche Annahme läßt einen Rechtsirrthum nicht hervortreten. Zum Begriffe der Gewerbsmäßigkeit gehört einerseits die auf öftere Wiederholung der gleichen That gerichtete Absicht des Thäters, andererseits die Absicht desselben, sich durch diese Wiederholung eine, wenn auch nicht regelmäßig oder dauernd fließende Einnahme- bezw. Erwerbsquelle zu verschaffen. Der Umstand allein, daß die Angeklagten in mehreren einzelnen Fällen an verschiedenen Tagen aus Gewinnsucht Glücksspiele gespielt haben, reicht daher für sich allein zu der Annahme nicht aus, daß sie diese Glücksspiele gewerbsmäßig betrieben haben. Vielmehr wäre hierzu noch die weitere Konstatirung erforderlich gewesen, daß die einzelnen Glücksspielshandlungen der Angeklagten unter einander in einem solchen Zusammenhange gestanden haben, daß sie aus deren einheitlichen Willen, sich einen in Vermögensvortheilen bestehenden fortgesetzten Erwerb zu verschaffen, hervorgingen."

Reichs-Nahrungsmittelgesetz.

Erforderniß einer „zur Täuschung geeigneten Bezeichnung" beim Feilhalten nach § 10 Abs. 2 des Nahrungsmittelgesetzes vom 14. Mai 1879. Urth. des III. Straffenats vom 18. Juni 1885 wider den Fleischer R. Aufhebung und Zurückverweisung an die Vorinstanz L. G. Magdeburg auf Revision des Angeklagten.

„Begründet ist die materielle Beschwerde, zwar nicht in der von der Revisionsschrift angegebenen Beziehung, wonach der Begriff des „Verdorbenseins" im Sinne des § 10 Abs. 2 des Reichs-Nahrungsmittelgesetzes verkannt worden ist, denn es läßt sich darin, daß eine mit Leberegeln angefüllte Rinderleber dem Gutachten der Sachverständigen gemäß für „verdorben" erklärt wird, ein Rechtsirrthum schlechterdings nicht erkennen, wohl aber, weil hier, wo der Angeklagte die verdorbene Waare nicht verkauft, sondern nur feilgehalten hat, in den Feststellungen des Urtheils das Merkmal fehlt, daß „unter einer zur Täuschung geeigneten Bezeichnung" feilgehalten worden sei. Der Instanzrichter hat die Nothwendigkeit des Vorhandenseins dieses Merkmals nicht übersehen; es heißt in den Urtheilsgründen, der Angeklagte habe allerdings die ausgehängte Leber nicht direkt mit Worten als gut bezeichnet, wohl aber sei indirekt ein Bezeichnen der Leber als einer guten darin zu erblicken, daß Angeklagter dieselbe auf dem Fleischmarkte, wo nur gutes, zum menschlichen Gebrauche dienendes Fleisch verkauft werden solle, in seiner Bude als zu verkaufende Waare hingehängt habe, so daß die Käufer hätten annehmen müssen, also in die Täuschung versetzt worden seien, daß es sich beim Angeklagten nur um gute, nicht verdorbene Waare handele. Hätte der Angeklagte die Leber verkauft, so würde gegen seine Verurtheilung nichts einzuwenden sein; aber zum Verkaufe ist es nicht gekommen. Die Motive des Gesetzes sprechen sich (S. 21) dahin aus, daß, wenn bloßes Feilhalten vorliege, ohne daß der Verkäufer zu irgend einem bestimmten Kauflustigen in Beziehung getreten sei, durch das bloße Verschweigen des Verdorbenseins der Thatbestand des Paragraphen noch nicht als hergestellt angesehen werden könne, da die Möglichkeit nicht ausgeschlossen bleibe, daß der Verkäufer einem wirklichen Kauflustigen gegenüber seiner Pflicht zur Angabe der Wahrheit nachgekommen sein würde; wohl aber müsse es als hinreichend gelten, wenn die Waare unter einer Bezeichnung feilgehalten worden sei, welche über die Beschaffenheit derselben täuschen konnte. Diese „Bezeichnung" muß daher mehr sein, als nur im Feilhalten schon als solchem liegt. Nach der Ansicht des Instanzrichters aber wäre das Feilhalten unter den in den Gründen angegebenen Umständen, nämlich wenn es erfolgte durch öffentliches Aushängen auf einem solchen Fleischmarkte, der für die Befriedigung der menschlichen Nahrungsbedürfnisse gehalten wird, schon an sich genügend; denn darauf trifft es immer zu und ist selbstverständlich, daß nur unverdorbene Waare verkauft werden soll, also die Kauflustigen berechtigt sind, anzunehmen, nur solche Waare werde offerirt. Es ist dies Feilhalten unter Verschweigen des Verdorbenseins, wenn verdorbene Waare ausgehängt wird, also Feilhalten mit dem negativen Merkmal der Nichtangabe, daß die Waare verdorben sei; das Gesetz meint dagegen mit der zur Täuschung geeigneten Bezeichnung eine positive Angabe, wonach die Waare nicht verdorben ist, nur daß eine solche positive Angabe nicht nothwendig in einer mit Worten ausgedrückten Versicherung des Nichtverdorbenseins zu bestehen braucht, sondern auch durch jede positive Angabe einer Eigenschaft der Waare geschehen kann, mit welcher das Verdorbensein derselben unvereinbar ist.

Die Freisprechung des Angeklagten kann jedoch nicht erfolgen. Denn da neben dem § 10 des Reichs-Nahrungsmittelgesetzes der § 367 Abs. 7 des R.Str.G.B. Geltung behalten hat" (vergl. darüber Annalen Bd. V S. 499; Entsch. Bd. VI S. 34 ff.) „und dieser Paragraph nicht fordert, daß das Feilhalten einer verdorbenen Eßwaare unter einer zur Täuschung geeigneten Bezeichnung stattgefunden habe, bleibt die Subsumtion der Handlung des Angeklagten unter denselben übrig."

Reichsrecht.

1. Handelsrecht.

158. 1) **Beim Distanzgenuskauf wird durch die Annahme der vom Verkäufer übersandten Waare durch den Käufer noch nicht der Wille des Eigenthumserwerbes bethätigt** (Art. 347 des H.G.B.). 2) **Daher kann der Empfänger der Waare dieselbe nicht verpfänden** (Art. 306 des H.G.B.). Urth. des III. Civilsenats vom 29. Mai 1885 in Sachen J. D. in G. und Gen., Kläger und Revisionskläger, wider St. & Co. in M., Beklagte und Revisionsbeklagte. Vorinstanz: O.L.G. Stuttgart. Verwerfung.

In ihrer Revisionsbegründung haben die Kläger zunächst ausgeführt, der Käufer C. habe dadurch, daß er die gekaufte Gerste auf dem Bahnhof abgeholt habe, seine Absicht zu erkennen gegeben, das Eigenthum an derselben zu erwerben; die Annahme des B. R., daß die Gerste nicht in das Eigenthum des C. übergegangen, sei deshalb als rechtsirrthümlich zu bezeichnen.

Zu 1. „Diesen Revisionsangriff hat man nicht für begründet erachtet. Mit dem vorigen Richter geht das R.G. davon aus" (Urtheile und Annalen Bd. I S. 284; Entsch. Bd. XII S. 80 ff.), „daß wenn, wie im vorliegenden Falle, der Gegenstand des Kaufes ein Genus ist und der Verkäufer die einseitig von ihm ausgewählten oder ausgeschiedenen Sachen zum Zwecke der Erfüllung des Kaufvertrages dem Käufer übersendet, in der Annahme dieser Waaren durch den Käufer allein noch nicht der Ausdruck des Willens, das Eigenthum daran zu erwerben, gefunden werden kann. Dementsprechend nimmt das R.G. an, daß wenn nicht aus besonderen Erklärungen oder Handlungen des Käufers hervorgeht, daß er die ihm vom Verkäufer übersandte Waare mit der Absicht des Eigenthumserwerbes in Besitz nahm, in der bloßen Abnahme der Waare von dem mit dem Transport Beauftragten zunächst nur der Wille des Käufers zum Ausdruck gelange, die Waare zu detiniren und seiner Verpflichtung zur Abnahme der

Waare zu genügen, um zu konstatiren, ob dieselbe vertragsmäßig sei" (vergl. Entsch. a. a. O. S. 82; Urtheile und Annalen Bd. I S. 286).

„Vorliegenden Falls hat daher der B. R. mit Recht in der bloßen Annahme der Gerste durch den Käufer C. eine für die Frage des Eigenthumserwerbes unerhebliche Thatsache erblickt. Aber auch der von den Revisionsklägern besonders hervorgehobene Umstand, daß C. die Gerste abgeholt, nämlich auf dem Bahnhof in Empfang genommen, die Fracht dafür bezahlt und solche in seine Wohnung abgeführt hat, ist für die gedachte Frage noch nicht entscheidend. Denn sowohl die Empfangnahme der Waare auf dem Bahnhof und die zu diesem Behuf erfolgte Zahlung der Eisenbahnfracht, als deren Abführung in das klägerische Brauereigeschäft sind erforderlich gewesen, um die dem Kläger obliegende Prüfung der Waare vornehmen zu können. Diese Prüfung selbst aber sollte ihrem Zwecke nach nur konstatiren, ob die Waare als eine dem Vertrag entsprechende anzuerkennen sei; sie konnte daher, da alsbald hernach die Waare wieder zurückgegeben wurde, nicht als eine für die Absicht des Eigenthumserwerbes schlüssige Handlung aufgefaßt werden."

Zu 2. „Auch der zweite, auf eine angebliche Verletzung des Art. 306 des H.G.B. gestützte Revisionsangriff war zurückzuweisen. Allerdings ist der landwirthschaftlichen Kreditbank Blaubeuren, als deren Cessionare die Kläger auftreten, von dem Käufer C. ein vertragsmäßiges Pfandrecht an seinen Vorräthen von Gerste und Hopfen eingeräumt worden. Allein dieses Pfandrecht konnte doch nur an solchen Objekten zur Geltung kommen, welche in das Vermögen des C. übergegangen, beziehungsweise von ihm mit der Absicht des Eigenthümers erworben waren. Da nun aber letzteres in Beziehung auf die in Frage stehende Gerste nicht anzunehmen ist, so folgt von selbst, daß an diesem Gegenstande ein Pfandrecht für die Kreditbank nicht entstehen und die Bestimmung des Art. 306 des H. G. B. gar nicht in Wirksamkeit treten konnte."

159. 1) **Haftung des Kaufmanns für ertheilten Rath, auch wenn er nicht Kommissionär ist. 2) Culpa und dolus einer Handelsgesellschaft. 3) Vermögensbeschädigung durch Kursrückgang.** Urth. des I. Civilsenats vom 18. April 1885 in Sachen der Firma Breest & Gelpcke in Berlin, Beklagten und Revisionsklägerin, wider die Handelsgesellschaft H. & R. in Stettin, Klägerin und Revisionsbeklagte. Vorinstanz: Kammerger. Berlin. Verwerfung.

Nach dem Thatbestande des B. U. ist die Handlung Firma Breest & Gelpcke, welche von der Kommanditgesellschaft auf Aktien „Berliner Handelsgesellschaft" bereits vor der für den vorliegenden Prozeß kritischen Zeit erworben worden, mit derselben derartig verbunden, daß als Inhaber der ersteren Firma die Komplementare der letzteren im Handelsregister eingetragen sind; thatsächlich sind die beiden Geschäfte vollkommen verschmolzen, und es erfolgt für beide eine gemeinschaftliche Buchführung. Als Grund der „namentlich getrennten" Weiterführung der Firma Breest & Gelpcke wird angegeben der Wunsch, die alte Kundschaft dem „neuen gemeinschaftlichen Unternehmen" zu erhalten. Die Klägerin, ein Stettiner Haus, stand mit der Beklagten in langdauernder Geschäftsverbindung; Letztere trat bei diesen Geschäften unter der Firma Breest & Gelpcke auf. Die Beklagte besorgte der Klägerin kommissionsweise den An- und Verkauf von Staatspapieren, und die Klägerin holte dabei ihren Rath ein. Auf Anrathen derselben und durch sie hatte die Klägerin im September und November 1881 80 Stück Antheilscheine der Beklagten im Nennwerthe von 40 000 ℳ ankaufen lassen. Am 21. April 1882 fragte die Klägerin bei der Beklagten an, ob ferneres Halten der Papiere rathsam sei. Darauf erging am folgenden Tage Antwort in einem mit der Firma Breest & Gelpcke unterzeichneten Briefe folgenden Inhalts: „So gern wir bereit sind, Ihnen bei gewünschten Auskünften nach Möglichkeit zuverlässige Mittheilungen zu machen, so ist es doch, wie Sie Selbst zugestehen werden, für uns eine nicht sehr angenehme Angelegenheit, über uns selbst resp. unsere Berliner Handelsgesellschaft Auskunft geben zu sollen, und wir können Ihnen nur sagen, daß wir den derzeitigen Kurs der Antheile der B. H.-G. in Rücksicht auf den Umfang der Geschäfte und die Stellung, welche die B. H.-G. unter den hiesigen Banken einnimmt, ein durchaus mäßiger zu nennen ist; abgesehen von den für alle Banken unglücklichen Jahren 1876—78 ist die Rentabilität der B. H.-G. nie unter 5% gewesen, meistens erheblich darüber." Die Klägerin will sich durch diesen Brief haben bestimmen lassen, die Antheilscheine zu behalten. Diese gingen sehr herunter, und zwar in Folge von Verlusten aus gewagten Geschäften, welche die Bank in russischen Papieren in der unter der Leitung des Bankdirektors Schwieger stehenden Geschäftsabtheilung eingegangen war.

Den durch das Sinken des Kurses der Antheilscheine ihr entstandenen Schaden macht die Klägerin in der vorliegenden Klage geltend, indem sie behauptet, daß zur Zeit der Absendung jenes Briefes vom 22. April 1882 die Verluste der Bank schon vorhanden gewesen, ihr daher (wenigstens objektiv) falsche Nachricht gegeben worden sei. Der Erste Richter wies die Klage ab, weil der Brief vom 22. April 1882 keinen Rath enthalte. Der B. R. dagegen hat angenommen, es sei dies der Fall, es seien objektiv falsche Nachrichten gegeben und die Klägerin habe sich dadurch zum Behalten der Papiere bestimmen lassen. Es ist deswegen die Beklagte zum Schadensersatz verurtheilt.

„1) Im Brief der Beklagten vom 22. April 1882 ist allerdings den Worten nach kein ausdrücklicher Rath ertheilt; es sind aber Momente angegeben, welche geeignet waren, daß aus ihnen der Schluß gezogen werde, der Kursstand der Antheilscheine entspreche ihrem wirklichen Werthe. Ueber den eventuellen Kurs ist nichts ausdrücklich ausgesprochen, es ist nur von der Vergangenheit und Gegenwart die Rede. Es ist auch nicht ausdrücklich gesagt, daß neben den angegebenen Momenten nicht noch andere existiren könnten, welche für den von der Beklagten zu fassenden Entschluß bedeutsam sein oder werden könnten; allein der Brief kann jedenfalls ohne allen Zwang so aufgefaßt werden, daß implicite ausgesprochen ist, solche Momente seien zur Zeit seiner Abfassung nicht vorhanden. Sonach kann darin, daß der B. R. ein solches Verständniß des Briefes nicht nur als ein mögliches, sondern auch als ein bei den Inhabern der klagenden Handlung vorhandenes thatsächlich feststellt, ein rechtsgrundsätzlicher Verstoß nicht gefunden werden. Insbesondere ist es aber auch unbegründet, wenn die Revisionsklägerin in dieser Richtung dem B. R. Mangel an Gründen vorwirft. Die Begründung ist in den der Konklusion voraufgehenden Ausführungen zu finden.

2) Unanfechtbar ist ebenfalls die Feststellung, daß Momente der erwähnten Art zur Zeit der Absendung jenes Briefes thatsächlich vorhanden waren. Hiergegen ist ein Angriff auch nicht erhoben worden.

3) Ohne Rechtsirrthum nimmt der B. R. auch an, daß die Beklagte für den durch jenen Brief verursachten Schaden hafte.

Würde die Beklagte bei Ausführung eines ihr ertheilten speziellen Auftrages einen Rath ertheilt, beziehungsweise eine relevante Thatsache verschwiegen haben, so würde sie nach Art. 361 des H. G. B. verhaftet gewesen sein, wenn sie dabei die Sorgfalt eines ordentlichen Kaufmanns nicht angewendet hätte. Im vorliegenden Falle handelt es sich allerdings nicht um die Ausführung eines bestimmten Kommissionsgeschäftes. Der Rath wurde verlangt, um daraufhin einen Entschluß über die Vornahme eines neuen Geschäfts, über die Ertheilung einer neuen Kommission zu fassen. Es war nicht der Kommittent, welcher beim Kommissionär anfragte. Allein unbestritten standen die Parteien seit langer Zeit mit einander in einem Kommissionsverkehr. Die Beklagte kaufte und verkaufte im Auftrag und für Rechnung der Klägerin Papiere und unterstützte dabei die Klägerin mit ihrem Rath. Auch die fraglichen Antheilscheine waren auf Anrathen der Beklagten und durch dieselbe für die Klägerin gekauft worden. Bei dieser Sachlage würde es irrig sein, wenn man die Rathsertheilungen isolirt betrachten und so behandeln wollte, wie wenn ein geschäftlicher Verkehr der fraglichen Art zwischen den Parteien nicht bestanden hätte, wie wenn also der Rath von einem beliebigen Dritten ertheilt worden wäre. Berücksichtigt man aber die vorhandene Sachlage, so kann aus derselben sehr wohl darauf geschlossen werden, daß die Anfrage von der Klägerin in dem Sinne ergangen war und von der Beklagten in dem Sinne aufgefaßt werden mußte, daß die Beklagte bei Ertheilung des Rathes in derselben Weise zu verfahren habe, wie wenn sie den Rath als Kommissionär dem Kommittenten ertheile, daß sie also namentlich die gleiche Diligenz anzuwenden haben solle, welche der Kommissionär anzuwenden hat. Diese Auffassung hinderte die Beklagte nicht, die Rathsertheilung abzulehnen oder zu erklären, „daß sie dieselbe nicht in dem angegebenen Sinne vornehme“; ertheilte sie aber den Rath und erklärte sie sich dabei nicht näher über die damit übernommene Verpflichtung, so war damit ein Eingehen auf die Auffassung der Klägerin gegeben und damit ein kontraktliches Verhältniß zwischen der Beklagten und der Klägerin begründet.

Hiernach kann dem B.R. ein Rechtsirrthum nicht vorgeworfen werden, wenn er für die Verpflichtung der Beklagten, den in Folge eines Verschuldens bei Ertheilung des Rathes entstandenen Schaden zu tragen, das Hauptargument aus der Geschäftsverbindung entnimmt, welche in der oben charakterisirten Weise unter den Parteien bestand, und es bedarf keines Eingehens auf die Frage, ob, auch wenn ein solches Verhältniß nicht bestanden hätte, die Beklagte aus ihrem Briefe verhaftet sein würde.

4) Die Revisionsklägerin sucht zur Anfechtung des B.U. noch auszuführen, ein dolus oder eine culpa der beklagten Handelsgesellschaft könne nicht angenommen werden, weil bei Abfassung und Absendung des fraglichen Briefes keiner physischen Person ein dolus oder eine culpa zur Last falle. Zur Widerlegung dieses Arguments bedarf es nach den vorstehenden Ausführungen unter Nr. 3 keines Eingehens auf die Frage, unter welchen Voraussetzungen das Wissen und das Verschulden einer Handelsgesellschaft überhaupt anzunehmen sei; denn der B.R. hat ohne Rechtsirrthum festgestellt, daß der Bankdirektor Seiffert, welcher den fraglichen Brief namens der Beklagten schrieb, sich ein Verschulden insofern hat zu Schulden kommen lassen, als er, ohne sich über den Stand des vom Bankdirektor Schwieger geleiteten Geschäftszweiges, in welchem gerade die für die Bank verhängnißvollen Ereignisse sich zugetragen haben, irgendwie näher zu erkundigen, die Auskunft über den günstigen Geschäftsstand der beklagten Bank gab. Daß aber das Verschulden desjenigen, welcher in einem kontraktlichen Verhältniß als berechtigter Vertreter einer Handelsgesellschaft auftritt, der Gesellschaft als Verschulden anzurechnen ist, wird auch von der Revisionsklägerin nicht bestritten.

5) Die Klägerin hat in der Berufungsinstanz ihren Antrag so formulirt, daß sie Ersatz desjenigen Schadens fordert, welchen sie dadurch erlitten hat, daß sie in Folge des Schreibens der Beklagten

vom 22. April 1882, anstatt zum unverzüglichen Verkauf der in ihrem Besitz befindlichen Antheilscheine zu schreiten, dieselben in ihrem Besitz behalten hat. Daß ein derartiger Antrag nicht gegen § 230 der C. P. O. verstößt, daß er namentlich als genügend bestimmt zu erachten ist, hat das R. G. wiederholt ausgesprochen" (vergl. Annalen Bd. VIII S. 435; Entsch. Bd. X S. 353, 418). „Die Revisionsklägerin hat auch nicht in dieser Richtung das B. U., welches dem Antrag entsprochen hat, angegriffen. Es bestritt vielmehr, daß die Klägerin beschädigt sei. Solange sie die Aktien noch nicht verkauft habe, lasse sich nicht beurtheilen, ob sie im Verhältniß zum Kurs vom 22. April 1882 überhaupt eine Einbuße an ihrem Vermögen erleiden werde. Darin allein, daß der Kurs zeitweilig heruntergegangen gewesen, könne eine Beschädigung nicht erblickt werden. Diese Auffassung ist nicht haltbar. Durch die Thatsache allein, daß eine Sache an Werth verliert, tritt eine Verminderung des Vermögens des Eigenthümers ein. Diese Verminderung mag nicht immer faßbar sein, bei kurshabenden Papieren ist die Faßbarkeit wegen der gegebenen Möglichkeit des sofortigen Verkaufes evident. Darüber aber, welcher Tageskurs der Schadensberechnung zu Grunde zu legen ist und wie überhaupt der ursächliche Zusammenhang zwischen der schädigenden Handlung der Beklagten und der an einem bestimmten Tage vorhandenen Verminderung des Vermögens der Klägerin darzuthun ist, ist in diesem Rechtsstreite nicht zu entscheiden."

160. Schiffskollision (Art. 452 des H. G. B.). **Auslegung der §§ 12 und 23 der polizeilichen Vorschriften für die Schiffahrt auf dem Weserstrom von 1857** (Additionalartikel zur Weserschiffahrtsakte vom 10. September 1823). Urth. des I. Civilsenats vom 1. April 1885 *) in Sachen J. A. G. in B., Beklagten, Widerklägers und Revisionsklägers, wider R. & Co., Kläger, Widerbeklagte und Revisionsbeklagte. Vorinstanz: O. L. G. Hamburg. Verwerfung.

Bei einem am 18. August 1883 ungefähr um 9 Uhr Abends auf der Weser, etwas unterhalb Bremen, zwischen den Dampfschiffen „Hannover" und „Herzog Ernst", von welchen ersteres den Klägern und letzteres dem Beklagten gehört, stattgehabten Zusammenstoße sind beide Schiffe beschädigt worden. Beide Theile schreiben den Zusammenstoß lediglich einem Verschulden der Besatzung des gegnerischen Schiffes zu und verlangen daher gegenseitig Schadensersatz von einander mittels Klage bezw. Widerklage. Nach Beschränkung der Verhandlung auf den Grund der beiderseitigen Ansprüche hat das L. G. sowohl Klage als Widerklage abgewiesen und die Kosten der ersteren den Klägern, diejenigen der letzteren dem Beklagten auferlegt. Auf die Berufung beider Theile hat aber das O. L. G., unter Verwerfung der Be-

---

*) Der Redaktion zugegangen im September 1885.

rufung des Beklagten, den Beklagten für schuldig erklärt, den Klägern den durch den Zusammenstoß ihrem Schiffe „Hannover" erwachsenen Schaden nach Maßgabe der Bestimmung in Art. 452 des H. G. B. zu ersetzen, und ihn in die Kosten verurtheilt.

„Die Entscheidung des B.R. beruht auf der Annahme, daß ein Verschulden an der Herbeiführung des Zusammenstoßes auf Seiten der „Hannover" nicht vorliege, wogegen derselbe vom „Herzog Ernst" allerdings verschuldet sei.

Was den ersteren Punkt betrifft, so war vom Beklagten der „Hannover" zur Last gelegt, daß sie kurz vor dem Zusammenstoße eine plötzliche Wendung nach rechts gemacht und daß sie das Fahrwasser verlassen gehabt habe. Der B.R. konstatirt nun zunächst den in Betreff jener angeblichen plötzlichen Wendung zwischen den Aussagen der klägerischen und beklagtischen Zeugen bestehenden Widerspruch und schließt daran die Bemerkung, die Wahrscheinlichkeit spreche von vornherein für die „Hannover" und gegen die Richtigkeit der gegnerischen Behauptung, weil das angebliche Verhalten der „Hannover" ein durchaus nicht zu motivirendes, schlechthin unsinniges gewesen sein würde, während die Darstellung, welche die „Hannover" ihrerseits von dem Vorgange gebe, innerlich wahrscheinlich und auch im übrigen mit der beklagtischen Darstellung sehr wohl vereinbar sei, wenn man nur den völlig konstatirten Umstand nicht außer Acht lasse, daß die Lichter des „Herzog Ernst" bis auf $4^1/_2$ Kompaßstriche von der Seite gleichzeitig gesehen werden konnten, durch welchen Umstand natürlich bewirkt sei, daß der „Herzog Ernst" noch als ein gerade von vorn kommendes Schiff erschien, während er bereits bis zu $4^1/_2$ Strich abgefallen war und ordnungsmäßig nur eines der Seitenlichter (das grüne) hätte zeigen müssen. Der B. R. läßt sodann eine Schilderung folgen, in welcher Weise unter Berücksichtigung dieses Umstandes nach der Darstellung der Leute von der „Hannover" der Hergang der Sache gewesen sein müsse, und gelangt wegen der hohen Wahrscheinlichkeit dieser Darstellung dazu, auf die gegentheilige Aussage nicht nur der Mannschaft des „Herzog Ernst", sondern auch des allerdings unbetheiligten und unverdächtigen Zeugen A. weniger Gewicht zu legen, indem er hinsichtlich der letzteren noch erwägt, daß es erwiesenermaßen dunkel gewesen sei und daß außerdem — wie thatsächlich näher begründet wird — ein Irrthum dieses Zeugen sehr nahe liege, wenn er die von der „Hannover" zugestandene allmähliche Bewegung nach rechts in eine plötzliche übersetze. Nachdem der B.R. dann noch aus thatsächlichen Gründen in zutreffender Weise den Einwand widerlegt hat, daß die falsche Stellung der Lichter auf dem „Herzog

Ernst" einflußlos auf das Verhalten der „Hannover" gewesen sei, fährt er fort: „War nun der Hergang so, wie im Vorstehenden geschildert (und an dieser Ueberzeugung könnte auch die Bestätigung der Aussage des Zeugen A. durch seinen — in zweiter Instanz vom Beklagten noch vorgeschlagenen — Sohn aus den vorgetragenen Gründen nichts ändern), so ergiebt sich zunächst die Schuldlosigkeit der „Hannover" an der Kollision." Dies findet seine nähere Erläuterung in dem sich hieran schließenden weiteren Satze: „Die plötzliche Wendung derselben nach rechts, die allerdings eine schuldhafte gewesen wäre, hat nicht stattgefunden .... und aus dem Verlassen des Fahrwassers kann ihr kein Vorwurf gemacht werden, da es zu dem Zwecke geschah, dem „Herzog Ernst" ordnungsmäßig auszuweichen." Hiernach kann es aber keinem Zweifel unterliegen, daß der B.R. den von ihm geschilderten Hergang und insbesondere das Nichterfolgtsein einer plötzlichen Wendung der „Hannover" für thatsächlich festgestellt, nicht blos, wie der Beklagte vermeint, für wahrscheinlich erachtet, wodurch der dieserhalb erhobene Revisionsangriff sich als unbegründet erledigt. Da der B.R. seine Ueberzeugung davon, daß der Hergang in der geschilderten Weise stattgefunden habe, für eine so feststehende erklärt, daß dieselbe auch durch die Bestätigung der Aussage des Zeugen A. durch dessen Sohn nicht erschüttert werden würde, so war er berechtigt, die Vernehmung des Letzteren als Zeugen als unerheblich abzulehnen, und erscheint auch der ihm ferner gemachte Vorwurf, diese Beweiserhebung ohne ausreichende Gründe abgelehnt zu haben, als hinfällig.

Nach der hiernach vorliegenden thatsächlichen Feststellung des B.R. hat nun die auf der Bergfahrt begriffene und sich rechts im Fahrwasser — dieses im Sinne der für größere Schiffe bestimmten Fahrstraße genommen — haltende „Hannover" den ihr entgegenkommenden „Herzog Ernst" zuerst rechts auf das im Strome liegende Fahrzeug abhalten und sodann zuerst wirklich, dann aber nur scheinbar (indem sie alle drei Lichter desselben erblickte) auf sich zukommen sehen, weshalb sie nach rechts auszuweichen und den „Herzog Ernst" an Backbord zu passiren suchte, wobei sie, da der Letztere sich in Wirklichkeit immer mehr dem linken Ufer näherte, zu dem angegebenen Zwecke das Fahrwasser verließ und ihm auch ihrerseits immer mehr nach dem linken Ufer folgte, bis der Moment eintrat, wo statt der beiden Seitenlichter des „Herzog Ernst" nur noch das grüne sichtbar blieb, es den Anschein gewann, als habe derselbe eine plötzliche Wendung nach links in den Kurs der „Hannover" hinein gemacht, und es zu spät war, die Kollision noch zu vermeiden. Nach

§ 23 der polizeilichen Vorschriften für die Schiffahrt auf dem Weserstrome, welche in Gemäßheit der im Jahre 1857 vereinbarten Additionalakte zur Weserschiffahrtsakte vom 10. September 1823 von den damaligen Weseruferstaaten Preußen, Hannover, Kurhessen, Braunschweig, Oldenburg, Lippe und Bremen für ihre respektiven Gebiete erlassen sind, hat nun aber, wenn sich — wie im vorliegenden Falle — im freien Fahrwasser (im Gegensatze zu der in § 25 erwähnten schmalen, keinen hinlänglichen Raum für das Ausweichen gestattenden Fahrrinne) zwei Dampfschiffe begegnen, jedes derselben beim Ausweichen, soweit es thunlich ist, das ihm zur Rechten liegende Ufer zu halten, und der B.R. sieht es daher mit Recht als ein an sich ganz richtiges Manöver an, daß die „Hannover" den „Herzog Ernst" an Backbord zu passiren suchte und deshalb nach rechts auswich. Dies hat denn auch der Beklagte an sich nicht bestritten, sondern hat vielmehr nur geltend gemacht, daß die „Hannover" bei diesem ihren Manöver nicht so weit habe gehen dürfen, daß sie das eigentliche Fahrwasser verließ, weil der § 12 der gedachten Vorschriften bestimmt: „Während der Fahrt darf ohne vorhandene Nothwendigkeit kein Schiff die Fahrbahn verlassen. Es gilt diese Bestimmung namentlich für größere Segelschiffe sowie unbedingt für Dampfschiffe. Letztere dürfen auch behufs Berührung von Anlegeplätzen nur auf so lange, als es für diesen Zweck erforderlich ist, außerhalb der Fahrbahn bleiben."

Der B.R. ist jedoch der Ansicht, daß auch das Verlassen des Fahrwassers zu dem hier fraglichen Zwecke nicht zu tadeln, respektive durch den § 12 cit. nicht verboten gewesen sei, selbst wenn diese Bestimmung im übrigen auf die „Hannover" — ihrer Größe und Art wegen — strikt anwendbar sein sollte, und auch hierin ist eine Verletzung der gedachten Vorschrift nicht enthalten. Ob — wie die Kläger meinen — auf eine Verletzung der hier in Frage stehenden polizeilichen Vorschriften die Revision nach § 1 der Verordnung vom 28. September 1879 überhaupt nicht gestützt werden könnte, da dieselben in den verschiedenen Bundesstaaten (bezw. jetzt preußischen Provinzen) nur für die Schiffahrt auf dem Weserstrome erlassen seien und daher nicht für den ganzen Umfang der betreffenden Gebiete Geltung erlangt hätten, kann demnach dahingestellt bleiben.

Anlangend das vom B.R. angenommene Verschulden des „Herzog Ernst", so rügt die Revision mit Unrecht, das dasselbe thatsächlich und rechtlich nicht genügend substantiirt sei. Denn der B.R. findet dasselbe zunächst in dem zweckwidrigen Zustande der Seitenlichter dieses Schiffes, durch welchen nach der bereits oben erwähnten Feststellung des B.R. das klägerische Schiff „Hannover" getäuscht wurde und sich in Folge dessen zu einem Manöveriren veranlaßt fand, durch welches die Kollision herbeigeführt wurde. Der B. R., welcher dem Obigen zufolge den Umstand, daß die Lichter des „Herzog Ernst" bis auf $4^{1}/_{2}$ Kompaßstriche von der Seite gleichzeitig gesehen werden konnten, für vollständig konstatirt erachtet, rechnet diese Einrichtung aber dem Beklagten als Rheder auch mit Recht als Verschulden an. Denn es liegt darin eine Nichtbefolgung der Bestimmung des § 21 sub 3 der oben näher bezeichneten Vorschriften, nach welcher die am Radkasten anzubringenden Seitenlaternen mit farbigen Lichtern nach der Seite des Schiffsdeckes mit mindestens 3 Fuß hohen Schirmen zu versehen sind, damit das Licht der einen Seite von der anderen nicht gesehen werden kann, und es erscheint durchaus zutreffend, wenn der B. R. davon ausgeht, daß es bei der gedachten Vorschrift auf diesen Effekt ankomme und daß, wenn auch über die Größe der Schirme nähere Bestimmungen nicht getroffen seien, Jeder, der ein Schiff fahren läßt, Einrichtungen zu treffen habe, damit dieser Effekt erreicht werde, und sich hiervon überzeugen müsse. Auch nimmt der B. R. ohne jeden Rechtsirrthum an, daß selbst ohne die Erwähnung des zu erreichenden Effekts schon aus dem Zwecke der Anordnung des Führens dieser Lichter sich diese Verpflichtung von selbst ergebe. Daß die fehlerhafte Einrichtung schon zur Zeit der Kollision bestanden hat, ist vom Beklagten gar nicht bestritten, und ebensowenig ist etwa vom Beklagten geltend gemacht, daß der Fehler in Folge irgend eines Umstandes erst so kurze Zeit vorher entstanden sei, daß es ihm, beziehungsweise der Besatzung seines Schiffes nicht zum Verschulden gereiche, den Fehler nicht rechtzeitig entdeckt und beseitigt zu haben."

161. **Begriff der „Schiffspart" nach Art. 356 fg. Ueberwiegen des Miteigenthums über das Sozietäts-Verhältniß. Maßgebende Anwendung des im Heimathshafen des Schiffes gültigen Landesrechtes betreffs des Pfandrechtes an der Schiffspart.** Urth. des I. Civilsenats vom 20. Mai 1885 in Sachen A. K. in S., Beklagten und Revisionsklägers, wider den P.'schen Konkurs in G., Kläger und Revisionsbeklagten. Vorinstanz: O. L. G. Hamburg. Verwerfung.

Es handelt sich lediglich um die klägerischerseits bestrittene Rechtsgültigkeit des Pfandrechts, welches von dem Beklagten an den in Frage stehenden, zu dem vom Kläger als Konkursverwalter vertretenen Nachlasse des verstorbenen F. W. P. gehörigen Schiffsparten bezw. an den auf dieselben entfallenen Dividenden und für dieselben eingegangenen Versicherungsgeldern in Anspruch genommen wird.

„Da das H.G.B. ein gemeinschaftliches Pfandsystem bezüglich der Schiffe und Schiffsparten nicht eingeführt hat (vgl. Protokolle der Kommission S. 1711—1750 und 2903—2905), so ist das B.G. mit Recht der ersten Instanz darin beigetreten, daß die Voraussetzungen des von dem Beklagten beanspruchten Pfandrechts nach dem betreffenden Landesgesetze zu beurtheilen seien, und ebenso unbedenklich erscheint die Annahme und Ausführung, daß in dieser Beziehung das Bremische Recht, als das in dem Heimathshafen der in Frage stehenden Schiffe geltend, in Anwendung zu bringen sei. Die fernere Feststellung des B.G. aber, daß die nach dem Bremischen Rechte erforderlichen thatsächlichen Voraussetzungen für eine rechtsgültige Verpfändung nicht vorliegen, entzieht sich der Nachprüfung des Revisionsrichters. Der Beklagte hat denn auch in dieser Richtung die Revision überall nicht zu begründen versucht, und die Beeinflussung dieser Feststellung durch die Verletzung revisibler Rechtsgrundsätze ist auch in keiner Weise ersichtlich

Nun bewirkt allerdings nach § 123 sub d, 2 der Bremischen Erb- und Handfesten-Ordnung von 1860 die bloße an den Gläubiger bewirkte Ueberlieferung der das Recht des Schuldners an dem zu verpfändenden Gegenstande nachweisenden Urkunden ausnahmsweise den Uebergang des Besitzes und damit zugleich die Entstehung eines Faustpfandrechts bei der Verpfändung einer Forderung, da an einer solchen der Gläubiger das Recht des Faustpfandes erlangt, sobald ihm die über dieselbe ausgestellte Urkunde übergeben wird, und daß letzteres geschehen sei, hat denn auch der Beklagte mit Rücksicht auf die ihm ausweise des Thatbestandes von dem verstorbenen P. angeblich übergebenen, dort näher bezeichneten Urkunden behauptet. Wie der Beklagte geltend gemacht hat und auch vom B.G. nicht verkannt wird, handelt es sich nun freilich bei dem Begriffe der „Schiffspart" nach Art. 456 ff. des H.G.B. nicht allein um eine Eigenthums-Quote am Schiffe, sondern zugleich auch um die Rechte aus dem Gesellschaftsverhältnisse den Mitrhedern und dem etwaigen Korrespondentrheder gegenüber, so daß die Schiffspart sich als ein Komplex von Rechten und Verbindlichkeiten darstellt. Das B.G. hat aber mit Recht angenommen, daß hierbei das Miteigenthumsverhältniß über das Sozietätsverhältniß prävalirt und das Prinzipale bildet, so daß Veräußerungen und Verpfändungen einer Schiffspart als solcher rechtlich als Veräußerungen und Verpfändungen von körperlichen Sachen zu behandeln seien, und es wird dafür, daß auch das H.G.B. so auffasse, zutreffend auf die Vorschrift des Art. 439 desselben Bezug genommen, da dessen Bestimmung in Betreff der

Schiffsparten überflüssig und gegenstandslos sein würde, wenn dieselben vom Gesetzgeber als Forderungen angesehen wären. Daß daneben einzelne Ansprüche des Schiffspartners an die Rhederei in Betreff der Veräußerung und Verpfändung als Forderungen behandelt werden müssen, kann — wie das B.G. mit Recht annimmt — bei einer Verpfändung der Schiffsparten selbst nicht in Betracht kommen. Der hiergegen erhobene Revisionsangriff, daß nach dem Grundsatze „utile per inutile non vitiatur" nicht ausgeschlossen sei, daß, wenngleich die bei der Verpfändung der Schiffspart als solcher zu beobachtende Form nicht gewahrt sei, doch die Forderungen gegen die Mitrheder und den Korrespondentrheder gültig verpfändet seien, falls eine dahin gehende Absicht nach dem von P. ausgestellten Verpfändungsscheine angenommen werden müsse, erscheint als unzutreffend. Denn ist das Eigenthum an dem entsprechenden ideellen Antheile am Schiffe das Ueberwiegende — die Hauptsache —, so kommt die Regel zur Anwendung, daß mit der Ungültigkeit des Hauptgeschäfts auch der nur ein accessorium bildende Inhalt des Geschäfts in Wegfall kommt, da anzunehmen ist, daß dieser nur mit dem Hauptgeschäfte und als Theil desselben bestehen, nicht aber eine von demselben unabhängige Bedeutung haben soll. (Vgl. Lex 178 Dig. de R. J. 50, 17). Es ist auch ohne weiteres einleuchtend, daß es im vorliegenden Falle unmöglich dem Willen der Kontrahenten entsprochen haben kann, die gedachten Forderungen ohne die Schiffsparten selbst zu verpfänden, da nach der unbestritten gebliebenen Behauptung des Klägers der Korrespondentrheder noch Jahre lang nach der Verpfändung die Dividenden der Schiffsparten dem verstorbenen P. ausgezahlt hat.

Endlich hat das B.G. mit Recht angenommen, daß auch das Gemeine Recht den vom Beklagten aufgestellten Rechtssatz nicht kenne, daß wegen der besonderen rechtlichen Natur der Schiffsparten bei diesen die zur Konstituirung eines Faustpfandrechts erforderliche Besitzübergabe durch Uebergabe der das Recht auf die Schiffspart dokumentirenden Papiere und Anzeige an den Korrespondentrheder ersetzt werde. Vgl. die Zusammenstellung der von den verschiedenen deutschen Küstenstaaten über die Verpfändung von Seeschiffen und Schiffsparten getroffenen Bestimmungen bei Lewis, Seerecht (2. Auflage) zu Art. 780 des H.G.B."

162. **Wirkung des Zufalles beim Seefrachtvertrage auf die Rechte und Pflichten der Kontrahenten. Durch einen während der Reise die Güter treffenden Zufall wird der Befrachter von der Pflicht zur Frachtzahlung nicht befreit** (Art. 618, 639, 631—638, 643, 640, 615,

616 des H. G. B.). **Auslegung der Substitutionsklausel in denselben Fällen: der Verfrachter darf von seiner Substitutionsbefugniß nicht erst dann Gebrauch machen, wenn die Schiffsreparatur des** (ursprünglich mit der Ladung befrachteten) **Schiffes vollendet sein würde. Auch braucht der Schiffer mit der Abfahrt nicht zu warten, bis auch die durch die Reise beschädigten Güter wieder in Stand gesetzt sind** (Art. 566 des H G. B.). Urth. des I. Civilsenats vom 18. März 1885 *) in Sachen der Aktiengesellschaft Norddeutscher Lloyd zu Bremen, Beklagter und Revisionsklägerin, wider den Kaufmann E. O. zu B., Kläger und Revisionsbeklagten. Vorinstanz: O. L. G. Hamburg. Aufhebung und Klagabweisung wie in erster Instanz.

Mit dem am 11. Dezember 1883 von Bremerhaven nach dem La Plata abgegangenen beklagtischen Dampfer „Graf Bismarck", Kapitän Thalenhorst, haben die Spediteure Matthias Rohde und Jörgens in Bremen im Auftrage des Klägers 1000 Packen Stahldraht nach Montevideo abgeladen. Nach dem vom Kapitän unter dem 9. Dezember darüber gezeichneten, in englischer Sprache ausgestellten und an den Kläger oder dessen Order (assigns) lautenden Konnossemente, welches die Klausel enthält: „The steamers to have liberty to . . . substitute or tranship the goods by any other steamer", betrug die bedungene und vorausbezahlte Fracht 101 £ 5 sh. = 2062,50 ℳ. Schon in der Nordsee erlitt der „Bismarck" in Folge eines orkanartigen Sturmes schwere Havarien, wegen deren er sich genöthigt sah, nach Bremerhaven als Nothhafen zurückzukehren. Nachdem er dort am 14. Dezember wieder eingelaufen war, wurde wegen der vorzunehmenden größeren Reparaturen des Schiffes dessen Ladung gelöscht und stellte die Beklagte statt des „Bismarck" zur Beförderung der Ladung an ihren Bestimmungsort den ihr ebenfalls gehörigen Dampfer „Hohenzollern", welcher dann am 21. Dezember seine Reise angetreten hat. Der hier fragliche Stahldraht wurde jedoch mit demselben nicht befördert. Derselbe war nämlich in Folge der Havarie des „Bismarck" durch Seewasser beschädigt worden, weshalb die von der Beklagten zugezogenen obrigkeitlich angestellten Besichtiger und der Inspektor des Vereins der Bremer Seeversicherungsgesellschaften ihn als zur Weiterbeförderung in seinem jetzigen Zustande ungeeignet bezeichnet und seinen baldthunlichsten öffentlichen Verkauf empfohlen hatten. Zu diesem Verkaufe ist es nun zwar nicht gekommen, weil der Kläger dagegen protestirte. Der Kläger ließ aber den Draht einer zur Verhütung des Verderbens desselben während des Weitertransportes erforderlichen Bearbeitung und Trocknung unterziehen, welche er in den ihm dazu zur Verfügung gestellten Lagerräumen der Beklagten, in denen der Draht einstweilen untergebracht war, durch die Leute seiner Spediteure vornehmen ließ, welche aber erst längere Zeit nach dem Abgange des „Hohenzollern", nämlich am 29. Dezember vollendet wurde. Kläger hat deshalb, obgleich seine Spediteure beklagtischerseits rechtzeitig davon benachrichtigt waren, daß die Ladung des „Bismarck" nunmehr mit dem „Hohenzollern" befördert werde solle, dies in Betreff des hier fraglichen Drahtes nicht verlangt, wogegen er später verlangte, daß die Beklagte diese Waare mit einem anderen ihrer Schiffe, nämlich mit dem am 30. Dezember nach dem La Plata abgehenden Dampfer „Braunschweig" befördere,

*) Dem Herausgeber zugegangen im Monat September 1885.

was denn auch geschehen ist, aber nur gegen beklagtischerseits verlangte abermalige Frachtzahlung, da die Beklagte den Frachtvertrag als ihrerseits bereits erfüllt ansah. Der Kläger hält die Beklagte aber noch auf Grund des ursprünglichen Frachtvertrages bezw. Konnossements zu dieser Beförderung verpflichtet. Er hat daher die zweite Frachtzahlung nur unter Protest und unter Vorbehalt der Rückforderung geleistet und macht nunmehr diesen Anspruch im Wege der Klage geltend. Der Dampfer „Bismarck" hat erst nach einer längeren Reparatur (am 26. Februar 1884) wieder eine Reise nach Montevideo angetreten.

Das B. G. gelangt zu der klaggemäßen Verurtheilung der Beklagten durch die Annahme, daß kein Grund vorliege, welcher die Beklagte von der Verpflichtung befreien könnte, das Gut in Gemäßheit des im Konnossemente enthaltenen Frachtvertrages an seinen Bestimmungsort zu befördern. Denn die Rückkehr des Schiffes nach Bremerhaven als Nothhafen und der dadurch herbeigeführte Aufenthalt, sowie die beklagtischerseits ausgesprochene Bereitschaft, die Ladung des „Bismarck" mit dem „Hohenzollern" zu befördern, seien in dieser Beziehung unerheblich; ein Verzicht des Klägers auf Erfüllung des Frachtvertrages sei aber nicht behauptet. Der dem Schiffer obliegenden Verpflichtung, für das Beste der verladenen Güter nach Möglichkeit zu sorgen und deren Weitertransport mit der Sorgfalt eines ordentlichen Schiffers auszuführen, sei durch die Stellung eines vor der Verladungsfähigkeit des klägerischen Gutes abgehenden anderen Schiffes nicht genügt, da dasselbe als ein zur Erfüllung der Verpflichtungen der Beklagten wegen seiner Abgangszeit ungeeignetes erscheine und die Beklagte sich aus diesem Grunde auch nicht auf die Substitutionsklausel berufen könne. Da eine Pflicht des Befrachters, seine Güter im Nothhafen immer in verladungsfähigem Zustande bereit zu halten, nicht existire, eine Säumniß in der Wiederherstellung dieses Zustandes dem Kläger aber nicht vorgeworfen sei, so habe Kläger es nicht zu vertreten, daß beim Abgange des „Hohenzollern" der Draht noch nicht wieder verschiffungsfähig war. Die Beschädigung des verladenen Gutes durch Begebenheiten der Reise sei ein Zufall, welcher, sofern er die Reise verzögere, vom Schiffe und der übrigen Ladung mitgetragen werden müsse. Auch der „Bismarck" selbst hätte, wenn er schon zur Zeit des Abganges des „Hohenzollern" zur Fortsetzung der Reise wieder bereit gewesen wäre, das Gut des Klägers nicht zurücklassen dürfen, sondern auf dessen Wiederherstellung in verschiffbarem Zustande warten oder ein anderes Schiff zu dessen Beförderung stellen müssen; denn vermöge der zwischen Schiff und Ladung bestehenden Gemeinschaft gelte — abgesehen von gewissen besonderen gesetzlichen Bestimmungen — das Prinzip, daß bei einem die Reise verzögernden Zufalle die Ladung auf die Reparatur des Schiffes warten müsse, auch für den umgekehrten Fall. Das B. G. bezieht sich für diese Ausführungen auf die Art. 504, 631, 636, 939 und 643 des H. G. B.

„Diese Ausführungen sind jedoch von der Beklagten mit Grund als rechtsirrthümlich angegriffen. Ob der Kläger berechtigt ist, die von ihm für den später geschehenen Transport des Drahtes mit der „Braunschweig" an die Beklagte gezahlte Fracht zurückzufordern, hängt von der Entscheidung der Frage ab, ob die Beklagte die für die Verladung des Drahtes mit dem „Bismarck" bedungene Fracht beanspruchen konnte und mithin die ihr vom Kläger vorausgezahlte Fracht als verdient behalten darf, obgleich der Kläger von der auch ihm gebotenen Gelegenheit, den Draht mit dem von der Beklagten statt des „Bismarck" gestellten Dampfer „Hohenzollern" an seinen Bestimmungsort befördern zu lassen, keinen Gebrauch gemacht hat.

Nun ist es allerdings in der Theorie in manchen Punkten streitig, welche Wirkungen der Zufall beim Seefrachtvertrage auf die Rechte und Pflichten der Kontrahenten ausübe, und auch die verschiedenen Seegesetzgebungen weichen hierin von einander ab. Vergl. Heise und Cropp, Juristische Abhandlungen Bd. II S. 615 ff.; Pöhls, Handelsrecht Bd. III S. 499 ff.; Neues Archiv für Handelsrecht Bd. II S. 224 ff. und S. 312 ff. Das hier zur Anwendung kommende Deutsche H. G. B. hat für den Fall, daß die Ablieferung der Güter im Bestimmungshafen durch einen Zufall verhindert wird, nicht ein allgemein durchgreifendes Prinzip aufgestellt, sondern die möglichen Fälle in verschiedene Kategorien gebracht und für diese besondere Vorschriften gegeben, nach welchen bald keine, bald volle, bald nur Distanzfracht zu zahlen ist (vergl. Art. 618, 619 und 630 ff. des H. G. B.), während es für den Fall, daß die Nichtablieferung der Güter am Bestimmungsorte die Folge einer vom Befrachter über dieselben getroffenen Disposition ist, vorschreibt, daß für dieselben die volle Fracht zu bezahlen ist (vergl. Art. 583, 639, 640 und 643 Ziff. 4 des H. G. B.). Es kann dieserhalb im allgemeinen auf die zutreffenden Ausführungen des vormaligen O.App.G. zu Lübeck in Kierulff's Sammlung Bd. 6 S. 350 ff. und des R.O.H.G. in Entsch. Bd. 25 S. 6 ff. Bezug genommen werden.

Durch einen während der Reise, das heißt nachdem dieselbe einmal angetreten war, mithin auch während ihrer Unterbrechung durch das Anlaufen eines Zwischen- oder Nothhafens die Güter treffenden Zufall wird, mit Ausnahme des — hier nicht vorliegenden — Falles, daß die Güter durch denselben verloren gegangen sind (vergl. Art. 618 des H. G. B.), der Befrachter von der Pflicht zur Frachtzahlung nicht befreit. Auch der Aufenthalt, welchen die Reise durch das Anlaufen eines Nothhafens erleidet, hat, abgesehen von den — hier ebenfalls nicht vorliegenden — Fällen der Art. 631 bis 638 des H. G. B., nach Art. 639 des H. G. B. auf die Rechte und Pflichten in der Regel (und die Ausnahme kommt hier, da ihre Voraussetzung von keiner Seite behauptet ist, nicht in Betracht) keinen anderen Einfluß, als daß der Befrachter bei einem voraussichtlich längeren Aufenthalte befugt ist, die in das Schiff geladenen Güter auf seine Gefahr und Kosten gegen Sicherheitsleistung für rechtzeitige Wiedereinladung auszuladen, welche Befugniß übrigens dann, wenn — wie es hier der Fall ist — der Frachtvertrag sich nur auf Stückgüter bezieht, nach Art. 643 Ziff. 3 des H. G. B. dem Befrachter nur unter Voraussetzung der Genehmigung der übrigen Befrachter zusteht. Da das Schiff „Bismarck" im vorliegenden Falle einer Ausbesserung unterworfen werden mußte und aus diesem Grunde die Löschung ohnedies erfolgt war, so hatte der Befrachter allerdings nach Art. 643 Ziff. 4 verglichen mit Art. 640 des H. G. B. auch die Befugniß, anstatt die Wiederherstellung des Schiffes abzuwarten, seine Güter zurückzunehmen, aber nur gegen Entrichtung der vollen Fracht und der übrigen in Art. 615 und 616 des H. G. B. erwähnten Forderungen.

Wie auch vom B. G. angenommen wird, gab die in dem Konnossemente enthaltene Substitutionsklausel der Beklagten das Recht, ihren Verpflichtungen aus dem Frachtvertrage durch die Stellung eines anderen Dampfers zu genügen. Auch war der „Hohenzollern" an sich unstreitig ein zum Weitertransporte der Ladung des „Bismarck" an ihren Bestimmungsort geeignetes Schiff. Daraus folgt aber, daß im vorliegenden Falle die Sache ganz ebenso zu entscheiden ist, als wenn der „Bismarck" seine Reparatur so rasch beendigt hätte, daß er selbst schon am 21. Dezember 1883 mit seiner Ladung das als Nothhafen angelaufene Bremerhaven wieder hätte verlassen können. Denn mag auch die Substitutionsklausel zunächst aus der durch sie außer Kraft gesetzten Bestimmung des Art. 566 des H. G. B. zu erklären sein und derselben ihre Aufnahme in das Konnossement verdanken, so liegt doch kein Grund vor, die durch sie dem Verfrachter unbedingt und allgemein ertheilte Befugniß einschränkend zu interpretiren und ihr einen anderen Sinn beizulegen, als den, daß dasjenige Schiff, in welches auf Grund der Klausel die Güter übergeladen werden würden, ganz und in jeder Beziehung an die Stelle des ursprünglichen Schiffes treten solle. Insbesondere erscheint es unzulässig, die Klausel dahin auszulegen, daß dem Befrachter, dessen Güter in Folge eines dem ursprünglichen Schiffe zugestoßenen Unfalles, wegen dessen ein Nothhafen angelaufen werden muß und eine Reparatur des ursprünglichen Schiffes behufs Fortsetzung der Reise erforderlich sein würde, behufs Vermeidung ihres Verderbens bei der Fortsetzung des Transportes ebenfalls erst einer Bearbeitung bedürfen, die Dauer dieser Schiffsreparatur in der Weise zu gute kommen müsse, daß der Verfrachter von seiner Substitutionsbefugniß erst zu der Zeit Gebrauch machen dürfe, wo die Schiffsreparatur beendigt sein würde, damit auch der Befrachter Gelegenheit habe, seine beschädigten Güter vorab wieder in Stand zu setzen. Dem etwaigen Nachtheile, welchen die Klausel in dieser Beziehung für den Befrachter herbeiführt, dessen Güter beschädigt sind, steht der Vortheil gegenüber, welcher dem Befrachter unbeschädigt gebliebener Güter durch die Abkürzung des Aufenthalts daraus erwächst, daß der Verfrachter von ihr Gebrauch macht. Der gedachten Klausel gegenüber erscheint vielmehr, sobald der Verfrachter von derselben Gebrauch macht, die Zeitdauer, welche das ursprüngliche Schiff voraussichtlich zu seiner Reparatur bedarf, beziehungsweise die thatsächliche Dauer der Reparatur als ganz unerheblich, und kann es dem Befrachter deshalb nicht zu gute kommen, daß seine Güter schon früher ladefertig waren. Die Annahme des B.G., daß der „Hohenzollern" wegen der Zeit seines Abganges ein zum Ersatze des „Bismarck" nicht geeignetes Schiff gewesen sei, würde daher nur gerechtfertigt sein, wenn die fernere Annahme richtig wäre, daß auch dann, wenn am 21. Dezember 1883 der „Bismarck" selbst nach beendigter Reparatur mit Zurücklassung des vom Kläger verladenen Drahtes die Reise wieder angetreten hätte, der Beklagten wegen Nichterfüllung der Verpflichtungen aus dem Frachtvertrage ein Anspruch auf die Fracht nicht zustehen würde. Diese Annahme ist aber gesetzlich nicht begründet.

Denn nach Art. 504 Abs. 1 des H.G.B. ist zwar der Schiffer verpflichtet, im Interesse der Ladungsbetheiligten während der Reise zugleich für das Beste der Ladung nach Möglichkeit Sorge zu tragen, und nach dem schon oben erwähnten Art. 639 des H.G.B. hat ein Aufenthalt, welchen die Reise vor oder nach ihrem Antritte durch Naturereignisse oder andere Zufälle erleidet, (abgesehen von den Fällen der Art. 631 bis 638) auf die Rechte und Pflichten der Parteien der Regel nach keinen Einfluß. Daraus folgt aber keineswegs der vom B.G. aufgestellte allgemeine Rechtssatz, daß der Schiffer nach beendigter Reparatur des Schiffes verpflichtet sei, mit der Fortsetzung der Reise zu warten, bis auch sämmtliche durch die Begebenheiten der Reise beschädigten Güter wieder in verladungsfähigem Zustande sein werden. Insbesondere kann das vom B.G. aufgestellte Prinzip, daß, wie (in der Regel) die Ladung auf die nothwendig gewordene Reparatur des Schiffes, so auch das Schiff schlechthin auf die Wiederherstellung der beschädigten Ladung mit der Fortsetzung der Reise zu warten habe, nicht darauf gestützt werden, daß der Art. 639 des H.G.B. in dieser Beziehung nicht unterscheidet, und ebensowenig findet die Ansicht, daß auch Zufälle der Reise, in Folge deren Güter in der Weise beschädigt werden, daß es einer Wiederherstellung derselben behufs ihres Weitertransportes bedarf, insoweit hierdurch die Reise verzögert wird, von dem Schiffe und den übrigen Gütern mitgetragen werden müssen, in dieser Allgemeinheit eine

Stütze im Gesetze. Aus der Nichtunterscheidung im Art. 639 des H.G.B. folgt vielmehr nur, daß derselbe auch Anwendung zu finden hat, wenn im einzelnen Falle durch einen zunächst die Ladung betreffenden Zufall ein Aufenthalt entsteht. Eine ganz andere Frage ist es aber, unter welchen Voraussetzungen der Schiffer beziehungsweise Verfrachter verpflichtet (beziehungsweise mit Rücksicht auf die übrigen Ladungsinteressenten und den Rheder berechtigt) ist, wegen eines nur die Ladung oder einzelne Bestandtheile derselben betreffenden Zufalles einen Aufenthalt der Reise eintreten zu lassen. Für diese Frage, in Betreff deren der Art. 639 keine Bestimmung trifft, kann nur der Art. 504 in Verbindung mit Art. 503 und 505 sowie Art. 478 und 479 des H.G.B. die Entscheidung an die Hand geben. Art. 504 verpflichtet den Schiffer aber nur, nach Möglichkeit für das Beste der Ladung zu sorgen, und schon die Unbestimmtheit und Allgemeinheit dieser Vorschrift verbietet es, darin ein unbedingtes, absolutes Gebot zu erblicken, welches der Schiffer auch dann zu erfüllen hätte, wenn das Interesse des betreffenden Ladungsbetheiligten mit demjenigen anderer Ladungsbetheiligten und des Rheders, dessen Interesse er in erster Linie wahrzunehmen hat, in Widerspruch tritt, wie denn auch dem Schiffer in dem speziellen Falle des Art. 505 zur Pflicht gemacht wird, das den Verhältnissen entsprechende Verfahren zu beobachten, wobei er die ihm ertheilten Anweisungen nur möglichst zu berücksichtigen hat.

Auch darin, daß in den Art. 636 und 631 des H.G.B. hinsichtlich der dort beiden Theilen gewährten Befugniß, unter gewissen Voraussetzungen vom Frachtvertrage zurückzutreten, nicht unterschieden wird, ob es sich um Hindernisse handelt, welche das Schiff oder die Ladung oder Beides getroffen haben, kann eine Stütze der gegentheiligen Ansicht nicht gefunden werden, da die in diesen Artikeln für einzelne ganz besondere Arten von Hindernissen ertheilten Spezialvorschriften eine analoge Anwendung unzulässig erscheinen lassen. Außerdem aber beziehen sich die Art. 631 und 636 nur auf diejenigen Fälle, in welchen das Hinderniß die ganze Ladung betrifft, während für den Fall, daß nur ein Theil der Ladung durch einen der in Art. 631 erwähnten Zufälle nach Antritt der Reise betroffen wird, die Bestimmung des Art. 638 Abs. 3 des H.G.B. maßgebend ist, daß der Befrachter auch für diesen Theil die volle Fracht selbst dann entrichten muß, wenn der Schiffer sich genöthigt gesehen hat, ihn in einem anderen als dem Bestimmungshafen zu löschen, und hierauf mit oder ohne Aufenthalt die Reise fortgesetzt hat. Ebensowenig folgt aus der zwischen einem Schiffe und seiner

Ladung bestehenden Gemeinschaft ein allgemeines Prinzip, daß, wenn Güter durch die Begebenheiten der Reise beschädigt sind, eine zur Abwendung ihres beim sofortigen Weitertransporte drohenden weiteren Verderbens erforderliche Verzögerung der Reise von dem Schiffe und den übrigen Gütern mitgetragen werden müsse und der Schiffer, beziehungsweise Verfrachter daher verpflichtet sei, diese Verzögerung eintreten zu lassen. Denn die der großen Havarie zum Grunde liegende Interessen-Gemeinschaft beruht nicht etwa darauf, daß die Güter, beziehungsweise die Güter verschiedener Ladungsinteressenten sich auf einem Schiffe befinden, sondern darauf, daß sämmtliche Güter mit dem Schiffe von ein und derselben Gefahr bedroht werden. Vergl. Lewis, Seerecht (2. Aufl.) Note 5 zu Art. 504 des H. G. B. Im übrigen ist aber das Gemeinschaftsprinzip in den Bestimmungen des H. G. B. über den Frachtvertrag keineswegs allgemein durchgeführt, und können deshalb aus der Bestimmung des Art. 637 des H. G. B., bei welcher die Verfasser des Gesetzes sich dessen sehr wohl bewußt waren (vergl. Protokolle S. 2435 ff.), Konsequenzen nicht gezogen werden. Die Bestimmung des Art. 639 des H. G. B. bezieht sich überdies nicht blos auf den Aufenthalt, welchen die Reise nach ihrem Antritte, sondern auch auf einen solchen, welchen sie schon vorher und also möglicher Weise zu einer Zeit erleidet, wo die betreffenden Güter noch gar nicht verladen waren, in welchem Falle auch von einer nur thatsächlichen Gemeinschaft derselben mit den anderen Gütern und mit dem Schiffe noch nicht die Rede sein kann.

An sich ist vielmehr die Beschädigung der Güter durch einen Unfall der Reise nach dem H. G. B. ein Ereigniß, welches der betreffende Ladungsinteressent allein zu tragen hat und wegen dessen er nicht verlangen kann, daß zur Abwendung oder Verringerung der aus Anlaß dieses Unfalls ihm sonst bevorstehenden Nachtheile die Reise einen Aufenthalt erleide.

Dies ergiebt sich zunächst aus Art. 583 des H. G. B., welcher nicht nur ganz allgemein bestimmt, daß, nachdem die Reise angetreten ist, der Befrachter nur gegen Berichtigung der vollen Fracht u. s. w. von dem Vertrage zurücktreten und die Wiederausladung der Güter fordern kann, auch im letzteren Falle sowohl die hierdurch entstandenen Mehrkosten als auch den Schaden zu ersetzen hat, welcher aus dem durch die Wiederausladung verursachten Aufenthalt dem Verfrachter entsteht, sondern auch ausdrücklich ausspricht, daß der Verfrachter nicht verpflichtet ist, zum Zwecke der Wiederausladung der Güter die Reise zu ändern oder einen

Hafen anzulaufen, ohne hierbei für den Fall, daß eine Beschädigung der Güter eingetreten ist, welche deren Wiederausladung und die Aenderung der Reise oder das Anlaufen eines Hafens zu diesem Zwecke im Interesse des Befrachters als geboten oder wünschenswerth erscheinen läßt, eine Ausnahme zu statuiren. Und zwar gilt nach Art. 590 verglichen mit Art. 588 und 589 des H.G.B. diese Vorschrift auch dann, wenn der Frachtvertrag — wie im vorliegenden Falle — nur Stückgüter zum Gegenstande hat, nur daß in diesem Falle dem Befrachter das Recht, die Wiederausladung zu verlangen, wenn dieselbe eine Verzögerung der Reise zur Folge haben oder eine Umladung nöthig machen würde, überhaupt nur nach ertheilter Genehmigung aller übrigen Befrachter zusteht. Dasselbe findet sich in Art. 598 des H.G.B. ausgesprochen, nach welchem, wenn der Frachtvertrag Stückgüter zum Gegenstande hat, der Befrachter die Abladung ohne Verzug bewirken muß, der Verfrachter, wenn der Befrachter säumig ist, auf die Lieferung der Güter nicht zu warten braucht und der Befrachter, wenn ohne dieselben die Reise angetreten wird, gleichwohl die volle Fracht zu entrichten hat.

Bei dem Prinzip, von welchem hiernach das Gesetz in diesem Punkte ausgeht und mit welchem auch die Vorschrift des Art. 617, nach welcher der Verfrachter auch für beschädigte und verdorbene Güter die Fracht zu fordern berechtigt ist, im Zusammenhange steht, ist nun aber kein Rechtsgrund ersichtlich, welcher den Schiffer, der wegen eines Unfalles, von welchem das Schiff betroffen ist, einen Nothhafen hat anlaufen müssen, schlechthin verpflichten könnte, über die Zeit des hierdurch veranlaßten Aufenthalts hinaus mit der Fortsetzung der Reise zu warten, bis auch die nachtheiligen Folgen des Weitertransportes, welche für die Ladung oder einzelne Bestandtheile derselben herbeigeführt wurden, wegen deren der Schiffer den Nothhafen nicht angelaufen hat und anzulaufen nicht verpflichtet war, beseitigt sind. Der Umstand, daß durch das in Folge eines Zufalles erforderlich gewordene Anlaufen eines Nothhafens ein Aufenthalt nun doch einmal entstanden ist, hat ja nach Art. 639 des H.G.B. (abgesehen von hier nicht vorliegenden besonderen Fällen) auf die Rechte und Pflichten der Parteien keinen anderen Einfluß, als daß der Befrachter während eines längeren Aufenthaltes die eingeladenen Güter auf seine Gefahr und Kosten gegen Sicherstellung für die rechtzeitige Wiedereinladung, bei deren Unterlassung er die volle Fracht zu zahlen hat, ausladen zu lassen befugt ist, und die Nothwendigkeit der Ausbesserung des Schiffes verleiht nach Art. 640 des H. G. B. dem Befrachter nur die Wahl zwischen der Zurücknahme der Ladung gegen Berichtigung der vollen Fracht u. s. w. und dem Abwarten der Wiederherstellung (scil. des Schiffes), welche Befugnisse, wenn der Frachtvertrag sich nicht auf das Schiff im ganzen bezieht, überdies noch durch die in Art. 643 unter Ziff. 3 und 4 angegebenen Beschränkungen modifizirt sind. Hieraus läßt sich aber gerade entnehmen, daß der Schiffer oder Verfrachter im allgemeinen nicht verpflichtet ist, im ausschließlichen Interesse des Befrachters oder eines einzelnen Ladungsinteressenten den Aufenthalt, welchen die Reise aus einem anderen Grunde erlitten hat, nach Beseitigung desselben noch zu verlängern. Auch wird dadurch die Ansicht des B. G. widerlegt, daß eine Verpflichtung des Befrachters, seine Güter im Nothhafen im verladungsfähigen Zustande bereit zu halten, nicht existire, wenn man dieselbe im Sinne des B. G. dahin versteht, daß der Befrachter, falls er nur nicht säumig gewesen sei, den Weitertransport der Güter nach dem Bestimmungsorte auch dann verlangen könne, wenn der Schiffer auf die Wiederherstellung der Verladungsfähigkeit der Güter warten müsse. Daß es zunächst das Schiff war, welches den Unfall erlitten hatte, durch den der Aufenthalt der Reise herbeigeführt wurde, kann nicht mehr in Betracht kommen, nachdem der Grund dieses Aufenthaltes beseitigt ist. Ist der Befrachter dann aus Gründen, welche nur in seinem Interesse eine Fortsetzung des Aufenthalts wünschenswerth erscheinen lassen, nicht in der Lage oder nicht Willens, von der ihm gebotenen Gelegenheit zum Weitertransporte der Güter an den Bestimmungsort Gebrauch zu machen, so ist dies an sich ein allein ihn treffender Zufall.

Es erscheint dies auch nicht etwa als eine die Rechtsgleichheit der Parteien beeinträchtigende Auffassung, welche aus diesem Grunde dem Gesetzgeber nicht untergelegt werden könne. Denn auch der Schiffer darf im alleinigen Interesse des Schiffes, beziehungsweise des Rheders einen Aufenthalt der Reise nicht eintreten lassen, wie es z. B. der Fall sein würde, wenn er einen Zwischenhafen nur deshalb anliefe, um dort die Reparatur einer Beschädigung, welche das Schiff erlitten hat, welche dasselbe aber nicht verhindert, die Reise nach dem Bestimmungshafen ohne Gefahr für Schiff und Ladung fortzusetzen, billiger vornehmen lassen zu können, als es im Bestimmungshafen möglich ist. Die Berechtigung zum Anlaufen eines Nothhafens, um das Schiff zu repariren, hat vielmehr zur Voraussetzung, daß diese Reparatur weder unterwegs vorgenommen, noch ohne Gefahr bis zur Ankunft im Bestimmungshafen aufgeschoben werden kann und daß der durch die Vornahme der Reparatur in einem Nothhafen veranlaßte Aufenthalt daher zur Abwendung einer gemeinschaftlichen Gefahr und im gemeinschaftlichen Interesse des Schiffes und der Ladung nothwendig ist. Dies wird auch in Art. 640 des H.G.B. durch die Worte ausgedrückt: „muß das Schiff während der Reise ausgebessert werden." Ein solcher Grund, einen Aufenthalt der Reise eintreten zu lassen, kann allerdings auch auf einem zunächst die Ladung betreffenden Zufalle beruhen, z. B. wenn Ladungsbestandtheile durch einen Blitzstrahl oder durch Selbstentzündung in Brand gerathen sind und dieser, die ganze Ladung und auch das Schiff gefährdende Brand sich nur durch Hilfeleistung vom Lande und durch das Löschen der Ladung bewältigen läßt. Wenn im Falle einer nothwenden Ausbesserung des Schiffes der Befrachter seinerseits, sofern er nicht zur Zurücknahme der Güter gegen Zahlung der vollen Fracht bereit und befugt ist, sich den hierdurch verursachten Aufenthalt gefallen lassen muß, so findet dies seine Erklärung und Rechtfertigung darin, daß diese Ausbesserung auch im muthmaßlichen Interesse des Befrachters geschieht, da durch dieselbe die Ausführbarkeit des Frachtvertrages bedingt wird, was sich in dem umgekehrten Falle der Beseitigung eines beschädigten Zustandes von Gütern an sich nicht so verhält, da die Ausführung des Frachtvertrages auch bei Beschädigung der Güter möglich bleibt.

Eine Verpflichtung der Beklagten, in Erfüllung des Frachtvertrages den hier fraglichen Draht mit einem anderen Schiffe als dem beklagtischerseits dem „Bismarck" substituirten Dampfer „Hohenzollern" nach dem Bestimmungsorte zu transportiren oder mit der Expedition des substituirten Dampfers bis zur Wiederherstellung der Ladefertigkeit des klägerischen Drahtes zu warten, beziehungsweise dem Kläger das Interesse desselben wegen Nichterfüllung dieser Verpflichtung durch Rückerstattung der zweiten Frachtzahlung zu ersetzen, läßt sich nun aber auch nicht etwa aus den besonderen Umständen des vorliegenden Falles begründen. Der ihm nach Art. 504 Abs. 2 des H.G.B. obliegenden Pflicht, das Interesse der Ladungsbetheiligten wahrzunehmen, wenn zur Abwendung oder Verringerung eines Verlustes besondere Maßregeln erforderlich werden, hat der Schiffer hier genügt, indem er den Draht zunächst durch die dazu obrigkeitlich angestellten Personen besichtigen ließ und, als diese wegen der Beschädigung des Drahtes seinen baldigen öffentlichen Verkauf empfahlen, demgemäß zu verfahren sich entschloß. Der Kläger hat selbst anerkannt, daß der Schiffer an sich berechtigt gewesen sei, diesem Gutachten zu folgen, und wenn dies geschehen wäre, so würde dann die Unterlassung des Weitertransports, da der Schiffer als Vertreter des Klägers gehandelt hätte, rechtlich als auf der eigenen Disposition des Klägers beruhend anzusehen gewesen sein und der Kläger unzweifelhaft trotz der Nichtausführung des Transportes die volle Fracht zu zahlen gehabt haben. (Vergl. Entsch. des R.O.H.G. Bd. 25 S. 8 fg.)

Der Schiffer hat nun freilich nach Art. 504 des H.G.B., wenn thunlich, in Betreff der zu ergreifenden Maßregeln die Anweisungen der Ladungsbetheiligten einzuholen. Nachdem der von der Sachlage rechtzeitig unterrichtete Kläger gegen den Verkauf des Drahtes protestirt hatte, ist dieser aber auch unterblieben und ist zugleich dem Kläger gestattet, in eigner Wahrnehmung seines Interesses den Draht in den Lagerräumen der Beklagten einer Bearbeitung zu unterziehen, um ihn zu trocknen, wodurch der Schiffer und die Beklagte einer weiteren Fürsorge ihrerseits einstweilen überhoben wurden. Endlich ist aber dem Kläger (beziehungsweise seinen Spediteuren) auch rechtzeitig angezeigt, daß die Ladung des „Bismarck“ mit dem „Hohenzollern“ weiter befördert werden solle, worauf jedoch der Kläger die Beförderung seines Drahtes mit diesem Schiffe nicht verlangte, sondern es vielmehr vorzog, mit der Bearbeitung desselben fortzufahren, und diese erst acht Tage nach Abgang des „Hohenzollern“ beendigte. Ob hieraus — wie das B.G. meint — ein Verzicht des Klägers auf sein Recht, den Weitertransport des Drahtes auf Grund des Frachtvertrages zu verlangen. deshalb nicht gefolgert werden kann, weil der Draht noch im Gewahrsam der Beklagten zurückgeblieben war, kann dahingestellt bleiben, da der Kläger durch sein Verhalten jedenfalls an den Tag legte, daß er den Weitertransport zur Zeit nicht wünsche, und es daher der Beklagten nicht als Vernachlässigung ihrer Pflichten als Verfrachter angerechnet werden kann, noch ihrem Anspruche auf Frachtzahlung präjudizirte, wenn sie unter diesen Umständen den Draht beim Abgange des „Hohenzollern“ zurückließ. Einer Erklärung des Klägers, daß er seinen Anspruch auf die Fracht aufrechterhalte, bedurfte es aber nicht, da die desfallsige Vorschrift in dem Abs. 3 des Art. 589 des H.G.B. sich nur auf den in diesem Artikel behandelten Fall der nicht rechtzeitig erfolgten Lieferung von Stückgütern vor dem ursprünglichen Antritte der Reise bezieht und diese spezielle Vorschrift eine analoge Anwendung nicht zuläßt.

Auf die Instandsetzung des Drahtes mit dem Abgange des, den vorstehenden Ausführungen zufolge, vermöge der Substitutionsklausel in jeder Beziehung an die Stelle des „Bismarck" selbst getretenen „Hohenzollern" zu warten, hatte die Beklagte im vorliegenden Falle um so weniger Veranlassung, als ihr jedenfalls das Gelingen einer baldigen Trocknung des Drahtes angesichts des eingeholten Gutachtens der obrigkeitlich bestellten Sachverständigen problematisch erscheinen mußte und der nach dem Konnossemente nur 90 Tons wiegende Draht bei der notorisch und unbestritten sehr bedeutenden Ladefähigkeit der in Frage kommenden Dampfer nur einen verhältnißmäßig geringen Theil der Ladung repräsentirt haben würde, so daß im Interesse der Mehrheit der Ladungsbetheiligten, welches die Beklagte vor Augen haben mußte, vielmehr umgekehrt ein thunlichst rascher Wiederantritt der Reise wünschenswerth erschien. Daß aber ungeachtet der vorliegenden Stückgutverfrachtung des Schiffes aus der inhalts des Konnossements vorbehaltenen Befugniß zur Substituirung eines anderen Schiffes in dem Falle, daß der Verfrachter von dieser Klausel in Betreff der ganzen Ladung Gebrauch macht, nicht eine Verpflichtung des Verfrachters folgt, je nach den besonderen Interessen jedes einzelnen Ladungsbetheiligten ebenso viele verschiedene Schiffe zur Beförderung der Güter nach dem Bestimmungsorte zu stellen, liegt auf der Hand, da ohne diese dem Verfrachter nur ein ihm sonst nicht zustehendes Recht gewährende Klausel die Befrachter, wenn sie nicht zulässiger Weise auf den Weitertransport ihrer Güter gegen Zahlung der vollen Fracht verzichteten, den Weitertransport ihrer Güter ebenfalls nur mittels desjenigen Schiffes hätten beanspruchen können, auf welches sich der Frachtvertrag bezog."

2. Wechselrecht.

163. **Den formalen Erfordernissen des Art. 4 der D.W.O. ist streng wörtlich zu genügen. Die Wechseladresse** (Art. 4 Ziff. 1) **muß demnach den Namen der bezogenen Person oder die bezogene Firma enthalten. Unter der Firma kann nur eine den Gesetzen entsprechende Firma verstanden werden; dazu gehört die Kaufmannseigenschaft des Inhabers** (Art. 15, 271 Ziff. 1 des H.G.B.). Urth. des III. Civilsenats vom 19. Mai 1885 in Sachen des Fürsten Karl zu Isenburg-Birstein, Beklagten und Revisionsklägers, wider das Bankgeschäft Reinhold Steckner zu Halle a. S., Kläger und Revisionsbeklagten. Vorinstanz: O.L.G. Kassel. Aufhebung und Zurückverweisung.

„Die Gültigkeit eines gezogenen Wechsels ist nach Art. 4 Ziff. 1 der D.W.O. dadurch bedingt, daß in demselben „der Name der Person oder die Firma, welche die Zahlung leisten soll (des Bezogenen)", enthalten ist, und ein Wechselaccept kann nur von dem in gehöriger Weise Bezogenen gültig vollzogen werden.

Die Vorinstanz hielt die Adresse und die Acceptunterschrift des eingeklagten Wechsels für formgerecht, weil in Anbetracht der feststehenden Thatsache, daß der Herr Beklagte im Herbste 1883 in der Nähe von Birstein eine Holzessigfabrik gegründet und deren Errichtung und Leitung dem H. de Grousilliers als Administrator übertragen hat, „es keinem Zweifel unterliegen könne, daß unter der in dem Wechsel für die Person des Bezogenen und Acceptanten gewählten Bezeichnung nur die Person des Herrn Beklagten als des Inhabers der fraglichen Fabrik zu verstehen sei und durch den Gebrauch jener Bezeichnung gerade in unzweideutiger Weise habe zum Ausdruck gebracht werden sollen, daß es sich um Rechte bezw. Verbindlichkeiten des Herrn Beklagten handele, welche in Bezug auf jene Fabrik zur Entstehung gelangen sollten." Dieser Rechtsauffassung der Vorinstanz steht zwar die Ansicht Thöl's zur Seite, welcher in seinem Wechselrechte, 4. Aufl., § 33 Nr. 4 (vergl. auch Anmerkung 15 daselbst) sagt: „der Name ist entweder der bürgerliche oder eine Firma ...; der Firma steht eine solche Bezeichnung des Adressaten gleich, welche die Annahme rechtfertigt, daß das Suchen der Person zum Finden führen könne". Dieselbe kann aber nicht für richtig gehalten werden. Dem formalen Charakter des Wechselrechts entsprechend, müssen auch die im Art. 4 aufgestellten wesentlichen Erfordernisse eines Wechsels streng wörtlich aufgefaßt werden. Demnach muß die Wechseladresse enthalten entweder den Namen der bezogenen Person oder die bezogene Firma. Der Name einer physischen Person ist aber der bürgerliche oder Geschlechtsname derselben (vergl. Entsch. des R.O.H.G. Bd. XI Nr. 71 S. 214). Der Geschlechtsname des Herrn Beklagten lautet: „Fürst zu Isenburg-Birstein", und dieser Name ist in der Wechseladresse: „der Fürstlich Isenburg'schen Fabrikverwaltung zu Birstein" nicht enthalten. Es hat also darauf anzukommen, ob die Adresse des Klagwechsels im Sinne der D.W.O. als an eine Firma des Herrn Beklagten gerichtet betrachtet werden darf. Unter der Firma im Sinne der D.W.O. kann nur eine den Gesetzen entsprechende Firma verstanden werden (vergl. daselbst Bd. XXI Nr. 10 S. 27), und die Befugniß zur Führung einer Firma steht sowohl nach der geschichtlichen Entwickelung des Firmenrechts als auch nach den heutigen

Gesetzen (H.G.B. Art. 15) nur einem Kaufmann zu. Eine vorgängige Eintragung der Firma in das Handelsregister ist für die Ausübung dieser Befugniß nicht erforderlich. Demnach hat die formelle Gültigkeit des Klagwechsels davon abzuhängen, ob der Herr Beklagte zur Zeit der Ausstellung desselben Kaufmann gewesen ist und seine Fabrik unter der behaupteten Firma: „Fürstlich Isenburg-Birstein'sche Fabrikverwaltung" geführt hat. Die Sache ist in Betreff dieser beiden, von der Vorinstanz unentschieden gelassenen Fragen für das Revisionsgericht noch nicht spruchreif. Die bestrittene Kaufmannseigenschaft des Herrn Beklagten wird in Folge des Art. 271 Ziff. 1 des H.G.B. zu bejahen sein, wenn der Kläger seine unter Beweis gestellte Behauptung, der Beklagte habe für den Betrieb seiner Fabrik für 30 000 ℳ Holz von Fremden angeschafft, desgleichen auch Kalk zur Bereitung von Essigsäure, die er wieder verkauft habe, zu bewahrheiten vermag. Aus dem Antrage, welchen der Herr Beklagte wegen der Eintragung seiner Firma in das Handelsregister an das Amtsgericht zu Birstein gestellt hat, und aus seiner nachherigen Beschwerde steht zwar fest, daß derselbe damals die Absicht hatte, seine Fabrik unter der gedachten Firma zu führen, allein hiermit ist nicht auch ohne weiteres liquide gestellt, daß diese Absicht zur Ausführung gekommen ist.

Aus der Fassung der Wechseladresse und der Acceptunterschrift kann ein Bedenken gegen die Gültigkeit des Wechsels oder des Accepts nicht entnommen werden. Hat der Herr Beklagte seine zu Birstein belegene Fabrik unter jener Firma geführt, so kann es nicht zweifelhaft sein, daß die Wechseladresse sich an diese seine Firma hat richten wollen. Und daß die Unterschrift des Accepts mit den Worten: „Fürstlich Isenburg'sche Fabrikverwaltung" die Verwaltung der Fabrik des Herrn Beklagten bezeichnen will, ist in Gewißheit gesetzt durch die darunter vollzogene Namensunterschrift des Fabrikadministrators Grousilliers.

Die Anfechtung der vorinstanzlichen Annahme, daß Grousilliers zur Annahme des fraglichen Wechsels für den Herrn Beklagten legitimirt gewesen sei, ist gleichfalls für begründet zu halten. Die Vorinstanz gründet diese Annahme lediglich auf die Erwägung, daß der Herr Beklagte den Grousilliers mit der Errichtung und Leitung seiner Fabrik betraut und zum Administrator derselben bestellt habe und daß die Einräumung einer derartigen Stellung und Vermögensverwaltung dem Beauftragten auch die Berechtigung zur Uebernahme von Wechselverbindlichkeiten verleihe, weil der Geschäftsverkehr eines derartigen Unternehmens dies regelmäßig mit sich bringe. Dieser

Entscheidungsgrund ist rechtsirrthümlich. Daß der Geschäftsverkehr einer solchen Fabrik es nothwendig mache, daß der Administrator derselben mit Wechselvollmacht ausgerüstet sei, ist von der Vorinstanz nicht festgestellt worden und kann auch nicht behauptet werden; es ist daher dem Belieben des Fabrikinhabers überlassen, ob er den Administrator, welchem er die Leitung seiner Fabrik übertragen hat, auch zur Eingehung von Wechselverbindlichkeiten bevollmächtigen oder ob er, trotz der Unzuträglichkeiten, welche mit dem Mangel dieser Vollmacht verknüpft sein mögen, die Ertheilung derselben unterlassen will.

Aber der Kläger hat seine Behauptung, daß Grousilliers zur Acceptation des Klagwechsels bevollmächtigt gewesen sei, anderweitig genügend substantiirt, und zwar nicht blos durch die Berufung auf die demselben von der Fürstlichen Rentenkammer ertheilte Vollmacht, deren Verbindlichkeit der Herr Beklagte aus partikularrechtlichen Gründen in Abrede stellt, sondern auch durch die unter Beweis gestellte Behauptung, daß der vorliegende Wechsel mit ausdrücklicher Genehmigung des Herrn Beklagten ausgestellt worden sei. Demnach bedarf es auch in dieser Beziehung noch einer von der Vorinstanz abzugebenden anderweiten Entscheidung."

3. Reichs-Gewerbeordnung.

164. Auslegung der §§ 17, 18, 19, 26 der R. Gew. O. Nur Einwendungen des öffentlichen Rechts entscheiden die Verwaltungsbehörden. Die nicht dem öffentlichen Recht entsprungenen Einreden werden von der Präklusion des § 17 nicht betroffen. Nachbarrechte gehören nicht zu den auf besonderen privatrechtlichen Titeln beruhenden Rechten. Urth. des V. Civilsenats vom 20. Mai 1885 in Sachen des Mühlenbesitzers C. R. zu R., Klägers und Revisionsklägers, wider Dr. O. und Gen. zu R., Beklagte und Revisionsbeklagte. Vorinstanz: O. L. G. Marienwerder. Aufhebung und Zurückverweisung.

Kläger ist Eigenthümer der seit länger als 50 Jahren bestehenden Wassermühle R., welche durch das Wasser des D. baches in der Weise in Betrieb gesetzt wird, daß das Wasser in einem Mühlenteiche angesammelt und von dort auf die Mühle geleitet wird. Der Beklagte Dr. O. hat oberhalb der Mühle des Klägers an dem D. bache eine Wassermühle nebst Mühlenteich mit dazu gehöriger Mahl- und Freischleuse eingerichtet, nachdem ihm als Eigenthümer des von dem D. bache durchflossenen Gutes R. durch Beschluß des Kreisausschusses zu Elbing vom 30. Juli 1878 die Erlaubniß zur Errichtung einer Stauanlage für ein Wasserbetriebwerk vorbehaltlich der Rechte Dritter ertheilt war. Der Beklagte S. ist Pächter dieser Wassermühle des Beklagten Dr. O. Letzterer hat außerdem zwischen den beiden Wassermühlen einen Karpfenteich angelegt, in welchem er das Wasser des D. baches vermittelst einer Schleuse anhält. Diese Anlage wurde zwar durch Regengüsse im Sommer 1883 zerstört, der Beklagte Dr. O. nimmt jedoch das Recht in Anspruch, sie wiederherzustellen.

Kläger behauptet, das Wasser des D.baches habe in früherer Zeit, insbesondere auch im Jahre 1843 ausgereicht, seine Mühle während des ganzen Jahres zu betreiben. Dies sei auch geschehen. Nachdem jedoch Beklagter seine Mühle nebst Stauwerk und den Karpfenteich angelegt habe, könne er, namentlich in der trockenen Jahreszeit, nur die Hälfte der Wasserkraft benutzen, welche ihm vor 1878 und auch 1843 zu Gebote gestanden habe. Er wirft den beiden Beklagten vor, daß sie in einer Reihe speziell vorgetragener Fälle durch Zuschützen der Schleusen am Karpfenteich und an der oberhalb liegenden Mühle, selbst wenn der Beklagte S. nicht mahlte, in chikanöser Weise das Wasser angehalten haben, so daß er (Kläger) gezwungen worden sei, Mahlgäste fortzuschicken. Er macht ferner geltend, daß die Dämme an den Schleusen zu schwach seien, den Druck einer größeren Wassermasse auszuhalten, hebt auch hervor, daß das Verdunsten und Einfrieren des Wassers auf dem Mühlen- und Karpfenteiche des Beklagten Dr. O. die Menge des ihm zufließenden Wassers verringere. Er beantragt: 1) beide Beklagte zu verurtheilen, für den Fall, daß in der Mühle des Beklagten Dr. O. nicht gemahlen wird, das Wasser aus dem Mühlenteiche ungehindert laufen zu lassen dergestalt, daß er (Kläger) es zum Betriebe seiner Mühle benutzen könne, und 2) den Beklagten Dr. O. zu verurtheilen, die Schleuse bei dem Karpfenteich nicht wieder anzulegen.

Hinsichtlich des ersten Antrages haben die Beklagten die Einreden erhoben: in Folge des Provokationsverfahrens, welches dem Beschlusse des Kreisausschusses vom 30. Juli 1878 vorangegangen ist, sei der Rechtsweg ausgeschlossen und Kläger, weil er in diesem Verfahren seine Einwendungen gegen die Stauanlage nicht geltend gemacht, mit denselben präkludirt. Sie bestreiten sodann die thatsächlichen Grundlagen des vom Kläger erhobenen Anspruches und behaupten ihrerseits, das Wasser des D.baches habe niemals, auch 1843 nicht, ausgereicht, die Mühle des Klägers durchgehend und beständig zu treiben. Sofern der Mühle des Klägers jetzt weniger Wasser zufließe, finde dies seine Erklärung in der vom Kläger vorgenommenen Verringerung des Umfanges und der unrichtigen Benutzung seines Mühlenteiches. Sie bitten um Abweisung der Klage.

Der Erste Richter hat den Beklagten S. verurtheilt, das Wasser des D.baches stets soweit frei, sei es durch die Mühlenschleuse, sei es durch die Freischleuse der von ihm gepachteten Mühle, ablaufen zu lassen, als dasselbe zum Betriebe des Mühlengewerbes des Klägers im bisherigen Umfange erforderlich ist; ferner den Beklagten Dr. O., die Schleuse seines Karpfenteiches soweit offen zu halten, daß das zum Betriebe der Mühle des Klägers im bisherigen Umfange erforderliche Wasser stets ungehindert ablaufen kann; er hat jedoch den Kläger mit den weiter gehenden Anträgen abgewiesen. In der Begründung des Urtheils wird ausgeführt, die Klage sei nur gegen den Mißbrauch der Mühlenanlage, nicht gegen die Anlage selbst gerichtet. Auf Grund der von ihm veranlaßten Beweisaufnahme stellt der Erste Richter fest, daß die Beklagten durch Zusetzen der Schützen an den Schleusen des Karpfen- und des Mühlenteiches dem Kläger das zum bisherigen Betriebe seiner Mühle nöthige Wasser des Widerspruches ungeachtet zeitweise absichtlich entzogen haben. Er rechtfertigt damit die von ihm getroffene Entscheidung.

Gegen dieses Urtheil ist von beiden Theilen Berufung eingelegt. Der Zweite Richter hält die Berufung nur der Beklagten für begründet und hat, unter Aenderung des ersten Urtheils, den Kläger mit seiner Klage abgewiesen. Hinsichtlich der Mühlenanlage nimmt er an, daß Kläger nicht berechtigt sei, eine Beseitigung oder Abänderung der nach dem vorgeschriebenen Provokationsverfahren von der zuständigen Behörde genehmigten Anlage im Rechtswege zu fordern oder den Beklagten in der Benutzung der Anlage einzuschränken. Er erachtet ferner sowohl den ersten als den zweiten Klagantrag für nicht ausreichend substanziirt.

„Die gegen dieses Urtheil vom Kläger eingelegte Revision erscheint begründet.

Anlangend zunächst die Entscheidung, daß Kläger weder eine Beseitigung, noch eine Aenderung in der Benutzung der Mühlenanlage fordern dürfe, so kann den vom B. R. hierfür angeführten Gründen in ihrem ganzen Umfange nicht beigestimmt werden. Maßgebend sind hier die Vorschriften der R. Gew. O. vom 21. Juni 1869. Der § 23 des Preußischen Gesetzes vom 28. Februar 1843 findet keine Anwendung, da Kläger das von ihm beanspruchte Recht nicht angemeldet hat (vergl. das Urtheil des Kompetenz-Gerichtshofes im Justiz-Ministerial-Blatt von 1853, S. 312).

Die R. Gew. O. bestimmt hinsichtlich der konzessionspflichtigen Gewerbeanlagen, daß der Antrag des Unternehmers zur öffentlichen Kenntniß gebracht werden soll, mit der Aufforderung, etwaige Einwendungen gegen die neue Anlage binnen 14 Tagen anzubringen. Diese Frist ist für alle Einwendungen, „welche nicht auf privatrechtlichem Titel beruhen", präklusivisch (§ 17). Hinsichtlich des Verfahrens über Einwendungen befinden dann die §§ 18, 19 in folgender Weise:

1) Alle dem öffentlichen Recht entstammenden Einwendungen, mögen sie innerhalb der Frist angebracht sein oder nicht, unterliegen lediglich der Entscheidung durch die Verwaltungsbehörde.

2) Bei den innerhalb der Frist geltend gemachten Einwendungen privatrechtlicher Natur wird unterschieden, ob sie auf besonderen privatrechtlichen Titeln beruhen oder nicht. Erstere sollen zur richterlichen Entscheidung verwiesen werden, ohne daß von der Erledigung derselben die Genehmigung der Anlage abhängig gemacht wird; letztere dagegen sind mit den Parteien vollständig zu erörtern.

Sodann bestimmt der § 26 der R. Gew. O.: „Soweit die bestehenden Rechte zur Abwehr benachtheiligender Einwirkungen, welche von einem Grundstück aus auf ein benachbartes Grundstück geübt werden, dem Eigenthümer des letzteren eine Privatklage gewähren, kann diese Klage einer mit obrigkeitlicher Genehmigung errichteten gewerblichen Anlage gegenüber niemals auf Einstellung des Gewerbebetriebes, sondern nur auf Herstellung von Einrichtungen, welche die benachtheiligende Einwirkung ausschließen, oder auf Schadensersatz gerichtet werden."

Diese Bestimmungen sind dahin zu verstehen: Ueber Einwendungen des öffentlichen Rechts entscheiden die Verwaltungsbehörden. Dagegen unterliegen alle auf privatrechtlichen Titeln beruhenden Einreden dem Richterspruch. Die nicht dem öffentlichen Rechte entsprungenen Einreden werden von der Präklusion des § 17 nicht betroffen. Diesen Rechtszustand herbeizuführen, beabsichtigte auch die Regierungsvorlage zur R. Gew. O. (Motive zur R. Gew. O., Stenographische Berichte des Reichstages 1869 III S. 66). Im Reichstage wurde jedoch dagegen erinnert, daß die Gewerbetreibenden auch gegen spätere Einwendungen solcher Art sicher gestellt werden müßten, welche auf das „allgemeine Nachbarrecht", namentlich auf die gesetzlichen Vorschriften über die Negatorienklage wegen Belästigungen durch Rauchzuführung benachbarter Grundstücks-Eigenthümer gestützt würden. Den desfallsigen Anträgen nachgebend, beschloß der Reichstag bei der zweiten Lesung der R. Gew. O., die §§ 17 und 19 der Regierungsvorlage dahin zu ändern, daß statt der Worte: „Einwendungen, welche nicht privatrechtlicher Natur sind," die Worte gesetzt werden: „welche nicht auf besonderen privatrechtlichen Titeln beruhen". Ferner wurde der § 26 eingeschaltet. Bei der dritten Lesung ist dann das Wort „besonderen" im § 17 gestrichen, dagegen im § 19 beibehalten (vergl. Laudmann, Gewerbeordnung S. 70, und Stenographische Berichte des Reichstages 1869 II S. 1067 ff.).

Dieser Hergang ergiebt, daß die Gesetzgebung gewisse Einwendungen gegen das Unternehmen, obwohl sie auf privatrechtlichen Titeln beruhen und nicht der Präklusion unterliegen, in Betreff des Konzessionsverfahrens anders behandeln wollte, als die auf besonderen privatrechtlichen Titeln beruhenden. Erstere sollen von den Verwaltungsbehörden, jedoch mit Vorbehalt des Rechtsweges erörtert, letztere allein der richterlichen Entscheidung zugewiesen werden.

Ferner hat man die Privatklage wegen bestimmter Einwendungen in ihrer Rechtswirkung dahin beschränkt, daß nicht eine Beseitigung der obrigkeitlich genehmigten Anlage gefordert werden darf. In demselben Sinne versteht auch die Preuß. Ausführungsverordnung vom 4. September 1869 zur R. Gew. O. die in den §§ 17 und 19 getroffenen Bestimmungen, indem sie unter Nr. 38 vorschreibt: „Auf die Erörterung von Einwendungen, welche auf besonderen privatrechtlichen Titeln beruhen (wie Vertrag, Privilegium, letztwillige Verfügung) ist nicht einzugehen. Einwendungen, die sich auf allgemeine privatrechtliche Titel (z. B. Eigenthum) gründen, sind dagegen mit dem Bemerken zu erörtern, daß dadurch die Verfolgung derselben nach Maßgabe der gesetzlichen Vorschriften nicht ausgeschlossen ist". (Vergl. Kletke, Gew. O. Bd. I S. 226, 2. Aufl.)

Was das Gesetz unter privatrechtlichen Titeln und besonderen privatrechtlichen Titeln versteht und ob die von der Preuß. Ausführungsverordnung gegebenen Beispiele richtig und erschöpfend sind, bedarf hier keiner näheren Untersuchung. Denn soviel ist nach der Entstehungsgeschichte und dem Wortlaut der R. Gew. O. als feststehend anzunehmen, daß Nachbarrechte nicht zu den auf besonderen privatrechtlichen Titeln beruhenden Rechten gehören und daß ferner auf sie die beschränkenden Vorschriften des § 26 Anwendung finden. Um eine dem Nachbarrecht entspringende Befugniß handelt es sich aber nach dem hierfür entscheidenden Preuß. Recht im gegebenen Falle. Kläger stützt seinen Anspruch sowohl auf das Allg. L. R. Th. II T. 15 § 246, als auf das Gesetz vom 28. Februar 1843 (Gesetz-Sammlung S. 41). Der § 246 bestimmt: „Einer schon vorhandenen Mühle darf ein Nachbar, durch dessen Grundstücke das zu ihrem Betriebe nöthige Wasser fließt, dasselbe nicht entziehen" (Th. I T. 22 § 3). Der Wortlaut dieser Vorschrift weist deutlich darauf hin, daß sie eine gesetzliche Eigenthumsbeschränkung des oberhalb liegenden Uferbesitzers zum Vortheil des unterhalb liegenden Nachbars statuiren will, mag man den Begriff eines „Nachbars" auf den unmittelbar angrenzenden oder auf einen entfernteren Uferbesitzer beziehen (vergl. Entsch. des Ob. Trib. Bd. LXI S. 28; Striethorst, Archiv Bd. LXXI S. 257). Ebensowenig kann es einem Bedenken unterliegen, daß auch durch das Gesetz vom 28. Februar 1843 (§§ 1, 13, 16, 17) das Rechtsverhältniß in Betreff der Wassernutzung durch benachbarte Grundstückbesitzer geregelt werden sollte. Daß im vorliegenden Falle dem Kläger weitere, z. B. auf Privilegium sich stützende Rechte auf die Wasserkraft des D.-Baches zustehen, läßt sich aus seinen Anführungen nicht entnehmen. Es ist deshalb bei Entscheidung der Sache davon auszugehen, daß Kläger zwar seinen Anspruch im Rechtswege, jedoch nur mit der durch den § 26 der R. Gew. O. gegebenen Beschränkung geltend machen kann. Er darf also, wie der B. R. mit Recht annimmt, nicht auf Einstellung des Gewerbebetriebes der Beklagten, wohl aber auf Herstellung von Einrichtungen, welche die benachtheiligende Einwirkung ausschließen, klagen. Ob der B. R. dies verkennt und die zweite Eventualität überhaupt ausschließen will, läßt sich nicht deutlich aus den Entscheidungsgründen ersehen.

Die Bemerkung, daß Kläger nicht eine Abänderung der Anlage oder eine Einschränkung in der Benutzung seitens der Beklagten fordern darf, scheint dem richtigen Verständniß des Gesetzes nicht zu entsprechen. Wenn der B. R. weiter sagt, daß eine Einschränkung der Benutzung, wie die vom Kläger geforderte, der Wirkung einer Beseitigung der konzessionirten Neuanlage „fast" gleichkommen würde, so muß daraus gefolgert werden, daß die gedachte Wirkung nicht ganz eintreten würde. Ueberdies unterliegt diese Feststellung des B. R. prozessualen Bedenken, da kein Grund für sie angegeben und also nicht ersichtlich ist, ob der B. R. sie auf irgend welche nicht angegebene Parteierklärungen oder auf eine Beweisaufnahme stützt (C. P. O. § 259). Die Sache erscheint deshalb zur Entscheidung darüber, ob Kläger die ihm durch den § 26 der R. Gew. O. gesteckten Grenzen überschreitet, noch nicht reif.

Der weitere, und zwar beide Ansprüche des Klägers treffende Entscheidungsgrund, daß die Klage mangelhaft substanziirt sei, kann ebenfalls nicht für zutreffend erachtet werden. Die Frage, ob die von einer Partei aufgestellten Behauptungen den Thatbestand eines Gesetzes erfüllen, betrifft die Rechtsanwendung und unterliegt deshalb der Nachprüfung in jetziger Instanz. Hier handelt es sich darum, ob der Gebrauch, welchen die Beklagten von dem Wasser des D.-Baches machen, den Rechten des Klägers aus dem Allg. L. R. Th. II T. 15 § 246 und dem Gesetz vom 28. Februar 1843 widerspricht. Um insbesondere darzuthun, daß die Bedingungen des § 16 b letztgedachten Gesetzes vorliegen, muß Kläger beweisen, a) daß seine Mühle schon 1843 bestanden hat — hierüber waltet kein Streit unter den Parteien ob —; b) daß ihm das zum Betriebe im bisherigen (das heißt: 1843 bestehenden) Umfange nothwendige Wasser entzogen wird.

Für den Umfang des Betriebes zu der maßgebenden Zeit sind, wie das Ob. Trib. (Entsch. Bd. XXXV S. 176 u. s. w.) mit Recht angenommen hat, zwei Faktoren von Bedeutung: die Leistungsfähigkeit der Mühle (Einrichtung derselben, Zahl der Gänge u. s. w.) und die Zeitdauer, während welcher gemahlen wird. In letzterer Beziehung scheint der B. R. keinen Mangel der „Substanziirung" rügen zu wollen. Es würde sich das auch angesichts der im Thatbestand aufgeführten Behauptungen des Klägers, „daß das Wasser 1843 ausgereicht habe, die Mühle das ganze Jahr zu treiben, daß sie auch damals in dieser Weise betrieben worden, dies aber jetzt nicht mehr möglich sei", nicht rechtfertigen lassen. In Betreff der Leistungsfähigkeit der Mühle fehlen allerdings, wie der B. R. hervorhebt, nähere Angaben. Erwägt man jedoch, daß seitens der Beklagten in dieser Beziehung Bedenken nicht angeregt sind, daß insbesondere eine Aenderung in der Leistungsfähigkeit seit 1843 nicht behauptet ist, so muß man der Ausführung des Revisionsklägers beistimmen, daß der B. R. davon ausgehen mußte, es sei eine Aenderung nicht eingetreten. Jedenfalls war aber der B. R. nach § 130 der C. P. O. verpflichtet, wenn er in dieser Beziehung Bedenken hatte, von dem Fragerecht Gebrauch zu machen. Die jetzt getroffene Entscheidung enthält thatsächlich nur eine Abweisung in angebrachter Art. Kläger würde mit der Behauptung, daß keine Aenderung eingetreten sei, auf's neue klagen können. Die C. P. O hat aber gerade die Möglichkeit, daß in solcher Weise Prozesse vervielfältigt werden, ausschließen wollen.

Hinsichtlich der zweiten Klageforderung, Beseitigung des Karpfenteiches, erkennt der B. R. an, daß der Rechtsweg mit voller Wirkung zulässig ist. Wenn er als Grund der mangelnden „Substanziirung" anführt, daß Kläger eine Einschränkung in der Benutzung der Mühlenanlage nicht fordern dürfe, so erledigt sich dies Bedenken durch das oben Gesagte. Auch der zweite Grund des B. R. kann nicht für zutreffend erachtet werden. Wenn man auch die Anführungen des Klägers so, wie es seitens des B. R. geschieht, verstehen will, so liegt doch in der Behauptung, daß die Wasserentziehung durch das Stauwerk der Mühle und den Karpfenteich bewirkt wird, deutlich ausgesprochen, daß zwei Faktoren zu der Beschädigung des Klägers beitragen. Und es ist nicht erfindlich, weshalb dem Kläger verwehrt sein sollte, die Beseitigung des einen Faktors (des Karpfenteiches) zu verlangen, wenn ihm auch das Recht fehlt, die Beseitigung des andern zu fordern."

4. Reichs-Konkursordnung.

165. **Vorzugsrecht des Vermiethers auf den Erlös aus den durch den Konkursverwalter verkauften Illaten. Form der Geltendmachung dieses Anspruches** (R.Konk.O. §§ 40, 4; 117; C.P.O. § 710). **Persönliche Verpflichtung des Konkursverwalters zur Erklärung auf geltend gemachte Absonderungsansprüche und für die Unterlassung weiterer Schritte des Absonderungsberechtigten, wenn Ersterer diese Ansprüche anerkannte** (R.Konk.O. §§ 3, 117; C.P.O. § 710; Code civil art. 1383). Urth. des II. Civilsenats vom 19. Mai 1885 in Sachen verw. H. zu B., Klägerin und Revisionsklägerin, wider S. das., Beklagten und Revisionsbeklagten. Vorinstanz: O.L.G. Köln. Aufhebung und Zurückverweisung.

Durch Miethvertrag vom 26. August 1876 hatte die Wittwe H. zu Barmen dem Kaufmann H. K. für die Zeit vom 1. Mai 1877 bis 1. Mai 1882 verschiedene Wohn- und Fabrikräume nebst Dampfkraft vermiethet für einen jährlichen Miethzins von 8820 ℳ, zahlbar in monatlichen Raten, wovon 4620 ℳ auf die Räume und 4200 ℳ auf die Dampfkraft fielen. K. schloß später mit dem Kaufmann E. B. eine offene Handelsgesellschaft unter der Firma K. & B., welche Firma in den Miethvertrag eintrat. Am 15. April 1880 wurde gegen diese Firma der Konkurs eröffnet und Rechtsanwalt S. zu B. zum Verwalter bestellt.

Einige Zeit vorher hatte Wittwe H. für einen rückständigen Miethzins von 4410 ℳ die eingebrachten Sachen der Firma K. & B. pfänden lassen, deren Zwangsverkauf jedoch nicht erfolgte, weil der Konkursverwalter, welcher den Miethvertrag nicht kündigte, sondern fortsetzte, aus Geldern, die er sich von der Firma Gebr. M. (einer Konkursgläubigerin) hatte vorschießen lassen, die rückständige Miethe zahlte. Aus gleichen Vorschüssen wurden die Miethzinse für die Monate April, Mai und Juni 1880 berichtigt, und die Quittungen lauteten dahin, daß die Zahlungen geleistet seien von den Gebr. M. durch den Konkursverwalter. Da der Miethzins für Juli 1880 nicht bezahlt wurde, erhob Wittwe H. im Oktober 1880 Klage gegen die Konkursmasse.

Durch in Rechtskraft erwachsenes Urtheil vom 3. Februar 1881 wurde die Konkursmasse verurtheilt, den Miethzins für den Monat Juli mit 735 ℳ zu zahlen, wurde ferner der Miethvertrag für aufgelöst erklärt und die Konkursmasse zu sofortiger Räumung und Schadensersatz verurtheilt. Als nun Wittwe H. vom Konkursverwalter Zahlung verlangte, erklärte dieser, daß Mittel in der Masse nicht mehr vorhanden seien.

Nunmehr erhob Wittwe H. die vorliegende Klage gegen den Konkursverwalter in eigenem Namen, indem sie Zahlung der ihr durch das Urtheil vom 3. Februar 1881 zugesprochenen Beträge verlangte. Als Schadensersatz beanspruchte sie (nach Art. 1760 des Bürgerl. G. B.) den Miethzins vom 1. August 1880 bis 1. Mai 1881, d. h. bis zur Wiedervermiethung, im Betrage von 6615 ℳ, also im ganzen 7350 ℳ mit Zins vom 12. Oktober 1880.

Zur Begründung der Klage machte sie geltend, daß zur Zeit der Konkurseröffnung laut des aufgenommenen Inventars sich in den vermietheten Räumen Sachen des Miethers im Werthe von 31 569,91 ℳ befunden hätten, an denen ihr als Vermietherin ein Absonderungsrecht zugestanden habe. Zur Wahrung dieses Absonderungsrechtes hätte der Konkursverwalter den Erlös jener Sachen verwenden bezw. vorbehalten müssen, und da er dies schuldvoll unterlassen, auch bei ordnungsmäßiger Verwerthung der Sachen der Erlös zur Deckung der Klägerin jedenfalls hingereicht haben würde, so sei Beklagter persönlich verpflichtet, für die Zahlung einzustehen.

Von Seiten des Beklagten wurde zunächst darauf hingewiesen, daß aus den fraglichen Sachen nur 9607,80 ℳ erlöst worden und hiervon jedenfalls die 6615 ℳ, welche die Firma Gebr. M. unter Subrogation in die Rechte der Vermietherin an diese gezahlt, in Abzug zu bringen seien; weiter aber wurde geltend gemacht, daß ganz ordnungsmäßig verfahren worden sei, indem zuerst Massekosten und Masseschulden, welche den Ansprüchen der Klägerin vorgingen, zu bezahlen gewesen seien, nach deren Abzug vom Erlöse in der That nichts übrig bleibe.

Das L. G. Elberfeld erließ am 28. Juni 1883 Vorabentscheidung nach § 276 der C. P. O., durch welche es den Beklagten verurtheilte, der Klägerin den Schaden zu ersetzen, welcher ihr dadurch entstanden sei, daß der Beklagte den Erlös aus den Invekten und Illaten, die sich zur Zeit der Konkurseröffnung in den vermietheten Räumen befanden, zur Befriedigung der der Klägerin aus dem Miethvertrage zustehenden Ansprüche nicht zurückbehalten habe. Gegen dieses Urtheil legte der Beklagte Berufung ein. Durch Urtheil des O.L.G. Köln vom 8. November 1884 wurde unter Aufhebung des erstrichterlichen Urtheils die Klage abgewiesen.

In den Gründen ist im wesentlichen erörtert: „Was die Frage betreffe, ob die Behauptung, daß der Beklagte auch wegen Verletzung der Rechte der Klägerin als Massegläubigerin zu Schadensersatz verpflichtet sei, eine unzulässige Klagänderung enthalte, so sei hervorzuheben, daß überhaupt ein von dem ursprünglichen Klagantrage abweichender Antrag nicht gestellt worden sei, daher auch von einer Klagänderung nicht die Rede sein könne. Es handele sich um eine veränderte Motivirung des ursprünglichen Antrages. Das Fundament der Klage bestehe lediglich darin, daß der Beklagte die Verpflichtung gehabt habe, den Erlös der Illaten zur Befriedigung der Klägerin zurückzubehalten, und dieser Verpflichtung nicht nachgekommen sei. Ueber diesen Klaganspruch allein sei erkannt. In der Berufungsinstanz sei nur Verwerfung der erhobenen Berufung, nicht aber eventuell die Zuerkennung desjenigen Schadens beantragt, welcher der Klägerin etwa dadurch entstanden sei, daß der Beklagte als Konkursverwalter die Bestimmung des § 53 der R.Konk.O. nicht beobachtet, d. h. die Massegläubiger, welche der Regel nach verhältnißmäßig zu befriedigen seien, nicht an den vorhandenen Aktivbeständen habe Theil nehmen lassen. Ein solcher Anspruch würde thatsächlich und rechtlich eine ganz andere Grundlage haben als der in der Klage erhobene. Allerdings sei geltend gemacht, daß auch der Anspruch der Klägerin als Massegläubigerin verletzt sei, allein lediglich in dem Sinne, daß ihr auch in dieser Eigenschaft wegen ihrer Miethforderung das beanspruchte ausschließliche Recht auf den Erlös der Illaten zukomme, so daß also in diesem Klaganspruche nur eine Verstärkung des ursprünglichen Klaganspruches betreffs seiner rechtlichen Begründung liege. Demnach sei der Einwand der Klagänderung gegenstandslos."

„Zur Sache stehe fest, daß der Miethvertrag vom 26. August 1876 nach Uebereinkunft zwischen der Vermietherin und dem Konkursverwalter nach der Konkurseröffnung für Rechnung der Konkursmasse fortgesetzt worden sei. Mit der Zahlung der bei der Konkurseröffnung rückständigen Miethzinsen sei das mit dieser Forderung verbundene Absonderungsrecht der Vermietherin (§ 41 Nr. 4 der R.Konk.O.) erloschen und habe § 117 der R.Konk.O. seine Anwendbarkeit verloren. Durch die Fortsetzung des Miethvertrages sei ein ganz anderes Rechtsverhältniß entstanden und die Vermietherin sei nunmehr Gläubigerin der Konkursmasse geworden und habe derselben so gegenüber gestanden wie einer Privatperson, an welche sie ihre Räume vermiethet hatte. Sie habe auch der Konkursmasse gegenüber das Privileg des Vermiethers auf die eingebrachten Sachen gehabt und sei befugt gewesen, die zur Wahrung desselben nöthigen Schritte zu thun (Art. 2102 Nr. 1 des Code civil). Habe sie aber letzteres unterlassen, so habe sie ihr Privileg verloren; einen Anspruch aber auf Entschädigung gegen den Miether, welcher seine Mobilien aus dem Miethlokale entferne, kenne das Gesetz nicht. Demnach stehe der Klägerin wegen der verminderten Sicherheit für ihre Miethforderung und die sonstigen aus dem Miethvertrage sich ergebenden Ansprüche in Folge des Verkaufes und der Entfernung der Maschinen ein Entschädigungsanspruch gegen die Masse oder deren Verwalter nicht zu."

„Was die Behauptung betreffe, daß der Beklagte versprochen habe, die Miethe solle auf Heller und Pfennig bezahlt werden, so sei dieses Versprechen nicht als selbständiger Klagegrund aufgestellt; sofern aber dasselbe dennoch in Betracht zu ziehen sein sollte, würde dasselbe nur dahin verstanden werden können, daß die Zahlung aus den Beständen der Masse erfolgen solle. Eine persönliche Verpflichtung des Beklagten würde aus einem derartigen Versprechen nur dann hergeleitet werden können, wenn die Klägerin durch dasselbe abgehalten worden wäre, ihr Recht auf Beschlagnahme der eingebrachten Sachen in Ausführung zu bringen; allein eine solche Behauptung sei nicht aufgestellt, würde auch mit dem Systeme der Klägerin, daß eine Beschlagnahme nicht nöthig gewesen sei, in Widerspruch treten. Bei Mangel jeden Kausalzusammenhanges sei daher der anerbotene Beweis als unerheblich zu erachten."

„Die Klage sei daher so, wie sie angestellt sei, abzuweisen. Sofern die Klägerin glauben sollte, auf den Umstand eine Schadensforderung stützen zu können, daß der Beklagte ihre Ansprüche als einfache Massegläubigerin gegenüber den] anderen Massegläubigern und den Massekosten bei Verwendung der Aktivmasse nicht genügend berücksichtigt habe (§ 53 der R. Konk. O.), bleibe eine desfallsige Klage, als auf einem anderen Grunde beruhend, unbenommen."

„Das O.L.G. erkennt an, daß die Klägerin für ihre Forderung an die Konkursmasse ein Vorzugsrecht nach Art. 2102 Ziff. 1 Code civil, beziehungsweise § 40 Ziff. 4 der R. Konk. O. (vgl. Preuß. Ausführungsgesetz zur R.Konk.O. vom 6. März 1879 § 7) am Preise der eingebrachten Sachen des Miethers hätte geltend machen können, ist aber der Ansicht, daß sie dieses Rechts verlustig geworden sei, weil sie es nicht in der allein zulässigen Weise durch Pfändung, beziehungsweise Ausübung des durch Art. 2102 a. a. O. gewährten Vindikationsrechtes rechtzeitig geltend gemacht habe. Letztere Ansicht ist rechtsirrthümlich.

Allerdings ist richtig, daß das Vorzugsrecht des Art. 2102 a. a. O. verloren geht, wenn die eingebrachten Sachen aus dem Miethlokale weggeschafft werden und der Vermiether versäumt, sein Vindikationsrecht rechtzeitig auszuüben; es entspricht dies sowohl dem Sinne des Art. 2102 Ziff. 1 a. a. O. als des § 40 Ziff. 4 der R. Konk. O., beziehungsweise des § 7 des Ausführungsgesetzes zu derselben. Allein nicht anzuerkennen ist, daß fragliches Vorzugsrecht auch dann verwirkt werde, wenn der Konkursverwalter als solcher den Verkauf der eingebrachten Sachen vorgenommen und dieselben den Käufern ausgehändigt hat.

Es kann dahingestellt bleiben, ob nicht auch nach den Prinzipien des französischen Rechtes der Vermiether, ebenso wie im Falle, wo die eingebrachten Sachen des Miethers von einem anderen Gläubiger gepfändet und verkauft wurden (vgl. Art. 608 Code de proc.), auch im Falle, wo ein gesetzlich bestellter Vermögensverwalter im Namen und im Interesse aller Gläubiger den Verkauf vornimmt, befugt sei, sein Vorzugsrecht ohne weiteres auf den Erlös geltend zu machen (vgl. Aubry & Rau Bd. II S. 616); jedenfalls erscheint dies dem Sinne der R. Konk. O. entsprechend.

§ 117 der R. Konk. O. erklärt den Verwalter berechtigt, die zur Masse gehörigen beweglichen Gegenstände, an welchen ein Gläubiger ein Faustpfandrecht oder ein diesem gleichgestelltes Recht beansprucht, zu verwerthen, und verfügt weiter, daß der betreffende Gläubiger sein bezügliches Recht nur auf den Erlös geltend machen dürfe. Das Gesetz spricht hier ganz allgemein und unterscheidet nicht, ob es ein gewöhnlicher Gläubiger oder ein Massegläubiger ist, welcher das in Frage stehende Recht beansprucht.

Wenn es nun auch richtig ist, daß dem Massegläubiger zufolge seiner besonderen Stellung der Konkursmasse gegenüber in Verfolgung seiner Ansprüche an dieselbe stärkere Rechte zustehen, als einem einfach absonderungsberechtigten Konkursgläubiger, er also nicht gehindert ist, Gegenstände der Masse zu pfänden und versteigern zu lassen, so kann doch kein Zweifel bestehen, daß, wenn er von diesem besonderen Rechte keinen Gebrauch macht, vielmehr die Verwerthung durch den Konkursverwalter geschehen läßt, ihm im Sinne des Gesetzes, ebenso wie dem einfachen Absonderungsberechtigten, das Recht zusteht, seine Ansprüche auf bevorzugte Befriedigung am Erlöse geltend zu machen. Ferner kann nicht zweifelhaft sein, daß zur Geltendmachung eines solchen Anspruches, mag er nun einem Massegläubiger oder aber einem einfachen Absonderungsberechtigten zustehen, es genügt, daß entweder der Wille der Geltendmachung dem Konkursverwalter kundgegeben wird und dieser den Anspruch anerkennt, oder daß im Falle der Nichtanerkennung die Rechte auf den Erlös nach § 710 der C.P.O. im Wege der Klage verfolgt werden.

Hieraus ergiebt sich, daß es im vorliegenden Falle ganz gleichgültig ist, ob ein Absonderungsrecht im Sinne der Konkursordnung oder aber ein Vorzugsrecht im Sinne des Art. 2102 Ziff. 1 Code civil in Frage steht, wie denn auch durch § 7 des Preuß. Ausführungsgesetzes zur R.Konk.O. beide Rechte gleichgestellt sind.

Nach vorstehenden Erörterungen ist das angefochtene Urtheil als auf Verletzung revisibler Rechtsnormen beruhend aufzuheben; in der Sache selbst aber kann noch nicht erkannt werden, da die hierzu erforderliche thatsächliche Feststellung fehlt.

Der Beklagte soll nämlich persönlich haftbar gemacht werden, weil er ohne Berücksichtigung des Anspruches der Klägerin auf bevorzugte Befriedigung aus dem Erlöse der eingebrachten Sachen des Miethers diesen Erlös anderweit verwendet habe. Nach den Prinzipien der R.Konk.O. ist der Konkursverwalter nicht verpflichtet, Absonderungsrechte, deren Geltendmachung im wesentlichen außerhalb des Konkurses stattfindet (R.Konk.O. § 3), von Amtswegen zu berücksichtigen.

Das Gesetz spricht überall (§§ 3, 117 a. a. O.) nur vom Falle, wo das Absonderungsrecht beansprucht, beziehungsweise geltend gemacht wird, und in den Motiven zu § 3 a. a. O. ist ausdrücklich erklärt, daß das Gesetz in Abweichung von der Preußischen Konk. O. davon ausgehe, es sei das Absonderungsrecht nicht von Amtswegen, sondern nur, wenn ein bezüglicher Anspruch erhoben worden, zu berücksichtigen.

Die nämlichen Prinzipien müssen auch gelten in Fällen, wo der Anspruch auf vorzugsweise Befriedigung wegen eines Faustpfand- oder diesem gleichgestellten Rechtes einem Massegläubiger zusteht; es liegt durchaus kein Grund vor, hier von dem Grundsatze, daß ein solches Vorzugsrecht nur berücksichtigt werden könne, wenn es geltend gemacht wird, eine Ausnahme zu machen. Hieraus ergiebt sich für den vorliegenden Fall, daß der Beklagte nicht lediglich deshalb persönlich verantwortlich gemacht werden kann, weil er das der Klägerin zustehende Vorzugsrecht nicht berücksichtigte, obgleich es ihm bekannt war, daß vielmehr zu prüfen ist, ob dieses Vorzugsrecht in dem oben erörterten Sinne geltend gemacht worden sei. Dabei ist zu beachten, daß, wenn die Klägerin ihren Willen, bevorzugte Befriedigung aus dem Erlöse der eingebrachten Sachen auf Grund ihrer Eigenschaft als Vermietherin zu verlangen, dem Beklagten kundgegeben hatte, es Pflicht desselben war, sich darüber zu erklären, ob er das beanspruchte Recht anerkenne oder nicht, und daß, wenn er durch sein Verhalten die Klägerin in den Glauben versetzte, es werde das beanspruchte Recht nicht beanstandet, und sie hierdurch veranlaßte, weitere Schritte zur Geltendmachung desselben nach § 710 a. a. O. zu unterlassen, er unter Umständen auch hierfür verantwortlich gemacht werden kann (B. G. B. Art. 1383). Von diesem Standpunkte aus ist die Sachlage noch nicht erörtert und geprüft. Bei der neuerlichen Beurtheilung wird namentlich auch die Behauptung der Klägerin, daß auf die von ihr geäußerte Besorgniß betreffs ihrer Befriedigung der Beklagte erklärt habe, die Miethe werde auf Heller und Pfennig bezahlt werden, unter den sich ergebenden neuen Gesichtspunkten zu würdigen sein. Das O. L. G. wird zu prüfen haben, ob etwa in der bezüglichen Aeußerung der Klägerin (die allerdings bis jetzt nicht näher artikulirt ist) der Wille, das besagte Recht auf vorzugsweise Befriedigung geltend zu machen, und in der Erwiderung des Beklagten die Anerkennung dieses Rechts gefunden werden könne; ferner ob nicht wenigstens der Beklagte dafür verantwortlich zu machen ist, daß er durch besagte Erklärung die Klägerin veranlaßte, weitere Schritte zur Geltendmachung ihres Rechts in der Weise, wie oben erörtert, zu unterlassen."

166. 1) Zulässigkeit der Geltendmachung einer Forderung des Mitverpflichteten an den Gemeinschuldner, abgesehen vom Konkurse und

nach demselben, aus Zahlungen, welche der Mitverpflichtete für im Auftrage seines Auftraggebers, des Gemeinschuldners, übernommene Verpflichtungen nach Eröffnung des Konkurses über diesen Auftraggeber geleistet hat (§§ 61, 2, 54, 60, 66, 88, 142 der R. Konk. O.). 2) **Aufhören der Verbindlichkeit, bei der Einlösung der Accepte eines Anderen in Vorschuß zu gehen, sowie der Acceptant in Konkurs verfällt** (§ 15 der R. Konk. O.). Urth. des I. Civilsenats vom 9. Mai 1885 in Sachen der Aktiengesellschaft W.'sche Papierfabriken zu H., Beklagten und Revisionsklägerin, wider die Firma A. J. & Co. zu H., Klägerin und Revisionsbeklagte. Vorinstanz: O. L. G. Hamburg. Verwerfung.

Der beklagten Aktiengesellschaft war von der Firma A. J. & Co. in der Weise ein Kredit gewährt worden, daß Letztere der Ersteren gestattete, Wechsel auf sie zu ziehen, welche sie acceptirte. Darüber wird unter den Parteien gestritten, ob nach diesem Kreditverhältnisse die Beklagte der Firma A. J. & Co. gegenüber verpflichtet war, zur Verfallzeit die Wechsel zu decken oder ob A. J. & Co. auch noch mit der Einlösung in Vorschuß zu gehen hatte. Im Jahre 1882 gerieth die Beklagte in Konkurs. Die Firma A. J. & Co. sah sich hierdurch auch zur Zahlungseinstellung genöthigt, wandte aber ihren Konkurs durch vereinbarungsmäßige Einräumung einer Vermögensverwaltung an ihre Gläubiger ab. In Folge jenes Kreditverhältnisses von der Beklagten auf A. J. & Co. gezogene und von dieser Firma acceptirte Wechsel wurden in Höhe von 141 500 ℳ zuzüglich 546,55 ℳ Ricambiospesen von dritten Inhabern sowohl gegen die Beklagte wie gegen A. J. & Co. geltend gemacht. Von der Beklagten, deren Konkurs durch einen Zwangsvergleich beendigt wurde, erhielten die Wechselgläubiger Befriedigung nach Maßgabe dieses Vergleiches und aus der klägerischen Masse eine Quote von 11 363,72 ℳ. Klägerin hat nun auf Grund ihres mit der Beklagten bestandenen Vertragsverhältnisses von dieser die Erstattung des von ihr gezahlten Betrages, abzüglich einer Gegenforderung, mit Rest 4270,27 ℳ nach Maßgabe des Zwangsvergleiches, wonach Beklagte 40 % baar und 60 % in neuen Aktien zahlen sollte, von der Beklagten klagend begehrt. Diese hat Abweisung der Klage beantragt, weil sie auf die fraglichen Wechselforderungen einmal die Akkorddividende ihres vollen Nominalbetrages gezahlt habe und eine zweifache Zahlung ihr nicht obliegen könne. Die Vorinstanzen haben verurtheilt.

Das B. G. unterstellt für das Kreditverhältniß der Parteien einen Inhalt, nach welchem die Beklagte für die Wechsel, welche Klägerin lediglich für Rechnung der Beklagten ohne Deckung acceptirt hatte, zur Zeit ihrer Fälligkeit die Deckung selbst zu leisten, also die Befreiung der Klägerin herbeizuführen verpflichtet war, so daß Klägerin nicht auch noch mit der Einlösung in Vorschuß zu gehen eine Verbindlichkeit gegen die Beklagte hatte.

Zu 1. „Die auf dieser Grundlage getroffene Entscheidung, daß die später in Konkurs verfallene und zum Zwangsvergleich verstattete Beklagte ohne Rücksicht darauf, ob sie auf die Wechsel an deren dritte Inhaber schon die Akkorddividende, berechnet von dem ganzen Betrage der Wechselforderungen, einmal bezahlt habe, der Klägerin noch für deren nach der Konkurseröffnung an die Wechselgläubiger geleistete Zahlungen aus dem Auftragsverhältnisse die Akkorddividende zu zahlen habe, erscheint zutreffend. Auch wenn man mit dem Urtheil des Zweiten Civilsenats des R.G. v. 24. April 1883" (Annalen Bd. VIII S. 74; Entsch. Bd. IX S. 75 fg.) „entgegen dem Urtheil des Ersten Civilsenats des R.G. v. 29. Oktober 1881" (Annalen Bd. IV S. 512; Entsch. Bd. VII S. 80 fg.) „annehmen wollte, daß innerhalb des Bereiches der R. Konk. O. im Konkurse selbst eine Liquidation des Ersatz- oder Befreiungsanspruches des Mitverpflichteten, der noch nicht gezahlt hat, neben der Liquidation des Gläubigers ausgeschlossen sei, so wäre doch die Entscheidung dieser Frage nicht präjudiziell dafür, ob eine solche Forderung des Mitverpflichteten nicht abgesehen vom Konkurse und nach demselben gegen den Gemeinschuldner geltend gemacht werden kann. Es läßt sich denken, daß im Interesse der Konkursgläubiger bei der zum Konkurse zu ziehenden Vermögensmasse für eine unter Bürgschaften oder sonstigen Mitverpflichtungen begründete Forderung nur einmal der Betrag der Forderung, sei es vom Gläubiger oder von einem Mitverpflichteten, insoweit er den Gläubiger bereits bezahlt hat, für hebungsberechtigt erachtet wird. Dies ist im französischen Fallimentsgesetze von 1838 Art. 544 Abs. 2 angeordnet und war in den §§ 86, 87 der preußischen Konk. O. vom 8. Mai 1855 ausgesprochen. Richtig ist ferner, daß nach § 61 der R. Konk. O. eine Forderung, für welche mehrere Verpflichtete haften, im Konkurse eines Verpflichteten zu ihrer vollen zur Zeit der Konkurseröffnung bestehenden Höhe, ohne Rücksicht auf etwaige fernerhin von Mitverpflichteten erfolgende Zahlungen, bis zur vollen Befriedigung sowohl bei der Ausschüttung wie in Folge eines Zwangsvergleiches dividendenberechtigt ist.

Allein aus dem ersteren vermeintlichen und dem zweiten unzweifelhaften konkursrechtlichen Satze folgt nichts, worauf sich ein Verlust des Rechts des Mitverpflichteten, für die von ihm nach Eröffnung des Konkurses über seinen Auftraggeber in Folge seiner im Auftrage desselben eingegangenen Verpflichtung geleisteten Zahlungen außerhalb jenes Konkurses und nach Erledigung desselben vom Auftraggeber Erstattung zu verlangen, gründen ließe. Sätze des Inhalts, daß der Mitverpflichtete zurückstehen müsse, wenn der Gläubiger mit der vollen Forderung berücksichtigt werde, und daß auf ein und dieselbe Schuld, möge sie auch durch Verstärkungen mittels im Auftrage des Schuldners eingegangener Mitverpflichtungen qualifizirt sein, der Schuldner nur einmal zu leisten habe, mögen sich vielleicht für die Aufgabe der Vertheilung der Konkursmasse rechtfertigen lassen. Darüber hinaus haben sie keinen Anspruch auf Richtigkeit.

Es handelt sich gar nicht um eine und dieselbe Schuld, auf welche doppelte Zahlung zu leisten wäre. Der Gemeinschuldner ist für einen und denselben ökonomischen Effekt zwei Verpflichtungen eingegangen, eine gegen den dritten Wechselgläubiger auf Zahlung der Wechsel und eine gegen denjenigen, der sich in seinem Auftrage durch Mitunterschrift der Wechsel verpflichtete, auf Liberirung desselben, beziehentlich auf Ersatz alles desjenigen, was dieser in Folge der Verpflichtung würde zahlen müssen. Nur insoweit der Gemeinschuldner dem Wechselgläubiger eine solche Zahlung leistet, daß danach der Mitverpflichtete liberirt wird, kommt er seiner Verbindlichkeit gegen den Mitverpflichteten nach, nicht aber dadurch, daß er dem Gläubiger auf die ganze Forderung die konkursmäßige Dividende zahlt.

Ebenso abwegig wäre die Auffassung, der Mitverpflichtete habe durch seine erst nach der Konkurseröffnung geleisteten Zahlungen dem Gemeinschuldner nichts genützt, da er trotz jener Zahlungen doch die Akkorddividende auf die ganze Wechselforderung an den Wechselgläubiger zahlen müsse und dieselbe auch nur einmal zu zahlen gebraucht hätte, wenn der Mitverpflichtete die ganze Wechselforderung eingelöst hätte: Dem Mitverpflichteten liegt keine Verbindlichkeit ob, die Wechsel statt des Gemeinschuldners zu dem Zwecke einzulösen, damit dieser mit Zahlung einer einmaligen Dividende auf den Betrag der Wechsel sich aus dem ganzen Verhältnisse herausbringen kann und der Ausfall für die ganze Forderung ihn, den Einlösenden, selbst trifft. Der Vortheil, daß der Wechselgläubiger nicht ihn wegen der ganzen Wechselforderung, sondern zum Theil den Gemeinschuldner selbst in Anspruch nimmt, mag er auch auf Willkür oder Zufall beruhen, ist für ihn ein durchaus legitimer. Er hat vom Gemeinschuldner Ersatz zu fordern, weil und soweit ihm seine für denselben eingegangene Verpflichtung Aufwendungen auferlegt, ohne Rücksicht darauf, welche Aufwendungen er dem Gemeinschuldner in dessen Beziehung zum Wechselgläubiger — in Rücksicht auf die durch den Konkurs eingetretene Veränderung — hierdurch erspart. Der Gesichtspunkt, daß in Folge des Konkurses der Gemeinschuldner ohne Zahlung des vollen Betrages seiner Schuld durch eine bloße Dividende dem Gläubiger gegenüber davonzukommen vermag, kann in das materielle Rechtsverhältniß des Gemeinschuldners zu dem in seinem Auftrage in die Mitverpflichtung Getretenen nicht hineingetragen werden, und ebensowenig kann es für dieses Rechtsverhältniß von Belang sein, daß im Interesse des Gläubigers für eine Forderung, für welche Mitverpflichtete vorhanden sind, behufs der Dividendenberechtigung die Betragshöhe im Zeitpunkte der Konkurseröffnung vom Gesetze für maßgebend erachtet ist. Gewiß kann demnach, je nach der Entschließung des Gläubigers, ob er blos den Mitverpflichteten oder den zum Zwangsvergleich zugelassenen Gemeinschuldner und daneben den Mitverpflichteten in Anspruch nimmt, der Gemeinschuldner bald mehr bald weniger an Dividende zu zahlen haben. Allein das Gesetz verbindet den Mitverpflichteten nicht zu Handlungen, durch welche diese Zahlungspflicht auf das Maß einer einmaligen Dividende des Forderungsbetrages festgesetzt wird, noch entzieht es ihm gegen den Schuldner selbst das Recht der Erstattung seiner Theilzahlungen, insoweit ein solches nach materiellem Recht begründet ist.

Es kann deshalb dahingestellt bleiben, ob die auf voller Absichtlichkeit und der Tendenz, vom bisherigen Rechtszustande abzuweichen, beruhende Nichtaufnahme einer den Vorschriften des französischen und preußischen Konkursgesetzes entsprechenden Bestimmung über das Liquidiren für mit Bürgschaften oder sonstigen Mitverpflichtungen versehene Forderungen im Konkurse in das Reichsgesetz in der Weise ignorirt werden durfte, wie es der Zweite Civilsenat des R.G. in dem angezogenen Urtheil gethan hat, und ob, selbst wenn man dies für zutreffend erachten wollte, die Gesichtspunkte richtig sind, aus denen in jenem Urtheil trotz des Mangels entsprechender Vorschriften für die R. Konk. O. die gleichen Grundsätze in Bezug auf solches Liquidiren hergeleitet werden, wie sie nach den bereits berührten früheren Konkursgesetzen auf Grund ausdrücklicher Vorschriften galten. Das gedachte Urtheil schränkt offensichtlich seine Ergebnisse auf die Rechtsstellung des Mitverpflichteten innerhalb des Konkurses ein und begründet diese Ergebnisse durch Erörterungen über das Verhältniß des Mitverpflichteten zur Konkursmasse des Schuldners, welches von dem Verhältniß desselben zur Person des Schuldners sichtbar geschieden wird. Daraus, daß, wenn das Ergebniß, welches jenes Urtheil zieht, richtig ist, dem Mitverpflichteten wegen seines Anspruches kein Stimmrecht bei dem Beschluß über den Zwangsvergleich zusteht, folgt natürlich nicht, daß nicht derselbe für seine Aufwendungen von dem Gemeinschuldner Erstattung nach Maßgabe des Prozentsatzes des auch ihn bindenden Zwangsvergleiches fordern darf. Wenn das angezogene Urtheil des Ersten Civilsenats des R.G. bei Beurtheilung eines dem jetzt vorliegenden entsprechenden Falles seinen Ausgangspunkt von der Erörterung, ob der Anspruch des Mitverpflichteten im Konkurse zu berücksichtigen sei, genommen hat, so ist dies doch nur unter schließlicher Hervorhebung, daß auch aus einer durch das Gesetz vorgeschriebenen Nichtberücksichtigung dieses Anspruches im Konkurse nicht das Erlöschen des Anspruches des Mitverpflichteten gegen den Gemeinschuldner in Folge Zahlung der Akkorddividende seitens des Letzteren auf die Forderung an den Gläubiger folgen würde, geschehen." (Entscheidungen Band VII Seite 83.) Jener Ausgangspunkt wurde deshalb gewählt, weil allerdings insbesondere in der französischen Praxis eine solche Konsequenz aus der ausdrücklichen Vorschrift des Gesetzes, daß bei einer Forderung mit coobligés und Bürgen die Forderung immer nur einmal liquidirt werden könne, und der Stellung dieser Vorschrift innerhalb des entsprechenden Fallimentsgesetzes gezogen worden ist. Daß jedenfalls in dieser Richtung — der der Unzulässigkeit solcher Konsequenz — der Mangel einer ausdrücklichen entsprechenden Vorschrift in der R. Konk. O. von Erheblichkeit ist, dies wird in dem Urtheil des Zweiten Civilsenats nicht in Abrede gestellt. Es lag demnach eine Veranlassung zur Verweisung der Sache vor die Vereinigten Civilsenate des R. G. gemäß § 137 des G.V.G. nicht vor."

Zu 2. „Die Revision hat nun allerdings auch die Unterstellung des B.G., daß nach dem vorliegenden Kreditvertrage Beklagte der Klägerin zur Deckung der Wechsel zur Verfallzeit verbunden und Letztere zur vorschußweisen Bezahlung derselben nicht verpflichtet gewesen wäre, angegriffen. In dieser Beziehung ist aber zunächst zu bemerken, daß die Scheidung, welche das B. G. in Betreff der hier in Betracht kommenden Wirkungen je nach Unterstellung des einen oder anderen Falles macht, nicht für begründet erachtet werden kann, wie sie denn in der That nur geeignet erschiene, Bedenken gegen die Richtigkeit des für den unterstellten Fall gezogenen Ergebnisses zu erregen. Auch wenn nach dem Kreditvertrage Klägerin verpflichtet war, die von ihr acceptirten Wechsel auch ohne Deckung zur Verfallzeit aus eigenen Mitteln einzulösen, so setzte das Verbleiben in dieser Verpflichtung, wie überhaupt die Fortsetzung des Kreditverhältnisses doch voraus, daß Beklagte im Zahlungsstande verblieb. Verfiel die Beklagte in Konkurs, so hörte damit die Verbindlichkeit der Klägerin der Beklagten gegenüber, noch mit den Zahlungen in Vorschuß zu gehen, also die Beklagte, beziehentlich deren Konkursmasse von den Ansprüchen Dritter aus den Wechseln zu befreien, während sie selbst für ihre zu diesem Zwecke zu machenden Aufwendungen nur die Konkursdividende zu erwarten hatte, auf. Dieser Vorbehalt der Nichtveränderung der Umstände des den Kredit Beanspruchenden liegt in der Natur eines solchen Kreditvertrages. Es ist derselbe Gesichtspunkt, von dem aus bei der einfachen Bürgschaft, obwohl der Regel nach der Bürge nicht, bevor er selbst auf Zahlung in Anspruch genommen ist, vom Hauptschuldner Befreiung fordern kann, dem Bürgen ein solches Recht schon vorher gewährt wird, wenn der Hauptschuldner seine Güter verschwendet oder in Vermögensverfall geräth. Vergl. Girtanner, Bürgschaft S. 529 fg.; Baumeister, Hamburger Privatrecht I S. 382. Es kann daher dahingestellt bleiben, ob nicht auch der § 15 der R.Konk.O. zu demselben Ergebniß führt. Klägerin hat, nachdem Beklagte in Konkurs verfallen, die Wechsel nicht, weil sie zu solcher Einlösung der Beklagten gegenüber verpflichtet gewesen, sondern weil sie vermöge ihrer Accepte, die sie im Auftrage der Beklagten geleistet, selbst den Wechselgläubigern haftbar war, bezahlt. Es kommt also auf die vom B.G. gemachte Unterscheidung, wenn man von den zur Erstattung gestellten Ricambiospesen absieht, nicht an. Es erscheint aber auch die Annahme des B.G., daß, wenn das Abkommen der Parteien nur den von Klägerin behaupteten Inhalt hatte, nämlich daß Klägerin den Auftrag erhielt, Wechsel der Beklagten zu acceptiren, damit diese sich dadurch Kredit verschaffe, sich daraus nach den natürlichen Verhältnissen die Pflicht der Beklagten, die Wechsel zur Verfallzeit selbst zu decken, ergebe und das bloße Bestreiten dieser Folge seitens der Beklagten ohne Belang sei, solange dieselbe nicht einen anderen Inhalt des Abkommens behaupte, durchaus nicht geeignet, einem Vorwurfe der Gesetzesverletzung zur Grundlage zu dienen."

5. Reichs-Anfechtungsgesetz vom 21. Juli 1879.

167. **In den Fällen des § 3 Ziff. 1 des Reichs-Anfechtungsgesetzes kann die Art der Befriedigung des einzelnen Gläubigers** (insbesondere **durch datio in solutum) den Beweis der Benachtheiligungsabsicht unterstützen oder darthun. Aber auch in diesen Fällen ist diese Absicht nicht zu vermuthen, sondern quaestio facti.** Urth. des I. Civilsenats vom 22. Mai 1885 in Sachen W. S. & Co. zu B., Beklagter, Widerklägerin und Revisionsklägerin, wider C. D. S. zu B., Kläger, Widerbeklagten und Revisionsbeklagten. Vorinstanz: O.L.G. Rostock. Verwerfung.

Der Kläger verlangt die Aufhebung einer Beschlagnahme des im Stadtbuche auf den Namen des Dampfschneidemühlenbesitzers H. L. eingetragenen, zu N. belegenen Grundstückes, welche am 12. Februar 1883 auf Antrag der Beklagten behufs der Zwangsvollstreckung für eine von dieser gegen den gedachten L. rechtskräftig erstrittenen Forderung ad 4662 ℳ vom A.G. Neubrandenburg verfügt ist. Es handelt sich daher zunächst:

1) um die Frage, ob das B.G. in Uebereinstimmung mit der ersten Instanz mit Recht angenommen hat, daß dem Kläger, obwohl zur Zeit der Beschlagnahme die bei der Stadtbuchbehörde beantragte Verlassung an den Kläger noch nicht

erfolgt und der gedachte L. noch Eigenthümer des Grundstückes war, auf Grund des ihm von L. unstreitig bereits übertragenen Besitzes und des ihm zustehenden Publicianischen Rechts an dem Grundstücke die Befugniß zusteht, der Zwangsvollstreckung zu widersprechen. Diese Frage ist aber von den vorigen Richtern — wie das R.G. annimmt — ganz richtig nach dem in Mecklenburg dieserhalb geltenden Partikularrechte beurtheilt und entschieden, auf dessen etwaige Verletzung daher nach § 511 der C.P.O. die Revision nicht gestützt werden kann. Außerdem würde — wie das R.G. bemerkt — der in Bezug genommenen Rechtsprechung des ehemaligen höchsten Mecklenburgischen Gerichtshofes nur beigetreten werden können und die nach Ansicht der Beklagten zu machende Unterscheidung, ob der zugreifende Gläubiger des Veräußerers eines Grundstückes von dessen Verkaufe und der dem Käufer zustehenden exceptio rei venditae et traditae Kenntniß gehabt habe oder nicht, als rechtlich unerheblich anzusehen sein. Sodann handelt es sich

2) darum, ob den vom B.G. adoptirten Ausführungen der ersten Instanz beizutreten ist, daß — die erhobene Widerklage anlangend — die von der Beklagten angefochtenen, zwischen dem Kläger und dem gedachten L. abgeschlossenen Rechtsgeschäfte nicht unentgeltliche Verfügungen im Sinne des § 3 Ziff. 3 des Reichs-Anfechtungsgesetzes vom 21. Juli 1879 seien. Auch diesen Ausführungen pflichtet das R.G. durchaus bei, da sie weder eine Verletzung dieses Gesetzes noch anderweitiger Rechtsnormen enthalten.

3) Die Revision hat gerügt, daß das B.G. sich einer Rechtsverletzung schuldig gemacht habe, indem es das Vorliegen der Voraussetzungen des § 3 Ziff. 1 des Reichs-Anfechtungsgesetzes, auf welche Bestimmung die Beklagte sich ferner berufen hat, verneint. Aber auch diese Rüge verwirft das R.G. aus folgenden Gründen.

„In Betreff dieser Bestimmung, nach welcher außerhalb des Konkurses zum Zwecke der Befriedigung eines Gläubigers als diesem gegenüber unwirksam angefochten werden können: „Rechtshandlungen, welche der Schuldner in der dem anderen Theile bekannten Absicht, seine Gläubiger zu benachtheiligen, vorgenommen hat," erkennt das B.G. zunächst an, daß die Möglichkeit eines bei dem Schuldner vorhandenen Benachtheiligungs-Dolus auch außerhalb des Konkursverfahrens gegeben sei, da objektiv eine Benachtheiligung bewirkt werde, wenn der zur Befriedigung sämmtlicher Gläubiger unfähige Schuldner durch Bezahlung einzelner Gläubiger seinen Vermögensstand derartig vermindere, daß die Exekutionsbefugnisse der übrigen Gläubiger dadurch beeinträchtigt werden. Mit Rücksicht darauf, daß aber andererseits außerhalb des Konkurses das Recht des Schuldners, einzelne Gläubiger vor anderen zu befriedigen, an sich vorhanden ist und daß selbst die nachweisbar vorliegende Absicht der Begünstigung eines einzelnen Gläubigers nicht unmittelbar vom Gesetze getroffen wird — wie auch bereits in den angezogenen Entscheidungen des R.G." (Annalen Bd. VIII S. 78, 162, 242; Bd. X S. 403, 446 und Entsch. Bd. X S. 7 und Bd. XI S. 177) „ausgesprochen ist —, erachtet das B.G. es für erforderlich, daß im einzelnen Falle nachgewiesen werde, der Schuldner habe „in der bewußten Absicht", seine Gläubiger oder einzelne derselben zu benachtheiligen, d. h. ihnen die zuständige Befriedigung aus seinem Vermögen zu entziehen, andere Gläubiger befriedigt. Dieser Ansicht kann nur beigetreten werden, da der vom B.G. gebrauchte Ausdruck „bewußte Absicht", aus welchem die Revision eine rechtsirrthümliche Auffassung des Gesetzes zu folgern sucht, füglich nur dahin verstanden werden kann, daß das B.G. damit andeuten will, der Schuldner müsse sich der Benachtheiligung anderer Gläubiger bewußt gewesen sein und mithin dieselbe auch gewollt haben.

Das B.G. verkennt dann auch gar nicht, daß für die zu fordernde Beweisführung die Art der Befriedigung des einzelnen Gläubigers ein unterstützendes Moment und im einzelnen Falle sogar ein schon für sich allein durchschlagendes Moment abgeben könne, namentlich auch der Umstand, daß die Befriedigung auf dem Wege der datio in solutum erfolgt ist. Es steht aber mit den vom B.G. angezogenen Entscheidungen des R.G." (in Entsch. Bd. XI S. 177 und Annalen Bd. VI S. 121) „durchaus im Einklange, wenn andererseits angenommen wird, daß auch in solchen Fällen die Benachtheiligungs-Absicht nicht präsumirt werde, sondern vielmehr jedesmal nach Maßgabe der besonderen Umstände des einzelnen Falles der richterlichen Feststellung bedürfe.

Wenn nun das B.G., indem es von diesen ganz richtigen Gesichtspunkten ausgeht, die allein von der Beklagten aufgestellte Behauptung, daß der gedachte L. durch Hingabe seines ganzen Vermögens an den Kläger zur Befriedigung seiner sonstigen Gläubiger sich außer Stand gesetzt und daß der Kläger von dieser Vermögenslage des L. und von dem Bestehen der Forderungen der Beklagten und des S. Kenntniß gehabt habe, als zur Substantiirung der erhobenen Anfechtungs-Widerklage nicht genügend erachtet, so kann dies als rechtsirrthümlich nicht angesehen werden. Die Entscheidung des II. Civilsenates des R.G. v. 17. März 1885 in Sachen Lackmann wider Rittershaus & Blecher" (Urtheile und Annalen Bd. I S. 447, 504), „auf welche die Beklagte sich beruft, steht hiermit nicht im Widerspruch, da dieselbe durch die besondere Bestimmung des Art. 2092 des B.G.B. für die Preußische Rheinprovinz motivirt ist, nach welcher das Vermögen des Schuldners das „gemeinschaftliche Unterpfand" seiner Gläubiger bildet. Ueberdies nimmt das B.G. als durch den Inhalt der Verhandlungen und das Resultat der Beweisaufnahme bewiesen an, daß die Auflösung des Gemeinschaftsverhältnisses und die damit verbundene Auseinandersetzung (zwecks deren Bewirkung L. dem Kläger sein Vermögen überlassen hat) von

Seiten des Klägers lediglich aus dem Grunde herbeigeführt ist, weil derselbe nach den gemachten Erfahrungen sich überzeugt hielt, daß eine Fortführung des Geschäfts durch L. noch weitere Vermögenseinbußen für ihn zur Folge haben werde, und daß L. seinerseits, welcher über den Verbleib erheblicher, von ihm für das Geschäft vereinnahmter Summen keine genügenden Nachweise geben konnte, sich veranlaßt gesehen hat, sich dem Willen des Klägers ohne weiteres zu unterwerfen, wogegen das B.G. für das Vorhandensein eines daneben bestehenden fraudulösen, auf eine Benachtheiligung der sonstigen Gläubiger des L. gerichteten Einverständnisses alle und jede Anhaltspunkte vermißt und mit Recht insbesondere auch die Art und Weise der Auflösung des Gemeinschaftsverhältnisses, da das Geschäft lediglich mit den Mitteln des Klägers eingerichtet war und betrieben wurde, mithin bei einer Auflösung desselben sämmtliche Aktiva des Geschäftes dem Kläger gebührten, für eine so natürliche und unverfängliche erachtet, daß sie auch nicht eine entfernte Anzeige für eine gemeinschaftliche Benachtheiligungs-Absicht der Paciscenten abzugeben vermöge. Während hieraus hervorgeht, daß das B.G. ganz richtig durch die von den Paciscenten zunächst verfolgten anderweitigen Absichten das gleichzeitige Vorliegen der Voraussetzung des § 3 sub 1 des Anfechtungsgesetzes an sich nicht für ausgeschlossen erachtet, berechtigt auch der von ihm gebrauchte Ausdruck, nach welchem ein auf eine Benachtheiligung der sonstigen Gläubiger des L. gerichtetes „Einverständniß" zwischen diesem und dem Kläger als Erforderniß der Anfechtung bezeichnet wird, keineswegs zu dem daraus entnommenen Vorwurfe der Beklagten, daß das B.G. in seinen Voraussetzungen für die Anfechtbarkeit über die Voraussetzungen des Gesetzes selbst hinausgehe, da der gedachte Ausdruck nicht wohl anders verstanden werden kann als dahin, daß die bei einer Rechtshandlung des Schuldners obwaltende Benachtheiligungs-Absicht auch dem anderen Theile bekannt gewesen sein müsse."

6. Reichs-Civilprozeßordnung.

168. **Begriff der Worte: „bei dem Ausgang des Rechtsstreites unmittelbar betheiligte Person"** in § 358 Nr. 4 (§ 356) der C.P.O. Urth. des I. Civilsenats v. 20. Mai 1885 in Sachen A. A. zu B., Klägerin und Revisionsklägerin, wider L. zu O., Beklagten und Revisionsbeklagten. Vorinstanz: Kammerger. Berlin. Aufhebung und Zurückverweisung.

„Die Revisionsklägerin rügt mit Recht, daß das B.U. auf Verletzung der §§ 356, 358 Nr. 4 der C.P.O. beruhe. Im Sinne letzterer Gesetzesbestimmung „bei dem Ausgange des Rechtsstreites unmittelbar betheiligte Personen" sind weder der Prokurist J. noch der Agent S. Die Art und Weise des Ausganges des Rechtsstreites kann möglicher Weise, als ein existenter Thatbestand, mittelbar einen faktischen Einfluß auf das finanzielle Interesse jener beiden Personen erlangen, indem es möglich ist, vielleicht sogar für wahrscheinlich erachtet werden darf, daß die Klägerin (trotz ihrer im vorliegenden Prozesse aufgestellten Behauptung, daß der Vertrag vom 21. Juni 1884 zwischen ihr und dem Beklagten abgeschlossen sei) sich im Fall des Prozeßverlustes ihrerseits nicht verstehen werde, dem S. die (ihm im Falle des Vertragsschlusses zustehende) Provision, dem J. die Jahresabschluß-Tantième in so hohem Betrage zu bewilligen, wie dieselbe sich unter Voraussetzung des Vertragsabschlusses in Rede berechnen würde. Ein solches rein thatsächliches Interesse einer als Zeuge vorgeschlagenen Person an dem Ausgange eines Rechtstreites der Prozeßparteien kann sich als relevant erweisen bei der Abwägung des Gewichts ihrer prozeßgerecht abgegebenen Zeugenaussage für die Vermittelung der richterlichen Ueberzeugung von der Wahrheit oder Unwahrheit derjenigen Parteibehauptung, über welche jene Aussage abgegeben war. Ein solches rein thatsächliches Interesse rechtfertigt es dagegen nicht, die betreffende Person als Zeugen zu vernehmen und nicht als Zeugen zu beeidigen, sei es nun auf Grund der rechtsirrigen Annahme, daß ein Interesse der gekennzeichneten Art eine unmittelbare Betheiligung bei dem Ausgange des Rechtsstreites im Sinne des § 358 Nr. 4 der C.P.O. erzeuge, sei es (ohne diesen Rechtsirrthum) wegen des Einflusses, welchen ein solches thatsächliches Interesse auf die Wahrhaftigkeit des Zeugen äußern kann.

Schon in der Begründung des Entwurfs der C.P.O. (S. 256) ist mit Recht hervorgehoben, daß es geboten sei, den Parteien eine formelle Garantie für die Glaubwürdigkeit der Zeugenaussagen zu gewähren, und daß dieser Gesichtspunkt es verbiete, die Beeidigung der Zeugen ausschließlich dem Ermessen des Gerichts zu überlassen. In jener Begründung wird diese Beschränkung des richterlichen Ermessens in Bezug auf die Zeugenbeeidigung (ob theoretisch mit Recht? mag dahingestellt bleiben, aber jedenfalls in sehr charakteristischer Weise für die Auffassung des Verfassers der Motive, daß den Gerichten eine solche Beschränkung auferlegt werden solle) als eine angemessene Beschränkung des Prinzips der freien Beweiswürdigung bezeichnet. Es ergiebt sich aus dieser Ausführung, daß, wenn es auf derselben Seite einige Zeilen weiter heißt: „Die unbeeidigte Vernehmung von Zeugen gestattet der Entwurf in den Fällen des § 345 (jetzt § 358 der C. P. O.) und überweist im Interesse der Ermittelung materieller Wahrheit die Würdigung des Werthes unbeeidigter Zeugenaussagen gleich dem gesammten Beweismaterial der freien Würdigung des Richters", dieser Satz dahin zu verstehen ist, daß die freie Würdigung unbeeidigter Zeugenaussagen seitens des Gerichts dann als Ausnahme von der Regel eintrete, wenn ein Zeuge, welcher zu den im § 345 des Entwurfs (jetzt § 358 der C. P. O.) gekennzeichneten Personen gehöre, unbeeidigt vernommen und seine nachträgliche Beeidigung nicht angeordnet worden sei. [Vergl. die Urtheile des R. G.: 1) I. Civilsenats v. 15. November 1882, Rep. I 401/82," (Annalen Bd. VI S. 183; Entsch. Bd. VIII S. 121), „mit welchem übereinstimmt das Urtheil vom 3. Januar 1885, Rep. I 379/84" (Urtheile und Annalen Bd. I S. 308). — „2) IV. Civilsenats vom 28. Dezember 1883, Rep. IV 367/83, (Entsch. Bd. X S. 137); zur Anregung auch das Urtheil desselben Senats vom 27. September 1883, Rep. IV 229/83," (Annalen Bd. VIII S. 434; Entscheidungen Bd. X S. 114). — „3) V. Civilsenats vom 21. November 1883, Rep. V 227/83, und vom 14. Juni 1884, Rep. V 32/84, in den Beiträgen zur Erläuterung des Deutschen Rechts Bd. XXVIII S. 1149 bis 1151.]

Es verstößt auf das Entschiedenste gegen diese Prinzipien, wenn im konkreten Falle das Gericht erster Instanz auf Grund der Beweisaufnahme die Entscheidung der Sache von einem richterlichen Eide über die Thatsache abhängig macht, welche das Beweisstück der Vernehmung zweier vernommener und nicht beeidigter Zeugen bildete, deren Aussagen nach ihrem Inhalt gegen einander abgewogen werden, und wenn das B. G. diese Entscheidung billigt, erstens von der rechtsirrigen Annahme ausgehend, daß jene Zeugen zu den im § 358 Nr. 4 gekennzeichneten Personen zu rechnen seien, zweitens weil es die Beeidigung einer dieser Personen (auch abgesehen von jenem Gesichtspunkte) deswegen für irrelevant erachtet, weil es der Aussage dieser Person (auch im Falle der Beeidigung) wegen des Interesses, welches dieser Zeuge besitze, zu Ungunsten des Beklagten auszusagen, keinen Glauben schenken würde."

169. Die Folgen der Eidesleistung und -Nichtleistung sind im Urtheilssatz auszusprechen (C. P. O. § 427). Urth. des II. Civilsenats v. 19. Mai 1885 in Sachen B. M. zu G., Beklagten und Revisionsklägers, wider C. R. zu S., Kläger und Revisionsbeklagten. Vorinstanz: O.L.G. Bamberg. Aufhebung und Zurückverweisung.

„Durch § 427 der C. P. O. ist bestimmt, daß in dem durch Eidesleistung bedingten Endurtheile die Folgen sowohl der Leistung als der Nichtleistung des Eides so genau, als die Lage der Sache dies gestattet, festzustellen sind. Der Sinn dieser Bestimmung ist, daß immer für beide Fälle, sowohl der Leistung als der Nichtleistung des Eides, die Eidesfolgen festzustellen seien (Urtheil der Vereinigten Civilsenate des R. G. v. 20. Okt. 1882 (Entsch. Bd. VII S. 421). Diese Feststellung der Eidesfolgen hat im Urtheilssatze zu erfolgen; denn es entspricht der Natur eines bedingten Endurtheils, daß die Endentscheidung betreffs des streitigen Anspruches, wie sie bei Eintritt der Bedingung — Leistung oder Nichtleistung des Eides — einzutreten hat, in gleicher Weise im Urtheilssatze Ausdruck zu finden habe, wie im Falle, wenn die Endentscheidung eine unbedingte ist.

Diese Prinzipien sind von den Vorinstanzen verkannt. Das vom O.L.G. bestätigte Urtheil erster Instanz giebt zwar für den Fall der Nichtleistung des auferlegten Eides die Endentscheidung dahin, daß die Klage abzuweisen sei, erklärt jedoch für den Fall der Eidesleistung nur, es werde weitere Verhandlung über die Größe der Entschädigung angeordnet werden. Ohne Zweifel hatte der Richter eine dem Endurtheile gleichstehende Vorabentscheidung im Sinne von § 276 der C.P.O., durch welche unter Vorbehalt der Liquidirung des Schadens die Schadensersatzpflicht an sich festgestellt wird, im Auge; allein diese Vorabentscheidung war im Urtheilssatze zu geben und dabei genau zu bestimmen, für welchen Schaden der Beklagte haftbar erklärt werde. Ein solcher Ausspruch im Urtheilssatze fehlt jedoch, und es erscheint um so bedenklicher, ihn etwa interpretationsweise, unter Beiziehung der Urtheilsgründe, als gegeben zu erachten, als auch die Urtheilsgründe eine bestimmte Begrenzung und Feststellung desjenigen Schadens, für welchen der Beklagte haftbar erklärt werden soll, falls der Eid geleistet werde, vermissen lassen. In den Gründen des Ersten Richters ist nur gesagt, daß, wenn der Kläger den ihm auferlegten Eid leiste, die Unwahrheit der Einrede dargethan sei und es sich um die weitere Frage der Entschädigung handle; aber auch die Gründe des Appellrichters lassen eine genügende Präzisirung vermissen.“

7. Gerichtsverfassungsgesetz.

170. **Auch die von den Hinterbliebenen eines Staatsbeamten geltend gemachten Rechtsansprüche fallen unter § 70 Abs. 3 des G.V.G.** (können also ohne Rücksicht auf die Höhe des Streitgegenstandes in die Revisionsinstanz gebracht werden. Urth. des I. Civilsenats vom 16. Mai und 17. Juni 1885*) in Sachen P. zu Rostock, Klägers und Revisionsklägers, wider das Großherzogl. Mecklenburg-Schwerin'sche Justizministerium, Beklagten und Revisionsbeklagten. Vorinstanz: O.L.G. Rostock. Verwerfung.

Durch Allerhöchste Entlassungsurkunde vom 17. September 1879 wurde der Vater des Klägers „in Veranlassung der mit dem 1. Oktober 1879 eintretenden Veränderung der Gerichtsverfassung zu dem gedachten Zeitpunkte aus seinem Amte als Vizedirektor der Großherzogl. Justizkanzlei zu Rostock in Gnaden entlassen und in den Ruhestand versetzt." Das bisherige Dienstgehalt von jährlich 8000 ℳ sollte von diesem Zeitpunkte an „als Ruhegehalt" gezahlt werden. Nach Entgegennahme des Reskripts hat derselbe beim Großherzogl. Justizministerium gegen die etwaige Auffassung, als sei seine Versetzung in den Ruhestand eine eigentliche Pensionirung, insbesondere mit der Folge des Wegfalles der beiden Gnadenquartale für seine Hinterbliebenen, sofort Verwahrung eingelegt und hat diese Verwahrung, als ihm am 2. Oktober 1879 2000 ℳ unter der Bezeichnung „Pension" aus der Großherzogl. Rentnerei übersandt wurden, wiederholt. Nach dem am 18. November 1882 erfolgten Tode des Justizkanzlei-Vizedirektors a. D. P. haben dessen Frau und Kinder um Bewilligung der beiden Gnadenquartale vom 1. Januar bis 30. Juni 1883 nachgesucht, wurden aber vom Großherzogl. Justizministerium abschläglich beschieden. Einer der Söhne des Verstorbenen macht nun den den Hinterlassenen seiner Ansicht nach zustehenden Anspruch zu dem ihm zukommenden Antheil von $^1/_{11}$ mit 363,64 ℳ gegen das Großherzogl. Justizministerium durch vorliegende Klage beim Großherzogl. L.G. Schwerin geltend. Die Klage wurde in den Vorinstanzen abgewiesen. Der Kläger hat Revision eingelegt.

„I. Die Revisionssumme ist, da der Werth des Beschwerdegegenstandes nur 363 ℳ 64 ₰ beträgt, nicht vorhanden. Die Revision ist also nur zuläßig, wenn der geltend gemachte Anspruch zu denjenigen gehört, für welche die Landgerichte ohne Rücksicht auf den Werth des Streitgegenstandes ausschließlich zuständig sind (§ 509 Nr. 2 der C.P.O.). Nun bestimmt, dem Vorbehalt in § 70 Abs. 3 des G.V.G. gemäß, die Mecklenburg-Schwerin'sche Verordnung zur Ausführung des G.V.G. in § 20: „Die Landgerichte sind ferner ausschließlich zuständig für die in § 70 Abs. 3 des G.V.G. bezeichneten Ansprüche, insoweit in Betreff derselben der Rechtsweg zuläßig ist." Zu diesen Ansprüchen gehören „die Ansprüche der Staatsbeamten gegen den Staat aus ihrem Dienstverhältniß."

---

*) Beim Herausgeber eingegangen im September 1885.

Da die Zulässigkeit des Rechtsweges für Ansprüche der Staatsbeamten aus ihrem Dienstverhältniß nach Mecklenburgischem Recht nicht bestritten ist, so hängt die Zulässigkeit der eingelegten Revision von der Beantwortung der Frage ab, ob der geltendgemachte Anspruch, trotzdem er nicht von dem Staatsbeamten selbst, sondern von einem seiner Hinterbliebenen geltend gemacht wird, unter den Abs. 3 des § 70 des G.V.G. fällt.

Nun wird zwar von verschiedenen Schriftstellern (Keller, Struckmann und Koch, von Wilmowski und Levy zu § 70 des G.V.G.) der § 70 Abs. 3 des G.V.G. so aufgefaßt, daß er nur von den Ansprüchen des lebenden Staatsbeamten zu verstehen sei, nicht aber von den Ansprüchen der Hinterbliebenen desselben. Es wird dafür namentlich auf die engere Fassung des Abs. 3 gegenüber der weiteren des Abs. 2 Nr. 1: „Ansprüche, welche auf Grund des Reichsbeamtengesetzes erhoben werden," Bezug genommen. Allein diese Beschränkung ist jedenfalls insoweit unhaltbar, als es sich um einen Anspruch handelt, welcher, wie der auf das Gnadenquartal, durch den Dienstvertrag, beziehentlich die Anstellung des Beamten begründet ist (Entsch. des R.O.H.G. Bd. XXI S. 50). Die sachliche Besonderheit dieser Ansprüche ist es, welche den Gesetzgeber zur ausnahmsweisen Behandlung derselben in Betreff der Gerichtszuständigkeit veranlaßt hat, nicht die Zufälligkeit, daß der Beamte selbst, nicht aber seine Hinterbliebenen, das Recht geltend macht. Dies ergiebt sich namentlich auch aus der Entstehungsgeschichte der Bestimmung.

1. Das Preußische Gesetz vom 24. Mai 1861, betreffend die Erweiterung des Rechtsweges, bestimmt in § 1: „Ueber vermögensrechtliche Ansprüche der Staatsbeamten aus ihrem Dienstverhältniß, insbesondere über Ansprüche auf Besoldung, Pension oder Wartegeld findet mit folgenden Maßgaben der Rechtsweg statt" — in § 4: „Das Rechtsmittel der Appellation und der Nichtigkeitsbeschwerde, beziehungsweise der Kassationsrekurs steht beiden Theilen auch dann zu, wenn der Betrag der streitigen Forderung die für jene Rechtsmittel sonst vorgeschriebene Summe nicht erreicht." In den Motiven zu § 4 ist auf die Wichtigkeit der dienstlichen Stellung im allgemeinen hingewiesen und die Nothwendigkeit der Aufrechterhaltung einheitlicher Grundsätze besonders betont.

Im gleichen Sinne sprach man sich in den Kommissionen des Abgeordnetenhauses und des Herrenhauses und bei der Berathung aus (Verhandlungen der beiden Häuser des Landtages: Abgeordnetenhaus, Stenographische Berichte 1859/60 Th. I Nr. 89 S. 536; Th. III S. 944; Bd. II S. 234. Herrenhaus 1859/60

Bd. II S. 234.). In diesem Sinne ist das Gesetz auch in der Rechtsprechung aufgefaßt worden. Am 14. Mai 1870 erkannte der Königlich Preußische Gerichtshof zur Entscheidung der Kompetenz-Konflikte für die Klage der Tochter und einzigen Erbin eines Staatsbeamten auf Auszahlung des Gnadenmonats den Rechtsweg als zulässig. Es wird ausgeführt: „es lasse sich kein vernünftiger Grund denken, welcher die Verfasser des Gesetzes bestimmt haben könnte, den Weg, welchen sie den Staatsbeamten selbst zur Geltendmachung der vermögensrechtlichen Ansprüche aus ihrem Dienstverhältniß eröffnen zu müssen glaubten, den Erben und sonstigen Rechtsnachfolgern derselben bei der ihrerseits beabsichtigten Verfolgung eben dieser Ansprüche zu versagen." (Justiz-Ministerial-Blatt 1870 S. 272.)

2. Ganz in gleichem Sinne wurde auch der Entwurf eines Gesetzes, betreffend die Rechtsverhältnisse der Bundesbeamten, dessen §§ 140 und 143 (beziehentlich 139 und 142) den §§ 1 und 4 des erwähnten Preuß. Gesetzes entsprechen, dem Reichstag in den Jahren 1869 und 1870 vorgelegt (Reichstagsverhandlungen von 1869, Drucksachen Bd. I Nr. 59; von 1870, Drucksachen Nr. 83).

In dem im Jahre 1872 von neuem vorgelegten Entwurf enthält § 141 (welcher dem § 140 von 1869 und dem § 139 von 1870 entspricht) allerdings eine Modifikation, indem nach dem Worte „Pension" eingeschaltet ist: „sowie über die den Hinterbliebenen der Reichsbeamten gesetzlich gewährten Rechtsansprüche auf Bewilligungen." Trotzdem findet sich in den Motiven zur betreffenden Stelle dieses Entwurfes auch wieder nur die Bemerkung, die Bestimmung sei im wesentlichen aus dem Preuß. Gesetz vom 24. Mai 1861 entnommen. Der gemachte Zusatz wird, wohl als selbstverständlich, nicht besprochen. Eine Debatte über die Bestimmung fand nicht statt (Reichstagsverhandlungen von 1872, Drucksachen Nr. 9 S. 26, 50, 51; Nr. 35 S. 24; Nr. 133 S. 26, 27; Verhandlungen S. 721, 925).

3. Auch bei der Vorlage und Annahme der betreffenden Bestimmungen der Reichsjustizgesetze gingen die gesetzgebenden Faktoren überall von den gleichen Grundsätzen aus.

In den Motiven zu § 50 des Entwurfes eines Gerichtsverfassungsgesetzes (entsprechend dem § 70 des Gesetzes) heißt es: „Die Ansprüche gegen den Reichsfiskus ... betreffen ein Grenzgebiet des öffentlichen und des Privatrechts. In dem einen Fall liegt Aufhebung eines Privilegs vermöge des dem Staat zustehenden jus eminens zu Grunde, im anderen handelt es sich um vermögensrechtliche Ansprüche der Beamten, welche neben der privatrechtlichen eine staatsrechtliche Seite haben. Es kann nun bei ähnlichen Rechtssachen auch für den einzelnen Bundesstaat von öffentlich-rechtlicher Erheblichkeit sein, daß die Rechtsfrage in allen Landestheilen gleichmäßig aufgefaßt und nicht in den anhängigen Rechtssachen von den verschiedenen zur Rechtsprechung in zweiter Instanz berufenen Gerichten eine verschiedene Auslegung angewendet werde.... Der Entwurf versucht das Grenzgebiet des öffentlichen und des Privatrechts, welches zu derartigen Ausnahmebestimmungen über die Zuständigkeit Anlaß geben kann, im Anschluß an die reichsgesetzliche Vorschrift und den Inhalt des Preuß. Gesetzes, jedoch in erweiterter Fassung zu präzisiren" ...

Von der Reichstagskommission wurde § 50 nicht beanstandet. Der Abgeordnete Bähr bemerkte, die Absicht bei Abs. 2 und 3 sei, „in letzter Instanz stets die Entscheidung des höchsten Gerichts herbeiführen zu können, und dies finde seine Begründung darin, daß in Sachen der fraglichen Art bei kleinen Objekten meist über prinzipiell wichtige Fragen und damit für den Staat oder das Reich implicite über Tausende entschieden werde. Dies sei ein wohlbegründetes Recht des Fiskus" (Hahn, Materialien zum G.V.G. S. 91, 588).

4. § 485 Abs. 2 des Entwurfes einer C.P.O., welcher eine dem § 509 Nr. 2 entsprechende Bestimmung enthält, ist so motivirt: „Die Ausnahme des § 485 Abs. 2 ... lehnt sich an das bestehende Recht an .. und rechtfertigt sich durch die Erwägung, daß die Interessen des Reiches und der einzelnen Bundesstaaten eine einheitliche Rechtsprechung in der fraglichen Rechtsstreitigkeit mit gebieterischer Nothwendigkeit fordern." Die Kommissionsverhandlungen enthalten über den diesen Bestimmungen zu Grunde liegenden Gedanken nichts Näheres (Hahn, Materialien zur C.P.O. S. 62, 364). —

Nach dem Allem kann es keinem Zweifel unterliegen, daß in § 70 des G.V.G. nicht den Beamten ein Privileg ertheilt, sondern daß die Einheit der Rechtsprechung über die betreffenden Rechtsverhältnisse, bei welchen der Staat unmittelbar betheiligt ist, gewahrt werden sollte. Das Bestreben ging dahin, die Streitigkeiten über die fraglichen Ansprüche bis in die oberste Instanz bringen zu können. Die Möglichkeit, eine Entscheidung des R.G. zu erlangen, ist allerdings in Folge des Grundsatzes der Irrevisibilität des Partikularrechts dann ausgeschlossen, wenn, wie im vorliegenden Fall, der Anspruch auf eine partikularrechtliche Bestimmung gestützt ist. Allein auch in diesen Fällen bleibt der Zweck, die Rechtseinheit herzustellen, doch immer dadurch gewahrt, daß in Folge der Verweisung zur ausschließlichen Kompetenz der Landgerichte die betreffende Sache immer zur Kognition des im Geltungsgebiet der partikularrechtlichen Bestimmung höchsten Gerichts gebracht werden kann.

Dem entwickelten Grundsatz würde es nun aber zuwider laufen, wenn man betreffs der Ansprüche aus dem Dienstverhältniß der Beamten der Einzelstaaten Einschränkungen eintreten lassen wollte, welche betreffs der Reichsbeamten nicht anerkannt sind. Auch bei einem den Hinterbliebenen eines Beamten aus dessen Dienstverhältniß zustehenden Anspruch können, wie dies gerade der vorliegende Fall zeigt, die wichtigsten und feinsten Fragen zur Sprache kommen. Hätte man in § 70 Abs. 3 des G. V. G. die Geltendmachung dieser Ansprüche ausschließen wollen, so würde man dafür doch sicherlich einen präzisen Ausdruck gewählt haben, und es würde sich darüber wenigstens in den Vorverhandlungen irgend eine Andeutung finden. Eine solche Andeutung fehlt, und es mag noch besonders darauf verwiesen werden, daß in den Motiven zum G. V. G. von einem „Anschluß an die reichsgesetzliche Vorschrift" gesprochen wird.

Es kann auch nicht zugegeben werden, daß den Worten des Gesetzes Gewalt angethan werde, wenn man die Ansprüche, welche den Hinterbliebenen des Beamten als solchen zukommen, als Ansprüche des Beamten aus seinem Dienstverhältniß bezeichnet. Gerade beim Anspruch auf das Gnadenquartal, das heißt auf den Fortbezug der Besoldung für eine gewisse Zeit, liegt diese Auffassung besonders nahe.

In gleicher Weise sprechen sich die Motive zum Entwurf des Ausführungsgesetzes zum G. V. G. für das Königreich Bayern aus, welcher in Art 25 den Landgerichten ausschließlich zuweist: „Nr. 1. Ansprüche der Staatsbeamten gegen den Staat aus ihrem Dienstverhältniß." Es heißt daselbst: „Unter die in Ziff. 1 aufgeführten Ansprüche aus dem Dienstverhältniß gehören nach der Auffassung des Entwurfs auch die Ansprüche der Hinterbliebenen des Staatsdieners, welche Ansprüche nach Art. XXIV § 1 der Dienstpragmatik vom 1. Januar 1805 lediglich „ein auf die Wittwen und Kinder der Staatsdiener übergehender Ergänzungstheil des Gehalts sind und ihre Bestimmung allein aus der Größe des letzteren schöpfen". *)"

---

*) Diese Bayerische Ausführungsverordnung ist für die Auslegung des § 70 Abs. 3 seitens des R.G. besonders beweiserheblich, weil der Verfasser dieser Ausführungsverordnung bekanntlich der damalige Bayerische Ministerialrath, spätere R.G.-Rath Dr. Hauser († 24. Juni 1882) war, zugleich Vertreter Bayerns bei der Reichs-Justizkommission. Zu vergl. auch Dr. Hauser, Die Deutsche Gerichtsverfassung, Zeitschrift für Staats- und Landesrecht. Beck, Nördlingen 1879.

Anm. des Herausgebers.

Von der gleichen Auffassung geht aus G. Thilo, Das G.V.G. erläutert, § 70 Anm. 5. — Die eingelegte Revision ist hiernach zulässig.

II. Die Revision ist aber unbegründet; denn das angefochtene Urtheil beruht auf einem nicht revisibeln Landesgesetz, der Konstitution vom 25. März 1770, und es ist unerfindlich, daß bei Auslegung dieses Landesgesetzes gemeinrechtliche Interpretationsregeln verletzt worden seien."

Gemeines Recht.

---

171. **Rechtliche Beurtheilung eines Vertrages als Werkverdingung** (nicht als Sachmiethe), **wenn der Bau vom Unternehmer auf fremdem Boden** (nicht auf dem eigenen) **aufgeführt wird.** Urth. des I. Civilsenats vom 16. Mai 1885 in Sachen des Holzhändlers C. H. zu H., Klägers und Revisionsklägers, wider den Zirkusbesitzer Oskar Carré zu Brüssel, Beklagten und Revisionsbeklagten. Vorinstanz: O.L.G. Hamburg. Verwerfung.

Der Kläger beansprucht e jure cesso einen Theil desjenigen Betrages, welchen der Beklagte den Zimmermeistern H. und B. auf Grund eines Vertrages vom 18. September 1880 schuldig geworden war. Dieser Anspruch ist unstreitig nach dem in Anwendung kommenden Hannöverschen Gesetze, die Verjährung persönlicher Klagen u. s. w. betreffend, vom 22. September 1850 durch Verjährung erloschen, wenn er unter die Bestimmung des § 2 Ziff. 1 desselben fällt, nach welcher mit dem Ablaufe von zwei Jahren die Klagen aus Forderungen der Handel- und Gewerbetreibenden für Waaren und Arbeiten verjähren, während er nicht verjährt sein würde, wenn er einen Rückstand an Mieth- oder Pachtgeldern beträfe und demgemäß unter die vierjährige Verjährung des § 3 des gedachten Gesetzes fiele. Die Vorinstanzen haben das erstere angenommen.

„Der von der Revision dem B.G. dieserhalb gemachte Vorwurf einer Rechtsverletzung erscheint nicht als begründet. Nach dem gedachten, schriftlich abgeschlossenen Vertrage haben H. und B. gegen eine Vergütung von 10 000 ℳ den Bau eines neuen Zirkus für den Beklagten auf einem seitens des Letzteren von der Stadt Hannover dazu ermietheten Platze auf der Goseriede aus lediglich von ihnen zu lieferndem Materiale zu Vorstellungen der beklagtischen Kunstreitergesellschaft und den Abbruch desselben sowie die Räumung des Platzes und dessen Zurückgabe an die Behörde nach Beendigung der Vorstellungen übernommen, wobei die Bauzeit sowie die Frist für den Abbruch näher bestimmt und vereinbart ist, daß die Unternehmer, wenn sie zum Abbruche längere Zeit gebrauchen, das weitere Platzgeld ihrerseits zu zahlen haben, mit dem Zusatze: „Ohne Nachrechnungen". Auch ist in dem Vertrage bestimmt, daß der beklagtische Geschäftsführer S., welcher denselben für den Beklagten abgeschlossen hat, berechtigt sein solle, den Bau von einem anderen Zimmermeister auf Kosten der Unternehmer fertig machen zu lassen, wenn diese denselben nicht rechtzeitig in fertigem Zustande abliefern sollten.

Das B.G. giebt nun die Berechtigung, dieses Rechtsgeschäft — wie Kläger will — als Sachmiethe aufzufassen, zu, falls H. und B. den Bau auf ihrem eigenen resp. von ihnen hergegebenen Grund und Boden ausgeführt hätten, nimmt aber, da dies nicht der Fall sei, an, daß die über die Wirkungen der Inaedificatio geltenden Rechtssätze zu einem anderen Resultate führen. Denn nach lex 22 § 2 Dig. Locati (19, 2) werde, wenn Jemand für einen Anderen auf einem diesem gehörigen Grundstücke ein Haus zu bauen übernehme, auch bei Anschaffung des Materials auf seine Kosten das Geschäft als Werkverdingung behandelt, offenbar in der Annahme, daß das Schwergewicht auf der Arbeit des Unternehmers beruhe, „quia locat artifex operam suam, id est faciendi necessitatem". Dies müsse um so mehr gelten, wenn in dem Vertrage zugleich ausgemacht sei, daß der Uebernehmer das Gebäude nach kurzer Zeit wieder abbrechen und die Materialien zurücknehmen solle, da die Arbeit hier noch eine vermehrte sei und bei der Berechnung der Bausumme nur die Differenz zwischen dem Anschaffungs- und Abbruchs-Werthe in Frage komme, die Lieferung der Materialien daher noch erheblich mehr zurücktrete. Daß aber der Beklagte im vorliegenden Falle den Bauplatz seinerseits nur in Miethe gehabt habe, bewirke lediglich, daß die Stadt Hannover Eigenthümerin des Bauwerkes geworden sei und Beklagter im Verhältnisse zu dieser nur die Rechte eines Miethers oder Superfiziars gehabt habe, während es ohne Einfluß auf sein Verhältniß zu den Uebernehmern sei, da er auch in diesem Falle als Besteller des Werkes die area hergegeben habe oder (wie lex 20 Dig. de contr. emt. (18, 1) sich ausdrückt) ab eo substantia profecta sit.

Diese Argumentation entspricht aber durchaus dem hier zur Anwendung kommenden Gemeinen Rechte, welches einen Vertrag der vorliegenden Art nicht als Sachmiethe, sondern als locatio conductio operis auffaßt, und es ist unerheblich, daß der wirthschaftliche Zweck des Vertrages auf Seiten des Beklagten allerdings in der Benutzung des von H. und B. zu errichtenden Zirkus bestand. Wenn das B.G. auf Grund jener Argumentation die eingeklagte Forderung als die

Forderung eines Gewerbetreibenden für eine Arbeit und unter den § 2 des Hannoverschen Verjährungsgesetzes fallend ansieht, so kann daher von einer Verkennung der Natur des Rechtsgeschäftes und von einer Verletzung des Gemeinen Rechts durch Nichtanwendung oder unrichtige Anwendung desselben nicht die Rede sein. Auch die Annahme des B.G., daß der an sich klare und unzweideutige Wortlaut des Hannoverschen Gesetzes zu Unterscheidungen, nach welchen Forderungen aus Werkverdingung überhaupt oder aus einer Werkverdingung der vorliegenden Art nicht unter dasselbe fallen, keine Veranlassung gebe, erscheint durchaus gerechtfertigt; jedenfalls könnte auf eine darin liegende Verletzung dieses Gesetzes die Revision nach § 511 der C.P.O. nicht gestützt werden."

172. **Recht des Bürgen, Befreiung zu fordern, wenn der Hauptschuldner seine Güter verschwendet oder in Vermögensverfall geräth,** s. o. Fall 166 unter 2 gegen Ende, S. 372.

173. **Ersatzpflichtig wegen Nichtbedeckung von Gruben u. s. w.** (R.Str.G.B. § 367 Nr. 12) **ist derjenige, der den Gewahrsam der Grube u. s. w. hat: der Inhaber, Verwalter, Nutzungsberechtigte u. s. w., nicht ohne weiteres der Grundstückseigenthümer.** Urth. des V. Civilsenats vom 16. Mai 1885 in Sachen J. U. in B., Klägers und Revisionsklägers, wider K. daselbst, Beklagte und Revisionsbeklagte. Vorinstanz: O.L.G. Breslau. Verwerfung.

„Nach § 367 Nr. 12 des Str.G.B. ist strafbar, wer an Orten, an welchen Menschen verkehren, Gruben dergestalt unverdeckt oder unverwahrt läßt, daß daraus Gefahr für Andere entstehen kann. Wenngleich nun hieraus folgt, daß Gruben unter solchen Umständen verdeckt oder verwahrt werden sollen, so ist doch damit nicht gesagt, daß immer oder auch nur vorzugsweise der Eigenthümer des betreffenden Grundstückes hierzu verpflichtet sei. Vielmehr weist der B.R. diese Verpflichtung zutreffend dem Inhaber, Verwalter oder Nutzungsberechtigten zu.

Nach der Feststellung desselben haben die Beklagten dem Bauunternehmer M. die Ausführung eines Baues auf ihren Grundstücken übertragen und die fragliche Kalkgrube zur Löschung des bei dem Bau erforderlichen Kalkes angewiesen, so daß diesem allein deren Gewahrsam zustand. Es konnte aber danach, wie er annimmt, den Eigenthümern des Baugrundstückes nicht zugemuthet werden, sich jederzeit selbst davon zu überzeugen, ob die zur Bauausführung erforderlichen Sicherheitsvorschriften beobachtet worden, insbesondere ob die

Kalkgrube genügend verdeckt sei, ganz abgesehen davon, daß eine solche Vorsorge des Eigenthümers den Umständen nach oft nur unter Schwierigkeiten oder gar nicht ausführbar erscheint."

174. **Das richterliche Fragerecht nach Gemeinem Prozeßrecht.** Urth. des I. Civilsenats vom 2. Mai 1885 in Sachen C. zu H., Beklagten, Querulanten und Appellanten, wider uxorem, Klägerin, Querulatin und Appellatin (Ehescheidung und jetzt Alimente betr.). Vorinstanz: O.L.G. Hamburg. Aufhebung und Zurückverweisung (Altes Prozeßverfahren).

„Der Beklagte hat mit Grund einen Verstoß gegen die Verhandlungsmaxime gerügt. Der gegenwärtige Fall liegt in dieser Beziehung völlig analog den oben schon angeführten Fällen in Sachen der Pferdebahngesellschaft wider Soltau, in welchen sich das O.App.G. Lübeck und das R.G. für die Vernichtung niedergerichtlicher Entscheidungen aus dem gleichen Grunde erklärt haben. Wie dort der Querulantin ohne Antrag des Gegners die Beibringung gewisser Urkunden bei Geldstrafe, bezw. bei Strafe der Abweisung von der Instanz auferlegt war, so ist hier ohne Antrag unter Androhung von Geldstrafe die Auflage ergangen, einen Vermögensstatus vorzulegen. Dadurch, daß der Beklagte am Schlusse seines „Antrages", Nr. 67 der Akten erster Instanz, sich vorbehalten hatte, „über die Verschlechterung seiner Vermögensverhältnisse nöthigenfalls weitere Angaben und Nachweise beizubringen", war diese Auflage noch keineswegs gerechtfertigt. Auch die vom O.L.G. angeführten Gründe konnten zu solcher Rechtfertigung nicht genügen. Das „richterliche Fragerecht", welches in c. 10 X de fide instr. 2, 20 und c. 2 Cl. de V. S. 5, 11 in sehr unbestimmter Weise erwähnt wird, ist nach dem früheren Gemeinen Prozeßrechte dazu bestimmt, zweideutiges oder unklares Parteivorbringen aufzuklären, keineswegs aber dazu, neues thatsächliches Material zu beschaffen, an welches die Parteien selbst gar nicht gedacht haben, am wenigsten dazu, dem Gegner dessen, der einen Anspruch erhebt, zum Zwecke der besseren Begründung des letzteren dergleichen aufzuerlegen (vergl. insbesondere Briegleb, Summarische Prozesse S. 133 ff.).

Allerdings mag das O.App.G. zu Lübeck in dem vom O.L.G. angeführten Falle (Hamburger Sammlung Bd. III S. 740 ff.) dem richterlichen Fragerechte einmal eine reichlich weit bemessene Ausdehnung gegeben haben, übrigens doch immer nur bis zur Auflage der Beibringung von Urkunden, auf welche die Parteien in den Verhandlungen schon Bezug genommen hatten. Die von dem O.L.G.

zitirten Entscheidungen bei Seuffert, Archiv Bd. XXIII Nr. 266 und Bd. XXVII Nr. 111, aber sind Oldenburgische Urtheile, welche, wie schon bei Wetzell, Civilprozeß (3. Aufl.) § 43 Anm. 46 S. 522, bemerkt ist, auf Grund der Oldenburgischen Prozeßordnung von 1857 Art. 103 § 1 ergangen sind, übrigens doch auch nur bei mangelhaft substantiirter Schadensersatzklage Anwendung des richterlichen Fragerechts zur Erzielung besserer Substantiirung vom Kläger verlangen. Endlich die Entsch. des O.App.G. Rostock bei Seuffert, Archiv Bd. XVI Nr. 164, spricht nur davon, daß der Richter bei Ausübung der Taxation zur Einschränkung des Würderungseides die Parteien veranlassen dürfe, sachdienliche Beweismittel namhaft zu machen und beizubringen. Dies ist als richtig anzuerkennen in dem Sinne, daß der Richter dazu auffordern durfte, ohne ein bestimmtes formelles Präjudiz zu setzen oder gar eine Geldstrafe anzudrohen; in dieser Weise durfte er es allerdings unzweifelhaft thun, da er ja sogar ganz nach freiem Ermessen taxiren durfte. Wenn dies nun mit dem richterlichen Fragerecht im technischen Sinne auch nichts zu thun hat, so könnte doch freilich hervorgehoben werden, daß der Fall, wo es sich um die Abmessung der bei Scheidung von Tisch und Bett vom Ehemann der Frau zu leistenden Alimente handelt, mit dem erwähnten Falle der taxatio insofern einige Aehnlichkeit habe, als der Richter, da doch einmal irgend welche Alimente festgestellt werden müssen, nöthigenfalls innerhalb gewisser Grenzen sein freies Ermessen walten lassen müsse. In der That kann es auch hier unter Umständen sehr zweckmäßig sein, die Parteien noch zu genaueren thatsächlichen Angaben aufzufordern, in dem Sinne, daß sie es sonst sich selbst beizumessen haben, wenn das richterliche Ermessen in gewissem Grade ihnen ungünstig ausfallen sollte. Ganz verschieden davon ist aber die jetzt in Rede stehende bestimmte, mittels Geldstrafen durchzusetzende Auflage, einen Vermögensstatus beizubringen, die noch dazu dem Prozeßgegner der die Alimente in Anspruch nehmenden Frau gemacht wird. Eine solche Auflage hätte ohne einen darauf gerichteten Antrag nicht erfolgen dürfen. Dieser würde dann auch Gelegenheit zur Entscheidung der — für jetzt ganz bei Seite zu lassenden — Frage gegeben haben, ob die Klägerin dem Beklagten gegenüber ein Recht auf Beibringung eines solchen Status habe. Wie die Sache liegt, mußte aber aus dem ausgeführten Grunde das die fragliche Auflage enthaltende decisum 3 des vorigen Erkenntnisses als nichtig aufgehoben werden."

Partikularrecht.

1. Preußisches Recht.

175. Begriff der „Eigenschaft der Person oder Sache" im Sinne von § 77 Allg. L.R. I, 4. Dahin kann auch der eigenthümliche Besitz eines bestimmten Vermögens gehören. Urth. des IV. Civilsenats vom 21. Mai 1885 in Sachen F. U. zu U., Beklagten und Revisionsklägers, wider R. M. und Gen. zu H., Kläger und Revisionsbeklagte. Vorinstanz: O.L.G. Königsberg. Aufhebung und Zurückverweisung.

Die Annahme des B.R., daß zwischen den Parteien ein zweiseitiger mündlicher Vertrag geschlossen sei, inhalts dessen der klagende Ehemann die Eingehung der Ehe mit der Tochter des Beklagten und Letzterer eine Mitgift von 4500 ℳ versprochen habe, und daß Kläger durch Eingehung jener Ehe einen klagbaren Anspruch auf Gewährung der zugesicherten Gegenleistung erlangt habe und daß der Besitz des angegebenen Vermögens auf Seiten des Klägers vom Beklagten nicht zur Bedingung seines Mitgiftversprechens gemacht sei, sondern nur das Motiv desselben gebildet habe, ist nach der Meinung der Vorinstanz und des R.G. in rechtlicher Beziehung nicht zu beanstanden. Die Behauptung des Beklagten geht dahin, daß der Kläger bei der Eheberedung versichert habe, er besitze ein eigenes Vermögen von 1500 Thlr. und habe sich bereits 1000 ℳ erspart, daß derselbe jedoch in Wirklichkeit nur 4—600 Thlr. in die Ehe gebracht habe.

„Auf einer unrichtigen Auslegung des Gesetzes beruht es, wenn der B.R. annimmt, daß der Irrthum des Beklagten über die Vermögensverhältnisse des Klägers keinesfalls als ein — gemäß § 77 Th. I Tit. 4 des Allg. L.R. wesentlicher — Irrthum über ausdrücklich vorausgesetzte Eigenschaften der Person (nämlich des Klägers) angesehen werden könne.

Der B.R. verneint nicht das Vorliegen einer *ausdrücklichen* Voraussetzung im Sinne jener Gesetzesvorschrift — und konnte dies nicht füglich verneinen, ohne den Zeugen S. bei diesem Punkte für unglaubwürdig zu erklären —, sondern er ist der Meinung, daß der Besitz oder Nichtbesitz eines bestimmten Vermögens überhaupt nicht eine Eigenschaft der Person, sondern eine außerhalb derselben liegende Thatsache sei, welche nur aus dem Gesichtspunkte einer vom Gegenkontrahenten verübten betrügerischen Täuschung zur Anfechtung des Vertrages führen könne.

Hierin dokumentirt sich jedoch eine zu enge Auffassung des Begriffes „Eigenschaft der Person oder Sache" im Sinne des § 77 cit. Unter diesen fallen nicht nur die natürlichen, der Person oder Sache an sich zukommenden Eigenschaften, sondern — nach dem Grunde des Gesetzes und dem Sprachgebrauche des Lebens — auch solche thatsächliche oder rechtliche Verhältnisse derselben, welche in ihren Beziehungen zu anderen Personen oder Sachen wurzeln und zufolge ihrer Beschaffenheit und voraussetzlichen Dauer nach den Anschauungen des Verkehrs einen Einfluß auf die Werthschätzung der Person oder Sache in allen oder doch in gewissen Rechtsverhältnissen zu üben pflegen. (Vergl. Dernburg. Preußisches Privatrecht, 4. Aufl., Bd. I S. 248 Note 14.)

So sind in Entscheidungen oberster deutscher Gerichtshöfe in bestimmten Vertragsfällen als Eigenschaften des Gegenkontrahenten angesehen: die Erbenqualität (beim Vergleich über die Theilung einer Erbschaft) — Seuffert, Archiv Bd. XVIII Nr. 224 — und der Besitz eines ausreichenden Vermögens (beim Verlöbnißvertrage) — daselbst Bd. XXXII Nr. 248 —; als Eigenschaften der Sache aber: beim Verkauf eines Gewerbprivilegiums eine gewisse Jahreseinnahme aus demselben (daselbst Bd. XVII Nr. 129) und beim Hauskauf der Revenüenbetrag (Gruchot, Beiträge Bd. XIII S. 519 fg.).

Ebenso wird man unter Umständen nicht anstehen, in den Prädikaten: Gutsbesitzer, Beamter, Ehemann und dergleichen Eigenschaften der Person zu finden, obwohl dieselben sich weder auf die körperliche noch auf die geistige Beschaffenheit derselben beziehen, sondern Benennungen rechtlicher Verhältnisse sind, in welchen die betreffenden Personen stehen. Es ist daher nicht abzusehen, warum nicht auch der eigenthümliche Besitz eines bestimmten Vermögens, welcher bei gewissen Geschäften ein für die Entschließung maßgebender Umstand zu sein pflegt, in derartigen Fällen den Eigenschaften der Person im Sinne des § 77 Th. I Tit. 4 des Allg. L. R. zugezählt werden sollte.

Hiernach ist die Begriffsbestimmung der Eigenschaft, welche Bornemann (System. Darstellung rc., 2. Aufl., Bd. I S. 143) dahin giebt: „Eigenschaft einer Person oder Sache ist alles dasjenige, was als Resultat ihrer Zusammensetzung (Substanz) äußerlich hervortritt und demnach als unterscheidendes Merkmal von anderen Personen oder Sachen aufgefaßt wird," viel zu eng, und ebensowenig ist dem vormaligen Preußischen Obertribunal beizustimmen, wenn es in dem Urtheil vom 2. März 1871 (Striethorst's Archiv Bd. LXXX S. 304 fg.) — allerdings nur mit Bezug auf den hier nicht in Frage stehenden § 81 Th. I T. 4 des Allg. L. R. — bemerkt, daß bei den dort erwähnten Eigenschaften der Person nur an „rein persönliche, sei es körperliche oder geistige, positive oder negative Fähigkeiten und Eigenschaften" zu denken sei, wobei es überdies inkonsequent ist, einem Umstande, welcher im Sinne des § 81 cit. nicht Eigenschaft soll sein können, diesen Charakter im Falle der ausdrücklichen Voraussetzung (§ 77 daselbst) einzuräumen, wie dies seitens des Ob. Trib. geschieht. Denn der Unterschied zwischen den §§ 77 und 81 cit. liegt nicht in dem Begriff der Eigenschaft, sondern in der Art der Voraussetzung derselben. Offenbar hat das Ob. Trib., welchem der B. R. ersichtlich gefolgt ist, nur den Satz aussprechen und begründen wollen, daß in Fällen der damals vorliegenden Art (es handelte sich um die Gültigkeit einer acceptirten Waarenbestellung) der Besitz von Zahlungsmitteln auf Seiten des Bestellers als eine stillschweigend vorausgesetzte Eigenschaft desselben nicht anzusehen sei. Bei der völligen Verschiedenheit des gegenwärtigen Falles bedarf es einer Prüfung der Richtigkeit jenes Satzes nicht.

Nach Vorstehendem hat der B. R., indem er dem Besitz eines bestimmten Vermögens die Bedeutung einer Eigenschaft der betreffenden Person schlechthin abspricht, den § 77 Th. I T. 4 des Allg. L. R. verletzt."

176. **Rechtlicher Unterschied zwischen Werkverdingung und Bauentreprise** (Allg. L. R. I, 11 § 925). **Kurze Verjährung der Forderungen aus Werkverdingung, auch für die gelieferten Materialien und Zuthaten** (Ges. v. 31. März 1838 § 1, 1). **Lauf der Verjährung trotz Verzögerung der Abnahme des Werkes. Kein neues Rechtsverhältniß durch Verzicht auf die Verjährungseinrede.** Urth. des IV. Civilsenats vom 21. Mai 1885 in Sachen H. L. zu D., Klägers und Revisionsklägers, wider v. B. zu B., Beklagten und Revisionsbeklagten. Vorinstanz: O. L. G. Hamm. Verwerfung.

Der B. R. untersucht den Inhalt des Vertrages vom 20. Juli 1869 und die Art der Ausführung desselben und entnimmt dem § 1 sowie den übrigen Bestimmungen die Feststellung, daß Kläger, welcher Zimmermeister ist, den Zimmer-Aufbau des Hauses des Beklagten, die hierzu erforderlichen Arbeiten und Holzlieferungen übernommen und vorzugsweise auch nur solche ausgeführt hat, daß die nach der Rechnung ebenfalls gelieferten Schreinerarbeiten, Eisentheile, Glas 2c. dem eigentlichen Gegenstand des Vertrages und der die Zimmerarbeiten betreffenden Hauptposition der Rechnung gegenüber in den Hintergrund treten und mehrfach nur Zuthaten betreffen, welche bei jedem Handwerkerkontrakte vorkommen.

„Wenn von dieser für die Revisionsinstanz maßgebenden Feststellung aus der B. R. den Vertrag als einen Werkverdingungsvertrag, nicht als Bauentreprisevertrag charakterisirt, so ist hierin eine unrichtige Auffassung des rechtlichen Begriffs dieser Vertragsarten oder sonst die Verletzung einer Rechtsnorm nicht zu erkennen, vielmehr jener Annahme beizutreten, da das verdungene Werk im Sinne des § 925 Th. I T. 11 des Allg. L. R. vom Werkmeister oder Künstler als solchem behufs eigener Ausführung, die Bauentreprise aber von einem Unternehmer ohne Rücksicht auf seine Qualifikation und auf die Person des Ausführenden übernommen wird. Der erstere Fall ist hier thatsächlich vorliegend, und mit Recht ist, da es nur auf den wesentlichen Theil des Vertragsinhalts, nicht auf unerhebliche Nebenpunkte ankommt, als der Natur eines Werkverdingungsvertrages nicht widerstreitend erachtet, daß neben dem Hauptgegenstande der Zimmerarbeiten und Holzlieferungen noch andere Arbeiten und Materialien geliefert, daß Kläger im Kontrakte nicht bloß als Zimmermeister, sondern auch als Unternehmer bezeichnet und die Arbeiten nicht von ihm persönlich, sondern mit Hilfe einer großen Anzahl Arbeiter ausgeführt worden sind.

Die Forderungen eines Handwerkers aus einem Werkverdingungsvertrage sind der kurzen Verjährung des § 1 des Ges. v. 31. März 1838 unterworfen; dieses Gesetz macht keinen Unterschied, ob die Arbeiten des Handwerkers als einzelne Leistungen oder in Bausch und Bogen als ein einheitliches Ganzes geliefert worden, und auch die Forderungen, soweit sie durch Holzlieferungen entstanden sind, unterliegen der kurzen Verjährung, da die Hölzer unter den Begriff der im § 1 Nr. 1 a. a. O. bezeichneten Waaren fallen. Dasselbe findet statt hinsichtlich der Rechnungsposten für Schreinerarbeiten, Eisentheile, Glas 2c. Diese sind theils Waarenlieferungen, Zuthaten zu den Zimmerarbeiten, theils machen sie, als in den Hintergrund tretende Nebenpunkte ein und denselben Gegenstand mit dem verdungenen Hauptgegenstande, dem Zimmeraufbau, aus und müssen, weil sie nicht einen besonderen Vertragsgegenstand bilden, bezüglich der Verjährung denselben Regeln wie der sie mitumfassende Hauptgegenstand des Vertrages folgen.

Ob und wann die Rechnung dem Beklagten zugestellt worden, ist gleichgültig. Versäumte Kläger die baldige Zustellung, so trägt er die Folgen; im anderen Falle ist die Verjährung nicht durch außergerichtliche Zahlungsaufforderung unterbrochen worden; und wenn Beklagter dem § 9 des Vertrages zuwider die Abnahme der Arbeiten verzögerte, so hat sich Kläger, wie der vorige Richter mit Recht annimmt, nach Vollendung des Baues während des Jahres 1873 spätestens am 1. April 1874 in der Lage befunden, mit der gegenwärtigen Klage gegen den Beklagten vorgehen zu können. Der Beginn des Laufes der Verjährungsfrist ist dadurch, daß die Abnahme überhaupt noch nicht erfolgte, nicht gehindert, also auch durch die vom Kläger behauptete Abnahme im Jahre 1883, zu welcher Zeit die Verjährung schon vollendet war, nicht aufgehalten und hinausgeschoben. Die Abnahme im Jahre 1883 ist für die laufende wie für die vollendete Verjährung eine unerhebliche Thatsache und ist als ein rechtsbegründender Akt, als besonderer Klagegrund nicht aufgestellt, in dieser Richtung auch nicht zu verwerthen. Der angeblich im Jahre 1882 erklärte Verzicht des Beklagten auf den Einwand der Verjährung ist rechtlich ohne Bedeutung, weil die Verjährung im Jahre 1882 bereits vollendet war und der bloße Verzicht auf den Verjährungseinwand ein neues Rechtsverhältniß nicht erzeugen konnte."

177. Keine Anwendung des § 1 Nr. 1 Abs. 2 des Gesetzes vom 31. März 1838 auf Bergwerksbetrieb, da dieser als Gewerbebetrieb zu gelten hat.
Urth. des IV. Civilsenats vom 21. Mai 1885 in Sachen der Gewerke des Steinkohlenbergwerks O. in B., Beklagten und Revisionskläger, wider die Aktiengesellschaft E. zu B. (Konkurs), Klägerin und Revisionsbeklagte. Vorinstanz: O.L.G. Breslau. Verwerfung. (Die Aufhebung auf die Anschlußrevision interessirt hier nicht.)

„Angegriffen wird in der gegenwärtigen Instanz in erster Reihe die Entscheidung über die Einrede der Verjährung. Das B.G. hat die Einrede auf Grund des § 1 Nr. 1 Abs. 2 des Gesetzes vom 31. März 1838 verworfen, weil Waarenlieferungen und Arbeiten in Frage seien, die sich auf den Bergwerksbetrieb der Beklagten beziehen, und der Bergwerksbetrieb als Gewerbebetrieb im Sinne der gedachten Vorschrift zu gelten habe. Der gegen diese Auffassung gerichtete Angriff geht jedoch fehl. Auf den von der Revisionsbeklagten bei Bekämpfung des Angriffes in Bezug genommenen § 6 der Gew. O. vom 17. Januar 1845, laut dessen durch die Gew.O. in den das Bergwesen betreffenden Vorschriften nichts geändert werden soll, möchte allerdings ebensowenig, wie auf den Inhalt der Kabinetsordre vom 9. Januar 1823, nach welcher der Bergbau von der allgemeinen Gewerbesteuer nicht getroffen wird, ein wesentliches Gewicht zu legen sein. Allein es kommt in Betracht, daß die herrschende volkswirthschaftliche Auffassung den Bergbau zu den Gewerben rechnet (vergl. Roscher, System der Volkswirthschaft Bd. III S. 799, wo der Bergbau als zu den sogenannten Okkupationsgewerben gehörig bezeichnet wird). Auch ist in der Entscheidung des vormaligen Preuß. Ob. Trib. vom 10. Dezember 1878 (Striethorst, Archiv Bd. 100 S. 353) ausgesprochen, daß die Summe der verschiedenartigen Produktions- und Herrichtungsarbeiten, welche auf den Betrieb und die

Ausnutzung des Bergbaues gerichtet sind, einen Gewerbebetrieb bilde und daß daher Forderungen, welche in Bezug auf den Bergwerksbetrieb des Empfängers der Waare oder Arbeit entstanden seien, der kurzen Verjährung des Gesetzes vom 31. März 1838 nicht unterliegen. Dieser wohl begründeten Auffassung hat beigetreten, die Einrede der Verjährung also mit dem B. G. als unbegründet verworfen werden müssen."

178. **Auslegung der §§ 86, 87 der Subhastationsordnung** vom 15. März 1869. Urth. des V. Civilsenats vom 16. Mai 1885 in Sachen der v. P.'schen Stiftung in G., Beklagten und Revisionsklägerin, wider den Rittergutsbesitzer v. K. zu L., Kläger und Revisionsbeklagten. Vorinstanz: Kammerger. Berlin. Aufhebung und Zurückverweisung.

Auf dem Rittergute W. ist im Jahre 1822 in Abtheilung II Nr. 2 des Grundbuches eine Post für die beklagte Stiftung eingetragen. Bei der Subhastation desselben wurde für diese Post, da sich im Kaufgelderbelegungstermine kein Berechtigter dazu meldete, eine Spezialmasse gebildet, bei deren Aufgebot durch rechtskräftiges Urtheil vom 10. Juli 1882 die unbekannten Betheiligten mit ihren Ansprüchen daran ausgeschlossen sind. Das A. G. Guben bestellte demnächst, als Stiftungsbehörde, einen Pfleger der Beklagten, welcher in dem Vertheilungstermine vom 16. Oktober 1883 für diese die Masse beanspruchte.

„Der B. R. verletzt die §§ 86 und 87 der Subhastationsordnung vom 15. März 1869, wenn er nach denselben die Beklagte mit diesem Anspruche deshalb für ausgeschlossen hält, weil sie zur Zeit des Aufgebotsverfahrens noch keinen Vertreter hatte. Daß die bezeichneten Bestimmungen hier Anwendung finden, unterliegt zwar keinem Bedenken, da die nach § 19 des Zwangsvollstreckungsgesetzes vom 4. März 1879 und § 20 des Ausführungsgesetzes zur C. P. O. vom 24. März 1879 für das Aufgebot von Spezialmassen gegenwärtig maßgebenden Vorschriften der C. P. O. nur das bezügliche Verfahren im allgemeinen regeln. Allein der B. R. hat jene Bestimmungen unrichtig angewendet.

Nach § 86 a. a. O. ist das Präklusionsurtheil nur gegen die unbekannten Interessenten gerichtet. Zu diesen durfte aber die beklagte Stiftung, da sie als die eingetragene Gläubigerin der fraglichen Post aus dem Grundbuche ersichtlich war, nicht gerechnet werden.

Der B. R. führt zur Begründung seiner gegentheiligen Annahme aus:

Die zufolge § 87 der Subhastationsordnung nach Erlaß des Präklusionsurtheils zu dem Termine behufs Auszahlung der Masse noch zu ladenden Interessenten seien als bei dem Verfahren weiter betheiligt, mithin als nicht präkludirt anzusehen. Nun gehöre zu denselben der zuletzt eingetragene Gläubiger. Indem aber der § 19 a. a. O. zu 1 eine Zustellung an Subhastationsinteressenten nicht erfordere, wenn weder aus dem Hypothekenschein und den sonstigen Mittheilungen der Hypothekenbehörde noch aus einer Anzeige zu den Subhastationsakten der Wohnort des Betheiligten oder seines Vertreters zu ersehen sei, so liege für den Subhastationsrichter eine Ladungspflicht gegenüber dem eingetragenen letzten Gläubiger nur vor, wenn derselbe dem Richter bezw. seiner Ladung erreichbar sei. Der Gläubiger dagegen, welcher sich nicht bei der Kaufgelderbelegung gemeldet habe und auch sonst dem Subhastationsrichter nicht gemäß § 19 Nr. 1 a. a. O. bekannt geworden sei, auch keinen bekannten Vertreter habe, gehöre hiernach nicht zu den nach § 87 das. zu ladenden, also zu den unbekannten Interessenten.

Dieser Schluß ist nicht gerechtfertigt. Selbstverständlich konnte der § 87 nur die Ladung solcher Personen vorschreiben, welche geladen werden können, weil sie entweder einen bekannten Wohnort, an welchem eine Zustellung an sie ausführbar ist, oder doch einen bekannten und erreichbaren Vertreter haben. Es ist aber nicht abzusehen, weshalb das Gesetz die nach § 87 wegen der Unbekanntheit ihres Wohnortes bezw. Vertreters nicht ladungsfähigen Personen im § 86 selbst auch als unbekannte Interessenten bezeichnet haben sollte, da völlig bekannte Personen dennoch einer Ladung unzugänglich sein können, weil es unbekannt ist, wo und bei wem eine solche ausführbar sei.

Die bezeichnete Auffassung des Gesetzes wird weder durch den Ausdruck „unbekannte Interessenten" noch durch einen ersichtlichen inneren Grund gestützt, und nur dann würde sie gerechtfertigt erscheinen können, wenn schon für das Aufgebotsverfahren die besondere Ladung aller bekannten Interessenten zum Anmeldungstermine vorgeschrieben wäre, indem dann unter diesen die ladungsfähigen, unter den unbekannten dagegen die nicht ladungsfähigen verstanden werden dürften. Allein die Subhastationsordnung verlangt eine besondere Ladung von bekannten Interessenten im Aufgebotsverfahren nicht, und der B. R. nimmt dies auch selbst nicht an. Es fehlt daher für die Auffassung, daß im § 86 als unbekannte Interessenten alle nicht ladungsfähigen Interessenten bezeichnet seien, jeder Anhalt.

Die Vorschrift des § 87 a. a. O. steht vielmehr einer solchen Annahme geradezu entgegen. Denn daraus, daß dieselbe die Ladung des zuletzt eingetragenen Gläubigers zu dem Auszahlungstermine ohne Einschränkung, also in allen Fällen seiner wenigstens jetzt vorhandenen

Ladungsfähigkeit fordert, ergiebt sich deutlich, daß dieser Gläubiger schon deshalb allein, weil er eingetragen ist, nicht durch das Präklusionsurtheil ausgeschlossen sein kann, auch wenn er zur Zeit des Erlasses desselben nicht ladungsfähig gewesen sein sollte. Denn wäre er unter dieser Voraussetzung ausgeschlossen, so würde, wenn dieselbe zutrifft, seine vorgeschriebene Ladung zu dem Auszahlungstermine zweckwidrig sein.

Aus alledem erhellt, daß zu den unbekannten Interessenten im Sinne des § 86 der Subhastationsordnung solche Personen, welche als Gläubiger im Grundbuche eingetragen und ihrer Individualität nach hinreichend bezeichnet sind, niemals gerechnet werden können, auch wenn ihr Wohnort oder der Wohnort ihres Vertreters unbekannt oder ein Vertreter derselben überhaupt nicht vorhanden ist, so daß ihre Ladung unmöglich erscheint.

Auch die eingetragene beklagte Stiftung war daher nicht als eine unbekannte Interessentin anzusehen.

Uebrigens kam es nach § 88 der Subhastationsordnung, um den Anspruch der Beklagten aufrecht zu erhalten, auch auf ihre Ladung zu dem Auszahlungstermine vom 16. Oktober 1883 bezw. ihre damalige Ladungsfähigkeit nicht an, sondern nur darauf, daß in jenem Termine ein legitimirter Vertreter, wenn auch ungeladen, für sie erschien, was unbestritten der Fall gewesen ist. Daß zur Zeit des bereits früher anberaumt gewesenen Auszahlungstermins ein solcher Vertreter derselben noch nicht vorhanden war, erscheint ebenfalls als unerheblich, weil in diesem früheren Termine die Auszahlung der Masse noch nicht erfolgt ist.

Insoweit anzunehmen ist, daß die von dem B.R. citirten Erkenntnisse des Preuß. Ob.Trib. (Entsch. Bd. 59 S. 445 und Bd. 79 S. 222 ff.) etwas von der vorstehenden Ausführung Abweichendes enthalten, läßt sich denselben nicht beistimmen."

2. Rheinisches Recht.

179. Auslegung des Säkularisationsbeschlusses vom 20. Prairial des Jahres X, Art. 1, 2 und 20. Urth. des II. Civilsenats vom 19. Mai 1885 in Sachen der Stadtgemeinde Köln, Klägerin und Revisionsklägerin, wider den Preuß. Fiskus, Beklagten und Revisionsbeklagten. Vorinstanz: O.L.G. Köln. Verwerfung.

Die zu Köln im Jahre 1641 gegründete Niederlassung der Ursulinen, welche der genannten Stadt gegenüber sich zum unentgeltlichen Unterricht der Jugend verpflichtet hatten, ist in Folge des Gesetzes vom 31. Mai 1875, betreffend die geistlichen Orden u. s. w., durch Ministerialerlaß vom 15. September 1875 aufgelöst, und hat der ernannte Kommissar das Vermögen der Niederlassung, darunter die zu Köln an der Machabäerstraße gelegenen Klostergebäulichkeiten, in staatliche Verwahrung und Verwaltung genommen. Nachdem die Ansprüche eines angeblichen Erwerbers derselben rechtskräftig beseitigt waren, trat die Stadtgemeinde Köln im August 1882 klagend gegen den Fiskus auf, mit dem Antrage, sie als Eigenthümerin jener Gebäulichkeiten nebst deren Zubehör anzuerkennen und den Beklagten zur Herausgabe derselben, frei von allen Lasten, zu verurtheilen.

Zur Begründung der Klage wurde im wesentlichen geltend gemacht:

Von der Vorschrift des Art. 1 Nr. 2 des Konsularbeschlusses vom 20. Prairial des Jahres X, durch welchen alle geistlichen Orden, Kongregationen u. s. w. in den vier Departements des linken Rheinufers unterdrückt und deren Güter unter die Hand der Nation gestellt worden, seien in Art. 20 ausgenommen: „les établissements, dont l'institut même a pour objet unique l'éducation publique ou le soulagement des malades — — —; ces établissements conserveront les biens, dont ils jouissent, lesquels seront administrés d'après les lois existantes dans les autres parties de la république." Was nun die letztere Bestimmung bezüglich des Vermögens angehe, so sei diese aus den für die Belgischen Departements erlassenen Gesetzen vom 15. Fructidor IV Art. 20 und 5. Frimaire VI Art. 12, mit denen man, wie die Vergleichung des bezüglichen Wortlautes ergebe, „einen gleichen Rechtszustand habe herstellen wollen", zu erläutern. Sodann verweise der Art. 20 des Konsularbeschlusses auf die in den anderen Theilen der Republik geltenden Gesetze, in welcher Beziehung namentlich das Gesetz vom 16. Vendem. V und der Beschluß vom 27. Prairial des Jahres IX in Betracht kämen. Hiernach sei anzunehmen, daß das Eigenthum des fraglichen Klostervermögens auf die Hospitalkommission der Civilgemeinde, deren Rechtsnachfolgerin die Armenverwaltung resp. die Stadt geworden, übergegangen sei. In Uebereinstimmung mit diesen Gesetzen habe denn auch jenes Vermögen, der Ueberweisung in dem Beschlusse des Präfekten vom 8. Brumaire des Jahres XI entsprechend, unter der Administration der städtischen Armenverwaltung gestanden. An diesem Zustande sei durch die Kabinetsordre vom 10. Dezember 1836 nur soviel geändert, daß dem Kloster die Verwaltung zurückgegeben worden, während die Eigenthumsfrage dadurch nicht berührt wurde. Nachdem nun in Folge des Gesetzes die Auflösung der Niederlassung stattgefunden, habe die Verwaltung sich wieder mit dem Eigenthume vereinigt. Jedenfalls könne die Klägerin aber verlangen, daß das Klostervermögen zu städtischen Schulzwecken verwendet werde.

Seitens des Beklagten wurde Abweisung der Klage beantragt. Nach der klaren Bestimmung in Art. 20 des Konsularbeschlusses, welche nicht aus den in Belgien unter anderen Verhältnissen erlassenen Gesetzen interpretirt werden dürfe, sei das Vermögen dem Ursulinenkloster erhalten geblieben und demselben nur die Verwaltung entzogen. Die sonst von der Klägerin angeführten Vorschriften, namentlich auch der Präfekturbeschluß vom 8. Brumaire XI hätten für die Eigenthumsfrage keine Erheblichkeit. Entscheidend komme aber in Betracht, daß durch die Kabinetsordre vom 10. Dezember 1836 dem Kloster die Verwaltung seines Vermögens unter Aufsicht des Erzbischofes und Oberaufsicht der Königl. Regierung zurückgegeben worden, und seitdem sei auch durch dreißigjährige Verjährung jedes vermeintliche Recht der Klägerin erloschen. Im übrigen habe auch Letztere seit dem Uebergange der Verwaltung auf den Staat durch wiederholtes Anmiethen von Theilen der streitigen Gebäulichkeiten das Eigenthum des Klosters anerkannt.

Durch Urtheil des L.G. Köln vom 21. Februar 1880 ist die erhobene Klage abgewiesen und die Klägerin in die Kosten des Rechtsstreites verurtheilt. Von Seiten der Letzteren ist die Berufung eingelegt, in erster Linie das Klagepetitum wiederholt und weiter beantragt, jedenfalls zu erkennen, daß der Fiskus verpflichtet sei, die fraglichen Immobilien der Klägerin behufs Verwendung zu städtischen Schulzwecken und im Interesse der städtischen Schulpflege wie bisher zur Verfügung zu stellen. Das O.L.G. hat bestätigt.

In den Gründen wird zunächst, soweit es hier noch interessirt, bezüglich der streitigen Eigenthumsfrage erwogen: „Der Erste Richter hat mit Recht das arrêté vom 20. Prairial X, welches wörtlich sagt: „ces établissements conservent les biens, dont ils jouissent, lesquels seront administrés d'après les lois existantes dans les autres parties de la république", dahin ausgelegt, daß die fraglichen Orden Eigenthümer ihres Vermögens bleiben und nur in Bezug auf die Verwaltung in Gemäßheit der für die übrigen Theile der Republik bestehenden Gesetze beschränkt werden sollten. Jede andere Auslegung schließen die Worte „conservent les biens dont ils jouissent" geradezu aus.

Wie der Präfekt des Roerdepartements das arrêté vom 20. Prairial X aufgefaßt hat, ist nicht maßgebend, jedoch läßt sich aus dem Umstande, daß er in dem Vollziehungsbeschlusse vom 8. Brumaire XI erklärt: „les biens et revenues . . . . seront remis aux commissions administratives des hospices" nicht einmal schließen, daß er die Auffassung gehabt, den Orden sei das Eigenthum entzogen worden, da der Ausdruck remettre hier ebensowohl eine Ueberlassung an den Verwalter, als eine Ueberlieferung an den Eigenthümer bedeuten kann, demselben also jede entscheidende Bedeutung mangelt.

Ist aber die Stadtgemeinde resp. die Hospitalverwaltung in Folge des mehrerwähnten Dekretes nicht als Eigenthümerin, sondern lediglich als Verwalterin in den Besitz des Vermögens gekommen, so hat sie dieses Vermögen auch nicht durch Verjährung erwerben können, da sie ihren Besitztitel nicht ändern konnte. Uebrigens ist sie auch seit 1836, also länger als 30 Jahre, nicht einmal mehr im Besitze gewesen.

Allerdings ist es richtig, daß das mehrerwähnte arrêté nur diejenigen Orden von der Aufhebung ausgenommen hat, welche sich dem öffentlichen Unterrichte und der Krankenpflege widmeten und thatsächlich zu diesem Zwecke außerhalb Schulen und Krankensäle hielten. Hierdurch wurde den Ursulinerinnen als Bedingung ihrer Existenz die Ertheilung von Unterricht gestellt, allein es entspricht dieser Verpflichtung, wie der Erste Richter zutreffend ausgeführt hat, das Recht der Niederlassung des Ordens, und muß mit letzterem auch die erstere fallen. Demnach konnte auch das Vermögen der Ursulinerinnen, welches, wie bereits ausgeführt, in ihrem Eigenthume verblieb, wenn es auch ihrer Verwaltung entzogen war, nur so lange Unterrichtszwecken dienstbar bleiben, als die Ordensniederlassung hierselbst bestand. Dagegen ist nirgendwo den commissions administratives des hospices oder den Gemeinden ein Recht auf die direkte Verwendung des Vermögens der Orden zu Schulzwecken mit Umgehung derselben zuerkannt worden. Aus dem Umstande, daß die Ursulinerinnen zur Ertheilung von Unterricht verpflichtet waren und daß die bloße Verwaltung ihres Vermögens der Gemeinde übertragen war, läßt sich irgend welches Recht der Gemeinde auf die Substanz oder die Revenuen dieses Vermögens nicht herleiten.

Hierdurch erledigt sich die Ausführung der Berufungsklägerin, das Vermögen der Ursulinerinnen sei Zweckvermögen, res publica in publicum usum, gewesen."

Bezüglich des Eventualantrages wird dann erwogen:

„Was den Eventualantrag betrifft, so ergeben der Thatbestand des Urtheils des L.G. und das Sitzungsprotokoll, daß ein solcher Antrag in erster Instanz bei der mündlichen Verhandlung nicht gestellt worden ist. Derselbe stellt daher, soweit er sich nicht auf Eigenthum stützt, eine unzulässige Klageänderung dar (§ 489 der C.P.O.). Soweit er sich aber auf Eigenthum stützen sollte, entbehrt er der Begründung, wie sich dies aus dem zu dem Hauptantrage Ausgeführten ergiebt."

„Das eingelegte Rechtsmittel kann keinen Erfolg haben.

1) Zutreffend sind die Art. 1, 2 und 20 des Säkularisationsbeschlusses vom 20. Prairial des Jahres X, welcher nach § 2 der Kaiserl. Verordnung vom 28. September 1879 revisibles Recht enthält, von den Vorinstanzen dahin ausgelegt, daß die Kongregationen, auf welche die Ausnahme des Art. 20 cit. Anwendung fand, nicht unterdrückt worden, vielmehr Eigenthümer ihres Vermögens geblieben sind und daß nur die Verwaltung des letzteren den damals bestehenden Vorschriften gemäß auf die Munizipal-Armenkommissionen übergegangen ist.

Dieser Satz ist auch in der Rheinischen Rechtsprechung wiederholt anerkannt (vergl. Rheinisches Archiv Bd. 19 S. 241, Bd. 51 II A S. 72), und von einer gleichen Auffassung ist, was speziell die Ursulinen in Köln betrifft, das Urtheil des R.G. vom 3. Juli 1881 in Sachen Graf v. Hoensbroich wider Preuß. Fiskus ausgegangen" (Annalen Bd. IV S. 266). „Diese Auffassung hat auch, wie sich aus dem bezogenen Urtheile ergiebt, ihre Sanktion in der Kabinetsordre vom 10. Dezember 1836 gefunden, durch welche dem Institute der Ursulinen zu Köln; die Verwaltung ihres Vermögens unter Aufsicht des Erzbischofs und der Oberaufsicht der Regierung zurückgegeben wurde, in welcher Rechtsstellung dann das Institut unbestritten bis zu seiner Auflösung im Herbst 1875 fortbestanden hat.

Die Revision, welche wiederum von dem Satze ausgeht, daß nach dem Beschlusse vom 20. Prairial X die Güter der in Art. 20 ausgenommenen geistlichen Institute Eigenthum der Gemeinden (Kommunal-Zweckvermögen) geworden seien, hat sich begnügt, ohne näher eingehende Erörterung im allgemeinen auf das früher geltend Gemachte sich zu beziehen. Der aufgestellte Satz scheitert nun aber an dem Wortlaute des Beschlusses, dessen Art. 20 jene Institute von den Vorschriften der Art. 1 ff. ausnimmt, denselben ihre Güter beläßt (verbis: „conserveront les biens, dont ils jouissent") und ihnen nur deren Verwaltung nimmt (lesquels seront administrés d'après les lois existantes dans les autres parties de la république). Damit ist der Revision der Boden entzogen, und es mag nur noch hervorgehoben werden, daß auch die für die Belgischen Departements erlassenen Gesetze vom 15. Fructidor IV und 5. Frimaire VI (Gräff, Sammlung S. 338 und 363), welche die Klägerin anruft, zur Erläuterung des mehrgenannten Beschlusses nicht dienen können, weil durch den Art. 12 des letzteren Gesetzes die in Art. 20 des ersteren aufrecht erhaltenen maisons religieuses, dont l'institut a pour objet l'éducation publique ou le soulagement des malades, ausdrücklich supprimirt sind." Betreffs des Eventualantrages hat das R. G. in Uebereinstimmung mit dem O. L. G. eine unzulässige Klagänderung angenommen.

180. **Auch an dem vom Konkursverwalter erzielten Versteigerungserlös von Illaten hat der Vermiether ein Vorzugsrecht** (Art. 2102 des Code civil). **Persönliche Haftung des Konkursverwalters, wenn der Vermiether, nach Anerkennung der Miethzinsansprüche desselben seitens des Konkursverwalters, besondere Schritte zu deren Geltendmachung und zur Sicherung seines Vorzugsrechtes unterließ** (Art. 1383 des Code civil). S. o. Fall 165 S. 361 ff.

Reichsrecht.

1. Handelsrecht.

181. **Unnöthigkeit einer Liquidation, wenn ein Geschäftsbetrieb nicht stattgefunden hat und nur Verläge der Gesellschafter gegenseitig zu verrechnen sind** (Art. 133 des H.G.B.). Urth. des II. Civilsenats vom 29. Mai 1885 in Sachen R. St. in M., Beklagten und Revisionsklägers, wider J. D. W. in L., Kläger und Revisionsbeklagten. Aufrechterhaltung des Versäumnißurtheils des R.G. vom 3. Februar 1885.

„Die Erklärung des O.L.G., daß, falls eine Gesellschaft zwischen den Parteien bestanden haben sollte, dieselbe durch Willenseinigung aufgelöst wäre, beruht auf rein thatsächlichen Erwägungen, ist auch nicht angefochten. Das Gleiche gilt von der weiteren Erklärung, daß ein Geschäftsbetrieb nicht stattgefunden habe und die ganze Geschäftsthätigkeit aus dem vom Kläger vorgelegten und von dem Beklagten als richtig anerkannten Buchauszuge zu ersehen sei, inhaltlich dessen nur verschiedene beiderseitige Auslagen zu verrechnen seien. Ist dies aber der Fall, so war offenbar eine Liquidation im Sinne von Art. 133 des H.G.B., wie sie seitens des Beklagten als erforderlich bezeichnet wurde, völlig gegenstandslos."

182. **Die handelsrechtlichen Vorschriften über Genehmigung einer empfangenen Waare** (Art. 339 ff. des H.G.B.) **sind auf die Acceptation eines Manuskriptes seitens des Verlegers nicht ohne weiteres anwendbar.** (S. u. Fall 187 sub 1 S. 404 ff.)

183. **Die Frage, ob die Uebergabe der Waare an einen vom Verkäufer ausgewählten Spediteur oder Frachtführer nur eine provisorische Tradition ist, ist im Handelsgesetzbuch** (Art. 342, 344, 351) **nicht entschieden,** dagegen im Preuß. A.L.R. (S. u. Fall 210 S. 444.)

184. Der Transitus einer Waare ist beim Distanzgeschäft immer erst am angegebenen Ablieferungsort vollendet. Beendigung des Transitus, wenn bei Versendung der Waare oder bei Kaufsabschluß der Ort der Entgegennahme derselben noch unbestimmt ist (Art. 347 des H.G.B.).

Urth. des I. Civilsenats vom 30. Mai 1885 in Sachen S. L. zu B., Klägers und Revisionsklägers, wider A. & W. zu H., Beklagte und Revisionsbeklagte. Vorinstanz: O.L.G. Hamburg. Verwerfung.

Der Kläger in Berlin kaufte von J. J. & Co. in Amsterdam im März 1883 86 Sack Kaffee. Das beklagte Hamburger Speditionshaus nahm die Waare in Empfang und verlangte vom Kläger Versandorder. Dieser schrieb, 51 Sack sollten ihm geschickt werden, 35 Sack auf Lager bleiben. Nachdem über den Kläger Konkurs erkannt worden war, stoppten die Verkäufer am 3. Mai die noch bei den Beklagten befindlichen 35 Sack. Die Beklagten befolgten die Order und schickten die 35 Sack an die ihnen neu aufgegebene Adresse. Der Kläger klagt auf Herausgabe der Waare, welche Forderung ihm vom Konkursverwalter überwiesen worden war.

Beide Vorderrichter nahmen an, die Waare sei am 3. Mai noch unterwegs gewesen, und wiesen darum die Klage ab. Gegen das B.U. hat der Kläger Revision eingelegt.

„1. Voraussetzung des Verfolgungsrechts des § 36 der R.Konk.O. ist ein Distanzgeschäft; die Fassung des Gesetzes schließt sich an die des Art. 347 des H.G.B. an. Die Waare soll „von einem andern Orte" abgesendet und noch nicht am Ort „der Ablieferung" angekommen, beziehungsweise dort nicht in den Gewahrsam des Käufers gekommen sein. In den Motiven zu § 36 wird vom „kontraktlichen" Ablieferungsort gesprochen. Dieses Epitheton ist in das Gesetz nicht aufgenommen, aber auch überflüssig; denn unter Ablieferungsort kann nur der vertragsmäßige verstanden werden.

Wird bei Versendung der Waare durch den Verkäufer der Ablieferungsort angegeben, so macht es keinen Unterschied, ob die Waare bis dorthin durch den Frachtführer gebracht wird, oder ob sie an einen Zwischenplatz durch die Hand eines Spediteurs geht. Der Transitus ist immer erst am genannten Ablieferungsort beendet.

Ist bei Abschluß des Kaufes, beziehungsweise bei Absendung der Waare noch ungewiß, an welchem Ort die Waare vom Käufer oder von dessen Abkäufer entgegengenommen werden soll, so kann ein doppelter Weg gewählt werden:

a) Die Waare kann nach einem Ort, welcher bei der Versendung der Waare nach jedem der verschiedenen voraussichtlich in Frage kommenden Orte zu berühren ist, an eine dritte Person gesandt werden, welche der Käufer als seine Mittelsperson bestellt hat und welche die Waare für ihn in Empfang nehmen und zu seiner Verfügung halten soll. In diesem Fall ist dieser Dritte der Destinatar und sein Wohnort der Ablieferungsort. Mit der Ablieferung ist der Transitus vollendet. Der Dritte hat die Untersuchung der Waare vorzunehmen.

b) Der andere Weg ist der, daß Verkäufer und Käufer vereinbaren, an jenem Zwischenplatz habe der Käufer der den Transport ausführenden oder vermittelnden Person (Schiffer, Frachtführer, Spediteur) den Ablieferungsort aufzugeben. Der aufgegebene Ort ist dann der (kontraktliche) Ablieferungsort in jeder Beziehung. Zweifellos braucht erst an diesem Ort die Untersuchung der Waare unter dem Präjudiz des Art. 347 des H.G.B. zu erfolgen." (Vgl. Annalen Bd. IV S. 488; Entsch. Bd. VII S. 60.) „Es kann aber auch nicht bezweifelt werden, daß erst, wenn die Waare an diesem Ort anlangt und dort in den Gewahrsam des Käufers kommt, der Transitus vollendet ist. Allerdings hat der Käufer, wenn ihm die Aufgabe des Ablieferungsortes zusteht, beziehungsweise soweit ihm das Recht zusteht, auch das Recht, die Waare am Zwischenplatz zu empfangen; allein dann wird durch die Aufgabe der Zwischenplatz zum Ablieferungsort mit allen Konsequenzen, namentlich also auch der, daß die Waare dort zu untersuchen ist.

Welcher von beiden Wegen im einzelnen Fall als eingeschlagen anzunehmen ist, ist Thatfrage. Der Vertragswille wird sich oft leichter nach der Richtung hin erkennen lassen, an welchem Ort die Untersuchung vorgenommen werden soll.

2. Die entwickelte Auffassung theilt auch der B.R. Allerdings ist es nicht korrekt, wenn er die Thatsache, daß bei einem Distanzgeschäft oft oder meistens der Ort der Handelsniederlassung des Käufers den Ablieferungsort der Waare bildet, als eine Regel auffaßt, aus welcher er deduzirt, daß im Verhältniß von J. J. & Ko. und dem Kläger Berlin als Ablieferungsort anzusehen sei. Allein im weitern Verlauf des Urtheils wird ausdrücklich anerkannt, daß der Kläger auch befugt gewesen sei, die Versendung nach einem andern Ort als Berlin zu verlangen und auch die Auslieferung der Waare in Hamburg zu fordern, sowie daß, wenn eine derartige Anweisung erfolgt wäre, der aufgegebene andere Ort oder Hamburg der Ablieferungsort geworden wäre. Auch wird aus der ganzen ersten Ausführung nur der Schluß gezogen, daß Hamburg nicht der vertragsmäßige Ablieferungsort gewesen sei. Dem B.R. kann also in dieser Richtung kein auf die Entscheidung einwirkender Rechtsirrthum vorgeworfen werden.

3. Der B.R. führt ferner aus, der Transitus sei auch durch dasjenige, was in Betreff der in Frage kommenden Waaren später

vorgekommen ist, nicht beendet worden. Weder die Order des Klägers, daß von den 86 Sack 51 nach Berlin geschickt, die übrigen 35 Sack aber in Hamburg auf Lager blieben und zwei Hamburger Reflektanten zum Besicht vorgesetzt werden sollten, noch der angebliche Verkauf eines Theiles der 35 Sack hätten die Sachlage verändert. Der Verkauf würde nur dann Bedeutung gehabt haben, wenn die verkaufte Waare dem Käufer in Hamburg, bevor die Verkäufer J. J. & Ko. die Weisung, die Waare anzuhalten, ertheilt hatten, tradirt worden wäre, indem dann der Transitus vollendet gewesen sein würde. Einen Rechtsirrthum enthält auch diese Ausführung nicht".

2. Reichs-Strafgesetzbuch.

185. Schadensersatzpflicht wegen Uebertretung des § 367 Nr. 12 des R. Str. G. B. nach den §§ 25 und 26 des Preuß. Allg. L. R. Th. I. Tit. 6. (S. u. Fall 208 S. 243.)

3. Einführungsgesetz zum Reichs-Strafgesetzbuch.

186. Strafbarkeit des Abhaltens von Bietlustigen in Versteigerungsterminen gemäß des (nach Art. II des Einf. Ges. zum R. Str. G. B.) **noch jetzt gültigen § 270 des vormaligen Preuß. Str. G. B. und Art. 412 des Code pénal.** (S. u. Fall 213 S. 451.)

4. Reichs-Urheberrechtsgesetz.

187. 1) Unanwendbarkeit der handelsrechtlichen Vorschriften über Acceptation und Genehmigung einer Waare auf die Acceptation und Genehmigung von Manuskripten. 2) Erlaubte Aufnahme fremder Schriftwerke in eine Sammlung zu Schul- und Unterrichtszwecken (§ 7a des Urheberrechtsgesetzes). **3) Eine Literaturgeschichte ist auch ohne wissenschaftlichen Werth ein „wissenschaftliches Werk"** im Sinne des § 7a cit. **4) Kein Rücktrittsrecht des Verlegers vom Verlagsvertrag wegen irrthümlicher Unterstellung, daß ihm bei Abdruck des Manuskripts die Gefahr einer Verfolgung wegen Nachdrucks drohe, oder bei bloßer Androhung einer solchen Verfolgung seitens eines Dritten.** Urth. des II. Civilsenats vom 22. Mai 1885 in Sachen des Buchhändlers J. Lang zu Tauberbischofsheim, Beklagten und Revisionsklägers, wider den Direktor Ch. F. Maurer zu Landau

(Pfalz), Kläger und Revisionsbeklagten. Vorinstanz: O.L.G. Karlsruhe. Verwerfung.

Die Klage wird auf einen Verlagsvertrag gegründet, welchen die Parteien im Jahre 1881 abgeschlossen haben und dessen wesentlicher Inhalt vom Kläger dahin angegeben ist: Kläger hat für den Verlag des Beklagten die Ausarbeitung einer Deutschen Literaturkunde oder Literaturgeschichte in Umrissen und Ausführungen für höhere Lehranstalten übernommen. Der Plan des Werkes soll auf dem Gedanken beruhen, das für die mittelmäßigen Schüler nöthige Wissen in großer Schrift, das blos wünschenswerthe für Begabtere in kleiner Schrift darzustellen und dabei die Werke der besten Literarhistoriker wiederzugeben. Die erste Auflage wurde auf 5000 Exemplare und das Honorar auf 1500 ℳ, zahlbar bei Ablieferung des Manuskripts, festgesetzt.

Der Beklagte giebt in zweiter Instanz diesen Vertragsinhalt und ferner zu, daß das Werk so, wie bestellt, geliefert worden sei; er wiederholt dagegen den in erster Instanz erhobenen Einwand, daß Kläger kein eigenes Geistesprodukt, sondern eine „Papierscheerenarbeit“ geliefert habe, und macht insbesondere geltend, daß er mit Recht die Drucklegung verweigert habe, weil er durch die Vervielfältigung des Manuskripts einen Nachdruck verübt hätte. Weil Beklagter die Bezahlung des Honorars und den Abdruck verweigerte, wurde mit der erhobenen Klage dessen Verurtheilung begehrt: derselbe habe dem Kläger 1500 ℳ nebst 6% Verzugszinsen vom Klagzustellungstage an zu bezahlen, das ihm ausgefolgte Manuskript drucken zu lassen und in den Buchhandel zu bringen, sowie den durch die Nichterfüllung seiner Verbindlichkeit dem Kläger vom Klagzustellungstage an erwachsenen Schaden vorbehaltlich der Liquidation zu ersetzen.

Das L.G. beschloß, das Gutachten des literarischen Sachverständigenvereins für Württemberg, Baden und Hessen betreffs der vom Beklagten behaupteten Ausbeutung fremder Werke zu erheben. Nachdem in diesem Gutachten, dessen weiterer Inhalt später anzuführen ist, bezüglich eines Theiles eines Anhanges zu dem Werke ausgesprochen war, daß er als theilweiser Nachdruck im Sinne des Gesetzes anzusehen sei, daß aber dieser Abschnitt, weil er mit dem Hauptwerke in keiner inneren Verbindung stehe, mit Leichtigkeit und ohne allen Nachtheil von der Veröffentlichung ausgeschlossen werden könne, hat der Kläger sein Klagbegehren dahin modifizirt, der Beklagte habe das ihm ausgefolgte Manuskript mit Ausnahme des Anhanges drucken zu lassen und in den Buchhandel zu bringen.

Mit Urtheil vom 31. Mai 1884 hat nun das L.G. Mosbach nach dem Klagbegehren und zwar hinsichtlich der Verurtheilung, das Werk drucken zu lassen, gemäß der erwähnten Modifikation erkannt, zugleich auch dem Beklagten die Kosten zur Last gelegt. Auf Berufung des Beklagten hat das O.L.G. mit Urtheil vom 22. November 1884 bestätigt, unter Verfällung des Beklagten auch in die Kosten zweiter Instanz.

Beide Urtheile beruhen betreffs der streitigen Frage, ob Beklagter sich durch die Vervielfältigung des Manuskripts eines Nachdruckes schuldig machen würde, auf dem erhobenen Gutachten. Dieses sondert in sehr eingehender Motivirung die drei Bestandtheile des klägerischen Werkes, von welchen in Folge der Beschränkung des Klaggesuches der „Anhang“ nicht mehr, sondern nur noch die „Umrisse“ und die „Ausführungen“ in Betracht kommen. Jene erzählen in einem in Abschnitte gegliederten, in Paragraphen eingetheilten, groß zu druckenden Texte in fortlaufender Darstellung das Wichtigste aus der Literaturgeschichte; diese sind unter die

Texte der Umrisse klein zu druckende, ausgewählte Abschnitte aus bekannten größeren Werken, wodurch das im Texte nur kurz Berührte eingehend erörtert wird. — Das Gutachten beantwortet nun die vom L.G. gestellten Fragen, wie folgt:

Frage 1. Zu welchem Theile besteht das Manuskript aus eigener Arbeit des Klägers und zu welchem Theile aus Bruchstücken von bereits veröffentlichten und den Schutz des Gesetzes genießenden Werken?

1. Der Text der „Umrisse", welcher an sich als eigene Arbeit des Klägers anzusehen ist, nimmt vom Umfange des Manuskripts (680 Schreibseiten) nicht ganz 3/10 ein. Derselbe enthält eine große Anzahl von wörtlich aufgenommenen oder wenig veränderten Bestandtheilen fremder Werke, meist von hervorragenden Bearbeitern der Literaturgeschichte, welche in der Regel am Anfange des betreffenden Abschnittes in Anmerkungen unter dem Texte genannt sind. Die Zahl dieser Werke ist mindestens 12. In der Begründung ist noch dargethan, wie hinsichtlich der Art der Benutzung alle Arten der Kompilation — freie Bearbeitung, Auszug, Mosaikarbeit und einfaches unmittelbares Herübernehmen — vertreten seien. Durchweg bemerke man aber die bewußt und klar vorschwebende Beziehung auf den Plan des eigenen Werkes.

2. Die „Ausführungen", welche jedesmal durch Angabe des benutzten Werkes als Entlehnungen bezeichnet sind und Bruchstücke aus bereits veröffentlichten, den Schutz des Gesetzes genießenden Werken darstellen, nehmen 7/10 des ganzen Werkes ein. Von den 40 Bruchstücken finden sich 29 in Schäfer, „Literaturbilder". Das mit Schäfer Gemeinsame ist etwa 1/5 des Schäfer'schen Werkes.

Frage 2. Sind die in das Manuskript aufgenommenen Theile bereits veröffentlichter Werke als solche von geringerem Umfange anzusehen?

1. Die in die Umrisse wörtlich aufgenommenen Stellen sind im einzelnen von „geringem Umfange". Ihr Gesammtquantum ist im Verhältnisse zu dem Text der Umrisse beträchtlich, entzieht sich indeß der genauen Schätzung.

2. Die einzelnen Stücke der „Ausführungen" haben einen Umfang von 1—18 Seiten (im Durchschnitt ziemlich genau 6 Seiten) und sind im Verhältnisse zu dem Umfange der benutzten Werke als Entlehnungen von „geringem Umfange" anzusehen. Daß die Entlehnungen aus dem Schäfer'schen Werke 1/5 dieses und fast die Hälfte des klägerischen Werkes ausmachen, ist unerheblich, weil die betreffenden Theile des Schäfer'schen Werkes selbst nur Entlehnungen aus anderen veröffentlichten Werken sind.

Frage 3. Ist das klägerische Manuskript doch seinem Hauptinhalte nach als ein selbständiges wissenschaftliches Werk anzusehen?

1. Die Umrisse stellen, obgleich sie bei weitem mehr Fremdes als Eigenes enthalten, doch eine selbständige wissenschaftliche Arbeit dar, da einerseits das aufgenommene Fremde nur als Material zu einer anderen, von den benutzten Werken wesentlich verschiedenen Produktion verwendet ist und andererseits das Werk des Klägers als eine Schul- und Unterrichtszwecke verfolgende Arbeit in die Kategorie der wissenschaftlichen Schriften gehört. Letzterer Satz ist in der Begründung dahin erläutert: Wenn das Gesetz im § 7a mit dem Ausdrucke „wissenschaftlich" wissenschaftlichen Werth in dem Sinne verlangen würde, daß in der betreffenden Schrift eine Erweiterung und Förderung des menschlichen Wissens enthalten wäre, so müßte dem klägerischen Werke diese Eigenschaft unbedingt abgesprochen werden. Das Gesetz verlange aber nur, daß die in Frage stehenden Schriften nach Anlage und Zweck dem wissenschaftlichen Gebiete im weitesten Sinne des Wortes angehören.

Frage 4. Stellt das klägerische Manuskript, soweit es Theile bereits veröffentlichter Werke enthält, nicht wenigstens eine eigene neue Sammlung des Klägers dar, welche von diesem zum Schulgebrauche veranstaltet ist? Ist insbesondere, soweit in dem klägerischen Manuskripte Theile aus Schäfer's Literaturbildern aufgenommen sind, eine theilweise Wiedergabe der Schäfer'schen Sammlung als solcher oder nur die Verwendung von Stücken, die Schäfer in seine Sammlung aufgenommen hat, zu einer neuen eigenartigen Sammlung anzunehmen?

Diese Frage war nur für den Fall der Verneinung der Frage 3 gestellt. Die Sachverständigen haben dieselbe jedoch in Rücksicht auf die Antwort 2 zur dritten Frage dahin beantwortet:

1. Das Manuskript des Klägers stellt in den „Ausführungen" eine zum Schul- und Unterrichtsgebrauche veranstaltete Sammlung dar. Zur Erreichung des Zweckes war die Aufnahme von solchen Bestandtheilen fremder Werke, wie sie die „Ausführungen" enthalten, nothwendig.

2. Bei der Anlage und Ausführung dieser Sammlung hat der Kläger die „Literaturbilder" von Schäfer in sehr weitgehender Weise benützt, indem er 7/10 seiner Lesestücke dem fünfmal größeren Vorrathe Schäfer's entnahm. Dessenungeachtet ist das Manuskript des Klägers nicht als eine theilweise Wiedergabe des Schäfer'schen Sammelwerkes als solchen anzusehen; denn einmal weist solches neben dem Anschlusse an Schäfer immerhin eine gewisse Selbständigkeit der Auswahl seitens des Klägers auf, weiterhin hat derselbe die von Schäfer mit Absicht und planmäßig gewählte Anordnung und Aufeinanderfolge der gewählten Stücke nicht adoptirt, und endlich gliedert er solche einem in Ziel und Zweck wesentlich abweichenden Werke ein. Die Benutzung des Schäfer'schen Buches ist vielmehr als Verwendung von Stücken, welche Schäfer in seine Sammlung aufgenommen, an denen er aber kein Urheberrecht erworben hatte, zur Herstellung einer neuen und eigenartigen Sammlung zu qualifiziren. —

Diesem Gutachten tritt das B.G. sowohl bezüglich der Begründung als auch der Gesetzesauslegung bei und erklärt daher den Einwand des Beklagten, daß er durch Druck und Vervielfältigung des vom Kläger gelieferten Manuskriptes einen Nachdruck begehen würde, für unbegründet. Auch könne davon keine Rede sein, daß die bloße Gefahr einer Nachdruckklage dem Verleger das Recht gäbe, einseitig vom Vertrage zurückzutreten. Daß der Anhang als theilweiser Nachdruck anzusehen, sei richtig; allein dieser Umstand sei ohne Einfluß auf die Begründetheit des klägerischen Anspruches; denn der Beklagte habe die Erfüllung des Vertrages im ganzen verweigert, wozu er nicht berechtigt gewesen. Der Anhang sei als eine unwesentliche Zugabe des Klägers zu betrachten, und es liege deshalb in der Natur der Sache und müsse als die Absicht der Kontrahenten angesehen werden, daß dieser Anhang auch von der Veröffentlichung ausgeschlossen werden konnte, ohne daß der Bestand des Vertrages im übrigen alterirt worden wäre. Die anfängliche pluspetitio übe auch auf den Kostenpunkt keinen Einfluß.

Weiter stellen die Gründe noch fest, daß das Werk unbestritten so beschaffen sein sollte, wie es in den Vorbemerkungen dazu gesagt ist, und daß darnach die Ausführungen den Werken der bedeutendsten Literarhistoriker, wo es nur anging, wörtlich entnommen werden sollten. Der Beklagte habe also keinen Anspruch auf Originalität gehabt. Für die Güte des Werkes hafte der Autor nicht. Ueberdies habe der Beklagte das Werk acceptirt und mit dessen Druck begonnen, könne also mit derartigen Einwendungen nicht gehört werden.

Zu 1. „Die Revision ist zulässig; denn der Beklagte ist nicht nur zur Zahlung des Honorars von 1500 *M.*, sondern auch dazu verurtheilt worden, das klägerische Manuskript drucken zu lassen und in den Buchhandel zu bringen; letzteres stellt sich aber als ein selbstständiger Anspruch neben der Honorarforderung dar. — Dagegen konnte die Revision für begründet nicht erachtet werden.

Der erste Angriff ist gegen die Ausführung des B. G. gerichtet, daß der Beklagte, weil er das Manuskript acceptirt und mit dessen Druck begonnen, dessen vertragsmäßige Beschaffenheit anerkannt habe. Diese Anwendung der handelsrechtlichen Grundsätze von der Genehmigung der Waare seitens des Käufers auf das Rechtsverhältniß zwischen Autor und Verleger kann zwar, jedenfalls in solcher Allgemeinheit, nicht gebilligt werden; allein die Entscheidung beruht nicht darauf, und es ist außerdem festgestellt, daß nach dem Verlagsvertrage die Literaturgeschichte so beschaffen sein sollte, wie dies die Vorbemerkung zum Manuskripte besagt, und daß darnach der Beklagte keinen Anspruch auf Originalität des Werkes hatte."

Zu 2. „Demnach kann es sich nur um die der Klage entgegengesetzten Einreden handeln.

Das B. G. verneint nun zunächst im Anschlusse an das Gutachten des literarischen Sachverständigen-Vereins, daß durch die Vervielfältigung des Manuskriptes — abgesehen von dem noch zu besprechenden Anhange — ein Nachdruck verübt worden wäre. Dieser Auffassung, welche auch vom Revisionskläger in der mündlichen Verhandlung nicht besonders angefochten wurde, ist beizupflichten.

Die „Ausführungen" nämlich stellen sich nur als eine Sammlung zum Schul- und Unterrichtsgebrauche dar, in welche kleinere Theile bereits veröffentlichter Werke aufgenommen worden sind, betreffs welcher ein Klagerecht wegen Nachdruckes durch § 7 lit. a des Gesetzes vom 11. Juni 1870 ausgeschlossen ist. Dies gilt insbesondere auch von Schäfer, soweit ein Abdruck von vier Seiten (I. S. 213 i. f.) sein geistiges Eigenthum ist, und noch mehr, soweit 28 Stücke seiner Sammlung entlehnt sind; denn an diesen Stücken hatte er selbst kein Autorrecht, und die Sammlung als solche hat Kläger nicht nachgeahmt, sondern nach eigenem Plane und Zwecke die aus anderen Werken entnommenen Bruchstücke zusammengefügt. Betreffs der „Umrisse" kann davon abgesehen werden, ob die Voraussetzungen für einen Nachdruck im Sinne des § 4 des zitirten Gesetzes vorliegen oder ob vielmehr blos eine Benutzung und Bearbeitung fremder Gedanken zu einem nach eigener Methode verfaßten Werke vorliegt; denn auch hier findet § 7 lit. a cit. Anwendung."

Zu 3. „Daß eine Literaturgeschichte an sich „ein wissenschaftliches Werk“ im Sinne des Gesetzes sei, wenn sie auch keinen wissenschaftlichen d. h. die Wissenschaft fördernden Werth hat, kann nicht bezweifelt werden, und die Selbständigkeit des klägerischen Werkes haben die Sachverständigen aus zutreffenden Gründen bejaht; ferner ist festgestellt, daß die Entlehnungen aus den zwölf vom Kläger benutzten Werken im Verhältniß zum Umfang dieser Werke von geringerem Umfange seien. Demnach könnte keiner dieser zwölf Autoren eine Klage wegen Nachdruckes erheben.“

Zu 4. „Weil das B.G. diesen Ausführungen der Sachverständigen beitritt, ist auch dessen, allerdings nicht mit hinlänglicher Klarheit ausgesprochene, Würdigung der weiteren Einrede, daß der Beklagte wegen der Gefahr einer Nachdrucksklage berechtigt gewesen sei, einseitig vom Vertrage zurückzutreten, nur dahin zu verstehen, daß die bloße subjektive, irrthümliche Unterstellung einer solchen Gefahr oder die bloße Androhung einer (unbegründeten) Klage das Rücktrittsrecht nicht begründe. In diesem Sinne aufgefaßt, verletzt aber die Entscheidung über diese Einrede kein Gesetz; denn wenn es auch richtig ist, daß eine objektiv begründete Gefahr einer Verfolgung wegen Nachdruckes den Verleger berechtigen würde, die Erfüllung des Vertrages zu verweigern, so kann doch das Gleiche nicht von seiner thatsächlich und rechtlich unbegründeten Meinung und zwar umsoweniger in dem Falle gelten, wenn der Verlagsvertrag wenigstens theilweise auf Herstellung einer Kompilation gerichtet war. Begründet war die Gefahr allerdings bezüglich des Anhanges, wie sich aus dem Gutachten der Sachverständigen ergiebt. Das B.G. stellt jedoch thatsächlich und für das Revisionsgericht bindend fest, daß dieser Anhang nur als eine vom Werke unabhängige Zugabe des Klägers zu betrachten und es deshalb als der Absicht der Kontrahenten entsprechend anzusehen sei, daß derselbe auch von der Veröffentlichung ausgeschlossen werden konnte, ohne daß der Bestand des Vertrages im übrigen alterirt worden wäre. Aus dieser Feststellung konnte sodann ohne Rechtsverletzung die Folgerung gezogen werden, daß der Beklagte nicht berechtigt gewesen sei, wegen dieses Anhanges den Druck des eigentlichen Werkes und die Bezahlung des Honorars für dasselbe zu verweigern, sowie daß die anfängliche Zuvielforderung des Klägers auch auf die Vertheilung der Kosten ohne Einfluß sei (C.P.O. § 88).“

5. Reichs-Haftpflichtgesetz.

188. **Die Wiederaufnahme einer einzelnen, in der ersten Instanz fallen gelassenen Begründung des Haftpflichtanspruches** (z. B. das Fehlen von Schutzbrillen in den Fällen des § 2) **ist in der Berufungsinstanz zulässig.** (S. u. Fall 198 S. 429.)

189. **Unterbrechung der Verjährung durch Anerkennung. Die Anerkennung muß nicht blos nach Meinung des Berechtigten, sondern nach dem Willen des Verpflichteten ausgesprochen sein. In der Zuwendung einer gnadenweise bewilligten Rente liegt keine Anerkennung. Replik des mit der Einrede der Verjährung bedrohten** (aus dem Haftpflichtgesetz forderungsberechtigten) **Klägers: der Verpflichtete habe durch die zweideutige Fassung seiner Antwort den Berechtigten in den Irrthum eines erfolgten Anerkenntnisses seiner Forderung versetzt. Kausalnexus zur Begründung dieser Replik. Der § 7 Abs. 2 ist nur anwendbar, wenn die Verjährungsfrist noch nicht abgelaufen war.** Urth. des II. Civilsenats vom 22. Mai 1885 in Sachen der Generaldirektion der Eisenbahnen in Elsaß-Lothringen, Beklagten und Revisionsklägerin, wider die Wittwe und Kinder des Rangirmeisters F. H., Kläger und Revisionsbeklagte. Vorinstanz: O.L.G. Colmar. Aufhebung und Zurückverweisung.

Die Wittwe des Rangirmeisters F. H. klagte am 22. November 1882 beim L.G. Metz wider die Generaldirektion der Eisenbahnen von Elsaß-Lothringen auf Grund des § 1 des Reichs-Haftpflichtgesetzes auf Zahlung einer Rente mit der Behauptung, daß ihr Ehemann am 18. Januar 1877 auf dem Bahnhofe zu Montigny beim Eisenbahnbetriebe getödtet worden sei. Beklagte beantragte, die Klage als verjährt und jedenfalls als unbegründet abzuweisen. Das L.G. Metz erkannte am 16. Mai 1883 im wesentlichen nach dem Klageantrage, und das O.L.G. Colmar bestätigte am 7. November 1883 unter einigen Abänderungen diese Entscheidung, indem es die Einrede der Verjährung wegen der erfolgten Anerkennung verwarf. Auf die von der Beklagten eingelegte Revision hob das R.G. am 29. Februar 1884 das B.U. auf, weil die Annahme einer die Verjährung unterbrechenden Anerkennung der genügenden Begründung entbehre. (Abgedruckt in Annalen Bd. IX S. 524 ff.)

Bei der erneuten Verhandlung vor dem O.L.G. stellte Beklagte den Antrag, unter Aufhebung der landgerichtlichen Entscheidung die Klage als verjährt oder unbegründet abzuweisen. Sie bezog sich zur Begründung der Berufung auf die in den früheren Verhandlungen vorgelegten Schriftstücke und legte nunmehr ihre Anträge vor, welche zu der durch Kaiserl. Erlaß vom 23. Juli 1877 bewilligten Gnadenunterstützung geführt hatten.

Klägerin beantragte für sich und ihre minderjährigen Kinder die Aufrechterhaltung des B.U. vom 7. November 1883. Nöthigenfalls wurde Beweis erboten, daß Klägerin und ihre Tochter krank seien und daß Erstere in Folge ihrer im Jahre 1877 erfolgten Entbindung sowie der fortwährenden Entbehrungen während der Jahre 1880 und 1881 ihre Arbeitsfähigkeit vollständig verloren habe. Die Verrechnung der Gnadenunterstützung auf die zu leistende Entschädigung wurde dem richterlichen Ermessen anheimgestellt.

Durch Urtheil des O.L.G. Colmar vom 28. Januar 1885 wurde die Hauptberufung der Beklagten verworfen und dieselbe, unter Annahme der Anschlußberufung verurtheilt: 1) die der Klägerin persönlich zuerkannte Rente bis zu deren Lebensende in monatlichen Raten vorauszubezahlen; 2) von den seit der Klagerhebung schuldig gebliebenen Beträgen 5% Zinsen vom jedesmaligen Verfalltage ab zu entrichten. Im übrigen wurde die landgerichtliche Entscheidung bestätigt und Beklagte zu den Kosten der Berufungs- und Revisionsinstanz verurtheilt. In den Gründen wird erörtert:

Bei Prüfung der Bedeutung des Schreibens der Generaldirektion vom 6. August 1877 für die damals noch nicht eingetretene Verjährung komme es nicht sowohl darauf an, auf welche Absicht des Verfassers eine genaue Kenntnißnahme von den der Kaiserl. Entschließung vorausgegangenen Berichten und Verhandlungen schließen lasse, vielmehr sei es für die Wirkungen dieses Schreibens im Verhältnisse der Generaldirektion zu der Klägerin entscheidend, welchen Sinn die Letztere der Erklärung beizulegen gehabt habe.

Der Bericht der Generaldirektion über die beantragten Bewilligungen, die Allerhöchste Order vom 23. Juli 1877, das Schreiben des Reichskanzlers vom 27. ejusd. und die bei Verrechnung der Leistungen angeblich gemachten Unterscheidungen seien Interna der Verwaltung und erst im Laufe des Prozesses zum Vorschein gekommen. Die Allerhöchste Entschließung umfasse verschieden gestaltete Fälle; Nr. 1 und 2 der Nachweisung beträfen Fälle, bei denen das Reichs-Haftpflichtgesetz gar nicht in Frage komme, bei anderen sei nach dem Berichte die Haftpflicht wegen eigenen Verschuldens der Verunglückten ausgeschlossen, in dem Falle unter Nr. 6 werde das Reichs-Haftpflichtgesetz von der Generaldirektion selbst für anwendbar erachtet — aber alle diese Fälle seien gleichmäßig behandelt. Wenn nun auch die Generaldirektion in der Allerhöchsten Entschließung bezüglich der Klägerin einen Gnadenakt erblickt habe, so sei diese Auffassung trotz der Weisung des Reichskanzlers, die Bittstellerinnen „entsprechend" zu bescheiden, der Klägerin gegenüber nicht zum Ausdrucke gekommen. Die Bezeichnung der Leistung als „Unterstützung" sei ihrer Zweckbestimmung entnommen und enthalte keinen Aufschluß über den Rechtsgrund der Entschließung. Klägerin habe die Zahlung aus der Eisenbahnkasse empfangen und sie habe, wie aus der Antwort vom 10. März 1877 sowie aus dem Gesuche vom 31. desselben Monats hervorgehe, am 2. und 31. März ihr Verlangen ohne eine Aeußerung über die Höhe der ihr gebührenden Entschädigung als einen aus dem Reichs-Haftpflichtgesetze abgeleiteten Rechtsanspruch bei Behörden geltend gemacht, welche zwar zu dessen Anerkennung zuständig gewesen, aber Gnadenbewilligungen nicht zu verleihen gehabt hätten. Durch den Schlußsatz des Schreibens vom 6. August 1877 sei sie ermächtigt und angewiesen gewesen, dasselbe als einen auf die ressortmäßige Beschwerde beim Reichskanzleramte vom 31. März ergangenen Bescheid zu betrachten. In dem Schreiben werde die „Bewilligung einer Unterstützung" mitgetheilt, deren Leistung aus der Eisenbahnkasse bewirkt werde. Daß die Bewilligung als ein Gnadenakt anzusehen sei, werde nicht ausgesprochen; aus der Geringfügigkeit der Summe sei dies dem in der Höhe ganz unbestimmten Verlangen der Klägerin gegenüber nicht zu entnehmen, und mit dem Hinweise auf die Eingabe vom 31. März sei diese Auffassung nicht wohl vereinbar. Habe der Rechtsanspruch der Klägerin, wie in der Antwort vom 10. März geschehen, verneint werden und dieselbe behufs Feststellung ihres Rechtes auf den Weg der Klage verwiesen werden sollen, so sei der eines festen Begriffes entbehrende Ausdruck „Erledigung" durchaus ungeeignet gewesen. Klägerin habe mittels ihrer Eingabe vom 31. März nur ihr Recht auf Entscheidung der vorgesetzten Behörde über die Verfügung vom 10. März ausgeübt und außer dem angeführten Schreiben eine andere Antwort nicht erhalten. Sei nun aber das Schreiben vom 6. August 1877 zugleich als eine im Auftrage des Reichskanzleramtes erfolgte Mittheilung der von diesem auf die Beschwerde vom 31. März getroffenen Entscheidung anzusehen, so habe sie in den Augen der Klägerin als eine reformatorische für den Beschluß vom 10. März gelten müssen. Ihre Eingabe vom 31. März habe nur dann ihre Erledigung gefunden, d. h. ihren Gegenstand und ihr rechtliches Interesse verloren, wenn die Entscheidung über die Haftpflicht in ihrem Sinne ausgefallen sei. In diesem Zusammenhange komme der Erklärung vom 6. August für die Auffassung der Adressatin der Inhalt einer Anerkennung des Entschädigungsanspruches in quali zu, für dessen Erfüllung die Jahresleistung von 150 ℳ bestimmt gewesen sei. Wenn sich Klägerin mit diesem Betrage zunächst begnügt und durch Bittgesuche um dessen Erhöhung bemüht habe, so sei damit ein Verzicht auf höhere Bezüge um so weniger verbunden, als durch § 7 des Reichs-Haftpflichtgesetzes selbst einer vertraglichen oder gerichtlichen Festsetzung gegenüber die abändernde Normirung der Leistungen bei veränderten Verhältnissen zugelassen werde. Wenn die Generaldirektion durch ihre Erklärung die Klägerin in die Lage versetzt habe, in gutem Glauben ihren Entschädigungsanspruch als solchen für anerkannt zu erachten, so erscheine dieselbe heute befugt, der Einrede der Verjährung mit der Replik zu begegnen, daß dadurch der gute Glaube, welcher auch die aus dem Reichs-Haftpflichtgesetze hervorgehenden Rechtsverhältnisse beherrsche, verletzt werde. Die auf einseitiger Schätzung der Generaldirektion beruhende Festsetzung einer Jahresrente von 150 ℳ sei im Jahre 1877 zweifellos nicht maßgebend gewesen, wohl aber sei mit der erörterten Auffassung der Erklärung vom 6. August als einer Anerkennung des Rechtes die Voraussetzung der Geltendmachung des Anspruches innerhalb der Verjährungsfrist erfüllt, an welche nach § 7 des Reichs-Haftpflichtgesetzes die Befugniß des Verletzten geknüpft sei, die Erhöhung jederzeit zu fordern. Sachlich sei in der Klage vom 22. November 1882 das dem § 7 entsprechende Begehren auf Erhöhung der Rente zu erkennen, für welches die Verjährung nicht Platz greife. Auch sei es für die rechtliche Zulässigkeit der Klage vom Gesichtspunkte der Verjährung aus unerheblich, daß nur eine einseitige Schätzung und nicht eine vertragliche oder gerichtliche Festsetzung der Rente stattgefunden habe, vielmehr bilde der erwähnte Umstand — die Anerkennung des Rechtes unterstellt — einen weiteren Grund für die Zulässigkeit der Klage, auch wenn eine zwischenzeitliche wesentliche Veränderung der Verhältnisse nicht behauptet werden könne. Die nach der bisherigen Taxe bewirkten Leistungen der Beklagten hätten die Existenz und Fortdauer des Rechtes der Klägerin zur Voraussetzung und enthielten daher eine Unterbrechung der inzwischen etwa wieder begonnenen Verjährung. Wenn aber eine Veränderung der Verhältnisse gesetzlich erforderlich erscheine, so würde eine solche in dem mit dem zunehmenden Alter der Kinder wachsenden Maße der Lebensbedürfnisse und der zunehmenden Kränklichkeit der Wittwe H., welcher nach der eigenen Angabe der Generaldirektion im Juli 1879, Februar 1881 und 1882 Unterstützungen mit je 30 ℳ gewährt worden, zu finden sein. Die Verjährungseinrede sei daher mit Recht verworfen.

In der Hauptsache sei nach der zutreffenden Ausführung des Ersten Richters der Beweis eigenen Verschuldens des Verunglückten nicht geführt. Beklagte behaupte zwar jetzt, der Zug sei zur fahrplanmäßigen Zeit angekommen, trete aber einen Beweis dafür nicht an. Mangels irgend einer genauen Ermittelung über Zeit und Hergang bei der Tödtung des H. und nachdem nicht einmal der Bericht der Betriebsinspektion vom 27. Januar 1877 vorgelegt worden, erscheine es als eine willkürliche Vermuthung, daß der Eilzug den H. auf dem Hauptgeleise angetroffen habe. Bezüglich der Höhe der Rente sei den Ausführungen des Ersten Richters beizupflichten. Die Thatsache, daß das Kind Charlotte schwächlich sei, habe Beklagte nach dem Sitzungsprotokolle in erster Instanz zugegeben. Das heutige Bestreiten verdiene daher keine Berücksichtigung. Der Antrag der Wittwe H., die zugesprochene Rente als eine lebenslängliche zu gewähren, finde ihre Rechtfertigung in dem geringen Altersunterschiede der Ehegatten, da kein Grund vorliege, die wahrscheinliche Lebensdauer und Arbeitsfähigkeit des Verunglückten auf 47 Jahre zu beschränken oder das Ueberleben der Ehefrau als wahrscheinlich zu unterstellen. Daß die auf Grund der Erklärung vom 6. August 1877 gezahlten Renten auf die zugesprochenen Beträge anzurechnen seien, verstehe sich nach der rechtlichen Natur dieser Leistungen von selbst. Eine ausdrückliche Feststellung in dieser Beziehung werde nicht beantragt.

„Das R.G. hat in dem Erkenntnisse vom 29. Februar 1884" (Annalen Bd. IX S. 524) „die Entscheidung über die Einrede der Verjährung von Beantwortung der Frage abhängig erklärt, ob das Schreiben vom 6. Januar 1877 die Willenserklärung der Generaldirektion enthalte, die Klägerin für ihre auf das Haftpflichtgesetz gestützten Ansprüche zu befriedigen, und dasselbe demgemäß eine die Verjährung unterbrechende Anerkennung des Klagerechtes im Sinne des Art. 2248 des B.G.B. darstelle. Das B.G. hat nun aber bei seiner ferneren Prüfung den Willen der Beklagten, ihre Verpflichtung aus dem Haftpflichtgesetze anzuerkennen, nicht festgestellt, sondern nur aus der Fassung des Briefes und den Umständen den Schluß gezogen, daß die Klägerin berechtigt gewesen sei, das Schreiben als eine Antwort auf ihre an das Reichskanzleramt gerichtete Beschwerde und als eine Anerkennung ihres gesetzlichen Anspruches aufzufassen. Wenn die Entscheidungsgründe dahin zu verstehen wären, daß für die rechtliche Bedeutung der Erklärung nur die durch das Schreiben hervorgerufene Auffassung der Empfängerin, nicht aber der Wille des Erklärenden als maßgebend zu erachten sei, so würde hierin eine nach § 528 Abs. 2 der C.P.O. unzulässige Abweichung von dem reichsgerichtlichen Urtheile zu finden sein, welches für eine Anerkennung eine unzweideutige Willenserklärung des Verpflichteten verlangt.

Richtiger werden jedoch die Entscheidungsgründe dahin zu verstehen sein, daß der B.R. von Beantwortung der ihm durch das R.G. unterbreiteten Frage Umgang nehmen zu dürfen glaubt, weil er die Verwerfung der Verjährungseinrede aus anderen Gründen für gerechtfertigt erachtet. Er geht nämlich davon aus, daß der Verjährungseinrede die Replik entgegenstehe: die Generaldirektion sei verpflichtet gewesen, der Klägerin auf ihre Beschwerde eine klare und unzweideutige Antwort zu ertheilen, und es treffe sie ein zu vertretendes Verschulden, wenn die Klägerin, durch die undeutliche Fassung des Schreibens in den Irrthum, daß eine Anerkennung vorliege, versetzt, unterlassen habe, ihre Rechte aus dem Haftpflichtgesetze innerhalb der Verjährungsfrist gerichtlich zu verfolgen.

Es kann nun unerörtert bleiben, ob durch eine solche Replik die Einrede der Verjährung der geltend gemachten Forderung aus dem Haftpflichtgesetze beseitigt werden könnte oder ob damit ein unzulässiger neuer Klagegrund eines Schadenersatzes aus den Art. 1382—1384 des Code civil untergeschoben würde; denn die Annahme, daß die Klägerin durch ein Verschulden der Generaldirektion von Wahrung der Verjährungsfrist abgehalten worden sei, erscheint jedenfalls nicht gerechtfertigt. Daß die Generaldirektion etwa die Absicht gehabt habe, die Klägerin zu täuschen, unterstellt das O.L.G. offenbar nicht. Es ist aber auch nicht festgestellt, daß die Generaldirektion die Erregung eines solchen Irrthums durch ihr Schreiben habe voraussehen müssen und daß sie daher mindestens nachlässig oder unvorsichtig verfahren sei. Auch würde es an einem Nachweise des Kausalzusammenhanges der etwaigen Verschuldung mit dem eingetretenen Schaden mangeln. Es ist nicht ersichtlich, inwiefern die Klägerin dadurch, daß ihr nur eine auf jährlich 150 Mark beschränkte Unterstützung zugesagt wurde, verleitet worden sein soll, die rechtzeitige Verfolgung ihrer unbeschränkten Ansprüche aus dem Haftpflichtgesetze zu versäumen. Auch wenn die Klägerin die Zusage als eine Antwort auf ihre auf das Haftpflichtgesetz gestützte Forderung betrachtete, stand sie vor der Wahl, entweder den Rechtsweg zu beschreiten oder sich — im Vergleichswege (Art. 2044 des Code civil) — mit der ihre Ansprüche nicht deckenden Zusage zu begnügen.

Wenn schließlich das O.L.G. seine Entscheidung auf § 7 Abs. 2 des Haftpflichtgesetzes zu stützen sucht, so steht dem — abgesehen von sonstigen Bedenken, zu welchen die Entscheidungsgründe Anlaß bieten — entgegen, daß der Anspruch innerhalb der Verjährungsfrist geltend gemacht sein müßte, daß also, da eine Klage früher nicht erhoben war, eine wirkliche (nicht blos als solche aufgefaßte) Anerkennung des Anspruches dem Grunde nach — ohne Beschränkung auf einen bestimmten Betrag — nachzuweisen wäre. Auf eine ihrer Höhe nach vertragsmäßig festgesetzte Rente würde dagegen jene Gesetzesvorschrift keine Anwendung finden.

Hiernach hängt die Entscheidung der Sache von der bereits in dem früheren reichsgerichtlichen Urtheile gestellten Frage ab, ob eine Unterbrechung der Verjährung in der Weise erfolgt sei, daß die Generaldirektion der Klägerin gegenüber eine Willenserklärung dahin abgegeben habe, daß sie deren auf das Haftpflichtgesetz gegründeten Entschädigungsanspruch dem Grunde nach anerkenne. Da diese Frage noch nicht beantwortet ist, mußte auch das neue Urtheil des O.L.G. aufgehoben und die Sache unter Kostenvorbehalt nochmals an das B.G. zurückverwiesen werden."

6. Reichs-Markenschutzgesetz.

190. **Auch ein Personenname oder eine Firma kann als Freizeichen im Gebrauch sein** (§§ 10 Abs. 2, 913, 18 des Reichs-Markenschutzgesetzes). Urth. des I. Civilsenats vom 23. Mai 1885 in Sachen der Handelsgesellschaft Heydemann in Emmerich, Beklagten und Revisionsklägerin, wider die Handelsgesellschaft Henricus Oldenkott sen. & Co. zu Rees, Klägerin und Revisionsbeklagte. Vorinstanz: O.L.G. Hamm. Aufhebung und Zurückverweisung.

Die Klägerin hat beantragt: 1) die Beklagte für nicht berechtigt zu erklären, die von ihr in den Handel gebrachten geschnittenen Rauchtabake mit der Firma „Henricus Oldenkott H. Zoon & Co. te Amsterdam" zu bezeichnen; namentlich aber 2) bis 4) dieselbe für nicht berechtigt zu erklären, auf der Verpackung drei näher beschriebene bildliche Darstellungen (schildhaltende Löwen) mit Beifügung der Firma „Henricus Oldenkott H. Zoon & Co. te Amsterdam" und verschiedenen Zusätzen zu gebrauchen, und die Beklagte zu verurtheilen, das eine dieser Zeichen, welches auf ihre Anmeldung im Zeichenregister eingetragen ist, löschen zu lassen; 5) die Beklagte zur Zahlung einer Entschädigung von 4000 ℳ zu verurtheilen.

In erster Instanz wurde die Beklagte klaggemäß verurtheilt, und wurden bei der Angabe der Firma, deren Verwendung zur Bezeichnung der Rauchtabake untersagt wurde, die Worte „te Amsterdam" hinweggelassen, was damit motivirt wurde, daß die Klägerin im Verlauf der Verhandlungen erklärt habe, der Zusatz „te Amsterdam" sei ihr nicht wesentlich. Die von der Beklagten eingelegte Berufung wurde zurückgewiesen. Gegen das B.U. ist von der Beklagten Revision eingelegt.

Nachdem der B.R. ausgeführt hat, daß die Klägerin zur Führung der Firma „Henricus Oldenkott sen. & Co." berechtigt sei, der Beklagten aber ein konkurrirendes Recht nicht zustehe, fährt er fort: „Daß Beklagte „Henricus Oldenkott H. Zoon & Co." schreibt, ist eine unwesentliche Abänderung der Firma der Klägerin, welche nicht ohne besondere Aufmerksamkeit wahrgenommen werden kann, da eine täuschende Aehnlichkeit der Firmenzeichnung der Beklagten mit der der Klägerin im Gesammteindruck durch die vorgelegten Etiketten nachgewiesen ist."

1. „Diese Begründung genügt nach zwei Richtungen nicht.

a) Der erste Klagantrag geht dahin: die Beklagte für nicht berechtigt zu erklären, ihre Tabake mit der fraglichen Firma zu bezeichnen, und so ist auch erkannt. Jede Art der Bezeichnung mit dieser Firma soll untersagt werden, nicht nur die Bezeichnung mit der Firma unter Anwendung falscher Schriftzüge, welche mit denjenigen, deren die Klägerin bei Aufsetzung ihrer Firma auf ihre Waaren sich bedient, übereinstimmen. (Nur die Anträge Nr. 2, 3, 4 könnten allenfalls in diesem Sinne verstanden werden). Es kann sich also bei der Beurtheilung nur fragen, ob die von der Beklagten auf ihren Etiketten angebrachte Firma-Niederschrift ihrem Inhalte nach, also ganz abgesehen von den gebrauchten Schriftzügen, von der der Klägerin so wenig sich unterscheide, daß die Abänderungen „nur durch Anwendung besonderer Aufmerksamkeit wahrgenommen werden können" (§ 18 des Reichs-Markenschutzgesetzes).

Unter Nr. 1 ist ausdrücklich beantragt:

b) „die Beklagte für nicht berechtigt zu erklären, ihre Waaren mit der Firma Henricus Oldenkott H. Zoon & Co. te Amsterdam zu bezeichnen". Da die Klägerin auf die Firma mit dieser Ortsbezeichnung kein Recht hat, so mußte untersucht werden, ob auch dieser Zusatz zu den Abänderungen gehöre, „welche nur durch Anwendung besonderer Aufmerksamkeit wahrgenommen werden können" (§ 18 des Reichs-Markenschutzgesetzes). Allerdings hat die Klägerin im Laufe der Verhandlungen erklärt, „daß ihr dieser Zusatz nicht wesentlich sei"; allein diese Bemerkung ist nicht das, für was sie sich ausgiebt: eine Beschränkung des Antrages; sie würde vielmehr eine Erweiterung desselben enthalten. In dieser Erweiterung ist aber der Antrag ungerechtfertigt, weil nicht behauptet ist, daß die Beklagte die fragliche Firma anders als mit der Ortsbezeichnung „te Amsterdam" gebraucht habe. Es bedurfte also der angedeuteten Untersuchung und Feststellung, um das Urtheil unter Nr. 1 schlüssig zu begründen. Zu bemerken ist, daß, wenn die Klägerin behaupten wollte, daß auch sie selbst ihre Firma mit dem Zusatze „te Amsterdam" zur Bezeichnung ihrer Waaren verwende, dieser Umstand jedenfalls für den Klageantrag Nr. 1 bedeutungslos wäre, da es sich bei diesem nur um den Mißbrauch der der Klägerin zustehenden Firma handelt, eine Firma mit dem Zusatze „te Amsterdam" ihr aber nicht zusteht. Das B.U. unter Nr. 1 unterliegt daher nach § 513 Nr. 7 der C.P.O. der Aufhebung, und ist über die angeführten Punkte in der Berufungs-Instanz von neuem zu verhandeln und zu entscheiden.

2) Die Ausführungen des B.R. betreffs der Klagansprüche 2, 3, 4 geben nur nach einer Richtung zu einer Rüge Veranlassung. Die Beklagte hat behauptet, die Zeichen, mit welchen sie ihre Waaren versehen, seien Freizeichen, „und zwar nicht blos das Amsterdamer Löwenwappen selbst, sondern das Wappen mit den Kisten,

Körben, dem Schiffe ꝛc., dem Kranze und der ganzen Firmabezeichnung." Diese Waarenzeichen mit der dazu gehörigen Firma seien seit vielen Jahren von einer größeren Anzahl Fabrikanten zur Bezeichnung ihrer Tabakfabrikate benutzt worden. Die Klägerin hat dagegen geltend gemacht: „ein Zeichen, welches sich durch einen Firmazusatz schon als das Waarenzeichen einer bestimmten Firma ankündige, könne nicht Freizeichen sein." Die letztere Auffassung hat der B.R. gebilligt. Hierin ist ein Rechtsirrthum enthalten.

Der B.R. nimmt selbst Bezug auf die Ausführung des II. Civilsenats des R.G.: das Gesetz erkenne als Freizeichen auch solche Zeichen an, „die ursprünglich als Kennzeichen der Waaren bestimmter Gewerbetreibender gedient haben mögen, diese Bedeutung jedoch im Laufe der Zeit völlig verloren haben und ohne weiteren Zweck zur Zeit nur noch gebraucht werden, weil eben das Publikum sich gewöhnt hat, bei gewissen Waaren gewisse Zeichen angebracht zu sehen." (Annalen Bd. III S. 200). Begrifflich ist hiernach nicht ausgeschlossen, daß ein Zeichen, welches einen Personennamen oder eine Firma enthält, als Freizeichen im Gebrauch sein kann. Es durfte daher die Erhebung des angebotenen Beweises nicht abgelehnt werden. Allerdings bringt der B.R. in seine Argumentation auch das Moment hinein, daß die von der Klägerin angemeldeten und eingetragenen Waarenzeichen ihre, der Klägerin, Firma enthielten. Allein es braucht auf die Frage, wie sich das Rechtsverhältniß gestaltet haben würde, wenn die Beklagte in der That das die Firma der Klägerin in sich enthaltende Waarenzeichen gebraucht hätte, nicht eingegangen zu werden; denn die Waarenzeichen, wie die Beklagte sie gebrauchte, enthielten eine von der der Klägerin verschiedene Firma. Wird also nachgewiesen, daß die von der Beklagten gebrauchten Waarenzeichen in ihrer Totalität Freizeichen sind, so kommt § 10 Abs. 2 des Reichs-Markenschutzgesetzes zur Anwendung, und die Klägerin kann die Führung derselben der Beklagten unter Berufung darauf, daß der Unterschied zwischen den beiderseitigen Waarenzeichen nur durch Anwendung besonderer Aufmerksamkeit wahrgenommen werden könne, ebensowenig untersagen, als derjenige, welcher ein Waarenzeichen hat eintragen lassen, demjenigen, welcher früher ein solches hat eintragen lassen, die Berechtigung zum Gebrauche desselben wegen der großen Aehnlichkeit desselben mit dem seinigen bestreiten kann. Das B.U. war daher auch in seinen anderen Theilen aufzuheben und die Sache zur Erhebung des angetretenen Beweises in die Berufungsinstanz zurückzuverweisen.

Bei der Prüfung des Beweises wird auch zu erwägen sein, ob die Qualifikation des von der Beklagten gebrauchten Waarenzeichens als Freizeichen nur dann anzunehmen ist, wenn sämmtliche im allgemeinen Gebrauche befindlichen Waarenzeichen genau die Firma „Henricus Oldenkott H. Zoon & Co. te Amsterdam" enthalten haben, oder ob es genügt, wenn in dem Waarenzeichen neben den fraglichen bildlichen Darstellungen irgend eine sogen. Oldenkott-Firma enthalten sei, bezw. ob wenigstens unbedeutende Abweichungen nicht in Betracht kommen."

191. **Unterscheidendes Merkmal der Vornamen eines als Handelsmarke angemeldeten Familiennamens** (§§ 13, 18 des Reichs-Markenschutzgesetzes). **Unzweifelhafte Berechtigung der Führung des eigenen Namens** (§ 10). Urth. des II. Civilsenats vom 19. Mai 1885 in Sachen Lothar v. Faber in Stein, Beklagten, Widerklägers und Revisionsklägers, wider Johann Faber zu Nürnberg, Kläger, Widerbeklagten und Revisionsbeklagten. Vorinstanz: O.L.G. Nürnberg. Verwerfung.

Von 1844 bis 1876 betrieben die Brüder Lothar von Faber und Johann Faber die Bleistiftfabrikation gemeinsam. Im Jahre 1876 schied Johann Faber aus dem Geschäfte und gründete im Jahre 1880 eine Bleistiftfabrik unter der Firma „Johann Faber". Im Oktober 1883 erhob Johann Faber Klage gegen Lothar von Faber als Inhaber der Firma A. W. Faber in Stein, in welcher er vortrug, daß der Beklagte ihm in veröffentlichten Schriften das Recht, seinen Namen „Johann Faber" auf seinen Bleistiften anzubringen, bestritten habe, er aber ein Interesse habe, seine bezügliche Berechtigung alsbald feststellen zu lassen, und beantragte, die beklagte Firma für nicht berechtigt zu erklären, seiner Firma die Fabrikation und den Verkauf von Bleistiften, versehen mit dem Namen „Johann Faber", zu untersagen, vielmehr schuldig sei, diese Befugniß anzuerkennen. Der Beklagte bestritt die beanspruchte Berechtigung und erhob Widerklage mit dem Antrage, den Kläger als nicht befugt zu erklären, seine Firma „Johann Faber" oder überhaupt den Familiennamen „Faber" zur Zeichnung von Bleistiften sowie von Schreib- und Zeichenmaterialien zu benutzen.

Durch Urtheil vom 26. November 1883 erkannte das L.G. Nürnberg, unter Abweisung der Widerklage, nach dem Antrage des Klägers. Der Beklagte legte Berufung ein, welche durch Versäumnißurtheil vom 18. April 1884 verworfen wurde. Auf Einspruch des Beklagten hielt das O.L.G. Nürnberg durch Urtheil vom 17. Oktober 1884 die im Versäumnißurtheile enthaltene Entscheidung aufrecht. In den Gründen dieses Urtheils ist im wesentlichen erörtert: „Wenn der Beklagte in der Berufungsinstanz die Zulässigkeit der erhobenen Feststellungsklage bestreite, weil ein vermögensrechtliches Interesse nicht behauptet sei, so erscheine dieser Einwand unbegründet, da zufolge des Thatbestandes erster Instanz eine Vermögensschädigung behauptet worden und in der That nicht zu bezweifeln sei. Auch im übrigen sei die Zulässigkeit der Feststellungsklage nicht zu beanstanden. Dieselbe sei aber auch begründet. Der Umstand, daß das Waarenzeichen des Beklagten, „A. W.

Faber", schon vor Erlaß des Markenschutzgesetzes landesgesetzlich geschützt gewesen sei, stehe der Anwendung des § 10 Abs. 1 des Reichs-Markenschutzgesetzes nicht im Wege. Insbesondere sei es unerheblich, daß dieses landesgesetzlich geschützte Zeichen lediglich aus Worten bestanden habe und bestehe. Aber auch § 18 a. a. O. stehe dem Klaganspruche nicht entgegen, denn es habe sich bei Vergleichung der beiderseitigen Bleistiftfabrikate nicht ergeben, daß Johann Faber das Waarenzeichen des Beklagten nur mit Aenderungen wiedergegeben habe, die nur bei besonderer Aufmerksamkeit wahrgenommen werden könnten."

„Es handelt sich um die Frage, ob der Kläger und Widerbeklagte befugt sei, seinen Namen „Johann Faber" zur Bezeichnung seiner Bleistiftfabrikate zu gebrauchen. Der Beklagte und Widerkläger behauptet, es sei hierin ein widerrechtlicher Gebrauch seines Waarenzeichens „A. W. Faber" sowie zugleich seiner gleichlautenden Firma (§ 13 des Reichs-Markenschutzgesetzes) zu finden. Nach § 18 des Reichs-Markenschutzgesetzes liegt aber ein widerrechtlicher Gebrauch eines Waarenzeichens oder einer Firma nicht vor, wenn das Waarenzeichen oder die Firma mit solchen Abänderungen wiedergegeben ist, welche ohne Anwendung besonderer Aufmerksamkeit wahrgenommen werden können.

Das O.L.G. stellt nun thatsächlich fest, daß letztere Voraussetzung im vorliegenden Falle gegeben sei; es erklärt, daß die beiden in Frage stehenden Bezeichnungen so wesentlich und augenfällig verschieden seien, daß eine Täuschung Anderer nicht möglich sei. Diese thatsächliche Feststellung, welche einen Rechtsirrthum nicht erkennen läßt, genügt, die Entscheidung zu rechtfertigen, und es kann daher ungeprüft bleiben, ob nicht schon der Umstand, daß Kläger nur seinen eigenen Namen gebraucht hat, nach § 10 Abs. 1 a. a. O. genügt, den Vorwurf der Rechtswidrigkeit der Handlung zu beseitigen."

7. Konsularvertrag des Deutschen Reiches mit Rußland vom 8. Dezember 1874.

192. **Art. IX. des Deutschen Konsularvertrages mit Rußland** (vom 26. November = 8. Dezember 1874) **hebt den gemeinrechtlichen und preußisch-rechtlichen** (Einl. zum Allg. L.R. § 28) **Grundsatz: locus regit actum** (daß insbesondere das Recht des Ortes, an dem sich Sachen befinden, für den Erwerb dinglicher Rechte an solchen maßgebend sei) **nicht auf.** (S. u. Fall 207 S. 441 ff.)

8. Reichs-Konkursordnung.

193. **Voraussetzung des Verfolgungsrechtes des § 36 der R. Konk. O. ist ein Distanzgeschäft:** die Waare soll „von einem andern Orte abgesendet" und noch nicht am Orte „der Ablieferung" angekommen bezw. dort nicht in den Gewahrsam des Käufers gekommen sein. (S. o. Fall 184 S. 402 ff.)

9. Reichs-Konsulargesetz vom 10. Juli 1879.

194. **Nach § 3 des Reichs-Konsulargesetzes geht zwar das in den Konsularbezirken geltende Handelsgewohnheitsrecht in Handelssachen allen sonstigen bürgerlichen Rechten vor. Die Anwendung des Reichs-Konkursrechtes ist aber, gemäß § 14 cit., trotz der Bestimmung des § 3 cit., unbedingt geboten.** Urth. des I. Civilsenats vom 3. Juni 1885 in Sachen der Chartered Bank of India rc. zu Yokohama, Klägerin und Berufungsklägerin, wider den A. R.'schen Konkurs daselbst, Beklagten und Berufungsbeklagten. Vorinstanz: Deutsches Konsulargericht in Yokohama. Verwerfung der Berufung.

Ueber den Nachlaß des früheren Inhabers der Firma A. R. zu Yokohama ist daselbst der Konkurs eröffnet worden. Auf Grund eines Schriftstückes dieses Inhabers der gedachten Firma vom 31. Juli 1883, in welchem derselbe in Bezug auf vier Kisten Sarsaparilla der Klägerin erklärt hatte: „we hereby undertake to hold the undermentioned goods safely and securely as your Trustee and in no way to attempt to deal with them or any part thereof except under written authority from you, and we further agree to make good and indemnify you from all loss, injury or damage which may arise to the said goods or any part thereof while in our Godowns the keys of which it is understood will be in our possession", machte Klägerin gegen den Konkursverwalter ein Absonderungsrecht in Bezug auf diese Kisten geltend. Sie stützte dasselbe auf § 41 Nr. 8 der R. Konk. O. und auf § 14 des Einführungsgesetzes zu demselben sowie auf Art. 313 des H. G. B. und behauptete, es habe durch jenes Schriftstück eine Faustpfandbestellung nach den Bestimmungen des H. G. B. wie des Preuß. Landrechts stattgefunden. Eventuell berief sie sich auf Handels- und Platzübung in Yokohama dafür, daß daselbst Verpfändungen zwischen Kaufleuten und Banken in der Art, wie es das fragliche Schriftstück enthalte, üblich seien. Sie beantragte daher klagend, den Konkursverwalter zur Herausgabe der vier Kisten Sarsaparilla und, falls er sie bereits veräußert hätte, zur Zahlung des aus den verkauften Waaren erzielten Erlöses kostenpflichtig zu verurtheilen. Der beklagte Konkursverwalter beantragte die Abweisung der Klage, indem er die Entstehung eines Absonderungsrechts bestritt. Das Kaiserlich Deutsche Konsulargericht zu Yokohama erkannte durch Urtheil vom 25. November 1884: „Die Klägerin wird mit ihrer Klage abgewiesen und hat die Kosten des Rechtsstreites zu tragen".

Gegen dieses Urtheil legte Klägerin die Berufung mit dem Antrage ein, unter Abänderung desselben den Beklagten nach dem Klagantrage zu verurtheilen und ihm sämmtliche Kosten aufzuerlegen. Beklagter beantragte Zurückweisung der Berufung. Der klägerische Vertreter trug das angefochtene Urtheil vor und bekämpfte dessen Rechtsausführungen. Er erbot Beweis dafür, daß nach dem zu Yokohama geltenden Handelsbrauch durch eine Erklärung, wie die hier der Klägerin ausgestellte, wirksam ein Absonderungsrecht im Konkurse in Bezug auf die darin bezeichneten Waaren begründet werde. Dies bestritt der Vertreter des Beklagten.

„Die eingelegte Berufung mußte als unbegründet verworfen werden. Das Recht auf abgesonderte Befriedigung im Konkurse setzt nach § 40 der R.Konk.O. voraus, daß dem Gläubiger an der Sache ein Faustpfandrecht zusteht. Es schreibt aber der § 14 des Einf. Ges. zur R.Konk.O. im Abs. 1 noch besonders vor, daß Faustpfandrechte im Sinne des § 40 der R.Konk.O, also absonderungsberechtigte Faustpfandrechte, an beweglichen körperlichen Sachen nur bestehen, wenn der Pfandgläubiger oder ein Dritter für ihn den Gewahrsam der Sache erlangt und behalten hat. Hieran fehlt es im vorliegenden Falle, da hier der Pfandschuldner die Waare in Händen behalten hat und die Herrschaft des Gläubigers über dieselbe lediglich durch eine Willenserklärung des Schuldners, die Waare für den Gläubiger in Gewahrsam zu halten, vermittelt werden soll. Gerade solche Fälle bloßer konstruktiver Besitzeinräumung will die gedachte Vorschrift ausschließen. Der Schuldner ist kein Dritter. Eine der im § 14 Abs. 2 des Einführungsgesetzes enthaltenen Ausnahmen liegt nicht vor, da das Schriftstück vom 31. Juli 1883 kein einem Konnossement ähnliches Papier, insbesondere auch kein Lagerschein in der technischen Bedeutung dieses Begriffes (vergl. Art. 302 des H.G.B.) ist.

Nun bestimmt allerdings der § 3 des Reichs-Konsulargerichtsbarkeitsgesetzes vom 10. Juli 1879: „In Betreff des bürgerlichen Rechts ist anzunehmen, daß in den Konsulargerichtsbezirken die Reichsgesetze, das Preußische Allgemeine Landrecht und die das bürgerliche Recht betreffenden allgemeinen Gesetze derjenigen preußischen Landestheile, in welchen das Allgemeine Landrecht Gesetzeskraft hat, gelten. In Handelssachen kommt zunächst das in dem Konsulargerichtsbezirke geltende Handelsgewohnheitsrecht zur Anwendung."

Die Geltung dieses Handelsgewohnheitsrechts wird vom Konsulargericht in seinem Urtheil zu Unrecht in der Beschränkung aufgefaßt, in welcher es innerhalb Deutschlands im Verhältniß zu den sonstigen einheimischen bürgerlichen Rechten nur Geltung beanspruchen kann. Vielmehr geht dasselbe nach dem Wortlaut und der Tendenz der betreffenden Bestimmung des Reichs-Konsulargerichtsbarkeitsgesetzes — vergl. die Motive zum Entwurf dieses Gesetzes in den Reichstags-Drucksachen 1879 Bd. II. Nr. 60 S. 14 — allen sonstigen bürgerlichen Rechten vor, so daß Beschränkungen, welche sich aus Art. 1 des H. G. B. oder aus dem Preußischen Einführungsgesetze zum H. G. B. ergeben möchten, nicht in Betracht kommen. Allein die in erster Instanz aufgestellte Behauptung eines zu Yokohama geltenden Handelsgewohnheitsrechts, wonach daselbst Verpfändungen, wie die mittels des Schriftstückes vom 31. Juli 1883, üblich wären, ist unerheblich, weil nach dem bereits angezogenen § 14 des Einführungsgesetzes zur R. Konk. O. nicht schon ein gültiges Pfandrecht, sondern nur ein den besonderen Erfordernissen dieses § 14 entsprechendes Pfandrecht das Absonderungsrecht im Konkurse gewährt. Nun hat allerdings Klägerin in der Berufungsinstanz Beweis dafür erboten, daß nach dem Handelsgewohnheitsrecht zu Yokohama eine Willenserklärung, wie die in jenem Schriftstück enthaltene, auch ein Absonderungsrecht im Konkurse begründe. Allein der im § 3 des Reichs-Konsulargerichtsbarkeitsgesetzes anerkannten Geltung des Handelsgewohnheitsrechts ist nicht die Bedeutung beizumessen, daß solches auch die Vorschriften der R. Konk. O. außer Kraft zu setzen und an deren Stelle andere Rechtssätze zu begründen vermöchte. Der § 14 des Reichs-Konsulargerichtsbarkeitsgesetzes schreibt die Anwendbarkeit der R. Konk. O. nebst ihrem Einführungsgesetze für die Konsulargerichtsbezirke ohne irgend einen Vorbehalt zu Gunsten eines Handelsgewohnheitsrechts vor. Enthalten die Reichs-Konkursordnung und ihr Einführungsgesetz auch außer den Vorschriften über das Verfahren Bestimmungen über das materielle Konkursrecht, so dienen sie doch in ihrer Gesammtheit dem Zwecke, die Befriedigung der Gläubiger aus dem Vermögen des zahlungsunfähig gewordenen Schuldners in einer den Anforderungen des Kredits und der öffentlichen Ordnung entsprechenden Weise zu bewirken. Sie sind zwingender Natur, und weder der Vertragswille noch ein etwa sonst für ein in Betracht kommendes Obligationsverhältniß maßgebendes auswärtiges örtliches Recht vermag sie zu beeinflussen. Ihre Vorschriften sind daher nicht unter das bürgerliche Recht des § 3 des gedachten Konsulargerichtsbarkeitsgesetzes zu subsumiren. So wenig das im Konsulargerichtsbezirk geltende Handelsgewohnheitsrecht, wenn einmal der Fall eines Konkurses eines deutschen Reichsangehörigen daselbst eingetreten ist, dessen der R. Konk. O. entsprechende Wirkungen oder die in derselben vorgesehene Vorrechtsordnung zu verändern vermöchte, ebensowenig vermag dasselbe die Erfordernisse für abgesonderte Befriedigung eines Gläubigers abzuändern."

10. Reichs-Civilprozeßordnung.

195. Die Bestimmungen der §§ 33, 251 der C.P.O. kommen gegenüber der Bestimmung des § 26 (jcts. §§ 24, 25) **des Lübeckischen Gesetzes vom 21. Mai 1870 nicht zur Anwendung** (Einführungsgesetz zur C.P.O. § 15 Abs. 2). S. unten Fall 221 S. 471 ff.

196. Stellung des Pfändungspfandgläubigers als Nebenintervenienten im Prozesse, insbesondere bei Eideszuschiebung (§§ 61, 66, 737, 753, 417—420, 429 der C.P.O.). Urth. des I. Civilsenats vom 3. Juni 1885 in Sachen A. F. zu B., Beklagten und Revisionsklägerin, wider R. M. zu B., Kläger und Revisionsbeklagten, und den Nebenintervenienten P. Vorinstanz: Kammergericht in Berlin. Aufhebung und Zurückverweisung.

Das L.G. hat die Beklagte verurtheilt, dem Kläger 3000 ℳ sammt Zinsen und Kosten zu zahlen. Das B.U., auf dessen Thatbestand Bezug genommen wird, hat die Berufung der Beklagten zurückgewiesen. Im Laufe des Berufungsverfahrens ist der Schlossermeister P. zu B., für welchen die Forderung des Klägers an die Beklagte im Zwangsvollstreckungsverfahren gepfändet ist, als Nebenintervenient aufgetreten. Die Nebenintervention ist durch Zwischenurtheil vom 20. November 1884 für zulässig erklärt. Der Berufungsbeklagte hat an dem Verfahren nicht Theil genommen.

Berufungsklägerin hatte behauptet, sie habe dem Kläger — wie sie in dem im Thatbestande des B.U. in Bezug genommenen Schriftsatz vom 16. September 1884 angegeben hat, ohne Wissen ihres Ehemannes — im letzten halben Jahre vor Anstellung der Klage auf die geklagte Forderung außer den in der Klage erwähnten Zahlungen in verschiedenen Raten 2925 ℳ gezahlt. Ueber diese Behauptung hat sie dem Kläger den Eid zugeschoben. Der Kläger, welcher nicht vertreten war, hat sich über die Behauptung und den Eid nicht erklärt. Der Nebenintervenient hat die Behauptung bestritten und zum Gegenbeweise Zeugenbeweis darüber angetreten, daß „der Ehemann und Prokurist" der Beklagten den Zeugen gegenüber die Forderung in Höhe von 3000 ℳ als noch bestehend anerkannt habe; er hat auch der Beklagten den Eid darüber zugeschoben, daß dieses Anerkenntniß dem Nebenintervenienten gegenüber erklärt sei. Das Anerkenntniß ist bestritten. Der Thatbestand des B.U. ergiebt darüber nichts, welche Erklärung auf die Eideszuschiebung abgegeben worden. Nach dem Sitzungsprotokoll vom 8. Dezember 1884 und Anlage ist der Eid angenommen und wiederholt geltend gemacht, die behauptete Zahlung sei von Beklagter ohne Wissen ihres Ehemannes geleistet. Das B.G. hat die Zeugen vernommen. Aus dem Thatbestande geht nicht hervor, daß die Eideszuschiebung von der einen oder der anderen Seite nach der Zeugenvernehmung wiederholt sei. Das B.G. hat angenommen, durch die Zeugenaussagen sei erwiesen, der Ehemann habe noch nach der Verurtheilung der Beklagten den Bestand der Schuld thatsächlich anerkannt, indem er sich ernstlich bemüht habe, Wechsel auf den Kläger zu erwerben. Wenn er auch nicht Prokurist der Beklagten gewesen, so sei dadurch zur richterlichen Ueberzeugung erwiesen, daß die Schuld noch bestanden, also vorher nicht bezahlt sei.

Der Nebenintervenient hat das B.U. der Beklagten am 24. Februar 1885, diese hat die Revision dem Kläger am 21. März 1885 zugestellt. Der Nebenintervenient hat dann für die Revisionsinstanz die Fortsetzung dieser Intervention in einem besonderen Schriftsatze erklärt und ist in der mündlichen Verhandlung auf Seiten des Revisionsbeklagten allein erschienen.

„Was zunächst die für die Beurtheilung der Förmlichkeiten erhebliche Stellung des Schlossermeisters P. in dieser Prozeßsache anlangt, so ist derselbe nur als Nebenintervenient aufgetreten und konnte nach dem in dem Thatbestand des B.U wiedergegebenen Sachverhalt nur als Nebenintervenient auftreten. Er ist weder Hauptintervenient noch Streitgenosse. Er hätte als Hauptintervenient auftreten können, wenn er die von dem Kläger verfolgte Forderung auf Grund einer im Zwangsvollstreckungsverfahren ausgesprochenen Ueberweisung (§ 737 der C.P.O.) ganz oder theilweise für sich hätte in Anspruch nehmen können (§ 61). Solche Ueberweisung ist nicht, sondern nur eine Pfändung behauptet. Diese berechtigte den Gläubiger des Klägers nicht zur eigenen Einziehung. Er ist auch nicht Streitgenosse des Klägers geworden. Denn der Fall des § 753 Abs. 2 liegt nicht vor. Es hat nicht ein Gläubiger, welchem der Anspruch des Forderungsberechtigten überwiesen war, Klage erhoben, so daß ein Gläubiger, für welchen der Anspruch gepfändet ist, sich als Streitgenosse hätte anschließen können; vielmehr hat der Forderungsinhaber selbst geklagt. Auf diesen vorliegenden Fall ist auch die Vorschrift des § 753 Abs. 2, welche allein dazu bestimmt ist, die Konkurrenz der mehreren Gläubiger, welche aus einer und derselben Forderung Befriedigung suchen, unter einander zu regeln, nicht analog anzuwenden. Ebensowenig liegt der Fall des § 66 der C.P.O. vor. Denn wenn auch der Pfändungspfandgläubiger ein Pfandrecht an der Forderung erlangt hat und wenn der Drittschuldner sich nach dem ihm ertheilten Zahlungsverbot nicht mehr durch Zahlung an seinen Gläubiger befreien kann, so ist doch dieser allein zur Klageerhebung berechtigt. Zwischen ihnen ergeht das Urtheil, und das freisprechende Urtheil wirkt nicht darum gegen den Pfändungspfandgläubiger, weil das bürgerliche Recht die Rechtskraft der in jenem Prozesse erlassenen Entscheidung auf den Pfändungspfandgläubiger erstreckte; sondern weil der Pfändungspfandgläubiger vor der Ueberweisung ein eigenes Recht gegen den Drittschuldner nicht hat, kann er nur an denselben aus dem Recht seines Schuldners gelangen, und er kann an denselben nicht gelangen, wenn dem Schuldner nach der zwischen ihm und dem Drittschuldner ergangenen rechtskräftigen Entscheidung ein Anspruch gegen diesen nicht zusteht. Ist aber der Pfändungspfandgläubiger in diesem Prozesse nichts weiter als Nebenintervenient, Beistand des Klägers in eigenem Interesse, so konnte er zwar in Vertretung desselben der Beklagten das Urtheil zustellen, welches die Beklagte selbst zuzustellen unterließ; die Beklagte war aber nicht gehalten, die Revision dem Nebenintervenienten zuzustellen, noch diesen zu laden. Sie wahrte die Frist, wenn sie die Revision ihrer Gegenpartei zustellen ließ und diese lud. Sache des Nebenintervenienten war es, sich zeitig umzuthun, wenn er von der Hauptpartei, welcher er seinen Beistand gewährt hat, nicht benachrichtigt wurde. Auf diesem Wege hat auch der Nebenintervenient sein Interesse gewahrt.

In der Sache selbst ist sodann den beiden Vorinstanzen darin beizutreten, daß Kläger berechtigt ist, die Rückzahlung des der Beklagten gewährten Darlehns von 3000 ℳ zu fordern. Wenn auch Kläger zusammen mit Fr. C. T. versprochen hat, der Beklagten einen Vorschuß von 6000 ℳ zu zahlen, so sollte doch der einzelne nur 3000 ℳ zahlen, und Kläger hat die von ihm zu gewährenden 3000 ℳ gezahlt. Daß Fr. C. T. seine 3000 ℳ nicht gezahlt hat, kann die Beklagte nicht berechtigen, die ihr von dem Kläger gezahlten 3000 ℳ schlechthin zu behalten. Sie würde sich der Verbindlichkeit, die 3000 ℳ jetzt zurückzuzahlen, nur haben entziehen können, wenn sie dargelegt hätte, daß das ursprünglich zwischen ihr auf der einen Seite und dem Kläger und Fr. C. T. auf der anderen Seite verabredete Geschäft auch jetzt noch ins Werk gesetzt werden solle, daß sie die gesammten 6000 ℳ zu ihrem Ziegeleibetriebe verwenden und daß sie demnächst die ganzen 6000 ℳ in der verabredeten Weise durch Anlieferung von Ziegeln, welche der Kläger zu verkaufen habe, zurückgewähren werde, — daß ihr aber bisher nur 3000 ℳ gezahlt seien, daß Kläger für seine Person verpflichtet sei, auch die anderen 3000 ℳ zu zahlen, und daß sie ihre Leistungen zurückhalte, um den Kläger zu zwingen, zunächst die anderen 3000 ℳ zu zahlen, nach deren Empfang sie das beabsichtigte Geschäft so, wie es für den Sommer 1883 verabredet war, noch jetzt ins Werk setzen und erfüllen werde. Die Beklagte ist weit davon entfernt, sich auf diesen Standpunkt zu stellen, sie hat in substantiirter Weise solche Einrede nicht vorgeschützt. Die Beklagte hätte ferner eine Einrede etwa nach der Richtung geltend machen können, daß ihr daraus, daß das beabsichtigte Geschäft nicht ins Werk gesetzt sei, ein Schaden erwachsen sei, und sie hätte dann darzulegen gehabt, weshalb sie den Kläger glaubt für den Schaden verantwortlich machen zu können, welcher daraus erwachsen sei, daß Fr. C. T. seine Leistung nicht gemacht hat. Auch nach dieser Richtung ist eine Einrede nicht geltend gemacht.

Unterbleibt aber die Ausführung des Geschäfts gänzlich, hat die Beklagte ihrerseits auch gar nicht die Absicht, das Geschäft so, wie es verabredet, mit dem Kläger zu einem dem Betrage des gezahlten Vorschusses entsprechenden Umfange auszuführen, so muß sie das, was sie zu jenem nicht zur Ausführung gelangenden Geschäfte erhalten hat, dem Kläger zurückgeben.

Auch darin ist dem B.U. beizutreten, daß der Nebenintervenient befugt war, sich auf die Einredebehauptungen der Beklagten einzulassen statt des an dem Verfahren nicht theilnehmenden Klägers. Denn wenn der Kläger eine Erklärung abzugeben unterläßt, setzt sich der Nebenintervenient zu ihm mit seiner Erklärung nicht in Widerspruch. Ebenso war der Nebenintervenient befugt, sich statt des an dem Verfahren nicht theilnehmenden Klägers über den diesem zugeschobenen Eid zu erklären. Allerdings kann der Nebenintervenient nicht statt der Hauptpartei schwören; das führt aber nur dazu, daß er den Eid nicht für sich annehmen kann. In Vertretung des Klägers ist er berechtigt, statt desselben alle diejenigen Erklärungen abzugeben, welche der Kläger für seine Person abgeben konnte. Nun hat sich auch der Nebenintervenient bezüglich der Eideszuschiebung erklärt. Er hat andere Beweismittel geltend gemacht. In diesem Falle gilt nach dem § 418 der C. P. O. der Eid nur für den Fall als zugeschoben, daß die Antretung des Beweises durch die anderen Beweismitel erfolglos bleibt; und nach dem § 419 der C. P. O. ist die Partei, welcher der Eid zugeschoben wurde, nicht verpflichtet, sich früher über die Eideszuschiebung zu erklären, als bis die Eideszuschiebung nach Aufnahme der Beweismittel wiederholt ist. Im vorliegenden Falle sind die anderen Beweismittel aufgenommen, die Zeugen vernommen, ohne daß nach der Beweisaufnahme die Eideszuschiebung wiederholt wäre. Hiernach liegt der Fall eines Versäumnisses in der Erklärung über die Eideszuschiebung überhaupt nicht vor, weder in der Person des Nebenintervenienten, der sich, wie gezeigt, in zulässiger Weise erklärt hat, noch in der Person des Klägers, welcher durch den Nebenintervenienten vertreten worden ist. Die Ausführungen des B.U. nach dieser Richtung sind also gegenstandslos; sie sind auch rechtsirrthümlich. Der Fall eines Versäumnisses in der Erklärung über die Eideszuschiebung liegt auch dann vor, wenn sich der Delat auf einen erst in zweiter Instanz zugeschobenen Eid nicht erklärt. Hätte der Nebenintervenient einen Gegenbeweis nicht angetreten, so hätte er sich auf den dem Kläger zugeschobenen Eid durch Annahme oder Zurückschiebung für den Kläger erklären müssen. Hätte er das auch unterlassen, nachdem er durch das B.G. zur Erklärung aufgefordert war (§ 420 der C.P.O.), so lag nun für den Kläger der Versäumnißfall vor und es wäre der Eid als verweigert (§ 417 der C.P.O.), die Zahlung als dem Kläger gegenüber bewiesen anzusehen (§ 429 der C.P.O.). Der Nebenintervenient kommt als selbständige Partei nicht in Frage. Was nach dieser Richtung über die einheitliche Entscheidung dem Nebenintervenienten und dem Kläger gegenüber in dem B.U. ausgeführt ist, ist wiederum rechtsirrthümlich. Denn dem Nebenintervenienten gegenüber ist gar nichts zu entscheiden.

Nun hat das B.G. den Gegenbeweis für voll geführt erachtet, und deshalb war auch, abgesehen davon, daß die Eideszuschiebung nicht wiederholt ist, auf diese nicht zurückzukommen. Das B.G. hat aber die Behauptung der Beklagten nicht gewürdigt, sie habe das Geld ohne Wissen des Ehemanns gezahlt." Deshalb erfolgt Zurückverweisung (§§ 259, 513 Nr. 7 der C.P.O.).

197. Voraussetzungen der Wiedereinsetzung nach § 211 (212) der C.P.O. Urth. des IV. Civilsenats vom 4. Juni 1885 in Sachen J. Z. in L., Klägers und Revisionsklägers, wider die Oberschlesische Eisenb.-Ges., Beklagte und Revisionsbeklagte. Vorinstanz: O.L.G. Breslau. Verwerfung des klägerischen Antrages auf Wiedereinsetzung gegen die Versäumung der Revisionsfrist.

Gegen das am 30. Mai 1884 zugestellte B.U. hat der Kläger mittels eines der Gegenpartei am 31. Juli 1884 zugestellten Schriftsatzes, unter gleichzeitiger Beantragung der Wiedereinsetzung gegen die Versäumung der Revisionsfrist, die Revision eingelegt.

Die Verhandlung ist auf die Zulassung der Wiedereinsetzung beschränkt. Zur Begründung seines desfallsigen Antrages hat der Kläger, unter Beibringung von Bescheinigungsmitteln, behauptet: „Er habe bereits am 23. Mai 1884 seinen Prozeßbevollmächtigten für die Berufungsinstanz, Rechtsanwalt D. in Breslau, ersucht, ihm die Urtheile der ersten und zweiten Instanz und die überreichten Atteste zu übersenden, da er das Rechtsmittel der Revision einzulegen beabsichtige. Erst mit Schreiben vom 2. Juli 1884 (also nach Ablauf der Revisionsfrist) habe ihm Rechtsanwalt D. die Handakten zweiter Instanz mit dem Beifügen übersendet, daß die Akten erster Instanz nebst dem B.U. am 30. Mai 1884 an den Prozeßbevollmächtigten der ersten Instanz, Rechtsanwalt N. in Neisse, überschickt worden seien. Kläger habe sich darauf an Letzteren gewendet und sei erst am 10. Juli 1884 in den Besitz der Urtheile gelangt." Die Beklagte hat diese Anführungen bestritten, solche aber auch für ungenügend zur Begründung des Wiedereinsetzungsantrages und den letzteren selbst für verspätet erklärt.

„Dem Wiedereinsetzungsantrage konnte nicht stattgegeben werden. Zwar war derselbe nicht, wie Beklagte in erster Reihe geltend gemacht hat, für verspätet zu erachten, da, wenn auch die im § 212 Abs. 1 der C.P.O. bestimmte zweiwöchige Frist zur Beantragung der Wiedereinsetzung mit dem 10. Juli v. J. als dem Tage, an welchem das vom Kläger behauptete Hinderniß für die Einlegung der Revision gehoben wurde, ihren Anfang nahm, dieselbe doch, weil sie eine Nothfrist nicht ist, durch die mit dem 15. Juli beginnenden Gerichtsferien unterbrochen wurde (§ 201 der C.P.O.), mithin am 31. dess. Mts. noch nicht abgelaufen war.

Allein der Antrag entbehrt nach den eigenen Anführungen des Klägers jeglicher Begründung, da dieselben die Voraussetzungen des § 211 Abs. 1 der C.P.O. in keiner Weise erfüllen. Zunächst hat Kläger selbst, wie man annehmen muß, nicht die von ihm zu erfordernde Sorgfalt zwecks Einhaltung der Revisionsfrist angewendet. Es lag sehr nahe, daß sich Kläger, dem die Dauer der Revisionsfrist nicht unbekannt sein durfte, mit einem wiederholten Ersuchen um Auskunft über die Sachlage oder Erledigung seines Begehrens an D. oder N. wendete, da es ihm klar werden mußte, daß sein Schreiben vom 23. Mai nicht die erforderliche Beachtung gefunden habe. Statt dessen verhielt er sich über 5 Wochen lang in einer, schnelle Förderung erheischenden Angelegenheit völlig passiv. Wollte man aber auch hierin ein eigenes Verschulden des Klägers nicht finden, so ist doch nicht das Mindeste dafür beigebracht, daß die eingetretene Verzögerung nicht auf einem Verschulden eines der genannten Prozeßbevollmächtigten oder beider beruhte. Es erhellt nicht, weshalb der Rechtsanwalt D., wenn er aus einem haltbaren Grunde dem Verlangen des Klägers nicht entsprach, sondern die von diesem begehrten Schriftstücke an den Rechtsanwalt N. übersandte, nicht wenigstens den Kläger hiervon sofort benachrichtigte, sofern er nicht willens war, seinerseits das Erforderliche zur Extrahirung des Armenrechts für die beabsichtigte Revision und die Einlegung des Rechtsmittels vorzukehren. Noch unentschuldbarer würde es sein, wenn er den N. nicht einmal von der Absicht des Klägers, die Revision einzulegen, und von dessen mehrgedachtem Verlangen in Kenntniß gesetzt hätte. War aber letzteres geschehen, so würde wiederum das Verhalten des N. dem Vorwurf einer Verschuldung insoweit ausgesetzt sein, als derselbe nicht sogleich, sondern erst auf nochmaliges Ersuchen des Klägers diesem am 10. Juli v. J. (nach Ablauf der Revisionsfrist) die gewünschten Urkunden zugehen ließ. — Verschuldungen des Prozeßbevollmächtigten schließen aber nicht minder wie eigene der Partei die Wiedereinsetzung in den vorigen Stand aus (§ 210 Abs. 2 der C.P.O.).

Allein wenn auch in Wirklichkeit die vorgefallenen Säumnisse weder dem Kläger noch dessen Vertretern zum Verschulden gereichten, so fehlt es doch an der Behauptung irgend welchen Ereignisses, welches als Naturereigniß oder unabwendbarer Zufall im Sinne des

§ 211 der C. P. O. anzusehen wäre. Nicht schon der Mangel der Verschuldung begründet den Antrag auf Wiedereinsetzung gegen die Fristversäumung, sondern nur ein solches Hinderniß, welches auch bei Anwendung der größten Sorgfalt, wie solche nach den Umständen des Falles vernünftigerweise erwartet werden durfte, von der Partei bezw. ihrem Vertreter nicht beseitigt werden konnte." (Vgl. Annalen Bd. III S. 532, Bd. VII S. 279; Entsch. Bd. III S. 421, 439; Bd. VIII S. 375.) „Von einem derartigen Hinderniß konstirt vorliegend nicht das Mindeste."

198. **In dem** (einstweiligen) **Fallenlassen einer einzelnen Klagbehauptung** (z. B. daß ein Haftpflichtanspruch auch wegen Fehlens der Schutzbrillen begründet sei) **liegt kein Verzicht auf den betreffenden Klaggrund** (§ 243 der C. P. O.). Urth. des III. Civilsenats vom 22. Mai 1885 in Sachen C. K. zu C., Klägers und Revisionsklägers, wider die Württembergische Staatskasse, Beklagte und Revisionsbeklagte. Vorinstanz: O. L. G. Stuttgart. Aufhebung und Zurückverweisung.

„Der Kläger hat in zweiter Instanz auf seine in erster Instanz aufgestellte Behauptung zurückkommen wollen, daß die Leiter der beklagten Fabrik verpflichtet gewesen wären, ihm eine Schutzbrille bei seiner Arbeit zur Verfügung zu stellen. Der Kläger hatte die Behauptung „angesichts der Ergebnisse des Beweiseinzugs in erster Instanz fallen gelassen", und als er sie in voriger Instanz wieder aufnahm, wurde ihm von beklagter Seite erwidert, daß dies unzulässig sei, weil Kläger auf jenen Klagegrund verzichtet habe. Dieser Einwand ist jedoch nicht begründet.

Die fragliche Behauptung stellt nicht einen besonderen Klagegrund dar, sondern enthält nur eine der verschiedenen Thatsachen, womit die Verschuldung der Beklagten begründet werden will, aus welcher der Klageanspruch abgeleitet wird. Indem der Kläger in erster Instanz mit Rücksicht auf die augenblickliche Beweislage dieses Angriffsmittel fallen zu lassen erklärte, hat er nicht unbedingt darauf verzichtet. Er hat nur für die Instanz dasselbe nicht festhalten zu wollen erklärt und dadurch bewirkt, daß es bei Fällung des ersten Urtheils nicht mit zur Berücksichtigung kam, er hat sich aber nicht dem Gegner gegenüber verpflichtet, dasselbe in der höheren Instanz nicht mehr von neuem geltend zu machen und mit besseren Beweisgründen zu unterstützen. War somit der Kläger durch seine Erklärung in erster Instanz nicht gehindert, auf die betreffende Behauptung zurückzukommen, so liegt auch kein anderweites Hinderniß ihrer Zulässigkeit in der Berufungsinstanz vor."

199. Begriff der Thatsache, über welche der Eid zugeschoben wird (§ 411 der C.P.O.): **es ist nur diejenige, welche unmittelbar den Gegenstand der Eideszuschiebung bildet. Der § 411 darf nicht auf Thatsachen erstreckt werden, die nur als Gegenbeweisgründe oder Gegenanzeigen gegen die Wirklichkeit der bereits bewiesenen Thatsache dienen.**
Urth. des I. Civilsenats vom 16. Mai 1885 in Sachen G. D. zu E., Beklagten und Revisionsklägers, wider J. S. zu K., Kläger und Revisionsbeklagten. Vorinstanz: O.L.G. Hamburg. Verwerfung (wegen hier belangloser thatsächlicher Feststellung).

Der Beklagte hatte gegenüber der klägerischen Bürgschaftsklage den indirekten Gegenbeweis versucht, indem er den Beweis angetreten hatte, daß ihm der Kläger im Juli 1883 erklärt habe, er kenne ihn weder als Käufer noch als Bürgen für die gelieferten Mauersteine.

„Indem das B.G. die von dem Beklagten eventuell zur Hand genommene Eideszuschiebung deshalb als unzulässig behandelt, weil ihm das Gegentheil der Thatsache, über welche der Eid zugeschoben werde, bereits erwiesen sei, wendet es freilich den § 411 der C.P.O. unrichtig an. Denn was das O.L.G. als schon erwiesen erachtet, soll in diesem Zusammenhange nicht der Umstand sein, daß der Kläger im Juli 1883 nicht die vom Beklagten behauptete Aeußerung gethan habe, sondern diejenige Thatsache, zu deren Widerlegung die fragliche Beweisantretung des Beklagten nur mittelbar dienen sollte, nämlich daß der Beklagte die streitige Bürgschaft dem Kläger gegenüber übernommen habe. Nun ist aber unter der Thatsache, über welche der Eid zugeschoben wird, im Sinne des § 411 der C.P.O. immer nur diejenige zu verstehen, welche den unmittelbaren Gegenstand der Eideszuschiebung bildet. Wie schon der Wortlaut der vom Gesetze gebrauchten Ausdrucksweise, so führt hierauf auch der Umstand, daß die Bestimmung des § 411 der C.P.O. nach ihrem inneren Grunde ganz zusammenfällt und auch in historischem Zusammenhange steht mit dem früheren gemeinrechtlichen Satze, daß der direkte Gegenbeweis nicht durch Eideszuschiebung geführt werden könne (vergl. c. 2 X. de prob. 2, 19). Ganz wie dieser Satz auf den direkten Gegenbeweis im engern Sinne oder den unmittelbaren, natürlichen direkten Gegenbeweis einzuschränken war, so darf auch die in § 411 der C.P.O. enthaltene Bestimmung nur bezogen werden auf solche Thatsachen, die mit derjenigen, welche das Gericht für erwiesen erachtet, schlechthin unvereinbar sind, und nicht erstreckt werden auf solche Thatsachen, die nur als Gegenbeweisgründe oder Gegenanzeigen gegen die Wirklichkeit jener anderen Thatsache dienen sollen. Wegen des früheren Rechts vgl. Martin, Vorlesungen Bd. II,

§ 135 S. 93; v. Bayer, Vorträge (Aufl. 10) § 237 S. 770; Fitting, Haupt- und Gegenbeweis S. 36; Renaud, Civilprozeßrecht (Aufl. 2) § 101 S. 263; Seuffert, Archiv Bd. 4 Nr. 85, Bd. 8 Nr. 105, Bd. 24 Nr. 280; vergl. auch Hannoversche Bürgerliche Prozeßordnung § 292 Abs. 2.“

200. **Zulässigkeit der Berufung gegen eine in erster Instanz irrig als „bedingtes Endurtheil“ bezeichnete Entscheidung** (§§ 434, 427, 426, 59 der C.P.O.). Urth. des II. Civilsenats vom 2. Juni 1885 in Sachen D. zu M., Beklagten und Revisionsklägers, wider die verw. H. und Gen., Klägerinnen und Revisionsbeklagte. Vorinstanzen: L.G. Mülhausen O.L.G. Colmar; Aufhebung und Zurückverweisung.

Die klagende Wittwe, als Theilhaberin der Gütergemeinschaft und Schenknehmerin des verfügbaren Theiles des Nachlasses, und die klagende Ehefrau B., als Miterbin am Nachlasse des verstorbenen S. H., fordern vom Beklagten die Bezahlung von 760,32 ℳ. Der Anspruch wird darauf gestützt, daß die S. H.'schen Eheleute im Jahre 1880 nach St. Louis gezogen seien und vor ihrer Abreise den Beklagten mit der Verwaltung eines ihnen gehörigen Hauses beauftragt haben. Der geforderte Betrag ist der unbestrittene Rest der Einnahme nach Abzug der Ausgaben. Der Beklagte beruft sich auf eine von ihm zu den Akten gegebene Vollmacht der Eheleute S. H. vom 6. März 1880, wonach er beauftragt worden sei, die Ueberschüsse dem Sohne J. H. abzuliefern, und behauptet, demgemäß gehandelt zu haben. Letzterem, welcher anfänglich mitverklagt war, hätten die Eltern bei ihrer Abreise die Ueberschüsse geschenkt. Klägerischerseits wurde bestritten daß die produzirte Vollmacht von den Eheleuten S. H. unterschrieben worden sei. Nach erhobenem Beweise hat das L.G. Mülhausen am 26. April 1884 folgendes „bedingte Endurtheil“ erlassen: Der Klägerin Ehefrau B. wurde aufgegeben, einen ihr zugeschobenen Eid darüber zu schwören, daß es nicht wahr sei, daß sie im Auftrage ihres verstorbenen Vaters dessen Namen unter die Urkunde vom 6. März 1880 geschrieben habe; ferner daß es nicht wahr sei, daß der Vater seine Einwilligung zum Inhalte der Urkunde vom 6. März 1880 ausdrücklich zu erkennen gegeben habe.“ Ueber letztere Behauptung wurde der Wittwe H. der richterliche Eid in der Fassung des § 424 Abs. 2 der C. P. O. auferlegt, sowie der zugeschobene Eid über das Nichtwahrsein der Thatsache, daß ihr Ehemann seine Einwilligung dazu ertheilt habe, daß sie die Vollmacht unterschreibe.

Sodann heißt es: „Die Entscheidung über die Hauptsache und über die Prozeßkosten wird bis nach Ausschwörung oder Verweigerung der Ausschwörung vorstehender Eide vorbehalten.“

In den Gründen ist unter anderem ausgeführt, daß die beiden Klägerinnen „nothwendige Streitgenossen“ seien und die Thatsache der Einwilligung des S. H. zur Vollmacht ihnen gegenüber „nur einheitlich festgestellt werden könne“. Da die Thatsache, ob und inwieweit die Schwurpflichtigen die Eide ausschwören, für die Entscheidung der Hauptsache „präjudiziell“ sei, empfehle es sich, namentlich in Rücksicht auf die Bestimmung des § 434 der C. P. O., von einer Feststellung der Folgen der Ausschwörung oder Verweigerung abzusehen, insbesondere auch die Entscheidung darüber zu suspendiren, ob D. verpflichtet sei, den Theil der Hauszinsen, der auf den Sohn J. H. als Erben seines Vaters trifft, direkt an die Klägerinnen herauszubezahlen.

Die hiergegen vom Beklagten eingelegte Berufung ist vom O.L.G. mit Urtheil vom 2. Januar 1885 als unzulässig verworfen worden. Diese Entscheidung beruht darauf, daß ein Urtheil nicht vorliege; das L.G. habe nur bezüglich der Urkunde den Klägerinnen Eide auferlegt. Daß durch die Eidesleistung oder Verweigerung der Rechtsstreit oder irgend ein Punkt entschieden sei, sei im verfügenden Theile nicht erklärt und in den Gründen bemerkt, daß die Eide für die Entscheidung der Hauptsache präjudiziell seien, die Entscheidung aber zu suspendiren sei.

„Dem B.G. ist darin beizupflichten, daß die Entscheidung des L.G. vom 26. April 1884, obgleich sie von diesem in ganz unpassender Weise als „bedingtes Endurtheil" bezeichnet wird, weder ein Endurtheil noch ein Zwischenurtheil ist, da nur Eide auferlegt werden, in der Sache aber nichts entschieden wird. Allein nicht nur aus der Bezeichnung und der Abfassung der Entscheidung in Urtheilstenor, Thatbestand und Gründe, sondern auch aus den letzteren geht hervor, daß das L.G. den Willen hatte, ein bedingtes Urtheil (§ 427 Abs. 1 der C.P.O.) zu erlassen, daß es nämlich in dem Irrthum, die Zahlung an J. H. und deren Gültigkeit sei ein Rechtsverhältniß, welches den Klägern gegenüber nur einheitlich festgestellt werden könne, und es fänden deshalb die §§ 59, 434 der C.P.O. Anwendung, und in dem weiteren Irrthume, daß unter dieser Voraussetzung von der Vorschrift des § 427 der C.P.O., die Folgen der Eidesleistung oder Verweigerung der Leistung so genau, als die Lage der Sache dies gestattet, festzustellen, gänzlich abgesehen werden könne, es für zulässig erachtet hat, in der Art, wie geschehen, durch bedingtes Urtheil zu entscheiden. Nach der Absicht des L.G., wie solche aus den Gründen hervorgeht, soll die Entscheidung weder ein Beweisbeschluß nach Abs. 1 des § 426 der C.P.O., noch ein bedingtes Zwischenurtheil nach Abs. 2 dieses Paragraphen, auf welches dann ein bedingtes Endurtheil zu erlassen gewesen wäre, sein; es ist vielmehr anzunehmen, daß das L.G. unter der in den Gründen vorbehaltenen Entscheidung, insbesondere auch über die Aktivlegitimation der Klägerinnen zu dem dem J. H. gebührenden Antheile an der eingeklagten Forderung, nur das nach Leistung oder Verweigerung der Eide gemäß § 427 Abs. 2 zu erlassende Endurtheil verstanden hat.

An dieser Thatsache aber, daß das Gericht erster Instanz ein der Rechtskraft fähiges Urtheil erlassen wollte, daß also die Entscheidung in diesem Sinne ergangen ist, vermag der Umstand nichts zu ändern, daß nach den Bestimmungen der C.P.O. ein Urtheil in solcher Weise nicht erlassen werden durfte; es muß vielmehr, wie das R. G. wiederholt entschieden hat" (vergl. Annalen Bd. IV S. 430, Bd. VI S. 135, 137; Entscheidungen Bd. V Nr. 102 S. 376, Nr. 171 S. 411, Bd. VI Nr. 132 S. 421, Nr. 134 S. 429, Bd. VIII Nr. 104 S. 363), „die Berufung schon zu dem Zwecke für zulässig erachtet werden, damit diese unzulässige Entscheidung aufgehoben oder damit durch das B. G. selbst das prozessual richtige Verfahren eingeleitet werde. Die Versagung des Rechtsmittels würde die Rechte der Parteien ernstlich gefährden oder doch gerade in einem Falle der vorliegenden Art bedenkliche Verwickelungen zur Folge haben, wenn auf die etwaige Nichtleistung des Eides ein Versäumnißurtheil oder auf die Eidesleistung ein weiteres Urtheil erginge und dann die Frage zu entscheiden wäre, ob und welches Rechtsmittel hiergegen statthaft sei."

201. **Zulässigkeit der Aenderung des Ehescheidungsgrundes in der Berufungsinstanz** (§§ 574, 498 der C. P. O.). Urth. des IV. Civilsenats vom 2. Juni 1885 in Sachen E. R. zu W., Klägers und Revisionsklägers, wider uxorem, Beklagte und Revisionsbeklagte. Vorinstanz: O. L. G. Naumburg. Verwerfung.

Die Vorinstanzen haben wegen böslicher Verlassung getrennt, den Ehemann jedoch für den allein schuldigen Theil erklärt.

„Von sämmtlichen Klagegründen bleibt nur die von dem Kläger erklärte unüberwindliche Abneigung gegen seine Frau. Er ist mit den betreffenden Behauptungen erst in der Berufungsinstanz hervorgetreten. Nach § 498 der C. P. O. ist eine Aenderung der Klage zwar unstatthaft. Der § 574 a. a. O. in dem Abschnitte über Ehesachen — lautend: „Bis zum Schlusse derjenigen mündlichen Verhandlung, auf welche das Urtheil ergeht, können andere als die in der Klage vorgebrachten Klagegründe geltend gemacht werden" — ist jedoch in seiner allgemeinen Fassung und weil er sich unter den Vorschriften über das Verfahren in Ehesachen befindet, welches in mehrfachen Beziehungen abweichende Bestimmungen enthält, als eine für dieses Verfahren gegebene Ausnahmevorschrift zu betrachten, welche auch für die Berufungsinstanz Anwendung findet.

Dies vorausgesetzt, findet der B. R. in eingehender Erörterung der Sachlage darin, daß der Kläger die Klage vorher auf eine Anzahl anderer Klagegründe stützt, die ein gestörtes eheliches Leben deutlich erkennen lassen, diese Sachlage in ihrer Gesammtheit darnach angethan, einen heftigen und tiefgehenden Widerwillen des Klägers gegen die Beklagte zu begründen. Deshalb erachtet er mit Recht den § 718a Th. II Tit. 1 des Allg. L. R. für anwendbar, und hat die Trennung der Ehe ausgesprochen, woraus nach § 718b cit. folgt, daß der Kläger für den allein schuldigen Theil zu erklären war."

202. **Ausdehnung der Vorschrift der §§ 660, 661 der C.P.O. auf ausländische, vor dem 1. Oktober 1878 ergangene Urtheile. Urtheilseigenschaft rechtskräftiger österreichischer Zahlungsbefehle. Beim Vorhandensein solcher Urtheile ist nur der Antrag auf Erlaß eines Vollstreckungsurtheils** (§ 660 der C.P.O.), **nicht der Antrag auf Verurtheilung des Beklagten in Zahlung einer in dem ausländischen Urtheil bereits zuerkannten Summe zuläsfig.** Urth. des IV Civilsenats vom 2. Juni 1885 in Sachen A. D. zu B., Klägers und Revisionsklägers, wider Z. in P., Beklagten und Revisionsbeklagten. Vorinstanz: O.L.G. Breslau. Verwerfung.

„Das B.G. hat die angestellte Klage als eine persönliche Klage angesehen. In dieser Auffassung ist ihm beizutreten. Denn obwohl mit der Klage vorgetragen worden ist, daß die vom Kläger geltend gemachte Forderung auf dem Grundbuchblatte der Fideikommißherrschaft Prauß in der dritten Abtheilung eingetragen sei, so läßt sich doch die Klage weder nach ihrem Inhalte, noch nach dem Klagebegehren als eine auf Befriedigung aus dem Pfandobjekte gerichtete erkennen. Der Klage kann daher die Bedeutung einer hypothekarischen Klage, welche Bedeutung darin besteht, daß das Pfandobjekt mit der Klageerhebung litigios und für eine künftige Zwangsvollstreckung festgelegt wird, nicht zugeschrieben werden. Und wenn in zweiter Instanz der Kläger auf die Erklärung des Beklagten, daß die Klage als eine hypothekarische anzusehen sei, erwidert hat, die Klage sei in erster Reihe als eine persönliche, eventuell aber als eine hypothekarische angestellt, so kann eine hypothekarische Klage auch nicht als eventuell erhoben angesehen werden. Denn da nach dem Thatbestande des Urtheils erster Instanz die Klage keine hypothekarische Klage ist, so steht der prozessualischen Möglichkeit, die Klage in zweiter Instanz als eine hypothekarische auch nur eventuell zur Geltung zu bringen, das im § 598 der C.P.O. ausgesprochene Verbot der Klageänderung entgegen.

Die Klage kann auch nicht als eine auf den mit der Klage übergebenen Wechsel gestützte angesehen werden. Ob die im B.U. gegen die Annahme, daß das Wechselaccept des Beklagten der Grund der Klage sei, enthaltenen Argumente, daß es an einer Beweisantretung für die Echtheit des Wechsels und für die rechtzeitige Protesterhebung fehle, in der gedachten Hinsicht schlüssig seien, braucht nicht erörtert zu werden. Der Inhalt der Klage schließt den Wechselzug und die Wechselacceptation als Klagegrundlage aus und läßt eine andere Annahme nicht zu, als die, daß zur Grundlage des Klageanspruches der im Urtheile erster Instanz als rechtskräftig bezeichnete Zahlungsbefehl des Kaiserlich Königlich Oesterreichischen Handelsgerichtes zu Wien vom 10. Juli 1869 gemacht sei. Hieraus folgt, da dem erwähnten Zahlungsbefehle die Bedeutung eines Urtheils beizulegen ist, die Anforderung, das Rechtsverhältniß nach denjenigen Bestimmungen der C. P. O. zu prüfen, welche die Bedeutung der Urtheile ausländischer Gerichte normiren. Es sind dies die Bestimmungen in den §§ 660, 661 der C. P. O. Dieselben sind nach der in dem reichsgerichtlichen Urtheile vom 7. April 1883" (Annalen Bd. VII S. 574; Entsch. Bd. IX S. 368) „angenommenen, wohlbegründeten Rechtsansicht auch auf solche Entscheidungen ausländischer Gerichte zu beziehen, welche vor dem Inkrafttreten der C. P. O. und auch schon vor dem 1. Oktober 1878, also in einem Zeitpunkte rechtskräftig und vollstreckbar geworden sind, seit welchem bis zum Inkrafttreten der C. P. O. das nach § 3 Allg. Ger. O. Th. I Tit. 24 die Zulässigkeit der Zwangsvollstreckung aus einem rechtskräftigen Urtheile begrenzende Exekutionsjahr bereits abgelaufen gewesen ist. Sind aber die bezeichneten Paragraphen auf den in Rede stehenden Zahlungsbefehl und auf die Frage der Ausführung desselben durch Zwangsvollstreckung anzuwenden, so ist auch anzunehmen, daß die im § 660 der C. P. O. gegebene Klage auf Erlaß eines Vollstreckungsurtheils der für die Ausführung der Urtheile ausländischer Gerichte in der C. P. O. gewiesene einzige Weg ist und daß aus der den Beklagten zur Zahlung einer bestimmten Geldsumme verurtheilenden Entscheidung eines ausländischen Gerichtes eine Klage mit dem Antrage auf Verurtheilung zur Zahlung der in dem Urtheile bereits zugesprochenen Geldsumme nach der C. P. O. nicht statthaft ist. Die erhobene Klage ist aber nicht auf Erlaß eines Vollstreckungsurtheils nach § 660 der C. P. O., sondern auf Verurtheilung des Beklagten zur Zahlung einer in dem Zahlungsbefehle der Rechtsvorgängerin des Klägers bereits zuerkannten Geldsumme gerichtet. Diese Klage ist nicht statthaft und in zweiter Instanz mit Recht abgewiesen worden."

203. Wirkungen der ersten Versteigerung nach § 718 der C. P. O.
Urth. des V. Civilsenats vom 30. Mai 1885 in Sachen R. & Ko. zu B., Klägerin und Revisionsklägerin, wider R. A. zu Ch., Be-

klagten und Revisionsbeklagten. Vorinstanz: O.L.G. Königsberg. Aufhebung und Zurückverweisung.

Das angefochtene Urtheil hat auf Berufung des Beklagten das erste Urtheil dahin geändert, daß Klägerin mit ihrem Antrage auf Verurtheilung des Genannten zur Anerkennung ihres Eigenthums an der bei E. A. gepfändeten Dampfdreschmaschine nebst Zubehörstücken und zur Freigabe derselben abzuweisen. In den Gründen ist dahingestellt gelassen, ob der Vorbehalt des Eigenthums im vorliegenden Falle eine den Uebergang des Eigenthums aufschiebende Bedingung darstelle, weil der Eigenthumsanspruch der Klägerin in Gemäßheit des § 42 Th. I Tit. 15 des Allg. L.R. durch die stattgefundene Versteigerung beseitigt sei. Letzteres wird durch die Ausführung begründet, daß das Versteigerungsprotokoll den Vorschriften der Geschäftsanweisung vom 24. Juli 1879 entspreche und deshalb anzunehmen sei, daß der Zuschlag an R. A., den Beklagten, nach dreimaligem Aufruf gemäß § 718 der C.P.O. erfolgt sei, daß ferner durch den Zuschlag das Eigenthum der Dreschmaschine nebst Zubehör auf R. A. übergegangen sei und daß dies Eigenthum auch im Falle der Nichtzahlung des Kaufgeldes zur gehörigen Zeit nicht sofort, sondern erst durch die zweite Versteigerung aufgehoben werde nach § 718 a. a. O., so daß, da es zu dieser nicht gekommen, R. A. noch Eigenthümer sei und Vindikation gegen ihn nicht stattfinde.

„Der auf Verletzung der § 42 Th. I Tit. 15, §§ 342 und 346 Th. I Tit. 11 des Allg. L.R., § 718 der C.P.O. gestützte Angriff ist als zutreffend zu erachten.

Der Verkauf der Maschine ist, wie festgestellt, unter den Bedingungen des § 718 der C.P.O. erfolgt; die Bedingungen sind nicht erfüllt: der Meistbietende — Revisionsbeklagter — hat nicht vor Schluß des Versteigerungstermins Ablieferung der Sache gegen Zahlung des Meistgebots verlangt, sondern um Stundung gebeten und ist auf die Kaufbedingungen verwiesen und es ist anderweiter Versteigerungstermin vom Gerichtsvollzieher angeordnet worden. Nach § 718 cit. ist der bisherige Meistbietende bei der anderweiten Versteigerung zu einem weiteren Gebote nicht zuzulassen und hat auf einen Mehrerlös keinen Anspruch, während er für den Ausfall haftet. Wenn hiermit auch nicht ausdrücklich ausgesprochen ist, daß der frühere Verkauf in Folge des Nichteintritts der Bedingung als solcher jede Bedeutung verliere, so folgt dies doch von selbst daraus, daß die Versteigerung in solchen Fällen noch einmal an einen Anderen (mit Ausschluß von Geboten des früheren Meistbietenden) erfolgen, der frühere Käufer an dem neuen Meistgebote kein Recht haben und nur seine Verpflichtung übrig bleiben soll, für das nachtheilige Ergebniß der Versteigerung einzustehen. Sind sonach die Wirkungen der ersten Versteigerung lediglich auf die Haftung für eine mögliche Minusdifferenz bei den Meistgeboten, also auf eine eventuelle Schadensersatzpflicht beschränkt, und sind dem früheren Meistbietenden andere Pflichten eines Käufers nicht beigelegt, ist das Recht auf den

Erlös der Sache ihm sogar ausdrücklich abgesprochen: so kann das Gesetz auch nicht in der ersten Versteigerung einen zustandegekommenen Verkauf und in dem ehemaligen Meistbietenden nicht einen wirklichen Käufer gesehen haben, und der dem letzteren ertheilte Zuschlag, welcher bei Auktionen nur die Bedeutung der Annahme des Gebotes hat, kann unter solchen Umständen auch nicht die Kraft einer definitiven Uebertragung des Eigenthums an der erfolglos versteigerten Sache haben. Es läßt sich vielmehr nur annehmen, daß die regelmäßigen Wirkungen der ersten Versteigerung an die gestellte Bedingung der rechtzeitigen Abforderung und Bezahlung der Sache geknüpft sein und mit Nichteintritt dieser Bedingung fortfallen sollen und daß demnach die Sache im Eigenthume des ursprünglichen Schuldners verbleibt und die eintretende Weiterversteigerung nur ein Akt der fortdauernden Zwangsvollstreckung ist.

Das Ergebniß stimmt allerdings nicht mit der Auffassung überein, welche unter dem früheren Rechtsstande mit Rücksicht auf § 89 Th. I Tit. 24 der Allg. Ger. O. und § 346 Th. I. Tit. 6 des Allg. L. R. Geltung gewonnen hatte; es wird aber durch die Entstehungsgeschichte des § 718 a. a. O. bestätigt.

Darüber, wie das Rechtsverhältniß von Meistbietendem und Gläubigern bei einer in Folge Zahlungsverzuges des ersteren nothwendig gewordenen anderweiten Versteigerung aufzufassen war, bestand auch im preußischen Rechtsgebiete keine vollständige Uebereinstimmung, indem man von einer Seite an den Zahlungsverzug unmittelbar das Rückgängigwerden des Verkaufs knüpfen, von der andern den ersten Meistbietenden, der Weiterversteigerung ungeachtet, als aus seinem Meistgebote den Gläubigern verhaftet betrachten wollte und diesen Gegensatz auf den Unterschied einer angeblich mit jeder gerichtlichen Veräußerung verbundenen sogenannten lex commissoria oder andererseits kassatorischen Klausel zurückführte (vgl. Förster, Privatrecht Bd. II § 130). Die letztere Meinung erschien mit Rücksicht darauf, daß das Gesetz die anderweite Versteigerung als eine solche bezeichnete, welche auf Gefahr und Kosten des ersten Käufers erfolge, als die richtigere, und dies führte zu den für den Fall der Subhastation gegebenen ausdrücklichen Vorschriften im Gesetz vom 4. März 1834 § 20 und Subhastationsgesetz von 1869 § 59, nach denen der mit der Zahlung säumige Ersteher als persönlicher Schuldner der betreffenden Gläubiger in Ansehung der Kaufgelder zu behandeln ist und die anderweite Versteigerung wegen dieser Schuld gegen ihn stattfindet. Auf diesem Standpunkte ist aber die C.P.O. für die Fälle der Zwangsvollstreckung in bewegliche Sachen nicht verblieben. Nach den

Motiven zu § 718 (letzter Entwurf § 667) hatte man sich gegen den Grundsatz, daß die weitere Versteigerung für Rechnung des ersten Käufers erfolgen solle, und für den, daß dieselbe nur eine Wiederholung der ersten unter Aufhebung des ertheilten Zuschlages darstelle, nach dem Vorgange der badischen und bairischen Prozeßordnungen (§ 896 resp. 931), wie dies schon in dem preußischen Entwurfe von 1871 (Motive zu §§ 632—636) angebahnt war, entschieden und in diesem Sinne die unverändert gebliebene und mit dem Inhalte der genannten Prozeßordnungen vollständig übereinstimmende Fassung des § 718 der C. P. O. gewählt.

Nach dem allem kann die Rechtsirrthümlichkeit des alleinigen Entscheidungsgrundes des Vorderrichters, daß Beklagter R. A. durch Zuschlag das Eigenthum der Maschine erworben habe und Eigenthümer geblieben sei, keinem Bedenken unterliegen, und war das Vorderurtel aufzuheben."

204. **Die Wirksamkeit einer Forderungspfändung im Arrestverfahren hängt von der der Zustellung des Pfändungsbeschlusses an den Drittschuldner vorausgegangenen Zustellung des Arrestbefehls an den Schuldner ab** (§§ 808, 802, 671, 810, 709, 171, 283, 801 der C. P. O.). Urth. des I. Civilsenats vom 23. Mai 1885 in Sachen G. und Gen., Kläger und Revisionskläger, wider S. in B., Beklagten und Revisionsbeklagten. Vorinstanz: O. L. G. Hamburg. Aufhebung und Bestätigung des verurtheilenden ersten Urtheils (L. G. Bremen), unter Abweisung der Widerklage.

„Daß die Wirksamkeit einer Forderungspfändung im Arrestverfahren von der der Zustellung des Pfändungsbeschlusses an den Drittschuldner vorausgegangenen Zustellung des Arrestbefehls an den Schuldner abhängig ist, haben bereits der V. und der II. Civilsenat des R. G." (Annalen Bd. V S. 376, Bd. VII S. 493; Entsch. Bd. VI S. 388, Bd. VIII S. 429 und Erk. II 497/83 vom 16. Mai 1884), „sowie auch der I. Civilsenat in dem Urtheil vom 5. Juli 1884 in Sachen Schuback & Söhne wider die New London and Brazilian Bank limited in London I 190/84" (Urtheile und Annalen Bd. I S. 38) „ausgesprochen. Bei dieser in Theorie und Praxis weitaus überwiegenden Ansicht wird verblieben. In dem Urtheil vom 19. November 1883 in Sachen der Konkursmasse Hochheim & Co. wider Jakoby, V 233/83, hat allerdings der V. Civilsenat des R. G. diese Ansicht dahin eingeschränkt, daß die nachträgliche Zustellung des Arrestbefehls an den Schuldner den Mangel im Verhältniß des Pfändungsgläubigers zu dem Schuldner selbst sowie zu denjenigen, welche erst nach der Behebung des Mangels seine Rechtsnachfolger in Betreff der gepfändeten Forderung geworden sind, behebe. Auf diese Ansicht braucht hier nicht näher eingegangen zu werden, weil im vorliegenden Falle ein Prätendentenstreit zwischen dem Pfändungsgläubiger und einem Dritten, der sich auf eine Uebertragung der Forderung seitens des J. H. O. in einem Zeitpunkte vor der Hebung jenes Mangels — der Uebertragungsakt des J. H. O. an A. ist vom 31. Januar 1880, während der Arrestbefehl dem J. H. O. erst am 26. Februar 1880 zugestellt sein soll — stützt, in Frage ist."

Gemeines Recht.

205. **Unterschied des deutschrechtlichen Beisetz und des römischrechtlichen Usufructus. In jedem Einzelfalle ist auf das einschlagende Sonderrecht zurückzugehen.** Urth. des III. Civilsenats vom 22. Mai 1885 in Sachen J. K. in G., Klägers und Revisionsklägers, wider L. K. in S., Beklagten und Revisionsbeklagten. Vorinstanz: O.L.G. Darmstadt. Verwerfung.

Der Beklagte verheirathete sich im Jahre 1836 mit S. F. Nachdem die Eheleute von ihrem ursprünglichen Wohnorte — Einarthausen — nach Schotten übergezogen waren, errichteten sie hier unterm 19. November 1868 ein gemeinschaftliches Testament, worin sie ihre Kinder zu Erben ihres dereinstigen Nachlasses einsetzten und weiter bestimmten: „daß, wenn eines von ihnen über kurz oder lang versterben sollte, das Ueberlebende den Nachlaß des Verstorbenen lebenslänglich behalten und frei darüber befugt sein, der Nachlaß selbst aber erst nach dem Tode des Letztlebenden auf die Kinder übergehen solle." Zu diesem Testamente traten zwei Nachträge vom 21. Januar 1869 und 26. September 1878, in welchen jene Anordnungen wiederholt und zugleich die Kinder der inzwischen verstorbenen Tochter J., Ehefrau des jetzigen Klägers, zu Erben eingesetzt worden sind. Die Ehefrau des Beklagten ist am 4. Januar 1883 gestorben, Letzterer im Besitze und Genusse des Nachlasses geblieben. Der Kläger hat als gesetzlicher Vertreter und kraft seiner väterlichen Gewalt namens seiner minderjährigen Kinder die Testamente anerkannt und die angefallene Erbschaft angetreten. Er verlangt nunmehr klagend die Verurtheilung des Beklagten zur Errichtung eines eidlich zu bestärkenden Inventars über den fraglichen Nachlaß und Sicherheitsbestellung für den seinen Kindern ertragenden Erbtheil am Vermögen ihrer Großmutter. Die erste Instanz hat den Beklagten nach dem Klagantrage schuldig erkannt, die zweite Instanz auf Berufung des Beklagten die erhobene Klage abgewiesen. Gegen das B. U. hat Kläger Revision eingelegt. Von den Angriffen des Klägers gegen das B. U. kommt nur der folgende hier in Betracht: „Der Vorderrichter erkenne an, daß nach dem Publikationspatente zur Solmser Landesordnung vom 4. April 1571 das Gemeine (Römische) Recht subsidiär zur Anwendung komme. Bei dem Stillschweigen jenes Partikularrechts über die Frage, ob der überlebende, den Beisetz am nachgelassenen Vermögen des verstorbenen ausübende Ehegatte den Eigenthumserben gegenüber zur Inventarisirung und Kautionsleistung verpflichtet sei, könnten daher nur die gemeinrechtlichen Grundsätze über die Verbindlichkeiten des Usufruktuars Platz greifen, dies um so gewisser, als diese Pflicht dem Entwickelungsgange des Fränkischen ehelichen Güterrechts, wie es namentlich in der Reformation der Stadt Frankfurt von 1509, 1578 und 1611 Ausdruck gefunden, entspreche. Die Rechtsprechung der Hessischen Gerichte könne unter solchen Umständen nicht entscheiden."

„Der B.R. geht nach dem ganzen Zusammenhange der Entscheidungsgründe zum angefochtenen Urtheile davon aus, daß der nach den Bestimmungen der Solmser Landes-Ordnung Th. II Tit. 28 dem überlebenden Ehegatten am Nachlasse des verstorbenen lebenslänglich zustehende Nießbrauch (Beisetz) auf statutarischem Erbrechte beruhe und die dadurch begründeten Genuß- und Verwaltungsbefugnisse des Beisetzberechtigten regelmäßig nicht nach den Vorschriften des Gemeinen (Römischen) Rechtes über den Usufrukt zu beurtheilen seien. Unter Berufung auf den germanischen Ursprung dieses Erbrechtes der Ehegatten hebt er die unterscheidenden Merkmale zwischen dem römisch-rechtlichen Usufrukt und dem deutschrechtlichen Beisetz hervor und bezeichnet letzteren als ein Nutznießungsrecht, welches bei beerbter Ehe, dem Familienverhältnisse entsprechend, ebensowohl im Interesse der Kinder als des überlebenden Elterntheiles bestehe. Auf dieser Grundlage gelangt der Vorderrichter zu dem Ergebnisse, daß die Frage, ob, unter welchen Voraussetzungen und in welchem Umfange der Beisetzberechtigte den Eigenthumserben gegenüber zur Inventarisirung und Kautionsleistung wegen des diesen angefallenen Vermögens verpflichtet sei, nach dem Inhalte jenes Partikularrechtes zu entscheiden sei. Und im Anschluß hieran stellt das B.U. fest, daß nach der Solmser Landes-Ordnung der überlebende Ehegatte im Falle beerbter Ehe bei Ausübung seines Nutzungsrechtes regelmäßig von Errichtung eines Inventars und Stellung einer Sicherheit befreit sei.

Soweit bei diesen Erörterungen allgemeine Grundsätze in Betracht kommen, sind die Ausführungen des B.R. nicht zu beanstanden; insbesondere muß bei der großen Verschiedenheit der Vorschriften der deutschen Rechtsquellen, und zumal der Stadt- und Landrechte im fränkischen Rechtsgebiete, über die vorwürfige Frage dem Vorderrichter darin beigetreten werden, daß in jedem einzelnen Falle zunächst auf das einschlagende Sonderrecht zurückzugehen ist. Die Feststellung des B.U. über den Inhalt der Solmser Landesordnung selber ist aber nach § 511 der C.P.O. mit der Revision nicht anfechtbar, vielmehr gemäß § 525 das. für das R.G. maßgebend.

Hieran wird auch durch die beiläufige Bemerkung des Vorderrichters, daß nach dem Publikationspatente zur Solmser Landesordnung vom 4. April 1571 das „Kaiserliche (Römische) Recht" zur Ergänzung von Lücken des Gesetzes herangezogen werden solle, nichts geändert; denn gerade für Fälle der vorliegenden Art nimmt das B.U. keine Lücke im Partikularrecht an."

206. **Uebereinstimmung der Vorschrift in c. 2 X de prob. 2, 19 mit der im § 411 der C.P.O. enthaltenen. Auslegung dieser Vorschriften.** (S. o. Fall 199 S. 430.)

Partikularrecht.

1. Preußisches Recht.

207. **Der Grundsatz des § 28 der Einleitung zum Allg. L.R.** (daß bezüglich des Erwerbs dinglicher Rechte an beweglichen Sachen das am Orte, wo sie sich befinden, gültige Recht zur Anwendung gebracht werden soll) **hat durch den Konsularvertrag zwischen Deutschland und Rußland vom 8. Dezember 1874** (Art. IX) **keine Abänderung erlitten.** Urth. des V. Civilsenats vom 6. Juni 1884 in Sachen J. W. zu B., Beklagten, Widerklägers und Revisionsklägers, wider C. L. daselbst, Kläger, Widerbeklagten und Revisionsbeklagten. Vorinstanz: Kammergericht Berlin. Verwerfung.

„Mit Recht bezeichnet es der B.R. als einen in Wissenschaft und Praxis nunmehr allgemein anerkannten Rechtssatz, daß auch bezüglich der Rechtsverhältnisse einzelner beweglicher Sachen, insbesondere bezüglich des Erwerbes dinglicher Rechte an solchen, das am Orte, wo sich dieselben befinden, geltende Recht zur Anwendung zu bringen und daß, was das Preußische Recht betrifft, auch der § 28 der Einleitung zum Allg. L.R. demgemäß einschränkend zu interpretiren ist. (v. Savigny, System Bd. VIII §§ 366, 368; v. Baar, Das internationale Privat- und Strafrecht §§ 57 ff.; Windscheid, Pandekten § 35 Nr. 2; Stobbe, Deutsches Privatrecht Bd. I S. 228; Koch, Kommentar zum Allg. L.R., Anm. 37 zu § 28 der Einleitung;

Foerster, Theorie und Praxis § 11; Dernburg, Preußisches Privatrecht Bd. I S. 53; Entsch. des Ob.Trib. Bd. 32 S. 353; Striethorst's Archiv Bd. 72 S. 75; Entsch. des R.G. Bd. VIII S. 110, Bd. XI S. 52). Dieser Rechtssatz hat durch den Konsularvertrag zwischen Deutschland und Rußland vom 8. Dezember 1874 (Reichsgesetzbl. für 1875 S. 145) keine Abänderung erlitten. Der fragliche Staatsvertrag hat, wie sich aus seinem Eingange ergiebt, den Zweck, die wechselseitigen Rechte, Privilegien und Immunitäten der Konsularbeamten, sowie deren amtliche Befugnisse und Verpflichtungen zu regeln. Nachdem im Art. IX die Fälle aufgeführt worden, in denen die General-Konsuln ꝛc. befugt sind, als Notare nach den Gesetzen ihres Landes Verträge aufzunehmen, heißt es weiter: „Alle vorerwähnten Urkunden ꝛc. sollen — — — in jedem der beiden Länder dieselben Rechte und dieselbe Gültigkeit haben, als wenn sie von einem Notar oder anderen zuständigen Beamten aufgenommen wären". Es handelt sich also ersichtlich nur darum, den Konsularbeamten für die im Art. IX aufgeführten Fälle in dem Staate, in welchem sie bestätigt sind, die Befugniß zu ertheilen, als Urkundspersonen nach den Gesetzen ihres Landes zu fungiren. Es ist damit für die gedachten Fälle eine Modifikation der Regel: „locus regit actum" statuirt, so zwar, daß in diesen Fällen die von den Konsular-Beamten aufgenommenen resp. bestätigten Verträge und Erklärungen betreffs ihrer formalen Gültigkeit nach den Gesetzen des Staates, dem der fungirende Konsul angehört, und nicht nach den Gesetzen des Ortes des Vertragsschlusses zu beurtheilen sind. Nach welchen Gesetzen der Inhalt und die obligatorische Wirkung der Verträge zu beurtheilen, steht hier nicht in Frage; es wird darauf ankommen, wo nach dem Willen der Kontrahenten das obligatorische Verhältniß in Wirksamkeit treten soll. Jedenfalls ist von dieser obligatorischen Wirkung unter den Kontrahenten zu unterscheiden der Fall, wo, wie hier, eine außerhalb des Gebietes des fremden Rechtes belegene Sache unmittelbar von der bezüglichen Erklärung ergriffen und durch letztere nicht blos eine Obligation gegenüber dem Gegenkontrahenten begründet, sondern ein dingliches Recht an der Sache konstituirt werden soll. Hier greift, wie bereits im Eingange bemerkt, lediglich das örtliche Recht der Sache Platz; es findet die Regel „locus regit actum" und folglich auch der dieselbe modifizirende Konsularvertrag keine Anwendung.

Wenn also nach Russischem Rechte ein Pfandrecht an einer beweglichen Sache durch bloße Willenserklärung begründet werden kann, so würde zwar, wenn anders in der fraglichen Erklärung des

Eigenthümers der Pferde N. eine Verpfändung der letzteren zu finden wäre, ein Pfandrecht an denselben entstanden sein, falls sie im Bereich jener Rechtsnorm sich befunden hätten. Da dies aber nicht der Fall und nach den zur Anwendung kommenden Bestimmungen des Preuß. Allg. L.R. (§§ 7, 71, 104 ff Tit. 21) ein Vertragspfandrecht an beweglichen Sachen nur mittels Einräumung des Besitzes gültig bestellt werden kann, so ist durch die Verpfändungserklärung vom 8. Juni 1881, falls sie als solche anzusehen, ein Pfandrecht für die Wittwe K., als deren Rechtsnachfolger Beklagter auftritt, nicht entstanden. Hiernach ist der die Verletzung des mehrerwähnten Konsularvertrages rügende Angriff unbegründet."

208. **Die Verbindung der Vorschriften in den §§ 25 und 26 Th. I Tit. 6 des Allg. L.R.** Urth. des V. Civilsenats vom 6. Juni 1885 in Sachen W. K. in B. und Genossen, Beklagter und Revisionskläger, wider L. W. das. und Genossen, Kläger und Revisionsbeklagte. Vorinstanz: Kammergericht Berlin. Verwerfung.

Die fünfjährige Tochter des Klägers ist auf dem Hofe der Beklagten in den offenen Lichtschacht eines Kellerfensters gefallen und dadurch verletzt. Der B.R. nimmt an, daß die Beklagten, weil sie, ungeachtet der damit verbundenen Gefahr für Passanten, den Lichtschacht nicht verdeckten oder verwahrten, ein auf Schadensverhütung abzielendes Polizeigesetz, als Eigenthümer des betreffenden Hauses den § 367 Nr. 12 des R.Str.G.B. vernachlässigt haben.

„Diese Annahme beruht auf thatsächlicher Feststellung und zutreffender Anwendung der bezeichneten Vorschrift. Unrichtig würde es nur sein, wenn der B.R. die aus der letzteren sich ergebende Verpflichtung unbedingt dem Eigenthümer als solchem zuwiese, da die Person des zu den erforderlichen Vorkehrungen Verpflichteten nach den konkreten Verhältnissen sich bestimmt. Allein seine Ausführung ist dahin zu verstehen, daß die gedachte Verpflichtung unter den vorliegenden Umständen den Beklagten als Hauseigenthümern oblag.

Ohne Rechtsverletzung folgert der B.R. aus den festgestellten Thatsachen nach §§ 25 und 26. Th. I Tit. 6 des Allg. L.R. auch die Ersatzpflicht der Beklagten, indem er ausführt, daß sie für allen Schaden haften, welcher durch Beobachtung des Gesetzes hätte vermieden werden können, daß die Verschuldung des bei solcher Gelegenheit entstandenen Schadens gegen sie zu vermuthen und daß diese Vermuthung durch Gegenbeweis nicht widerlegt sei, da sie nicht nachgewiesen haben, daß auch die Beobachtung des Gesetzes den Schaden nicht verhindert hätte oder daß der Fall der klägerischen Tochter durch einen Stoß seitens eines andern Kindes verursacht sei.

Wenn insbesondere die Revision geltend macht, daß der § 25 a. a. O. die nachweisbare Entstehung des Schadens bei Gelegenheit einer unerlaubten Handlung voraussetze und daß der § 26 daselbst keine Vermuthung für den Kausalzusammenhang aufstelle, so übersieht sie die Verbindung, in welcher beide Vorschriften mit einander stehen.

Der § 25 stellt den allgemeinen Grundsatz auf, daß der bei Gelegenheit einer unerlaubten Handlung entstandene Schaden präsumtiv durch die Schuld des Handelnden entstanden ist, daß er also auch mit der Handlung selbst im ursachlichen Zusammenhange steht. Der mit dem Worte „Insonderheit“ daran anknüpfende § 26 aber enthält nur eine besondere Anwendung dieses Grundsatzes auf den Fall der Vernachlässigung eines Polizeigesetzes, findet also auch in der letzteren eine unerlaubte Handlung im Sinne des § 25, indem er hierunter die bezeichnete unerlaubte Unterlassung mitbegreift bezw. dieselbe ihr gleichachtet (vergl. § 9 Th. I Tit. 6 a. a. O.). Die im § 25 aufgestellte Vermuthung gilt daher selbstverständlich auch für den Fall dieser Unterlassung, und als bei Gelegenheit derselben entstanden ist eben jeder Schaden anzusehen, welcher ohne sie, also bei Beobachtung des vernachlässigten Polizeigesetzes, hätte vermieden werden können. Daß letzteres im vorliegenden Falle zutreffe und daß der bezügliche Gegenbeweis der Beklagten mißlungen sei, ist eine auf Würdigung des Beweisergebnisses beruhende unanfechtbare thatsächliche Annahme des B.R.“

209. **Abänderung der Bestimmungen der Allg. Ger.O. I, 24 § 89 und des Allg. L.R. I, 6 § 346 durch § 718 der C.P.O.** (S. o. Fall 203 S. 435 ff.)

210. **Voraussetzung der Uebergabe ist der zur Zeit der Uebergabe bestehende Wille der Eigenthumsübertragung** (die causa traditionis). **Grenzen der Widerruflichkeit des früher erklärten Willens des Käufers, daß er die Tradition in der vertragsmäßigen Weise entgegennehmen wolle** (Allg. L.R. I, 11 § 128). **Unter Abwesenden ist die Uebergabe der Waaren mit deren Ablieferung** (an den Fuhrmann) **vollzogen** (ebenda). **Mit der Uebergabe geht das Eigenthum über** (Allg. L.R. I, 10 §§ 1 ff.). Urth. des IV. Civilsenats v. 4. Juni 1885 in Sachen der Handlung A. J. zu B., Klägerin und Revisionsklägerin, wider v. L. zu C., Beklagten und Revisionsbeklagten. Vorinstanz: O.L.G. Breslau. Aufhebung und Zurückverweisung.

„Geht man zunächst von dem Standpunkte des B.R. aus, daß gemäß des in den §§ 342, 324 des H.G.B. aufgestellten Naturale's für die Leistung der Klägerin (also namentlich für die Uebernahme der Weine) der Erfüllungsort Breslau war, so lag unter Berücksichtigung des § 128 Th. I Tit. 11 des Allg. L.R. in dem Vertrage die übereinstimmende Willenserklärung der Parteien, daß die Uebergabe dadurch vollzogen werden sollte, daß Klägerin die Weine der Bahn zum Transport nach Misloslaw oder Peisern oder dem Wohnorte des Beklagten überliefere. Diese vertragsmäßige Vereinbarung erzeugte aber nur eine obligatorische Verpflichtung; der Eigenthumsübergang wurde erst mit der Ueberlieferung an die Bahn vollzogen und zwar nur unter der Voraussetzung, daß der Beklagte nicht vorher seine Willensänderung der Klägerin erklärt hatte, sei es daß er die Entgegennahme der Uebergabe überhaupt ablehnte oder sich nur für einen andern Modus der Uebergabe bereit erklärte. Denn die Uebergabe setzt voraus, daß der übereinstimmende Wille, Eigenthum zu übertragen bezw. zu erwerben (die causa traditionis), zur Zeit der Uebergabe besteht. Dies kann nicht durch das im Vertrage abgegebene Versprechen, zu übergeben bezw. die Uebergabe entgegenzunehmen, antizipirt oder ersetzt werden. Es muß dem B.R. daher darin beigetreten werden, daß Klägerin, wenn sie am 24. Juni 1884, wo sie die Weine zur Bahn gab, das Schreiben des Beklagten vom 20. Juni, in welchem er seine Bestellung zurücknahm, bereits erhalten hatte, eine wirksame Eigenthumsübertragung durch Abgabe zur Bahn nicht mehr vollziehen konnte.

Indessen der B.R. nimmt dies auch für den Fall an, daß die Klägerin, wie sie behauptet, dieses Schreiben damals noch nicht erhalten hatte.

Dem kann nicht beigetreten werden. Denn die durch Abschluß des Vertrages erklärte Willenseinigung: „daß die Tradition durch Ueberlieferung der Weine an die Bahn geschehen solle", war ebenfalls eine vertragsmäßige und behielt daher ihre Wirkung, solange der Widerruf seitens des Beklagten der Klägerin nicht erklärt war, d. h. solange deren Willensänderung nicht zu ihrer Kenntniß gebracht war. Der früher erklärte Wille des Käufers, daß er die Tradition in der vertragsmäßigen Weise entgegennehmen wolle, ist zwar in dem Sinne widerruflich, daß der Widerruf die Tradition und somit den Eigenthumsübergang hindert; aber wie der vertragsmäßige Vorbehalt des Rücktrittes von einem Vertrage erst mit der Kenntnißnahme des anderen Kontrahenten wirkt, so kann auch der Widerruf der vertragsmäßigen Einigung, die Uebergabe bezw. die Entgegennahme derselben in einer bestimmten Weise auszuführen zu wollen, erst von da ab wirken, wo der Tradent Kenntniß von dem Widerruf erhält. Sonst würde man dahin gelangen, daß auch die nicht einmal in einem an den Verkäufer abgesendeten Schreiben ausgedrückte Willensänderung des Käufers die Tradition verhindere.

Der Satz des B.R.: „Eine Uebergabe ist nur möglich an Jemanden, der übernehmen will," ist in der Bedeutung, wie ihn der B.R. anwendet, unrichtig. Richtig ist nur, daß der Verkäufer wider den ihm erklärten (d. h. den zu seiner Kenntniß gekommenen) Willen des Käufers die Uebergabe der Waare an denselben nicht bewerkstelligen kann. Wenn dagegen der Verkäufer dem letzten ihm bekannten Willen des Käufers gemäß die Waare zur Bahn giebt, so kann man dies nicht (mit dem B.R.) als eine zwangsweise Uebertragung des Eigenthums an den Käufer bezeichnen.

Dies ist namentlich klar, wenn man mit dem B.R. den Transportirenden als Bevollmächtigten des Empfängers zur Uebernahme ansieht. Denn es ist unzweifelhaft, daß der Empfänger, solange er den Widerruf dieser Vollmacht weder zur Kenntniß des Bevollmächtigten, noch zur Kenntniß desjenigen, welcher dem Bevollmächtigten auf Grund der Anweisung des Empfängers tradiren soll, gebracht hat, alle zwischen beiden auf Grund der Vollmacht vorgenommenen Handlungen, also auch die Tradition gegen sich gelten lassen muß.

Ein eventueller und nur durch die Worte: „Es scheint vielleicht sogar zulässig, noch einen Schritt weiter zu gehen," eingeführter Entscheidungsgrund des B.R. geht dahin, daß die Uebergabe der Waare an einen vom Verkäufer ausgewählten Spediteur oder Frachtführer nur eine provisorische Tradition ist, durch welche die Tradition an den Käufer noch nicht vollzogen und dem Käufer Besitz und Eigenthum noch nicht erworben ist. Nach Endemann (Handelsrecht § 112 Anm. 37), auf welchen der B.R. Bezug nimmt, ist diese Frage äußerst kontrovers; indessen für das Gebiet des Allg. L.R. kann sie nicht zweifelhaft sein. Denn, wie Endemann selbst anerkennt, ist dieselbe im H.G.B. nicht entschieden. Es kommt daher nach Art. 1 des H.G.B., wie auch das R.G. bereits" (Annalen Bd. II S. 280; Entsch. Bd. II S. 1) „angenommen hat, das allgemeine bürgerliche Recht zur Anwendung, und dieses (§ 128 Th. I Tit. 11 des Allg. L.R.) spricht ausdrücklich aus, daß unter Abwesenden die Uebergabe beweglicher Sachen vollzogen ist, sobald die Sache ... dem Fuhrmanne ... überliefert ist. Mit der Uebergabe geht aber nach §§ 1 ff. Th. I Tit. 10 des Allg. L.R. das Eigenthum über."

211. **Die durch den Tod eines** (erstverstorbenen fideikommissarischen) **Testators eröffnete Aussicht auf die Beerbung des Ueberlebenden ist kein tauglicher Gegenstand des Erbschaftskaufes** (Allg. L.R. II, 1 §§ 492, 493.). Urth. des IV. Civilsenats vom 4. Juni 1885 in Sachen F. Z. zu S., Beklagten, Widerklägers und Revisionsklägers, wider die verehel. M. zu B., Klägerin, Widerbeklagte und Revisionsbeklagte. Vorinstanz: Kammerger. Berlin. Verwerfung.

„Die Entscheidung des vorliegenden Rechtsstreites hängt ausschließlich von der Gültigkeit des zwischen der Klägerin und dem Maurermeister P., dem Rechtsvorgänger des Beklagten, über den Antheil der Ersteren an dem Nachlasse ihrer Eltern am 3. Mai 1879 abgeschlossenen Erbschaftskaufvertrages ab. Der B.R. hat dieselbe, in Uebereinstimmung mit dem Ersten Richter, verneint, und seinen Ausführungen mußte beigetreten werden.

1. Nach dem unstreitigen Thatbestande hatten die Eltern der Klägerin in ihrem wechselseitigen Testamente vom 8. Januar 1846 sich gegenseitig und ihre fünf Kinder (darunter die Klägerin) mit der Maßgabe zu Erben eingesetzt, daß der Ueberlebende über den Nachlaß freie Verfügung haben und an die Kinder nur das gelangen solle, was bei dem Tode des Ueberlebenden noch übrig sein würde. Zur Zeit des Abschlusses des gedachten Erbschaftskaufes war zwar der Vater der Klägerin bereits verstorben, die Mutter hingegen noch am Leben und im Besitze des beiderseitigen Vermögens. Aus der Natur des Rechtsverhältnisses folgert der B.R., daß die Klägerin mit dem Tode ihres Vaters fideikommissarisches Erbrecht an dessen Nachlaß, dagegen noch kein Erbrecht, sondern nur eine durch die §§ 492, 493 Th. II T. 1 des Allg. L.R. gesicherte Aussicht auf den dereinstigen Nachlaß der Mutter erlangt habe. Diese Auffassung steht im Einklang mit der konstanten Praxis des Preußischen Rechts, welche auch bereits die Billigung des R.G. gefunden hat. (Vergleiche G r u c h o t's Beiträge Bd. XXIV S. 989 ff.; Bd. XXVI S. 1008, sowie die daselbst zitirten Urtheile des Preußischen Ob.Trib.; D e r n b u r g, Preußisches Privatrecht Bd. III (3. Aufl.) S. 518 ff.; F ö r s t e r - E c c i u s, Theorie ꝛc. Bd. IV. S. 518 ff.; G r u c h o t's Erbrecht Bd. II S. 486 ff.)

Dieselbe rechtfertigt zugleich die auf sie gegründete Annahme des B.R., daß die Klägerin vor dem Tode ihrer Mutter nur über ihr Anrecht an dem väterlichen Nachlasse, nicht aber über die ihr noch nicht angefallene mütterliche Erbschaft durch deren Verkauf verfügen durfte. Nach §§ 445, 446 Th. I T. 11 des Allg. L.R. kann nur eine w i r k l i c h a n g e f a l l e n e Erbschaft verkauft werden und ist der

Verkauf einer bestimmten oder unbestimmten Erbschaft, welche dem Verkäufer noch erst anfallen soll, nichtig.

Nun ist zwar das Recht der Klägerin als fideikommissarischer Erbin ihres Vaters, welches ihr mit dem Tode des Erblassers angefallen ist, als ein tauglicher Gegenstand des Erbschaftskaufes anzusehen, weil es, richtiger Ansicht nach, sich nicht in einem persönlichen Anspruche an den Fiduziar erschöpft, sondern betagtes Erbrecht ist (§§ 164, 165 Th. I T. 4, § 486 Th. I T. 12, § 447 Th. I T. 11 des Allg. L.R.; Striethorst, Archiv Bd. 96 S. 368 ff.; Dernburg a. a. O. S. 453 ff.).

Allein dasselbe gilt nicht von der durch den Tod des Erstverstorbenen der Testatoren eröffneten Aussicht auf die Beerbung des Ueberlebenden. Diese Aussicht, mag sie auch gemäß §§ 492, 493 Th. II T. 1 des Allg. L.R. gegen Vereitelung durch letztwillige Verordnungen des Ueberlebenden gesichert sein, erzeugt nicht einmal einen obligatorischen Anspruch gegen letzteren, geschweige denn betagtes oder bedingtes Erbrecht, bildet daher überhaupt noch keinen Bestandtheil des Vermögens des in dem wechselseitigen Testamente berufenen direkten Erben des Ueberlebenden und kann folgeweise so wenig vererbt als unter Lebenden veräußert werden.

Allerdings hat das vormalige Preußische Obertribunal in dem Urtheil vom 9. Mai 1857 (Entsch. desselben Bd. 36 S. 62 ff.) das Gegentheil angenommen und jene Aussicht als ein vererbliches (transmissibles) und veräußerliches Vermögensrecht qualifizirt, welches mit dem durch den Tod des Erstverstorbenen erworbenen fideikommissarischen Erbrecht an dessen Nachlaß verbunden sei. Diese Annahme kann indeß nicht, wie dort versucht ist, auf die durch die §§ 492 493 Th. II T. 1 des Allg. L.R. beschränkte Testirfreiheit des überlebenden Ehegatten, welcher die Erbschaft angetreten hat, gegründet werden, weil man solchenfalls auch dem Vertragserben schon bei Lebzeiten seines Gegenkontrahenten ein übertragbares Erbrecht zuschreiben müßte (vergl. Gruchot, Erbrecht Bd. II S. 498). Sie würde vielmehr nur dann zu rechtfertigen sein, wenn man den in der Doktrin und Praxis des Gemeinen Rechts vielfach vertretenen Standpunkt theilte, daß in Folge der gemeinsamen Berufung Dritter zur Erbfolge in den beiderseitigen Nachlaß das Vermögen beider wechselseitig testirenden Ehegatten nach deren Willen dergestalt in eine Masse verschmolzen würde, daß der Ueberlebende von ihnen das Gesammtvermögen (also auch sein eigenes) nur als Fiduziarerbe des Erstverstorbenen überkäme. Allein dieser Standpunkt ist nach Obigem nicht der des Preußischen Rechts, sondern es ist stets daran festgehalten, daß der Ueberlebende nur in das Vermögen des Erstverstorbenen als Fiduziarerbe succedirt, dagegen sein eigenes Vermögen nach wie vor als Eigenthümer behält.

Demgemäß ist denn auch mit Recht in konstanter Praxis angenommen, daß — sofern nicht etwa die Bestimmungen des konkreten Testaments eine andere Auffassung bedingen — die in dem wechselseitigen Testamente nach, beziehungsweise von dem Längstlebenden berufenen Erben in den Nachlaß jenes nur dann succediren, falls sie dessen Tod erlebt haben, und bei früherem Ableben ihre diesfällige Exspektanz nicht auf ihre Erben transmittiren (vergl. Entsch. des Preuß. Ob.Trib. Bd. LXIV S. 162 ff.; Bd. LXX S. 289 ff.; Dernburg l. c. S. 520; Förster-Eccius l. c. S. 522, 523; Urtheil des R.G. in Gruchot's Beiträgen Bd. XXIV S. 993, 994. Außerdem kann diese Exspektanz auch noch durch die nachträgliche Entstehung von Pflichttheilsrechten bezüglich des Nachlasses des Längstlebenden ganz oder theilweise vereitelt werden.

Der Verkäuflichkeit derselben steht sonach der auch im Allg. L. R. anerkannte Rechtssatz entgegen, daß die Erbschaft eines Lebenden keinen tauglichen Gegenstand des Kaufes bildet (cf. Dernburg a. a. O. S. 685 Note 11).

Mit der vorstehenden Ausführung steht nicht in Widerspruch das" (in den Annalen Bd. X S. 524; Urtheile und Annalen Bd. I S. 523; Entsch. Bd. XI S. 258 ff. abgedruckte) „diesseitige Urtheil vom 20. März 1884, da sich dasselbe lediglich auf den Erwerb der von beiden Eheleuten gemeinschaftlich ausgesetzten Vermächtnisse bezieht, hierfür aber andere rechtliche Gesichtspunkte maßgebend und in der Begründung jenes Urtheils verwerthet sind (vergl. Dernburg a. a. O. S. 520, 521).

2. Obwohl nach den bisherigen Darlegungen der Erbschaftskaufvertrag vom 3. Mai 1879 grundsätzlich nur insoweit nichtig sein würde, als er sich auf den mütterlichen Nachlaß der Klägerin bezieht, so hat der B.R. demselben doch seinem ganzen Inhalte nach die Gültigkeit abgesprochen, weil für das Erbrecht der Klägerin an dem Nachlasse ihrer beiden Eltern nur ein Gesammtpreis vertraglich vereinbart, Beklagter auch nicht im Stande gewesen sei, einen Sonderpreis für das väterliche Erbtheil der Klägerin anzugeben, und es somit an der nach §§ 12, 46 Th. I T. 11 des Allg. L. R. unerläßlichen Bestimmtheit des Kaufpreises fehle. Auch diese Ausführung kann als rechtsirrthümlich nicht bezeichnet werden. Sie läßt sich nur dahin auffassen, daß die Lage des Falles eine Trennung des als ein einheitliches beabsichtigten und geschlossenen Geschäfts in

zwei gesonderte Kaufverträge nicht gestatte, weil deren Essentialien nicht gegeben seien, und entspricht den angezogenen gesetzlichen Vorschriften. Die nothwendige Konsequenz hiervon ist die Hinfälligkeit des ganzen Vertrages. (Vergl. Dernburg a. a. O. S. 685 Note 11)."

212. **Umfang der Kognition der Verwaltungsbehörden** (mit Ausschluß des Rechtsweges) **darüber, welche Anlagen in Folge der Enteignung vom Unternehmer zu treffen sind. Grenzen des dem Enteigneten zustehenden Rechtsweges** (§§ 14, 22 des Preuß. Eisenbahngesetzes vom 14. November 1838). Urth. des V. Civilsenats vom 30. Mai 1885 in Sachen des Handelsgärtners F. K. zu Spandau, Beklagten, Widerklägers und Revisionsklägers, wider den Kgl. Preußischen Eisenbahnfiskus, Kläger, Widerbeklagten und Revisionsbeklagten. Vorinstanz: Kammerger. Berlin. Verwerfung.

Die von Berlin nach Stendal führende Eisenbahn durchschneidet ein dem Beklagten gehöriges, zu Spandau gelegenes Grundstück. In dem Expropriationsresolut der Königl. Regierung zu Potsdam vom 13. April 1870 wird sub Nr. III bestimmt, daß „Provokantin (d. h. jetzt der Kläger) verpflichtet, bei der Stationsnummer 102 des künftigen Eisenbahnkörpers in diesem und senkrecht auf demselben einen die zu beiden Seiten des Eisenbahndammes liegenden Grundstücke des Provokaten (d. h. des Beklagten) verbindenden Durchgang von 6 Fuß Breite und 6 Fuß Höhe im Niveau der angrenzenden Gartentheile anzulegen und zu unterhalten." Wie zwischen den Parteien feststeht, ist der Durchgang bei Ausführung des Bahnbaues nicht ganz nach den Bestimmungen des Resoluts angelegt, sondern an einer etwas anderen Stelle in der Richtung des Hauptweges des Gartens des Beklagten und etwas unter dem Niveau desselben. Beklagter verlangt jetzt in der Widerklage sub Nr. 1, daß Kläger verurtheilt wird, den Durchgang genau den Bestimmungen des Resoluts entsprechend herzustellen. Der Kläger hat den Einwand der Unzulässigkeit des Rechtsweges erhoben. Beide Instanzrichter erachten denselben für zutreffend.

„Die hiergegen eingelegte Revision erscheint unbegründet. Der § 14 des Eisenbahngesetzes vom 3. November 1838 bestimmt: „Außer der Geldentschädigung ist die Gesellschaft auch zur Einrichtung und Unterhaltung aller Anlagen verpflichtet, welche die Regierung an Wegen, Ueberfahrten, Triften, Einfriedigungen, Bewässerungs- oder Vorfluths-Anlagen nöthig findet, damit die benachbarten Grundbesitzer gegen Gefahren und Nachtheile in Benutzung ihrer Grundstücke gesichert werden."

Nach dieser Gesetzesvorschrift gehört die Bestimmung darüber, welche Anlagen in Folge der Enteignung von dem Unternehmer, sei es im öffentlichen Interesse, sei es zum Schutz der Rechte des Enteigneten oder der Nachbarn, zu treffen sind, zur Kognition der Verwaltungsbehörden mit Ausschluß des Rechtsweges. Die Thätigkeit der letzteren endigt jedoch nicht mit dem Erlaß des Enteignungsresoluts.

Ihnen liegt vielmehr die Sorge darüber ob, daß die angeordneten Einrichtungen auch wirklich zur Ausführung gelangen. So bestimmt § 22 des Eisenbahngesetzes, daß die Bahn nicht eher dem Verkehr eröffnet werden darf, als, nach vorgängiger Revision der Anlage, von der Regierung die Genehmigung dazu ertheilt wird. Selbst nach der Eröffnung der Bahn hört die Kompetenz der Verwaltungsbehörde in Betreff der Ueberwachung der Ausführung und Instandhaltung von Anlagen nicht auf, wie dies von dem Preußischen Gerichtshofe zur Entscheidung der Kompetenzkonflikte mehrfach ausgesprochen ist. (Vergl. Preußisches Justiz-Ministerial-Blatt 1853 S. 335, 1855 S. 332 und 400, 1857 S. 446, 1864 S. 316.) Der Enteignete hat unter Umständen nur das Recht, durch gerichtliche Klage denjenigen Mehrbetrag als Entschädigung zu beanspruchen, welcher ihm in Folge des Fehlens der nach seiner Behauptung nöthigen, im Enteignungsresolut vorgeschriebenen Anlagen erwächst.

Im vorliegenden Falle besteht darüber kein Zweifel, welche Bestimmung die Königliche Regierung zu Potsdam in dem Enteignungsresolute vom 12. April 1870 getroffen hat. Der Streit der Parteien betrifft vielmehr nur die Frage, ob die Eisenbahngesellschaft durch Erbauung der hergestellten und seit vielen Jahren weder vom Beklagten noch von den Aufsichtsbehörden beanstandeten Durchfahrt der ihr auferlegten Verpflichtung genügt hat. Mit Recht haben die Vorderrichter die Entscheidung über diese Frage im Rechtswege abgelehnt. Daß dem Beklagten ein durch Klage verfolgbares jus quaesitum auf Erfüllung des Resoluts zusteht, läßt sich nicht annehmen."

213. Fortdauernde Gültigkeit der Bestimmung des § 270 des Preuß. Str.G.B. von 1851. Daher Schadensersatzpflicht desjenigen, der Andere vom Bieten im Steigerungstermin abhält. Urth. des II. Civilsenats vom 5. Juni 1885 in Sachen G. A. T. und Gen., Beklagten und Revisionskläger, wider R. N. zu E., Kläger und Revisionsbeklagten. Vorinstanz: O.L.G. Köln. Aufhebung und Zurückverweisung.

Die Kaufleute Gustav Adolph und Ernst Christian T. (die Beklagten) waren die solidarisch haftenden Theilhaber der unter der Firma Gebrüder T. zu Elberfeld bestehenden Kommanditgesellschaft, bei welcher der Rentner R. N. (der jetzige Kläger) mit einer Einlage von 50 000 ℳ als Kommanditist betheiligt war. Außerdem besaß derselbe eine auf die Fabrikgebäude der Firma hypothekarisch eingetragene Forderung von 60 021,60 ℳ. Nachdem am 10. November 1882 über das Vermögen der Firma der Konkurs eröffnet war, meldete N. diese Forderung an; dieselbe wurde auch der Höhe nach festgestellt, die Berücksichtigung jedoch bis zum Nachweise eines Ausfalles versagt. In dem darauf eröffneten Subhastationsverfahren wurde N.

zufolge Lizitationsprotokoll vom 1. Oktober 1883 Ansteigerer der Immobilien. Der Steigerlös reichte jedoch nur zur Deckung der ihm vorausgehenden Hypothek von 22 699,80 ℳ mit Zinsen aus.

Nachdem mittlerweile die Gebrüder T. mit ihren Gläubigern am 13. Juni 1883 einen am nämlichen Tage bestätigten Zwangsvergleich abgeschlossen hatten, nach welchem sie bis zum 13. September 1883 die Zahlung von 20 % versprachen, erhob N. durch Zustellung vom 20. Oktober 1883 beim L.G. Elberfeld wider die beiden Brüder T. Klage auf solidarische Verurtheilung zur Zahlung von 20 % seiner Forderung im Betrage von 12 004,32 ℳ. Beklagte beantragten Klagabweisung, weil Kläger in Wirklichkeit einen Ausfall nicht erlitten habe. Sie behaupteten unter Beweiserbieten, die Brüder W. zu Elberfeld hätten die Fabrik ansteigern wollen, Kläger aber habe dieselben durch Versprechungen vom Mitbieten abgehalten und dadurch den Zuschlag der zu 89 969 ℳ abgeschätzten Fabrik zu einem Preise erhalten, welcher nur zur Deckung der ersten Hypothek über 22 699,80 ℳ mit Zinsen ausgereicht habe.

Das L.G. verurtheilte am 19. Dezember 1883 die Beklagten nach dem Klagantrage, indem es ausführte, daß der erbotene Beweis als unerheblich erscheine, weil es weder nach allgemeinen Rechtsgrundsätzen noch durch eine spezielle Gesetzesbestimmung verboten sei, bei einer öffentlichen Versteigerung seinen Vortheil durch Abmachungen mit anderen Steigliebhabern zu wahren.

Beklagte appellirten mit dem Antrage auf Klagabweisung, indem sie über folgende Thatsachen Zeugenbeweis erboten: Bald nach dem 6. August 1883 sei W. W. zu ihnen in die Fabrik gekommen und wegen Uebernahme derselben mit ihnen in Unterhandlung getreten. Kläger aber habe vor dem 17. August den W. bestimmt, die Unterhandlungen abzubrechen, und mit diesem und dessen Sohne einen Vertrag abgeschlossen, nach welchem die beiden Kauflustigen sich verpflichteten, im Steigtermine nicht zu bieten, wogegen Kläger versprochen habe, denselben die Fabrik zu guten Bedingungen zu überlassen und die Geräthschaften zu einem ganz geringen Preise zu verkaufen. Bei der Versteigerung hätten die im Termine anwesenden W. nicht mitgeboten. Kläger habe ihnen darauf das Fabrikinventar zu dem Schleuderpreise von 18 880 ℳ verkauft und die Fabrik unter Einräumung des Vorkaufsrechtes zu 4000 ℳ vermiethet. W. habe erhebliche Anlagen gemacht und seine Absicht zu kaufen bereits ausgesprochen. Er würde auch ohne das Abkommen bei der Versteigerung bis zum wahren Werthe geboten haben. Ueber den Werth der Immobilien wurde Beweis durch Sachverständige erboten.

Kläger beantragte Verwerfung der Berufung. Diesem Antrage entsprach das O.L.G. Köln durch Urtheil vom 22. November 1884, indem es zur Begründung Folgendes ausführte: Mit Unrecht behaupteten die Beklagten unter Berufung auf eine Entscheidung des I. Strafsenats des R.G. vom 27. März 1884, daß der § 270 des Preuß. Str.G.B. noch in Geltung stehe. Vielmehr sei im Einklange mit der überwiegenden Rechtsprechung daran festzuhalten, daß der § 270 des Preuß. Str.G.B. von 1851 ebenso durch das R.Str.G.B. aufgehoben worden sei, wie der § 270 für die Rheinprovinz den entsprechenden Art. 412 des Code pénal beseitigt habe, indem der Entwurf des jetzt geltenden R.Str.G.B. in § 382 eine entsprechende Vorschrift enthalten habe, dieselbe aber gemäß dem Beschlusse des damit befaßt gewesenen gesetzgebenden Körpers fallen gelassen worden sei.

Stelle sich hiermit die dem Kläger zur Last gelegte Handlungsweise als eine zum Schutze des Publikums verbotene und mit Strafe bedrohte nicht dar, so sei die darauf gestützte Einrede aus dem bürgerlichen Rechte nicht zu begründen. Wäre dem Kläger wirklich durch das Abkommen die Liegenschaft zu einem geringen Preise in die Hand gespielt worden, komme in Betracht, daß er es in der Hand gehabt hätte, die Sache so zu wenden, daß er die Fabrik gegen das Versprechen eines seiner Forderung entsprechenden Betrages an jene Kaufliebhaber habe gelangen lassen. Gegen ein solches Verfahren hätten Beklagte keine Einrede gehabt, da Kläger nicht verpflichtet gewesen sei, durch sein Mietbieten den Preis in die Höhe zu treiben. Wenn nun Kläger andere Kaufliebhaber bestimmt habe, ihm freie Hand zu lassen, so stehe der Einrede der Beklagten wiederum entgegen, daß der thatsächliche Subhastationserlös zur Befriedigung des Klägers nichts übrig ließ und Beklagte kein Recht darauf gehabt hätten, daß die anderen Kaufliebhaber als Mitbieter thätig würden. Es könne daher auch die Verletzung eines solchen Rechtes nicht darin gefunden werden, wenn Kläger durch ein Abkommen deren Abstehen vom Mitbieten herbeigeführt habe. Dem unstreitigen Resultate der Subhastation gegenüber könne daher ein solches Abkommen und der etwa nachweisbare Mehrwerth des Kaufobjekts oder der dem Kläger durch die Wiederverwerthung zugeflossene Vermögensvortheil zur Beseitigung der Klage nicht geltend gemacht werden.

„Die Revision war für begründet zu erachten.

Beklagter bestreitet die Klage mit der Behauptung, daß Kläger in Wirklichkeit für seine Forderung vollkommen gedeckt sei und daß der geringe Erlös der subhastirten Immobilien und der dadurch bedingte Ausfall nur daher rühre, daß Kläger durch Zusicherung von Vortheilen einen der Steiglustigen vom Mitbieten bei der öffentlichen Versteigerung abgehalten habe. Das B.G. erklärt diese Behauptung für unerheblich, weil die Bestimmung des § 270 des Preußischen Str.G.B. aufgehoben sei und das Abhalten vom Mitbieten bei öffentlichen Versteigerungen auch den guten Sitten nicht widerstreite. Die Ausführung, daß der angezogene Artikel nicht mehr zu Recht bestehe, konnte aber nicht als zutreffend anerkannt werden.

Durch den Art. II des Einführungsgesetzes zum R.Str.G.B. ist das Landesrecht, insbesondere das Preußische Str.G.B. nicht im ganzen aufgehoben, sondern nur insoweit außer Kraft getreten, als es Materien betrifft, welche Gegenstand des R.Str.G.B. sind. Die im 25. Titel des Preußischen und im 25. Abschnitte des zweiten Theiles des R.Str.G.B. unter der Ueberschrift „Strafbarer Eigennutz“ enthaltenen Strafbestimmungen enthalten aber nicht die Regelung einer einheitlichen, in begrifflichem Zusammenhange stehenden Materie, sondern nur eine Zusammenstellung verschiedenartiger Strafbestimmungen. Der Umstand, daß der Entwurf zum R.Str.G.B. in § 283 eine dem Art. 270 des Preuß. Str.G.B. entsprechende Bestimmung enthielt und der Reichstag der Aufnahme dieser Bestimmung in das neue R.Str.G.B. widersprach, konnte nur die Folge haben, daß das Verbot nicht Reichsrecht wurde. Die Wirksamkeit der landesrechtlichen Bestimmung wurde dadurch nicht berührt, dieselbe konnte nur durch einen Ausspruch der gesetzgebenden Gewalt beseitigt werden. Den Gründen der Entscheidung des I. Strafsenates vom 27. März 1884, welcher den entsprechenden Art. 412 Code pénal für rechtsbeständig erklärt, war demnach beizutreten (Entsch. Bd. X S. 220).

Wenn aber das Abhalten vom Mitbieten bei öffentlichen Versteigerungen durch ein Strafgesetz verboten ist, so erscheint es als eine rechtswidrige Handlung im Sinne der Art. 1382 und 1383 des B. G. B. und begründet einen Anspruch auf Schadensersatz, welcher geeignet sein kann, durch Wettschlagung die Klage zu beseitigen."

214. Begriff der Vermögensunzulänglichkeit nach § 3 Nr. 1 des Preuß. Anfechtungsgesetzes von 1855. Urth. des V. Civilsenats vom 13. Mai 1885 in Sachen B. M. zu W., Klägers und Revisionsklägers, wider A. H. zu M. und Gen., Beklagte und Revisionsbeklagte. Vorinstanz: O. L. G. Stettin. Verwerfung.

Der Kläger ficht die beiden, das Grundstück Bd. VI Bl. 33 des Grundbuches von M. betreffenden Verträge, nämlich den zwischen dem Beklagten H. und dem Beklagten K. K. am 28. September 1878 und den zwischen den Beklagten K. und F. K. am 4. Januar 1881 errichteten und die anschließenden Auflassungen sowohl als fraudulos als auch als simulirt an. Der B. R. hat erstere Klage abgewiesen, in Betreff der letzteren auf mehrere, das behauptete Scheingeschäft betreffende Eide für die Beklagten erkannt. Die speziell vorgetragenen Angriffe des Klägers beziehen sich nur auf die Abweisung der ersten, auf Fraudulosität gestützten Klage.

„Der B. R. geht mit Recht davon aus, daß die Anfechtung des Vertrages vom 28. September 1878 nur statthaft ist, wenn die Bedingungen sowohl des Preußischen Gesetzes vom 9. Mai 1855, als diejenigen des Reichsgesetzes vom 21. Juli 1879 vorliegen. Er nimmt zu Gunsten des Klägers an, daß die übrigen, von beiden Gesetzen geforderten Bedingungen dargethan sind, leugnet dagegen, daß dies auch hinsichtlich des Nachweises der Vermögensunzulänglichkeit des Schuldners H. der Fall sei. Er stellt zunächst fest, daß keiner der drei Gründe, aus welchen nach § 3 des Gesetzes vom 9. Mai 1855 Vermögensunzulänglichkeit anzunehmen ist, hier zutrifft. Die vom Kläger dagegen erhobenen Beschwerden sind unbegründet. Nach § 3 Nr. 1 ist Vermögensunzulänglichkeit anzunehmen, wenn bei der Auspfändung keine oder nur solche Exekutionsgegenstände vorgefunden worden sind, welche von dritten Personen in Anspruch genommen werden, sofern der Schuldner auf Befragen andere Gegenstände nicht sofort nachweist. Nach der Feststellung des B. R. hat der Gerichtsvollzieher allerdings in der Zeit vom 1. Oktober 1879 bis 30. Juni

1880 im Auftrage des Klägers bei dem Beklagten H. eine Zwangsvollstreckung vorgenommen. Dabei hat H. dem Gerichtsvollzieher ausreichende Mobilien zur Disposition gestellt, der Kläger jedoch dem Gerichtsvollzieher die Freigabe derselben aufgegeben, weil er sie als sein Eigenthum ansehe. Mit Recht führt der B.R. aus, daß dieser Thatbestand die Anwendung des § 3 Nr. 1 cit. in keiner Weise rechtfertigt. Es ist dem B.R. auch darin beizustimmen, daß der Kläger im Sinne des Gesetzes nicht als dritte Person angesehen werden kann."

215. **Stempelpflichtigkeit einer Vollmacht** (§ 11 des Stempelgesetzes vom 24. Mai 1861), **aus der nicht erhellt, daß sie für einen Streitgegenstand unter 150 Mark ertheilt ist. Das Zusammenheften derselben mit der auf ein geringeres Streitobjekt gerichteten Klage hebt deren Stempelpflichtigkeit nicht auf.** Urtheil des IV. Civilsenats vom 2. Juni 1885 in Sachen der Firma Gebr. Z. in H., Klägerin und Revisionsklägerin, wider den Preuß. Steuerfiskus, Beklagten und Revisionsbeklagten. Vorinstanz: O.L.G. Naumburg. Verwerfung.

Die Klägerin ist mit ihrer auf Zahlung eines von ihr eingezogenen Vollmachtsstempels von 1,50 ℳ und 50 ₰ Kosten gerichteten Klage durch landgerichtliches Urtheil ab-, und ihre gegen dieses Urtheil eingelegte, auf Verurtheilung zur Zahlung dieser 2 ℳ gehende Berufung ist durch das im Tenor bezeichnete Urtheil zurückgewiesen.

„Der Rechtsweg ist mit Recht zugelassen. Dieselben Gründe, welche das R.G. in dem vom B.R. zitirten Urtheil (Entsch. Bd. VIII S. 257) zu der Annahme geführt haben, daß auch eine die Annahme des Cessionars nicht enthaltende Cessionsurkunde als Vertrag im Sinne des § 11 des Gesetzes vom 24. Mai 1861 anzusehen sei, treffen auch bei der Vollmacht zu. Auch für diese ist nicht anzunehmen, daß das zitirte Gesetz beabsichtigt hat, eine Vollmacht, welche der Beauftragte zum Zeichen seiner Acceptation mitunterzeichnet hat, anders zu behandeln als eine solche, welcher eine beurkundete Annahme des Auftrages seitens des Beauftragten fehlt. Der Abschluß des Vollmachtsvertrages bedarf nach § 11 Th. I T. 13 des Allg. L.R. einer Beurkundung der Annahme nicht.

In der Sache selbst ist zunächst dem Ausgangspunkte des B.R., daß über die Stempelpflichtigkeit einer Urkunde deren Inhalt entscheidet, beizutreten; es folgt dies aus dem Begriff des Stempels als eines Urkundenstempels.

Nun mag zugegeben werden, daß, wenn die Urkunde, um deren Stempelpflichtigkeit es sich handelt, *ihrem Inhalte* nach mit einer anderen Urkunde dergestalt in Verbindung gesetzt ist, daß die letztere als Theil der ersteren anzusehen ist, auf den Inhalt der letzteren mit

Rücksicht genommen werden darf. Man sieht in solchem Falle beide Urkunden als eine einheitliche an. Indessen führt der B. R. zutreffend aus, daß die auf Grund der hier zu beurtheilenden Vollmacht erhobene, allerdings nur auf Zahlung von 11,20 ℳ gehende Klage in der Vollmachtsurkunde mit derselben in eine solche Verbindung nicht gesetzt ist. Denn die Vollmacht, wie der B. R. ihren Wortlaut feststellt, enthielt nur die Bezugnahme auf einen von den Ausstellern gegen W. anzustellenden Prozeß, aber nicht eine Bezugnahme auf eine auf Zahlung von 11,20 ℳ gehende Klage gegen W. Die Ausstellung der Vollmacht legitimirte den bevollmächtigten Rechtsanwalt Dr. K. zur Anstellung einer Klage jeden Objekts gegen W. Auf Grund des Inhalts der Urkunde (und auf diesen kommt es allein an) ließ sich auch gar nicht, wie die Revisionsklägerin verlangt, ermitteln, ob der beabsichtigte Prozeß einen den Werth von 50 Thaler nicht übersteigenden Gegenstand haben sollte.

Der B. R. stellt ferner nach Einsicht der von der Klägerin in Bezug genommenen Akten Z. wider W. fest, daß sich nicht ersehen läßt, ob die Vollmacht mit der Klage wegen 11,20 ℳ zusammengeheftet eingereicht worden ist, und es kann daher dahingestellt bleiben, ob ein solches Zusammenheften überhaupt die Vollmacht und die Klage zu einer einheitlichen Urkunde in dem obigen Sinne machen konnte. Aus der gleichzeitigen Einreichung beider Schriftstücke bei Gericht läßt sich dies jedenfalls nicht folgern. Lediglich der nach dem Inhalt der Vollmacht von derselben zu machende Gebrauch, nicht der Gebrauch, welcher von derselben thatsächlich gemacht wird, bestimmt die Stempelpflichtigkeit."

216. Die Rechte des Muthers und das Verfahren nach § 35 des preußischen Allg. Berggesetzes vom 24. Juni 1865 (in Verbindung mit den §§ 36, 55). Urth. des V. Civilsenats vom 3. Juni 1885 in Sachen der Eisensteingrube K. bei W., Klägerin und Revisionsklägerin, wider den Steiger D. K. zu E., Beklagten und Revisionsbeklagten. Vorinstanz: O.L.G. Hamm. Verwerfung.

„Nach § 35 des Allg. Berggesetzes vom 24. Juni 1865 können Muther, welche auf das in der veröffentlichten Verleihungsurkunde bezeichnete Feld oder Theile desselben ein Vorzugsrecht zu haben glauben, dieses Recht, insofern über dasselbe nicht bereits im Verleihungsverfahren verhandelt und in dem Verleihungsbeschlusse entschieden worden ist, noch binnen drei Monaten vom Ablauf des Tages, an welchem das die Bekanntmachung enthaltende Amtsblatt ausgegeben worden ist, durch gerichtliche Klagen gegen den Bergwerkseigenthümer verfolgen. Zu dieser Klage berechtigt ist also nur ein Muther, über dessen Anspruch in dem Verleihungsverfahren nicht mit entschieden ist. Sich stützen kann sonach die Klage nur auf eine Muthung, und zwar auf eine Muthung, welche an sich geeignet sein würde, den Anspruch auf Verleihung zu begründen. Das in § 55 a. a. O. dem Bergwerkseigenthümer bezüglich der mit dem verliehenen Mineral in untrennbarem Zusammenhange vorkommenden Mineralien gegebene Vorrecht ist ausdrücklich nur ein Vorrecht zum Muthen und kann also nur auf Grund einer mit den gesetzlichen Erfordernissen versehenen Muthung einer konkurrirenden Muthung gegenüber geltend gemacht werden. Der § 36 a. a. O. steht dem nicht entgegen, da er nur die Anwendbarkeit des § 35 auf den Fall des § 55 ausspricht, ohne in den Voraussetzungen des ersteren etwas zu ändern.

Klägerin stützt nun zwar auch ihren Anspruch auf eine Muthung; diese aber ist erst nach der an den Beklagten erfolgten Verleihung eingelegt und deshalb vom Oberbergamt mit Recht zurückgewiesen worden, da sie mit der der angefochtenen Verleihung zu Grunde liegenden Muthung des Beklagten nicht in Konkurrenz getreten ist. Das in § 35 a. a. O. angeordnete Verfahren suspendirt nicht die Wirksamkeit der ertheilten Verleihung; diese tritt vielmehr sofort in Kraft, nur wird dem vermeintlich besser berechtigten Muther, der also durch die Verleihung in seinem bessern Recht verletzt zu sein glaubt, eine Präklusivfrist zur Anfechtung des für ihn rechtsverletzenden Beschlusses gewährt. Es setzt also die Anfechtung voraus, daß durch die Verleihung ein damals bereits vorhandenes besseres Recht verletzt worden ist, und dieses Recht kann eben nur das aus der Muthung fließende Recht sein, also das Recht auf Verleihung. Nun hatte aber zur Zeit der Verleihung an den Beklagten die Klägerin, wenn anders die Voraussetzung des § 55 a. a. O. vorläge, wohl ein Vorrecht zum Muthen, noch aber kein Recht auf Verleihung, welches durch die Verleihung an den Beklagten hätte verletzt werden können. Ein solches nachträglich zu erlangen, war sie aber durch die Thatsache der gesetzmäßig erfolgten Verleihung an einen Anderen verhindert, da durch letztere das verliehene Feld einer späteren Muthung definitiv verschlossen wird.

Es fehlt hiernach der vorliegenden Klage das rechtliche Fundament, welches nach § 35 a. a. O. nur in einer mit der der angefochtenen Verleihung zu Grunde liegenden Muthung konkurrirenden, an sich rechtsbeständigen Muthung bestehen kann. In Ermangelung einer solchen ist das durch die Verleihung begründete Bergwerkseigenthum auch für den aus § 55 a. a. O. bevorrechteten

Bergwerkseigenthümer unanfechtbar und das Verhältniß beider Bergwerkseigenthümer lediglich nach § 56 a. a. O. zu regeln.

Daß eine von dem Bergwerkseigenthümer auf Grund seines in § 55 l. c. begründeten Vorrechts eingelegte Muthung formell und materiell den gesetzlichen Erfordernissen entsprechen muß und daß insbesondere nach erfolgter Verleihung der aus § 55 a. a. O. bevorrechtete Bergwerkseigenthümer nicht mehr in der Lage ist, durch eine nachträglich einzulegende Muthung sein Vorrecht geltend zu machen, ist auch von dem früheren Preuß. Ob. Trib. angenommen worden in dem Erkenntniß vom 12. Mai 1879 (Entsch. Bd. 83 S. 248, insbesondere S. 254 und 256).

Der Abweisungsgrund, welchen der B. R. daraus entnommen, daß die Muthung der Klägerin erst nach der gesetzmäßig erfolgten Ertheilung der Verleihung an den Beklagten eingelegt worden, ist hiernach zutreffend und durchgreifend."

217. Auslegung des § 7 des Gesetzes vom 18. März 1868 (Schlachthausgesetz) und des Art. 2 des Zusatzgesetzes vom 9. März 1881.
Urth. der Vereinigten Civilsenate vom 1. Juni 1885 in Sachen R. S. zu Berlin, Klägers und Revisionsklägers, wider die Stadtgemeinde Berlin, Beklagte und Revisionsbeklagte. Vorinstanz: Kammergericht Berlin. Aufhebung und Zurückverweisung.

Im Jahre 1852 gestattete das Königl. Polizeipräsidium in Berlin dem Schlächtermeister L. die Erbauung eines Schlachthauses auf seinem Grundstücke an der Chausseestraße daselbst. Der jetzige Kläger, der Rechtsnachfolger des L., betrieb in diesem Schlachthause das Schlachtgewerbe ohne ausdrückliche Konzession für dasselbe, bis im Jahre 1882 ein Gemeindebeschluß anordnete, daß nach Errichtung des Centralviehhofes nur in dem dort befindlichen öffentlichen Schlachthause geschlachtet werden dürfe.

Der Kläger wurde mit seinem auf § 7 des Schlachthausgesetzes vom 18. März 1868 gestützten Entschädigungsanspruche durch ein Resolut des Oberpräsidenten der Provinz Brandenburg abgewiesen, in welchem es heißt: „... Auch geht ... nicht hervor, daß schon vor 1845 Schlächterei auf dem fraglichen Grundstücke betrieben sei, vielmehr erhellt das Gegentheil ... Unterm 25. Juli 1876 ist deshalb auch dem Schlächtermeister S. eröffnet, daß die Schlächterei auf dem fraglichen Grundstücke zwar nicht für konzessionirt zu erachten sei, mit Rücksicht auf ihr längeres Bestehen aber „bis auf weiteres geduldet werde". Hiernach ist dem S. durch die Einführung des Schlachtzwanges die Möglichkeit der ferneren Verwerthung eines Rechts, auf seinem Grundstücke die Schlächterei zu betreiben, nicht entzogen."

In Folge der von S. erhobenen Klage verurtheilte das L.G. I Berlin die Beklagte zum Schadensersatz. Auf die Berufung derselben wies aber das Kammergericht die Klage ab, weil es annahm, daß der Kläger ohne ausdrückliche Konzession kein „wohlerworbenes Recht", also auch keinen Entschädigungsanspruch erlangt habe, wozu der Baukonsens und die thatsächliche Duldung der Polizeibehörde nicht ausreichend gewesen sei.

Der Kläger erhob die Revision mit dem Antrage, die Berufung der Beklagten zurückzuweisen.

Der V. Civilsenat des R. G. hat auf Grund des § 137 des G. V. G. die Verhandlung und Entscheidung der Sache vor die Vereinigten Civilsenate desselben verwiesen, weil er davon ausging, daß die ausdrückliche Konzession zum Schlachtbetriebe im Gebiete der Preuß. Gew. O. eine unbedingte Voraussetzung des fraglichen Entschädigungsanspruches bilde, während dieses von dem II. Civilsenate des R. G. in dem Urtheil vom 19. Mai 1882 in Sachen Ulrich gegen Köln, II 113/82, (Annalen Bd. VI S. 164) verneint ist.

In der Revisionsverhandlung begründete der Kläger den Revisionsantrag nach Darlegung des Sachverhältnisses mit der Rüge, daß das B. U. auf einer Verletzung des § 7 des Schlachthausgesetzes und des Art. 2 des Zusatzgesetzes zu demselben vom 9. März 1881 beruhe.

„Die Preußische Gewerbeordnung vom 17. Januar 1845 zählt nach § 26 zu 1 und § 27 Schlachthäuser zu den Anlagen, welche gewerbepolizeilicher Konzession bedürfen, und bestimmt in den folgenden Paragraphen, wie dieselbe für „neue" (künftige) Anlagen dieser Art zu erwirken und durch einen schriftlichen Bescheid der Regierung — in Berlin des Polizeipräsidiums — zu ertheilen ist. Diese Vorschriften sind in dem Gesetze vom 7. Juli 1861, betreffend die Errichtung gewerblicher Anlagen, wiederholt, hatten aber in den 1866 erworbenen neuen Provinzen keine Geltung.

Das für den ganzen Umfang der erweiterten Monarchie erlassene Gesetz vom 18. März 1868, betreffend die Errichtung öffentlicher, ausschließlich zu benutzender Schlachthäuser, gestattet im § 1 den Gemeinden, in welchen ein öffentliches Schlachthaus errichtet ist, durch Gemeindebeschluß dessen ausschließliche Benutzung zum Viehschlachten anzuordnen und demgemäß die Benutzung anderer Schlachtstätten zu verbieten (vergl. § 3 daselbst).

Im Anschluß hieran bestimmt jedoch der § 7 dieses Gesetzes: „Den Eigenthümern und Nutzungsberechtigten der im Gemeindebezirke vorhandenen Privatschlachtanstalten ist für den erweislichen wirklichen Schaden, welchen sie dadurch erleiden, daß die zum Schlachtbetriebe dienenden Gebäude und Einrichtungen in Folge der nach § 1 getroffenen Anordnung ihrer Bestimmung entzogen werden, von der Gemeinde Ersatz zu leisten. Eine Entschädigung für Nachtheile, welche aus Erschwerungen oder Störungen des Geschäftsbetriebes hergeleitet werden möchten, findet nicht statt."

Nach Art. 2 des zu dem gedachten Gesetze erlassenen Zusatzgesetzes vom 9. März 1881 soll bei der Schadensberechnung namentlich berücksichtigt werden, daß der Ertrag, welcher von den Grundstücken und Einrichtungen bei anderweiter Benutzung erzielt werden kann, von dem bisherigen Ertrage in Abzug zu bringen ist.

Der Annahme des B. R., daß der bezeichnete Entschädigungsanspruch den Eingriff in ein wohlerworbenes Recht voraussetze, ist beizustimmen, nicht aber der Annahme, daß diese Voraussetzung ausgeschlossen sei, wenn der Schlachthausbesitzer durch die Nichterwirkung der zum Schlachtbetriebe erforderlichen Konzession die bestehenden gewerbepolizeilichen Vorschriften übertreten hat. Denn bei dieser Annahme ist unter Verletzung des § 7 des Schlachthausgesetzes verkannt, daß das wohlerworbene — durch privatrechtlichen Titel erworbene — Recht, für dessen Beeinträchtigung derselbe Entschädigung zusichert, nicht in der durch Konzession bedingten Gewerbebefugniß, sondern lediglich in dem Eigenthum oder der Nutzungsberechtigung an den thatsächlich „vorhandenen" Privatschlachtanstalten — den zum Schlachtbetriebe bisher benutzten „Gebäuden und Einrichtungen" — besteht, welche durch das Verbot des Privatschlachtens ihrer Bestimmung entzogen werden, daß aber dieses Eigenthums- oder Nutzungsrecht von der Beobachtung der gewerbepolizeilichen Bestimmungen, welche zum Schlachtbetriebe Konzession erfordern, unabhängig ist.

Das Verbot des Privatschlachtens hindert die Besitzer der betreffenden Schlachtanstalten, die zu denselben gehörigen Grundstücke und beweglichen Sachen in der bisherigen Weise zu benutzen und zu verwerthen, und enthält insofern eine gesetzliche Einschränkung ihres Eigenthums- oder Nutzungsrechts an diesen körperlichen Sachen, also eine partielle gesetzliche Enteignung jenes Rechts, welche sich von der im Sinne des Art. 9 der Verfassungsurkunde vom 31. Januar 1850 „nach Maßgabe des Gesetzes" durch einen besonderen Akt der Staatsgewalt vollziehenden Enteignung nur darin unterscheidet, daß sie unmittelbar auf der aus § 1 des Schlachthausgesetzes sich ergebenden, durch den betreffenden Gemeindebeschluß in Wirksamkeit tretenden gesetzlichen Regel beruht.

Demgemäß ist auch die dafür in Aussicht gestellte Entschädigung eine wesentlich beschränkte. Denn sie besteht nur in dem Ersatz des erweislichen wirklichen Schadens an den fraglichen Eigenthums- oder Nutzungsobjekten, in der Erstattung der Werthminderung der letzteren, d. h. der Vergütung der Differenz desjenigen Werthes, welchen dieselben vor dem Verbote des Privatschlachtens durch ihre Verwendbarkeit für den Schlachtbetrieb hatten, und des geringeren Werthes, welchen sie nach jenem Verbote nur behalten, weil sie in Folge desselben lediglich zu anderen Zwecken verwendet werden können. Vergl. die angeführte Bestimmung des Zusatzgesetzes vom 9. März 1881.

Der in dem fraglichen Verbote liegende Eingriff enthält nun zwar nicht bloß die bezeichnete Enteignung, sondern zugleich eine Gewerbebeschränkung, weil dasselbe den Schlachthausbesitzer auch hindert, sein Gewerbe in der bisherigen Weise auszuüben. Allein da nach Abs. 2 des § 7 a. a. O. für die Erschwerungen und Störungen des Geschäftsbetriebes — also des Gewerbes — keine Entschädigung stattfinden soll, so ist diese mit der Enteignung konkurrirende Gewerbebeschränkung bei der Regelung des Entschädigungsanspruches außer Acht zu lassen, der letztere vielmehr nur aus dem Gesichtspunkte der Enteignungsentschädigung zu bemessen.

Auch die Regierungsmotive zum § 7 des Schlachthausgesetzes sagen ausdrücklich in diesem Sinne: „Bei der Regelung des Ersatzanspruches der Besitzer von Privatschlachthäusern ist davon ausgegangen, daß die Nachtheile, welche sich für den Geschäftsbetrieb der Schlachthausbesitzer aus der entfernteren Lage des öffentlichen Schlachthauses ergeben, durch die mit dem Betriebe in dem letztern verknüpften Vortheile . . . mindestens aufgewogen werden. Ein Ersatz aus diesem Grunde ist daher durch Alinea 2 des § 7 ausgeschlossen. Auch der Umstand, daß die für den Schlachtbetrieb bestimmten Gebäude und Einrichtungen der Privatschlachtstätten ihrem ursprünglichen Nutzungszwecke entzogen werden, wird in der Regel den Eigenthümern nicht zum Schaden, sondern eher zum Vortheil gereichen. Ein solcher Vortheil erwächst jedoch weder jedem Eigenthümer noch solchen Nutzungsberechtigten, welche die zum Schlachtbetriebe dienenden Anlagen auf eigene Kosten hergestellt haben, und ist es billig, daß die Gemeinde denjenigen Eigenthümern und Nutzungsberechtigten von Schlachtstätten, welche durch ihre Anordnung eine Entwerthung ihrer Anlagen und damit erweislichen Schaden leiden, hierfür Ersatz leiste." (Verhandlungen des Herrenhauses von 1867/68, S. 135.)

In gleicher Weise sprach bei der Berathung des Gesetzes der Berichterstatter des Abgeordnetenhauses ebenfalls nur von einer „Entschädigung für den etwa geringer werdenden Werth" der betreffenden Grundstücke und Anlagen (Verhandlungen des Abgeordnetenhauses von 1867/68, Bd. III S. 1870).

Nach alledem kann der von dem § 7 des Schlachthausgesetzes vorausgesetzte Eingriff in das wohlerworbene Recht des Schlachthausbesitzers nicht aus dem Grunde verneint werden, weil der letztere die gewerbepolizeilichen Vorschriften für den Schlachtbetrieb unbeobachtet gelassen hat.

Dessenungeachtet könnte nun zwar sein Entschädigungsanspruch außerdem an die allgemeine Voraussetzung geknüpft sein, daß die bezeichneten Vorschriften durch Erwirkung der erforderlichen Konzession befolgt sind.

Aber von selbst versteht sich diese Voraussetzung nicht; denn auch in anderen Fällen ist der Anspruch auf Enteignungsentschädigung davon, daß bei der bisherigen Ausübung des Eigenthums keine polizeilichen Vorschriften verletzt sind, nicht abhängig.

Ferner stellt das Schlachthausgesetz selbst eine derartige allgemeine Voraussetzung nicht auf. Es hätte jedoch einer ausdrücklichen Bestimmung zu diesem Zwecke umsomehr bedurft, als dasselbe sich auch auf Landestheile bezieht, in welchen nicht einmal zum Betriebe von Privatschlachtanstalten eine besondere Konzession erforderlich war.

Ebensowenig ist ein solches Erforderniß des fraglichen Entschädigungsanspruches mit der Beklagten aus den §§ 69 und 70 der Gewerbeordnung von 1845 herzuleiten. Denn wenn nach § 69 derselben wegen überwiegender Nachtheile und Gefahren für das Gemeinwohl die Benutzung gewerblicher Anlagen gegen Entschädigung des Besitzers untersagt werden kann, so ist dabei von vorausgesetzter Konzessionsertheilung gleichfalls nicht die Rede. Und wenn der § 70 daselbst diese Bestimmung auf alte Anlagen mit Ausnahme des Falles einer widerruflichen Konzession angewendet wissen will, so läßt sich auch hieraus nicht folgern, daß bei neuen Anlagen der Entschädigungsanspruch durch Konzession bedingt sei. Selbst wenn dies jedoch angenommen werden könnte, so würde daraus kein Schluß auf den Sinn des § 7 des Schlachthausgesetzes zu ziehen sein, da der Fall des letztern von dem der §§ 69 und 70 der Gewerbeordnung wesentlich verschieden und durch die erstgedachte Vorschrift besonders geregelt ist.

Sowenig nun aber hiernach die zum Schlachtbetriebe erforderliche Konzession als eine allgemeine Voraussetzung des Anspruches auf die fragliche Enteignungsentschädigung anzusehen ist, so kann doch dieser Anspruch im einzelnen Falle dann als ausgeschlossen erscheinen, wenn wegen der Verletzung der betreffenden gewerbepolizeilichen Bestimmungen das Verhalten des betreffenden Schlachthausbesitzers zugleich als ein materiell rechtswidriges erscheint.

Ob eine solche Rechtswidrigkeit anzunehmen oder ungeachtet der Vernachlässigung jener Bestimmungen zu verneinen ist, hängt von den konkreten Umständen ab.

In dem vorliegenden Falle kommt in dieser Hinsicht in Betracht, daß dem Vorbesitzer des Klägers von dem Königlichen Polizeipräsidium in Berlin — derselben Behörde, welche auch die Konzession zum Schlachtbetriebe zu ertheilen gehabt hätte — schon im Jahre 1852 der Bau des fraglichen Schlachthauses gestattet und der Betrieb desselben fast dreißig Jahre lang ohne Konzession thatsächlich geduldet, daß ferner im Jahre 1876 dem Kläger ausdrücklich eröffnet ist, der bezeichnete Betrieb werde bis auf weiteres ferner geduldet werden.

Unter diesen Umständen liegt die Annahme nicht fern, daß der Kläger sich in dem guten Glauben befand, er bedürfe für seinen Schlachthausbetrieb einer besonderen Konzession nicht weiter, daß er wenigstens mit gutem Grunde auf die fortdauernde Duldung desselben seitens der Polizeibehörde rechnete und daher einer seinen Entschädigungsanspruch ausschließenden materiellen Rechtswidrigkeit sich nicht schuldig machte.

Die Rechtsverletzung, auf welcher das B.U. beruht, besteht hiernach darin, daß es die Berücksichtigung der bezeichneten konkreten Umstände ablehnt, den erhobenen Anspruch vielmehr wegen des thatsächlichen Mangels der gewerbepolizeilichen Konzession zum Schlachtbetriebe schlechthin für ausgeschlossen hält.

Unter Aufhebung desselben war daher die Sache zur anderweiten Verhandlung und Entscheidung, insbesondere zum Zwecke der bezeichneten Prüfung der konkreten Sachlage und zur eventuellen Feststellung des geforderten Schadensbetrages in die Berufungsinstanz zurückzuverweisen."

218. **Voraussetzungen des Rechtes eines Realgläubigers, die Richtigkeit einer eingetragenen Forderung zu bestreiten** (nach § 70 Abs. 2 des Preuß. Subhastationsgesetzes vom 15. März 1869, in Verbindung mit den §§ 120, 66, 67 Abs. 2; § 764 Abs. 2 der C.P.O.). **Uebergang eines eingetragenen Wohnungs- und Verpflegungsrechtes auf den Ersteher.** Urth. des V. Civilsenats vom 30. Mai 1885 in Sachen H. gen. K. zu S., Beklagten und Revisionsklägers, wider G. zu B., Kläger und Revisionsbeklagten. Vorinstanz: O.L.G. Hamm. Verwerfung.

Auf einem im Wege der Zwangsvollstreckung verkauften Grundstücke stand für den Beklagten in rubr. II eingetragen aus dort näher bezeichneten Urkunden ein Wohnungs- und Verpflegungsrecht. Im Kaufgelderbelegungstermine liquidirte der Beklagte eine Kaution für die zukünftige Erfüllung der entsprechenden Verpflichtungen und außerdem eine andere bestimmte Summe als Ersatz für von ihm bestrittene Kosten seiner Verpflegung während einer Krankheit zu einer Zeit, in der der Subhastat im Zuchthause und das betreffende Grundstück verpachtet, eine Verpflegung auf demselben also nicht zu erlangen gewesen sei.

Der Kläger, ein nacheingetragener Gläubiger, bestritt das ganze Liquidat. In seiner Klage verneint er die Berechtigung des Beklagten, die liquidirte Kaution aus den Kaufgeldern zu beanspruchen; er habe nur verlangen können, daß die Last von dem Ersteher übernommen werde. Kläger bestreitet auch die thatsächlichen und rechtlichen Voraussetzungen des Liquidats betreffend den Ersatz ausgelegter Verpflegungskosten. Beklagter hält den Widerspruch des Klägers schon um deswillen nicht für berechtigt, weil der Kläger auch beim Wegfall des Liquidats des Beklagten nicht zur Hebung gelangen könne, da die ihm vorgehenden unbestrittenen Posten das Kaufgeld erschöpften. Dagegen hebt Kläger hervor, es seien unter den letzteren mehrere von Amtswegen liquidirte Posten, deren Wegfall sein Liquidat zur Hebung bringen würde.

Der B.R. hat das verurtheilende erstinstanzliche Erkenntniß bestätigt. Er stellt fest, daß nach Abzug der von Amtswegen in der Kaufgelderbelegungsverhandlung liquidirten Ansprüche ein Theil des Liquidats des Klägers zur Hebung gelange, und hält die Möglichkeit, daß infolge Aufgebotes jene Ansprüche wegfallen könnten, zur Begründung der Legitimation des Klägers für ausreichend. In Bezug auf die vom Beklagten liquidirte Kaution stellt der B.R. fest, es sei bei der Versteigerung und dem Zuschlage die für den Beklagten eingetragene Berechtigung nicht erwähnt worden, sie sei deshalb als dingliche Last aus privatrechtlichem Titel auf den Ersteher übergegangen und könne nicht auf die Kaufgelder liquidirt werden. Was endlich die Verpflegungskosten angehe, so könne der Beklagte diese nicht beanspruchen, weil die Verpflegung nur auf dem Grundstücke gewährt zu werden brauche, Beklagter sie dort nicht gefordert habe und der Umstand, daß der Grundbesitzer zur betreffenden Zeit im Zuchthause und das Grundstück selbst verpachtet gewesen sei, die Möglichkeit der Verpflegung auf dem Grundstücke durch einen Dritten nicht ausschließe.

„Die gegen diese Entscheidung eingelegte Revision konnte keinen Erfolg haben.

Nach § 70 Abs. 2 der Subhastationsordnung vom 15. März 1869 ist das Recht eines Realgläubigers, die Richtigkeit einer eingetragenen Forderung zu bestreiten, an die Voraussetzung geknüpft, daß seiner Befriedigung durch die Theilnahme des bestrittenen Liquidats an der Kaufgeldermasse Eintrag geschehe. Wollte man mit der Revision davon ausgehen, daß diese Voraussetzung bereits im Kaufgelderbelegungstermine gewiß oder doch wahrscheinlich sein müsse, so würde als Folge eintreten, daß der betreffende Realgläubiger seines Rechtes verlustig geworden wäre, wenn sich später durch den Wegfall der von Amtswegen aufgestellten Liquidate herausstellt, daß er nach Befriedigung der ihm vorgehenden Gläubiger zur Hebung gelangt wäre, falls das von ihm bestrittene Liquidat seines Gegners von der Vertheilung der Kaufgelder ausgeschlossen bliebe. Die neue Subhastationsordnung hat im § 120 ausdrücklich bestimmt, daß im Theilungsplan festzustellen, wer für den Fall, daß eine eingetragene Forderung für unbekannte Berechtigte liquidirt und hinterlegt oder auf das rückständige Kaufgeld überwiesen worden, den hinterlegten oder überwiesenen Betrag zu beanspruchen hat. Das eigentliche Fundament für die Berechtigung eines Realgläubigers, mit einem anderen Realgläubiger wegen Vertheilung der Kaufgelder zu streiten, liegt in dem Pfandrechte. Die oben erwähnte Voraussetzung, nach welcher die Ausübung dieses Rechts ausgeschlossen ist, solange vor-eingetragene Gläubiger den streitigen Betrag für sich beanspruchen könnten, beruht auf der gesetzlichen Unterstellung, daß diese ausgefallenen Gläubiger zu Gunsten der ihnen vorgehenden, nicht zu Gunsten der ihnen nachstehenden Gläubiger von der Anfechtung des betreffenden Liquidats Abstand genommen haben. Davon kann aber nicht die Rede sein, wenn durch das Freiwerden der Massen, welche auf die von Amtswegen aufgestellten Liquidate reservirt worden, sämmtliche einem nacheingetragenen Gläubiger vorgehende Posten nachträglich zur Hebung gelangen, also bei diesen zu Gunsten eines Anderen nichts verloren, also auch nichts aufgegeben ist. Dazu kommt, daß man konsequenter Weise durch Ausschluß des im § 70 Abs. 2 a. a. O. vorgesehenen Rechtes, ein Liquidat zu bestreiten, dem betreffenden Gläubiger auch das Recht der Kondiktion absprechen müßte, wenn sich später in dem oben vorausgesetzten Falle finden sollte, daß seiner Befriedigung durch die Theilnahme eines anderen Gläubigers Eintrag geschehen ist. Denn die Kondiktion gegen einen Gläubiger, welchem sein Liquidat gezahlt worden ist, bleibt nur dem Gläubiger, welcher dasselbe bestritten hat. Das ist im § 764 Abs. 2 der C.P.O. zum Ausdruck gebracht, und ebenso wird in der Subhastationsordnung vom 15. März 1869 das Nichtbestreiten eines Liquidats als Anerkennung desselben angesehen (vergl. §§ 66, 67 Abs. 2 daselbst).

Endlich steht der Revision auch die Erwägung nicht zur Seite, daß der Gläubiger, welcher eine voreingetragene Forderung bestreiten will, sich im vorliegenden Falle die im § 70 Abs. 2 a. a. O. vorgesehene Voraussetzung dadurch verschaffen könne, daß er sämmtliche von Amtswegen aufgestellte Liquidate bestreite. Denn der Grund, aus welchem er nachträglich zur Konkurrenz gelangen kann, daß sich nämlich Niemand zu den Posten meldet, berührt nicht „die Richtigkeit, das Realrecht und das Vorrecht" derselben in dem Sinne des mehrangezogenen § 70, also nicht die vom Gesetz gegebenen Angriffspunkte.

Ist sonach die Legitimation des Klägers gegeben, das Liquidat des Beklagten zu bestreiten, so ist dem B.R. auch darin beizutreten, daß dasselbe nicht begründet erscheine. Seine Ausführung, daß das eingetragene Wohnungs- und Verpflegungsrecht, soweit es noch besteht, auf den Ersteher als Verpflichtung übergegangen sei, weil dessen Uebergang beim Verkaufe nicht ausgeschlossen worden, steht in Uebereinstimmung mit der von diesem Senate in Sachen Lunen wider

Mersmann, V 449/82, am 20. September 1882 erlassenen Entscheidung.

Es kann auch der Revision nicht zugegeben werden, es seien die Parteien darüber einig, daß ein Uebergang auf den Ersteher nicht stattgefunden habe. Zwar hat der Kläger das Gegentheil nicht ausdrücklich behauptet, aber doch bestritten, daß Beklagter das streitige Recht auf die Kaufgelder überhaupt liquidiren könne. Dadurch erwuchs dem Beklagten die Pflicht des Beweises für den Grund des Liquidats als Umsetzung einer Naturalleistung aus dem Grundstück in eine Geldleistung aus dem Erlöse desselben, die im Gesetze nicht ohne weiteres vorgesehen ist."

219. **Haftung des Fiskus für bei ihm hinterlegte Gelder** (§§ 7, 8, 70, 82 der Hinterlegungsordnung vom 14. März 1879; § 11 des Allg. L.R. I, 14). Urth. des II. Civilsenats vom 19. Mai 1885 in Sachen des Preuß. Fiskus, Beklagten und Revisionsklägers, wider H. J. zu D., Kläger und Revisionsbeklagten. Vorinstanz: O.L.G. Köln. Verwerfung.

Bei dem am 4. Mai 1880 vor dem A.G. Ruhrort in der Subhastationssache Mertens stattgehabten Versteigerungstermine hat die klägerische Firma, auf Antrag eines Gläubigers und demgemäß erfolgte Anordnung, eine Bietungskaution von 4000 ℳ hinterlegt. Diese Summe ist in der Nacht vom 24. auf den 25. Mai mittels Einbruches in das Amtsgerichtsgebäude gestohlen worden. Da die Justizverwaltung den Ersatz derselben weigerte, so erhob der Kläger im März 1882 Klage mit dem Antrage, den Beklagten zur Zahlung von 4000 ℳ nebst näher angegebenen Zinsen zu verurtheilen. Bei der Begründung der Klage wurde die in Anspruch genommene Verantwortlichkeit des Staates in erster Linie auf die §§ 7, 8, 70 und 82 der Hinterlegungsordnung vom 14. März 1879 gestützt und weiter geltend gemacht, daß, wenn man hier auch die Vorschriften des Allg. L.R. über den Verwahrungsvertrag, nach welchen der Depositar diligentiam quam suis zu präſtiren habe (Th. I Tit. 14 §§ 10, 14), zur Anwendung bringen wolle, den Staat ebenfalls die Haftung für die Folgen des stattgehabten Diebstahles treffen müsse, weil ihm, wie durch die bei Gelegenheit des letzteren geschehenen amtlichen Erhebungen festgestellt worden, in Ansehung der baulichen Einrichtung des Amtsgerichtsgebäudes und dessen Asservatengelasses, sowie des Verschlusses und der Bewachung der betreffenden Räume culpa lata zur Last falle.

Seitens des Beklagten wurde Abweisung der Klage beantragt, im wesentlichen darauf gestützt, daß es sich hier nur um den Fall einer vorläufigen Verwahrung, nicht um eine eigentliche Hinterlegung im Sinne und mit den Wirkungen der §§ 7, 8 leg. cit. handele, daß in einem Falle der ersteren Art zwischen dem Deponenten und dem Staate ein obligatorisches Verhältniß nicht eintrete und, wenn wirklich die erforderliche Diligenz nicht präſtirt worden, die Verpflichtung zum Schadensersatze lediglich den betheiligten Beamten obliege, wie sich das schon aus allgemeinen Rechtsgrundsätzen ergebe und durch die hier maßgebenden Bestimmungen der Depositalordnung vom 15. September 1783 ausdrücklich vorgeschrieben sei. Thatsächlich wurde dann auszuführen gesucht, daß ein Mangel der erforderlichen Sorgfalt hier nicht anzunehmen sei.

Durch Erkenntniß des L.G. Düsseldorf vom 28. März 1883 ist der Beklagte verurtheilt, dem Kläger die Summe von 4000 ℳ nebst 6% Zinsen vom 13. Juli 1880 zu zahlen, und sind demselben die Kosten auferlegt. Die hiergegen eingelegte Berufung hat das O.L.G. Köln in seinem Urtheile vom 6. November 1884 als unbegründet verworfen und dem Beklagten auch die Kosten der zweiten Instanz zur Last gelegt. In den Gründen wird zunächst an der Hand der aus Anlaß des stattgehabten Diebstahles erfolgten amtlichen Feststellungen ausgeführt, daß die zum Schutze der bei dem A.G. Ruhrort vorläufig verwahrten Gelder u. s. w. getroffenen Vorrichtungen nicht zweckentsprechend und ausreichend gewesen, so daß das Ungenügende derselben auch ohne das Gutachten eines Sachverständigen erkennbar sei und seiner Zeit auch habe erkannt werden müssen.

Die weitere Erörterung des Urtheils, was die Frage der Haftung des Staates betrifft, knüpft sich an die Vorschriften des Allg. L.R. Th. I Tit. 14 § 11, worauf es hier nicht näher ankommt, und wird dann auf Grund der Bestimmungen der Depositalordnung vom 15. September 1783 erwogen: „Während im allgemeinen es dem heutigen Stande der Rechtsprechung entspricht, daß der Staat für Versehen seines Vertreters, hier des mit der Verwahrung betrauten Beamten, in der Handhabung des Kontraktverhältnisses aufzukommen hat, ohne den Rechtsuchenden an den Vertreter um deswillen verweisen zu können, weil der Schaden durch ordnungsmäßiges Handeln desselben verhütet worden wäre, läßt freilich die hier Anwendung findende Depositalordnung von 1783 § 54 Abs. 4 den Staat nur subsidiär haften, unter anderem in dem hier gegebenen Falle einer ihm zur Last fallenden Nachlässigkeit bei den ihm obliegenden Vorsichten und Einrichtungen. Zur Sprache gekommen unter den Parteien und hier daher zu erörtern ist nun aber eine Haftung des thätig gewesenen richterlichen Beamten in erster Linie nur insofern, als derselbe es versäumt habe, in Gemäßheit der eben angezogenen Vorschriften in § 82 Abs. 2 der Hinterlegungsordnung bezw. des § 11 der allgemeinen Verfügung die sofortige Uebermittelung der verwahrten Gelder an die Hinterlegungsstelle herbeizuführen. Zunächst indeß ist die Vorschrift des § 82 cit. wegen ihres wesentlich instruktionellen Charakters nicht derart streng aufzufassen, daß die Belassung der 4000 ℳ in der vorläufigen Verwahrung, da die Herausgabefrist von sechs Wochen nur um zwei Tage überschritten wurde, dem Beamten als ein von ihm zu vertretendes Versehen angerechnet werden könnte. Was aber die Vorschrift des § 11 cit. angeht, so ist zu bemerken, einmal daß eine namentliche Bezeichnung der Amtsgerichte, auf welche sie Anwendung finde, und so auch des hier in Rede stehenden Amtsgerichts nicht erfolgt ist, sodann daß, wenn hiernach das Ermessen des Richters zu entscheiden hatte, es vorliegend demselben nicht als Versehen zugerechnet werden kann, wenn er den Fall des § 11 Nr. 2 nicht gegeben erachtete. Beklagter führt selbst aus, daß auf den Bericht des aufsichtführenden Amtsrichters vom 16. Januar 1880, es seien die aufzubewahrenden Gegenstände nicht gesichert, auftragsgemäß er zur Beschaffung einer besseren Sicherung thätig geworden sei, indem er mit dem Bürgermeister von Ruhrort und einem Bauverständigen die zu treffenden Einrichtungen feststellte und beschaffen ließ. Wenn nun mangels einer entgegengesetzten Behauptung des Beklagten nicht anders anzunehmen ist, als daß er sich des gewordenen Auftrages nach bestem Vermögen entledigte, so kann bei diesem Verlauf der Sache — unbeschadet der oben festgestellten Haftung des Staates für die Mängel der Einrichtungen — es dem amtirenden Richter nicht als vertretbares Versehen angerechnet werden, wenn er fernerhin für sich den § 11 cit. nicht zur Richtschnur nahm."

„Die eingelegte Revision kann keinen Erfolg haben. Das O.L.G. geht zutreffend davon aus, daß es sich hier um eine amtsgerichtliche vorläufige Verwahrung nach Maßgabe der §§ 70 ff. der Hinterlegungsordnung vom 14. März 1879 handelt, und lassen die Ausführungen des angefochtenen Urtheils einen Verstoß gegen die Vorschriften der letzteren, namentlich des § 82 Abs. 2 leg. cit. nicht erkennen. Was sodann aber die Bestimmungen des Allg. L. R. angeht, sowie die der Deposital-Ordnung vom 15. September 1783, auf welche das O.L.G. seine Annahme der Haftung des Beklagten gründet, so haben dieselben im Bezirke des B. G. keine Geltung, und kann daher auf deren Verletzung die Revision nicht gestützt werden (§ 511 der C. P. O.; § 1 der Kaiserlichen Verordnung vom 28. September 1879). Wenn es endlich als auf einem Widerspruche beruhend gerügt wird, daß das O. L. G. die Haftung des Beklagten bezüglich des fraglichen Diebstahls annehme, eine Verantwortlichkeit des Amtsrichters dagegen verneine, so ist dabei übersehen, daß die culpa des Letzteren und die des Beklagten, von der es sich hier handelt, auf verschiedenen Gebieten liegen, und es erscheint daher der erhobene Angriff, der nur von dem Gesichtspunkte mangelnder Begründung in Betracht kommen könnte, als verfehlt."

2. Bremer Recht.

220. **Kein Uebergang des Vermögens der Realgemeinden auf die politischen Gemeinden** (§ 116 jcto § 88 der Bremischen Landgemeindeordnung vom 27. Dezember 1878). **Ueber Privatrechte von Mitgliedern oder einzelnen Klassen von Mitgliedern kann durch Gemeindebeschluß nicht bestimmt werden** (§ 26 cit.). **Keine Vertretungsbefugniß der politischen Bremischen Gemeinden für die Interessen ihrer Mitglieder.** Urth. des I. Civilsenats vom 30. Mai 1885 in Sachen der Landgemeinden Grambke, Grambkermoor, Gröplingen, Niederblockland, Oslebshausen, Walle, Wasserhorst und Wumsiedel, Klägerinnen und Revisionsklägerinnen, wider den Bremischen Staat, Beklagten und Revisionsbeklagten. Vorinstanz: O. L. G. Hamburg. Verwerfung.

Die klagenden Bremischen Landgemeinden, vertreten durch ihre Vorsteher, deren Legitimation und Ermächtigung zur Prozeßführung für ihre Gemeinden das R. G. durch die in der Berufungsinstanz beigebrachten Urkunden mit dem O. L. G. nicht beanstandet, haben beantragt, den beklagten Bremischen Staat zu verurtheilen:

principaliter die Zuführung des städtischen Kanalwassers in die kleine Wumme in Zukunft zu unterlassen bezw. zu verhindern;

eventualiter den bis zum Jahre 1856 bestandenen Zustand wiederherzustellen;

in omnem eventum Vorkehrungen zu treffen, durch welche das städtische Kanalwasser vor seinem Eintritte in die kleine Wumme von seinen schädlichen, insbesondere giftigen Bestandtheilen befreit wird.

Diese Klage war nun

1) ursprünglich nur darauf gestützt, daß die Bewässerung und Entwässerung der den Mitgliedern der klagenden Gemeinden oder einzelnen Klassen derselben gehörigen Ländereien durch die kleine Wumme — einen unstreitig öffentlichen Fluß — geschehe und daß der Bremische Staat in dieselbe seit dem Jahre 1856 in größerem Umfange als bisher und direkt unreines Kanalwasser leite, wodurch die kleine Wumme von schädlichen Bestandtheilen angefüllt werde, mehr und mehr versumpfe, zur Schiffahrt untauglich geworden sei, ein zum Trinken für Menschen und Vieh nicht mehr taugliches Wasser enthalte und die Luft verpeste, durch welche Kalamitäten zugleich eine Schmälerung des Erwerbes, die Vernichtung des Wohlstandes und die Untergrabung der Gesundheit der Bewohner des ganzen Wummegebietes bedingt werde. In dieser thatsächlichen Begründung vermißt aber das B.G. die Behauptung eines privatrechtlichen Titels, durch welchen allein dem dem beklagten Staate zustehenden Hoheitsrechte gegenüber die Klaganträge gerechtfertigt werden könnten, da auch nach § 15 der Bremischen Verfassung der Rechtsweg nur demjenigen offen steht, der sich durch eine Verwaltungsmaßregel in seinen Privatrechten gekränkt glaubt. Die Revision hat auch in dieser Hinsicht einen Angriff nicht erhoben.

2) Was dagegen die bei den weiteren Verhandlungen aufgestellte Klagbehauptung anlangt, daß gewisse Theile von Gräben, welche durch die kleine Wumme gespeist würden und in welche folgeweise ebenfalls das Kanalwasser eindringe, Eigenthum der klagenden Gemeinden seien, so erachtet das B.G. auch bei dieser Klagbegründung die Klaganträge so, wie sie gestellt sind, mit Recht aus dem zutreffenden Grunde nicht für gerechtfertigt, weil sich aus dem Eigenthume an den Grabenstrecken zwar der Anspruch ergeben möge, daß in diese kein Kanalwasser immittirt werde, das prinzipale, auf Unterlassung der Immittirung in die kleine Wumme gerichtete Petitum aber weiter gehe, während die eventuellen Petita, soweit sie positiv die Herstellung eines gewissen Zustandes fordern, durch das angebliche Eigenthum an den Gräben nicht begründet werden könnten.

3) Das B.G. nimmt jedoch zu Gunsten der klagenden Gemeinden weiter an, daß sie den prinzipalen Klageanspruch, indem sie denselben auf ihr Eigenthum an den qu. Grabenstrecken gründen, auch in dem Sinne erhoben haben, daß dem Beklagten die Zuführung des Kanalwassers in diese Grabenstrecken untersagt werde, welche Begründung der Klage als einer **actio negatoria** rechtlich auch nicht zu beanstanden sei. Es vermißt aber die thatsächliche Begründung einer solchen Klage, da das klägerische Eigenthum an den betreffenden Grabenstrecken in keiner Weise dargethan werden könne. Denn in dieser Beziehung sei nur angeführt, das Eigenthum habe früher den Realgemeinden zugestanden und sei auf die politischen Gemeinden als deren Rechtsnachfolger übergegangen. Ueber diese angebliche Rechtsnachfolge hätten aber die Klägerinnen in erster Instanz auf gerichtsseitiges Befragen Näheres nicht anzugeben vermocht, und in zweiter Instanz hätten sie nur erklärt, die Realgemeinden seien von den politischen Gemein-

den nicht mehr zu unterscheiden, sie seien in dieselben aufgegangen und ihr Vermögen sei auf dieselben übergegangen.

„Das B.G. irrt nicht rechtlich, indem es annimmt, daß die gedachten Behauptungen auch nicht den Schein eines Grundes für sich haben und jedenfalls vollständig widerlegt werden durch den § 88 der Bremischen Landgemeindeordnung vom 27. Dezember 1878, da hier dem Gemeindevermögen das Vermögen, welches einzelnen Klassen von Gemeindegliedern oder sonstigen Genossenschaften zusteht, gerade gegenübergestellt wird. Der Nichtübergang des Vermögens der Realgemeinden auf die politischen Gemeinden ergiebt sich auch aus den Schlußbestimmungen des gedachten Gesetzes, indem nach § 116 hinsichtlich der Gemeinheiten, welche nicht zum Gemeindevermögen gehören, sondern einzelnen Klassen von Gemeindegliedern oder sonstigen Genossenschaften zustehen, durch die Gemeindeordnung im übrigen nichts geändert und nur das Stimmgewicht in Gemäßheit des Abschnittes II nach dem Interesse der Betheiligten und nach ihrer Konkurrenz zu den Lasten bemessen werden soll, auch die Verwalter nur von der Versammlung der Interessenten gewählt werden sollen. Auch haben die Klägerinnen selbst anerkannt, daß ein gemeinrechtlicher Rechtssatz, nach welchem das Eigenthum von Realgemeinden auf die politischen Gemeinden übergehe, nicht existire.

Die Klägerinnen machen es nun aber dem B.G. zum Vorwurfe, gänzlich unberücksichtigt gelassen zu haben, daß die politischen Gemeinden auch berechtigt seien, die Interessen ihrer Angehörigen zu vertreten, und es ist den Klägerinnen auch zuzugeben, daß in vielen — schon in dem Urtheile des L.G. vom 26. November 1883 allegirten — Entscheidungen früherer höchster Deutscher Gerichte (vergl. Seufferts Archiv Bd. I Nr. 1 und 356 sowie Nachtrag S. 151, Bd. II Nr. 258, Bd. V Nr. 282, Bd. VI Nr. 309, Bd. VII Nr. 360, Bd. IX Nr. 256, Bd. XI Nr. 126, Bd. XIV Nr. 6, Bd. XVI Nr. 97, Bd. XXI Nr. 11, Bd. XXII Nr. 249, Bd. XXIII Nr. 107 und 108 und Bd. XXVIII Nr. 103) die Gemeinden befugt erachtet sind, ihre Mitglieder oder Klassen von Mitgliedern zu vertreten, wenn es sich um die Geltendmachung von Berechtigungen handelt, welche aus dem Gemeindeverbande entspringen, oder um die Abwehr dinglicher Ansprüche, welche gegen sämmtliche in der Gemeindemarkung belegene Grundstücke handeln. Dieser gemeinrechtliche oder gewohnheitsrechtliche Grundsatz kann im vorliegenden Falle aber nicht zur Anwendung kommen, und das B.G. hatte auch keine Veranlassung, dies noch besonders zu begründen. Denn hier soll nach der Behauptung der Klägerinnen das Eigenthum an den betreffenden Gräben nicht einzelnen Mitgliedern der politischen Gemeinden, beziehungsweise einzelnen Klassen von Mitgliedern als solchen zustehen, sondern vielmehr einer Realgemeinde, mithin einer besonderen Genossenschaft, und nach den bereits oben angeführten Bestimmungen der Bremischen Gemeindeordnung, neben welchen auch noch auf § 26 derselben hinzuweisen ist, nach welchem über Privatrechte einzelner Mitglieder oder einzelner Klassen von Mitgliedern durch Gemeindebeschluß nicht bestimmt werden kann, findet eine solche Vertretung der betreffenden Realgemeinden durch die politischen Gemeinden eben nicht statt."

3. Lübeckisches Recht.

221. **Der § 26 des Lübeckischen Gesetzes vom 21. Mai 1870, welcher die Widerklage bei Versäumung der im § 24 cit. vorgeschriebenen Frist nicht zuläßt, ist trotz der Bestimmungen in §§ 33, 251 der C.P.O. anwendbar** (Einf. Ges. zur C. P. O. § 15 Abs. 2). Urth. des I. Civilsenats vom 16. Mai 1885 in Sachen der Erben des J. M. zu L., Beklagten und Revisionskläger, wider das Reichspostamt, Kläger und Revisionsbeklagten. Vorinstanzen: L. G. Lübeck, O. L. G. Hamburg. Verwerfung.

Nachdem den Beklagten das Eigenthum des zu Lübeck am Markte unter Nr. 234 belegenen Grundstückes auf Grund des Lübeckischen Gesetzes vom 21. Mai 1870 über die Entziehung und Beschränkung des Grundeigenthumes im Lübeckischen Freistaate durch verfassungsmäßigen Beschluß des Senats und der Bürgerschaft zwecks Errichtung eines Reichspostgebäudes entzogen und die Entschädigungssumme von den Kommissaren des Senats durch Beschluß vom 18./25. Oktober 1882 auf 60000 ℳ festgestellt war, haben beide Theile die Berufung auf gerichtliche Entscheidung den Kommissaren rechtzeitig angezeigt; es hat jedoch nur das Reichspostamt innerhalb der im § 24 des angeführten Gesetzes bestimmten Frist Klage erhoben mit dem Antrage, die Entschädigung auf 50000 ℳ nebst 5% Zinsen vom 20. Juli 1882 ab festzustellen. Erst nach Ablauf dieser Frist haben die Beklagten den Antrag auf Zuerkennung einer Entschädigung von 71000 ℳ nebst 5% Zinsen vom 20. Juli 1882 ab in einem dem Kläger zugestellten, als Klagebeantwortung bezeichneten Schriftsatz angekündigt und demnächst im Verhandlungstermine widerklagend gestellt; später haben sie denselben auf Zuerkennung des Betrages von 74000 ℳ erhöht. Das L.G. Lübeck stellte durch Urtheil vom 9. Mai 1884 die Entschädigungssumme auf 71000 ℳ nebst 5% Zinsen seit dem 20. Juli 1882 fest und legte die Kosten des Prozesses zu 7/8 dem Kläger, zu 1/8 den Beklagten auf. Gegen dieses Urtheil legte Kläger Berufung ein mit dem Antrage, die Widerklage abzuweisen und die Entschädigung auf 60000 ℳ nebst 5% Zinsen festzustellen. Die Beklagten und Widerkläger schlossen sich der Berufung mit dem Antrage an, die Entschädigung auf 74000 ℳ festzusetzen. Das O. L. G. Hamburg hob durch ein am 31. Januar 1885 verkündetes Urtheil das Urtheil erster Instanz auf und stellte, unter Abweisung der Widerklage und Verwerfung der Anschlußberufung der Beklagten, die Entschädigung auf 60 000 ℳ nebst 5% Zinsen seit dem 20. Juli 1882 fest; die Kosten des Verfahrens wurden zu 1/3 dem Kläger, zu 2/3 den Beklagten auferlegt.

„Das Gesetz vom 21. Mai 1870 über die Entziehung und Beschränkung des Grundeigenthumes im Lübeckischen Freistaate (Samml. der Lübeckischen Verordnungen von 1870, S. 175) gestattet im § 24 gegen die Festsetzung der Entschädigungssumme durch die Kommissare des Senats die Berufung auf gerichtliche Entscheidung mit der Bestimmung: „Wer von dieser Befugniß Gebrauch machen will, muß solches den Kommissaren binnen vier Wochen, vom Tage der Zustellung der von ihnen getroffenen Entscheidung an gerechnet, schriftlich anzeigen und innerhalb sechs Wochen, von demselben Zeitpunkte an gerechnet, seine Klage bei dem Stadt- und Landgerichte anbringen. Ist diese oder jene Frist unbenutzt verstrichen, so wird die Entscheidung der Kommissare unanfechtbar."

Diese Bestimmung läßt dem Zweifel Raum, ob, wenn die Entscheidung der Kommissare nur von einem Theile — dem Exproprianten oder dem Expropriaten — rechtzeitig angefochten worden ist, im gerichtlichen Verfahren eine Abänderung der von den Kommissaren festgesetzten Entschädigungssumme auch zu Gunsten des anderen Theiles erfolgen könne. Das B.G. verneint diese Frage und nimmt an, daß eine Erhöhung der Entschädigungssumme zu Gunsten des anderen Theiles auch dann nicht stattfinde, wenn derselbe, wie in dem vorliegenden Falle, sie nach Ablauf der gesetzlichen Frist von sechs Wochen widerklagend beantragt hat. Diese Annahme ist enthalten in dem Ausspruche: „daß diejenige Partei, welche die Frist unbenutzt hat verstreichen lassen, keinen Antrag mehr stellen kann, die Entschädigungssumme günstiger für sie zu bestimmen."

Ob diese von dem Gerichte erster Instanz im entgegengesetzten Sinne entschiedene Frage von dem B.G. richtig entschieden ist, hat das Revisionsgericht nicht zu prüfen, weil es sich um die Auslegung eines Gesetzes handelt, auf dessen Verletzung die Revision nicht gegründet werden kann (§§ 511, 525 der C.P.O.).

Dadurch aber, daß das B.G. die angeführte Bestimmung des § 24 des Lübeckischen Gesetzes vom 21. Mai 1870 in Anwendung gebracht hat, ist weder eine Vorschrift der C.P.O. noch des Einf.Ges. zur C.P.O. verletzt. Nimmt man an, daß jene Bestimmung nicht prozessualer Natur ist, sondern dem materiellen Recht angehört, so wird dieselbe von der C.P.O. überhaupt nicht berührt. Findet man dagegen darin eine prozessuale Bestimmung, so kommt § 15 Nr. 2

des Einf. Ges. zur C.P.O. in Anwendung, wonach bei Streitigkeiten, welche die Zwangsenteignung und die Entschädigung wegen derselben betreffen, zunächst die Landesgesetze, und nur insoweit dieselben keine abweichenden Bestimmungen enthalten, die Vorschriften der C.P.O. anzuwenden sind. Nach dem Landesgesetze aber (§ 26 des Lübeckischen Gesetzes vom 21. Mai 1870) sind die bestehenden Prozeßvorschriften für das nach §§ 24, 25 stattfindende gerichtliche Verfahren nur „im übrigen" d. h. nur insoweit maßgebend, als nicht die §§ 24, 25 abweichende Vorschriften enthalten. Das B.G. verstößt demnach nicht gegen die C.P.O., indem es die Widerklage wegen Versäumung der im § 24 vorgeschriebenen Frist von sechs Wochen für ausgeschlossen erachtet, obgleich dieselbe nach den Bestimmungen der §§ 33, 251 der C.P.O. zulässig wäre.

Diese Entscheidung steht nicht im Widerspruch mit dem von den Revisionsklägern in Bezug genommenen Urtheile des V. Civilsenats des R.G. vom 14. Januar 1885 in Sachen der Stadtgemeinde Berlin wider Michaelis, Rep. V 197/84" (zu vergl. auch Urtheile und Annalen Bd. I S. 33). „In diesem nach dem Preuß. Gesetze vom 11. Juni 1874 entschiedenen Falle handelte es sich nicht, wie in dem gegenwärtigen Falle, um eine erst nach Ablauf der gesetzlichen Frist erhobene Widerklage, sondern es war innerhalb der durch § 30 des angeführten Gesetzes für die Beschreitung des Rechtsweges gewährten Frist sowohl die Klage des einen Theiles als auch die Widerklage des anderen Theiles erhoben, und es wurde nur darüber gestritten, ob der Widerklagantrag nach Ablauf der gesetzlichen Frist durch den Antrag auf Zusprechung einer noch höheren Entschädigung erweitert werden könne, was auf Grund des § 240 Nr. 2 der C.P.O. bejaht wurde."

4. Rheinisches Recht.

222. **Erfordernisse der Begründung der Schadensersatzverbindlichkeit gegen einen Grundstückseigenthümer** (Art. 1382—1384 des B.G.B.) **aus den Nachtheilen, welche das unbenützte Liegenlassen seines Grundstückes erzeugt** (Art. 544 cit.). Urth. des II. Civilsenats vom 2. Juni 1885 in Sachen des Eisenbahnbetriebsamtes Koblenz, Beklagten und Revisionsklägers, wider Gebr. L., Steinbruchbesitzer-Firma in C., Klägerin und Revisionsbeklagte. Vorinstanz: O.L.G. Köln. Aufhebung und Zurückverweisung.

Nach den thatsächlichen Feststellungen des B.U. hatte sich in dem seit 1871 außer Betrieb gesetzten fiskalischen Steinbruche eine große Masse von Abraum angesammelt. In Folge wiederholter Bergrutschungen hatte sich kurz vor der Rutschung vom 27. August 1881 in der Felswand ein aus Erde und losem Gesteine bestehender Ueberhang gebildet, welcher den Arbeitern der Klägerin gefahrdrohend erschien. Dessenungeachtet setzten dieselben in einer Entfernung von 5—6 Metern von der Grenze die Arbeiten fort und nahmen noch am 27. August Sprengungen vor. Die Ursache des Bergrutsches vom 27. August finden die Sachverständigen, deren Gutachten von dem B.R. überall gebilligt wird, wesentlich in den von den klägerischen Arbeitern in der klüftigen Grauwackenschicht vorgenommenen Arbeiten und in den Sprengungen. Beklagter mußte allerdings voraussehen, daß auch bei normalen elementaren Verhältnissen die abrutschenden Erdmassen sich in den klägerischen Steinbruch ergießen würden, was durch Ausräumung des fiskalischen Steinbruches hätte vermieden werden können.

„Die rechtliche Beurtheilung dieser festgestellten Thatsachen, mittels welcher der B.R. zur Zusprechung der Klage gelangt, beruht theilweise auf unrichtiger Anwendung der Art. 1382—1384 des Bürgerl. G.B. und entbehrt theilweise der Begründung.

Unzweifelhaft findet das aus Art. 544 des Bürgerl. G.B. hervorgehende Recht des Eigenthümers, sein Grundstück unbenützt liegen zu lassen, in dem Falle eine naturgemäße Beschränkung, wenn die Ausübung dieses Rechtes in ihren bei normalen Verhältnissen vorauszusehenden Wirkungen in eine fremde Rechtssphäre eingreift. Der Beklagte würde daher für den durch den Bergrutsch verursachten Schaden verantwortlich sein, wenn der Einsturz des Ueberhanges in der voraussehbaren Einwirkung der Zeit und der Entwickelung der elementaren Verhältnisse seinen Grund hätte. An dieser Voraussetzung fehlt es aber, wenn, wie thatsächlich festgestellt wird, die Arbeiten der Klägerin, namentlich die Sprengungen vom 27. August den unmittelbar darauf erfolgenden Einsturz herbeigeführt haben. Daß der Beklagte auch diese durch Menschenhand herbeigeführten Veränderungen habe voraussehen müssen, wird in dem B.U. nicht gesagt, eine Verantwortlichkeit für diese Veränderungen würde, auch wenn sie vorausgesehen werden konnten, sich aus dem Gesetze nicht begründen lassen.

Das B.G. findet eine schuldhafte Unterlassung des Beklagten darin, daß derselbe die Geröllmasse aus seinem Steinbruche nicht fortschaffte und den Ueberhang an der Felswand nicht beseitigte, weil, wenn der Ueberhang sich löste, das Geröll sich nicht in den fiskalischen Steinbruch, sondern in den der Klägerin ergießen und Beklagter dies voraussehen mußte. Dieser Ausführung steht entgegen, daß die unterlassene Beseitigung des Ueberhanges nur dann dem Beklagten als Verschulden angerechnet werden könnte, wenn derselbe dessen Bestehen wahrzunehmen und denselben zu beseitigen in der Lage war. In dieser Beziehung aber ist nichts festgestellt; der Ueberhang hatte sich vielmehr erst kurz vor dem Bergrutsche gebildet und war von den beständig im Steinbruche der Klägerin beschäftigten Arbeitern zum ersten Male am Tage des Einsturzes bemerkt worden. Daß auch ohne diesen Bergsturz das Liegenlassen des Abraumes für den klägerischen Steinbruch einen Schaden habe herbeiführen können, wird von dem B.R. nicht festgestellt. Wenn daher auch in der Unterlassung des Wegräumens der Halde unter Umständen ein Verschulden des Beklagten zu finden ist, so fehlt es doch an dem Nachweise der Voraussetzungen eines solchen Verschuldens. Es bedarf hierzu der Feststellung, daß Beklagter den Ueberhang wahrnehmen mußte und daß unter normalen elementaren Verhältnissen das Einstürzen desselben vorauszusehen war.

Dem B.R. kann ferner nicht in der Annahme beigetreten werden, daß die Klägerin, deren Arbeiten wesentlich den Bergsturz veranlaßt hatten, um deswillen von dem Vorwurfe des eigenen Verschuldens freizusprechen sei, weil sie ihre Steinbruchsarbeiten ordnungsmäßig betrieben habe und dieselben ohne das Verschulden des Beklagten einen Schaden nicht veranlaßt haben würden. Waren die, wenn auch ordnungsmäßig ausgeführten Ausbeutungsarbeiten geeignet, dem fiskalischen Steinbruche die Widerlage und den Halt zu entziehen, was der B.R. selbst annimmt, so mußte sich die Klägerin derselben enthalten. Insbesondere durften die klägerischen Arbeiter, nachdem sie die drohende Gefahr des Einsturzes wahrgenommen hatten, die Arbeiten nicht fortsetzen und die Sprengungen nicht vornehmen, welche die unmittelbare Veranlassung des Bergsturzes geworden sind.

Endlich kann es nicht als zutreffend anerkannt werden, wenn das B.G. annimmt, die zur Beseitigung der Gefahr für den klägerischen Steinbruch geeigneten Schutzmaßregeln seien von dem Beklagten in Antrag zu bringen gewesen, weil derselbe sich durch das Liegenlassen der Halde in culpa befunden habe. Der Steinbruch des Beklagten war seit Jahren außer Betrieb gesetzt und konnte der Klägerin keinen Schaden bringen, wenn ihm nicht durch deren Arbeiten die Widerlage und der Halt entzogen worden wäre. Es war also Sache der Klägerin, die geeigneten Vorkehrungen zu veranlassen, um der durch ihre eigenen Handlungen herbeigeführten Gefahr vorzubeugen."

223. Schadensersatzpflicht desjenigen, der Andere in Steigerungsterminen vom Bieten abhält, da Art. 412 des Code pénal noch in Kraft besteht.

(S. o. Fall 213 S. 451 ff.)

224. Die Art. 2248, 1382—1384 des Bürgerl. G.B. bei Prüfung der Frage, ob eine nach § 8 des Reichs-Haftpflichtgesetzes abgelaufene Verjährungsfrist durch Anerkennung seitens des Verpflichteten unterbrochen worden sei, bezw. ob dieser die vom Berechtigten als Anerkennung aufgefaßte Erklärung mit schuldvoller Zweideutigkeit abgegeben habe. (S. o. Fall 189 S. 410 ff.)

225. Durch den Konsularbeschluß vom 20. Prairial des Jahres X sind in den vier Departements des linken Rheinufers die alten (als Pertinenzen zu den Kirchen gehörig gewesenen) **Kirchhöfe säkularisirt und Eigenthum der Civilgemeinde geworden.** Urth. des II. Civilsenats vom 5. Juni 1885 in Sachen der katholischen Pfarrgemeinde Bleialf, Klägerin und Revisionsklägerin, wider die Civilgemeinden Bleialf, Buchet und Gen., Beklagte und Revisionsbeklagte. Vorinstanz: O.L.G. Köln. Verwerfung.

Die klagende Pfarrgemeinde nimmt das Eigenthum des um die katholische Kirche zu Bleialf herum gelegenen, nach seinen Grenzen näher bezeichneten Kirchhofes in Anspruch.

Zu der genannten Kirche — so macht die Klageschrift im wesentlichen geltend — welche seit dem 12. Jahrhundert bestanden, habe von jeher der streitige als Begräbnißplatz benutzte Kirchhof gehört und sei unbestritten bis zur Einführung der Intermediärgesetze Eigenthum der Klägerin gewesen. Durch den Beschluß vom 20. Prairial des Jahres X sei nun zwar alles kirchliche Vermögen, soweit es nicht nach dem Konkordat und den Organischen Artikeln in Frankreich zurückzugeben war, säkularisirt; der Art. 11 desselben nehme aber die Kirchen, also auch als Pertinenzen derselben die Kirchhöfe aus, welche den Bischöfen, Pfarrern u. s. w. zur Verfügung belassen worden. Jedenfalls seien auch die Kirchhöfe durch den Beschluß vom 7. Thermidor XI, kraft dessen alle nicht veräußerten Kirchengüter restituirt worden, in das Eigenthum der Kirchengemeinden zurückgefallen. Ein Gesetz, welches die Kirchhöfe den Civilgemeinden zu Eigenthum gebe, existire nicht, und namentlich sei das auch nicht in dem Dekrete vom 23. Prairial des Jahres XII geschehen. Dasselbe mache den genannten Gemeinden zur Pflicht, die nothwendigen neuen Kirchhöfe anzulegen, entziehe aber den Kirchengemeinden nicht das Eigenthum der bestehenden alten und erkenne auch Kirchhöfe an, welche anderen physischen oder juristischen Personen als den Civilgemeinden zugehörten. Für das Eigenthum der Kirchengemeinden an den alten Kirchhöfen kämen endlich auch noch die Vorschriften des Fabrikendekrets vom 30. Dezember 1869 Art. 36 Nr. 4 und Art. 37 Nr. 4 in Betracht.

Seitens der Beklagten wurde Abweisung der Klage beantragt. Durch Art. 1, 2, 7 des Beschlusses vom 20. Prairial X seien — so wurde im wesentlichen ausgeführt — alle kirchlichen Güter, also auch die Kirchhöfe in den vier Departements des linken Rheinufers unter die Hand der Nation gestellt, und der Art. 11 dieses Beschlusses beziehe sich nur auf die kirchlichen Gebäude, Pfarrhäuser und deren Gärten, nicht aber auf die Kirchhöfe. Letztere fielen auch nicht unter den Beschluß vom 7. Thermidor XI, durch welchen nur die nutzbaren, zum Unterhalt der Kirchen und Bestreitung der Kultuskosten dienenden Güter zurückgegeben worden seien.

Die Kirchhöfe seien vielmehr nach der damals bestehenden Gesetzgebung in das öffentliche Eigenthum der Civilgemeinden übergegangen, wie das namentlich durch die Bestimmungen des Dekrets vom 23. Prairial XII anerkannt werde und auch in dem Staatsrathsgutachten vom 20. Dezember 1806 und den von der Klägerin angerufenen Vorschriften des Fabrikdekrets seine Bestätigung finde. Zur Unterstützung für den Rechtsstandpunkt der Beklagten wurde auf die näher angeführte Französische und Rheinische Jurisprudenz Bezug genommen. Die Vorinstanzen haben die Klage abgewiesen. Das O.L.G. hat in den Gründen erwogen:

Unbestritten sei der die katholische Kirche zu Bleialf umgebende alte Theil des dortigen Kirchhofes in früherer Zeit ein Zubehör dieser Kirche gewesen, und habe dieses Verhältniß auch noch zur Zeit der Verkündigung des Konsularbeschlusses vom 20. Prairial des Jahres X in den vier Departements des linken Rheinufers bestanden. In diesem Beschlusse, durch welchen im Art. 1 alle kirchlichen Institute mit Ausnahme der Bisthümer, der Pfarreien, der Kathedralkapitel und Seminare aufgehoben und in Art. 2 alles kirchliche Besitzthum sowohl der aufgehobenen als der beibehaltenen Institute unter die Hand der Nation gestellt, somit für Nationaleigenthum erklärt worden, seien nach Art. 11 nur die Pfarrhäuser mit den anliegenden Gärten, die dem katholischen Kultus dienenden Gebäude, die bischöflichen Wohnungen mit den anstoßenden Gärten, die Stiftshäuser der Kathedralkapitel und die Seminargebäude in denjenigen Gemeinden, in welchen zufolge des Gesetzes vom 18. Germinal X Bisthümer errichtet wurden, der Disposition der Bischöfe, Pfarrer und Hilfspfarrer belassen worden. Hiernach könne es keinem Zweifel unterliegen, daß der Art. 11 nur hinsichtlich der darin erwähnten Gebäude und Gärten sowie des Mobiliars der Kirchen eine Ausnahme von der, alles sonstige kirchliche Vermögen umfassenden Bestimmung des Art. 2 habe statuiren wollen, und daß daher die zu den Kirchen gehörig gewesenen Kirchhöfe, da der Art. 11 dieselben nicht mit aufführe, auch nicht als unter die Ausnahmevorschrift desselben fallend hätten angesehen werden sollen. Letzteres sei um so mehr anzunehmen, als aus dem Umstande, daß bei den Pfarrhäusern und bischöflichen Wohnungen die anstoßenden Gärten als ein Zubehör dieser Gebäude ausdrücklich bezeichnet worden, nothwendig geschlossen werden müsse, daß, wenn es die Absicht gewesen wäre, auch die Kirchhöfe als Zubehör der Kirchen gelten zu lassen, eine solche Absicht ebenso zum Ausdrucke gelangt sein würde. Somit könne, da eine gesetzliche Ausnahmebestimmung nicht ausdehnend interpretirt werden dürfe und demnach durch die Art. 1, 2 und 11 des genannten Beschlusses eine Trennung der Kirchhöfe von den Kirchen herbeigeführt sei, die klagende Gemeinde für ihre Behauptung, daß sie Eigenthümerin des Kirchhofes geblieben sei, auf die Bestimmungen des Konsularbeschlusses sich nicht berufen.

Das O.L.G. fährt dann fort: „Wenn die Berufungsklägerin sich auf die Bestimmungen des Arrêté vom 7. Thermidor XI beruft und daraus herleiten will, daß, wenn auch durch den Konsularbeschluß vom 20. Prairial X die Kirchen das Eigenthum an den ihnen gehörig gewesenen Kirchhöfen verloren hätten, denselben dieses Eigenthum durch jenes Arrêté vom 7. Thermidor XI zurückgegeben worden sei, so kann auch diese Folgerung nicht als zutreffend angesehen werden. Wie nicht bestritten werden kann, hatte der Konsularbeschluß vom 20. Prairial X den Zweck, in den vier Departements des linken Rheinufers, worin das Gesetz vom 18. Germinal X, enthaltend das Konkordat vom 26. Messidor IX und die sogenannten Organischen Artikel, nach der durch das Gesetz vom 18. Ventôse IX erfolgten Vereinigung dieser Departements mit Frankreich publizirt worden war, dieselben rechtlichen Verhältnisse wie in den übrigen Theilen Frankreichs herbeizuführen, und war zu der damaligen Zeit in Frankreich allgemein angenommen, daß die Kirchhöfe als zum domaine public municipal gehörig anzusehen und zu behandeln seien. Dieser Annahme und Auffassung würde aber die Zurückgabe eines früher im Eigenthum der Kirche befindlich gewesenen und durch den Konsularbeschluß vom 20. Prairial X seiner besonderen Bestimmung als Begräbnißstätte nicht entzogenen Kirchhofes widersprochen haben, und läßt sich daher schon aus diesem Grunde nicht unterstellen, daß eine solche Zurückgabe beim Erlasse des Arrêté vom 7. Thermidor XI beabsichtigt gewesen sei. Das erwähnte Arrêté bezieht sich aber auch, wie aus den amtlichen, dasselbe betreffenden Schreiben und Berichten des damaligen Kultusministers Portalis, namentlich aus dem Schreiben an den Minister des Innern vom 17. April 1806 und dem Berichte an den Kaiser aus dem Juli des nämlichen Jahres hervorgeht, unzweifelhaft nur auf das nicht veräußerte nutzbare Vermögen der früheren Kirchenfabriken, d. h. auf das früher den „œuvres des églises“ gehörig gewesenen Vermögen resp. die weltlichen Güter der Kirche, „biens qui sont temporels“, welche zum Unterhalte der kirchlichen Gebäude und zur Bestreitung der Kultuskosten bestimmt waren.

Zu diesem Vermögen sind die Kirchhöfe, welche als Begräbnißstätte, als res sacrae, zu dem jenem Arrêté zum Grunde liegenden Zwecke nicht bestimmt waren, nicht zu rechnen, und muß auch, wie der Erste Richter zutreffend ausgeführt hat, angenommen werden, daß in Folge der in dem angefochtenen Urtheile angeführten, das Begräbnißwesen und die Beurkundung der Todesfälle betreffenden Gesetze die Kirchhöfe, weil dieselben bereits zu einem öffentlichen Dienste und zwar zum Dienste des von den Civilgemeinden zu besorgenden Begräbnißwesens bestimmt waren, als nicht mehr in der Hand des Staates disponibel, als „biens aliénés“ angesehen worden sind und daß demnach auch durch das Arrêté vom 7. Thermidor XI eine Zurückgabe derselben nicht erfolgt ist.

Was endlich die Frage betrifft, ob die Berufungsklägerin, wie sie behauptet, nach dem Dekrete vom 23. Prairial XII sowie nach dem Dekrete vom 30. Dezember 1809 als Eigenthümerin des Kirchhofes anzusehen sei, so kann auch in dieser Beziehung nur der Ausführung des Ersten Richters, welcher jene Frage verneint hat, beigetreten werden.

Das erstgedachte Dekret hatte unverkennbar den Zweck, das Begräbnißwesen zu regeln, sowie die Eigenthums- und Benutzungsrechte an den Kirchhöfen festzustellen. Es hätte daher, wenn es die Absicht gewesen wäre, das Eigenthum an den Kirchhöfen den Kirchengemeinden zuzusprechen resp. dasselbe diesen Gemeinden zurückzugeben, nahe gelegen, dieses auszusprechen, und ist demnach, da dieses nicht geschehen und aus dem Art. 15 sich ergiebt, daß unter den „communes“, wovon in dem Dekrete die Rede ist, nur die Civilgemeinden gemeint sind, anzunehmen, daß die damals und schon früher herrschend gewesene Auffassung eines domaine public municipal an den Kirchhöfen den Bestimmungen des Dekretes zu Grunde gelegen hat.

Ueberdies enthält das Dekret in den Art. 7, 9, 10, 11, 16, 19 solche Bestimmungen, welche nur auf ein Eigenthum der Civilgemeinden an den Kirchhöfen und eine Anerkennung dieses Eigenthumes zurückzuführen sind.

Daß eine solche Anerkennung beabsichtigt war, ergiebt sich insbesondere daraus, daß von den Kirchenfabriken und Konsistorien nur in dem Tit. 5 des Dekretes die Rede ist, während es doch angezeigt gewesen wäre, auch in den vorhergehenden Titeln des Dekrets von den Kirchenfabriken zu sprechen, wenn diesen das Eigenthum an den Kirchhöfen verblieben oder denselben das Eigenthum daran zurückgegeben worden wäre. Wenn in dem erwähnten Tit. 5 des Dekretes den Kirchenfabriken und Konsistorien das Recht, die Leichenwagen 2c. zu stellen, verliehen ist und die desfallsigen Einnahmen zur Unterhaltung der Kirchen und Begräbnißstätten zu verwenden sind (Art. 22, 23), so kann hieraus ebensowenig wie aus dem Art. 36 Nr. 4 und Art. 37 Nr. 4 des Dekrets vom 30. Dezember 1809 ein Eigenthum derselben an den Kirchhöfen gefolgert werden, und zwar um so weniger, als die betreffenden Rechte und Verpflichtungen in beiden Dekreten ohne Unterschied, ob es sich um alte oder um neue, von den Civilgemeinden angelegte Kirchhöfe handelt, den Kirchenfabriken und Konsistorien verliehen resp. auferlegt sind."

„Die eingelegte Revision kann keinen Erfolg haben.

Die Annahme der Vorinstanzen, daß in den vier Departements des linken Rheinufers die alten, als Pertinenzen zu den Kirchen gehörig gewesenen Kirchhöfe durch den Konsularbeschluß vom 20. Prairial des Jahres X säkularisirt sind und nicht zu den in Folge des Beschlusses vom 7. Thermidor des Jahres XI zurückgegebenen Fabrikgütern gehören, vielmehr in Gemäßheit der einschlagenden Französischen Gesetzgebung Eigenthum der Civilgemeinden (domaine public municipal) geworden sind, beruht auf der konstanten Rechtsprechung des vormaligen Preuß. Ob. Trib. (vergl. Rheinisches Archiv Bd. 50, 2 A. 69; Bd. 56, 2 A. 87), welcher sich auch der frühere Rheinische Appellationsgerichtshof, nachdem er in älterer Zeit wiederholt abweichend erkannt hatte, beigetreten ist (vergl. l. c. Bd. 62, 1, 119, cf. Abhandlungen Bd. 56, 2 B. S. 1 ff, Bd. 60, 2 B. S. 3; Hermeus, Kultusgesetzgebung Bd. IV S. 602 ff.).

Die gegen die eingehenden Ausführungen der vorigen Richter, denen in allem irgend wesentlichen beizupflichten, erhobenen Angriffe erscheinen verfehlt.

Wenn zunächst die Klägerin wieder geltend macht, daß die alten Kirchhöfe von den Säkularisationsvorschriften der Art. 1, 2 des Konsularbeschlusses vom 20. Prairial X nicht betroffen worden, vielmehr zufolge Art. 11 desselben mit den Kirchen als deren Pertinenzen zur Verfügung der Bischöfe und Pfarrer belassen seien, so steht dem der Wortlaut der bezogenen Bestimmungen klar entgegen, indem die Art. 1, 2 cit. allgemein die Säkularisation aller kirchlichen Güter aussprechen und die Vorschrift des Art. 11 (übereinstimmend mit Art. 12 des Konkordats, Art. 72, 75 des Gesetzes vom 18. Germinal X) ausdrücklich auf die gottesdienstlichen Gebäude, Pfarrhäuser und deren Gärten sich beschränkt. Daß es auch der Absicht des Gesetzgebers zuwiderlaufen würde, wenn man den Art. 11 cit. ausdehnend interpretiren wollte, ist von den vorigen Richtern zutreffend ausgeführt und deren Ausführung hier mit nichts widerlegt worden.

Der in den Vorinstanzen aufgestellte Satz, daß der die nicht veräußerten Fabrikgüter restituirende Beschluß vom 7. Thermidor XI auch die alten Kirchhöfe umfasse, wird von der Klägerin gegenwärtig nicht wieder vertheidigt.

Einzuräumen ist nun allerdings, daß eine dispositive gesetzliche Bestimmung, durch welche das Eigenthum der in Rede stehenden Kirchhöfe auf die Civilgemeinde übertragen wäre, nicht besteht. Wie aber von den vorigen Richtern zutreffend dargethan worden ist, bedurfte es einer solchen auch nicht. Auf Grund der angeführten Französischen Gesetzgebung sind die Gemeinden, denen die Sorge für das Begräbnißwesen oblag, in den Besitz der säkularisirten Kirchhöfe gelangt und letztere als öffentliches Eigenthum derselben staatlicherseits anerkannt. In dieser Beziehung ist namentlich den Bestimmungen des Dekrets vom 23. Prairial XII, welches den Zweck hatte, das Begräbnißwesen zu regeln und die Rechtsverhältnisse an den Kirchhöfen festzustellen, entscheidende Bedeutung beizumessen. Daß dieses Dekret sich, wie die Klägerin meint, nur auf neu angelegte Kirchhöfe beziehe, ist eine dem Inhalte desselben gegenüber nicht aufrecht zu erhaltende Behauptung, und da ein weiterer Revisionsangriff hier nicht begründet worden ist, so bedarf es eines Eingehens auf die Vorschriften des Dekrets im einzelnen nicht.

Schließlich mag noch der Gesichtspunkt hervorgehoben werden, daß, wenn feststeht, daß die in Frage stehenden Kirchhöfe säkularisirt sind und nicht zu den restituirten Fabrikgütern gehören, der Klägerin zur Begründung ihres Vindikationsanspruches der Nachweis, daß und wie das Eigenthum derselben auf die Pfarrgemeinden übergegangen sei, obliegt. In letzterer Richtung mangelt aber in der gegenwärtigen Instanz jede Ausführung."

Alphabetisches Sachregister

zu Bd. II der „Urtheile und Annalen des R.G. in Civilsachen".

Man suche die betr. Materie — auch die Rubrik „Civilrechtliches aus den Strafsenaten" — unter „Civilprozeßordnung", „Handelsgesetzbuch", „Gemeines Recht", „Konkursordnung", „Preußisches Recht", „Rheinisches Recht" „Reichs-Stempelgesetz" u. s. w.

Die Zahlen bedeuten die Seitenzahlen.

Genossenschaftsgesetz.

Gerichtskostengesetz.

Gerichtsverfassungsgesetz.

Gewerbeordnung s. auch Haftpflichtgesetz.

Konkursordnung (Reichs-).

Reichs-Konsulargesetz v. 10. Juli 1879.

Reichs-Stempelgesetz von 1881.

Reichs-Strafgesetzbuch.

Rheinisches Recht.

Sächsisches Recht.

Urheberrechtsgesetz.

Wechselordnung.

Wechselstempelgesetz von 1869.

Alphabetisches Gesetzesregister.

Chronologische Zusammenstellung

der Urtheile und Beschlüsse des Reichsgerichts

in Band II der „Urtheile und Annalen".

Datum. Tag	Monat	Civilsenat des R.G.	Seite Bd. II	Parteien.	Gesetz, welches hauptsächlich durch die Entscheidung berührt wird. Paragraph	Gesetz
1885.						
14.	Febr.	I.	114	S. w. v. B.	348—350.	C.P.O.
21.	"	I.	105	S. w. L. & Co.	259. 146. 148.	"
25.	"	I.	57	G u. G. w. T.	I, 17 § 273.	Preuß. Allg. L.R.
9.	März	IV.	54	B. w. S.	I, 13 § 232.	"
14.	"	I.	50	T. w. F.	I, 6 § 10.	"
18.	"	V.	49	F. w. F.	I, 5 § 369.	"
18.	"	I.	54	C. & Co. w. L.	I, 13 § 257.	"
18.	"	I.	341	N. L. w. O.	618. 639.	H.G.B.
20.	"	III.	41	H. w. F.	Kautions-hypothek.	Gemeines Recht.
23.	"	IV.	56	H. w. G.	I, 16 § 363.	Preuß. Allg. L.R.
24.	"	III.	37	L. w. R.	Subhastation.	Gemeines Recht.
26.	"	IV.	17	L. w. R.	168. 173. 213.	R. Konk. O.
27.	"	II.	1	H. & B. w. P.	11. 13.	H.G.B.
27.	"	II.	29	H. & B. w. P.	555. 556.	C.P.O.
27.	"	II.	1	Fisk. w. J. M.	91.	H.G.B.
27.	"	II.	8	Sp. & Co. L. w. Z.	19. 11.	R.-Genossenschaftsgesetz.
27.	"	II.	17	B. w. K.	133. 54.	R. Konk. O.
27.	"	II.	78	W. w. uxorem.	1315.	Badisches Landrecht.
28.	"	I.	101	K. w. L. & Co.	88, 1.	C.P.O.
30.	"	I.	4	A. N. f. D. w. A. O.	301.	H.G.B.
30.	"	I.	7	B. w. Z.	378.	"
30.	"	I.	13	F. & Co. w. G.	8. 13.	R.-Markenschutzgesetz.
30.	"	IV.	28	G. w. W.	479.	C.P.O.
30.	"	IV.	53	St. & B. w. Pr. F.	I, 11 § 810.	Preuß. Allg. L.R.
30.	"	IV.	59	K. K. B. w. F.	II, 11 §§ 11. 17.	"
31.	"	II.	79	Pr. F. w. L.	1583. 1166.	Code civil.
1.	April	V.	21	H. w. W.	85.	C.P.O.
1.	"	V.	26	E. w. S.	235. 814.	"
1.	"	I.	31	S. w. G.	84. 24.	G.K.G.
1.	"	I.	90	M. w. M. & Co.	375.	H.G.B.

Datum. Tag	Monat	Civilsenat des R.G.	Seite Bd. II	Parteien.	Gesetz, welches hauptsächlich durch die Entscheidung berührt wird. Paragraph	Gesetz
1885.						
1.	April	I.	114	G. w. S.	293.	C.P.O.
1.	„	I.	127	G. w. S.	Verjährung.	Gemeines Recht.
1.	„	I.	334	G. w. R. & Co.	452.	H.G.B.
8.	„	III.	10	St. C. w. B.	1.	Reichs-Haftpflichtgesetz.
8.	„	II.	20	A. & F. w. R. Fisk.	4. 6. 231.	C.P.O.
8.	„	III.	25	v. D. w. uxor.	211	„
8.	„	III.	35	B. M. E. w. G.	98. 8. 79.	G.K.G.
8.	„	III.	45	F. w. uxorem.	Scheidung.	Gemeines Eherecht.
8.	„	III.	47	St. w. K.	Pflichttheil.	Gemeines Recht.
8.	„	II.	48	D. w. D.	Familienfideikommiß.	„
8.	„	II.	60	D. w. D.	5. 577. 596.	Badisches Landrecht.
8.	„	I.	116	M. w. A. L. F. A.	500.	C.P.O.
8.	„	I.	128	B. w. H. u. Gen.	Bürgschaft.	Gemeines Recht.
10.	„	II.	98	K. w. B.	120.	R.Gew.O.
10.	„	II.	162	K. & G. w. St. K.	2265.	Code civil.
11.	„	I.	23	A. & S. w. G. G.	104, 3.	C.P.O.
14.	„	III.	12	Bl. w. B. B.	2. 120.	Reichs-Haftpflichtgesetz. R.Gew.O.
14.	„	III.	85	F. w. St.	Betrugseinrede.	Gemeines Recht.
14.	„	III.	100	H. u. Gen. w. Pr. F.	1.	Reichs-Haftpflichtgesetz.
14.	„	III.	125	F. w. G.	Rei vindicatio.	Gemeines Recht.
14.	„	II. Strfs.	167	F. w. M.	230.	R.Str.G.B.
15.	„	I.	55	Sp. w. A.	I, 11 § 936.	Preuß. Allg. L.R.
15.	„	I.	130	K. u. Gen. w. G.	poena sec. nupt.	Gemeines Recht.
15.	„	V.	144	v. T. u. Gen. w. k. K. Chl.	I, 21 § 1.	Preuß. Allg. L.R.
15.	„	V.	145	H. w. J.	I, 22 § 11.	„
16.	„	IV.	138	H. w. K.	I, 4 §§ 1,4. 52.	„
16.	„	IV.	153	Pr. F. w. B.	9.	Preuß. Erbschaftssteuergesetz.
17.	„	II.	157	K. w. B.	778. 1454.	Code civil.
17.	„	II.	160	W. w. C. D. R. C.	1763. 1135.	„
17.	„	III.	218	v. R. w. v. R.	Stammguterbfolge.	Gemeines Recht.
18.	„	V.	51	Pr. F. w. M.	I, 6 § 26.	Preuß. Allg. L.R.
18.	„	I.	218	D. w. K. & Sch.	benef. cess. bonor.	Gemeines Recht.
18.	„	I.	330	B. & G. w. H. & R.	361.	H.G.B.
20.	„	I.	181	P. w. M.	10, 1 u. 2.	Reichs-Patentgesetz.
20.	„	I.	209	S. w. C. C. A.	531. 532.	C.P.O.
21.	„	III.	92	B. w. Konk. B.	28. 29.	R.-Genossenschaftsgesetz.

Datum. Tag	Monat	Civilsenat des R.G.	Seite Bd. II	Parteien.	Gesetz, welches hauptsächlich durch die Entscheidung berührt wird. Paragraph	Gesetz
1885.						
21.	April	II.	102	v. H. w. v. P.	139.	C.P.O.
21.	"	II.	156	F. w. R.	678.	Code civil.
21.	"	II.	158	Pr. Fisk. w. H. & Co.	1153.	"
21.	"	II.	190	G. w. P.	8. 7.	R.-Anfechtungsgesetz.
21.	"	IV. Strfs.	322	G. w. D.	361,2. Ausweisung.	R.Str.G.B.
22.	"	I.	6	G. w. H.	355. 344.	H.G.B.
22.	"	I.	44	M. w. uxor.	Eheverzeihung.	Gemeines Eherecht.
22.	"	I.	48	G. w. C.	I, 5 § 278.	Preuß. Allg. L.R.
23.	"	IV.	148	H. w. G.	II, 2 § 210.	"
23.	"	IV.	151	S. w. v. A. S.	94. 95.	Preuß. Gesindeordnung.
24.	"	II.	16	S. & G. w. L. Konk.	1. 23.	R.Konk.O.
24.	"	III.	21	K. w. B.	87. 99. 686.	C.P.O.
24.	"	III.	126	W. w. B.	Veräußerungsverbot.	Gemeines Recht.
24.	"	III.	216	K. w. St. K.	Kaufperfektion	"
25.	"	I.	2	T. w. G. u. Gen.	133. 137.	H.G.B.
25.	"	I.	31	T. w. G. u. Gen.	13.	G.B.G.
25.	"	V.	140	P. St. w. D.	I, 9 § 263.	Preuß. Allg. L.R.
25.	"	I.	170	B. w. B.	355.	H.G.B.
25.	"	V.	178	J. w. O. E.	1.	Reichs-Haftpflichtgesetz.
25.	"	V.	282	C. w. W.	—	Preuß. Gesetz v. 5. Mai 1872.
28.	"	IV.	139	W. w. K.	I, 4 § 75.	Preuß. Allg. L.R.
28.	"	IV.	149	B. u. Gen. w. K. T.	II, 11 § 605.	"
28.	"	IV.	169	B. w. H.	338.	H.G.B.
28.	"	III.	180	H. B. H. B. w. A.	2.	Reichs-Haftpflichtgesetz.
28.	"	III.	202	B. w. v. B.	231.	C.P.O.
28.	"	II.	200	C. u. Gen. w. J.	119. 259. 122.	C.P.O.
29.	"	I.	142	G. w. P.	I, 14 § 333.	Preuß. Allg. L.R.
29.	"	I.	172	J. G. B. w. G.	736.	H.G.B.
29.	"	I.	193	D. w. B.	II, 4a Tarif.	Reichs-Stempelgesetz.
29.	"	I.	211	Rh. W. L. w. B. & Co.	865. 866.	C.P.O.
30.	"	IV.	103	G. w. K.	240—242.	"
30.	"	I.	111	O. & K. w. H. A. G. R. & Co.	291. 211.	"
30.	"	I.	118	K. w. B.	554.	"
30.	"	I.	141	L. w. A.	I, 11 996 bis 1000.	Preuß. Allg. L.R.
1.	Mai	III.	201	L. w. P.	173. 174.	C.P.O.
1.	"	III.	208	Z. w. S.	491.	"
1.	"	II.	237	P. w. K.	Zwang.	Rheinisches Recht.
1.	"	II.	249	F. w. K.	371,2.	H.G.B.
1.	"	II.	270	S. & C. w. F.	5. 508.	C.P.O.

Datum. Tag Monat	Civilsenat des R.G.	Seite Bd. II	Parteien.	Gesetz, welches hauptsächlich durch die Entscheidung berührt wird. Paragraph	Gesetz
1885.					
2. Mai	I.	119	D. & Co. w. L. C. J. E.	739. 750.	C.P.O.
2. =	V.	213	H. w. S.	30, 2.	Geb.O. für R.Anw.
2. =	I.	222	E. w. G. B.	I, 4 § 6.	Preuß. Allg. L.R.
2. =	V.	231	F. w. C.	I, 20 § 13.	=
2. =	I.	387	C. w. uxor.	—	Gem. Prozeßrecht.
4. =	IV.	297	M. w. Z.	II, 2 § 392.	Preuß. Allg. L.R.
5. =	II.	186	K. w. K.	2. 7. 8.	Reichs-Anfechtungsgesetz.
5. =	III.	258	W. w. K. & M.	350.	H.G.B.
6. =	I.	176	D. T. B. G. w. W.	886.	=
6. =	I.	252	B. w. R.	335. 346.	=
6. =	I.	264	R. w. Pr. E. F.	1. 2.	Reichs-Haftpflichtgesetz.
6. =	V.	299	M. K. w. S.	II, 6 § 68.	Preuß. Allg. L.R.
8. =	III.	217	H. w. D.	Freiwerbelohn	Gemeines Recht.
8. =	II.	240	A. w. S.	1135.	Badisches Landrecht.
8. =	II.	282	W. w. A.	518. 607.	C.P.O.
8. =	III.	284	J. w. Kl.	531.	=
8. =	IV.	301	Pr. St. w. L.	I, 1 § 1.	Preuß. Allg. L.R.
8. =	IV.	302	K. L. w. F.	II, 11 710.	=
9. =	I.	85	R. w. P.	—	Versicherungsrecht.
9. =	I.	87	D. w. M.	363.	H.G.B.
9. =	V.	183	G. w. B. u. Gen.	41.	R. Konk.O.
9. =	I.	261	W. & Co. w. B.	82. 21.	A.D.W.O.
9. =	V.	307	J. w. C.	—	Preuß. Eigenthumsgesetz.
9. =	I.	367	W. P. w. J. & Co.	61. 54. 60.	R. Konk.O.
11. =	IV.	206	R. w. K.	428. 543.	C.P.O.
11. =	I.	225	T. w. marit.	I, 4 § 53.	Preuß. Allg. L.R.
11. =	IV.	238	B. J. T. w. D.	I, 5 § 393.	=
12. =	III.	253	F. w. G. G.	335. 340.	H.G.B.
12. =	II.	267	S. & G. w. N. K.	23.	R. Konk.O.
12. =	III.	287	K. u. Gen. w. K. K.	Don. mort. caus.	Gemeines Recht.
12. =	III.	295	M. w. R.	pater est q. nupt. dem.	=
12. =	II.	311	H. w. R.	1648. 1787.	Code civil.
12. =	II.	314	v. O. w. G.	637. 686.	Badisches Landrecht.
12. =	II.	319	K. w. G.	1382.	=
13. =	V.	280	L. w. L. u. Gen.	500. 276.	C.P.O.
13. =	V.	454	M. w. H. u. Gen.	3, 1.	Reichs-Anfechtungsgesetz.
15. =	IV. Strfs.	81	Liederhorn.	Einziehung.	R. Str. P.O.
15. =	IV.	234	St. St. w. Pr. Fiskus.	24.	Preuß. Viehseuchengesetz.
15. =	II.	255	Ch. w. D.	395. 345.	H.G.B.
15. =	IV.	274	S. w. uxor.	282. 288.	C.P.O.
15. =	III.	274	P. C. w. M.	433. 251. 256.	=
15. =	IV.	286	St. w. uxor.	582.	=
15. =	III.	294	Pr. F. w. M.	Staatshaftg. für Beamte.	Gemeines Recht.

Datum. Tag	Monat	Civilsenat des R.G.	Seite Bd. II	Parteien.	Gesetz, welches hauptsächlich durch die Entscheidung berührt wird. Paragraph	Gesetz
1885.						
15.	Mai	II.	317	M. w. M. St.	912. 920.	Bad. Landrecht.
16.	„	I.	202	W. w. uxor.	193. 325.	C. P. O.
16.	„	V.	304	W. w. L. u. Gen.	—	Preuß. Gesetz vom 5. Mai 1872.
16.	„	V.	310	L. S. w. W.	—	Preuß. Gesetz vom 2. Mai 1875.
16.	„	I.	379	P. w. M. Schw. J.	70, 3.	G. B. G.
16.	„	I.	384	H. w. O. C.	Werkverdingung.	Gemeines Recht.
16.	„	V.	386	U. w. K.	367, 12.	R. Str. G. B.
16.	„	V.	394	v. P. w. v. K.	—	Preuß. Subhastationsgesetz.
16.	„	I.	430	D. w. S.	411.	C. P. O.
16.	„	I.	471	M. w. R. P. A.	26.	Lübeckisches Gesetz vom 21. Mai 1870.
18.	„	I.	272	Sch. w. K.	166. 168. 497.	C. P. O.
19.	„	III.	291	B. w. J.	Vorausklage.	Gemeines Recht.
19.	„	II. Strfs.	326	B. w. K. u. Gen.	284.	R. Str. G. B.
19.	„	III.	352	F. J. w. R. St.	4.	A. D. W. O.
19.	„	II.	361	H. w. S.	40, 4. 117.	R. Konk. O.
19.	„	II.	377	M. w. R.	427.	C. P. O.
19.	„	II.	396	St. K. w. Pr. Fiskus.	20. Prairial X	Rheinisches Recht.
19.	„	II.	418	L. F. w. J. F.	13. 18.	R.-Markenschutzgesetz.
19.	„	II.	466	Fisk. w. J.	7. 8. 70.	Preuß. Hinterlegungsordnung.
20.	„	V.	204	Z. E. w. W.	267.	C. P. O.
20.	„	I.	338	K. w. P. K.	356.	H. G. B.
20.	„	V.	355	R. w. O. u. Gen.	17. 18. 19.	R. Gew. O.
20.	„	I.	375	A. w. L.	358, 4.	C. P. O.
21.	„	IV.	389	U. w. M. u. Gen.	I, 4 § 77.	Preuß. Allg. L. R.
21.	„	IV.	391	L. w. v. B.	I, 11 § 925.	„
21.	„	IV.	393	O. w. A. E.	—	Preuß. Gesetz v. 31. März 1838.
22.	„	I.	373	S. & Co. w. S.	3, 1.	Reichs-Anfechtungsgesetz.
22.	„	II.	404	L. w. M.	7 a.	R.-Urheberrechtsgesetz.
22.	„	II.	410	E. E. L. w. G.	7.	Reichs-Haftpflichtgesetz.
22.	„	III.	429	K. w. W. St.	243.	C. P. O.
23.	„	I.	288	M. u. Gen. w. A.	Actio de effus.	Gemeines Recht.
23.	„	I.	415	H. w. O. & Co.	10. 13. 18.	R.-Markenschutzgesetz.
23.	„	I.	438	G. & Gen. w. F.	808. 802.	C. P. O.
29.	„	III.	329	D. w. St. & Co.	347. 306.	H. G. B.
29.	„	II.	401	D. w. W.	133.	„
30.	„	I.	402	L. w. A. & W.	347.	„
30.	„	V.	435	R. & Co. w. A.	718.	C. P. O.
30.	„	V.	450	K. w. Pr. F.	14. 22.	Preuß. Eisenbahngesetz.

Datum. Tag Monat	Civilsenat des R.G.	Seite Bd. II	Parteien.	Gesetz, welches hauptsächlich durch die Entscheidung berührt wird. Paragraph	Gesetz
1885.					
30. Mai	V.	463	H. (K.) w. G.	70, 2.	Preuß. Subhastationsgesetz.
30. "	I.	468	G. u. Gen. w. Br. St.	—	Bremische Landgemeindeordnung.
1. Juni	Vereinigte	458	S. w. St. B.	—	Preuß. Schlachthausges.
2. "	III.	292	W. W. w. H.	Haftung für Beamte.	Gemeines Recht.
2. "	II.	431	D. w. H. u. Gen.	484. 427.	C.P.O.
2. "	IV.	433	R. w. uxor.	574. 498.	"
2. "	IV.	434	D. w. Z.	660. 661.	"
2. "	IV.	455	Z. w. Fisk.	11.	Preuß. Stempelgesetz von 1866.
2. "	II.	473	E. K. w. G. L.	1382—1384.	Code civil.
3. "	I.	420	Ch. B. w. R. Konk.	3.	Reichs-Konsulargesetz.
3. "	V.	456	K. w. K.	35.	Preuß. Berggesetz.
4. "	IV.	427	Z. w. S. E. G.	211.	C.P.O.
4. "	IV.	444	J. w. v. B.	I, 11 § 128.	Preuß. Allg. L.R.
4. "	IV.	447	Z. w. M.	II, 1 § 492.	"
5. "	II.	451	T. u. Gen. w. N.	270.	Preuß. Str.G.B.
5. "	II.	476	Pf. Bl. w. Bl.	Konsularbeschluß v. 20. Prairial X.	Rheinisches Recht.
6. "	V.	441	W. w. L.	Art. IX.	Deutscher Konsularvertrag mit Rußland.
6. "	I.	443	K. u. Gen. w. W.	I, 6 § 21.	Preuß. Allg. L.R.
16. "	II. Strff.	325	w. R.	303.	R.Str.G.B.
17. "	I.	379	P. w. M. Schw. J.	70, 3.	G.V.G.
18. "	III. Strff.	327	w. R.	10, 2.	Reichs-Nahrungsmittelgesetz.
2. "	I. "	164	w. S.	8.	R.-Markenschutzgesetz.

Pierer'sche Hofbuchdruckerei. Stephan Geibel & Co. in Altenburg.

Kolibri 360 GmbH
Ferdinand-Jühlke-Straße 7
99095 Erfurt, Deutschland
produktsicherheit@kolibri360.de